DAS PHILOSOPHIE BUCH

BIG IDEAS

DAS ARCHITEKTUR-BUCH
DAS ASTRONOMIE-BUCH
DAS BIOLOGIE-BUCH
DAS BLACK-HISTORY-BUCH
DAS CHEMIE-BUCH
DAS DC BUCH
DER ERSTE WELTKRIEG
DAS FEMINISMUS-BUCH
DAS FILM-BUCH
DAS GESCHICHTS-BUCH
DAS ISLAM-BUCH
DAS KLASSISCHE-MUSIK-BUCH
DAS KUNST-BUCH
DAS LGBTQIA*-BUCH
DAS LITERATUR-BUCH
DAS MANAGEMENT-BUCH
DAS MARVEL BUCH
DAS MATHEMATIK-BUCH
DAS MEDIZIN-BUCH
DAS MYTHOLOGIE-BUCH
DAS ÖKOLOGIE-BUCH
DAS PHILOSOPHIE-BUCH
DAS PHYSIK-BUCH
DAS PSYCHOLOGIE-BUCH
DAS BUCH DER RECHTSGESCHICHTE
DAS RELIGIONEN-BUCH
DAS SOZIOLOGIE-BUCH
DAS *STAR WARS*-BUCH
DAS WIRTSCHAFTS-BUCH
DAS WISSENSCHAFTS-BUCH

EINFACH ERKLÄRT

DAS PHILOSOPHIE BUCH

DK

DK London

Lektorat
Stephanie Farrow, Gareth Jones, Sam Atkinson, Cecile Landau, Andrew Szudek, Sarah Tomley, Manisha Majithia, Camilla Hallinan, Liz Wheeler, Jonathan Metcalf

Gestaltung und Bildredaktion
Nicola Rodway, Lee Griffiths, Anna Hall, Karen Self, Phil Ormerod, Ria Jones, Myriam Megharbi

Umschlaggestaltung
Stephanie Cheng Hui Tan, Sophia MTT

Herstellung
Gillian Reid, Laura Brand, Luca Frassinetti, Sophie Argyris

Illustrationen
James Graham

DK Delhi

Lektorat
Aparna Sharpa

Gestaltung und Bildredaktion
Ira Sharma, Geetam Biswas, Vikram Singh, Anita Yadav, Mrinmoy Mazumdar, Vishal Bhatia, Arunesh Talapatra, Neerja Rawat, Shriya Parameswaran, Showmik Chakraborty, Devan Das, Niyati Gosain, Akanksha Gupta, Neha Sharma, Balwant Singh, Bimlesh Tiwary, Mohammad Usman, Neeraj Bhatia

STUDIO8 DESIGN

Herstellung
Umesh Singh Rawat, Balwant Singh, Vishal Bhatia, Pankaj Sharma

Für die deutsche Ausgabe:
Verlagsleitung Monika Schlitzer
Programmleitung Heike Faßbender
Redaktionsleitung Dr. Kerstin Schlieker
Projektbetreuung Andrea Göppner
Herstellungsleitung Dorothee Whittaker
Herstellungskoordination Bianca Isack
Herstellung Anna Ponton, Stefanie Staat

Titel der englischen Originalausgabe:
The Philosophy Book

Übersetzung Dr. Klaus Binder, Dr. Bernd Leineweber, Christiane Wagler
Lektorat Claudia Göbel, Susanne Böse

ISBN 978-3-8310-4981-3

Druck und Bindung Leo Paper Products, China

MIX
Papier | Fördert gute Waldnutzung
FSC® C018179

www.dk-verlag.de

DIE AUTOREN

MARCUS WEEKS

hat an der Universität Sheffield unter anderem Philosophie studiert und ist als Autor, Lehrer und Musiker tätig. Zahlreiche Veröffentlichungen zu künstlerischen und wissenschaftlichen Themen.

WILL BUCKINGHAM

promovierte in Philosophie an der Universität Staffordshire (Großbritannien). Längere Forschungsaufenthalte in Asien. Er ist Autor mehrerer Bücher und lehrt an der De Montfort Universität in Leicester (Großbritannien).

DOUGLAS BURNHAM

ist Professor für Philosophie an der Universität Staffordshire (Großbritannien). Zahlreiche Bücher und Aufsätze zur Philosophie der Moderne.

CLIVE HILL

lehrt politische Theorie und Geschichte. Sein Forschungsschwerpunkt ist die Rolle des Intellektuellen in der modernen Gesellschaft.

PETER J. KING

ist Dozent für Philosophie am Pembroke College der Universität Oxford. Er ist Autor mehrerer Bücher, darunter *100 große Philosophen*.

JOHN MARENBON

ist Fellow am Trinity College der Universität Cambridge (Großbritannien) und beschäftigt sich vor allem mit der Philosophie des Mittelalters.

WEITERE BEITRÄGE

Der Verlag dankt Richard Osborne, Dozent für Philosophie und kritische Theorie am Camberwell College of Arts (London), für seine Beteiligung bei der Planung des Buchs sowie Stephanie Chilman für ihre Mitarbeit bei der Erstellung des Anhangs.

INHALT

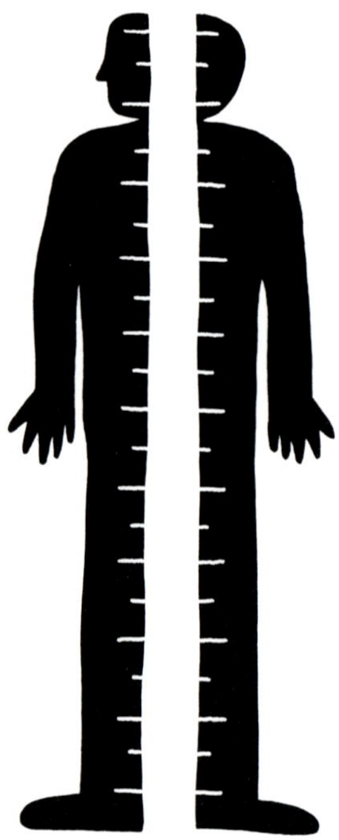

EUROPÄISCHE RENAISSANCE UND RATIONALISMUS 1500–1750

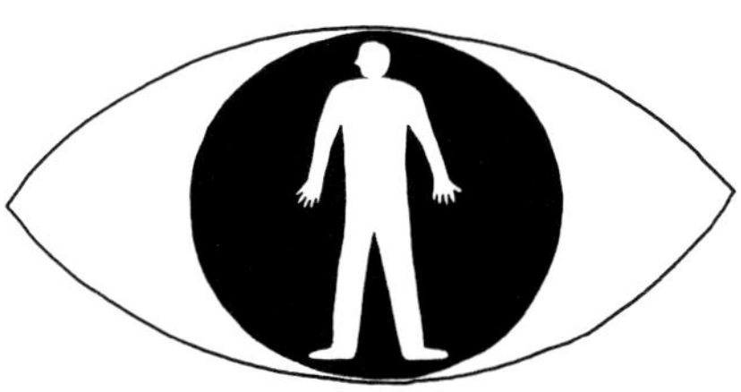

DAS ZEITALTER DER REVOLUTION 1750–1900

DIE MODERNE WELT
1900–1950

ZEITGENÖSSISCHE PHILOSOPHIE
1950 BIS ZUR GEGENWART

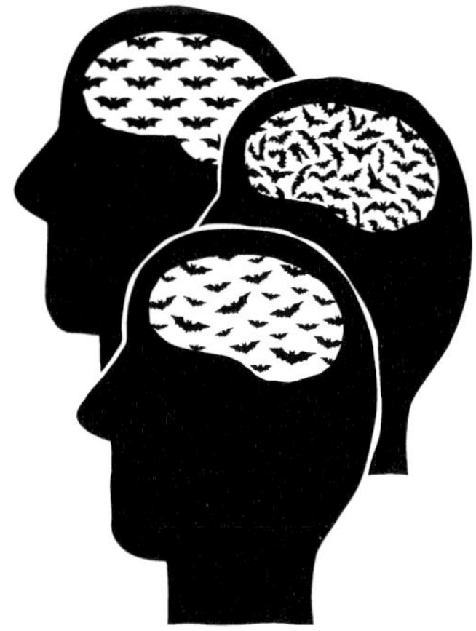

EINLEIT

UNG

Philosophie ist nicht nur die Domäne brillanter, aber ein wenig schrulliger Denker. Wir alle philosophieren, wenn wir gerade nicht mit Alltagsdingen beschäftigt sind, sondern den Kopf frei haben nachzudenken, was es mit dem Leben und dem Universum auf sich hat. Von Natur neugierig, können wir Menschen gar nicht anders – wir müssen nach der Welt um uns und unserer Stellung darin fragen. Wir besitzen intellektuelle Fähigkeiten, die uns das Fragen und Denken erlauben. Und immer wenn wir argumentierend denken, denken wir philosophisch.

Philosophie ist weniger ein Kompendium von Antworten auf fundamentale Fragen als der Versuch, solche Antworten zu finden. Statt traditionelle Ansichten oder Autoritäten fraglos zu akzeptieren, geht es darum, unsere Vernunft anzuwenden. Die ersten Philosophen im antiken Griechenland und alten China waren Denker, denen Erklärungen, wie sie Religion und Tradition lieferten, nicht länger genügten: Sie wollten Antworten, die rational gerechtfertigt waren. So wie wir uns mit Freunden und Kollegen austauschen, haben sie ihre Vorstellungen untereinander diskutiert und schließlich »Schulen« gegründet. Auch dort wollten sie nicht nur ihre Erkenntnisse lehren, sondern vor allem die Methoden, mit denen sie dazu gelangt waren. Sie ermutigten ihre Schüler zu Widerspruch und Kritik, denn das sind die Mittel, um Ideen zu präzisieren und neue zu entwickeln. Auch dass ein Philosoph einsam zu seinen Schlüssen gelange, ist ein Missverständnis. Neue Ideen entstehen in der Diskussion, man prüft, untersucht und kritisiert eigene und fremde Ideen.

Debatte und Dialog

Philosoph in diesem Sinne war Sokrates, der keinerlei Schriften hinterließ. Er sei, so rühmte er sich, nicht wegen großer Ideen der weiseste unter den Menschen, sondern weil er wisse, dass er nichts wisse. Das nämlich zwang ihn, die Ergebnisse seines Denkens immer wieder zu hinterfragen. Dies ist sein Vermächtnis: Debatte und Diskussion, das methodische Fragen und Hinterfragen eigener und fremder Gedanken, um so zu tieferem Verständnis und fundamentalen Wahrheiten zu gelangen. Auch sein Schüler Platon hat keine Abhandlungen geschrieben, sondern seine Gedanken in sokratischen Lehr- und Streitgesprächen nachgezeichnet. Spätere Philosophen übernahmen die Form des Dialogs, entwickelten ihre Ideen in Meinung und Gegenmeinung, statt sie fix und fertig zu präsentieren.

> »Denn gerade das ist ja das eigentliche Erlebnis des Philosophen, das Staunen. Es gibt nämlich keinen anderen Ursprung der Philosophie als diesen …«
>
> **Platon**
> *Theaitetos*

Jeder Philosoph, der seine Ideen vorstellt, muss gewärtig sein, dass man ihm Kommentare entgegenhält, die mit »Ja, aber …« oder »Was wäre, wenn …« beginnen. Philosophen haben einander in fast jedem Aspekt der Philosophie widersprochen. Auch Platon und sein Schüler Aristoteles vertraten entgegengesetzte Ansichten zu philosophischen Grundfragen. Seither haben beider unterschiedliche Denkweisen die Philosophen gespalten. Ihr Widerspruch hat weitere Debatten provoziert, zu neuen Ideen geführt.

Warum aber sorgen diese uralten philosophischen Fragen noch immer für Kontroversen? Warum

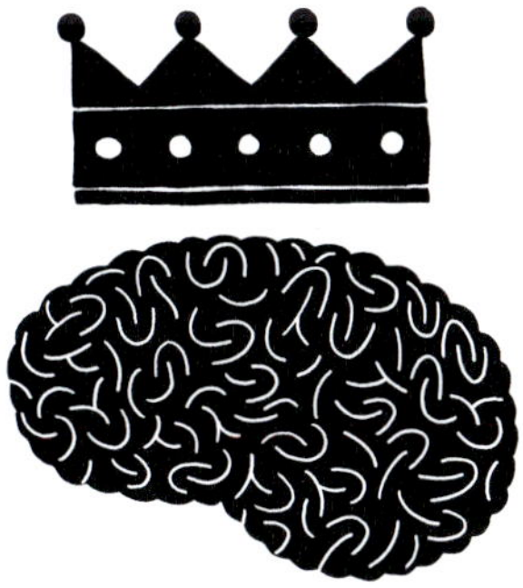

haben die Denker keine definitiven Antworten hervorgebracht? Was sind diese Grundfragen, um deren Beantwortung Philosophen alle Epochen hindurch gerungen haben?

Sein und Wissen

Als vor 2500 Jahren im antiken Griechenland die ersten Philosophen von sich reden machten, war es die Welt, die sie zum Staunen brachte. Sie sahen die Erde, die sie bewohnten, das Leben in seinen vielen Formen, sahen Sonne und Mond, Planeten und Sterne. All das wollten sie erklären – jedoch nicht durch traditionelle Mythen oder Göttersagen, sondern durch etwas, was ihre Neugierde und ihren Intellekt befriedigte. Die erste Grundfrage, die diese frühen Philosophen beschäftigte, lautete: »Woraus besteht das Universum?« Sie wurde bald erweitert zu: »Was ist die Natur, das Wesen alles dessen, was existiert?« Diesen Bereich der Philosophie nennen wir Metaphysik. Die ursprüngliche Frage haben die modernen Naturwissenschaften zu großen Teilen beantwortet, eine der metaphysischen Grundfragen aber: »Warum ist etwas und nicht nichts?«, kann die Naturwissenschaft nicht beantworten.

Weil auch wir als Teil des Universums existieren, fragt Metaphysik auch nach der menschlichen Existenz. Was bedeutet es, ein denkendes, ein (selbst)bewusstes Wesen zu sein? Wie nehmen wir die uns umgebende Welt wahr – und existieren die Dinge auch unabhängig von unserer Wahrnehmung? Welche Beziehungen bestehen zwischen Geist und Körper, gibt es so etwas wie eine unsterbliche Seele? Das ist der Bereich der Metaphysik, der sich mit Fragen nach dem Sein befasst, die Ontologie, das Fundament weiter Teile der abendländischen Philosophie.

Kaum hatten Philosophen begonnen, überliefertes Wissen einer rationalen Prüfung zu unterziehen, standen sie vor einer weiteren Grundfrage: »Wie können wir wissen?« Fragen nach Methoden der Naturerkenntnis und den Grenzen des Wissens bestimmen die Erkenntnislehre, einen zweiten Hauptbereich der Philosophie. Ihr geht es um die Verfahren, mit denen wir Wissen erwerben: Woher und warum wissen wir, was wir wissen? Kann bloßes Nachdenken zu Wissen führen? Das sind entscheidende Fragen, denn wenn wir richtig denken wollen, muss auf das Wissen Verlass sein. Wie sollten wir, ohne Geltungsbereich und Grenzen unseres Wissens zu kennen, entscheiden, ob wir tatsächlich wissen, was wir zu wissen meinen, oder ob uns unsere Sinne nicht »getäuscht« haben?

Logik und Sprache

Logisches Denken verlangt, sich der Wahrheit von Urteilen zu versichern, die dann, zu einer Kette von Gedanken ausgebaut, zu einem Schluss führen. Uns mag das selbstverständlich scheinen, aber durch die Vorstellung des vernünftigen Argumentierens unterschied sich die Philosophie von Aberglauben und religiösen Erklärungen. Um diesen zu begegnen, mussten die ersten Philosophen einen Weg finden, die Gültigkeit ihrer Vorstellungen abzusichern. Aus ihrer Art zu denken entwickelte sich die Logik. Sie war zunächst ein nützliches Mittel, um herauszufinden, ob ein Argu- »

» Aberglaube setzt die ganze Welt in Brand, die Philosophie löscht ihn. «

Voltaire
Philosophisches Wörterbuch

ment wasserdicht war, bildete jedoch bald Regeln und Konventionen, wurde schließlich zu einem weiteren Bereich der Philosophie.

Wie viele von deren Themen steht auch die Logik in enger Verbindung zu den Naturwissenschaften und insbesondere zur Mathematik. Die Grundstruktur eines logischen Arguments – der Beginn mit einer Voraussetzung und die schrittweise Erarbeitung eines Schlusses – ist dieselbe wie die eines mathematischen Beweises. Nicht zufällig haben sich Philosophen häufig auf die Mathematik bezogen, wenn sie nach Beispielen unbestreitbarer Wahrheiten suchten. Sicher nicht zufällig waren viele große Denker, von Pythagoras bis zu René Descartes und Gottfried Leibniz, auch große Mathematiker.

Logik mag als das exakteste und »wissenschaftlichste« Gebiet der Philosophie erscheinen, als Feld, auf dem die Dinge entweder wahr oder falsch sind. Doch liegen die Dinge nicht so einfach. Im 19. Jahrhundert stellten Fortschritte in der Mathematik die Regeln der Logik in Frage, die Aristoteles formuliert hatte. Aber schon in der Antike hatte Zenon mit seinen Paradoxa gezeigt, dass man auch mit fehlerfreien Argumenten zu absurden Ergebnissen gelangen kann.

Ein Großteil der logischen Probleme rührt daher, dass die philosophische Logik nicht wie die Mathematik in Zahlen oder Symbolen, sondern in Worten dargestellt wird. Sie ist also abhängig von allen Widersprüchlichkeiten, die der Sprache eigen sind. Ein vernünftiges Argument aufzubauen, verlangt einen sorgfältigen Gebrauch der Sprache. So müssen wir unsere Behauptungen und Argumente genau untersuchen und sicherstellen, dass sie wirklich bedeuten, was wir denken, dass sie bedeuten. Wenn wir Argumente anderer daraufhin prüfen wollen, ob ihre Schlüsse hieb- und stichfest sind, müssen wir nicht nur ihre logischen Schritte, sondern auch ihre Sprache analysieren. Daraus entwickelte sich das Feld der Sprachphilosophie, die im 20. Jahrhundert blühte.

Moral, Kunst und Politik

Weil unsere Sprache ungenau ist, haben sich Philosophen seit jeher bemüht, bei der Suche nach Antworten auch Begriffe zu klären. Die Fragen, die Sokrates den Bürgern von Athen stellte, sollten ergründen, was die von ihnen verwendeten Begriffe bedeuteten. Seine Fragen waren scheinbar einfach: »Was ist Gerechtigkeit?« etwa oder »Was ist Schönheit?«. Er suchte nicht nach Definitionen, sondern veranlasste die Menschen, selbst herauszufinden, welche Fragen und Probleme in Begriffen, Vorstellungen oder Regeln steckten, die sie so selbstverständlich verwendeten. Von Sokrates' Fragen getrieben, stellten seine Gesprächspartner selbst Annahmen in Frage, nach denen sie (oder wir) unser Leben ausrichten und die Dinge bewerten.

Die Untersuchung dessen, was ein »gutes Leben« ist, was Begriffe wie Gerechtigkeit oder Glück wirklich bedeuten, mit welchem Handeln sie zu erreichen sind, gehört in den Bereich der Moralphilosophie oder Ethik. Aus der Untersuchung dessen, was Schönheit ist, ging der Bereich der philosophischen Ästhetik hervor. Fragen wir in ethischer

» Skepsis ist der erste Schritt auf dem Weg zur Philosophie. «

Denis Diderot
Philosophische Gedanken

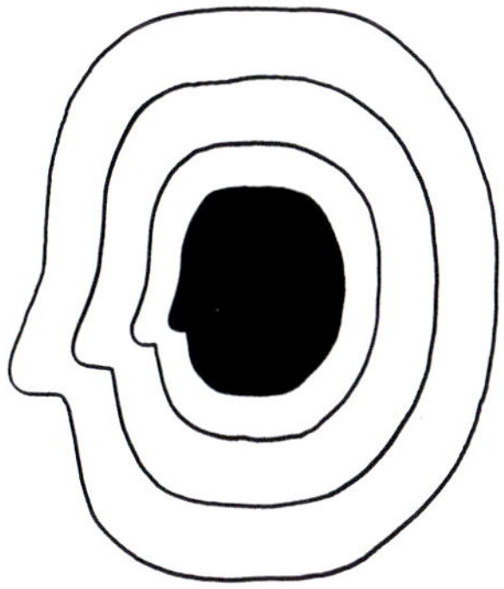

Absicht nach unserem individuellen Leben, gelangen wir ziemlich direkt auf die Frage, in welcher Gesellschaft wir leben möchten – wie ihre Bürger regiert werden, welche Rechte und Pflichten sie haben sollten usw. Damit befasst sich die politische Philosophie, der letzte ihrer Hauptbereiche. Einige Philosophen haben Vorstellungen davon entwickelt, wie eine Gesellschaft aufgebaut sein sollte, das reicht von Platons *Der Staat* bis zum *Kommunistischen Manifest* von Karl Marx und Friedrich Engels.

Religion: Ost und West

Die diversen Gebiete der Philosophie hängen nicht nur inhaltlich zusammen, sie überschneiden sich auch. Zugleich greift Philosophie auch in andere Themenfelder ein, unter anderem in die Naturwissenschaften, Geschichte oder Kunst. Entstanden in der Kritik religiöser Dogmen und Aberglauben, untersucht Philosophie auch die Religion, insbesondere mit den Fragen »Existiert Gott?« oder »Haben wir eine unsterbliche Seele?« – Fragen also, die in der Metaphysik wurzeln, aber auch Folgen für die Ethik haben. So haben einige Philosophen danach gefragt, ob Moral von Gott gegeben oder ein rein menschliches Konstrukt sei – woraus sich die Debatte um den freien Willen des Menschen entsponnen hat.

Bei den östlichen, in China und Indien entstandenen Philosophien (insbesondere im Daoismus und Buddhismus) sind die Grenzen zur Religion unscharf, zumindest im Sinne des westlichen Denkens. Darin zeigt sich einer der Hauptunterschiede zwischen östlichem und westlichem Philosophieren. Auch wenn östliche Philosophien nicht das Ergebnis einer Offenbarung sind oder aus Dogmen folgen, sind sie häufig eng verbunden mit dem, was bei uns als Frage des Glaubens gilt. Dieser gehört zur östlichen Philosophie, während Glaube in der abrahamitischen Welt häufig etwas ist, das seinerseits mit rationalen Argumenten zu rechtfertigen ist. Auch in ihren Ausgangspunkten unterscheiden sich beide philosophischen Traditionen. Die alten Griechen stellten metaphysische Fragen. Die ersten chinesischen Philosophen dagegen hielten Grundfragen wie die nach dem Wesen der Dinge oder der Existenz mit dem Glauben bereits zunehmend beantwortet, beschäftigten sich daher eher mit politischer und Moralphilosophie.

»Der Ursprung des Gedankens liegt im Widerspruch – nicht nur mit anderen, sondern auch mit uns selbst.«

Eric Hoffer
The Passionate State of Mind

Dem Denken folgen

Philosophie hat uns einige der bedeutsamsten und einflussreichsten Ideen der Geschichte verschafft. Eine Auswahl davon präsentiert dieses Buch, entweder in Form knapper Zitate namhafter Philosophen oder in prägnanten Zusammenfassungen. Das vielleicht bekannteste Zitat ist Descartes' »Cogito ergo sum« (»Ich denke, also bin ich«). Es gilt als eine der wichtigsten Ideen der Philosophiegeschichte, als entscheidender Wendepunkt des Denkens, der den Beginn der Neuzeit markiert. Aus dem Zusammenhang gelöst, sagt ein solches Zitat allerdings wenig. Kein Wunder, als Schlusspunkt einer langen Argumentationskette zur Frage der Erkenntnisgewissheit »

erschließt es sich erst, wenn man diesen Argumentationsgang verstanden hat. Erst wenn wir die Konsequenzen aus Descartes' Gedankengang begriffen haben, sehen wir auch, warum er für das abendländische Denken wichtig war und ist.

Viele in diesem Buch dargestellte Ideen werden auf den ersten Blick rätselhaft erscheinen, manche trivial und selbstverständlich, andere paradox oder hochfliegend. Manche scheinen Bertrand Russells respektlose Bemerkung zu bestätigen, derzufolge Philosophie mit etwas Einfachem, kaum Bemerkenswertem beginne, nur um bei einem Paradoxon zu landen, das uns unglaublich vorkommt. Warum also sind diese Ideen wichtig?

Denksysteme

Manche der in diesem Buch präsentierten Theorien waren etwas völlig Neues. Uns mögen ihre Schlussfolgerungen vertraut erscheinen, doch zu ihrer Zeit waren sie verwirrend. Trotz ihrer scheinbaren Einfachheit können sie auch uns dazu bringen, Dinge, die uns selbstverständlich erscheinen, neu zu durchdenken. Und wenn sie uns widersinnig oder intuitiv falsch vorkommen, können sie uns dazu veranlassen, unsere Annahmen über uns und die Welt in Frage zu stellen, können uns Wege zeigen, die Welt anders zu betrachten. Viele dieser Ideen führen zu Fragen, über die sich Philosophen noch immer den Kopf zerbrechen. Manche Ideen können sich auch auf Gedanken und Theorien beziehen, die ein Philosoph in anderen Wissensbereichen entwickelt hat, stammen eventuell auch aus der kritischen Beschäftigung mit dem Werk anderer Philosophen. Solche Auseinandersetzungen können sich über Generationen hingezogen haben oder als bestimmte Argumentationsketten auch zum Zentrum einer philosophischen »Schule« geworden sein.

Viele große Philosophen haben ihre Ideen zu umfassenden Systemen entfaltet. Vorstellungen zum Erkenntnisprozess etwa können zu metaphysischen Ansichten über das Weltganze oder die menschliche Seele erweitert werden. Das wiederum hat Folgen für die Frage nach dem richtigen Leben oder der idealen Gesellschaft. Schließlich wurden solche Systeme zum Ausgangspunkt späterer Denker.

Philosophische Ideen, auch das sollten wir festhalten, sind niemals restlos überholt. Selbst wenn sie sich durch die weitere Entwicklung des Denkens oder der Wissenschaften als falsch erwiesen, haben sie uns noch manches zu sagen. Umgekehrt galten viele Ideen lange als falsch und erst später sah man, wie weitblickend sie waren – etwa die Vorstellungen der griechischen Atomisten. Zudem geht es nicht nur um Ideen, sondern darum, dass mit deren Formulierung die Verfahren der Philosophie, ihre Weise, Gedanken zu organisieren, begründet wurden. Ideen sind nur ein kleiner Teil des Denkens eines Philosophen, meist die Quintessenz eines längeren Studiums und Nachdenkens.

Wissenschaft und Gesellschaft

Auch außerhalb des engen Fachgebiets Philosophie gewannen Ideen an Einfluss, in der Wissenschaft wie in politischen oder künstlerischen Bewegungen. Die Beziehungen zwischen Wissenschaft und Philosophie sind meist wechselseitig,

> »Denken hat stets mit Entgegensetzung gearbeitet.«
>
> **Hélène Cixous**
> *La Jeune Née*

beide Seiten befruchten einander. Entwicklungen in der Logik hatten Folgen für die Mathematik, wurden zur Basis der wissenschaftlichen Methode, die sich auf systematische Beobachtung der Welt stützt. Ideen zum Wesen von Selbst und Bewusstsein sind in die wissenschaftliche Psychologie eingegangen. Neurophysiologie hat das Denken über das Denken beeinflusst.

Wechselwirkung bestimmt auch das Verhältnis von Philosophie und Gesellschaft. Ethische Theorien fanden im Verlauf der Geschichte Anhänger unter politischen Führern, haben die Gesellschaft geprägt, in der wir leben, gar Revolutionen beflügelt. Ethische Entscheidungen, wie sie in allen Berufen gefällt werden müssen, haben moralische Dimensionen, die von Philosophen bestimmt wurden.

Hinter den Ideen

Die Ideen in diesem Buch wurden von Menschen entwickelt, und die lebten in Gesellschaften und Kulturen – auch hier gibt es eine Wechselwirkung. Wenn wir Ideen untersuchen, können wir uns ein Bild machen von nationalen und regionalen Eigenarten, vom Geist der Zeit, in der sie entstanden.

Die hier mit ihren Kernthesen – und ohne Anspruch auf Vollständigkeit – vorgestellten Philosophen zeigen sich als Persönlichkeiten: manche optimistisch, andere pessimistisch, einige übergenau und sorgfältig, andere in großen Bögen denkend. Manche äußern sich präzise, andere eher poetisch, die meisten in einer dichten, abstrakten Sprache, die aufzuschlüsseln Zeit braucht. Liest man die Originaltexte, wird man den Ideen nicht nur zustimmen oder sie ablehnen, nicht nur den Argumenten folgen, mit denen sie entwickelt wurden, sondern auch erahnen, was für eine Person hinter den Erkenntnissen steckt. Man kann den geistreichen Hume und seine Prosa mögen, sich mit seinen Gedanken aber gar nicht wohlfühlen, kann Schopenhauer mit Genuss lesen und doch spüren: Er war kein angenehmer Zeitgenosse.

Alle diese Denker aber waren (sind) interessant, anregend, große Autoren, deren Schriften man mit ebenso viel Gewinn liest wie gute Literatur. Man wird ihren Sprachstil, darin ihre Art zu denken, ihr Philosophieren zu schätzen lernen. Das verführt zum Selbstdenken und kann begeistern wie ein Kunstwerk.

Philosophie handelt nicht nur von Ideen, nicht nur von richtigen oder falschen Antworten. Vor allem geht es um eine besondere Art zu denken, um das richtige Fragen. Das kann Philosophen zu radikal unterschiedlichen Positionen führen, ihnen aber auch Bereiche eröffnen, in denen die Wissenschaft schweigen muss und in die die Religion keinen Weg weist.

Freude am Philosophieren

Wenn Staunen und Neugierde menschliche Eigenschaften sind, dann gilt dies auch für die Freude der Entdeckung. Philosophie vermag uns genauso zu »elektrisieren« wie andere Aktivitäten. Wir gewinnen Befriedigung, weil uns unsere Ideen und Einsichten nicht von Gesellschaft, Lehrern, Religion und auch nicht von Philosophen aufgezwungen wurden, sondern weil wir diese Ideen durch eigenes Denken gewonnen haben. ■

» Philosophie ist keine nur schriftliche Unternehmung. «

Henry Odera Oruka

DIE ALTE WELT

700 V. CHR.–250

N.CHR.

624–546 V. CHR.

Thales von Milet, der erste namentlich bekannte griechische Philosoph, sucht **rationale Antworten** auf Fragen zur Welt, in der wir leben.

569 V. CHR.

Geburt von **Pythagoras**, des griechischen Denkers, der Philosophie und Mathematik verbindet.

551 V. CHR.

Vermutliches Geburtsjahr von **Kong Fuzi (Konfuzius)**, der seine Philosophie auf **Respekt** und **Tradition** gründete.

508 V. CHR.

Der mächtige griechische Stadtstaat **Athen** gibt sich eine **demokratische Verfassung**.

480 V. CHR.

Tod von **Siddhartha Gautama**, des **Buddha**, Begründer der Religion und der Philosophie des **Buddhismus**.

469 V. CHR.

Geburt des **Sokrates**, sein **methodisches Fragen** wird zu einer Grundlage der abendländischen Philosophie.

UM 460 V. CHR.

Empedokles entwickelt die Theorie der **vier Elemente**. Er ist der letzte griechische Philosoph, der seine Ideen in **Versen** festhält.

404 V. CHR.

Mit der Niederlage im **Peloponnesischen Krieg** verliert Athen seine politische Macht.

Immer schon haben die Menschen die Welt hinterfragt und wollten ihre Stellung darin ergründen. Frühe Gesellschaften fanden Antworten auf ihre fundamentalen Fragen in Mythen und religiösen Kulten: Handlungen der Götter erklärten das Funktionieren des Kosmos und die Gottheiten mussten dazu gebracht werden, dessen Bestand weiter zu sichern.

Irgendwann reichten traditionelle Erklärungen nicht mehr aus, einige Menschen begannen Antworten zu suchen, die auf eigenem Denken und nicht länger auf Traditionen und Erzählungen basierten. Dies war die Geburt der Philosophie. Thales von Milet, der historisch erste Denker, den wir namentlich kennen, versuchte das Wesen des Kosmos mit Vernunft zu ergründen und ermutigte auch andere, das Gleiche zu tun. Denn was er seinen Anhängern weitergab, waren weniger Antworten als vielmehr Methoden rationalen Denkens und Kriterien für befriedigende Erklärungen.

»Woraus ist die Welt gemacht?« Diese Hauptfrage der frühen Philosophen richtet sich auf den Urgrund allen Seins. Mit dieser Frage begründeten sie auch die Tradition des wissenschaftlichen Denkens, die enge Verbindung zwischen Philosophie und Naturwissenschaften besteht bis heute. Einen ersten Wendepunkt, einen weiteren Schritt Richtung Abstraktion, markiert das Werk des Pythagoras, denn er wollte die Welt nicht durch eine Urmaterie erklären, sondern durch mathematische Begriffe. Er und seine Schüler beschrieben die Struktur des Kosmos mit Zahlenverhältnissen und Geometrie. Für die Pythagoreer hatten Zahlen und Zahlenverhältnisse noch mythisch-mystische Bedeutung, doch ihre Art der Welterklärung gab der Entwicklung des (natur)wissenschaftlichen Denkens eine bestimmte Richtung.

Klassische griechische Philosophie

Als die griechischen Stadtstaaten mächtiger wurden, verbreiteten sich philosophisches Fragen und Denken in der gesamten griechischen Welt, deren kulturelles Zentrum Athen wurde. Das Spektrum philosophischer Themen erweiterte sich, die Philosophen fragten auch nach ihrem eigenen Tun, und das Denken erhielt einen Selbstbezug: »Wie wissen wir, was wir wissen?« und »Was gehört zu einem guten Leben?« Sokrates, Bürger von Athen, stand am Anfang der kurzen,

UM 385 V. CHR.

Platon gründet in Athen seine einflussreiche **Akademie**.

335 V. CHR.

Aristoteles, Schüler Platons, eröffnet seine Schule in Athen, das **Lyceum**.

UM 332–265 V. CHR.

Zenon von Kition, Begründer der **Stoa**, deren Lehre auch im Römischen Reich noch Anhänger findet.

323 V. CHR.

Der Tod **Alexanders des Großen** markiert das Ende der kulturellen und politischen Vorherrschaft Griechenlands.

UM 100–178 N. CHR.

Ptolemäus, griechischer Astronom und Philosoph in Alexandria, lehrt, dass die **Erde unbewegt im Mittelpunkt des Kosmos** steht.

122 N. CHR.

Baubeginn am **Hadrianswall** in England, der nördlichsten Grenze des Römischen Reiches.

UM 150 N. CHR.

Galen von Pergamon entwickelt eine **methodische**, auf **Beobachtung** fußende **Heilkunde**, die bis ins 16. Jh. anerkannt bleibt.

220 N. CHR.

Mit dem Ende der **Han-Dynastie** zerfällt das damalige Reich China, es beginnt die **Zeit der Drei Reiche**.

höchst einflussreichen Periode der klassisch-griechischen Philosophie. Er selbst hinterließ keine Texte, seine Ideen aber prägten die weitere Entwicklung des philosophischen Denkens. Sein Schüler Platon gründete eine Philosophenschule in Athen, die *akademeia*, dort lehrte er die Ideen seines Meisters und entwickelte sie weiter. Einer seiner Schüler (und dann 20 Jahre Lehrer an der Akademie) war Aristoteles. Die Ideen und Methoden dieser großen Denker – Sokrates, Platon und Aristoteles – schufen die Grundlage des abendländischen Denkens. Ihre Meinungsverschiedenheiten prägen die Philosophie bis heute.

Die klassische Periode der griechischen Antike endete mit dem Tod Alexanders des Großen 323 v. Chr. Als das Reich, zu dem er Griechenland vereint hatte, wieder zerfiel und die Stadtstaaten erneut zu Rivalen wurden, zerfiel auch die Philosophie in diverse Schulen: Zyniker, Skeptiker, Epikuräer und Stoiker vertraten je eigene Positionen.

Mit dem Aufstieg Roms zum Weltreich verblasste die griechische Kultur. Für das römische Denken wurde vor allem die Stoa wichtig. Die anderen Ideen der griechischen Philosophie erhielten sich in Alexandria und im Vorderen Orient, später in Übersetzungen der arabisch-muslimischen Welt. Von dort fanden sie zu Beginn des Mittelalters Eingang ins jüdisch-christliche Denken.

Östliche Philosophien

Auch Denker in Asien stellten das mythisch überlieferte Wissen in Frage. In China entwickelte sich die Philosophie vor dem Hintergrund politischer Unruhen, in der Zeit der Streitenden Reiche, 771–481 v. Chr. Gefragt wurde weniger nach der Natur des Kosmos als nach der bestmöglichen Organisation von Gesellschaft und Staat, nach moralischen Regeln, an denen sich das Handeln der Menschen orientieren konnte. So blühten »Hundert Schulen« des Denkens, als deren bedeutendste sich Konfuzianismus und Daoismus erwiesen, die das chinesische Denken bis ins 20. Jahrhundert geprägt haben.

In Südchina kam die Lehre eines ähnlich einflussreichen Philosophen auf: Siddhartha Gautama, der spätere Buddha. Um 500 v. Chr. war er lehrend durch Nordindien gezogen und von dort verbreitete sich seine Philosophie über den Subkontinent und nach Südasien, wo der Buddhismus bis heute praktiziert wird. ■

ALLES BESTEHT AUS WASSER

THALES VON MILET (UM 624–546 V. CHR.)

IM KONTEXT

DISZIPLIN
Metaphysik

LEHRE
Monismus

FRÜHER

2500–900 v. Chr. Die minoische Kultur auf Kreta und die mykenische in Griechenland erklären natürliche Phänomene mythisch-religiös.

um 1100 v. Chr. Der babylonische Schöpfungsmythos *Enûma Elîš* beschreibt den Urzustand der Erde als wässerige Masse.

um 700 v. Chr. Die *Theogonie*, Hesoids Lehrgedicht, erzählt von der Weltschöpfung durch die Götter.

SPÄTER

Anfang 5. Jh. v. Chr. Empedokles benennt die vier Elemente des Kosmos: Erde, Wasser, Feuer, Luft.

um 400 v. Chr. Leukipp und Demokrit sind der Ansicht, dass der Kosmos aus Atomen und leerem Raum besteht.

Aus Beobachtungen schloss Thales, dass nicht die Anrufung von Göttern, sondern Wetterverhältnisse für eine gute Ernte sorgen. Er soll in Erwartung einer guten Olivenernte die lokalen Olivenpressen aufgekauft und sie, als der Bedarf tatsächlich stieg, profitabel vermietet haben.

Während der archaischen Periode (Mitte 8.–6. Jh. v. Chr.) gründeten die Völker auf der griechischen Halbinsel Stadtstaaten, entwickelten ein Buchstabenalphabet und schufen die Grundlagen der späteren abendländischen Philosophie. In älteren Kulturen wurde die Welt mythisch erklärt: durch das Wirken übernatürlicher Kräfte (Götter oder Geister). Den Bewohnern der Stadtstaaten, die Handel trieben und ihren Wirkungskreis erweiterten, genügte dies nicht, sie suchten natürliche, rationale Erklärungen.

Der erste dieser Denker, dessen Namen wir kennen, war Thales von Milet. Er hinterließ keine Schriften, verfügte Überlieferungen zufolge aber über große Kenntnisse im Bereich der Geometrie und Astronomie und soll die Sonnenfinsternis von 585 v. Chr. vorausgesagt haben. Dieser praktische Erfolg bestärkte ihn in der Annahme, dass alle Ereignisse in der Welt natürliche Ursachen haben müssen. Um sie zu erkennen, sollten Beobachtung und rationales Denken ausreichen.

Urstoff und Urgrund

Um das zu beweisen, musste Thales ein erstes Prinzip, den Ausgangspunkt, begründen. Also fragte er: »Was ist der Urstoff des Kosmos?« Wenn er alles Wirkliche auf eine einzige Substanz zurückführen konnte, hatte er den Urgrund alles Seins erfasst – eine Vorstellung,

Siehe auch: Anaximander 336 ▪ Anaximenes von Milet 336 ▪ Pythagoras 26–29 ▪ Empedokles 336 ▪ Leukipp und Demokrit 45 ▪ Aristoteles 56–63

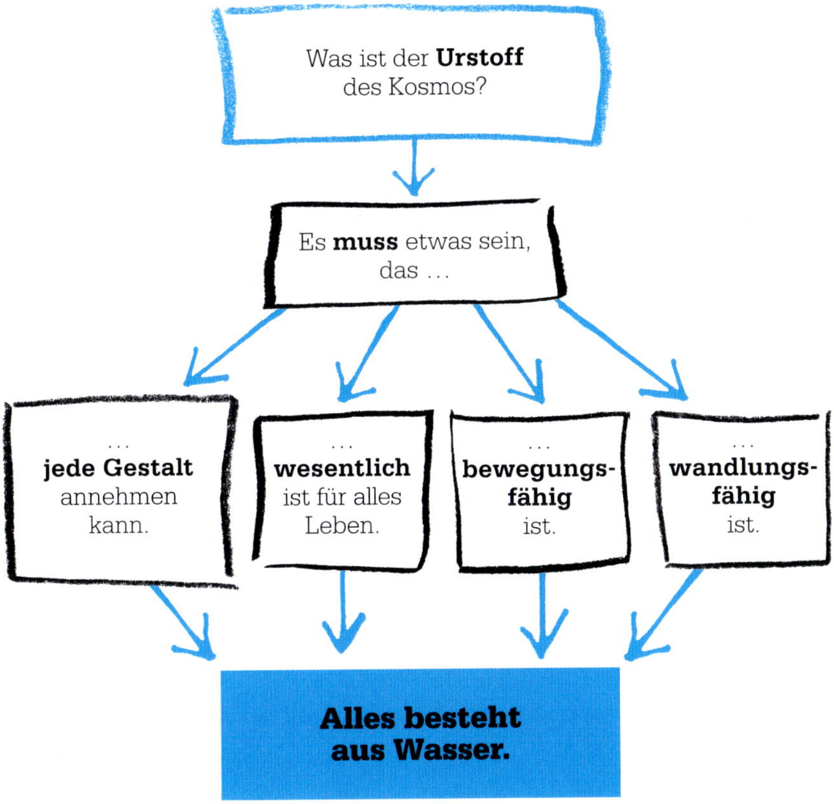

die man Monismus (von griech. *mónos*, allein) nennt: Tatsächlich haben Thales und seine Anhänger den Götterhimmel entrümpelt und die Welt auf ein Prinzip zurückgeführt. Urstoff konnte nur etwas sein, aus dem sich alles andere formen lässt, ohne das kein Leben möglich ist, das sich bewegen und darum auch ändern kann. Aus Naturbeobachtungen wusste er, dass ohne Wasser kein Leben möglich ist, dass es sich bewegt und verwandelt – es existiert in fester, flüssiger und in Gasform. Daraus schloss Thales, dass alle Materie, gleich in welcher äußeren Erscheinungsform, Wasser in bestimmter Transformation sein muss. Außerdem ende jede Landmasse irgendwo an einer Küstenlinie, also schloss er, dass die Erde, aus Wasser hervorgegangen, auf diesem schwimmt »wie ein Stück Holz«. Wenn etwas auf diesem Wasser Wellen verursacht, so Thales, erleben wir das als Erdbeben.

Doch nicht dank solcher Einzelheiten gilt Thales als große Gestalt der Philosophiegeschichte, sondern weil er der Erste war, der systematisch versucht hat, die Vielfalt der natürlichen Erscheinungen auf ein rational erfassbares Prinzip zurückzuführen. Kein Objekt oder Ereignis sollte von den Launen der Götter abhängen. Auch insofern sind die Philosophen der Milesischen Schule die ersten Philosophen und Begründer des abendländisch-wissenschaftlichen Denkens. ▪

Thales von Milet

Thales wurde in der Hafenstadt Milet (in der heutigen Türkei) geboren und lebte dort. Viel mehr wissen wir nicht über ihn. Von ihm sind auch keine Schriften überliefert. Seinen Ruhm als einer der ersten frühen griechischen Philosophen verdankt er seiner ausführlichen Erwähnung bei Aristoteles und Diogenes Laertius, dem Biografen der antiken griechischen Philosophen.

In Anekdoten ist überliefert, dass der Philosoph auch als Politiker aktiv und vor allem als Geschäftsmann erfolgreich war. Er reiste viel im östlichen Mittelmeerraum. Man nimmt an, dass er in Ägypten die empirisch gefundenen Regeln zur Feldvermessung kennenlernte und so den Grund der theoretischen Geometrie legen konnte, wie überhaupt die Geometrie zur Basis seines deduktiven Denkens wurde.

Vor allem aber war Thales Lehrer, der erste der Milesischen Schule. Sein Schüler Anaximander erweiterte seine Theorien, wurde seinerseits Mentor von Anaximenes, der sein Wissen wiederum an den jungen Pythagoras weitergegeben haben soll.

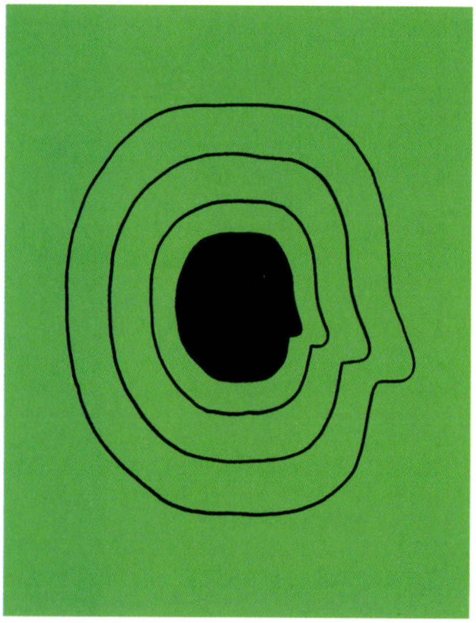

DAS DAO, DAS MAN BEIM NAMEN NENNEN KANN, IST NICHT DAS EWIGE DAO

LAOTSE (UM 6. JH. V. CHR.)

IM KONTEXT

DISZIPLIN
Chinesische Philosophie

LEHRE
Daoismus

FRÜHER
1600–1046 v. Chr. Die Menschen der Shang-Dynastie glaubten, Götter bestimmten das Schicksal. Sie verehrten die Ahnen als Mittler.

1045–256 v. Chr. Die Herrscher der Zhou-Dynastie begründeten ihre Macht mit dem Mandat des Himmels.

SPÄTER
5. Jh. v. Chr. Kong Fuzi (Konfuzius) formuliert die Regeln für die persönliche Entwicklung und eine moralische Regierung.

4. Jh. v. Chr. Der Philosoph Zhuangzi lenkt die Lehre des Daoismus weg vom Handeln des Staates auf das des Einzelnen.

3. Jh. n. Chr. Die Gelehrten Wang Bi und Guo Xiang schaffen eine Neue Schule des Daoismus.

Im 6. Jahrhundert v. Chr., mit dem Niedergang der nördlichen Zhou-Dynastie, begann in China eine Zeit innerer Kriege. An den Höfen entstand eine Klasse von Verwaltern und Beamten, die versuchten, neue Regeln der Staatsführung zu entwickeln. Die Menge ihrer Ideen und Theorien nennt man die »Hundert Schulen«. Zeitlich fiel dies mit der Entstehung der griechischen Philosophie zusammen. Beide Entwicklungen teilen Motive – wie die Suche nach Beständigkeit in einer sich ändernden Welt und nach Alternativen zu den Regeln und Vorschriften der Religion. Doch die chinesische Philosophie, die im Kontext praktischer Politik entstand, befasste sich

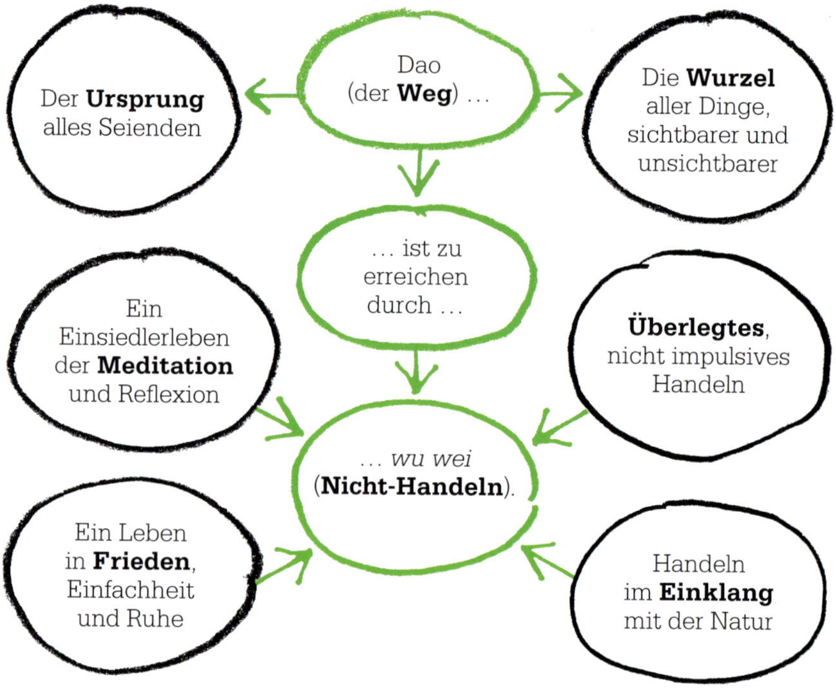

Siehe auch: Siddhartha Gautama 30–33 ▪ Kong Fuzi (Konfuzius) 34–39 ▪ Mozi 44 ▪ Wang Bi 337 ▪ Hajime Tanabe 244–245

eher mit Fragen der Moral und des guten Lebens. Die bedeutendsten Ideen dieser Zeit finden sich im *Daodejing* (»Das Buch vom Dao und vom De«), das Laotse zugeschrieben wird. Es ist einer der ersten Versuche, eine Theorie gerechter Herrschaft zu entwickeln, die auf *de* (der Tugend) gründet und die man findet, wenn man *dao* (dem Weg) folgt.

Leben im Einklang mit der Natur ist ein Weg, den das *Daodejing* vorschreibt. So sollte der Fischer auf seinem Kahn das ökologische Gleichgewicht beachten und den See nicht überfischen.

Zyklen des Wandels

Um zu erfassen, was mit *dao* gemeint ist, muss man wissen, wie die alten Chinesen die sich stets wandelnde Welt wahrnahmen. Wandel sahen sie zyklisch, als immerwährenden Übergang von einem Zustand in einen anderen, so wie vom Tag zur Nacht oder vom Sommer zum Winter. Dabei galten die verschiedenen Zustände nicht als Gegensätze, sondern als miteinander verbunden, das eine aus dem anderen hervorgehend. Ihre komplementären Eigenschaften machen erst zusammen ein Ganzes aus. Der Prozess des Wandels ist eine Erscheinungsweise des *dao* und führt zu den 10 000 Erscheinungen, aus denen die Welt besteht. Die Menschen, heißt es im *Daodejing*, sind eine dieser Erscheinungen und haben keinen besonderen Status. Wegen unseres Begehrens und des freien Willens können wir vom *dao* »abirren« und den Einklang der Welt stören. Ein tugendhaftes Leben führen heißt im Einklang mit dem *dao* handeln. Das allerdings ist nicht einfach.

» Wer andere kennt,
ist klug.
Wer sich selbst kennt,
ist weise. «

Laotse
Daodejing

Über das *dao* zu philosophieren, ist sinnlos, denn es übersteigt alles menschliche Begreifen. Weil es durch *wu* (etwa: das Nichtsein) bestimmt ist, können wir nur durch *wu wei* im Einklang mit *dao* leben, durch Nichteingreifen. Nicht Passivität ist damit gemeint, sondern Handeln im Einklang mit der Natur; spontanes und intuitives Handeln, das nicht bestimmt ist durch Begehren, Absicht oder gesellschaftliche Konventionen. ■

Laotse

Man nimmt an, dass Laotse das *Daodejing* verfasst hat. Wir wissen aber so wenig über den Autor, dass er darüber zu einer fast mythischen Figur wurde. Manche glauben, das Buch sei vielmehr eine Sammlung von Lehrsprüchen vieler Gelehrter. Gesichert ist allerdings, dass es eine Geistesgröße namens Li Er oder Lao Tan gab, der zur Zeit der Zhou im Staat Chu geboren und später als Laotse oder Alter Meister bekannt wurde. Einige Texte geben Hinweise, dass er als Archivar am Hof der Zhou arbeitete und dass Kong Fuzi ihn, wenn es um Riten und Zeremonien ging, um Rat fragte. Der Legende nach hat Laotse mit dem Niedergang der Zhou den Hof verlassen und ist auf der Suche nach Einsamkeit in den Westen gereist. An der Grenze soll ihn einer der Posten erkannt und um die Niederschrift seines Wissens gebeten haben – so sei das *Daodejing* entstanden. Laotse setzte seine Reise fort und ward nie wieder gesehen.

Hauptwerke

um 6. Jh. v. Chr.
Daodejing (*Tao Te King*)

DAS WESEN DES KOSMOS IST DIE ZAHL

PYTHAGORAS (UM 570–495 V. CHR.)

IM KONTEXT

DISZIPLIN
Metaphysik

LEHRE
Pythagoreismus

FRÜHER
6. Jh. v. Chr. Thales sucht eine nichtreligiöse Erklärung des Kosmos.

SPÄTER
um 535–475 v. Chr. Veränderung, so Heraklit, bestimmt den Kosmos. Er kritisiert damit die pythagoreische Lehre.

um 428 v. Chr. Platon entwickelt den Begriff der Ideen, die nur durch Vernunft, nicht durch die Sinne zu erfassen sind.

um 300 v. Chr. Der griechische Mathematiker Euklid beweist die Prinzipien der Geometrie.

1619 Der Mathematiker Johannes Kepler beschreibt das Verhältnis von Geometrie und physischen Phänomenen.

Als Pythagoras geboren wurde, war die abendländische Philosophie im Entstehen – nur eine Generation zuvor hatte eine Gruppe junger Philosophen in Milet begonnen, Naturereignisse rational zu erklären. Pythagoras, der seine Jugend nicht weit von Milet verbrachte, könnte die Milesische Schule gekannt, sogar dort studiert haben. Wie Thales, der Begründer dieser Schule, soll auch Pythagoras die Anfangsgründe der Geometrie in Ägypten kennengelernt haben. Dann wäre nicht erstaunlich, dass er sich dem philosophischen Denken auf wissenschaftlich-mathematische Weise näherte.

Siehe auch: Thales von Milet 22–23 ▪ Siddhartha Gautama 30–33 ▪ Heraklit 40 ▪ Platon 50–55 ▪ René Descartes 116–123

Alles im Universum folgt mathematischen **Regeln und Verhältnissen**.

Wenn wir die Zahl und die mathematischen **Verhältnisse** begreifen …

… verstehen wir den **Aufbau des Kosmos**.

Mathematik ist Schlüssel und Vorbild des **philosophischen Gedankens**.

Die Zahl regiert die Formen.

Die Zahl regiert die Ideen.

Die pythagoreische Schule

Doch Pythagoras war zugleich tief religiös und abergläubisch, glaubte an Wiedergeburt und Seelenwanderung und begründete in Kroton einen religiösen Kult, in dem er so etwas wie die Rolle eines Messias übernahm. Seine Schüler lebten in einer Art Kommune nach strengen Verhaltens- und Ernährungsregeln und studierten religiöse und philosophische Theorien. Die Pythagoreer, wie seine Schüler genannt wurden, betrachteten seine Ideen als mystische Offenbarungen, wobei einige der ihm zugeschriebenen Erkenntnisse auch von seinen Anhängern selbst stammen können. Jedenfalls zeichneten sie die Ideen des Meisters auf, woran auch seine Frau Theano von Kroton und seine Töchter mitgewirkt haben sollen.

Im Grunde sind die beiden Seiten seiner Überzeugungen, die mystische und die wissenschaftliche, unvereinbar, Pythagoras selbst hat den Widerspruch aber nicht erkannt. Als Ziel des Lebens sah er die Befreiung von der Wiedergeburt an, sie sei, so glaubte er, nur durch ein an strengen Regeln orientiertes Leben zu erreichen, zu dem auch Kontemplation gehörte, für Pythagoras die Schau des Kosmos durch strikt wissenschaftliches Denken. Die Wahrheiten, die er in Geometrie und Mathematik fand, betrachtete er als gottgegeben, seine mathe- »

Pythagoras

Wenig ist über Pythagoras' Leben bekannt, er hat keine Schriften hinterlassen und wie der griechische Philosoph Porphyrios in seiner *Vita Pythagorae* schreibt, »weiß niemand, was Pythagoras seinen Anhängern sagte, denn sie bewahrten ein ungewöhnliches Stillschweigen«. Heute gilt als wahrscheinlich, dass er auf Samos geboren wurde, vor der Küste der heutigen Türkei. Als junger Mann ist er viel gereist, vermutlich studierte er bei den Milesiern, besuchte Ägypten, das damalige Zentrum der Gelehrsamkeit. Im Alter von 40 Jahren gründete er in Kroton (Süditalien) eine Schule mit rund 300 Mitgliedern, die zum Zentrum eines Kultes mit mystischen Zügen wurde. Es gab kollektive Strukturen, doch Pythagoras stand eindeutig an der Spitze. Mit 60 Jahren soll er die Philosophin und Mathematikerin Theano von Kroton geheiratet haben.

Spannungen zwischen den Pythagoreern und der Gemeinde Kroton zwangen Pythagoras, nach Metapontum (Süditalien) zu fliehen, wo er bald darauf starb. Bis Ende des 4. Jahrhunderts v. Chr. löste sich die von ihm gestiftete Gemeinschaft auf.

Der Satz des Pythagoras zeigt, dass Formen und Verhältnisse von Prinzipien bestimmt werden. Es erschien also prinzipiell möglich, die Struktur des gesamten Kosmos herauszuarbeiten.

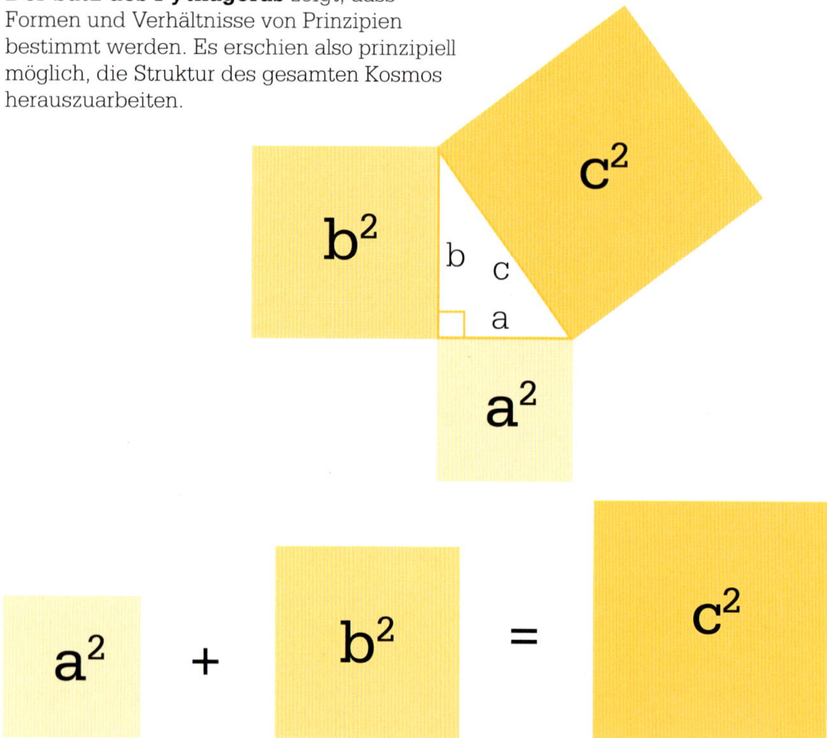

» Es ist Geometrie im Summen der Saiten, Musik im Zwischenraum der Sphären. «

Pythagoras

matischen Beweise als göttliche Offenbarungen.

Insofern diese mathematischen Entdeckungen Resultate reinen Denkens waren, erschienen sie ihm bedeutsamer als sinnliche Beobachtungen. So hatten die Ägypter entdeckt, dass ein Dreieck mit einem Seitenverhältnis von 3:4:5 stets einen rechten Winkel enthält, eine etwa für Vermessung und Bauwesen nützliche Erkenntnis. Pythagoras nun entdeckte das dem zugrunde liegende Gesetz: Bei allen rechtwinkligen Dreiecken ist das Quadrat über der Hypotenuse gleich der Summe der Kathetenquadrate. Und er konnte dessen universelle Geltung beweisen. Diese beeindruckende Entdeckung verstanden die Pythagoreer als göttliche Offenbarung.

Pythagoras schloss weiter, dass der gesamte Kosmos von mathematischen Gesetzen bestimmt sein müsse. Mithilfe der Zahl (also Zahlenverhältnissen und mathematischen Axiomen), so dachte er, könne man die Grundstruktur des Kosmos erklären. Die Vorstellung der Milesier, nach der das Universum aus einer Ursubstanz aufgebaut sei, verwarf er nicht völlig, doch verlagerte er die Untersuchung von der Substanz auf die (abstraktere) Form.

Das war eine so tiefgreifende Neuorientierung der Weltbetrachtung, dass wir Pythagoras und seinen Schülern ihre obsessive Beschäftigung mit mystischen Zahlenbedeutungen nachsehen sollten. Sie waren es, die als Erste das Verhältnis von Geometrie und Zahlen erkundet und dabei entdeckt haben, was wir heute Quadrat- und Kubikzahlen nennen. Zugleich haben sie den Zahlen auch qualitative Eigenschaften zugeschrieben, die geraden Zahlen als »gut« betrachtet, ungerade als »böse«, die Zahl 4 stand ihnen für Gerechtigkeit. Die Zahl 10, dargestellt als »Tertraktys« (Vierheit: die »10« als Summe der vier ersten Zahlen 1, 2, 3 und 4, dargestellt als gleichseitiges Dreieck der übereinander angeordneten Zählpunkte) hat für pythagoreische Rituale besondere Bedeutung: »1« – die Spitze – war der Punkt, aus dem alles entstehen konnte, »2« stellt die Linie dar, »3« bestimmt die Ebene, »4« die Basis, einen festen Körper.

So folgt die pythagoreische Erklärung der Weltschöpfung einem mathematischen Muster: Dem Unbegrenzten (dem Unbestimmten, das vor dem Universum existierte) habe Gott eine Begrenzung auferlegt, sodass alles Existierende eine bestimmte Größe erhielt. Damit habe der Schöpfergott eine messbare Einheit geschaffen, aus der alles andere entstehen konnte.

Zahlenharmonien

Pythagoras' wichtigste Untersuchungen galten den Zahlenverhältnissen, sie nahmen ihren Ausgangspunkt in Untersuchungen zur Musik, insbesondere der Verhältnisse zwischen Tönen, die angenehm zusammenklingen. Man erzählt, er sei darauf gestoßen, als er Schmieden bei der Arbeit zuhörte. Einer habe an einem Amboss gearbeitet, der halb so groß gewesen sei wie ein anderer, und die Töne, die bei Hammerschlägen auf beide entstanden, hätten genau eine Oktave auseinander gelegen. Wahrscheinlicher ist, dass Pythagoras die Zahlenverhältnisse von konsonanten, harmonisch klingenden Intervallen an gezupften Saiten des Monochords erforscht hat. Jedenfalls entdeckte er, dass Intervalle immer dann harmonisch klingen, wenn zwischen den Einzeltönen glatte Zahlenverhältnisse bestehen. Dies, heute als harmonische Reihe bezeichnet, bestätigte ihn in der Überzeugung, dass die Eleganz der Mathematik, die er in der Geometrie entdeckt hatte, auch in der natürlichen Welt herrscht.

Sterne und Elemente

Pythagoras hat damit nicht nur nachgewiesen, dass man die Struktur des Kosmos in mathematischen Begriffen darstellen kann – »die Zahl ist Herrscher der Formen« – sondern auch, dass die Akustik eine exakte Wissenschaft ist, in der Zahlen die Harmonien bestimmen. Nun machte er sich daran, seine Theorien auf den ganzen Kosmos auszudehnen und harmonische Beziehungen auch zwischen Sternen, Planeten und Elementen zu demonstrieren. Seine Vorstellung von harmonischen Verhältnissen zwischen den Sternen wurde von Astronomen in Mittelalter und Renaissance begeistert aufgenommen, sie entwickelten ganze Theorien um die Sphärenharmonien. Auch seine Vorstellung einer harmonischen Anordnung der Elemente wurde später wiederentdeckt. Der englische Chemiker Newlands fand 1865 heraus, dass bei Ordnung der Elemente nach steigendem Atomgewicht an jeder achten Stelle solche mit ähnlichen Eigenschaften auftauchen, wie bei den Noten der Musik. Dieses »Gesetz der Oktaven« stützte Newlands' Entwicklung des Periodensystems der Elemente.

Auch das Prinzip der Deduktion geht auf Pythagoras zurück, ein Verfahren, mit dem man, ausgehend von Axiomen wie »2 + 2 = 4«, Schritt für Schritt zu neuen Schlüssen oder Behauptungen kommen kann. Deduktives Argumentieren wurde, von Euklid verfeinert, später zur Basis des mathematischen Denkens nicht nur des Mittelalters.

Einer von Pythagoras' wichtigsten Beiträgen zur Entwicklung der Philosophie war seine Behauptung, dass abstraktes Denken der sinnlichen Evidenz überlegen ist. Platon hat dies mit seiner Ideenlehre aufgegriffen. Erneut wirksam wurde es in den Methoden des Rationalismus im 17. Jahrhundert. Mit dem pythagoreischen Versuch, das Rationale mit dem Religiös-Mythischen zu verbinden, beginnt die Auseinandersetzung mit einem Problem, an dem sich Philosophie und Religion bis heute abarbeiten.

Fast alles, was wir über Pythagoras wissen, stammt aus zweiter Hand. Gleichwohl haben die ihm zugeschriebenen Ideen nahezu legendären Status gewonnen (woran seine Schule selbst bereits mitgewirkt hat). Ob er tatsächlich ihr Urheber war, ist nicht entscheidend, in jedem Fall beeinflussten sie das philosophische Denken nachhaltig. ■

» Vernunft ist unsterblich, alles andere sterblich. «

Pythagoras

Die klassische Architektur folgt den von Pythagoras erkannten Maßverhältnissen. Durchweg werden harmonische Formen und Verhältnisse verwendet, im Kleinen wie im Großen.

GLÜCKLICH IST, WER SEIN ICH ÜBERWUNDEN HAT

SIDDHARTHA GAUTAMA (UM 563–483 V. CHR.)

IM KONTEXT

DISZIPLIN
Östliche Philosophie

LEHRE
Buddhismus

FRÜHER
um 1500 v. Chr. Der Vedismus erreicht den indischen Subkontinent.

10.–5. Jh. v. Chr. Der Brahmanismus verdrängt vedische Kulte.

SPÄTER
3. Jh. v. Chr. Der Buddhismus verbreitet sich aus dem Gangestal nach Westen.

1. Jh. v. Chr. Siddhartha Gautamas Lehren werden niedergeschrieben.

1. Jh. Der Buddhismus verbreitet sich bis China und Südostasien, wodurch sich regional unterschiedliche Schulen entwickeln.

Siddhartha Gautama, später der Buddha, »der Erwachte«, genannt, lebte zu einer Zeit, in der in Indien religiöse und mythische Erzählungen in Frage gestellt wurden. Gleichzeitig untersuchten Denker in Griechenland wie Pythagoras den Kosmos mithilfe der Vernunft. In China versuchten Laotse und Kong Fuzi (Konfuzius), die Moral ohne die Religion zu begründen. Auf dem indischen Subkontinent herrschte im 6. Jahrhundert v. Chr. als Glaube der Brahmanismus vor. Er baute auf alten vedischen Texten und Kulten auf. Siddhartha Gautama hat dessen Lehren als Erster mit philosophischen Argumenten hinter-

Siehe auch: Laotse 24–25 ▪ Pythagoras 26–29 ▪ Kong Fuzi 34–39 ▪ David Hume 148–153 ▪ Arthur Schopenhauer 186–188 ▪ Hajime Tanabe 244–245

Die Vier Edlen Wahrheiten

Leiden gehört **wesentlich zum Dasein** – von der Geburt durch Krankheit und Alter bis zum Tod. → Die Wahrheit des Leidens (**dukkha**)

Ursache des Leidens ist **Begierde**: das Streben nach sinnlichen Genüssen und Bindung an weltliche Güter und Macht. → Die Wahrheit vom Ursprung der Leiden (**samudaya**)

Das Leiden kann beendet werden durch **Loslösung von Streben und Bindung**. → Die Wahrheit vom Beenden des Leidens (**nirodha**)

Der **Achtfache Pfad** ist das Mittel, das Begehren und das Ich zu überwinden. → Die Wahrheit vom Pfad zum Ende des Leidens (**magga**)

fragt. Er wird von den Buddhisten wegen seiner Weisheit verehrt und war weder Messias noch Prophet, agierte auch nicht als Medium zwischen Göttern und Menschen. Seine Ideen empfing er nicht als Offenbarung, er entwickelte sie durch Nachdenken. Insofern ist der Buddhismus Philosophie *und* Religion. Seine Methode ist philosophisch, ebenso das Ziel: die Suche nach Wahrheit. Gautama bestand darauf, dass seine Lehre jedem Menschen zugänglich sei, allein durch die Vernunft. Wie die meisten östlichen Philosophen interessierte er sich nicht für die unbeantwortbaren Fragen der Metaphysik, wie sie die Griechen beschäftigten. Er hielt es für sinnlose Spekulation, sich mit Dingen jenseits der Erfahrung zu befassen. Ihm ging es darum, mit Vernunft das Ziel des Lebens zu erfassen. Voraussetzung dafür war die Klärung von Begriffen wie Glück, Tugend und »gutes Leben«.

Der Mittlere Weg

In seiner Jugend lebte Gautama in Luxus. Erst als er die Welt des Adelshofs verließ, in der er aufwuchs, sah er das Leiden in der Welt, sah dessen Ursache in Krankheit, Alter und Tod, und darin, dass den Menschen fehlt, was sie brauchen. Er erkannte, dass sein bisheriges Leben zum wahren Glück nicht ausreichte. Sinnenfreuden, »

Siddhartha Gautama

Fast alles, was wir über Siddhartha Gautamas Leben wissen, stammt aus Biografien, die seine Anhänger Jahrhunderte nach seinem Tod verfasst haben und die sehr voneinander abweichen. Sicher ist, dass er um 560 v. Chr. in Lumbini (heutiges Nepal) geboren wurde. Sein Vater war ein lokaler Herrscher oder Klanoberhaupt, sodass Gautama in Reichtum und privilegiert aufwuchs. Als er das wirkliche Leben und Leiden kennenlernte, verließ er Hof, Weib und Sohn und suchte einen spirituellen Pfad, die Mitte zwischen sinnlichen Freuden und Askese. Erleuchtung widerfuhr ihm unter dem »Bodhi-Baum«, Begierde und Unwissenheit fielen ab von ihm, er war »erwacht«, ein Buddha. So durchwanderte er Indien und predigte. 400 Jahre wurden seine Lehren mündlich tradiert, dann von seinen Anhängern in Pali im Werk *Tipitaka (Drei Körbe)* niedergeschrieben.

Hauptwerke

1. Jh. n. Chr.
Tipitaka enthält: *Vinaya-pitaka, Sutta-pitaka, Abhidhamma-pitaka*

Der Buddha schnitt sich zum Zeichen seines Verzichts auf die materielle Welt die Haare ab. Seiner Lehre nach sind die Versuchungen der Welt die Quelle allen Leidens.

denen wir uns überlassen, um das Leiden zu vergessen oder zu mildern, bleiben meist unbefriedigend, Erleichterung bringen sie nur vorübergehend. Doch ebenso unbefriedigend empfand er die Erfahrungen strenger Askese: Sie lehre nichts über das Glück.

So kam Gautama zu der Erkenntnis, es müsse einen mittleren Pfad geben zwischen Maßlosigkeit und Selbstkasteiung. Dieser Pfad sollte zum Glück, zum »Erwachen« führen und um ihn zu finden, richtete er sein Denken auf seine eigenen Erfahrungen. Leiden, so erkannte er, ist universell, ein integraler Bestandteil des Lebens, und seine Quelle liegt in der Enttäuschung unserer Begierden und Erwartungen. Zu den Begierden, die uns binden, gehören nicht nur Sinnenlust und weltlicher Ehrgeiz, sondern auch der Grundinstinkt der Selbsterhaltung. Erfüllt man sich solche Wünsche, dann führt dies, wie Gautama sagt, bestenfalls zu flüchtiger Befriedigung, nicht aber zum Glück im Sinn von Zufriedenheit und Seelenfrieden.

Das Nicht-Ich

Der nächste Gedankenschritt ist, so zeigte Gautama, dass man sich von Bindungen lösen muss, wenn man Enttäuschung verhindern und damit Leiden vermeiden will. Darin, dass wir uns von unseren Begierden lenken lassen, Erwartungen hegen und nicht davon lassen können, sah er die Hauptursache des Leidens, also auch in unserer Ichbezogenheit. Gautama fasst sie weiter als Suche nach Befriedigungen, als Selbstbezogenheit und Selbstliebe – als den großen Raum, den wir unserem »Ego« einräumen. Daraus folgt: Wenn wir uns von den Bindungen befreien wollen, die Leiden schaffen, müssen wir uns nicht nur von den Dingen lösen, die wir begehren, sondern auch unsere Bindung an das überwinden, was da aktiv begehrt: das Ich.

Doch wie ist das zu erreichen? Begehren, Ehrgeiz und Erwartung sind Teil unserer Natur und bilden für die meisten von uns auch den eigentlichen Lebensgrund. Wir müssen, so Gautamas Lösung, zu der Erkenntnis finden, dass die Welt des Ich illusorisch ist – und das ist eine Einsicht, die allein der Vernunft möglich ist. Nichts im Universum, so argumentiert er, ist durch sich selbst verursacht, alles ist Ergebnis vorangegangener Handlungen und wir alle sind nur flüchtige Elemente im ewigen Kreislauf, letztlich unbeständig und substanzlos. So betrachtet gibt es also kein Ich oder Selbst, das nicht Teil des größeren Ganzen – des Nicht-Ich – wäre. Also ist der einzige, der eigentliche Grund unseres Leidens, dass wir dies nicht erkennen. Es geht also nicht darum, unsere Existenz oder persönliche Identität aufzugeben, sondern darum, sie als das zu begreifen, was sie sind – flüchtig und ohne Substanz. Wir müssen begreifen, was es bedeutet, Teil des ewigen »Nicht-Ich« zu sein. Verabschieden wir uns von der Vorstellung, ein einzigartiges »Ich« zu sein, haben wir den Schlüssel zum (Er)Lösen von Bindungen und Leiden gefunden.

> »Glaube nichts, ganz gleich, wo du es gelesen hast oder wer es gesagt hat – es sei denn, es entspricht deiner Vernunft.«
>
> **Siddhartha Gautama**

Der Edle Achtfache Pfad

Gautamas Denken, so wie es ihn von den Ursachen des Leidens zum Glück geführt hat, ist niedergelegt in der buddhistischen Lehre von den vier Edlen Wahrheiten: von der Universalität des Leidens, der Begierde als dessen Ursache, dem Vermeiden des Leidens durch Ausschalten der Begierde und dem Achtfachen Pfad, durch den dies gelingen kann. Diese letzte Wahrheit ist auch als eine Art Leitfaden zum »mittleren

> »Frieden kommt von innen. Suche ihn nicht im Äußeren.«
>
> **Siddhartha Gautama**

Weg« zu verstehen, den Gautama für seine Anhänger als den Weg zum Erwachen beschrieben hat. Der Edle Achtfache Pfad – rechte Erkenntnis, rechte Gesinnung, rechte Rede, rechtes Handeln, rechter Lebenserwerb, rechtes Streben, rechte Achtsamkeit und rechtes Sich-Versenken – ist im Grunde ein ethischer Kodex, die Regel für ein gutes Leben und das Glück, das Gautama suchte.

Nirvana

Ziel des Erdenlebens ist nach Gautama, *samsara* zu beenden, den Kreislauf des Leidens (Geburt, Tod, Wiedergeburt), in den wir hineingeboren werden. Dem Achtfachen Pfad folgend kann jeder Mensch sein Ego überwinden und ein Leben ohne Leiden führen, kann als Erwachter den Schmerz der Wiedergeburt in ein anderes Leben vermeiden. Denn wer erwacht, erkennt den eigenen Platz im »Nicht-Ich«, hat damit den Status des *Nirvana* erreicht, das unterschiedlich übersetzt wird, als Nichtbindung, Nichtsein, als Erlöschen oder Verwehen (wie eine Kerze).

Im Brahmanismus zu Gautamas Zeit, auch im späteren Hinduismus wurde Nirvana begriffen als Einswerden mit Gott. Gautama dagegen vermeidet jede Erwähnung einer Gottheit oder eines höchsten Lebenszwecks. Nirvana wird nur beschrieben – ungeboren, ungeschaffen und ungeformt, übersteigt es jede sinnliche Erfahrung. Es ist kein Ort (auch kein »Jenseits«), sondern ein Zustand, nach Überwindung aller Leid stiftenden Vorstellungen und Wunschgestalten.

Gautama ist nach seinem Erwachen viele Jahre predigend und lehrend durch Indien gewandert und gewann eine beträchtliche Anhängerschaft. Der Buddhismus wurde anerkannt als bedeutende Religion und Philosophie. Seine Lehren wurden erst mündlich tradiert, dann, im 1. Jahrhundert n. Chr., niedergeschrieben. Als sich die Lehre in Indien und dann nach China und Südostasien verbreitete, entstanden, auch in Auseinandersetzung mit Daoismus und Konfuzianismus, verschiedene Schulen.

Im 3. Jahrhundert v. Chr. erreichten Gautamas Lehren sogar Griechenland, gewannen dort aber wenig Einfluss. Gleichwohl bestanden Ähnlichkeiten zur griechischen Philosophie, nicht zuletzt im Hinblick auf Gautamas Betonung des vernünftigen Denkens und im Gebrauch der Dialogform, mit der seine Schüler seine Lehren erläuterten. Seine Gedanken fanden ein Echo auch in späteren Vorstellungen abendländischer Philosophen, etwa in Humes Konzept des Selbst oder in Schopenhauers Ansichten zur *Condition humaine.* Erst im 20. Jahrhundert gewann der Buddhismus direkten Einfluss auf das westliche Denken, seither finden immer mehr Menschen aus westlichen Gesellschaften im Buddhismus Orientierung für ihr Leben. ■

» Der Geist ist alles.
Was du denkst,
wirst du auch erlangen. «

Siddhartha Gautama

Das Rad des Dharma, eines der ältesten buddhistischen Symbole, zeigt den Achtfachen Pfad zum Nirvana. Im Buddhismus bezieht sich das Wort *dharma* auf die Lehren des Buddha.

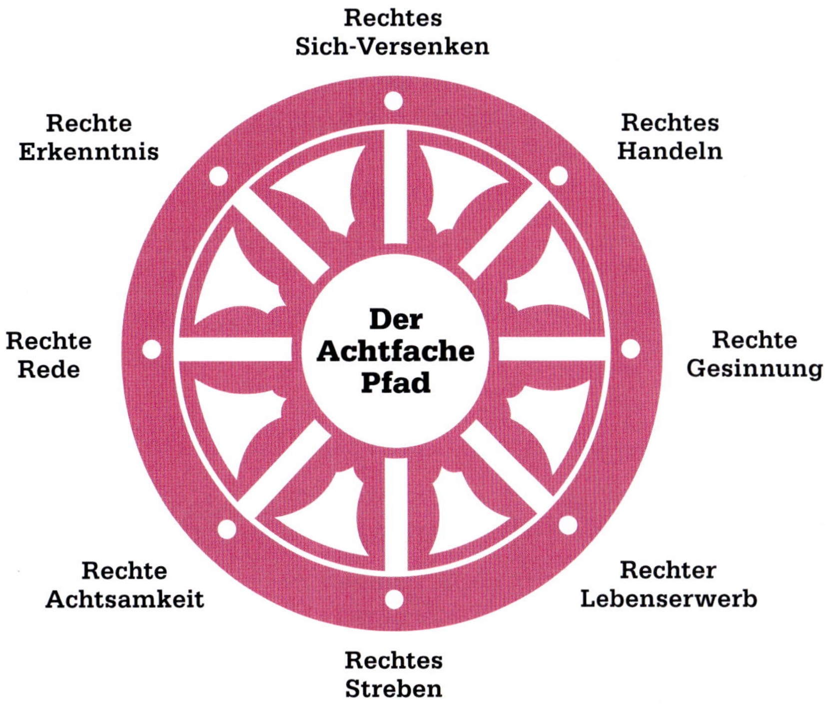

MACHE TREUE UND AUFRICHTIGKEIT ZU OBERSTEN PRINZIPIEN

KONG FUZI (KONFUZIUS) (551–479 V. CHR.)

IM KONTEXT

DISZIPLIN
Chinesische Philosophie

LEHRE
Konfuzianismus

FRÜHER
7. Jh. v. Chr. Zeit der Hundert Schulen

6. Jh. v. Chr. Laotse lehrt Handeln im Einklang mit dem *Dao*.

SPÄTER
um 470–380 v. Chr. Der chinesische Philosoph Mo Di (Mozi) kritisiert konfuzianische Ideen.

372–289 v. Chr. Wiederbelebung des Konfuzianismus durch den Philosophen Meng Zi.

221–202 v. Chr. Qin-Dynastie unterdrückt Konfuzianismus.

136 v. Chr. Die Han-Dynastie führt Beamtenprüfungen ein, die auf konfuzianischen Texten basieren.

9. Jh. n. Chr. Konfuzianismus wird als Neokonfuzianismus neu belebt.

Von 770 bis 220 v. Chr. durchlief China große Umbrüche und kulturelle Veränderungen, philosophisch gespiegelt in den praktisch orientierten »Hundert Schulen« des Denkens. Mit dem Zerfall der Zhou-Dynastie ging die Zeit der Frühlings- und Herbstannalen über in jene der Streitenden Reiche (476–221 v. Chr.). In diese Zeit der Unruhen wurde Kong Fuzi oder Konfuzius, wie man ihn in der westlichen Welt nannte, geboren. Umbruch herrschte auch in Griechenland, und wie dort Thales, Pythagoras oder Heraklit, suchte auch Kong Fuzi nach dem Bleibenden in einer erschütterten Welt. Für ihn konnten dies nur moralische Werte sein, die Grundlage eines gerechten Regierens.

Die Analekten

Anders als die Hundert Schulen suchte Kong Fuzi Inspiration in der Vergangenheit. Er war ein konservativer Mensch mit großem Respekt vor traditionellen Riten und der Ahnenverehrung. Beides war im alten China auch insofern bedeutsam, als Könige und Fürsten ihre Autorität aus einem Mandat der Götter zogen. Die Gesellschaft war strikt hierarchisch organisiert, Kong Fuzi allerdings gehörte zu einer neuen Klasse von Gelehrten, die an den Adelshöfen als Berater wirkten. Ihr Status war nicht erblich, sondern wurde durch Verdienste erworben. Indem Kong Fuzi diese neue Meritokratie mit den alten Idealen verband, entstand eine Moralphilosophie, die – wie Sokrates in Athen – den Einzelnen und sein Tun in den Blick nahm.

Hauptquelle für die Lehren des Kong Fuzi sind die *Analekten* oder Lehrgespräche – chinesisch *Lunyu* –, Fragmente, die seine Schüler gesammelt haben. Es

> »Der Edle tut, was seiner Stellung angemessen ist; er begehrt nicht, darüber hinauszugehen.«
>
> **Kong Fuzi**

Kong Fuzi

Der Überlieferung zufolge wurde Kong Fuzi 551 v. Chr. in Qufu im Staat Lu geboren. Ursprünglich hieß er Kong Qiu, erhielt dann den Ehrennamen Kong Fuzi oder »Meister Kong«. Über sein Leben ist wenig bekannt, er stammte aus einer wohlhabenden Familie, musste nach dem Tod seines Vaters aber als Diener arbeiten, um die Familie zu ernähren. Trotzdem fand er Zeit zu studieren und wurde Beamter am Hof von Lu. Als seine Vorschläge dort keine Beachtung fanden, wandte er sich der Lehre zu und wanderte durch das Reich. Erst gegen Ende seines Lebens kehrte er nach Qufu zurück, wo er 479 v. Chr. starb. Seine Lehren sind in Fragmenten überliefert, wurden von seinen Schülern mündlich weitergegeben und dann in den *Analekten* und anderen Anthologien gesammelt.

Hauptwerke

5. Jh. v. Chr.
Analekten des Konfuzius (Lunyu)
Das Große Lernen (Daxue)
Maß und Mitte (Zhongyong)

Siehe auch: Thales von Milet 22–23 ▪ Laotse 24–25 ▪ Pythagoras 26–29 ▪ Siddhartha Gautama 30–33 ▪ Heraklit 40 ▪ Hajime Tanabe 244–245

ist eine vornehmlich politische Abhandlung, realisiert in Aphorismen und Anekdoten, die zusammen eine Art Regelwerk für gerechtes Regieren ergeben. Doch wenn Kong Fuzi, um einen tugendhaften Mann zu bezeichnen, das Wort *junzi* (Edelmann) benutzt, zeigt dies, dass es ihm nicht nur um den Staat, sondern auch um das gesellschaftliche Leben ging. Über weite Strecken lesen sich die *Analekten* tatsächlich wie ein Benimmbuch. Gleichwohl sind sie mehr als eine politisch-soziale Abhandlung: Im Zentrum steht eine ausgearbeitete Ethik.

Das tugendhafte Leben

Vor der Zeit der Hundert Schulen wurde die Welt auch in China mythisch-religiös erklärt. Macht und moralische Autorität galten als von den Göttern gegeben. Zu diesen äußert Kong Fuzi sich nicht, nur auf *tian* bezieht er sich, den Himmel als Quelle der moralischen Ordnung. Den Menschen sieht er als Stellvertreter, vom Himmel dazu erwählt, dessen Willen umzusetzen und die Welt mit der moralischen Ordnung in Einklang zu bringen – eine Denkfigur, die der chinesischen Tradition entspringt. Mit ihr bricht Kong Fuzi jedoch dort, wo er sagt, dass *de* – die Tugend – nichts ist, was der Himmel den herrschenden Klassen schickt, sondern etwas, das Menschen (und zwar alle) erwerben und pflegen müssen. Selbst zum Minister am Hof der Zhou aufgestiegen, glaubte Kong Fuzi, nicht nur die Herrschenden, sondern auch die Mittelklasse hätten die Pflicht, sich um Tugend und Mitmenschlichkeit – *ren* – zu bemühen. Nur so entstehe eine stabile und gerechte Gesellschaft.

Um die Tatsache, dass die Gesellschaft ein rigides Klassensystem war, mit seiner Überzeugung zu vereinen, alle Menschen könnten die Segnungen des himmlischen Mandats empfangen, betrachtet Kong Fuzi nicht nur jene als tugendhaft, die an der Spitze einer Hierarchie stehen, sondern alle, die ihre Stellung in der Gesellschaft kennen und sich entsprechend verhalten. Im Einklang mit *de* zu handeln, ist möglich, wenn man sich an den traditionellen chinesischen Werten orientiert: an *zhong,* der Treue; an *xiao,* der kindlichen Pietät; an *li,* den Riten, und *shu,* der Wechselseitigkeit. Wer sich, gleich in welcher Stellung, aufrichtig um diese Werte bemüht, wird *junzi,* zum Edlen, einem Menschen mit Anstand, Bildung und guten Manieren. »

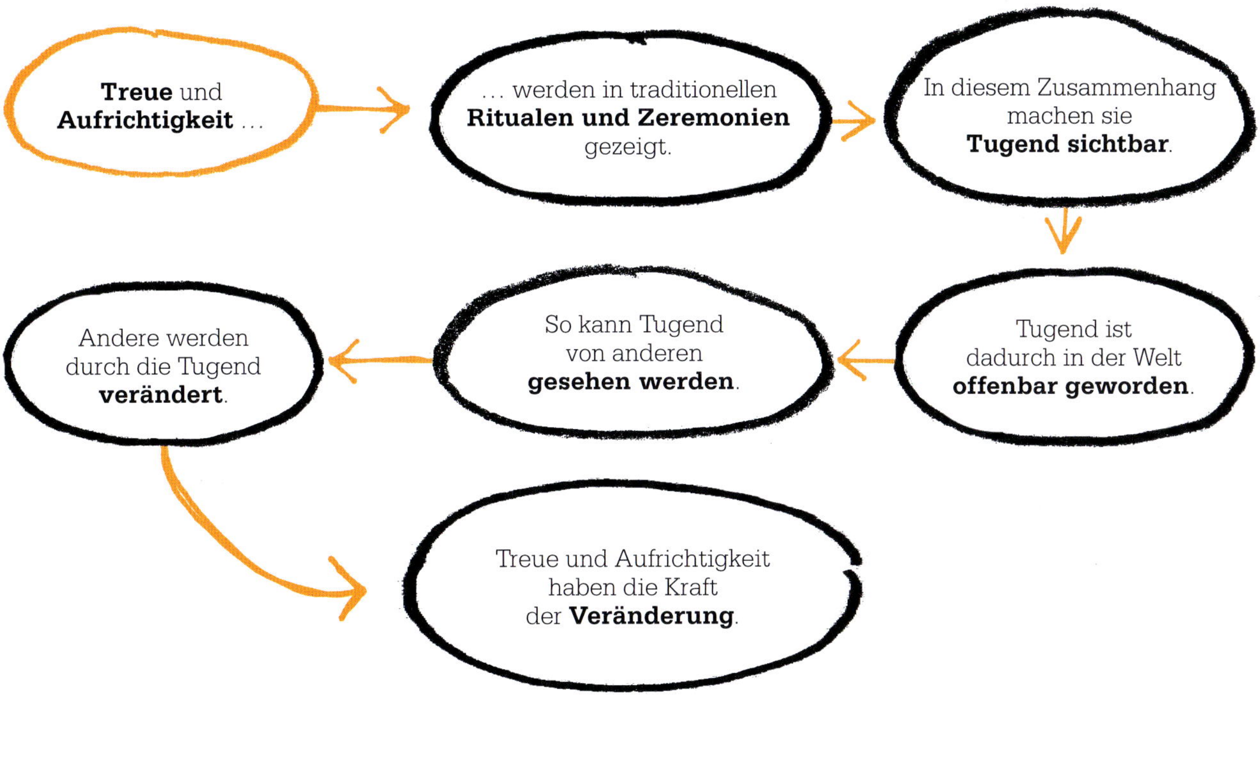

Die Fünf Elementarbeziehungen

Herrscher – Untertan
Herrscher sollen menschlich sein und Untertanen treu.

↓

Vater – Sohn
Eltern müssen liebevoll sein, ein Kind muss gehorchen.

↓

Mann – Frau
Ehemänner müssen gut und gerecht sein, die Frauen verständnisvoll.

↓

Älterer Bruder – jüngerer Bruder
Die älteren müssen freundlich, die jüngeren Geschwister respektvoll sein.

↓

Freund – Freund
Ältere Freunde müssen umsichtig, jüngere ehrerbietig sein.

Die Werte des *de* hatten sich in der herrschenden Klasse herausgebildet, in der zerfallenden Welt der Zhou-Dynastie aber waren sie zu leeren Gesten geworden. Kong Fuzi versuchte, die Regenten zurück auf den Weg der von *de* bestimmten Werte zu bringen. Dabei vertraute er auch auf die Macht vorbildlicher Menschlichkeit: Wer nicht durch Furcht, sondern durch ein gutes Vorbild regiere, werde die Menschen anregen, ein ähnlich tugendhaftes Leben zu führen. Und das gilt in allen menschlichen Beziehungen.

Treue und Ritual

Wenn er diese Beziehungen untersucht, macht Kong Fuzi *zhong* – die Treue – zum leitenden Prinzip. Er beginnt bei der Treue eines Ministers zu seinem Fürsten, um die Treue zwischen Vater und Sohn, Mann und Frau, älterem und jüngerem Geschwisterteil und zwischen Freunden zu untersuchen. Die Reihenfolge ist bezeichnend: von der politischen Loyalität über die gegenüber Familie und Klan bis zu der gegenüber Freunden und Fremden. Eine Hierarchie, in der Kong Fuzi die Forderung erkannte, dass jede Person ihre Stellung im Ganzen der Gesellschaft kennen sollte, ebenso wie ihren Platz in Familie und Klan.

Dieses Seine-Stellung-Kennen äußert sich in *xiao* – der kindlichen Pietät, die für Kong Fuzi viel mehr ist als Ehrfurcht vor den Eltern. An dieser Stelle kommen die *Analekten* religiösen Vorstellungen am nächsten: *Xiao* ist verbunden mit traditionellen Praktiken des Ahnenkults. Vor allem aber stärkt es die Beziehung des Schwächeren zum Überlegenen, ein für Kong Fuzi zentraler Gedanke.

Am konservativsten ist Kong Fuzi im Beharren auf *li* – dem angemessenen Ritual. Wobei sich *li* nicht

Ritual und Tradition binden für Kong Fuzi den Einzelnen an die Gemeinschaft. Wer seinen Platz in der Gesellschaft kennt, ist frei, *junzi* zu werden, ein Edler.

nur auf die Riten des Ahnenkults bezieht, sondern auch auf gesellschaftliche Normen, die damals jeden Aspekt des Lebens in China regelten: auf Zeremonien wie Heirat, Bestattung und Opfer, auf die Etikette der Gastfreundschaft, des Schenkens und auch auf die schlichten Gesten der Höflichkeit wie Verbeugung und gehörige Anrede. Alles das betrachtet Kong Fuzi als äußere Zeichen des inneren *de* – allerdings nur wenn die Rituale aufrichtig vollzogen werden. Zeigt aber der Edle allen sichtbar und mit innerem Ernst seine Treue, kann er die Gesellschaft verändern.

Aufrichtigkeit

Beispielhaftes Leben, davon war Kong Fuzi überzeugt, ändert die Gesellschaft. So heißt es: »Aufrichtigkeit wird sichtbar und, sichtbar geworden, manifest. Manifestiert beginnt sie zu leuchten. Leuchtend beeinflusst sie andere. Diese, unter solchem Leuchten, verändern sich. Nur wer von vollständigster Aufrichtigkeit ist, die vor dem Himmel bestehen kann, kann verändern.«

An dieser Stelle ist Kong Fuzi am wenigsten konservativ, hier

> »Was man weiß, als Wissen gelten lassen, was man nicht weiß, als Nichtwissen gelten lassen: Das ist Wissen.«
>
> **Kong Fuzi**
> *Analekten*

betont er Veränderung. Sie kann auf zweierlei Art wirken. Das Konzept des *zhong* (der Treue) hat auch die Bedeutung »Achtung der anderen«. Man kann lernen, zum edlen Menschen zu werden, indem man zunächst erkennt, was man nicht weiß (eine Idee, die ein Jahrhundert später auch bei Sokrates auftaucht), und dann andere Menschen beobachtet. Zeigen sie wahre Tugend, versuche man ihnen gleich zu werden. Ist ihre Tugend gering, leite man sie.

Selbstreflexion

Zhong als das Achten der anderen ist verbunden mit dem letzten der konfuzianischen Werte des *de*, mit *shu*, der Wechselseitigkeit oder »Selbstreflexion«, die unser Verhalten gegen andere leiten sollte. Die Regel »handle, wie du behandelt werden willst«, erscheint im Konfuzianismus als Negation: »Was du dir selbst *nicht* wünschst, das tue auch keinem anderen.« Ein subtiler, aber entscheidender Unterschied: Kong Fuzi schreibt keine Handlung vor, er sagt vielmehr, wovon man absehen soll, betont also weniger das Handeln als die Zurückhaltung und setzt Bescheidenheit voraus – in China traditionell hochgeschätzte Werte, in denen Kong Fuzi wahre Menschlichkeit sah. Das Bemühen um Bescheidenheit zeugt von Treue zum eigenen Selbst, ist darin eine andere Form der Aufrichtigkeit.

Konfuzianismus

Am Handeln der Herrschenden hat Kong Fuzi nicht viel ändern können, darum quittierte er den Staatsdienst und zog lehrend durchs Land. Seine Schüler, darunter Meng Zi (Menzius), sammelten seine Schriften. Sie überlebten die unterdrückerische Qin-Dynastie und inspirierten das Wiederaufleben des Konfuzianismus unter den Han. Von da an entwickelten Kong Fuzis Lehren große Wirkung und prägten, von der Verwaltung über die Politik zur Philosophie, die chinesische Gesellschaft in fast allen Aspekten. Zu Kong Fuzis Zeit blühten auch Daoismus und Buddhismus und ersetzten die traditionelle Religiosität. Kong Fuzi hat sich zu Göttern und Glauben nicht geäußert, gleichwohl aber die beiden neuen Religionen beeinflusst.

Eine neokonfuzianische Schule führte im 9. Jahrhundert zur Wiederbelebung des Konfuzianismus, der im 12. Jahrhundert eine neue Hochzeit erlebte, sein Einfluss reichte bis Korea und Japan. Im 16. Jahrhundert brachten jesuitische Missionare Kong Fuzis Ideen nach Europa (und latinisierten seinen Namen), aber der Konfuzianismus blieb dem Denken dort fremd und entfaltete erst mit den Übersetzungen des 17. Jahrhunderts einige Wirkung.

Auch nach 1911, dem Ende des Kaiserreichs, bildeten konfuzianische Ideen noch die Basis vieler moralischer und gesellschaftlicher Konventionen in China, selbst als jene offiziell kritisiert wurden. In den letzten Jahren zeigte die Volksrepublik China erneut Interesse an Kong Fuzi, dessen Ideen mit modernem chinesischen Denken und mit westlicher Philosophie zu einem Gedankenmodell verbunden werden, das »Neokonfuzianismus« genannt wird. ■

Kong Fuzi trat für eine menschliche Gesellschaft ein. Er wanderte zwölf Jahre durch China und lehrte Treue und Aufrichtigkeit.

ALLES FLIESST

HERAKLIT (UM 535–475 V. CHR.)

IM KONTEXT

DISZIPLIN
Metaphysik

LEHRE
Monismus

FRÜHER
6. Jh. v. Chr. Die milesischen Philosophen behaupten, der Kosmos bestehe aus einer einzigen Ursubstanz.

6. Jh. v. Chr. Pythagoras lehrt, dass dem Kosmos eine Struktur zugrunde liegt, die mathematisch bestimmt werden kann.

SPÄTER
Anfang 5. Jh. v. Chr. Parmenides beweist mittels logischer Deduktion die Unmöglichkeit des Wandels.

Ende 4. Jh. v. Chr. Nach Platon ist die Welt in steter Veränderung, gleichwohl sei Heraklits Theorie widersprüchlich und falsch.

Anfang 19. Jh. n. Chr. Hegel begründet sein dialektisches System der Philosophie auf der Einheit der Widersprüche.

Wo andere Vorsokratiker nach quasi naturwissenschaftlichen Erklärungen für die physische Natur des Kosmos suchen, geht Heraklit davon aus, dass dieser von göttlichem Logos regiert wird. Logos, später als »Vernunft«, als »Satz«, »Sprache« oder »Beweis« verstanden, betrachtet er als universelles kosmisches Gesetz, durch das alle Dinge sind und werden, das zugleich alle materiellen Elemente des Universums im Gleichgewicht hält.

So bedeutet Logos bei Heraklit auch Einheit der Gegensätze, wie Tag und Nacht oder heiß und kalt. Dies, so sagt er, führt zur Einheit des Universums: Jedes Seiende hat Teil an einem fundamentalen Prozess, an einer Ursubstanz – der Hauptgedanke des Monismus. Innerhalb dieser Einheit zwischen diesen Gegensatzpaaren, so Heraklit, entsteht eine permanente Spannung, alles Seiende ist darum permanent im Fluss, der Wandel also das einzig Beständige. Aus Tag etwa wird Nacht, aus diesem wieder Tag und immer so weiter.

> »Der Weg auf und ab ist ein und derselbe.«
>
> **Heraklit**

Heraklit fand dafür das bekannte Bild vom Fluss, in den niemand zweimal steigen kann. Denn kaum steigt man hinein, fließt dorthin frisches Wasser, wohin man den Fuß zuerst gesetzt hat. Den Fluss selbst betrachtet und beschreibt man gleichwohl stets als ein und denselben. Heraklits Vorstellung, jedes Objekt im Universum befinde sich im Zustand konstanten Wandels, steht dem Denken von Thales und Anaximenes entgegen, denn die Milesier haben alle Dinge durch ihren prinzipiell unwandelbaren Urstoff *(arche)* beschrieben. ■

Siehe auch: Thales von Milet 22–23 ▪ Anaximenes von Milet 336 ▪ Pythagoras 26–29 ▪ Parmenides 41 ▪ Platon 50–55 ▪ Hegel 178–185

ALLES IST EINS

PARMENIDES (UM 515–445 V. CHR.)

IM KONTEXT

DISZIPLIN
Metaphysik

LEHRE
Monismus

FRÜHER
6. Jh. v. Chr. Pythagoras sieht den Grund des Kosmos nicht in einer Substanz, sondern in einer mathematischen Struktur.

um 500 v. Chr. Heraklit lehrt, alles befinde sich im Fluss.

SPÄTER
Ende 5. Jh. v. Chr. Zenon von Elea stellt seine Paradoxa vor, will die illusorische Natur der Wahrnehmung demonstrieren.

um 400 v. Chr. Nach Leukipp und Demokrit ist der Kosmos aus Atomen aufgebaut.

Ende 4. Jh. v. Chr. Platon präsentiert seine Theorie der Formen, derzufolge abstrakte Ideen die höchste Form der Realität sind.

1927 Martin Heidegger schreibt *Sein und Zeit* und lässt die Frage nach dem Sein neu aufleben.

Die Ideen des Parmenides markieren einen Wendepunkt der griechischen Philosophie. Beeinflusst durch das logisch-wissenschaftliche Denken des Pythagoras, also durch deduktives Denken versucht Parmenides die wahre Natur der Welt aufzudecken. Seine Untersuchungen führen ihn zu Ansichten, die jenen von Heraklit widersprechen.

Wenn etwas ist, dann, so Parmenides, kann es nicht zugleich nicht sein. Denn das wäre ein logischer Widerspruch. Daraus lässt sich ableiten, »deduzieren«, dass der Zustand, dass nichts existiert, nicht möglich ist. Es kann keine Leere geben. Weil aber auch aus Nichts nicht Etwas werden kann, muss alles in irgendeiner Form immer schon existiert haben. Und diese Form kann sich nicht verändern, denn sie ist das Dauerhafte, kann sich also nicht ändern, ohne aufzuhören, dauerhaft zu sein. Wandel kann niemals Grund des Seins sein.

Darum, folgert Parmenides, muss alles, was real ist, auch ewig und unwandelbar sein, muss eine unsichtbare Einheit haben – »Alles ist Eins«. Das aber heißt: Unsere Wahrnehmung der Welt ist falsch und voller Widersprüche. Dieser Schluss hat nachfolgende Philosophen weitaus mehr beschäftigt als alle anderen Gedanken des Parmenides. Wir erleben Wandel, aber unsere Vernunft sagt uns, Wandel sei unmöglich. Daraus lässt sich nur ein Schluss ziehen: Auf die Erfahrungen unserer Sinne ist kein Verlass. ■

Die Frage nach dem Wesen des Kosmos ist eine der ältesten der Philosophie. Im 20. Jh. findet die Quantenphysik Beweise für Vorstellungen, die Parmenides allein durch Nachdenken entwickelt hat.

Siehe auch: Pythagoras 26–29 ▪ Heraklit 40 ▪ Demokrit und Leukipp 45 ▪ Zenon von Elea 337 ▪ Platon 50–55 ▪ Martin Heidegger 252–255

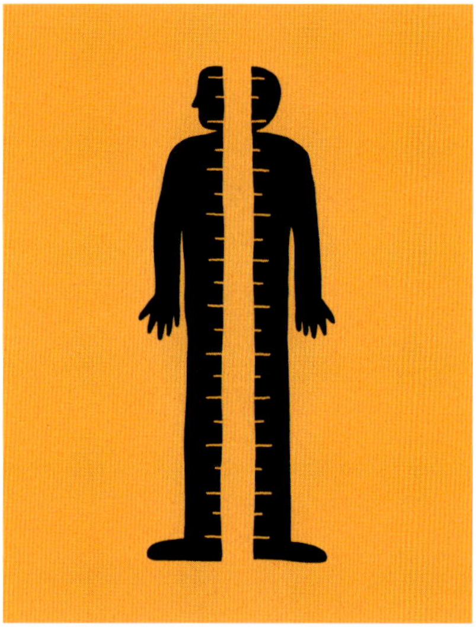

DER MENSCH IST MASS ALLER DINGE

PROTAGORAS (UM 490–420 V. CHR.)

IM KONTEXT

DISZIPLIN
Ethik

LEHRE
Relativismus

FRÜHER
Anfang 5. Jh. v. Chr. Parmenides behauptet, auf unsere Vernunft sei mehr Verlass als auf unsere Sinne.

SPÄTER
Anfang 4. Jh. v. Chr. Nach Platons Ideenlehre gibt es zu jedem einzeln Seienden ein Allgemeines, eine ideale Form.

1580 n. Chr. Michel de Montaigne meint in seinem *Essay*, dass sich menschliches Verhalten nur mit Relativismus beschreiben lässt.

1967–1972 Jacques Derrida zeigt mit seiner Methode der Dekonstruktion, dass jeder Text unauflösbare Widersprüche enthält.

2005 Benedikt XVI. warnt in seiner ersten Botschaft als Papst vor einer »Diktatur des Relativismus«.

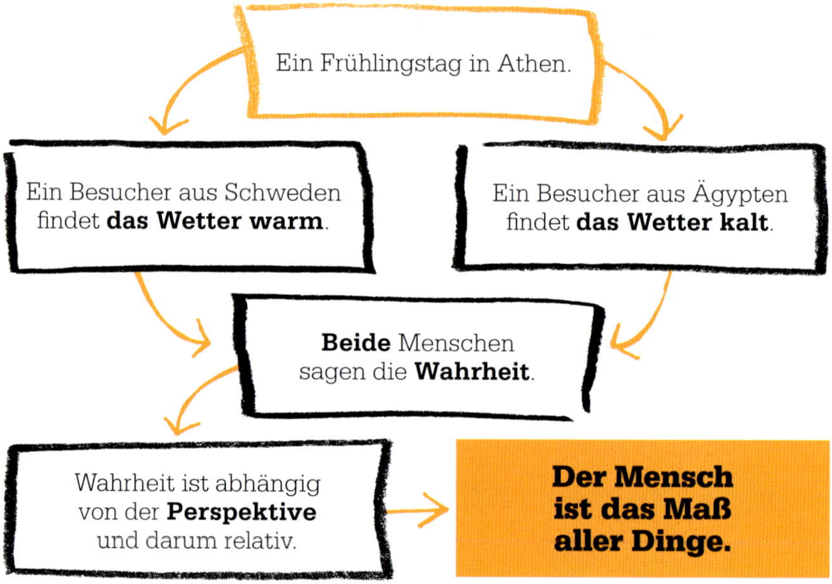

Im 5. Jahrhundert v. Chr. erlebte Athen unter Perikles (445–429 v. Chr.) ein »Goldenes Zeitalter«. Der militärisch und wirtschaftlich starke Stadtstaat wurde zum kulturellen Zentrum Griechenlands und zog Menschen von überall her an. Vor allem wer über Rechtskenntnisse verfügte und Rhetor, Redner, war, konnte mit einem guten Verdienst rechnen. Das Rechtssystem sah vor, dass sich jeder vor Gericht Angeklagte selbst verteidigen musste. Statt Advokaten gab es nur Berater. Zu diesen gehörte auch Protagoras aus Abdera.

Alles ist relativ

Protagoras unterrichtete alle, die es sich leisten konnten, in Recht und Rhetorik. Seine Lehre konzentrierte sich auf praktische Angelegenheiten: Das Argumentieren lehrte er, damit man Prozesse gewinnen konnte, nicht um abstrakte Beweise zu führen. Doch Protagoras sah die

Siehe auch: Parmenides 41 ▪ Sokrates 46–49 ▪ Platon 50–55 ▪ Michel de Montaigne 108–109 ▪ Jacques Derrida 312–317

> »Was die Götter angeht, so ist es mir unmöglich zu wissen, ob sie existieren … Die Kräfte, die mich hindern, es zu wissen, sind zahlreich, auch ist die Frage verworren und das menschliche Leben kurz.«
>
> **Protagoras**

philosophischen Konsequenzen seiner Lehre. Jedes Argument hat zwei Seiten, beide können gleichermaßen gültig sein. Jeden Fall, sagte er, könne man »ins Gute wenden«. Wenn das gelinge, dann weniger wegen des guten Arguments als durch die Überzeugungskraft des Vorschlagenden. Für Protagoras sind Überzeugungen subjektiv, der Verfechter eines Arguments entscheidet über dessen Wert. Diese Art zu denken war in Recht und Politik damals üblich, für die Philosophie jedoch neu. Protagoras rückte den Menschen ins Zentrum, befreite das Denken damit um einen weiteren Schritt vom Mythisch-Religiösen, lenkte die Aufmerksamkeit vom Kosmisch-Ganzen auf das Verstehen menschlichen Verhaltens. Ihn interessierten vor allem praktische Fragen. Philosophische Spekulationen über die Natur des Kosmos oder die Existenz von Göttern erschienen ihm sinnlos, vor allem bezweifelte er, dass hierüber je Wissen zu erlangen sei.

All das steckt in seinem Diktum »Der Mensch ist Maß aller Dinge.« Wenn Überzeugungen wesentlich subjektiv sind, dann kann es keine absoluten, universell gültigen Definitionen von Wahrheit, Gerechtigkeit oder Tugend geben. Was dem einen wahr erscheint, kann für andere falsch sein. Dieser Relativismus, sagt Protagoras, gilt auch für moralische Werte, für die Unterscheidung von gut und böse. Nichts sei aus sich heraus und absolut gut (oder böse). Etwas könne nur darum ethisch richtig sein, weil eine Person oder eine Gesellschaft es für richtig hält.

Protagoras war der einflussreichste in der Gruppe wandernder Lehrer, die sich Sophisten nannten (von griechisch *sophia,* Weisheit) und die von Sokrates und Platon als bloße Rhetoriker verspottet wurden. Dennoch: Protagoras bezeichnete alle Urteile, auch moralische, als subjektiv – für die philosophische Ethik ein bedeutsamer Schritt. ■

Nach Protagoras hängt jede »Wahrheit« von Philosophen – z. B. der hier auf einem Kelch aus dem 6. Jh. v. Chr. dargestellten – ab von deren rhetorisch-diskursiven Fertigkeiten.

Protagoras

Protagoras stammte aus Abdera im Nordosten Griechenlands und reiste als Lehrender umher. In Athen wurde er Berater von Perikles, dem »Strategen« des Stadtstaats. Der beauftragte ihn 444 v. Chr., die Verfassung für die Kolonie Thurioi zu schreiben. Protagoras hielt sicheres Wissen für unmöglich, war also Agnostiker. Wegen Ungläubigkeit stand er später vermutlich vor Gericht, seine Schriften wurden verbrannt. Von seinen Werken blieben nur Fragmente erhalten. Einige seiner Argumente sind aus Platons Dialogen *Theätet* und *Protagoras* bekannt. Er soll mit 70 Jahren auf der Flucht von Athen nach Sizilien bei einem Schiffsunglück ums Leben gekommen sein.

Hauptwerke (Fragmente)

5. Jh. v. Chr.
Über die Götter
Wahrheit
Über das Sein
Die Kunst des Streitgesprächs
Über Mathematik
Über den Staat
Über Ehrgeiz
Über die Tugenden
Über den Urzustand der Dinge

WIRFT MAN MIR EINEN PFIRSICH ZU, GEBE ICH EINE PFLAUME ZURÜCK

MO DI (MOZI) (UM 470–391 V. CHR.)

IM KONTEXT

DISZIPLIN
Chinesische Philosophie

LEHRE
Mohismus

FRÜHER
6. Jh. v. Chr. Laotse lehrt, nach dem *dao* zu leben bedeute, intuitiv und im Einklang mit der Natur zu leben.

Ende 6. Jh. v. Chr. Kong Fuzis Moralphilosophie betont die Bedeutung von Familienbindung und Traditionen.

SPÄTER
Mitte 4. Jh. v. Chr. Menzius' konfuzianische Philosophie baut darauf, dass die Menschen von Natur aus gut sind.

Mitte 4. Jh. v. Chr. Der daoistische Philosoph Zhuangzi kritisiert Konfuzianismus und Mohismus.

3. Jh. v. Chr. Die Qin-Dynastie macht den Legalismus (Gegenposition zum Mohismus) zur Staatsphilosophie. Die von Natur aus bösen Menschen seien mit Gesetzen im Zaum zu halten.

Geboren um 470 v. Chr., kurz nach Kong Fuzis (Konfuzius) Tod, erhielt Mo Di (Mozi) die traditionelle, auf klassischen Texten basierende Bildung. (Sein Name bedeutet »Meister Mo«. Bertolt Brecht hat ihn im *Buch der Wendungen* als »Me-ti« literarisiert.) Später wandte er sich gegen die konfuzianische Betonung von Klan und Familie. Seine eigene Schule des Denkens gründete er auf *jian ai*, die Liebe zu allen Menschen, unabhängig von ihrem Stand oder irgendwelchen Verwandtschaftsverhältnissen. Ein solches Denken, so Mo Di, »nährt und erhält alles Leben«, es sei menschenfreundlich und stehe im Einklang mit dem Weg des Himmels.

Nach Mo Di ist alles Handeln wechselseitig. Wenn wir andere so behandeln, wie wir selbst behandelt werden wollen, dann erfahren wir eine solche Behandlung auch von ihnen. Das meint der Ausspruch: »Wirft man mir einen Pfirsich zu, gebe ich eine Pflaume zurück.« Würde dieses Prinzip, für alle gleich und unparteiisch zu sorgen, von den Herrschenden befolgt, gebe es keine Konflikte und Kriege mehr. Würden alle es befolgen, führte dies zu einer harmonischeren und produktiveren Gesellschaft. Diese Vorstellung ähnelt utilitaristischen Ideen, die westliche Philosophen im 19. Jahrhundert entwickelt haben. ■

Mao Zedong sah Mo Di, der aus einfachen Verhältnissen kam, als wahren Philosophen des Volkes. Das moderne China begrüßte dessen Forderung, alle Menschen gleich zu behandeln.

Siehe auch: Laotse 24–25 ▪ Siddhartha Gautama 30–33 ▪ Kong Fuzi 34–39 ▪ Wang Bi 337 ▪ Jeremy Bentham 174 ▪ Hajime Tanabe 244–245

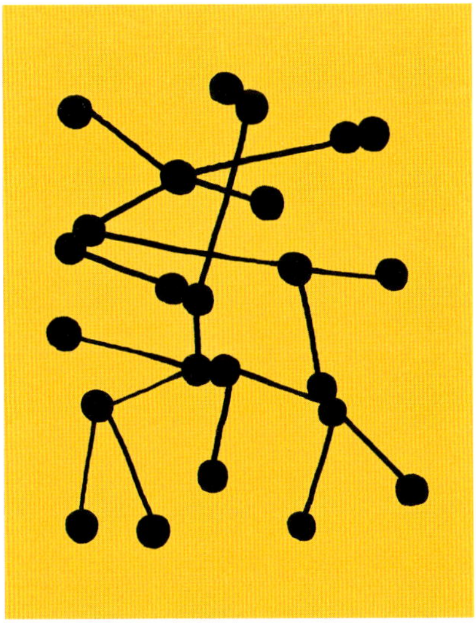

IN WIRKLICHKEIT GIBT ES NUR DIE ATOME UND DAS LEERE

LEUKIPP (ANFANG 5. JH. V. CHR.) DEMOKRIT (460–370 V. CHR.)

IM KONTEXT

DISZIPLIN
Metaphysik

LEHRE
Atomismus

FRÜHER
Anfang 6. Jh. v. Chr. Thales lehrt, dass der Kosmos aus einem Urstoff besteht.

um 500 v. Chr. Heraklit behauptet, alles befinde sich im Fluss, in stetigem Wandel.

SPÄTER
um 300 v. Chr. Weil sich die Atome eines toten Körpers verstreuen, gibt es, so die Epikureer, kein Leben nach dem Tod.

1805 Der britische Chemiker John Dalton definiert das Atom als kleinste Einheit der Materie. Es gebe so viele Atome wie Elemente.

1897 Der britische Physiker J. J. Thomson entdeckt, dass sich Atome in kleinere Teilchen spalten lassen.

Seit dem 6. Jahrhundert v. Chr. überlegten Philosophen, ob der Kosmos nicht aus einer einzigen Grundsubstanz aufgebaut sein könnte. Im 5. Jahrhundert nun erklärte Leukipp, dass alles aus unsichtbaren und unveränderlichen Teilchen bestehe. Sein Schüler Demokrit systematisierte diese Theorie und nannte die Teilchen Atome – das griechische Wort *atomos* bedeutet »unzerschneidbar«.

Die erste Atomtheorie

Leukipp und Demokrit erklärten, dass die Atome durch einen leeren Raum getrennt seien, in dem sie sich frei bewegen könnten. Diese Bewegung lasse sie miteinander kollidieren. Dadurch ergäben sich neue Anordnungen von Atomen, und die Objekte der Wahrnehmungswelt veränderten sich. Die Zahl der Atome sei unendlich, die Konfigurationen, die sie eingehen könnten, aber endlich. Daraus entstehe der Eindruck, dass es eine feste Anzahl verschiedener Substanzen gibt. Die Atome etwa, die unseren Körper bilden, zerfielen nicht, wenn wir sterben, sie würden vielmehr zerstreut und könnten neu genutzt werden.

Mit dieser Theorie, Atomismus genannt, haben die beiden Philosophen das erste vollständig mechanistische Weltbild entworfen. Zur Erklärung des Weltzusammenhangs brauchten sie keine Götter mehr. Sie formulierten auch einige Grundeigenschaften der Materie, was die Entwicklung der Physik prägen sollte, vor allem im 17. bis hin zum 20. Jahrhundert, als schließlich die Atomphysik die Naturwissenschaften revolutionierte. ■

» Der Mensch ist ein Mikrokosmos … er ist denselben Gesetzen unterworfen wie die große Welt. «

Demokrit

Siehe auch: Thales von Milet 22–23 ▪ Heraklit 40 ▪ Epikur 64–65

EIN LEBEN OHNE SELBST-ERFORSCHUNG IST NICHT LEBENSWERT

SOKRATES (469–399 V. CHR.)

IM KONTEXT

DISZIPLIN
Erkenntnistheorie

LEHRE
Dialektische Methode

FRÜHER
um 600–450 v. Chr. Vorsokratiker versuchen, die Natur des Kosmos zu erklären.

Anfang 5. Jh. v. Chr. Nur durch Denken, lehrt Parmenides, können wir das Universum verstehen.

um 450 v. Chr. Protagoras und die Sophisten wenden Rhetorik auf philosophische Fragen an.

SPÄTER
um 399–355 v. Chr. Platon porträtiert Sokrates in der *Apologie* und vielen anderen Dialogen.

4. Jh. v. Chr. Aristoteles erklärt, was er Sokrates' Methode verdankt.

Sokrates hat nichts geschrieben, keine eigenen Theorien entwickelt, keine Schule gegründet. Und doch gilt er als Begründer der abendländischen Philosophie. Damit wird anerkannt, dass er mit seiner methodischen Art, Fragen zu stellen, eine neue Form des Denkens entwickelt hat, genauer: einen Weg, zu prüfen, was und wie wir denken. Man hat dies die sokratische oder dialektische Methode genannt (dialektisch, weil sie sich wie ein Dialog durch Spruch und Widerspruch entwickelt). Seine Fragerei, die vor nichts Halt machte, brachte ihm in Athen viele Feinde ein. Er wurde als Sophist beschimpft, als einer, der

Siehe auch: Thales von Milet 22–23 ▪ Pythagoras 26–29 ▪ Heraklit 40 ▪ Parmenides 41 ▪ Protagoras 42–43 ▪ Platon 50–55 ▪ Aristoteles 56–63

argumentiert, um aus egoistischem Interesse Verwirrung zu stiften. Schließlich wurde er zum Tode verurteilt: Er pflanze der Jugend Ideen ein, die die Tradition unterhöhlten. Doch hatte er auch viele Anhänger, unter ihnen Platon, der Sokrates' Ideen in einer Reihe von »Dialogen« aufschrieb, die Sokrates' Prüfung diverser Ideen nachzeichnen. Dazu gehören *Apologie, Phaidon* und *Symposium*. In diesen Texten überlebte Sokrates' Denken, beeinflusste es die abendländische Philosophie.

Der Sinn des Lebens

Sokrates lebte in der zweiten Hälfte des 5. Jahrhunderts v. Chr. in Athen. Als junger Mann soll er Naturphilosophie studiert haben. Später, als er sich in die Politik des Stadtstaats einmischte, interessierten ihn praktische ethische Fragen, zum Beispiel wollte er wissen, was Gerechtigkeit ist. Anders als den Sophisten ging es ihm dabei aber nicht um die Kunst, Streitgespräche zu gewinnen und damit – vor Gericht etwa – einseitige Interessen durchzusetzen und/oder Geld zu verdienen. Vordringlich interessierten ihn auch nicht Lösungen und Erklärungen – er wollte wissen, wie Begriffe, die wir auf uns selbst anwenden – wie »gut«, »böse« oder »gerecht« – zustande kommen. Dies zu ergründen, hielt er für die Hauptaufgabe der Philosophie. Er »

Sokrates

Sokrates wurde 469 v. Chr. als Sohn eines Steinmetzen und einer Hebamme geboren. Wahrscheinlich übte er den Beruf des Vaters aus und hatte auch die Möglichkeit zu studieren, bevor er zum Militärdienst gerufen wurde. Nachdem er sich im Peloponnesischen Krieg gegen Sparta ausgezeichnet hatte, kehrte er nach Athen zurück und betätigte sich in politischen Ämtern. Als sein Vater starb, erbte er genug Geld, um mit seiner Frau Xanthippe zu leben, ohne arbeiten zu müssen. Von da an war es eine in Athen bekannte Erscheinung, wie Sokrates sich mit seinen Mitbürgern in Diskussionen vertiefte und eine Schar junger Anhänger um sich sammelte. Schließlich wurde er angeklagt, den Geist der Jugend zu verführen, und zum Tode verurteilt. Er hätte ins Exil gehen können, akzeptierte den Spruch jedoch und nahm 399 v. Chr. den tödlichen Schierlingsbecher.

Hauptwerke

4.–3. Jh. v. Chr.
Platons Aufzeichnungen in *Apologie des Sokrates* und zahlreichen anderen Dialogen

> »Ich bin ein Bürger der Welt.«
>
> **Sokrates**
> (nach Plutarch, *Moralia*)

hinterfragte Werte, auf die wir uns im alltäglichen Handeln stützen, zeigte keinen Respekt vor unseren liebsten Überzeugungen (v. a. vor jenen über uns selbst). So machte er sich viele Feinde. Doch er sah das als seine Aufgabe. Man stellte Sokrates vor Gericht und er akzeptierte laut Platon das Todesurteil, weil ihm ein Leben in Unwissenheit unvorstellbar war: »Ein Leben ohne Selbstbefragung aber [verdient] nicht, gelebt zu werden.«

Wie aber geschieht diese Prüfung? Sokrates fragte nach grundlegenden Begriffen, nach solchen, die wir jeden Tag gebrauchen, ohne uns klarzumachen, was sie bedeuten. Er fragte seine Gesprächspartner und schon gerieten sie ins Grübeln, ihr Wissen oder Unwissen trat hervor. Was, fragte Sokrates, macht ein »gutes Leben« aus? Die Antwort: Man muss das Richtige tun. Was das aber sei? In Frage und Antwort stellt sich heraus, dass es nicht ausreicht, den moralischen Normen einer Gesellschaft blindlings zu folgen. Was das Richtige ist, kann nur deren rückhaltlose Prüfung ergeben.

Sokrates war kein Sophist, Begriffe wie Tugend können für ihn nicht relativ, nicht bloße Meinung, sie müssen etwas Absolutes sein. Sie sollten nicht nur für die Bürger Athens gelten, sondern für alle Menschen. Tugend – griechisch *areté*, was damals »Vortrefflichkeit« und »Erfüllung« bedeutete – sah er als das Höchste, was man besitzen könne. Niemand wünsche Übles zu tun. Wer Übles tue, handle wider besseres Wissen und werde sich darum unbehaglich fühlen. Da wir aber alle nach Seelenfrieden strebten, könne das Böse nichts sein, was wir freiwillig täten. Die Gründe übler Taten sah Sokrates in Unwissenheit und Unkenntnis: »Es gibt nur ein Gutes: das Wissen, und nur ein Böses: Unwissen.« Wissen als das einzig Gute ist demnach untrennbar an Moral gebunden. Darum müssen wir unser Leben und Handeln kontinuierlich prüfen.

Das höchste Gut

In *Apologie* lässt Platon Sokrates sagen: »Eben dies [ist] das höchste Gut für den Menschen, täglich über die Tugend sich zu unterhalten und über die anderen Gegenstände, über welche ihr mich reden und mich selbst und andere prüfen hört.«

Sokrates' dialektische Methode ist eine Frageweise, die Licht bringen soll in das, was Menschen – oft fälschlich – zu wissen behaupten.

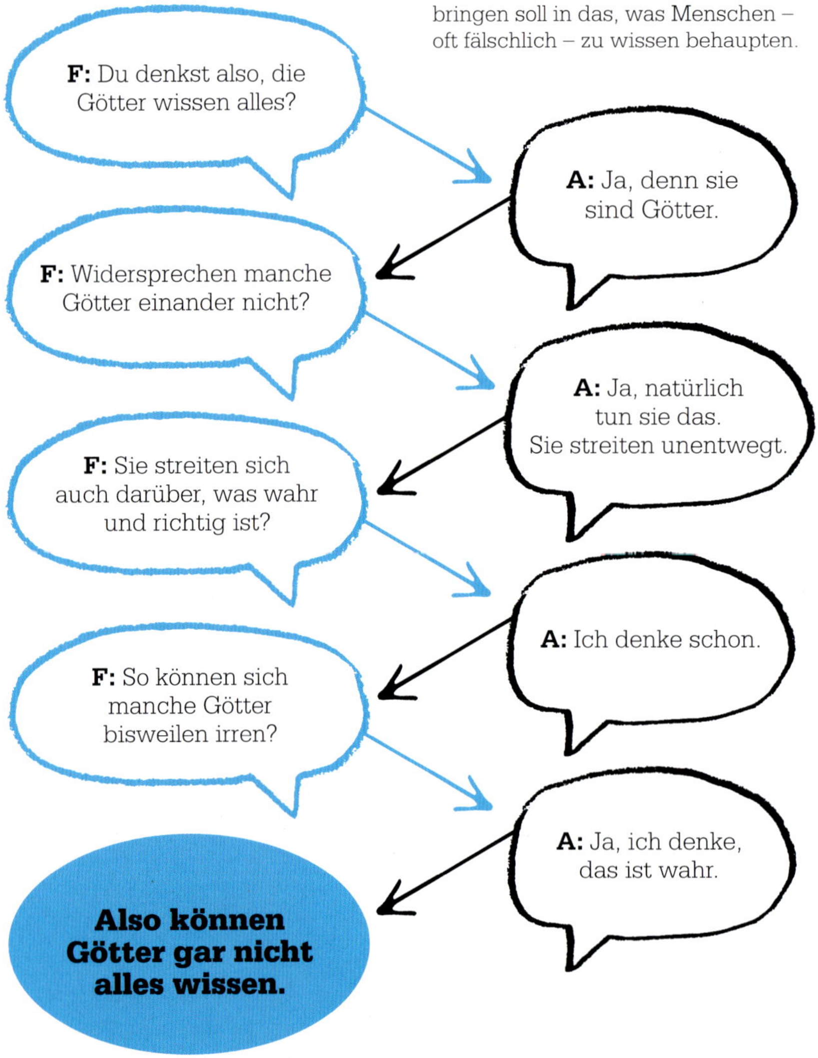

Nicht Geld oder Status, das Erwerben von Wissen ist das höchste Gut. Dieser Erwerb dient weder der Unterhaltung noch befriedigt er allein die Neugier – er ist letztlich Grund unserer Existenz. Alles Wissen ist für Sokrates zuletzt Selbsterkenntnis, denn Wissen schafft die Person, die man ist in dieser Welt, sie fördert die unsterbliche Seele. Ein ungeprüftes Leben, sagt Platons Sokrates in *Phaidon*, verwirre sie nur und verneble sie wie Wein. Nur die weise Seele habe die Kraft, strebend zum Ziel zu gelangen.

Dialektische Methode oder Mäeutik

Sokrates mit seinem stets forschenden Geist wurde in Athen rasch zur bekannten Gestalt. Wie erzählt wird, fragte einer seiner Freunde die Priesterin des Apollotempels in Delphi nach dem weisesten Menschen der Welt. Das Orakel nannte Sokrates. Als dieser davon hörte, habe er das nicht glauben wollen, sei zu den gelehrtesten Menschen gegangen, die er finden konnte, um sie zu befragen. So hörte er zwar, dass sich diese Leute für große Gelehrte hielten, die Befragung jedoch ergab, dass ihr Wissen begrenzt oder falsch war.

Das zeigt: Nicht zuerst das Wissen, die Methode des sokratischen Fragens und Prüfens ist bedeutsam. Er bezog den Standpunkt dessen, der nichts bzw. nicht weiß, stellte Fragen, wies auf Widersprüche und Lücken in den Antworten hin und so erst, schrittweise, entstand Wissen. Er verglich dies mit der Tätigkeit seiner Mutter, einer Hebamme: Er bringe Ideen zur Welt – Gesprächsführung als Mäeutik.

Das Orakel in Delphi hatte also recht gehabt, Sokrates war der weiseste Mensch Athens – aber nicht wegen seines Wissens, sondern wegen seiner Haltung dazu: Stets ging er davon aus, nichts zu wissen. Dies, so sagte er, entspreche der Inschrift über dem delphischen Tempel: *Gnothi seauton* (Erkenne dich selbst). Um Wissen über die Welt und sich selbst zu erlangen, muss man also die eigenen Grenzen kennen und sich aller Vorurteile entledigen. Nur dann kann man hoffen, die Wahrheit zu finden.

Sokrates verwickelte die Bürger Athens in Debatten über Gegenstände wie Liebe, Gerechtigkeit, Treue und Mut. Er wollte sie nicht belehren, gar verführen – was man ihm unterstellte und wegen seines beharrlichen Fragens als gefährliche Sophisterei missverstand. Er wollte auch nicht herausfinden, was die Menschen wussten, sondern erkunden, wie sie etwas wussten. Das erfuhr er im Gespräch, das er zu diesem Zweck lenkte. Durch eine Folge von Fragen brachte er ans Licht, welche Ideen und Annahmen hinter dem »Wissen« seiner Gesprächspartner steckten, ließ sie selbst deren Widersprüchlichkeit erkennen und führte sie so zu neuen Erkenntnissen.

»Ich weiß, dass ich nicht weiß.«

Sokrates
(nach Platon, *Apologie*)

Diese Methode – das Überprüfen eines Arguments durch rationale Diskussion von einem Standpunkt der Unkenntnis aus – war etwas völlig Neues im philosophischen Denken. Sokrates gibt uns das erste überlieferte Beispiel induktiven (vom Einzelnen zum Allgemeinen gehenden) Denkens: Aus einer Gruppe von Prämissen, die durch Erfahrung bestätigt werden, wird im Schlussverfahren eine allgemeine Wahrheit gewonnen. Es wird also von besonderer Erfahrung auf Allgemeingültiges geschlossen. Aristoteles und später Francis Bacon haben dieses Verfahren weiterentwickelt. Es ist *eine* Grundlage des abendländischen Denkens und es ist *die* Grundlage der empirischen Wissenschaften. ■

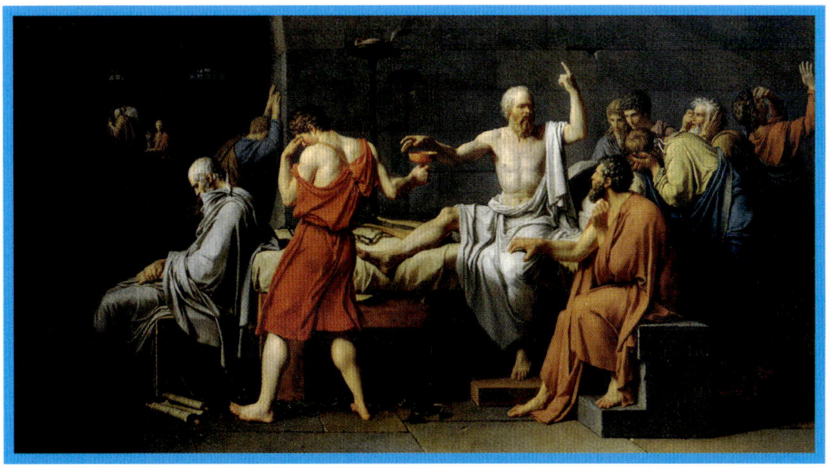

Sokrates nimmt den Schierlingsbecher – mit dem Finger weist er auf die Götter. Er wurde 399 v. Chr. zum Tode verurteilt, letztlich weil er die athenische Moral in Frage stellte.

ALLES SEIENDE IST NUR EIN SCHATTEN

PLATON (UM 427–347 V. CHR.)

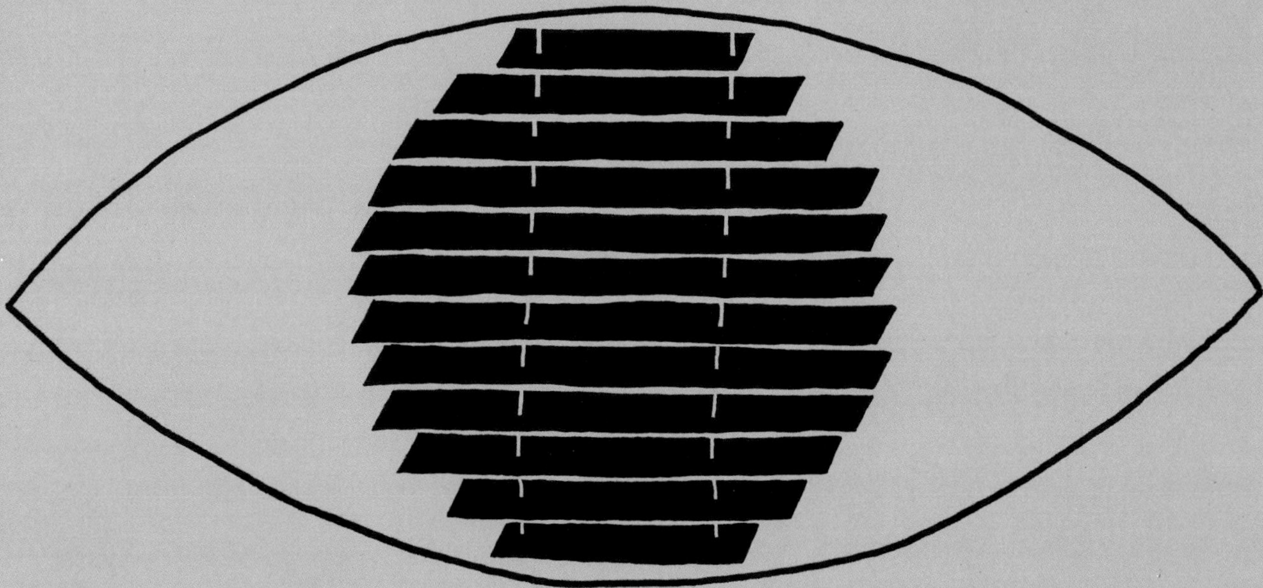

IM KONTEXT

DISZIPLIN
Erkenntnistheorie

LEHRE
Rationalismus

FRÜHER
6. Jh. v. Chr. Die milesischen Philosophen entwickeln Theorien zu Substanz und Wesen des Kosmos.

um 500 v. Chr. Heraklit behauptet, alles Seiende sei im Fluss, Wandel das Bleibende.

um 450 v. Chr. Protagoras hält Wahrheit für relativ.

SPÄTER
um 335 v. Chr. Aristoteles lehrt, wie Wahrheit durch Beobachtung der Welt um uns zu finden sei.

um 250 n. Chr. Plotin begründet den Neuplatonismus, eine religiöse Wiederaufnahme des Platonismus.

386 Augustinus von Hippo integriert Platons Theorien in die christliche Lehre.

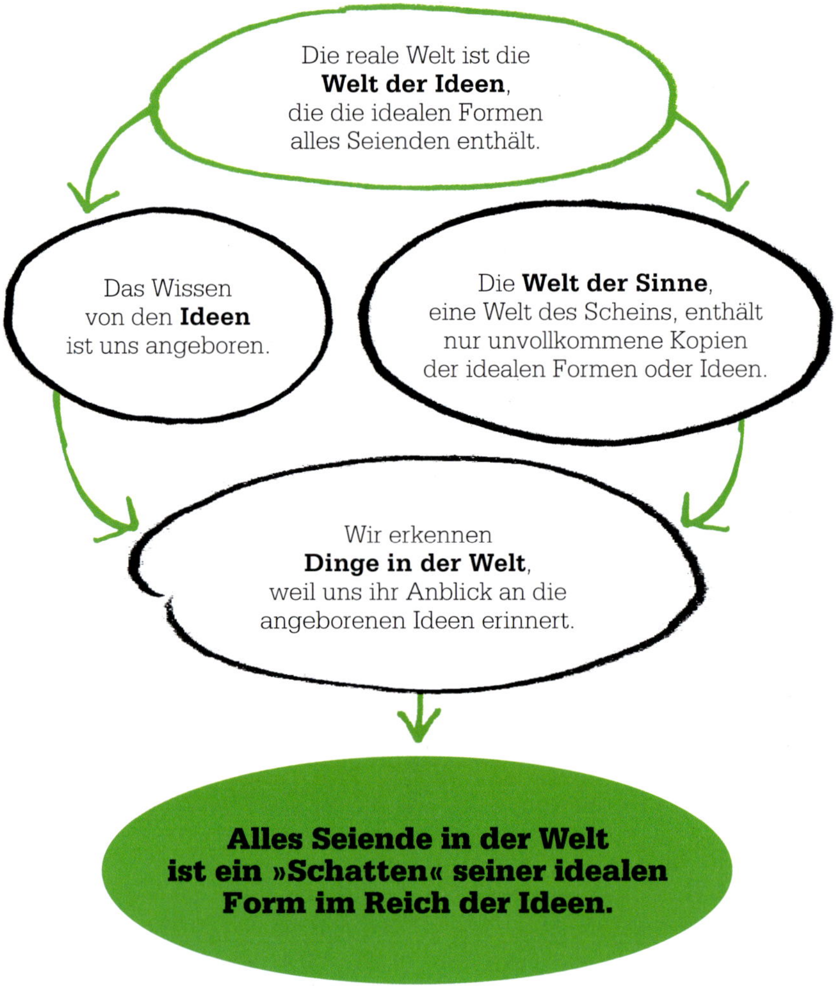

Im Jahr 399 v. Chr. wurde Sokrates zum Tode verurteilt. Er hinterließ keine Schriften und so bewahrte sein Schüler Platon, was er von seinem Meister gelernt hatte, zuerst in der *Apologie,* später indem er Sokrates zum Teilnehmer seiner (fiktiven) Dialoge machte. Oft lassen sich die Sokrates und die Platon zuzuordnenden Gedanken nur schwer unterscheiden, denn auch Platon nutzt Sokrates' mäeutische Methode.

Zunächst beschäftigt sich Platon mit ähnlichen Themen wie sein Mentor, sucht nach Definitionen für abstrakte moralische Werte. In *Der Staat* stellt Platon seine Vision eines idealen Staates dar und untersucht Aspekte der Tugend. Dann wendet er sich Themen jenseits der Moralphilosophie zu: Wie die vorsokratischen Denker will er Wesen und Substanz des Kosmos ergründen. Um Protagoras und Heraklit zu widerlegen, muss er nun erklären, wie und warum Unveränderliches und universell Gültiges in einer sich offensichtlich wandelnden Welt Bestand haben kann. Anders als seine Vorgänger meint er: Das »Unwandelbare« in der Natur ist das Gleiche wie das »Unwandelbare« in Moral und Gesellschaft.

Suche nach dem Ideal

In *Der Staat* beschreibt Platon, wie Sokrates nach den Tugenden fragt, um zu klaren und genauen Begriffen zu gelangen. Wenn, wie Sokrates lehrte, Tugend Wissen ist, muss man, um recht zu handeln, zunächst erfragen, was Gerechtigkeit ist. Platon erkennt, dass man sich denkend oder urteilend nur dann auf Moralbegriffe beziehen kann, wenn man zuvor geklärt hat, was deren Besonderheit ist. Wie, fragt er, können wir überhaupt die richtige oder vollkommene Form von irgendetwas erkennen – die Idee der Gerechtigkeit etwa, die für

Siehe auch: Thales von Milet 22–23 ▪ Heraklit 40 ▪ Protagoras 42–43 ▪ Sokrates 46–49 ▪ Aristoteles 56–63 ▪ Plotin 337 ▪ Augustinus von Hippo 72–73

alle Gesellschaften und Zeiten wahr ist? Platon unterstellt: Von allem, was wir in der Welt um uns wahrnehmen – sei es physischer oder moralischer Natur –, wenn es denn erkennbar ist, muss so etwas wie eine ideale Form, ein Allgemeines also, existieren und uns auch auf irgendeine Weise bewusst werden.

Er erläutert dies an alltäglichen Objekten wie einem Bett. Wenn wir eines sehen, wissen wir, dass dies ein Bett ist und können auch alle anderen Betten erkennen, wie unterschiedlich sie auch aussehen. Hunde in ihren vielen Rassen sind noch unterschiedlicher, müssen aber etwas gemeinsam haben, sonst könnten wir sie nicht als »Hund« erkennen. Nach Platon kann dies nur eine allen gemeinsame allgemeine »Idee« (des Bettes oder des Hundes) sein. Er kann sich nicht vorstellen, dass eine solche Idee in empirischen Hunden oder Betten existieren kann. Denn diese sind wandelbar, jene muss immer gleich sein. Wir können die Idee nur in unserem Bewusstsein haben. Die Sinne melden mal dies, mal jenes.

Darum, sagt Platon, kann wahres Wissen nur durch die Vernunft erlangt werden. Er belegt dies mit einem Beispiel aus der Mathematik. Wir können in logischen Schritten beweisen, dass bei rechtwinkligen Dreiecken die Summe des Hypothenusenquadrats gleich der Summe der beiden Kathetenquadrate ist und wissen auch, dass die Winkelsumme in jedem Dreieck stets 180 Grad beträgt. Wir können wissen, dass diese Behauptungen wahr sind, obwohl wir nie ein vollkommenes Dreieck gesehen haben, denn dies existiert nicht in der natürlichen Welt. Aber wir können uns ein ideales Dreieck vorstellen: allein durch unsere Vernunft. Wie aber, fragt Platon nun, kann ein solches Dreieck überhaupt existieren?

Die Welt der Ideen

Platon sieht nur eine Antwort: Es muss eine Welt der Ideen oder Formen geben, die völlig getrennt ist von der materiellen Welt. Nur in jener kann die Idee des vollkommenen »Dreiecks«, des »Bettes« oder des »Hundes« existieren. Mit den Sinnen, so Platon, können wir diese Welt nicht erkennen, sie ist allein durch die Vernunft zu begreifen. Er geht noch einen Schritt weiter und sagt: Die Welt der Ideen ist das eigentlich »Reale«, die Welt um uns nur eine der Erscheinungen, die nach jener geformt ist.

Dazu wählt er ein Gleichnis: Man solle sich eine Höhle vorstellen, in der Menschen seit ihrer Geburt gefangen gehalten werden, so gefesselt, dass sie nur die Hinterwand der Höhle sehen. In ihrem Rücken und unsichtbar für sie, brennt ein Feuer und alles, was sich davor bewegt, wirft einen Schatten an die für sie sichtbare Wand: Menschen oder auch Dinge, die von Zeit zu Zeit hochgehalten werden. Deren Schatten sind alles, was die Gefangenen von der Welt wissen. Eine Vorstellung von den realen Objekten haben sie nicht. Würde sich einer von ihnen losmachen und umdrehen, er würde die Objekte »

> »Wenn Partikulares eine Bedeutung hat, muss es auch etwas Universelles geben.«
>
> **Platon**

Mit dem Höhlengleichnis erklärt Platon, dass wir mit den Sinnen nur die Schatten des Realen und Wahren wahrnehmen können. Erst jenseits der Schattenwelt liegt jene der Ideen.

Nach Platons Ideenlehre ist jedes Pferd, dem wir in der Welt begegnen, ein unvollkommenes Abbild des »idealen« oder vollkommenen Pferdes, wie es in der Welt der Ideen existiert. Sie ist den Menschen nur kraft ihrer Vernunft zugänglich.

direkt sehen. Nach einem Leben in Gefangenschaft jedoch würde ihn das verwirren, das Feuer würde ihn blenden, er würde sich wohl wieder der Wand zuwenden und die Schatten für das einzig Wirkliche halten.

Alles, sagt Platon, was unsere Sinne von der materiellen Welt wahrnehmen, entspricht den Schatten an der Höhlenwand, ist ebenfalls nur ein Schatten. Das ist der Kern seiner Ideenlehre. Ihr zufolge existiert für alle irdischen Dinge, die uns unsere Sinne erkennen lassen, eine entsprechende »Idee« in der Welt der Ideen – die ewige, unwandelbare, universell gültige Wirklichkeit dieses Dinges. Was wir mit unseren Sinnen wahrnehmen, können nur die unvollkommenen und unvollständigen Schatten der Realität sein, daher können uns unsere Sinne kein wahres Wissen über diese Dinge geben. Bestenfalls haben wir Meinungen. Wirkliches Wissen entspringt dem Studium der Ideen und ist nur durch Vernunft zu gewinnen, nicht durch die täuschenden Sinne. Diese Unterscheidung zweier Welten, eine der Erscheinungen und eine der Ideen – für Platon die reale –, löst auch das Problem, wie etwas Unveränderliches in einer sich offenbar ständig wandelnden Welt existieren kann. Die materielle Welt, so Platon, ist dem Wandel unterworfen, die Welt der Ideen aber ist ewig und unwandelbar. Er bezieht dies nicht nur auf konkrete Dinge wie Betten oder Hunde, sondern auch auf abstrakte Begriffe. In dieser Welt der Ideen existiert auch die Idee der Gerechtigkeit: Alle Beispiele von Gerechtigkeit in der materiellen Welt sind nur unvollständige Varianten dieser Idee. Das Gleiche gilt für die Idee des Guten, nach Platon die vollkommenste aller Ideen – und Ziel aller philosophischen Untersuchungen.

Angeborenes Wissen

Es bleibt die Frage, wie wir Wissen von diesen Ideen erlangen und damit auch deren unvollkommene Beispiele in der Welt um uns erkennen können. Platon zufolge muss es uns angeboren sein, selbst wenn es uns selbst unbewusst ist. Das Wesen des Menschen, sagt Platon, ist doppelt: als Körper und als Seele. Zum Körper gehören die Sinne, durch die wir die Welt um uns wahrnehmen, zur Seele gehört die Vernunft, mit der wir das Reich der Ideen erfassen können. Platon stellt sich vor, dass unsere unsterbliche und ewige Seele vor unserer Geburt in der Welt der Ideen lebte, sie mit der Geburt verlassen musste, sich aber dumpf daran erinnert und so

» … das Untersuchen und Lernen ist durchaus nichts als Wiedererinnerung. «

Platon
Menon

Mark Aurel, Römischer Kaiser von 161 bis 180 v. Chr., war nicht nur mächtiger Herrscher, sondern auch Gelehrter und Philosoph – er entsprach Platons Bild des idealen Staatenlenkers.

die Sehnsucht hat, zu ihr zurückzukehren. Insofern ist für Platon das Erkennen physischer Objekte wie das abstrakter Wertbegriffe Erinnerung an die Ideenwelt und ihre idealen Formen. Diese erfordert Vernunft, eine Eigenschaft der Seele.

Die Aufgabe des Philosophen sieht Platon darin, seine Vernunft zu gebrauchen, um jene Ideen zu entdecken. In *Der Staat* behauptet er sogar, Philosophen oder Menschen mit deren Berufung sollten die herrschende Klasse bilden. Nur der wahre Philosoph könne das wahre Wesen der Welt begreifen und auch die Wahrheit moralischer Werte. Doch wie der Gefangene aus dem Höhlengleichnis, der die wahren Objekte sehen konnte und doch zu den Schatten zurückkehrte, werden sich, denkt Platon, auch viele wieder der Schattenwelt zuwenden, die einzige, in der sie sich auskennen. Platon fand es häufig schwierig, seine Kollegen von ihrer wahren Berufung zu überzeugen.

Einzigartiges Erbe

Darin wahrer Philosoph, verkörperte Platon das von ihm gelehrte Ideal. Zunächst befasste er sich mit Fragen der Ethik, wie sie die Anhänger von Protagoras und Sokrates aufgefasst hatten. Dann machte er sich daran, den Weg des Wissens selbst zu verfolgen. Damit beeinflusste er Aristoteles tief – selbst da noch, wo sie sich, wie bei der Ideenlehre, grundsätzlich widersprachen. Platons Denken ging ein in die mittelalterliche Philosophie von Islam und Christentum, der Kirchenvater Augustinus verband Platons Ideenlehre mit den Dogmen der Kirche.

»Weißt du denn nicht … dass unsere Seele unsterblich ist und in Ewigkeit nicht vergeht?«

Platon
Der Staat

Mit seiner Überzeugung, dass Vernunft und nicht Beobachtung der wirkliche Weg zum Wissen sei, schuf Platon Grundlagen für den Rationalismus des 17. Jahrhunderts. Platons Einfluss ist bis heute spürbar – das breite Spektrum der von ihm behandelten Themen brachte den Logiker Alfred North Whitehead zu seinem berühmten Ausspruch, die abendländische Philosophie sei nichts anderes als »ein paar Fußnoten zu Platon«. ■

Platon

Es sind viele Schriften überliefert, die Platon zugeschrieben werden, über sein Leben aber ist nur wenig bekannt. Er wurde um 427 v. Chr. geboren und entstammte einer athenischen Adelsfamilie, wurde Aristokles genannt und erhielt den Beinamen Platon (der Breite). Er sollte vermutlich die Laufbahn eines Politikers einschlagen, wurde aber Sokrates' Schüler. Nach dessen Verurteilung soll Platon, desillusioniert über Athen, auf Reisen gegangen sein, die ihn nach Süditalien und Sizilien führten. Um 385 v. Chr. kehrte er wieder nach Athen zurück und gründete die »Akademia«, die er bis zu seinem Tod im Jahr 347 v. Chr. leitete.

Hauptwerke

um 399–387 v. Chr.
Apologie, Kriton, Giorgias, Hippias der Größere, Meno, Protagoras (Frühe Dialoge)
um 380–360 v. Chr.
Phaidon, Phaidros, Der Staat, Das Gastmahl (Mittlere Dialoge)
um 360–355 v. Chr.
Parmenides, Der Sophist, Theaitet (Späte Dialoge)

DIE WAHRHEIT LIEGT IN DER WELT UM UNS

ARISTOTELES (384–322 V. CHR.)

IM KONTEXT

DISZIPLIN
Erkenntnistheorie

LEHRE
Empirismus

FRÜHER
399 v. Chr. Sokrates erklärt Tugend zur Weisheit.

um 380 v. Chr. Im Dialog *Der Staat* entwickelt Platon seine Ideenlehre.

SPÄTER
9. Jh. n. Chr. Aristoteles' Schriften werden ins Arabische übersetzt.

13. Jh. Aristoteles' Werke werden ins Lateinische übersetzt.

1690 John Locke begründet die Schule des englischen Empirismus.

1735 Der Zoologe Carl N. Linnæus (späterer Name: Carl von Linné) begründet mit *Systema Naturae* die moderne Taxonomie, die auf Aristoteles' Klassifikationen basiert.

Als 17-Jähriger kam Aristoteles nach Athen, um bei Platon zu studieren. Der berühmte Philosoph war zu der Zeit 60 Jahre alt und hatte seine Ideenlehre bereits ausformuliert. Danach sind alle irdischen Phänomene, ob »Gerechtigkeit« oder die Farbe Grün, nur Schatten idealer Urbilder (Ideen), die den irdischen Erscheinungen ihre Identität verleihen. Aristoteles übernahm viel von Platon, war aber nicht nur lernbegierig, sondern auch von anderem Temperament als sein Meister. Dieser war brillant und intuitiv, Aristoteles eher gelehrt und er ging methodisch vor. Doch schätzten sich beide wohl sehr – Aristoteles blieb als Schüler und Lehrer 20 Jahre an der Akademie, bis zu Platons Tod. Als er nicht dessen Nachfolger wurde, machte er sich auf eine Reise nach Ionien.

Kritik an Platons Ideenlehre

Frei von Lehrverpflichtungen konnte Aristoteles sich ganz seinen Naturstudien hingeben. Diese bestärkten ihn in seinem Verdacht, dass Platons Ideenlehre falsch war. Haben Aristoteles' Argumente Platon direkt beeinflusst, der in seinen späten Dialogen einige frühere Positionen korrigierte? Sicher ist nur, dass Platon das »Dritte-Mann-Argument« auch selbst bedacht hat, mit dem Aristoteles die Ideenlehre widerlegte: Wenn es im Reich der Ideen zum Beispiel die des vollkommenen Mannes gibt, nach der die irdischen Männer geformt sind, muss diese Idee, damit sie einen für unsere Vernunft erkennbaren Inhalt hat, wiederum auf einer Idee basieren, auf der Idee der Idee des Mannes gewissermaßen, und die wiederum auf einer weiteren, noch höheren Idee – und so weiter: ein unendlicher Regress.

Aristoteles' spätere Widerlegung der Ideenlehre erfolgte direkter, sie war unmittelbar mit seinen Naturstudien verbunden. Denn sie zeigten ihm, dass er die Realität der Dinge bereits hier auf Erden erkennen konnte, womit es überflüssig wurde, ein hypothetisches Reich der Ideen zu postulieren.

Vielleicht weil sein Vater Arzt war, lagen Aristoteles' wissenschaftliche Interessen in dem Bereich, den wir heute Biologie nennen. Platons Hintergrund war von mathematischen Studien geprägt. Das mag die unterschiedlichen Ansätze der beiden erklären. Die Mathematik, auch die Geome-

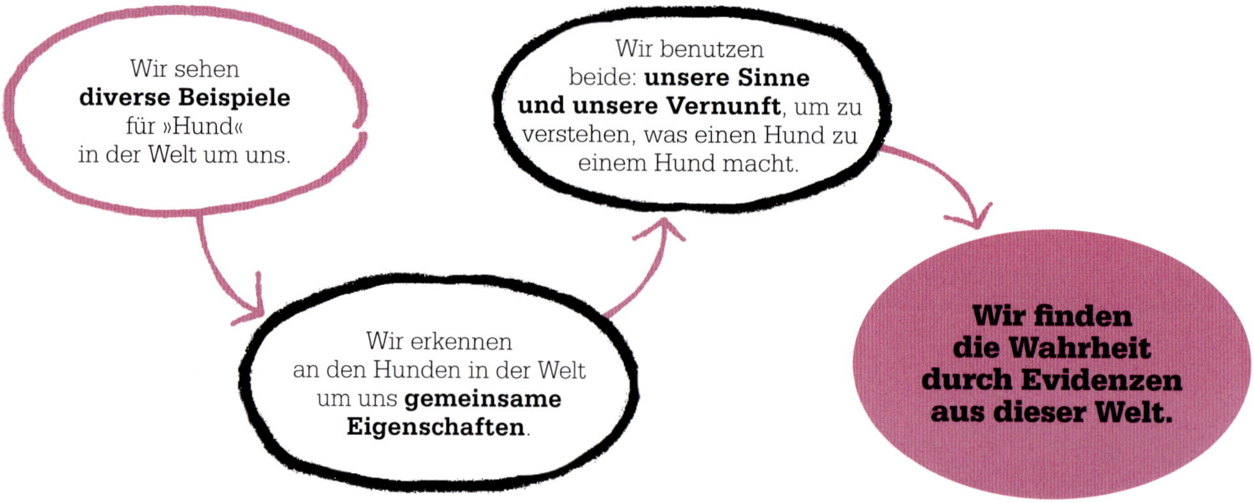

Siehe auch: Sokrates 46–49 ▪ Platon 50–55 ▪ Ibn Sina 76–79 ▪ Ibn Ruschd 82–83 ▪ René Descartes 116–123 ▪ John Locke 130–133 ▪ Gottfried Leibniz 134–137 ▪ George Berkeley 138–141 ▪ David Hume 148–153 ▪ Immanuel Kant 164–171

Platon und Aristoteles waren unterschiedlicher Ansicht über die Natur universeller Qualitäten. Platon sah sie allein im Reich der Formen, für Aristoteles sind sie wirklich in dieser Welt.

trie, geht mit abstrakten Begriffen jenseits der alltäglichen Wahrnehmungswelt um. Die Biologie befasst sich mit der Welt um uns und gründet vor allem auf Beobachtung. Platon sah seine Sphäre der Ideen darin bestätigt, dass wir erfolgreich mit Begriffen wie »Kreis« (der in exakter Form in der Natur nicht vorkommt) operieren können. Aristoteles aber verwies darauf, dass man gewisse Konstanten durchaus durch Untersuchung der natürlichen Welt entdecken kann.

Den Sinnen vertrauen

Damit stellte Aristoteles Platons Theorie auf den Kopf. Er misstraute den Sinnen nicht, im Gegenteil, Aristoteles verließ sich auf sie, um seine Theorien zu beweisen. Aus seinen Naturstudien wusste er: Man kann die Eigenschaften jedes Exemplars eines bestimmten Tieres (einer Pflanze) feststellen und sich daraus ein definitives Bild dessen machen, was das jeweilige Tier (die Pflanze) von allen anderen unterscheidet. Daraus lässt sich ableiten (deduzieren), was es zu dem macht, das es ist, zu Hund oder Rose. So bestätigten seine Studien, wovon er bereits überzeugt war: Die Fähigkeit, das Allgemeine – Formen oder Ideen – zu erkennen, ist erworben und nicht angeboren, wie Platon behaupten musste, um den unendlichen Regress zu vermeiden.

Jedes Mal, wenn ein Kind einen Hund sieht, erkennt es etwas, was dieser eine mit anderen Hunden gemeinsam hat. Irgendwann kennt es alles, was einen Hund zu einem Hund macht. Damit hat es eine Vorstellung der »Hundheit«, der, wie Aristoteles sagt, Form des Hundes. Auf diese Weise lernen wir aus der Erfahrung, lernen, welche gemeinsamen Eigenschaften Dinge zu dem machen, was sie sind. Der einzige Weg, die Welt zu erkennen, führt über die Sinne.

Der aristotelische Formbegriff

Wie Platon sucht auch Aristoteles nach einem unveränderlichen und ewigen Grund in einer Welt, die durch Veränderung charakterisiert ist. Aber er sieht keine Notwendigkeit, diesen Grund in einer separaten Welt der Ideen zu vermuten, die nur der Seele zugänglich ist. Die Evidenzen sind hier, in der Welt um uns, und sie sind mit unseren Sinnen wahrnehmbar. Aristoteles versteht die Objekte der materiellen Welt nicht als unvollkommene Kopien ihrer Idee (wie Platon), sondern sagt, die wesentliche Form eines Dinges (das, was es zu dem macht, das es ist) ist in jedem Exemplar dieses Dinges real. »Hundheit« ist also nicht nur eine »

» … alles, was die Natur hervorbringt, [ist] immer so vollkommen angelegt … als es nur sein kann. «

Aristoteles
Nikomachische Ethik

gemeinsame Eigenschaft von Hunden, sondern etwas, das allen realen Hunden inhärent und wesentlich ist. Einsicht in ihre universelle, unwandelbare Natur gewinnen wir allein dadurch, dass wir Einzeldinge untersuchen.

Und was für die Dinge der natürlichen Welt gilt, muss, da folgt Aristoteles Platon, auch für Vorstellungen gelten, die mit dem Menschen zu tun haben, für Begriffe wie »Tugend«, »Gerechtigkeit«, »Schönheit« oder das »Gute«. Sie können auf die gleiche Art untersucht werden wie materielle Dinge. Nach Aristoteles ist unser Bewusstsein, wenn wir auf die Welt kommen, wie eine unbeschriebene Tafel. Jede unserer Ideen können wir nur durch unsere Sinne empfangen haben. Wenn wir keine angeborenen Ideen haben, dann haben wir auch keine Vorstellung von »gut« oder »böse«. Doch wir begegnen Beispielen von Gerechtigkeit, erkennen, was diesen Situationen gemeinsam ist. Langsam lernen wir, was Gerechtigkeit ist, und verfeinern dieses Wissen. Der einzige Weg herauszufinden, was die ewige und unwandelbare Idee von Gerechtigkeit ist, ist zu beobachten, wie sie sich in der Welt um uns manifestiert.

> »Allgemein in der menschlichen Natur liegt der Trieb nach Erkenntnis.«
>
> **Aristoteles**
> *Metaphysik*

Aristoteles hat viele Bereiche des Wissens und Forschens definiert, die wir bis heute kennen: Physik, Logik, Metaphysik, Poetik, Ethik, Politik und Biologie.

Aristoteles setzt sich von Platon ab, doch nicht indem er allgemeine Ideen (Universalien) leugnet. Er fragt danach, was sie beinhalten und wie sie zu erkennen sind, was ihre Erkenntnis zu richtiger Erkenntnis macht. Letzteres ist die Grundfrage der Erkenntnistheorie. Was die Philosophen von nun an in zwei »Lager« spaltet, ist die unterschiedliche Auffassung des Weges, auf dem wir zu universellen Wahrheiten gelangen. Da sind einerseits die Rationalisten (Descartes, Leibniz, Kant u. a.), die an ein Wissen *a priori* glauben und sich nur darin unterscheiden, wie sie dieses fassen. Und da sind die Empiristen (Locke, Berkeley, Hume u. a.), die behaupten, Wissen erwachse allein aus sinnlicher Erfahrung.

Biologische Klassifizierung

Die unterschiedlichen Wege, auf denen Platon und Aristoteles zu ihren Theorien gelangen, sagt uns etwas über ihre Temperamente. Platons Ideenlehre ist grandios und überweltlich, was sich im Stil seiner Argumentation äußert, in den fiktiven, äußerst einfallsreichen Dialogen, die er Sokrates mit seinen Zeitgenossen führen lässt. Aristoteles' Theorie ist nüchterner, er präsentiert sie in prosaisch-akademischer Sprache. Tatsächlich war Aristoteles so überzeugt davon, dass die Wahrheit der Welt hier auf Erden zu finden ist und nicht in irgendwelchen höheren Sphären, dass er sich daranmachte, Pflanzen und Tiere zu sammeln und zu klassifizieren.

Dafür entwickelte er ein hierarchisches System – das erste seiner Art und so schön konstruiert, dass es bis heute die Grundlage der biologischen Taxonomie bildet. Zuerst unterschied er die natürliche Welt in das Belebte und das Unbelebte, danach wandte er sich der belebten Welt zu. Die nächste Unterscheidung war die von Pflanzen und Tieren. Dabei folgte er dem gleichen Denken, auf das sich seine Theorie universeller Qualitäten stützt. Wir können fast ohne nachzudenken zwischen Pflanzen und Tieren unterscheiden. Woher aber wissen wir, wie diese Unterscheidung zu treffen ist? Die Antwort liegt für Aristoteles in den gemeinsamen Eigenschaften beider Kategorien. Alle Pflanzen haben die Form »Pflanze« gemeinsam, alle Tiere die Form »Tier«. Sobald wir verstehen, was diese Formen ausmacht, können wir sie in jeder ihrer Manifestationen erkennen.

Je weiter Aristoteles die natürliche Welt unterteilt, desto einsichtiger wird das. Um »dieses« Tier als Fisch zu klassifizieren, müssen wir erkannt haben, was einen Fisch zum Fisch macht – und auch das ist allein durch Erfahrung möglich, angeborenes Wissen brauchen wir dazu nicht. So baut Aristoteles eine Klassifikation aller lebenden Dinge auf, von den einfachsten Organismen bis zum Menschen, und jedes Mal wieder bestätigt sich: Die Unterscheidung erfolgt durch Vergleich sinnlicher Erfahrungen.

Teleologische Erklärung

Im Prozess der Klassifikation fällt Aristoteles etwas Weiteres auf. Ob Haut, Federn, Pelz oder Schuppen: Die Form eines Lebewesens ist nicht nur eine Angelegenheit seiner physischen Besonderheiten, sie hat auch mit seinen Aktionen und Verhaltensweisen zu tun – und das hat für Aristoteles ethische Implikationen.

Nach Aristoteles ist nämlich alles Seiende in der Welt durch vier Gründe zureichend erklärt, die auch Grund seiner Existenz sind. Diese sind: die Materialursache oder das, woraus etwas besteht; die Formursache oder Gestalt und Aufbau eines Seienden; die Wirk- oder Bewegungsursache oder das, was ein Seiendes zur Existenz bringt; und schließlich die Zweckursache.

Aristoteles' Klassifizierung lebendiger Dinge ist die erste systematische Untersuchung der natürlichen Welt. Sie beginnt mit allgemeinen Beobachtungen von Eigenschaften, die alle Tiere teilen, und bildet dann immer genauere Unterkategorien.

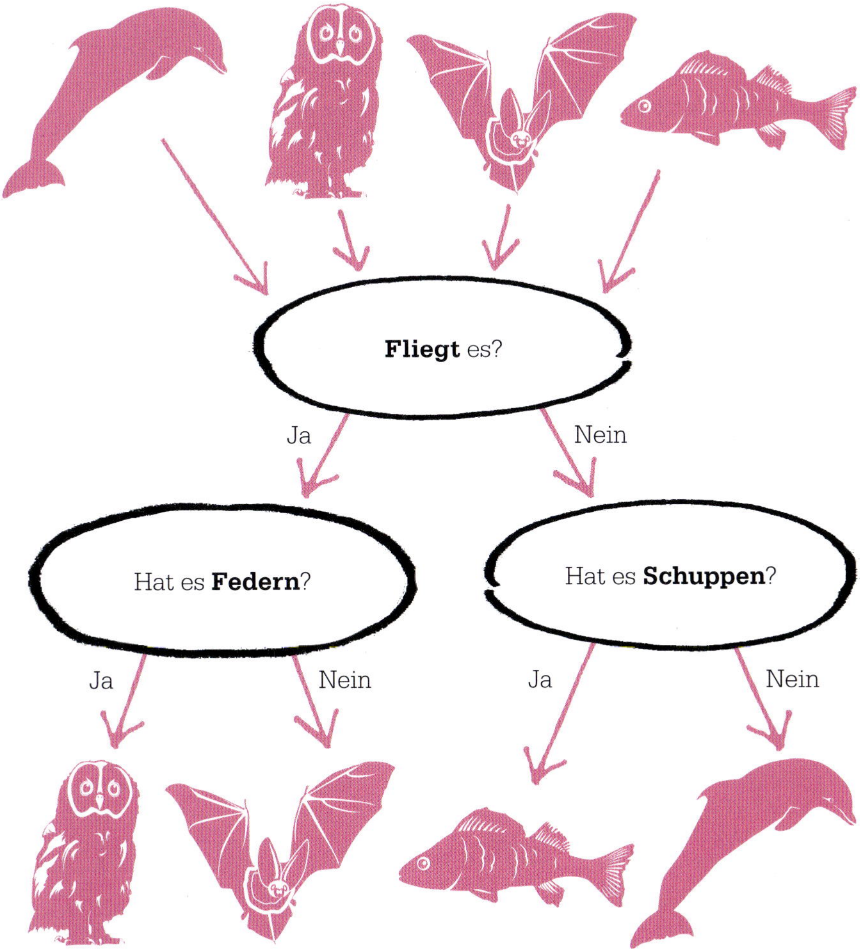

Diese letzte stellt die Verbindung zur Ethik her, die für Aristoteles nichts von der (Natur)Wissenschaft, hier der Biologie Verschiedenes ist, sondern eher deren logische Erweiterung. Beim Auge zum Beispiel ist das Sehen seine Zweckursache, die Funktion also der Zweck des Auges, sein *telos* – das griechische steckt in unserem Wort »Teleologie«, dem Studium der Zwecke in der Natur. Eine teleologische Erklärung eines Dinges ist die Darstellung seines Zwecks. Kennt man den Zweck, weiß man auch, ob »dieses« Ding eine »gute« oder eine »schlechte« Version davon ist – ein Auge, das gut sieht, ist ein »gutes« Auge.

Betrachten wir uns Menschen, ist ein »gutes« Leben eines, in dem wir unseren Zweck erfüllen. Wir tun das, indem wir alle Eigenschaften nutzen, die uns zu einem vollständigen Menschen machen. Eine Person kann als gut betrachtet werden, wenn sie nutzt, was sie an Eigenschaften von Geburt mitbringt. Glückselig können wir nur sein oder werden, wenn wir alle Eigenschaften im Streben nach Tugend einsetzen, als deren höchste Form Aristoteles die Weisheit betrachtet. Auch was ein »gutes Leben« »

» Linné und Cuvier waren meine beiden Götter … aber verglichen mit dem alten Aristoteles waren sie nur Schulbuben. «

Charles Darwin

»Sokrates ist sterblich« ist die unbestreitbare Schlussfolgerung des berühmtesten Syllogismus der Welt. Aristoteles' Syllogismus – eine einfache Deduktion aus zwei Prämissen – war das erste formale System der Logik.

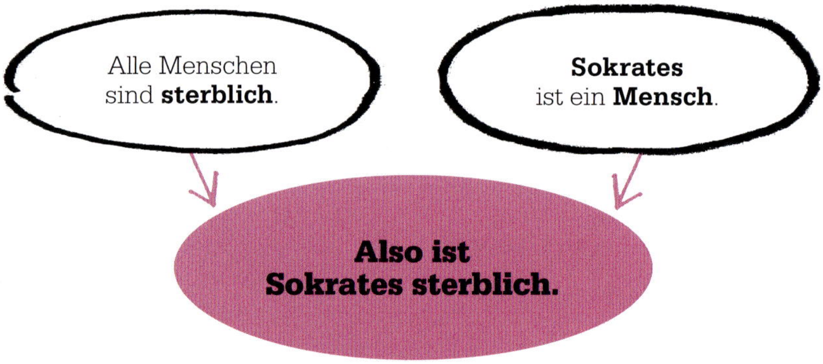

> »Demgemäß wird alles Handeln prinzipiell durch sieben Gründe bestimmt: Zufall, Natur, Gewalt, Gewohnheit, Reflexion, Gemüt, Begierde.«
>
> **Aristoteles**
> *Rhetorik*

ausmacht, erkennen wir, wenn wir die Menschen um uns beobachten.

Der Syllogismus

Wir vergleichen »diesen« und »jenen« Menschen. Aristoteles hat das logisch systematische Verfahren entdeckt, das wir anwenden, wenn wir im Vergleich entscheiden, zu welcher Kategorie »dieses« Exemplar gehört. Allen Reptilien gemeinsam ist, dass sie Kaltblüter sind. Ist »dieses« Exemplar warmblütig, kann es kein Reptil sein. Für alle Säugetiere gilt, dass sie ihre Jungen säugen. Ist »dieses« ein Säugetier, wird es sein Junges säugen.

Indem wir solche Schlüsse ziehen, folgen wir einem bestimmten Muster. Es besteht, so beschreibt es Aristoteles, aus drei Behauptungen, genauer aus zwei Voraussetzungen und einem Schluss – zum Beispiel in dieser Form: Wenn (1) alle A auch X sind, wenn (2) B ein A ist, dann ist (3) B auch X. Der »Syllogismus« – so der Name dieser Argumentform – ist das erste logische Verfahren, das isoliert dargelegt wurde. Bis ins 19. Jahrhundert blieb es Grundmuster der Logik.

Doch der Syllogismus ist mehr als ein Nebenprodukt von Aristoteles' systematischer Klassifizierung der natürlichen Welt. Indem er analytisches Denken in Form der Logik einsetzte, erkannte Aristoteles, dass die Kraft des Denkens (der Vernunft) etwas ist, das *nicht* auf den Sinnen beruht. Es kann also nur eine angeborene Eigenschaft sein: Teil dessen, was es heißt, Mensch zu sein. Es sind uns, nach Aristoteles, keine fertigen Ideen gegeben, wohl aber die Fähigkeit, aus Erfahrung zu lernen und allgemeine Ideen zu entwickeln. Aristoteles fügt dieses Faktum ins System seiner Klassifikationen ein, es ergibt sich, dass die angeborene Kraft der Vernunft etwas ist, das uns von allen Lebewesen unterscheidet und an die Spitze der Hierarchie setzt.

Niedergang des klassischen Griechenland

Die Reichweite von Aristoteles' Gedanken, sein das Denken und die Wissenschaft revolutionierender Umsturz von Platons Ideenlehre hätte seiner Philosophie größere Wirkung verschaffen müssen, als sie zu seiner Zeit und direkt nach seinem Tod hatte. Doch Aristoteles lebte am Ende einer Epoche. Alexander der Große, Aristoteles' Schüler, starb kurz vor ihm und in der anschließenden Periode des Hellenismus verloren Athen und seine Kultur an Einfluss. Es begann der Aufstieg des Römischen Imperiums zur beherrschenden Macht des Mittelmeerraums, und die Philosophie, die Rom von den Griechen übernahm, war der Stoizismus. Die rivalisierenden Schulen von Platon und Aristoteles – Akademie und Lyceum – arbeiteten zwar weiter, aber sie hatten ihre frühere Bedeutung verloren. Infolgedessen gingen viele von Aristoteles' Schriften verloren. Er soll einige Hundert Abhandlungen und Dialoge verfasst haben, überliefert jedoch sind nur Fragmente, hauptsächlich seine Vorträge und die Notizen für die Lehre. Sie wurden von seinen Schülern bewahrt und enthalten genug, um uns ein Bild vom Werkumfang zu vermitteln.

Aristoteles' Vermächtnis

Mit dem Aufkommen des Islam im 7. Jahrhundert wurden Aristoteles' Werke ins Arabische übersetzt und in der arabischen Welt verbreitet. So wurden sie zur Lektüre der im Vorderen Orient wirkenden Gelehrten Ibn Sina und Ibn Ruschd. In Westeuropa dagegen blieb bis ins

Der Einfluss des aristotelischen Denkens ist zu erkennen in der Großen Kette des Seins, einer mittelalterlich-christlichen Darstellung des Lebens als Hierarchie, an deren Spitze Gott steht.

9. Jahrhundert Boethius' lateinische Übersetzung von Aristoteles' Abhandlung zur Logik (6. Jahrhundert) die einzige erreichbare Schrift. Erst später wurden weitere Werke aus dem Arabischen ins Lateinische übersetzt. Um diese Zeit auch wurden seine Gedanken in den Büchern gesammelt, die wir heute kennen: *Physik*, *Nikomachische Ethik*, *Organon* und andere. Im 13. Jahrhundert trotzte Thomas von Aquin dem über Aristoteles' Werk verhängten Bann und integrierte es in die christlich-scholastische Philosophie, so wie sich Augustinus Platon angeeignet hatte. Wieder gerieten die Vertreter beider Strömungen aneinander.

Aristoteles' Notizen zur Logik *(Organon)* blieben Standardtext bis zur Entwicklung der mathematischen Logik im 19. Jahrhundert. Seine Klassifizierung der Lebewesen beherrschte auch das abendländische Denken im Mittelalter, wurde zur *scala naturae* (»Leiter der Natur«) oder zur Großen Kette des Seins, mit der die gesamte Schöpfung dargestellt wurde, mit dem Menschen an der Spitze, direkt unter Gott, dem Schöpfer. In der europäischen Renaissance fand Aristoteles' empirische Forschungsmethode neues Interesse.

Im 17. Jahrhundert – Descartes hatte seinen *Discours de la méthode* veröffentlicht – erreichte die Debatte zwischen Rationalisten und Empiristen ihren Höhepunkt. Leibniz und Kant wählten nun den rationalistischen Weg. Ihnen traten Locke, Berkeley und Hume als empiristischer Widerpart entgegen. Wieder hatten die Differenzen zwischen den Philosophen ebenso viel mit den Temperamenten der Beteiligten zu tun wie mit der Substanz der Argumente: das Kontinentale gegen das Britische, das Poetische gegen das Akademische, das Platonische gegen das Aristotelische. Im 19. Jahrhundert abgeebbt, belebt sich das Interesse an Aristoteles heute wieder. Manche sehen in seiner funktionalistischen Definition des »Guten« einen Schlüssel zum Gebrauch der ethischen Sprache. ■

» Es ist nichts im Geist, was nicht vorher in den Sinnen war. «

John Locke
Ein Versuch über den menschlichen Verstand

Aristoteles

Aristoteles wurde in Stagira auf der Halbinsel Chalkidiki geboren. Als Sohn des königlichen Leibarztes am makedonischen Hof erhielt er die Ausbildung eines Aristokraten. Im Alter von 17 Jahren wurde er an Platons Akademie nach Athen geschickt, wo er zunächst als Schüler, dann als Lehrer 20 Jahre verbrachte. Nach Platons Tod zog Aristoteles nach Ionien, widmete sich dort einige Jahre seinen Naturstudien, bis er an den makedonischen Hof gerufen wurde, als Lehrer des jungen Prinzen Alexander. 335 v. Chr. kehrte er nach Athen zurück und gründete, ermutigt durch Alexander, das Lyceum – in Konkurrenz zu Platons Akademie. Hier brachte er seine Gedanken in eine feste Form und verfasste die meisten seiner Bücher. Nach Alexanders Tod 323 v. Chr. musste er vor der antimakedonischen Stimmung aus der Stadt fliehen. Er ging auf die Insel Euboa, wo er ein Jahr später starb.

Hauptwerke

Organon, Physik, Metaphysik, Nikomachische Ethik

TOD BEDEUTET UNS NICHTS

EPIKUR (341–270 V. CHR.)

IM KONTEXT

DISZIPLIN
Ethik

LEHRE
Epikureismus

FRÜHER
Ende 5. Jh. v. Chr. Sokrates lehrt, das Streben nach Wissen und Wahrheit mache ein würdiges Leben aus.

um 400 v. Chr. Leukipp und Demokrit erkennen, dass der Kosmos aus in leerem Raum beweglichen Atomen besteht.

SPÄTER
um 50 v. Chr. Der römische Philosoph Lukrez schreibt *De rerum natura*, ein Lehrgedicht nach Epikurs Ideen.

1789 Jeremy Bentham entwickelt die utilitaristische Vorstellung vom »Glück der größtmöglichen Zahl«.

1861 John Stuart Mill stellt dar, geistige und intellektuelle Freuden seien wertvoller als körperliche.

Epikur wuchs auf in einer Zeit, in der die griechische Philosophie mit den Lehren von Platon und Aristoteles ihren Höhepunkt bereits erreicht hatte. Das Interesse hatte sich von der Metaphysik zur Moral verlagert, von der politischen zur persönlichen Ethik. Epikur jedoch fand den Samen zu einer neuen Schule des Denkens in Fragen früherer Philosophen, etwa in Sokrates' Untersuchung zu den Grundlagen humaner Begriffe und Werte.

Furchterregend wurde der erbarmungslose Totengott *Thanatos* und wurden Leid und Qual in der Unterwelt dargestellt, die den alten Griechen für ihre Sünden drohten.

Seelenruhe und Gelassenheit versteht Epikur als Ziel des Lebens, Freude und Schmerz als Wurzeln des Guten beziehungsweise des Bösen. Doch zeigt er auch, wie sich aus diesen Wurzeln Gerechtigkeit, Tugend und ähnliche Eigenschaften entwickeln. Denn es sei »unmöglich, ein angenehmes Leben zu führen, ohne weise, ehrenhaft und gerecht zu leben«. Das gelte auch umgekehrt: Niemand kann sich weise, ehrenhaft und gerecht verhalten, der kein angenehmes Leben führt. Epikureismus ist also nicht, wie oft behauptet, das Streben nach sinnlicher Lust um ihrer selbst willen. Ein größeres Glück, sagt Epikur, erreichen wir durch Wissen, Freundschaft und ein moderates Leben, anders: durch Freiheit von Furcht und Schmerz.

Furcht vor dem Tod

Das größte Hindernis, das dem Frieden geistiger Gelassenheit im Weg steht, sieht Epikur in der Angst vor dem Tod. Diese werde noch gesteigert durch die religiöse Überzeugung, dass, wer den Zorn der Götter auf sich ziehe, dies im Leben nach dem Tod zu büßen habe. Dieser Furcht tritt Epikur aber nicht mit der Behauptung einer anderen Vorstellung vom Leben nach dem

Siehe auch: Demokrit und Leukipp 45 ▪ Sokrates 46–49 ▪ Platon 50–55 ▪ Aristoteles 56–63 ▪ Jeremy Bentham 174 ▪ John Stuart Mill 190–193

Tod entgegen, sondern durch Erklärung dessen, was der Tod eigentlich ist. Zunächst müssten wir uns klarmachen, dass wir unseren Tod gar nicht miterleben können, weil unser Bewusstsein (unsere Seele) im Augenblick des Sterbens endet, was Epikur im Rekurs auf die Atomtheorie von Leukipp und Demokrit erläutert. Wenn, wie diese lehrten, alles entweder Atom oder leerer Raum sei, dann könne die Seele jedenfalls kein leerer Raum sein. Sie bewege sich nämlich dynamisch mit dem Körper, also müsse sie aus Atomen bestehen. Diese seien um den Körper verteilt, zudem so fragil, dass sie sich auflösen, sobald wir sterben. Darum können wir nichts mehr empfinden. Dann aber sei es töricht, den Tod zu fürchten und sich damit zu Lebzeiten zu plagen.

Epikur sammelte eine kleine, aber ergebene Schar von Anhängern um sich. Vielen anderen galt er als Verächter der Religion. Vom Hauptstrom der Philosophie blieb sein Denken weitgehend unbeachtet. Erst im 18. Jahrhundert tauchten Epikurs Gedanken wieder auf, in den Schriften von Jeremy Bentham und John Stuart Mill. Die Ziele des Epikureismus verbanden sich mit der Revolution. So konstatiert die Unabhängigkeitserklärung der Vereinigten Staaten das allgemeine Recht auf »Leben, Freiheit und Streben nach Glückseligkeit«. ▪

Epikur

Epikur kam als Sohn athenischer Eltern auf Samos zur Welt. Er erhielt Philosophieunterricht bei einem Schüler Platons. 323 v. Chr. starb Alexander der Große, in den anschließenden politischen Wirren mussten Epikur und seine Eltern nach Kolophon in der heutigen Türkei fliehen. Dort setzte er bei Nausiphanes, einem Anhänger Demokrits, seine Studien fort. Kurz wirkte er selbst als Lehrer in Mytilene auf Lesbos und in Lampsakus am Hellespont, bis er 306 v. Chr. nach Athen ging. Er gründete eine Schule, Kepos (Garten) genannt, wo er mit Freunden und Anhängern auch lebte. Hier entwickelte er seine Lehre. Trotz häufiger und schmerzhafter Krankheiten lebte Epikur bis in sein 72. Lebensjahr. Seinen Lehren gemäß bezeichnete er noch seinen letzten Tag als einen wirklich glücklichen.

Hauptwerke

Anfang 3. Jh. v. Chr.
Über die irdische Glückseligkeit
Von der Überwindung der Furcht
Philosophia naturalis

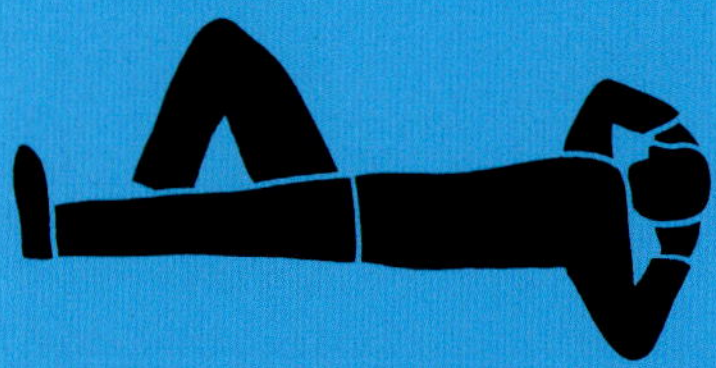

DIE HABEN AM MEISTEN, DIE ZUFRIEDEN MIT DEM WENIGSTEN SIND

DIOGENES VON SINOPE (UM 404–323 V. CHR.)

IM KONTEXT

DISZIPLIN
Ethik

LEHRE
Kynismus

FRÜHER
Ende 5. Jh. v. Chr. Das ideale Leben, lehrt Sokrates, wird verbracht in der Suche nach Wahrheit.

Anfang 4. Jh. v. Chr. Sokrates' Schüler Antisthenes verteidigt ein asketisches, im Einklang mit der Natur geführtes Leben.

SPÄTER
um 301 v. Chr. Von Diogenes beeinflusst, gründet Zenon von Kition die Schule der Stoiker.

4. Jh. n. Chr. Augustinus von Hippo verurteilt das oft schamlose Verhalten der Kyniker, auch wenn sie zum Vorbild asketischer Mönchsorden werden.

1882 In *Die Fröhliche Wissenschaft* bezieht sich Friedrich Nietzsche auf Diogenes und seine Idee.

Platon hat Diogenes einmal einen »verrückt gewordenen Sokrates« genannt. Das war beleidigend gemeint, aber nicht weit von der Wahrheit entfernt. Diogenes teilte Sokrates' leidenschaftliches Streben nach Tugend, wies wie dieser weltlichen Reichtum zurück, trieb dies aber auf die Spitze. Um ein lebenswertes Leben zu führen, sagt er, müsse man sich von allen Einschränkungen der Gesellschaft befreien, ebenso von der inneren Unzufriedenheit, die verursacht wird vom Begehren, von Gefühlen und Angst. Dorthin führe ein Leben in aller Einfachheit, nur bestimmt vom unverbildeten Menschenverstand und natürlichen Impulsen, ein Leben, das ohne Scham alle Konventionen missachtet, auch den Wunsch nach Besitz und Wohlstand.

Diogenes war der erste einer Reihe von Denkern, die als »Kyniker« bekannt wurden, abgeleitet von *kyon*, Hund. Aus dem Spott, sie lebten wie ein Hund, machten sie eine Ehrbezeichnung. Wollten sie doch tatsächlich so ungekünstelt wie möglich leben, ohne Rücksicht auf Sitte und Herkommen. Je besser einem das gelinge – und Diogenes, der ein Leben in Armut vorzog, war ihr Vorbild –, desto näher werde man einem idealen Leben kommen. Die glücklichste Person, die, in Diogenes' Worten, »das Meiste« habe, ist also jemand, der im Rhythmus der Natur lebt, frei von Konventionen und Werten der zivilisierten Welt und »zufrieden« mit dem Wenigsten. ■

Diogenes lehnte weltliche Reichtümer ab und hätte, so Cicero, ebenso gut »in einem Fass« leben können. Viele Legenden kreisen um Diogenes' allen Konventionen spottendes Leben.

Siehe auch: Sokrates 46–49 ▪ Platon 50–55 ▪ Zenon von Kition 67 ▪ Augustinus von Hippo 72–73 ▪ Friedrich Nietzsche 214–221

DAS ZIEL IST EIN LEBEN IM EINKLANG MIT DER NATUR

ZENON VON KITION (UM 332–265 V. CHR.)

IM KONTEXT

DISZIPLIN
Ethik

LEHRE
Stoizismus

FRÜHER
um 380 v. Chr. Platon formuliert seine Vorstellungen zur Ethik und zum Stadtstaat in *Der Staat*.

4. Jh. v. Chr. Diogenes von Sinope lebt in extremer Armut, um die Prinzipien des Kynismus zu demonstrieren.

SPÄTER
um 40–45 n. Chr. Der römische Staatsmann und Philosoph Seneca der Jüngere setzt mit seinen Schriften die Tradition der Stoa fort.

um 150–180 Der Römische Kaiser Mark Aurel verfasst seine 12-bändigen *Meditationes* zur stoischen Philosophie.

1584 Der flämische Humanist Justus Lipsius schreibt *De Constantia*, verbindet den Stoizismus mit dem Christentum.

Zwei große Schulen philosophischen Denkens entwickelten sich nach Aristoteles' Tod: die hedonistische areligiöse Ethik des Epikur, die nur geringen Zuspruch fand, und der populärere, langfristiger wirksame Stoizismus des Zenon von Kition. Er hatte bei einem Schüler des Diogenes von Sinope, des ersten Kynikers, studiert und teilte dessen nüchterne Einstellung zum Leben. Wenig Verständnis hatte er für die metaphysische Spekulation. Er war überzeugt, dass der Kosmos von Naturgesetzen regiert werde, verhängt von einem erhabenen Gesetzgeber. Die Menschen können an dieser Realität nichts ändern, sich nur ihrer vielen Vorteile erfreuen, ihre Grausamkeit und Ungerechtigkeit aber müssen sie hinnehmen.

Freier Wille

Allerdings haben die Menschen auch eine vernünftige Seele und damit einen freien Willen. Darum, so Zenon, sei niemand gezwungen, ein »gutes« Leben zu führen. Jeder könne entscheiden, sich über Dinge, die er doch nicht ändern könne, hinwegzusetzen und sich gegen Schmerz und Vergnügen, gegen Armut und Reichtum gleichgültig zu zeigen. Wer sich so verhalte, werde ein Leben im Einklang mit der Natur und auch mit den Gesetzen des erhabenen Gesetzgebers leben können.

Der Stoizismus fand Anhänger überall im hellenistischen Griechenland, noch mehr im expandierenden Römischen Reich. Dort wurde er zur Grundlage einer neuen Ethik, bis er im 6. Jahrhundert vom Christentum abgelöst wurde. ■

» Glück ist ein guter Fluss des Lebens. «

Zenon von Kition
(nach Stobaios, *Florilegium*)

Siehe auch: Platon 50–55 ▪ Aristoteles 56–63 ▪ Epikur 64–65 ▪ Diogenes von Sinope 66

DIE WELT
MITTELA
250–1500

DES
LTERS

UM 260
Plotin begründet den **Neuplatonismus**, eine auf Platon zurückgehende Schule der mystischen Philosophie.

313
Kaiser Konstantin verkündet mit dem **Edikt von Mailand** die Religionsfreiheit im Römischen Reich.

395
Innere Krisen und Grenzkriege führen zur **Teilung des Römischen Reiches** in ein Ost- und ein Westreich. Der westliche Teil verfällt innerhalb eines Jahrhunderts.

397/98
Augustinus schreibt die *Bekenntnisse*.

UM 510
Boethius übersetzt Werke des Aristoteles.

618
Die **Tang-Dynastie** wird begründet, Beginn des **Goldenen Zeitalters** in Chinas Kultur.

622
Hedschra des Propheten Mohammed, seine Flucht von Mekka nach Medina, die als Beginn der muslimischen Ära gilt.

711
Eroberung des christlichen Iberien (heute Spanien und Portugal) durch Muslime.

Für die römische Kultur spielte die Philosophie keine große Rolle. Den Stoizismus bewunderten die Römer allerdings wegen seiner Betonung der Tugenden. In Athen wurde die große Tradition der klassisch-griechischen Philosophie weiterhin gelehrt, doch traten weder dort noch im kaiserlichen Rom bedeutende Philosophen auf, bis Plotin im 3. Jahrhundert n. Chr. die neuplatonische Schule gründete.

Im Verlauf des 1. Jahrtausends n. Chr. schwand die Macht des Römischen Reiches, militärisch-politisch wie kulturell. Das Christentum wurde von der römischen Kultur assimiliert und nach dem Untergang Westroms (im 5. Jahrhundert) wurde die Kirche zur beherrschenden Autorität in Westeuropa. Fragen zum Wesen der Welt, nach den Bedingungen eines tugendhaften Lebens wurden nach der Bibel beantwortet und galten nicht als philosophische Themen. Die griechische Idee der Philosophie – die rationale Prüfung von Sachverhalten, unabhängig von den Lehren der Religion – konnte sich gegen die Macht der Kirche nicht halten.

Zugleich versuchten frühchristliche Philosophen wie Augustinus das griechische Denken ins Christentum zu integrieren. Systematisch und auf breiterer Textbasis tat dies die Scholastik, die im 12. und 13. Jahrhundert in Klöstern, später auch an kirchlichen Universitäten entwickelt und gelehrt wurde. Ziel war es, eine rationale Ordnung in das offenbarte Wissen (der Bibel) zu bringen. Dazu wurde eine rigide Argumentationstechnik entwickelt. Dass es einen Gott, eine unsterbliche Seele gibt, galt Augustinus und den Scholastikern als ausgemacht. Aber sie suchten auch rationale Rechtfertigungen dafür.

Frühes Mittelalter

Ab 400 n. Chr. versank Europa in den Wirren der Völkerwanderung und viele zivilisatorische wie kulturelle Errungenschaften von Griechen und Römern gingen verloren. Die Kirche verteidigte ihr Monopol über das Wissen und seine Vermittlung. Als Philosophie im engeren Sinn überlebten nur der Neuplatonismus, der als vereinbar mit dem Christentum galt, und Boethius' Übersetzung der *Logik* des Aristoteles.

Im Osten blühte das kulturelle Leben, vor allem China erfreute sich eines Goldenen Zeitalters in

832

Gründung des **»Hauses der Weisheit«** in Bagdad, das Gelehrte aus aller Welt anzieht, die dort über ihre Ideen diskutieren und übersetzen.

UM 1014–1020

Ibn Sina (Avicenna) schreibt *Kitab al-Shifa (Das Buch der Genesung)*.

1077/78

Anselm von Canterbury schreibt das *Proslogion*.

1099

Christliche Kreuzfahrer erobern die Heilige Stadt **Jerusalem**.

1347

Der **Schwarze Tod** (Pest) erreicht Europa und tötet über ein Drittel der Bevölkerung.

1445

Johannes Gutenberg erfindet den **Buchdruck** mit beweglichen Lettern. Die Verbreitung des Wissens wird einfacher und schneller.

1453

Mit der Eroberung der Hauptstadt Konstantinopel durch die osmanischen Türken geht das **Byzantinische Reich**, das ehemalige Ostrom, endgültig unter.

1492

Christoph Kolumbus überquert den Atlantik und erreicht die »Westindischen Inseln« vor Amerika.

Dichtung und Kunst. Die östlichen Philosophien konnten mit ihren jeweiligen Religionen problemlos koexistieren. In den Ländern, die zum Reich Alexanders des Großen gehört hatten, wurde das griechische Erbe respektvoller behandelt als in Europa. Arabische und persische Gelehrte bewahrten und übersetzten die Werke der griechischen Philosophen und ließen sie in die islamische Kultur einfließen.

Als sich der Islam ostwärts nach Asien und über Nordafrika bis nach Spanien verbreitete, kehrte auch das Denken des östlichen Mittelmeerraums nach Europa zurück. Im 12. Jahrhundert wurden dort die Ideen und Erfindungen aus dem islamischen Raum bekannt und so entdeckten europäische Gelehrte auch die Mathematik und Philosophie der Griechen neu. Vor allem Aristoteles' Werke wurden wie eine Offenbarung aufgenommen und gaben Anstoß für ein neues philosophisches Interesse auch in der Kirche. Während sich die neuplatonische Ideenlehre etwa relativ leicht ins christliche Denken integrieren ließ, wurde Aristoteles' diesseitigeres, auf Erfahrung pochendes Denken von den Kirchenbehörden mit Misstrauen beäugt. Trotzdem nahmen christliche Philosophen wie Roger Bacon, Thomas von Aquin, Duns Scotus und Wilhelm von Ockham den Aristotelismus begeistert auf und überzeugten die Kirche schließlich von seiner Vereinbarkeit mit dem christlichen Glauben.

Eine neue Rationalität

Nicht nur die Philosophie kam aus der islamischen Welt nach Europa zurück, auch eine Fülle technischen und wissenschaftlichen Wissens. Fortschritte in Medizin, Physik, Geografie und vor allem in der Astronomie gelangen islamischen Gelehrten mit den wissenschaftlichen Methoden des Aristoteles. Das wiederum brachte die Kirche in ihrer Autorität in Bedrängnis. Die Wiederbelebung des griechischen Denkens und neue Ideen zündeten den Aufbruch in die Renaissance. Immer mehr Menschen, die nach Antworten suchten, wandten sich eher der Vernunft als dem Glauben zu und entdeckten die aktive Kraft des Denkens. Humanisten wie Erasmus wandten sich gegen die Bevormundung durch die Kirche. Philosophen schenkten naturwissenschaftlichen Problemen mehr Aufmerksamkeit als den Fragen nach Gott und der unsterblichen Seele. ■

GOTT IST NICHT DER VATER DES BÖSEN

AUGUSTINUS VON HIPPO (354–430)

IM KONTEXT

DISZIPLIN
Ethik

LEHRE
Christlicher Platonismus

FRÜHER
um 400 v. Chr. Das Böse, sagt Platon im *Gorgias*, ist nicht etwas, sondern Abwesenheit von etwas.

3. Jh. n. Chr. Plotin erneuert Platons Lehre vom Guten und Bösen.

SPÄTER
um 520 Boethius greift in seinem *Trost der Philosophie* auf Augustinus' Theorie des Bösen zurück.

um 1130 Abaelard verwirft den Gedanken, dass es das Böse nicht gibt.

1525 Martin Luther, der Reformator der Kirche, schreibt *Vom unfreien Willen*.

Vor allem das Problem des Bösen beschäftigte Augustinus. Wenn Gott vollkommen gut und allmächtig ist, warum gibt es dann Böses in der Welt? Für Christen wie Augustinus ist dies eine ebenso zentrale Frage wie für Juden und Muslime. Denn mit dem Bösen, einer unbestreitbaren Tatsache, hätte man ein Argument gegen die Existenz Gottes bei der Hand.

Augustinus fand eine Lösung: Gott, sagt er, hat alles Seiende geschaffen, aber nicht das Böse. Denn das Böse ist kein Seiendes, sondern ein Fehlen des Guten *(privatio boni)*, ein mangelhaftes, nicht wahrhaft Seiendes.

Geschöpf und freies Wesen

Es drängt sich sofort die Frage auf: Warum hat Gott Mangelhaftes, warum natürliche und moralische Übel in seiner Schöpfung zugelassen? Gott, sagt Augustinus, wollte die Menschen als vernünftige Wesen schaffen. Darum musste er ihnen auch einen freien Willen geben: Zumindest die Möglichkeit, dass Adam, der erste Mensch, das Böse wählt und nicht das Gute, musste gegeben sein. Wie die Bibel berichtet, hat Adam die verbotene

Siehe auch: Platon 50–55 ▪ Plotin 337 ▪ Boethius 74–75 ▪ Pierre Abaelard 339 ▪ David Hume 148–153

Frucht vom Baum der Erkenntnis gegessen.

Doch Augustinus' Argument kommt auch ohne die Bibel aus. Es entfaltet das, was Vernunft ist: die Fähigkeit, Entscheidungen durch Denken abzuwägen. Das ist nur möglich, wenn es die Möglichkeit und auch die Freiheit gibt, das Falsche zu denken, zu wollen oder zu tun.

Augustinus bringt noch eine dritte Lösung zur Sprache. Die Welt, sagt er, ist als etwas Schönes anzusehen. Wenn es auch Böses auf der Welt gibt, so trägt selbst das noch zum Guten bei: Es wird durch das Böse größer. Der Kirchenvater zieht hier einen Vergleich zur Musik: Dort mache ein Missklang eine Harmonie schließlich noch lieblicher.

Erklärung der natürlichen Übel

Seither sind die meisten christlichen Philosophen das Problem des Bösen mit Augustinus' Argumenten angegangen. David Hume dagegen – der Wegbereiter des Utilitarismus, der im 18. Jahrhundert lebte und wirkte – machte wie auch andere, die das Denken aus der Vorherrschaft der Kirche befreien wollten, aus Augustinus' Rechtfertigung der Schöpfung ein Argument gegen das Christentum.

Wenn man, sagt Hume, Krankheit als die Abwesenheit von Gesundheit definiere, dann sei das nicht mehr als ein Spiel mit Worten. Krankheiten mögen durch einen Mangel an etwas verursacht sein, das Leiden des Kranken dagegen sei real. Und welche Erklärung ließe sich erst für Übel wie Erdbeben und Seuchen finden?

Gewiss ist es möglich, aus dem Bösen die Zweifel an einem allgütigen und allmächtigen Gott zu begründen. Wer aber vor aller Erfahrung an diesen Gott glaubt, findet in Augustinus' Argumenten Trost. ▪

Eine Welt ohne das Böse wäre eine Welt ohne uns – vernünftige Wesen, die wählen können, wie sie handeln, sagt Augustinus. Wir können uns wie Adam und Eva auch für das Böse entscheiden.

> »Gott ist …
> der Geber aller Macht,
> nicht aber allen Wollens.
> Denn der böse Wille ist
> nicht von ihm,
> weil er gegen die Natur ist,
> die von ihm stammt.«
>
> **Augustinus von Hippo**
> *Vom Gottesstaat*, 5. Buch

Augustinus von Hippo

Augustinus wurde 354 in Thagaste in Nordafrika geboren, die Mutter war Christin, der Vater Heide, also nicht zum Christentum bekehrt. Augustinus ließ sich zum Rhetor ausbilden, unterrichtete in seiner Heimatstadt, später in Karthago, Rom und Mailand, wo er zu Ansehen kam.

Eine Zeit lang vertrat Augustinus eine manichäische Haltung: Er sah das Gute und das Böse als dualistische kosmische Kräfte. Unter dem Einfluss des Mailänder Bischofs Ambrosius fand er zu einer neuplatonischen Auslegung des Christentums. Im Anschluss an eine spirituelle Krise ließ er sich taufen, gab die weltliche Karriere auf, gründete das erste Kloster in Afrika, begann zu schreiben, zum Teil philosophische Werke, aber auch die Autobiografie *Bekenntnisse*. 395 wurde er Bischof von Hippo. Er starb im Alter von 75 Jahren, während die Stadt von den Vandalen belagert wurde.

Hauptwerke

um 388–395 *Der freie Wille*
um 399–419 *Über die Dreieinigkeit*
um 413–427 *Vom Gottesstaat*

GOTT KENNT UNSERE FREIEN GEDANKEN UND TATEN IM VORAUS

BOETHIUS (UM 480–525)

IM KONTEXT

DISZIPLIN
Erkenntnistheorie

LEHRE
Christlicher Platonismus

FRÜHER
um 350 v. Chr. Aristoteles beschreibt, welche Probleme entstehen, wenn Voraussagen für wahr erklärt werden.

um 300 v. Chr. Der syrische Philosoph Iamblichos sagt, was es zu wissen gebe, hänge ab von den Fähigkeiten des Wissenden.

SPÄTER
um 1250–1270 Thomas von Aquin teilt Boethius' Ansicht, Gott existiere außerhalb der Zeit: transzendent und jenseits allen menschlichen Begreifens.

um 1300 Duns Scotus sagt, menschliche Freiheit beruhe auf der Handlungsfreiheit Gottes, er kenne unsere zukünftigen freien Handlungen, insofern er seinen eigenen unveränderlichen – aber freien – Willen kennt.

Wenn Gott unfehlbar weiß, was wir in Zukunft tun werden, gibt es keinen freien Willen. Der römische Philosoph Boethius, ein Christ, wurde in der platonischen Tradition ausgebildet. Er musste also den Widerspruch von Vorsehung (christliche Lehre) und freiem Willen (griechisch-römische Philosophie) lösen. Nehmen wir ein Beispiel: Gehe ich heute Nachmittag ins Kino oder schreibe ich? Gesetzt, ich entscheide mich für das Kino: Damit ist schon vor dem Ereignis wahr, dass ich an diesem Nachmittag ins Kino gehen werde. Dann aber, scheint es, hatte ich die Freiheit, am Nachmittag zu schreiben, erst gar nicht.

Aristoteles sah dieses Problem, seine Antwort aber bleibt unklar. Seiner Meinung nach wäre ein Satz wie »Ich werde ins Theater gehen«

Siehe auch: Aristoteles 56–63 ▪ Thomas von Aquin 88–95 ▪ Johannes Duns Scotus 339 ▪ Baruch de Spinoza 126–129 ▪ Immanuel Kant 164–171

weder wahr noch falsch, zumindest nicht in der Weise wahr wie: »Gestern bin ich ins Theater gegangen.«

Ein Gott jenseits der Zeit

Boethius, der an einen allwissenden Gott glaubte, hatte eine theologisch verschärfte Version des Problems zu lösen. Der allwissende Gott kennt Vergangenheit, Gegenwart und Zukunft. Wenn ich mich nachmittags entscheide, ins Theater zu gehen, weiß Gott das immer schon. Dann aber hätte ich mich gar nicht frei fürs Schreiben entscheiden können, es sei denn, ich könnte gegen dessen Willen handeln. Boethius findet eine Lösung: Wie Dinge erkannt werden, sagt er, hängt davon ab, wer der Erkennende ist. Ein Hund zum Beispiel kennt die Sonne nur von Eigenschaften, die er spüren kann – durch Sehen und Fühlen. Ein Mensch dagegen kann auch darüber nachdenken, wie weit sie von der Erde entfernt ist, welches Wesen sie hat und so weiter.

Ähnlich betrachtet Boethius die Zeit. Wir leben in ihrem Fluss, können Ereignisse nur als vergangene (ob sie waren), gegenwärtige (ob sie sind) oder zukünftige (ob sie sein werden) kennen. Von unsicheren künftigen Ereignissen wissen wir nichts. Gott aber lebt nicht im Fluss der Zeit, sondern in ewiger Gegenwart. Wenn er weiß, was Vergangenheit, Gegenwart und Zukunft für uns sind, weiß er das so, wie wir wissen, was Gegenwart ist. Auch wenn ich weiß, dass du jetzt hier sitzt, schränkt dies deine Freiheit nicht ein, vorhin stehen geblieben zu sein. Und das gilt für Gottes Wissen insgesamt: Er kennt unsere Handlungen, doch sie bleiben frei.

Einige heutige Denker argumentieren anders: Weil ich mich, sagen sie, noch gar nicht entschieden habe, ins Theater zu gehen, gibt es davon vorab auch gar nichts zu wissen, selbst für einen allwissenden Gott nicht. Das, was zu wissen wäre, existiert noch nicht. ■

> »... denn alles, was erkannt wird, wird nicht nach seinem eigenen Wesen, sondern vielmehr nach der geistigen Veranlagung des Erkennenden aufgefasst.«
>
> **Boethius**
> *Der Trost der Philosophie*

Boethius und Philosophie diskutieren über freien Willen, Determinismus und Gottes Schau der ewigen Gegenwart (*Trost der Philosophie*, Illustration).

Anicius Boethius

Boethius war ein römischer Aristokrat und Christ. Er wurde geboren, als das Römische Reich zerfiel und die Ostgoten Italien beherrschten. Mit sieben Jahren Waise geworden, wuchs er bei einer adeligen Familie in Rom auf, lernte fließend Griechisch und erwarb gute Kenntnisse der lateinischen und griechischen Literatur und Philosophie. Sein Leben lang befasste er sich mit der Übersetzung und Kommentierung griechischer Texte, insbesondere von Aristoteles' Schrift zur Logik. 522 wurde er an die Spitze der Reichsverwaltung des Ostgotenkönigs Theoderich berufen, jedoch wurde er um 526, als Opfer einer Hofintrige, des Verrats zugunsten Ostroms beschuldigt und zum Tode verurteilt. Während er im Gefängnis auf seine Hinrichtung wartete, schrieb er sein berühmtestes Werk, *Trost der Philosophie.*

Hauptwerke

um 510 *Kommentare zu Aristoteles'* Kategorien
um 513–516 *Kommentare zu Aristoteles'* Hermeneutik
um 526 *Der Trost der Philosophie*

DIE SEELE IST VOM KÖRPER GETRENNT

IBN SINA (AVICENNA) (980–1037)

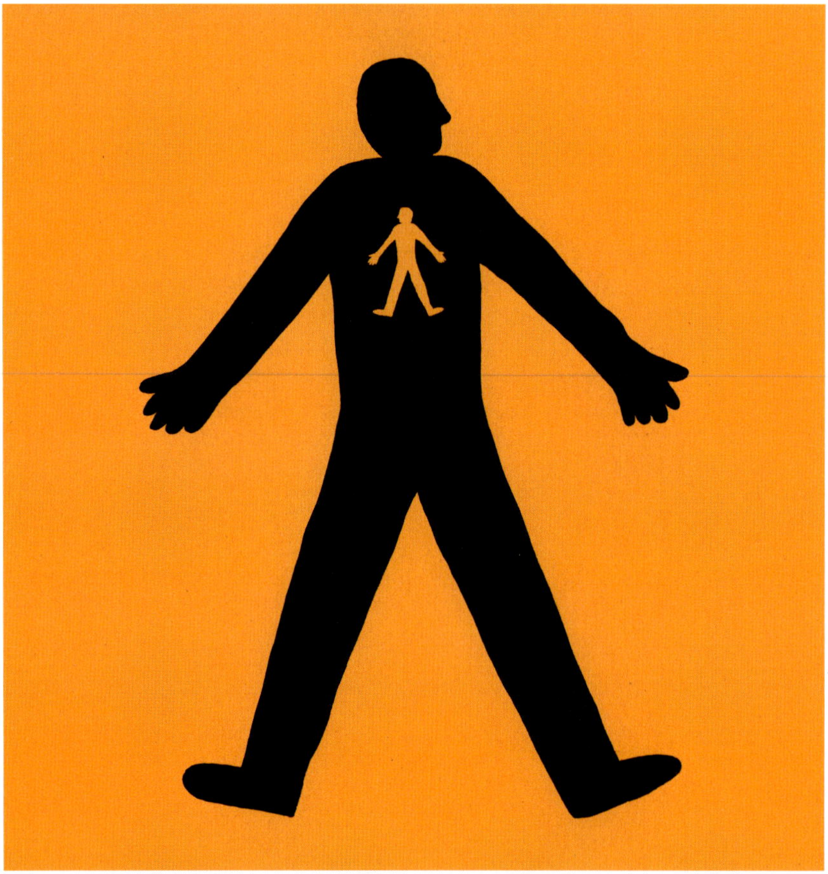

IM KONTEXT

DISZIPLIN
Metaphysik

LEHRE
Arabischer Aristotelismus

FRÜHER
um 400 v. Chr. Platon sagt, Seele und Körper seien zwei verschiedene Substanzen.

4. Jh. v. Chr. Aristoteles begreift die Seele als »Form« des Körpers.

um 800–950 n. Chr. Werke des Aristoteles werden ins Arabische übersetzt.

SPÄTER
um 1260 Thomas von Aquin übernimmt Aristoteles' Theorie der Seele und des Körpers.

1640 René Descartes behauptet in den *Meditationen* den Dualismus von Geist und Körper.

1949 Gilbert Ryle bezeichnet in *Der Begriff des Geistes* den Dualismus als »Kategorienfehler«.

Ibn Sina, auch als Avicenna bekannt, ist der bedeutendste Philosoph der arabischen Tradition. Wie seine Vorgänger Al-Kindi und Al-Farabi, später auch Ibn Ruschd (Averroes), verstand er sich nicht als islamischer Theologe, sondern als Philosoph. Selbstbewusst folgte er dem griechischen Weg des logischen Denkens und beweiskräftigen Argumentierens. Er sah sich in der Nachfolge von Aristoteles und seine Hauptschriften lassen sich als »Summae« lesen, als Zusammenfassungen aristotelischer Texte.

Ibn Sina, der Sammler und Übersetzer aristotelischer Texte, war gewiss kein neutraler Philo-

Siehe auch: Platon 50–55 ▪ Aristoteles 56–63 ▪ Al-Kindi 338 ▪ Al-Farabi 338 ▪ Thomas von Aquin 88–95 ▪ René Descartes 116–123 ▪ Gilbert Ryle 343

loge, sondern ein eigenständiger, eigenwilliger Denker. An manchen Teilen von Aristoteles' Lehren hielt er fest, obwohl er sich dadurch in Gegensatz zur islamischen Orthodoxie brachte. So hielt er die Welt für ewig, sie habe bereits vor der Schöpfung existiert, als ewiger Gedanke Gottes. Dann wieder fühlte er sich frei, von Aristoteles radikal abzuweichen. Am deutlichsten wird dies daran, wie Ibn Sina das Verhältnis von Körper und Seele (Selbst oder Geist) bestimmt.

Körper und Seele getrennt

Nach Aristoteles sind Körper und Seele des Menschen (wie die anderer Tiere) nicht zwei verschiedene Dinge (»Substanzen«), sondern bilden eine Einheit. Die Seele ist die »Form« des Körpers, gibt ihm (der Materie, aus der er auch besteht) nicht nur Gestalt, sondern ist auch Ursache seiner Aktivitäten, beim Menschen auch des Denkens. Deshalb ist die Seele weder eine vom Körper unabhängige Substanz noch überlebt sie diesen.

Ibn Sina dagegen ist Dualist – er begreift Körper und Seele als zwei verschiedene Substanzen. Sein großer Vorläufer in dieser Hinsicht ist Platon, für den die Seele etwas Selbstständiges, aber im Körper wie in einem Gefängnis Eingeschlossenes ist. Stirbt ein Mensch, wird die Seele befreit und in einem »

Ibn Sina

Der Perser Ibn Sina, auch Avicenna, wurde 980 in einem Dorf bei Buchara im heutigen Usbekistan geboren. Als Wunderkind übertraf er seine Lehrer bald nicht nur im logischen und philosophischen Argumentieren, sondern auch in medizinischem Wissen. Noch keine 20 Jahre alt, wurde er wegen seines Rufes als glänzender Arzt an den Hof des Samanidenherrschers Nuh ibn Mansur geholt, wo ihm eine große Bibliothek zur Verfügung stand.

Ibn Sina verbrachte sein Leben als Arzt und politischer Berater im Dienst mehrerer Fürsten. Mit 21 Jahren begann er zu schreiben, verfasste über 200 Texte, u. a. zu Metaphysik, Tierphysiologie, der Mechanik fester Körper und der Syntax des Arabischen (der damaligen Lingua franca). Er starb, weil die Medizin gegen seine Koliken – vielleicht mit böser Absicht – vertauscht wurde, während er sich mit seinem Herrn auf einem Feldzug befand.

Hauptwerke

um 1014–1020 *Das Buch von der Genesung der Seele*
um 1015 *Kanon der Medizin*
um 1030 *Bemerkungen und Ermahnungen*

anderen Körper wiedergeboren. Um die Getrenntheit von Körper und Seele zu beweisen, dachte sich Ibn Sina ein Gedankenexperiment aus, den »Fliegenden Menschen«. Er stellte sich einen Menschen vor, der über keinerlei innere und äußere Sinnesdaten verfügt. Nur ein Wissen bleibt ihm: das Bewusstsein seiner selbst, dessen Träger nur die Seele sein kann. Nicht durch radikalen Zweifel – wie später Descartes –, sondern durch systematisches Weglassen von Wahrnehmungen zeigt Ibn Sina, dass an einem nicht zu zweifeln ist: an der Seele (dem Selbst).

Der Fliegende Mensch

Mit diesem Gedankenexperiment will Ibn Sina herausfinden, was wir wissen können, wenn wir, unserer Sinne beraubt, keine Informationen von ihnen bekommen. Wir sollen uns vorstellen, gerade entstanden zu sein, aber im Besitz der Intelligenz eines Erwachsenen. Die Augen seien verbunden, wir schwebten in der Luft, die Glieder könnten nichts tasten, hätten keinerlei Empfindungen. Diesen Zustand aber registrieren wir, sind also sicher, dass wir existieren. Was aber ist (modern gesprochen) dieses »Selbst«, das sich registriert? Teil meines Körpers kann es nicht sein, weil ich, schwebend, nicht weiß, dass ich einen habe. Das Selbst, dessen Existenz mir gewiss ist, ist weder lang noch breit oder tief, ohne Ausdehnung oder Körperlichkeit. Wären wir Schwebenden in der Lage, uns zum Beispiel eine Hand vorzustellen, wir kämen nicht auf den Gedanken, dass sie zu unserem Selbst gehört, von dem wir wissen, dass es existiert. Also muss mein Selbst, meine Seele, von meinem Körper getrennt sein.

Noch auf einem zweiten Weg zeigt Ibn Sina, dass Seele oder Selbst nichts Materielles sein können. Die physischen Dinge, sagt er, entsprechen den Sinnesorganen. Das Bild einer Mauer, die ich sehe, verteilt sich: Jedem Stück Mauer entspricht ein Stückchen der Linse. Der Geist funktioniert anders – was er versteht, sind Definitionen, etwa: »Der Mensch ist ein vernunftbegabtes sterbliches Lebewesen.« Die Teile dieses Satzes müssen augenblicklich, nicht nacheinander als einzelne Teile verstanden werden. Deshalb kann der Geist nicht wie der Körper, kein Teil von ihm sein. Und was der Geist erfasst, kann in Materiellem nicht enthalten sein.

> »Die verborgene Zwiesprache ist … eine direkte Begegnung zwischen Gott und der Seele, losgelöst aus allen materiellen Beschränkungen.«
>
> **Ibn Sina**
> *Buch der Thesen und Erklärungen*

Die unsterbliche Seele

Wenn die Seele unabhängig vom Körper existieren kann, dann, so Ibn Sina, wird sie auch nicht zerstört, wenn der Körper stirbt. Sie ist unsterblich, aber nicht individuell, als »Seele dieses Körpers«, sondern allgemein als »Substanz« des Denkens. Damit widerspricht Ibn Sina dem orthodoxen Islam, nach dessen Lehre die ganze Person, Körper und Seele, zum ewigen Leben auferstehen. Entsprechend haben ihm große islamische Theologen im 12. Jahrhundert, Al-Ghazali etwa,

Mit umfassendem medizinischem Wissen gewann Ibn Sina die Gunst seines Herrschers. Sein *Kanon der Medizin* beeinflusste die medizinische Lehre in Europa bis ins 17. Jh.

» Aber was bin ich also? – Ein denkendes Ding. «

René Descartes
Untersuchungen über die Grundlagen der Philosophie

Häresie vorgeworfen: Sein Denken widerspreche der islamischen Lehre der individuell-körperlichen Auferstehung von den Toten. Ebenfalls im 12. Jahrhundert wurde Ibn Sinas Werk ins Lateinische übersetzt, seine Verbindung von aristotelischen und neuplatonischen Vorstellungen und Denkweisen hat christliche Denker wie Albertus Magnus und Thomas von Aquin beeinflusst, auch den mittelalterlichen Universalienstreit.

Das unbezweifelbare Selbst

Um 1250 legte Thomas von Aquin eine treuere Aristoteles-Interpretation vor. Danach sind Körper und Geist enger miteinander verbunden. Im 17. Jahrhundert kehrte Descartes, der Platon näher steht als Aristoteles, zum Leib-Seele-Dualismus zurück. Seine Begründung ähnelt jener Ibn Sinas.

Descartes stellte sich vor, es gebe einen Dämon, der ihn über alles täuschen wolle. Nur über eines könne er nicht getäuscht werden: Noch in der Täuschung wisse er, dass er existiere. Dieses »Ich« ist genau das Selbst, dessen Ibn Sinas Fliegender Mensch sicher ist, nachdem er alles unsichere Wissen hinter sich ließ. Wie Ibn Sina kommt Descartes zu dem Schluss, dass das Ich oder Selbst vom Körper vollkommen verschieden und unsterblich sein muss.

Der Geist in der Maschine

Einen starken Einwand gegen den Dualismus von Ibn Sina und Descartes finden wir bei Thomas von Aquin. Das Selbst, sagt er, das denkt, ist dasselbe, das Empfindungen im Körper spürt. Einen Schmerz in meinem Bein nehme ich nicht wahr, wie ein Seemann ein Leck in seinem Schiff bemerkt. Der Schmerz gehört zu mir, so wie meine Gedanken über Philosophie.

Der Großteil der Philosophen von heute lehnt den Dualismus zwischen Körper und Geist ab, vielfach begründet mit dem heutigen Wissen über das Gehirn und seine Funktionen. Auch Ibn Sina und Descartes interessierten sich für die Physiologie, beide schrieben wissenschaftliche Abhandlungen über Bewegungen und Empfindungen. Aber der Prozess des Denkens war mit den wissenschaftlichen Mitteln ihrer Zeit nicht erklärbar. Wir können heute recht genau erklären, wie das Denken in den verschiedenen Bereichen des Gehirns funktioniert – ob wir es allerdings ohne Bezugnahme auf ein Selbst erklären können, bleibt eine strittige Frage.

Gilbert Ryle, ein britischer Philosoph des 20. Jahrhunderts, machte sich über das Selbst der Dualisten lustig, nannte es einen »Geist *(ghost)* in der Maschine«. Er will zeigen, dass wir, ohne auf einen solchen Geist oder ein Selbst zurückgreifen zu müssen, erklären können, wie Menschen die Welt wahrnehmen und in ihr funktionieren.

Für die meisten heutigen Philosophen ist das Denken eine physische Aktivität des Gehirns. Allerdings bestehe ein Unterschied zwischen dem physischen Zustand des Gehirns (graue Masse, Neuronen usw.) und dem Denken, das aus ihm und seinen Funktionen kommt. In einem wichtigen Punkt trifft Ibn Sinas Gedankenexperiment vielfach auf Zustimmung: Es zeige, dass wir ein Selbst haben, das die Welt in erster Person wahrnimmt, als »Ich«, das mit dem objektiven Blick wissenschaftlicher Theorien nicht zu fassen ist. ■

In Philip Pullmans Erzählung *Der goldene Kompass* manifestiert sich die alte griechische Idee der vom Körper getrennten Seele in einem Lebewesen, etwa in einer Katze.

ALLEIN WENN WIR GOTT DENKEN, KÖNNEN WIR WISSEN, DASS ER EXISTIERT

ANSELM VON CANTERBURY (1033–1109)

IM KONTEXT

DISZIPLIN
Religionsphilosophie

LEHRE
Platonisch-aristotelisch

FRÜHER
um 400 Augustinus sagt, wir können Gott dadurch erkennen, dass wir unveränderliche Wahrheiten begreifen.

1075 In *Monologion* entwickelt Anselm den Gottesbeweis des Augustinus weiter.

SPÄTER
um 1260 Thomas von Aquin lehnt Anselms ontologisches Argument ab.

1640 René Descartes nutzt in den *Meditationen* Anselms Gottesbeweis in abgewandelter Form.

1979 Der amerikanische Philosoph Alvin Plantinga formuliert den Anselmschen Gottesbeweis neu, indem er dessen Wahrheit mit modaler Logik beweist.

Christliche Denker betrachten die Existenz Gottes im Allgemeinen als eine Glaubenstatsache, aber die mittelalterliche Kirche wollte Nichtchristen und Häretikern die Existenz Gottes auch aus reinen Vernunftgründen beweisen. Der wohl berühmteste aller Beweise, die damals geführt wurden, ist der ontologische Gottesbeweis, vorgestellt von Anselm von Canterbury – einem italienischen Philosophen, der sein argumentativ hochdifferenziertes Denken auf der Basis von aristotelischer Logik und platonischer Metaphysik entwickelt hat. Anselm stellt den Beweis in Dialogform vor, als Streitgespräch mit einem Toren, der Gottes Existenz leugnet. (Nach damaliger Meinung musste ein Tor sein, der dies tat – oder böse, vom Teufel verführt.) Der Beweisgang beruht auf zwei Voraussetzungen. Erstens: Gott ist »das, über dem nichts Größeres gedacht werden kann«. Zweitens: Sein ist vollkommener als Nichtsein. Am Ende der Beweisführung (siehe Schaubild) widerspricht sich der Tor selbst und muss zugeben, dass Gott existiert.

> »Wir glauben, dass Du [Gott] etwas bist, über dem nichts Größeres gedacht werden kann.«
>
> **Anselm von Canterbury**
> *Proslogion*

Der Beweis wurde von Philosophen wie Descartes und Spinoza akzeptiert, andere wiesen ihn zurück. Der Mönch Gaunilo von Marmoutiers, ein Zeitgenosse Anselms, wandte ein, mit dem Argument könne man auch beweisen, dass es irgendwo eine vollkommene Insel gebe, die größer sei als jede denkbare Insel. Im 18. Jahrhundert gab Kant zu bedenken, der Beweis betrachte Existenz wie jedes andere Attribut auch. Das sei ebenso falsch wie die Behauptung, etwas, das in Realität *und* Verstand existiere, sei größer als das, was allein im Verstand existiere. Dem könne man entgegenhalten: Ist nicht ein wirkliches Gemälde größer als die Idee, die der Maler zuvor davon im Kopf hatte? ■

Siehe auch: Platon 50–55 ▪ Augustinus von Hippo 72–73 ▪ Thomas von Aquin 88–95 ▪ René Descartes 116–123 ▪ Baruch de Spinoza 126–129

Anselm	**Der Tor**
Stimmst du zu, dass Gott, wenn er existierte, das Größte wäre, das es geben kann – »das, über dem nichts Größeres gedacht werden kann«?	Ja.
Und stimmst du zu, dass »das, über dem nichts Größeres gedacht werden kann«, in deinem Denken existiert?	Ja, in meinem Denken – aber nicht in der Wirklichkeit.
Aber würdest du zustimmen, dass etwas, das sowohl in der Realität wie im Denken existiert, größer ist als etwas, das nur im Denken existiert?	Ja, glaube schon – ein Brot in der Hand ist besser als ein Brot, das ich mir nur vorstelle.
Wenn also »das, über dem nichts Größeres gedacht werden kann«, nur im Denken existiert, dann ist es weniger groß als wenn es auch in Wirklichkeit existierte.	Das stimmt. Das Wesen, das wirklich existiert, wäre größer.
Also sagst du jetzt, es gibt etwas Größeres als »das, über dem nichts Größeres gedacht werden kann«.	Das ergibt keinen Sinn.
Genau. Und du kannst diesen Widerspruch nur vermeiden, wenn du zugibst, dass Gott (»das, über dem nichts Größeres gedacht werden kann«) existiert – im Denken *und* in der Wirklichkeit.	

Anselm entwickelte 1077/78 den ontologischen Gottesbeweis (der erst 1781 durch Kant diese Bezeichnung erhielt).

Anselm von Canterbury

Anselm wurde 1033 in Aosta (Italien) geboren und studierte im Kloster Le Bec (Frankreich) bei Lanfrank, einem Logiker, Grammatiker und Bibelkommentator. 1060 trat er als Mönch in dieses Kloster ein, wurde Prior und 1078 Abt. Gegen seinen Willen (er war krank und glaubte nicht, das politische Geschick für dieses Amt zu haben) wurde er 1093 in England zum Bischof von Canterbury ernannt. Dies brachte ihn in Konflikt mit den anglo-normannischen Königen Wilhelm II. und Heinrich I. und deren Politik gegen die Kirche. Infolgedessen musste er zweimal aus England fliehen. Er reiste nach Rom, berichtete dem Papst über die Lage der englischen Kirche und bat um Entbindung von seinem Amt. Mit Heinrich I. schließlich versöhnt, starb er mit 76 Jahren in Canterbury.

Hauptwerke

1075–1076 *Monologion*
1077–1078 *Proslogion*
1080–1086 *Über den Ursprung des Bösen*
1095–1098 *Warum Gott Mensch geworden ist*

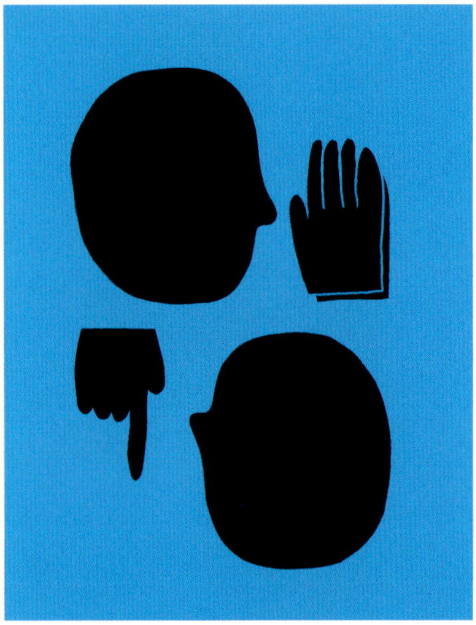

PHILOSOPHIE UND RELIGION SIND NICHT UNVEREINBAR

IBN RUSCHD (AVERROES) (1126–1198)

IM KONTEXT

DISZIPLIN
Religionsphilosophie

LEHRE
Arabischer Aristotelismus

FRÜHER

ab etwa 1090 Al-Ghazali greift die islamischen Aristoteliker an.

ab etwa 1120 Ibn Bajja (auch genannt Ibn Baddscha, Avempace) begründet die aristotelische Philosophie im islamischen Spanien.

SPÄTER

1270 Thomas von Aquin kritisiert die Averroisten, weil sie akzeptieren, dass Christentum und aristotelische Philosophie sich widersprechen.

um 1349 Moses ben Joshua veröffentlicht Kommentare zum Werk von Ibn Ruschd.

1852 Der französische Philosoph Ernest Renan veröffentlicht eine Studie über Ibn Ruschd, die diesem im modernen islamischen politischen Denken neue Aktualität verschafft.

Ibn Ruschd (auch als Averroes bekannt) war Arzt und Rechtsgelehrter. Den Almohaden, einem strenggläubigen Herrschergeschlecht der Berber, diente er als *qadi* (religiöser Richter). Des Nachts aber verfasste er Kommentare zu Aristoteles, einem paganen (»heidnischen«) Philosophen – und niemand anderer als der Almohaden-Herrscher Aba Yaqub Yusuf wurde zu einem seiner größten Förderer.

Ibn Ruschd wollte Religion und Philosophie im Kontext einer hierarchischen Gesellschaftsordnung versöhnen. Nur die gebildete Elite könne philosophisch denken, alle anderen seien anzuhalten, die Lehren des Koran wortgetreu anzunehmen und zu befolgen. Werde der Text derart buchstäblich gelesen, liefere er keine völlig genaue Darstellung des Universums, erscheine eher als poetische Annäherung an die Wahrheit. Über ein solches Verständnis könnten ungebildete Menschen nicht hinausgelangen.

Die Gebildeten aber haben, so Ibn Ruschd, die religiöse Pflicht, ihre Vernunft auch anzuwenden. Wann immer vernünftiges Denken zeige, dass eine buchstäbliche Deu-

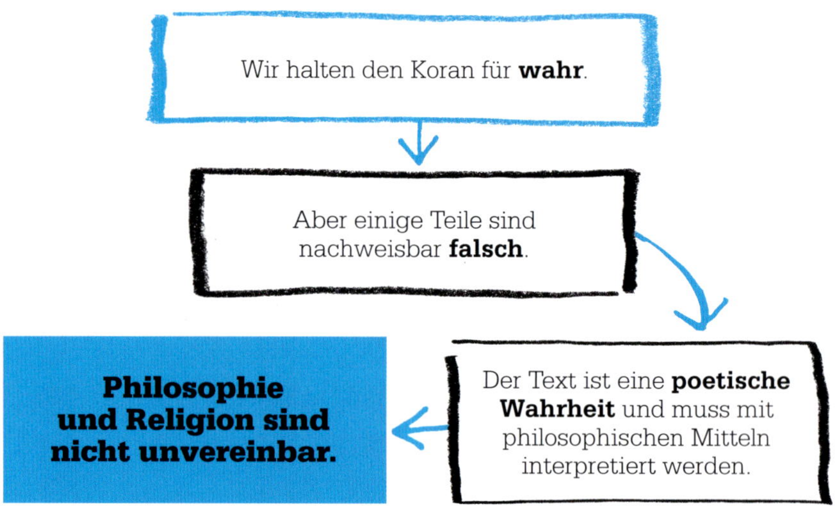

Siehe auch: Platon 50–55 ▪ Aristoteles 56–63 ▪ Al-Ghazali 338 ▪ Ibn Baddscha 339 ▪ Thomas von Aquin 88–95 ▪ Moses ben Joshua 340

»Philosophen glauben, dass die religiösen Gesetze notwendige moralische Kunstwerke sind.«

Ibn Ruschd
Die Inkohärenz der Inkohärenz

tung des Koran falsch sei, müsse der Text »interpretiert« werden. Dann müsse man sich über die offensichtliche Bedeutung der Worte hinwegsetzen und die wissenschaftliche Theorie, wie sie von der aristotelischen Philosophie demonstriert werde, an ihre Stelle setzen.

Unsterbliche Vernunft

Ibn Ruschd opfert einige islamische Lehren, um Religion und Philosophie miteinander vereinbar zu halten. Zum Beispiel glauben Muslime, die Welt habe einen Anfang (Gottes Schöpfung). Mit Aristoteles hält Ibn Ruschd dagegen, sie sei ewig, auch im Koran stehe nichts, das dem widerspreche. Ein weiterer Grundpfeiler des Islam, die Auferstehung von den Toten, lässt sich schwerer in ein aristotelisches Universum integrieren. Einerseits akzeptiert Ibn Ruschd, dass wir an die persönliche Unsterblichkeit glauben müssen – jeder, der nicht daran glaube, sei als Häretiker hinzurichten. Anders aber als frühere Philosophen sagt er, Aristoteles spreche in seiner Abhandlung *Über die Seele* nicht von der Unsterblichkeit einzelner Seelen. Diese vergingen mit dem Körper, nur die Menschheit sei unsterblich – durch die allen gemeinsame Vernunft.

Spätere Averroisten

Ibn Ruschds Eintreten für ein aristotelisches Denken konnte (auch wenn er es nur einer Elite zugestehen wollte) bei Muslimen kaum Verständnis finden. Seine ins Hebräische und Lateinische übersetzten Werke dagegen entfalteten im 13. und 14. Jahrhundert enormen Einfluss. Zu den – wie Thomas von Aquin sie nannte – Averroisten gehörten jüdische Denker wie Moses ben Joshua oder katholische Gelehrte wie Boethius oder Siger von Brabant. Für sie zeigte der von Ibn Ruschd interpretierte Aristoteles die Vernunftwahrheit, zu der einige Glaubenswahrheiten im Widerspruch standen. Selbst wenn sie diese über andere stellten, wurden sie misstrauisch behandelt: als Vertreter einer »doppelten Wahrheit«. Sie selbst argumentierten, Wahrheit sei stets relativ zum Untersuchungszusammenhang. ▪

Die Muslime im 12. Jh. sahen in der Philosophie kein legitimes Studienfach. Ibn Ruschd suchte sie davon zu überzeugen, dass man auch die Religion philosophisch betrachten müsse.

Ibn Ruschd

Ibn Ruschd, auch Averroes, wurde 1126 in Córdoba geboren. Als Spross einer Familie angesehener Rechtsgelehrter studierte er Recht, Naturwissenschaften und Philosophie. Durch seinen Freund Ibn Tufail (Abu Bakr), ebenfalls Arzt und Philosoph, wurde er dem Kalifen Abu Yacub Yusuf I. vorgestellt, der Ibn Ruschd zum obersten Richter und zu seinem Leibarzt machte. Der Kalif teilt Ibn Ruschds Interesse an Aristoteles und ließ ihn dessen Werk ordnen und Kommentare dazu verfassen. Nach Yusufs Tod setzten sich die Orthodoxen durch, denen Ibn Ruschds Aufforderung, die Menschen sollten ihre Vernunft nutzen, missfiel. 1195 fiel Ibn Ruschd in Ungnade, seine Bücher wurden verboten, er selbst ins Exil gezwungen. Zwei Jahre später begnadigt, kehrte er nach Córdoba zurück, wo er 1198 starb.

Hauptwerke

1179–1180 *Die entscheidende Abhandlung*
1179–1180 *Die Inkohärenz der Inkohärenz*
Um 1186 *Großer Kommentar zu Aristoteles'* Über die Seele

GOTT HAT KEINE ATTRIBUTE

MOSES MAIMONIDES (MOSCHE BEN MAIMON) (1135–1204)

IM KONTEXT

DISZIPLIN
Religionsphilosophie

LEHRE
Jüdischer Aristotelismus

FRÜHER
um 400 Der Philosoph Pseudo-Dionysius begründet die Tradition der christlichen negativen Theologie, derzufolge Gott nicht Sein ist, sondern mehr als das Sein.

um 860 Johannes Scotus Eriugena lehrt, Gott habe die Welt aus dem Nichts erschaffen, das er selbst ist.

SPÄTER
um 1265 Thomas von Aquin mildert die negative Theologie des Maimonides in seiner *Summa Theologiae* ab.

um 1300 Meister Eckhart entwickelt seine negative Theologie.

um 1850 Nach Søren Kierkegaard lässt sich Gott nicht von außen beschreiben.

Maimonides schrieb über das jüdische Recht (auf Hebräisch), aber auch über die aristotelische Philosophie (auf Arabisch). In beiden Gebieten suchte er zu vermeiden, Gott wie einen Menschen, »anthropomorph« zu denken. Es sei ein großer Fehler, die Thora, die fünf Bücher Mose, als buchstäbliche Wahrheit zu nehmen und Gott als physische Tatsache zu denken. Wer so denke, sagte Maimonides, sollte aus der jüdischen Gemeinde ausgeschlossen werden. In *Führer der Unschlüssigen* entfaltet er diesen Gedanken und entwickelt eine Lehre, die als »negative Theologie« bekannt wurde. Auch im Christentum damals lehrten manche, Gott sei nur durch das zu beschreiben, was er nicht ist: Gott hat keine Attribute. So können wir nicht sagen, Gott sei »gut« oder »mächtig«. Denn ein Attribut ist entweder veränderungsfähig (akzidentell) oder wesentlich (essen-

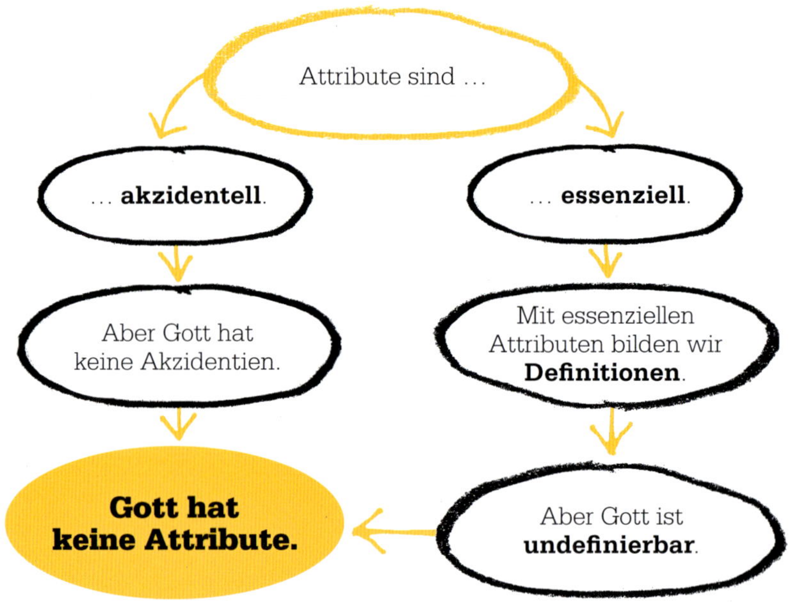

Siehe auch: Johannes Scotus Eriugena 338 ▪ Thomas von Aquin 88–95 ▪ Meister Eckhart 339 ▪ Søren Kierkegaard 194–195

ziell). Eines meiner akzidentellen Attribute ist beispielsweise, dass ich gerade sitze oder graue Haare und eine lange Nase habe. Doch auch wenn ich gerade stünde, rotes Haar und eine Stupsnase besäße, wäre ich noch immer, was ich meinem Wesen nach bin. Ein Mensch zu sein – ein vernunftbegabtes sterbliches Lebewesen – ist mein essenzielles Attribut: Es definiert mich. Gott, so dachte man damals allgemein, hat keine akzidentellen Attribute, denn er ist unveränderlich. Nach Maimonides aber kommen ihm auch keine essenziellen Attribute zu, denn dann würde er durch sie definiert, und Gott kann man nicht definieren. Demnach hat Gott überhaupt keine Attribute.

Reden über Gott

Wenn wir über Gott sprechen, dann, so sagt Maimonides, nur über seine Taten, nicht über sein Wesen. Das sei auch in der Thora nicht anders. Wenn wir dort zum Beispiel

> »Wenn die großen Geister Gottes Wesen zu ergründen suchen, erweist sich ihr Fassungsvermögen als Unfähigkeit.«
>
> **Moses Maimonides**
> *Führer der Unschlüssigen*

lesen, »Gott ist der Schöpfer«, dann haben wir damit etwas über Gottes Tun erfahren, aber nichts über sein Wesen. Den Satz »Hans schreibt« können wir unter Umständen so verstehen, dass Hans von Beruf Schriftsteller ist. Wenn wir, Maimonides folgend, nur Taten in Betracht ziehen, dann hat Hans Worte und Sätze geschrieben. Hans schreibt, aber das sagt uns nichts über ihn.

Allenfalls in der Form einer doppelten Verneinung dürfen wir nach Maimonides auch über Eigenschaften und Attribute Gottes sprechen. Lesen wir: »Gott ist mächtig«, heißt das nicht mehr als: »Gott ist nicht machtlos.« Man könnte an ein Spiel denken, in dem sich die Spieler etwas ausdenken und sagen, was es nicht ist (nicht groß, nicht rot o. Ä.), bis einer errät, was es ist. Im Fall Gottes aber haben wir tatsächlich nur die Verneinungen – was Gott positiv ist, können wir nicht erschöpfend wissen. ■

Die Mischne Thora versammelt die zuvor mündlich überlieferten Gesetze der Juden, die Maimonides in Hebräisch aufschrieb, damit »Jung und Alt« die Gebräuche verstehen konnten.

Moses Maimonides

Moses Maimonides (auch Mosche ben Maimon) wurde um 1135 in Córdoba in eine jüdische Familie geboren. Er lernte Hebräisch und Arabisch, sein Vater, ein rabbinischer Richter, unterrichtete ihn in jüdischem Recht im Kontext des islamischen Spanien. 1148, als die Berber-Dynastie der Almohaden (»Die Rechtgläubigen«) an die Macht kam, musste seine Familie aus Spanien fliehen. Sie zog zehn Jahre umher, bis sie sich in Fez (Marokko), später endgültig in Kairo niederließ. Aus finanziellen Gründen ließ sich Maimonides zum Arzt ausbilden. Er wurde ein so guter Mediziner, dass er nach wenigen Jahren zum Leibarzt des Sultans berufen wurde. Auch als rabbinischer Richter arbeitete er, wollte dafür aber keine Bezahlung annehmen. 1191 machte die jüdische Gemeinde Kairos ihn zu ihrem Oberhaupt. Seine Grabstätte wurde zu einem jüdischen Pilgerort.

Hauptwerke

1168 *Kommentar zur Mischna*
1180 *Mischne Thora*
1190 *Führer der Unschlüssigen*

TRAUERE NICHT. WAS DIR IN EINER FORM GENOMMEN, WÄCHST DIR IN ANDERER WIEDER ZU

DSCHALAL AD-DIN MUHAMMAD-E RUMI (1207–1273)

IM KONTEXT

DISZIPLIN
Islamische Philosophie

LEHRE
Sufismus

FRÜHER

610 Mohammed (arab. Muhammad) der Prophet begründet den Islam.

644 Ali ibn Abi Talib, Mohammeds Vetter und Nachfolger, wird Kalif.

10. Jh. Alis mystische Interpretation des Koran wird Grundlage des Sufismus.

SPÄTER

1273 Rumis Anhänger gründen den Maulawi-Orden.

1925 Nach der Gründung einer säkularen Republik wird der Orden (dort: Mevlevi) in der Türkei verboten. 1954 wird das Verbot gelockert, der Orden darf bei bestimmten Gelegenheiten auftreten.

Heute wird Rumis Werk nach wie vor in viele Sprachen übersetzt.

Der Sufismus, eine mystisch-asketische Interpretation des Koran, war Teil des Islam seit dessen Gründung im 7. Jahrhundert, in der islamischen Mehrheitsströmung aber nicht immer akzeptiert. Dschalal ad-Din Muhammad Rumi, in orthodoxer Umgebung aufgewachsen, kam mit dem Sufismus erst in Berührung, als seine Familie Mitte des 13. Jahrhunderts von Persiens Ostgrenze nach Anatolien zog. Der Sufi-Gedanke – die Vereinigung mit Gott durch Liebe – begeisterte ihn. Er entwickelte eine Version des Sufismus, die eine Erklärung für das Verhältnis des Menschen zu Gott zu geben versuchte.

Rumi, der sich als Mittler zwischen Gott und den Menschen verstand, wurde Lehrer in einem

Siehe auch: Siddhartha Gautama 30–33 ▪ Ibn Sina 76–79 ▪ Ibn Ruschd 82–83 ▪ Hajime Tanabe 244–245 ▪ Arne Næss 282–283

Die Derwische des Maulawi-Ordens tanzen in der sufischen Sama-Zeremonie. Der Tanz stellt die spirituelle Reise des Menschen vom Nichtwissen zur Vollendung durch die Liebe dar.

Sufi-Orden. Im Gegensatz zur allgemeinen islamischen Praxis legte er, um der göttlichen Führung teilhaftig zu werden, mehr Gewicht auf *dhikr* – auf rituelle Gebete und Litaneien – als auf die rationale Auslegung des Koran. Bekannt wurde er durch seine ekstatischen Offenbarungen. Überzeugt von seiner Pflicht, seine Visionen mitzuteilen, fasste er sie in Gedichtform. Im Mittelpunkt seiner visionär-poetischen Philosophie steht die Vorstellung des Universums als endloser Fluss des Lebens, in dem Gott ewig gegenwärtig ist.

Der Mensch, sagt Rumi, ist in diesem kontinuierlichen Prozess von Leben, Tod und Wiedergeburt Bindeglied zwischen der Vergangenheit und der Zukunft, wobei Rumi sich diesen Prozess nicht kreisförmig vorstellt, sondern als ein ewiges Fortschreiten von einer Form zur anderen. Tod und Verfall sind unvermeidlich, aber wenn etwas aufhört zu sein, wird es in anderer Form wiedergeboren. Deshalb sollten wir keine Angst vor dem Tod haben. Um unser Wachsen von einer Form zur anderen zu befördern, sollten wir uns um spirituelles Wachstum bemühen. Für das Verhältnis zwischen Gott und Menschen und sein Verständnis sind, so Rumi, die Gefühle entscheidender als der Verstand – Gefühle, die durch Musik, Gesang und Tanz verstärkt werden.

Rumis Vermächtnis

Rumis mystische Ideen haben den Sufismus und sogar den Mainstream-Islam inspiriert. Sie spielten auch eine Rolle, als die Menschen in weiten Teilen der Türkei vom orthodoxen Christentum zum Islam übertraten (dort heißt der Sufi-Orden Mevlevi). Im rationalistischen Europa konnten sie nicht Fuß fassen, dafür hinterließen sie in Goethes *West-östlichem Divan* und in Rückerts *Ghaselen*-Übersetzung Spuren. Für die New-Age-Bewegung des 20. Jahrhunderts war der Sufismus bedeutsam. Ein moderner Bewunderer war der Dichter und Politiker Muhammad Iqbal, Berater von Muhammad Ali Jinnah, der in den 1930er-Jahren einen islamischen Staat Pakistan propagierte. ▪

» … ich starb als Stein und stand als Pflanze auf, starb als Pflanz', nahm drauf als Tier den Lauf, starb als Tier und war ein Mensch, was fürcht' ich dann, da durch Sterben ich nie minder werden kann? «

Dschalal ad-Din Muhammad-e Rumi, *Mathnawi*

Dschalal ad-Din Muhammad-e Rumi

Rumi, auch bekannt als Maulana (»Unser Führer«), wurde im persischen Balch geboren. Als die Mongolen die Region bedrohten, floh seine Familie über Mekka nach Anatolien, wo Rumi den persischen Dichtern Attar und Shams-e Tabrizi begegnete. Er weihte sich dem Sufismus und verfasste einige Tausend persische und arabische Verse.

1244 wurde Rumi der *shaykh* (*pir*, Meister) eines Sufi-Ordens und lehrte seine mystisch-gefühlvolle Koranauslegung sowie die Bedeutung von Musik und Tanz in den religiösen Zeremonien. Nach seinem Tod gründeten seine Anhänger den Maulawi-Orden, der für seine wirbelnden Derwische berühmt ist, eine Form von *dhikr*, die es so nur in dieser Gemeinschaft gibt.

Hauptwerke

Anfang und Mitte 13. Jh.
Gedichte von tiefer spiritueller Bedeutung
Der Diwan des Shams von Tabriz Mathanwi
Sieben Sitzungen

DIE WELT WAR NICHT IMMER DA

THOMAS VON AQUIN (UM 1225–1274)

IM KONTEXT

DISZIPLIN
Metaphysik

LEHRE
Christlicher Aristotelismus

FRÜHER
um 340 v. Chr. Die Welt, so sagt Aristoteles, ist ewig.

um 540 n. Chr. Die Welt, sagt Johannes Philoponos, muss einen Anfang haben.

um 1260 Französische Theologen übernehmen das Argument des Philoponos.

SPÄTER
um 1290 Der französische Philosoph Heinrich von Gent kritisiert Thomas' These, die Welt sei nicht immer da gewesen.

1781 Kant sagt, die Behauptung, die Welt sei immer da gewesen, lässt sich ebenso gut beweisen wie ihr Gegenteil.

1931 Der belgische Wissenschaftler Georges Lemaître entwickelt die Theorie des »Urknalls« als Anfang der Welt.

Hat sie einen Anfang oder nicht? Bis in unsere Zeit sind die Meinungen über den Ursprung der Welt geteilt. Wir suchen die Antwort bei Physikern und Astronomen, früher haben sich Philosophen und Theologen damit beschäftigt. Die Antwort, die Thomas von Aquin, katholischer Priester und der berühmteste christliche Philosoph des Mittelalters, gab, ist besonders interessant. An seiner Argumentation lässt sich verfolgen, wie er trotz der Widersprüche zwischen Glauben und philosophischem Denken beide in Einklang brachte.

Der Einfluss des Aristoteles

Die zentrale Figur im Denken des Thomas von Aquin ist Aristoteles, der antike griechische Philosoph, den die meisten hochmittelalterlichen Denker, sobald er ins Lateinische übersetzt war, intensiv und fasziniert studierten. Aristoteles zufolge hat die Welt immer bestanden, stets gab es in ihr verschiedene Dinge, von unbelebten wie Steinen bis zu lebenden wie Menschen, Hunden oder Pferden. Die Welt ist in stetiger Veränderung, Ursache ist die Bewegung, die aus einem in den Dingen angelegten Potenzial etwas Aktuelles macht. Diese Bewegung hat, so Aristoteles, keinen Anfang, wie auch die Veränderung keinen besitzt. Sie sind in der Welt, die ihrerseits samt der in ihr angelegten Bewegung ewig ist.

Arabische Philosophen wie Ibn Sina und Ibn Ruschd schlossen sich dem an. Den jüdischen und christlichen (wie den orthodox islamischen) Denkern des Mittelalters war das nicht ohne Weiteres möglich, hatte die Welt doch der Bibel und auch dem Koran nach einen Anfang. Aristoteles konnte nur Unrecht gehabt haben.

Im 6. Jahrhundert glaubte der griechische Philosoph Johannes Philoponos herausgefunden zu haben, wie sich Aristoteles ein Fehler nachweisen und demonstrieren ließ, dass die Welt doch nicht immer bestanden habe. Seine Argumentation wurde im 13. Jahrhundert weiterentwickelt. Wenn man die Kirche und ihre Lehre stützen wollte, musste Aristoteles' Denken fehlerhaft sein. Und die Philosophen fanden eine Möglichkeit: Sie zerpflückten Aristoteles' Begriff der Unendlichkeit und wendeten ihn

Thomas von Aquin

Thomas von Aquin wurde 1225 auf Schloss Roccasecca bei Aquino in Italien geboren. Er studierte an der Universität von Neapel und trat gegen den Wunsch seiner Familie in den Dominikanerorden ein, damals ein neuer, hochintellektueller Mönchsorden. Während seines Noviziats studierte er in Paris und in Köln bei Albertus Magnus, dem deutschen aristotelischen Theologen. Zurück in Paris wurde er Magister der Theologie und lehrte anschließend zehn Jahre lang in Italien. Darauf wurde ihm, was für damalige Verhältnisse ungewöhnlich war, in Paris eine zweite Amtszeit als Magister angeboten. Im Jahr 1273 hatte er eine Vision – oder erlitt einen Schlaganfall. Danach erklärte er, alles, was er getan habe, sei »nur Stroh« gewesen, und schrieb keine Zeile mehr. Er starb im Alter von 49 Jahren und wurde 1323 heiliggesprochen.

Hauptwerke

1256–1259 *Über die Wahrheit*
1265–1274 *Summa Theologica*
1271 *Über die Ewigkeit der Welt*

Siehe auch: Aristoteles 56–63 ▪ Ibn Sina 76–79 ▪ Ibn Ruschd 82–83 ▪ Johannes Philoponos 338 ▪ Johannes Duns Scotus 339 ▪ Pierre Abaelard 339 ▪ Wilhelm von Ockham 340 ▪ Immanuel Kant 164–171

Triumph des heiligen Thomas – der Maler Benozzo Gozzoli stellt Thomas von Aquin zwischen Aristoteles und Platon, ihm zu Füßen liegt überwunden der Aristoteliker Ibn Ruschd.

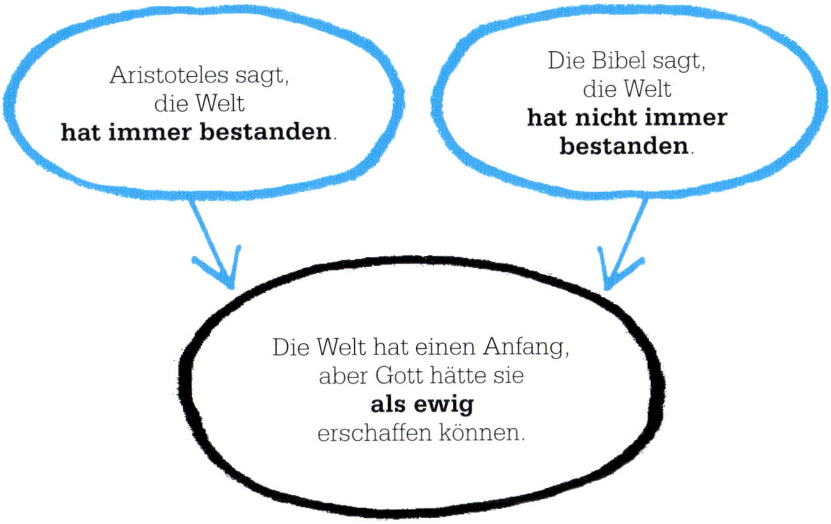

gegen seine Auffassung von der Ursprungslosigkeit der Welt.

Unendlichkeit der Menschen

Das Unendliche ist Aristoteles zufolge das Unbegrenzte, so etwa die Zahlenfolge, denn auf jede Zahl folgt eine höhere, und das ohne Ende. So hat auch die Welt unendlich lange bestanden, weil es für jeden Tag einen vorhergehenden Tag gibt. Allerdings schränkt Aristoteles ein: Er sieht darin nur eine »potenzielle« Unendlichkeit: Zwar folge ein Tag auf den anderen, doch seien nicht alle gleichzeitig da. Eine »aktuelle« Unendlichkeit, in der eine unendliche Anzahl von Dingen gleichzeitig existiert, gibt es für Aristoteles nicht.

Gleichwohl glaubten Philoponos und seine Anhänger im 13. Jahrhundert, Aristoteles' Argument enthalte Widersprüche, die diesem entgangen seien. Denn nach Aristoteles müssten alle Arten von Lebewesen immer schon existiert haben. Und träfe das zu, hätte es schon zur Zeit des Sokrates eine unendliche Zahl von Menschen gegeben – sollten sie nämlich immer schon existiert haben, dann auch zu Sokrates' Zeit. Seither aber seien viele neue Menschen geboren worden. Darum sei die Zahl der Menschen, die bis jetzt geboren wurden, größer als unendlich. Keine Zahl aber kann größer als unendlich sein.

Außerdem verwiesen diese Philosophen auf die Unsterblichkeit der Seele, für sie eine Glaubenstatsache. Wenn bereits eine unendliche Zahl von Menschen gelebt habe, dann müsse es heute eine unendliche Zahl von Seelen geben: Das sei eine aktuelle Unendlichkeit von Seelen und keine nur potenzielle. Demnach irrt Aristoteles. In beiden Argumenten sahen Philoponos und seine Anhänger den Beweis dafür, dass es keine unendliche, ewige Welt geben kann. Aristoteles hatte also Unrecht, die Welt wurde von Gott aus freiem Ratschluss geschaffen.

Thomas von Aquin geht einen anderen Weg. Er sucht nicht nach dem »Fehler« des Aristoteles, sondern nach einer Möglichkeit, Offenbarung und philosophisches Denken zu verbinden. Er will glauben *und* eine rationale Erklärung der Welt finden. Darin ist Thomas ein Denker des Hochmittelalters, dem an symbolischen Welterklärungen weniger gelegen ist als an rationalen. Deswegen hält er »

» Dass nun keine Zeit war, noch sein wird, da es keine Bewegung gab oder geben wird … «

Aristoteles
Physik

> »... Gott hätte die Welt auch ohne Menschen und Seelen machen können ...«
>
> **Thomas von Aquin**
> *De aeternitate mundi*

sich mit der Beweisführung des Philoponos nicht lange auf, sondern versucht die Argumentation des Aristoteles zu verteidigen, die er für durchaus logisch hält. Er kann nur dessen Behauptung, die Welt sei ewig, nicht akzeptieren, weil der geoffenbarte Text der Bibel etwas anderes sagt. Wie Philoponos und seine Anhänger will er zeigen, dass die Welt einen Anfang hat. Andererseits will und kann er die Argumentation des Aristoteles nicht verwerfen, denn wie viele Scholastiker seiner Zeit sieht er im aristotelischen Denken die Möglichkeit, Glaubenswahrheiten und Erfahrungstatsachen zu einem System zu verbinden.

Seine antiaristotelischen Zeitgenossen, sagt er, bringen zwei Dinge durcheinander: Erstens, dass Gott die Welt erschaffen hat, und zweitens, dass die Welt einen Anfang hat. Mit der Annahme, dass die Welt immer existiert habe, *könnte* Aristoteles recht haben. Gott hätte eine ewige Welt schaffen können. Doch er, der Allmächtige, hatte anderes vor, er wollte eine endliche Welt schaffen und hat aktuell diese geschaffen.

Erschaffung der Ewigkeit

Thomas widerspricht Philoponos und seinen Anhängern auf der Basis der aristotelischen Logik. Wenn die Bibel sagt, die Welt habe einen Anfang, dann ist diese Aussage keine logisch notwendige Wahrheit. Wenn etwas, wie die Welt, von Gott geschaffen ist, dann verdankt es ihm seine ganze Existenz, daraus aber folgt nicht notwendig, dass es eine Zeit gegeben habe, in der es nicht existierte. Vielmehr ist es ebenso gut möglich, an ein ewiges Universum zu glauben, das von Gott geschaffen wurde. An einem Beispiel demonstriert Thomas, wie man sich dies vorzustellen hat. Nehmen wir an, ein Fuß hat einen Abdruck im Sand hinterlassen, der immer schon da war. Es hat also keinen Zeitpunkt ohne Fußabdruck gegeben. Und doch müssten wir annehmen, dass ein Fuß für den Fußabdruck verantwortlich war – ohne Fuß kein Abdruck.

Die Synthese des Thomas von Aquin

Manchen Historikern zufolge hat Thomas das Christentum mit der aristotelischen Philosophie »synthetisiert«, nämlich beiden bestimmte Teile entnommen und daraus eine Mischung hergestellt, die der Logik und der Erfahrung ebenso genügt wie der Glaubenslehre. Für Thomas – wie für die meisten Christen – stand fest, dass ein Christ alle Lehren der Kirche zu akzeptieren hat, ausnahmslos und ohne Kom-

Thomas glaubt an die Schöpfungsgeschichte, trotzdem hält er bestimmte Elemente des christlichen Glaubens für rational beweisbar. Zwischen Bibel und Vernunft gibt es für ihn keine Konflikte.

Aristoteles hielt die Welt für unendlich: Auf jeden Tag folgt ein anderer. Thomas war jedoch der Meinung, dass die Welt einen Anfang hat. Seine Wertschätzung der aristotelischen Philosophie brachte ihn aber zu der Auffassung, dass Aristoteles recht gehabt haben könnte.

promisse. Gleichzeitig war er davon überzeugt, dass ein recht verstandener Aristoteles der christlichen Lehre nicht widerspricht. Die Frage, ob die Welt immer existiert habe, galt ihm als Ausnahme, die die Regel bestätigt. In diesem einen Fall habe Aristoteles Unrecht, doch habe dies keine prinzipiellen Gründe. Wie alle antiken Philosophen habe auch Aristoteles gedacht, die Welt habe immer existiert. Woher hätte er wissen sollen, dass es sich anders verhält? Er kannte die christliche Offenbarung nicht. Auch andere christliche Lehren kannten die antiken Philosophen nicht – zum Beispiel, dass Gott dreifaltig ist und eine der drei Gottespersonen, und zwar der Sohn, Mensch wurde. Dennoch, sagt Thomas, können sich die menschliche Vernunft, wenn sie korrekt angewendet wird, und die christliche Lehre nicht widersprechen. Denn beide, Vernunft und Offenbarung, entspringen derselben Quelle: Gott. Ein Widerspruch zwischen menschlicher Vernunft und christlicher Lehre ist also unmöglich.

Damit stieß Thomas, der in französischen und italienischen Klöstern und Universitäten lehrte, auf die erbitterte Kritik seiner akademischen Zeitgenossen, vor allem jener, die sich mit den Naturwissenschaften befassten und auf Aristoteles bezogen. Thomas wehrte sich mit einem Gegenvorwurf: Die Kollegen akzeptierten Glaubenssätze wie jenen von der Unsterblichkeit der Seele und behaupteten zugleich, diese Sätze seien mit vernünftigen Gründen zu widerlegen.

Wie wir Wissen erlangen

An den Prinzipien der Vernunft hält Thomas sein gesamtes Werk hindurch fest, besonders deutlich an zwei zentralen Punkten seines Denkens: in der Frage, wie wir Wissen erlangen, und in seiner Darstellung des Verhältnisses zwischen Geist und Körper. Wissen, sagt auch Thomas, erlangen wir durch Gebrauch unserer Sinne: Sehen, Hören, Riechen, Tasten, Schmecken. Doch geben diese Sinneseindrücke nur oberflächlich Auskunft über die Natur der Dinge. Zum Beispiel: Hans hat von seinem Standort aus den visuellen Eindruck eines baumähnlichen Objekts, das grün und braun ist. Ich dagegen, der ich ganz nahe am Baum stehe, kann die Rauheit seiner Borke spüren, den Waldgeruch riechen. Wären Hans und ich Hunde, wäre unser Wissen über den Baum auf diese Sinneseindrücke beschränkt. Als menschliche Wesen aber können wir über sie hinausgehen und auf verständige Weise begreifen, was ein Baum ist – wir können ihn definieren, von anderen Pflanzen und lebendigen Dingen unterscheiden. Dieses Wissen bezeichnet Thomas als »Verstandeswissen«, denn wir setzen die Macht des Verstandes ein, um auf Grundlage der »

» Gott kann nicht definiert werden. «

Thomas von Aquin
Summa contra gentiles

Sinneseindrücke die hinter diesen liegende Wirklichkeit zu erfassen. Tieren fehlt diese angeborene Fähigkeit, ihr Wissen reicht über die Sinne nicht hinaus. Unsere ganze Wissenschaft, so Thomas, beruht auf verstandesmäßigem Wissen. Seine Erkenntnistheorie ist von Aristoteles beeinflusst, aber er geht über dessen Erkenntnisse hinaus.

Thomas ist ein christlicher Denker. Er sieht im Menschen nur eine von mehreren Arten, die Dinge mit dem Verstand erfassen können: Auch die nach dem Tod von ihren Körpern getrennten Seelen, die Engel und Gott können das. Diese anderen erkenntnisfähigen Wesen aber brauchen keine Sinne, um Wissen zu erlangen, sie erfassen das Wesen der Dinge direkt. Dieser Aspekt von Thomas' Erkenntnistheorie hat keine Parallele bei Aristoteles, ist aber eine stimmige Weiterentwicklung aristotelischer Grundannahmen. Auch hier kann Thomas die christlichen Glaubenssätze anerkennen, ohne Aristoteles zu widersprechen, und zugleich über ihn hinausgehen.

Die menschliche Seele

Nach Aristoteles sind Verstand oder Intellekt Lebensprinzip, die »Form« oder die »Seele« des Menschen. Alle Lebewesen, sagt er, haben eine Seele, nur darum seien sie zu den verschiedenen Lebensformen fähig. Pflanzen können wachsen und sich vermehren, Tiere bewegen sich, tasten, können dies suchen, jenes vermeiden – Menschen können zu all dem noch denken. So wird der menschliche Körper zu dem, was er ist, durch seine Seele. Stirbt dieser Körper, vergeht mit ihm auch die individuelle Seele.

Auch nach Thomas hat der Mensch nur eine ihn wesenhaft prägende Form: seinen Geist. Andere Denker des 13. und 14. Jahrhunderts stimmten Aristoteles darin zu, lösten aber die enge Verbindung von Geist und Körper, weil sie an der christlichen Lehre vom Weiterleben der Seele nach dem Tod festhalten wollten. Thomas dagegen weigerte sich, Aristoteles' Position zu verfälschen. Die Schwierigkeiten, auch so noch Gründe für die Unsterblichkeit der Seele beizubringen, nahm er auf sich, um aristotelisches Denken und Christenglauben verbinden zu können.

Nach Thomas von Aquin

Schon im Mittelalter galt Thomas von Aquin als kanonischer Philosoph der Kirche. Er war einer der entschiedensten Anhänger der aristotelischen Philosophie, auch wenn sich diese nicht überall mit der christlichen Lehre vereinbaren ließ. Zeit seines Lebens gläubiger Christ, wäre er kurz nach seinem Tod fast doch noch als Häretiker verurteilt worden. Denker des fol-

Wenn die Gesetze von Ursache und Wirkung universell gelten, ist eine freie Schöpfung, ein Anfang der Welt unmöglich. Wenn, nach Aristoteles, ein Gott die Welt in Bewegung gesetzt hat, dann muss der »erste Beweger« – Gott – ohne Ursache sein, darauf bestand Thomas.

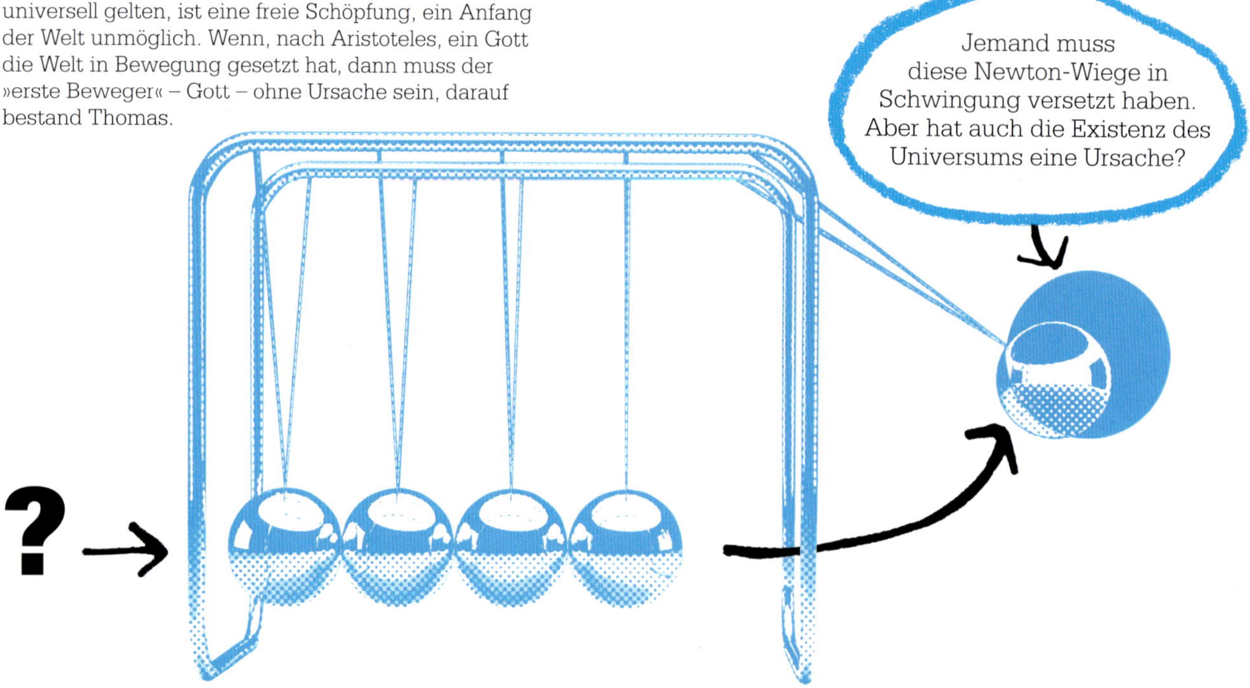

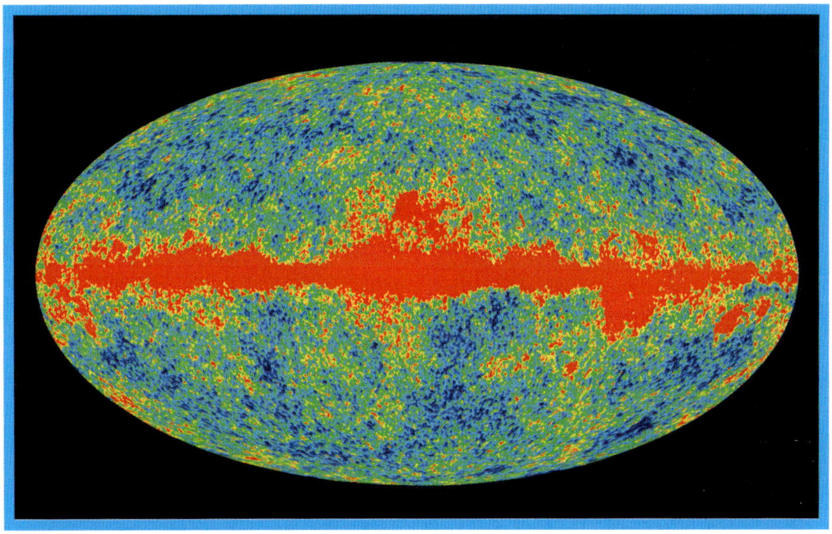

Die Hintergrundstrahlung des Kosmos ist ein Beweis für den »Urknall«. Mit Thomas können wir aber immer noch annehmen, dass dies nur ein möglicher Weg zur Existenz der Welt ist.

genden Jahrhunderts, der weltliche Philosoph Heinrich von Gent etwa oder die Franziskaner Johannes Duns Scotus und Wilhelm von Ockham, waren eher bereit einzuräumen, dass rein philosophisches Denken, dessen bester Repräsentant Aristoteles war, leicht falsch zu verstehen sei.

Duns Scotus bestritt Thomas von Aquins aristotelischen Begriff der Seele. Ockham lehnte die Erkenntnistheorie des Aristoteles ab. Heinrich von Gent glaubte nicht wie Thomas, dass Gott eine Welt hätte schaffen können, die immer existiert habe. Denn, so sein Einwand, hätte sie immer existiert, gäbe es ja die Möglichkeit gar nicht, dass sie nicht existierte. Gott hätte also gar nicht die Freiheit gehabt, sie zu erschaffen oder nicht. Mit seinem übergroßen Vertrauen in die Macht der Vernunft hatte Thomas mehr gemein mit dem bedeutendsten Philosophen des vorangegangenen Jahrhunderts, dem französischen Philosophen und Theologen Peter Abaelard, als mit seinen Zeitgenossen und Nachfolgern.

Ein schlüssiger Glaube

Thomas' generelle Sicht des Verhältnisses zwischen Philosophie und christlicher Lehre, ebenso seine Frage nach der Ewigkeit des Universums sind auch im 21. Jahrhundert weiterhin von Bedeutung. Nur noch wenige Philosophen glauben heute, dass sich religiöse Positionen – die Existenz Gottes oder die Unsterblichkeit der Seele – philosophisch beweisen lassen. Manche aber meinen, immerhin könnten sie philosophisch beweisen, dass die Einstellung von Gläubigen, bestimmte Doktrinen als Glaubenssachen zu behandeln und sie so von den Erfahrungstatsachen zu trennen, nicht weniger vernünftig oder schlüssig sei als die Haltung von Agnostikern oder Atheisten, die Glaubenstatsachen generell leugneten. Diese Sichtweise kann sich auf Thomas von Aquin berufen, denn auch er wollte ein philosophisch schlüssiges Gedankensystem entwickeln und gleichzeitig seinem christlichen Glauben treu bleiben. Das Werk des Thomas von Aquin ist eine Lektion in Toleranz, sowohl für Christen als auch für Nichtchristen.

Die Rolle der Philosophie

Heute fragen wir nicht mehr beim Korpus philosophischer Autoren oder in der Bibel nach, ob die Welt immer da war oder nicht. Wir erwarten eine Antwort von der Physik, zum Beispiel in Gestalt der Theorie des »Urknalls«. Danach begann sich das Universum plötzlich, zu einem bestimmten Zeitpunkt unter einer extrem hohen Temperatur und Dichte, auszudehnen. Thomas' Argumente zeigen, dass nicht nur die Physik, sondern auch die Philosophie noch etwas zu dem Thema zu sagen hat. Er zeigt, dass die Philosophie das Werkzeug für intelligente Forschung ist, nicht um herauszufinden, was der Fall ist, sondern was möglich und was unmöglich ist – und welche Fragestellungen darum intelligent sind und welche nicht. Ist es vernünftig zu glauben, dass das Universum einen Anfang hat, oder nicht? Das ist noch immer eine Frage für Philosophen, eine Frage, die sich mit noch so viel Physik nicht beantworten lässt. ■

» Man kann sagen, dass die Zeit mit dem Urknall beginnt – in dem Sinne, dass frühere Zeiten einfach nicht definiert sind. «

Stephen Hawking
Eine kurze Geschichte der Zeit

GOTT IST DAS NICHTANDERE

NIKOLAUS VON KUES (1401–1464)

IM KONTEXT

DISZIPLIN
Religionsphilosophie

LEHRE
Christlicher Platonismus

FRÜHER
380–360 v. Chr. Platon schreibt über »das Gute« oder »das Eine« als letztendliche Quelle der Vernunft, der Erkenntnis und all dessen, was ist.

Ende 5. Jh. n. Chr. Der griechische Theologe und Philosoph Pseudo-Dionysius Areopagita bezeichnet Gott als »Überwesen«.

um 860 Johannes Scotus Eriugena verbreitet Ideen des Pseudo-Dionysius Areopagita.

SPÄTER
1492 Giovanni Pico della Mirandolas Schrift *Über das Seiende und das Eine* wird zum Wendepunkt im Denken der europäischen Renaissance über Gott.

1991 Der französische Philosoph Jean-Luc Marion beschäftigt sich mit dem Thema Gott als »Nichtseiender«.

Nikolaus von Kues (auch: Cusanus) gehört zu jenen mittelalterlichen Philosophen, die Gott als etwas beschreiben, das unsere Vorstellungskraft übersteigt. Im Allgemeinen erwerben wir Wissen, indem wir die Dinge durch den Gebrauch unserer Vernunft definieren. Auch um Gott zu erkennen, müssten wir seine grundlegende Natur definieren.

Nach Platon ist »das Gute« oder »das Eine« die Quelle aller anderen Erkenntnisformen und manche christliche Theologen sprechen von Gott als »Überwesen«. Der um 1440 schreibende Nikolaus geht einen Schritt weiter.

> »Ich weiß, dass alles, was ich weiß, nicht Gott ist, und dass alles, was ich erfasse, ihm nicht gleichkommt …«
>
> **Nikolaus von Kues**
> *Über den verborgenen Gott*

Er stellt die These auf, Gott komme vor allem anderen, selbst vor der Möglichkeit von allem Seiendem. Zwar lehre die Vernunft, dass die Möglichkeit eines existierenden Phänomens seiner wirklichen Existenz vorausgehe: Nichts kann existieren oder sein, bevor es nicht auch möglich sei. Wenn aber Gott genau dazu imstande ist, dann werde er zu Recht das »Nichtandere« genannt, führt Nikolaus seine Gedanken weiter aus.

Über unserer Fassungskraft

In der Rede von Gott, sagt Nikolaus von Kues, führt das Wort »Ding« in die Irre, denn das »Nichtandere« hat keine Substanz, vielmehr ist es »jenseits des Fassbaren« und auch vor allen Dingen. Dies gestaltet sich so, dass »sie nicht auf es folgen, sondern durch es sind«. Nicht zuletzt aus diesem Grund komme der Ausdruck »Das Nichtandere« einer Definition Gottes näher als jeder andere Begriff. ■

Siehe auch: Platon 50–55 ▪ Johannes Scotus Eriugena 338 ▪ Meister Eckhart 339 ▪ Giovanni Pico della Mirandola 340

EIN GEWISSES MASS AN IGNORANZ FÜHRT ZUM GLÜCK

ERASMUS VON ROTTERDAM (1466–1536)

IM KONTEXT

DISZIPLIN
Religionsphilosophie

LEHRE
Humanismus

FRÜHER
354–430 n. Chr. Augustinus integriert den Platonismus ins Christentum.

um 1265–1274 In der *Summa Theologica* verbindet Thomas von Aquin die aristotelische mit der christlichen Philosophie.

SPÄTER
1517 Martin Luther protestiert mit seinen *Fünfundneunzig Thesen* gegen Missbräuche des Klerus. Sie sind der Auslöser der Reformation.

1637 René Descartes stellt in *Diskurs über die Methode* den Menschen in den Mittelpunkt der Philosophie.

1689 John Locke plädiert in seinem *Brief über Toleranz* für die Trennung von Kirche und Staat.

In seinem Traktat *Lob der Torheit* von 1509 setzt sich Erasmus (Desiderius) von Rotterdam mit den Ideen des Humanismus auseinander, die sich zu Beginn der Renaissance in Europa verbreiteten und eine Schlüsselrolle in der Reformation spielten. Der Traktat ist eine witzige Satire auf Korruption und doktrinäres Gerangel in der Kirche, hat aber auch eine ernsthafte Seite: Die Torheit – die naive Ignoranz – wird dargestellt als wesentliches Element des Menschseins und letztlich das, was uns am meisten Glück und Zufriedenheit beschert, denn Wissen kann eine Last sein und zu Verwicklungen führen, die das Leben erschweren.

Glaube und Torheit

Auch die Religion ist eine Form der Torheit, meint Erasmus, denn eine wirkliche Überzeugung kann nur auf dem Glauben beruhen, nicht auf der Vernunft. Die mittelalterliche Mischung aus griechischem Rationalismus und christlicher Theologie lehnte er als theologische Intellektualisierung ab. Nicht zuletzt sei sie schuld an der Korruption des religiösen Glaubens.

Erasmus plädierte für eine Rückkehr zu einfachen, das Herz berührenden Überzeugungen und einem persönlichen, nicht durch die kirchliche Lehre vorgeschriebenen Verhältnis zu Gott. Wir sollten uns um das bemühen, was er den wahren Geist der Schrift nennt: Einfachheit, Naivität, Demut. Diese seien die grundlegenden menschlichen Eigenschaften, die uns ein glückliches Leben ermöglichen. ■

» Der Gipfel des Glücks ist erreicht, wenn eine Person bereit ist zu sein, was sie ist. «

Erasmus von Rotterdam

Siehe auch: Augustinus von Hippo 72–73 ▪ Thomas von Aquin 88–95 ▪ René Descartes 116–123 ▪ John Locke 130–133

EUROPÄIS
RENAISSA
RATIONAL
1500–1750

CHE
NCE UND
SMUS

1513

Niccolò Machiavelli veröffentlicht *Der Fürst*.

1517

Martin Luther schlägt *95 Thesen* an die Tür der Schlosskirche zu Wittenberg: Beginn der **Reformation**.

1543

Nikolaus Kopernikus erklärt, dass die **Erde um die Sonne kreist**. Er widerspricht damit dem christlichen Weltbild, das die Erde in den Mittelpunkt des Kosmos stellt.

1593

Heinrich IV. erlässt das **Edikt von Nantes**, das Protestanten im katholischen Frankreich volle Bürgerrechte gewährt.

1620

Francis Bacon veröffentlicht *Neues Organon*, eine neue Methode der Erforschung der Natur.

1633

Galileo Galilei wird exkommuniziert und zu Hausarrest verurteilt, weil er nicht widerruft, dass sich die Erde um die Sonne drehe.

1641

René Descartes schreibt die *Meditationen*.

1644

Chinas letzte Herrscherdynastie, die **Qing**, übernimm die Macht.

Die Renaissance – die schöpferische »Wiedergeburt« Europas – hielt vom 14. Jahrhundert an von Florenz aus Einzug auf dem Kontinent. Diese Periode, die heute als Brücke zwischen dem Mittelalter und der Moderne gilt, begann als Rückbesinnung auf das klassische Griechenland und Rom, man entdeckte die Vorsokratiker, Staats- und Moralphilosophie, Naturwissenschaften und Medizin neu, ging also über die philosophischen und mathematischen Texte hinaus, auf die sich die mittelalterliche Scholastik stützte. Nicht Gott, der Mensch mit seinen schöpferischen Fähigkeiten sollte im Mittelpunkt stehen, seiner Entdeckungsfreude sollten so wenig Grenzen gesetzt werden wie seiner Vernunft. Dieser Humanismus zeigte sich zuerst in der Kunst und schlug sich dann im politischen und gesellschaftlichen Leben oberitalienischer Stadtstaaten wie Florenz und Venedig nieder. Selbstbewusst traten Kaufleute und Handwerker neben Adel und Klerus. Um 1500 hatte die Renaissance in Europa das kirchliche Bildungsmonopol praktisch beseitigt, eine rein weltliche Philosophie war im Entstehen. Der Florentiner Niccolò Machiavelli vollzog in seinen Schriften eine definitive Wende von theologischen zu politischen Begründungen.

Zeitalter der Vernunft

Endgültig erschüttert wurde die Lehrautorität der Kirche durch die Naturwissenschaften. Nikolaus Kopernikus, Johannes Kepler und Galileo Galilei wiesen nach, dass das ptolemäische Weltbild mit der Erde im Mittelpunkt des Kosmos falsch war. Die Kirche wehrte sich heftig, konnte sich gegen das neue Wissen aber nicht mehr behaupten. Nicht nur die Astronomie, auch andere Naturwissenschaften lieferten Erkenntnisse, mit denen sich das Funktionieren des Universums erklären ließ.

Die Philosophie des 17. Jahrhunderts spiegelt den Sieg des rationalen, wissenschaftlichen Denkens über das kirchliche Dogma wider. Vor allem englische Philosophen wie Francis Bacon und Thomas Hobbes waren es, die wissenschaftliches und philosophisches Denken miteinander verbanden. Das in Europa sogenannte »Zeitalter der Vernunft« begann, die Periode, die die ersten »modernen« Philosophen hervorbrachte und die unterbrochene, ehemals enge Verbindung zwischen

1649
Mit der Hinrichtung König Karls I. endet der **englische Bürgerkrieg**.

1651
Der *Leviathan*, die große Staatstheorie von **Thomas Hobbes**, wird veröffentlicht.

1664
Isaac Newton stellt Notizen zu dem Werk *Bestimmte philosophische Fragen* zusammen.

1670
Posthume Veröffentlichung der *Pensées* von **Blaise Pascal**

1690
John Locke veröffentlicht sein Werk *Versuch über den menschlichen Verstand*.

1704
Gottfried Wilhelm Leibniz schreibt die *Neuen Abhandlungen über den menschlichen Verstand*.

1710
George Berkeley veröffentlicht seine *Abhandlung über die Prinzipien der menschlichen Erkenntnis*.

1721
In England wird die erste Fabrik eröffnet, die **Industrielle Revolution** kündigt sich an.

Philosophie und Naturwissenschaften wiederbelebte, die bis zu den Vorsokratikern zurückreicht.

Geburt des Rationalismus

Im 17. Jahrhundert waren viele bedeutende Philosophen in Europa zugleich versierte Mathematiker. René Descartes und Blaise Pascal in Frankreich und Gottfried Wilhelm Leibniz in Deutschland lieferten wichtige Beiträge zur Mathematik. Ihnen bot das mathematische Denken das Modell dafür, wie sich überhaupt gesichertes Wissen über die Welt erlangen lässt. Descartes' Untersuchung der Frage »Was kann ich wissen?« führte ihn zu einer rationalistischen Position – der das nächste Jahrhundert auf dem Kontinent beherrschenden Auffassung, dass unsere Erkenntnis allein der Vernunft entspringt. Gleichzeitig bildete sich in England eine gegenläufige Tradition heraus. Nicht aus der Vernunft, argumentiert John Locke im Anschluss an Francis Bacon, sondern aus der Erfahrung und den Sinnen gewinnen wir Wissen. Dieser Empirismus wird maßgebend für die britische Philosophie im 17. und 18. Jahrhundert.

Beiden Strömungen, Rationalismus wie Empirismus, gemeinsam war als Ausgangspunkt der Mensch. Es ist seine Vernunft oder seine Erfahrung, auf der unser Wissen beruht. Die Philosophen mussten, von der Untersuchung der Natur des Universums – dem Feld von Naturwissenschaftlern wie Isaac Newton – ausgehend, klären, wie sich dieses Wissen als wahr rechtfertigen lässt. Sie suchten den Weg zu rekonstruieren, auf dem es entsteht. So wird die Natur des menschlichen Verstandes und des erkennenden Ichs zum Thema, und dieses neue Denken hatte auch moralische und politische Implikationen. Wie die Autorität der Kirche durch die Ideen der europäischen Renaissance untergraben wurde, so stellten die Ideen der Aufklärung die Privilegien des Adels und das Gottesgnadentum der Monarchien in Frage. Wie könnte eine Gesellschaft aussehen, die entsprechend der menschlichen Vernunft und nicht mehr von den alten Eliten und der Kirche bestimmt wird?

In England, im turbulenten 17. Jahrhundert, hatten Hobbes und Locke die Grundlagen für ein demokratisches Denken geschaffen, aber es dauerte weitere 100 Jahre, bis die hergebrachten Herrschaftsstrukturen auch praktisch in Frage gestellt und umgestürzt wurden. ■

DER ZWECK RECHTFERTIGT DIE MITTEL

NICCOLÒ MACHIAVELLI (1469–1527)

IM KONTEXT

DISZIPLIN
Politische Philosophie

LEHRE
Realismus

FRÜHER
4. Jh. v. Chr. Nach Platons *Politeia* soll der ideale Staat von Philosophen gelenkt werden.

1. Jh. v. Chr. Der Schriftsteller Cicero hält die römische Republik für die beste Staatsform.

SPÄTER
16. Jh. Pragmatisch auf Machterhalt gerichtetes Handeln heißt seither »machiavellistisch«.

1762 Nach Jean-Jacques Rousseau sollen die Menschen für ihre Freiheit eintreten und gegen Fürstenwillkür Widerstand leisten.

1928 Der italienische Diktator Benito Mussolini bezeichnet Machiavellis *Der Fürst* als den »besten Leitfaden des Staatsmannes«.

Um Machiavellis Ansichten über die politische Macht zu verstehen, muss man die Rolle kennen, die er in den politischen Auseinandersetzungen seiner Zeit spielte. Geboren wurde er in Florenz zu einer Zeit ständiger politischer Umwälzungen. Seit 35 Jahren für alle sichtbar, aber nie offiziell bestätigt, lag die Macht im Stadtstaat bei der Familie der Medici. In Machiavellis Geburtsjahr übernahm Lorenzo von Medici (der Prächtige), ein Liebhaber der Künste, die Nachfolge seines Vaters, 1492 folgte ihm sein Sohn Piero (der Unglückliche). 1494 fiel König Karl VIII. von Frankreich in Italien ein, die Medici mussten kapitulieren. Die Partei des Predigers Girolamo »Hieronymus« Savonarola, des Priors des Dominikanerklosters San Marco, nutzte dies, um sie aus der Stadt zu vertreiben. Florenz wurde Republik.

Unter Savonarolas Führung bekam Florenz eine demokratische Verfassung, die zu einer Art Tugenddiktatur wurde – auf dem »Feuer der Eitelkeit« wurden Luxusgüter als Symbole der Verkommenheit verbrannt. Nachdem Savonarola sogar den Papst der Verkommenheit bezichtigt hatte, wurde er verhaftet und als Häretiker verbrannt. In diese Wirren fallen Machiavellis erste politische Tätigkeiten. 1498 wurde er Staatssekretär der Zweiten Kanzlei.

Karriere und Einfluss

Nach dem Einmarsch Karls VIII. begann eine turbulente Periode in Italien. Das Land zerfiel in fünf Machtblöcke – Kirchenstaat, Königreich Neapel, die Stadtstaaten Venedig, Mailand und Florenz –, um die die ausländischen Mächte

Siehe auch: Platon 50–55 ▪ Francis Bacon 110–111 ▪ Jean-Jacques Rousseau 154–159 ▪ Karl Marx 196–203

Lorenzo der Prächtige (1449–1492) regierte Florenz von 1469, dem Todesjahr seines Vaters, bis zu seinem eigenen Tod. Er regierte als Despot, doch die Stadt florierte unter seiner Führung.

Frankreich, Spanien und das Heilige Römische Reich stritten. Im Vergleich mit ihnen war das kleine Florenz militärisch schwach. Machiavelli reiste 14 Jahre lang zwischen verschiedenen Städten hin und her, um Bündnisse zu schließen und die Position von Florenz mit Diplomatie zu stärken. Durch diese Tätigkeit lernte er auch Cesare Borgia kennen, den unehelichen Sohn Papst Alexanders VI. Der Papst, eine in Norditalien mächtige Figur, war eine nicht zu unterschätzende Bedrohung für Florenz, denn er war der Stadt feindlich gesonnen. Dennoch und auch trotz Machiavellis republikanischer Einstellung, mit seiner Kraft, seiner Intelligenz und seinen Fähigkeiten machte Cesare großen Eindruck auf den Florentiner. Damit haben wir eine der Quellen für Machiavellis berühmte Schrift *Der Fürst*.

Alexander VI. starb 1503. Auch sein Nachfolger Julius II., ein starker Mann, erfolgreicher Feldherr und gerissener Politiker, beeindruckte Machiavelli. Im Konflikt zwischen Frankreich und Papsttum ergriff Florenz die Partei der Franzosen. Diese unterlagen, mit ihnen die Florentiner, und die Medici konnten 1512 zurückkehren. Machiavelli verlor seinen Posten und wurde auf sein Landgut verbannt. 1513 wurde er fälschlich einer Verschwörung gegen die Medici angeklagt, gefoltert und ins Gefängnis geworfen.

Zwar kam er nach einem Monat wieder frei, doch seine Chancen, ein öffentliches Amt zu erhalten, waren gering. Als alle Versuche, einen Posten zu finden, scheiterten, entschloss er sich, Giuliano, dem neuen Oberhaupt der Medici, ein Buch zu widmen. Allerdings starb dieser, bevor das Werk vollendet war: Machiavelli widmete es dem Nachfolger Lorenzo. Als Ratgeber für einen Fürsten verfasst, traf es den Geist dieser unruhigen Zeit.

Der Fürst

Machiavellis *Der Fürst* zeigt, wie genau sein Autor die antike Literatur, aber auch die Geschichte Italiens und insbesondere der Stadt Florenz kannte. Geistreich und zynisch demonstriert er seine These, dass die Ziele eines Herrschers die Mittel zu ihrer Durchsetzung rechtfertigen. Damit unterschied sich *Der Fürst* von anderen politischen Traktaten, denn er ließ die christliche Moral entschlossen beiseite. Machiavelli wollte seinen »

» Wenn ein Volk, das gewohnt ist, unter einem Machthaber zu leben, durch irgendein Ereignis frei wird, so behauptet es nur schwer seine Freiheit. «

Niccolò Machiavelli
Discorsi

fürstlichen Lesern ungeschminkt Rat geben, fasste also zusammen, was er als Diplomat und im Umgang mit erfolgreichen Päpsten und Kardinälen erfahren und gesehen hatte.

Kernbegriff von Machiavellis Lehre ist *virtù*, nicht im modernen Sinn von moralischer Tugend zu verstehen, sondern in der mittelalterlichen Wortbedeutung – als Kraft der Dinge, wie zum Beispiel die Heilkräfte von Pflanzen oder Mineralien. Als *virtù* eines Fürsten stellt Machiavelli die Kräfte und Funktionen von Herrschaft dar. Nach der lateinischen Wortwurzel hat *virtù* auch mit Männlichkeit (wie in »viril«) zu tun, auch das entspricht dem, was Machiavelli sagen will, wenn er den Begriff sowohl auf den Fürsten als auch auf den Staat anwendet. Beide können sie stark, das heißt »erfolgreich«, sein oder aber scheitern. Darum, sagt Machiavelli, kann sich kein Herrscher moralische Fesseln anlegen lassen, er muss tun, was nötig ist, um sich Ruhm zu verschaffen und seinem Staat Macht – eine Einstellung, die man durchaus realistisch nennen kann.

Machiavelli sagt nicht, dass der Zweck in jedem Fall die Mittel heilige. Er nennt Mittel, die ein kluger Fürst besser meiden sollte. Seine Untertanen sollen ihn lieben oder fürchten – am besten, so Machiavelli, beides, wobei die Furcht einem Fürsten mehr nutze. Keineswegs aber dürfe das Volk den Fürsten hassen, denn das könnte zu Aufständen führen. Behandelt ein Fürst seine Leute unnötig schlecht, wird man ihn verachten – sein Name aber sollte wegen seines Mitgefühls, nicht wegen seiner Grausamkeit bekannt sein. Das schließt nicht aus, dass er einige Menschen hart bestrafen kann, um die Ordnung zu erhalten, denn dies wird auf lange Sicht einer großen Zahl von Menschen nutzen.

Die Maxime, dass der Zweck die Mittel rechtfertigt, gilt Machiavelli zufolge nur für Fürsten, nicht aber für gewöhnliche Bürger. Doch selbst für sie, sagt Machiavelli, taugt die konventionelle christliche Moral nicht, da sie schwach ist und sich für eine starke Stadt nicht eignet.

Fürstentum oder Republik

Es wurde vermutet, dass *Der Fürst* nicht Machiavellis wahre Ansichten wiedergibt. Einer der Gründe dafür ist die deutliche Diskrepanz, die zwischen diesem Buch und seinem anderen Hauptwerk, den *Discorsi – Gedanken über Politik und Staatsführung*, besteht. Darin lobt er die Republik als beste Staatsform, die überall dort herbeigeführt werden sollte, wo ein vernünftiger Grad an Gleichheit herrsche. Ein Fürstentum sei nur dann die richtige Staatsform, wenn in einem

Ein Herrscher muss über die Eigenschaften von Fuchs und Löwe verfügen und wie ein Tier handeln können, sagt Machiavelli in *Der Fürst*.

» Zu beherzigen bleibt dies: dass ein Fürst … nicht alle die Dinge befolgen kann, derentwegen man die Menschen für gut hält. «

Niccolò Machiavelli
Der Fürst

Staat weder Gleichheit herrsche noch hergestellt werden könne. Aber selbst wenn ein Fürstentum nur ein notwendiges Übel ist, sollte es – das wiederum könnte Machiavellis tatsächliche Ansicht gewesen sein – so gut wie möglich regiert werden. Und Florenz brauchte Machiavelli zufolge einen starken Herrscher, um zu seiner alten Größe zurückzufinden.

Dem Leser zu Gefallen

Dass Machiavelli *Der Fürst* schrieb, um mit den Medici wieder ins Reine zu kommen, ist ein anderer Grund, weshalb seine Thesen mit Vorsicht zu interpretieren sind. Andererseits hat er die *Discorsi* Mitgliedern der republikanischen Regierung von Florenz gewidmet. Machiavelli könnte also stets so geschrieben haben, dass es den Leuten gefiel, denen er seine Schriften widmete. Doch auch das gilt nicht durchgängig. Selbst in *Der Fürst* ist vieles enthalten, was Machiavellis Überzeugung war, zum Beispiel dass eine Bürgermiliz einer Stadt mehr nutze als ein Söldnerheer. Es ist nur schwer auszumachen, welche Teile seine wirklichen Überzeugungen wiedergeben.

Rücksichtslosigkeit ist immer *virtù*, insofern sie politischen Führern Stärke verschafft. Im 20. Jh. sicherte sich der faschistische Diktator Mussolini seine Macht mit Furcht und Verehrung.

» Die Welt ist heute machiavellistischer geworden. «

Bertrand Russell
Philosophie des Abendlandes

Möglicherweise aber wollte Machiavelli auch eine Satire schreiben und *Der Fürst* wendet sich gar nicht an die herrschende Elite, sondern an die Republikaner. Dafür spricht, dass das Buch nicht auf Latein, in der Sprache der Elite, verfasst ist, sondern in der Sprache des Volkes, auf Italienisch. Und man kann *Der Fürst* streckenweise als Satire lesen, so als sollte die Leserschaft – Florentiner Bürger – denken: »Wenn dies das Verhalten eines guten Fürsten ist, dann sollten wir, koste es, was es wolle, verhindern, dass uns ein solcher Mann regiert.« Machiavelli könnte also ausgehend von der Auffassung, der Zweck heilige die Mittel, eine Satire auf die Machtkämpfe seiner Zeit, auf den Kult des Ausnahmemenschen verfasst haben. Dann wäre das kleine, täuschend klare und einfache Buch noch vielschichtiger, als man ursprünglich denken mochte. ■

Niccolò Machiavelli

Machiavelli wurde 1469 in Florenz geboren. Über die ersten 28 Jahre seines Lebens ist, abgesehen von einigen Tagebuchnotizen seines Vaters, wenig bekannt. Seine Schriften geben zu erkennen, dass er eine gute Ausbildung erhalten hatte, vielleicht an der Universität von Florenz. 1498 trat er als Politiker und Diplomat in den Dienst der Republik Florenz. Ab 1512, nach der Rückkehr der Medici und seinem erzwungenen Ausscheiden aus dem Staatsdienst, widmete er sich literarischen Tätigkeiten, versuchte aber immer wieder, in die aktive Politik zurückzukehren. Schließlich gewann er das Vertrauen der Medici zurück. Kardinal Giulio de' Medici beauftragte ihn, eine Geschichte von Florenz zu schreiben. 1525, nachdem der Kardinal als Clemens VII. zum Papst gewählt worden war, war das Werk fertig. Machiavelli starb 1527, ohne je wieder ins politische Leben zurückgekehrt zu sein.

Hauptwerke

1513 *Der Fürst*
1517 *Discorsi – Gedanken über Politik und Staatsführung*

RUHM UND RUHE KÖNNEN NICHT UNTER EINEM DACH WOHNEN

MICHEL DE MONTAIGNE (1533–1592)

IM KONTEXT

DISZIPLIN
Ethik

LEHRE
Humanismus

FRÜHER
4. Jh. v. Chr. In der *Nikomachischen Ethik* sagt Aristoteles, um tugendhaft zu sein, muss man gesellig sein und in engen Beziehungen zu anderen stehen. Nur ein Mensch, der wie ein Tier sei, oder ein Gott könne allein gedeihen.

SPÄTER
Ende 18. Jh. Der anglikanische Geistliche Richard Cecil schreibt: »Die Einsamkeit zeigt uns, was wir sein sollten, die Gesellschaft dagegen zeigt uns, was wir sind.«

Ende 19. Jh. Friedrich Nietzsche hält Einsamkeit für nötig, um sich selbst zu prüfen. Nur die Selbstprüfung könne den Menschen gegen die Versuchung helfen, dem Pöbel gedankenlos zu folgen.

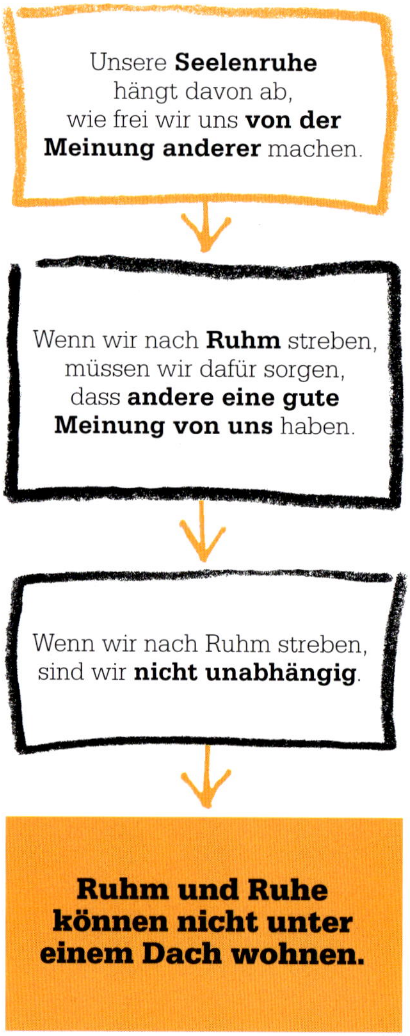

Im Essay *Über die Einsamkeit* greift Montaigne ein seit der Antike beliebtes Thema auf: die intellektuellen und moralischen Gefahren des gesellschaftlichen Lebens, denen er den Wert der Einsamkeit gegenüberstellt. Damit meint er nicht in erster Linie physisches Alleinsein, sondern die Kraft, der Versuchung zu widerstehen, sich in seinem Denken und Handeln von der großen Masse bestimmen zu lassen. Er vergleicht den Wunsch nach Beifall unserer Mitmenschen mit dem übermäßigen Interesse an materiellem Reichtum. Beide Leidenschaften machten uns kleiner. Andererseits sollten wir sie auch nicht völlig aufgeben, sie dürften uns nur nicht beherrschen. Dann, sagt Montaigne, können wir sie auch genießen, sogar von ihnen profitieren, ohne emotional von ihnen abhängig zu werden oder zu verzweifeln, sollten wir sie verlieren.

Eng verbunden mit unserem Wunsch nach Beifall ist Montaigne zufolge das Streben nach Ruhm. Im Gegensatz zu Denkern wie Machiavelli, die Ruhm als würdiges Ziel betrachten, hält Montaigne den Wunsch nach Ruhm für das größte Hindernis auf dem Weg zur Seelenruhe.

Siehe auch: Aristoteles 56–63 ▪ Niccolò Machiavelli 102–107 ▪ Friedrich Nietzsche 214–221

Wer Ruhm zu seinem Ziel mache, »hat nur Arme und Beine [aus der Menge] befreit«, »Seele und Absicht« blieben dafür um so »ärger in den Banden [der Menge] verstrickt«.

Montaigne beschäftigt nicht die Frage, ob wir Ruhm erlangen sollen oder nicht. Wir sollten nur unseren Wunsch abschütteln, in den Augen anderer Menschen Ruhm zu erlangen – uns also nicht stets fragen, ob andere uns wertvoll finden und bewundern. Weiterhin, so Montaignes Rat, sollten wir uns, statt auf den Beifall anderer zu schielen, vorstellen, dass ein großes und edles Wesen beständig um uns ist, das noch unsere privatesten Gedanken kennt und in dessen Gegenwart sogar Wahnsinnige ihre Schwächen verbergen. Auf diese Weise könnten wir lernen, klar und objektiv zu denken und uns nachdenklicher und rationaler zu verhalten. Nach Montaigne schadet es, wenn wir uns zu sehr um die Meinung anderer kümmern, denn entweder tun wir es irgendwann den Bösen gleich oder wir werden so vom Hass auf sie verzehrt, dass wir den Verstand verlieren.

Fallstricke des Ruhms

Montaigne nimmt in seinen späteren Schriften seinen Angriff auf Ruhmsucht wieder auf. Ruhm sei so häufig vom Zufall abhängig, dass er auch nur selten zur Ehre gereiche. Oft habe er, Montaigne, erlebt, wie das Glück dem Verdienst vorausgehe, »manchmal sehr weit«. Und wolle man Staatsmänner und politische Führer, wie es Machiavelli tue, doch ermuntern, den Ruhm höher zu schätzen als alles andere, dann müsse man sie auch lehren, sich nur dann anzustrengen, wenn sie ein Publikum haben, das ihnen für die bemerkenswerten Taten, deren Zeugen sie werden dürfen, Beifall spenden kann und will. ■

» … so ist die Ansteckung im Gedränge sehr gefährlich. Man muss die verderbten Menschen entweder nachahmen oder sie hassen. «

Michel de Montaigne
Essais

In den französischen Religionskriegen (1562–1598), vor allem in den Massakern der Bartholomäusnacht von 1572, lernte Montaigne die gedankenlose Gewalt des Pöbels kennen.

Michel de Montaigne

Montaigne wurde im Schloss seiner reichen Familie in der Nähe von Bordeaux geboren, lebte jedoch auf Geheiß des Vaters bis zum Alter von drei Jahren in einer armen Bauernfamilie. Unterrichtet wurde er zu Hause, wo er bis zum Alter von sechs Jahren nur Latein sprechen durfte.

Von 1557 an war Montaigne 13 Jahre lang Mitglied des regionalen *Parlement*. Als er 1571 die Güter seiner Familie erbte, gab er den Posten auf.

Den ersten Band der *Essais* veröffentlichte er 1580 und verfasste bis zu seinem Tod im Jahr 1592 noch zwei weitere Bände. 1580 begab er sich auf eine ausgedehnte Reise durch Europa, unter anderem um Heilung für seine Nierensteine zu finden. 1581 wurde er zum Bürgermeister von Bordeaux gewählt und kehrte in die Politik zurück. Er hatte das Amt bis 1585 inne.

Hauptwerke

1569 *Apologie de Raymond Sebond*
1580–1581 *Reisetagebuch*
1580, 1588, 1595 *Essais*, 3 Bände

WISSEN IST MACHT

FRANCIS BACON (1561–1626)

IM KONTEXT

DISZIPLIN
Wissenschaftsphilosophie

LEHRE
Empirismus

FRÜHER
4. Jh. v. Chr. Aristoteles rückt Beobachtung und induktive Logik ins Zentrum des wissenschaftlichen Denkens.

13. Jh. Die englischen Gelehrten Robert Grosseteste und Roger Bacon fügen Aristoteles' induktiver Methode das Experiment hinzu.

SPÄTER
1739 David Hume kritisiert im *Traktat über die menschliche Natur* das induktive Denken.

1843 John Stuart Mill beschäftigt sich in seinem *System der Logik* mit den fünf induktiven Grundsätzen, die der Wissenschaft zugrunde liegen.

1934 Nicht Induktion, überlegt Karl Popper, sondern Falsifikation sichert methodisch Wissenschaftlichkeit.

Bacon gilt vielen als Begründer des englischen Empirismus und seiner Lehre, nach der alles Wissen letztlich aus sinnlicher Erfahrung stammt. Bacon wurde in eine Zeit geboren, in der die Philosophen ihr Interesse von den wiederentdeckten Errungenschaften der Antike auf eine eher wissenschaftliche Erkenntnislehre verlagerten. Zwar hatten in der europäischen Renaissance Nikolaus Kopernikus, der Anatom Andreas Vesalius und andere bereits neue Wege zu neuem Wissen eingeschlagen, aber die Zeit Bacons – auch als Periode einer wissenschaftlichen Revolution bezeichnet – brachte eine erstaunliche Zahl wissenschaftlicher Denker hervor, die wie Galilei, William Harvey, Robert Boyle, Robert Hooke und Isaac Newton neue Zusammenhänge zwischen Experiment, sinnlicher Erfahrung und begrifflicher Arbeit erprobten und formulierten.

Im Mittelalter stand die Kirche den Wissenschaften im Allgemeinen wohlwollend gegenüber. Mit der Renaissance änderte sich das, denn nun wurde die Lehrautorität des Vatikans ernsthaft bezweifelt. Selbst der Reformator Luther hatte beklagt, die Kirche verhalte sich den wissenschaftlichen Angriffen auf das Weltbild der Bibel gegenüber zu nachläs-

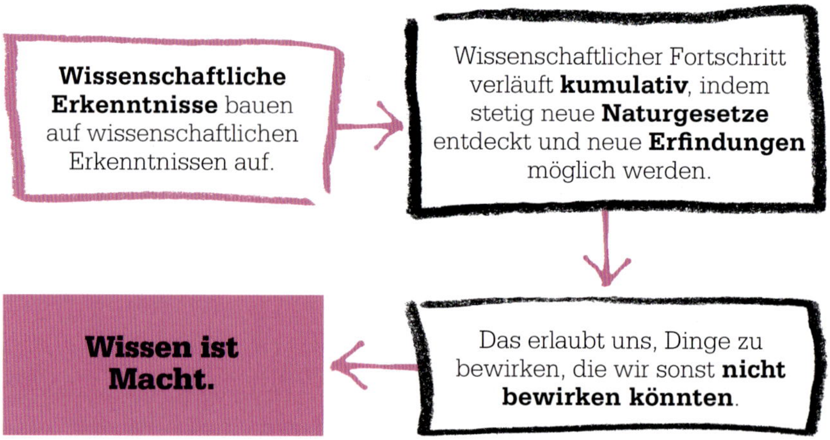

Siehe auch: Aristoteles 56–63 ▪ Robert Grosseteste 339 ▪ David Hume 148–153 ▪ John Stuart Mill 190–193 ▪ Karl R. Popper 262–265

Das Observatorium des dänischen Astronomen Tycho Brahe (1546–1601). Wissenschaft und nicht mehr Religion galt vom 16. Jh. an als Schlüssel zum Wissen.

sig. Nachdem die katholische Kirche nun auch Gläubige an Luthers reformierte Kirche verloren hatte, wandte sie sich entschiedener gegen die neuen Wissenschaften, deren Entwicklung jetzt von beiden Konfessionen behindert wurde.

Bacon bekannte sich durchaus zu den Lehren der Kirche, er wollte Wissenschaft und Religion nur strikt voneinander getrennt wissen. Die Wissenschaft habe die Aufgabe, das Leben der Menschen zu verbessern, darum müsse man dem wissenschaftlichen Fortschritt alle Hindernisse aus dem Weg räumen. Dazu zählte Bacon nicht nur den Streit zwischen Kirche und Wissenschaft, sondern auch das Streben nach akademischem und persönlichem Ruhm. Zudem sah Bacon psychologische Barrieren gegenüber der wissenschaftlichen Forschung, die »Idole«, die er systematisch auflistet. Er unterscheidet »Idole der Gattung« (die Tendenz vorschneller Verallgemeinerung), die »Idole der Höhle« (die Tendenz, die Natur mit vorgefassten Meinungen zu beobachten, statt zu schauen, was wirklich vor sich geht), die »Idole des Marktes« (die Verzerrung der Erfahrung durch gesellschaftliche Konventionen) und die »Idole des Theaters« (der verzerrende Einfluss philosophischer oder wissenschaftlicher Dogmen). Gegen diese Hindernisse, sagt Bacon, muss der Wissenschaftler angehen, wenn er wirklich Wissen erwerben will.

Wissenschaftliche Methode

Fortschritt in den Wissenschaften hängt nach Bacon davon ab, dass es gelingt, Gesetze mit immer höherer Allgemeinheit zu formulieren. Dazu reiche es nicht, zum Beispiel allein aus der Beobachtung, dass ein Metall sich bei Wärme ausdehnt, zu schließen, dass dies für alle Metalle gelte. Vielmehr müsse man nach negativen Beispielen Ausschau halten, in diesem Fall nach Metallen, die sich bei Erwärmung nicht ausdehnen.

Bacons Wissenschaftstheorie, die das Experiment in den Mittelpunkt der Forschung stellt, hatte großen Einfluss. Allerdings wurde ihm auch vorgeworfen, er habe die Bedeutung von Intuition und Einbildungskraft für den wissenschaftlichen Fortschritt vernachlässigt. ▪

» Das bei Weitem beste Beweismittel ist die Erfahrung … «

Francis Bacon
Novum Organum

Francis Bacon

Bacon wurde in London geboren und erhielt Privatunterricht, bevor er als Zwölfjähriger das Trinity College in Cambridge besuchte. Nach dem Abschluss wollte er erst Rechtsanwalt werden, übernahm dann aber eine Stelle als Diplomat in Frankreich. Nach dem Tod des Vaters verarmt, arbeitete er wieder als Jurist in England und wurde dort 1584 ins Parlament gewählt. Seine Freundschaft mit dem des Verrats angeklagten Earl of Essex verhinderte eine politische Karriere, bis Jakob I. 1603 den Thron bestieg. 1618 wurde Bacon zum Lordkanzler ernannt, 1621 wegen angeblicher Bestechlichkeit entlassen. Seinen Lebensabend verbrachte er mit Experimenten und dem Schreiben. Er starb an einer Lungenentzündung, nachdem er, um die Konservierung von Lebensmitteln zu erforschen, ein Huhn mit Schnee ausgestopft hatte.

Hauptwerke

1597 *Essays oder praktische und moralische Ratschläge*
1605 *Über die Würde und den Fortgang der Wissenschaften*
1620 *Novum Organon*
1624 *Nova Atlantis*

DER MENSCH IST EINE MASCHINE

THOMAS HOBBES (1588–1679)

IM KONTEXT

DISZIPLIN
Metaphysik

LEHRE
Physikalismus

FRÜHER
4. Jh. v. Chr. Aristoteles lehnt Platons Dualismus von Seele und Körper ab und erklärt, die Seele sei die Form des Körpers.

1641 René Descartes behauptet in den *Meditationen über die Erste Philosophie*, Geist und Körper seien zwei völlig verschiedene Entitäten.

SPÄTER
1748 Julien Offray de La Mettrie vertritt in *Der Mensch als Maschine* eine mechanistische Sichtweise des Menschen.

1949 Gilbert Ryle hält Descartes' Auffassung, Geist und Körper seien zwei getrennte »Substanzen«, für einen »Kategorienfehler«.

Berühmt wurde Thomas Hobbes durch seine politische Philosophie, aber er hat auch Theorien über das Funktionieren des Weltganzen und lebendiger Körper entwickelt. Viele seiner Ansichten sind umstritten, vor allem sein Physikalismus – die Auffassung, dass allein Körper und deren Bewegung wirklich seien. Jede Bewegung ist Folge einer vorangegangenen: In Hobbes' Weltbild ist kein Raum für übernatürliche Wesenheiten oder Kräfte, nicht für einen unkörperlich existierenden Geist oder diverse Geistwesen. Alle Lebewesen, auch die Menschen, sind für Hobbes nichts anderes als Maschinen aus Fleisch und Blut.

Siehe auch: Aristoteles 56–63 ▪ Francis Bacon 110–111 ▪ René Descartes 116–123 ▪ Julien Offray de la Mettrie 341 ▪ Gilbert Ryle 343

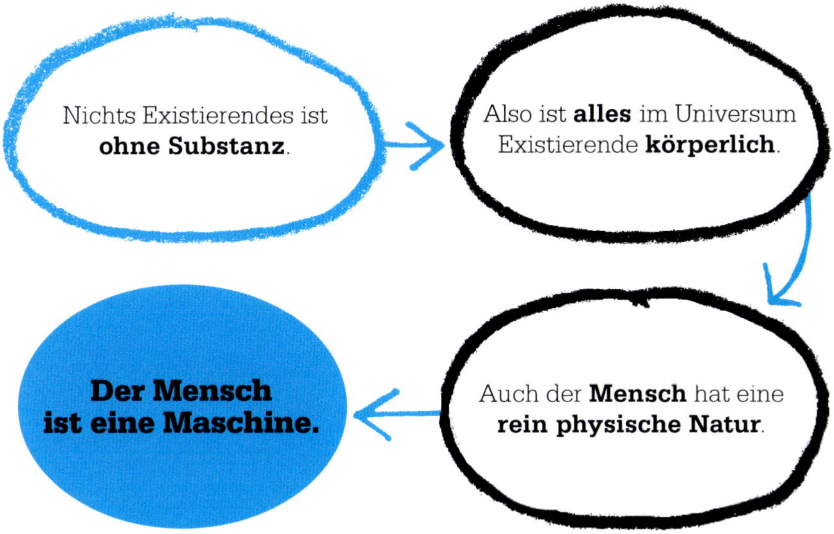

Das Zurückdrängen metaphysischer Vorstellungen und Begriffe lag im Geist seiner Zeit. Nicht nur Hobbes sah, dass die Naturwissenschaften immer mehr und treffendere Erklärungen für Phänomene anboten, die bis dahin widersprüchlich oder dunkel schienen oder falsch verstanden wurden. Hobbes war Galilei begegnet, dem »Vater der modernen Wissenschaft«, und stand in enger Verbindung zu Francis Bacon, der dazu beigetragen hatte, die wissenschaftliche Praxis zu revolutionieren.

Hobbes sah kein besseres Mittel als die Naturwissenschaften und die Mathematik, um der mittelalterlichen Scholastik, die die offenkundigen Widersprüche zwischen Vernunft und Glauben versöhnen wollte, etwas entgegenzusetzen. Wie viele Denker damals glaubte er, für wissenschaftliche Errungenschaften gebe es keine Grenzen und im Prinzip könne jede Frage zum Wesen der Welt wissenschaftlich beantwortet werden.

Hobbes' Theorie

Im dritten Teil des *Leviathan*, seines großen politischen Werkes, heißt es: »Das Universum – das ist die ganze Masse der existierenden Dinge – ist körperlich, das ist Körper.« Und jeder Körper sei ausgedehnt, habe »Länge, Breite und Tiefe«, und »was kein Körper ist, ist nicht Teil des Universums«. Daraus folgt allerdings, dass alles Seiende eine physische Natur hat, nicht, dass wir darum auch alles wahrnehmen könnten. Manche Körper seien nicht wahrnehmbar, auch »

» Denn da das Leben nur eine Bewegung der Glieder ist … «

Thomas Hobbes
Leviathan, Einleitung

Thomas Hobbes

Hobbes wurde als Waise von einem reichen Onkel großgezogen, der für eine gute Ausbildung sorgte. Er studierte in Oxford, bekam eine Stelle als Hauslehrer der Söhne des Earl of Devonshire, mit denen er weite Reisen durch Europa unternahm. Dies gab ihm Gelegenheit, Philosophen und Wissenschaftler wie den italienischen Astronomen Galilei sowie die französischen Philosophen Mersenne, Gassendi und Descartes kennenzulernen. 1640 floh er, um dem englischen Bürgerkrieg zu entgehen, nach Frankreich und lebte dort elf Jahre lang. Sein erstes Buch, *De Cive*, erschien 1642 in Paris. Berühmt wurde er durch seine Untersuchungen zu Moral und Politik und zum Zusammenwirken von Gesellschaft und Staat, die er in *Leviathan* zusammenfasste. Auch als versierter Übersetzer und Mathematiker wurde er anerkannt. Er schrieb bis zu seinem Tod im Alter von 91 Jahren.

Hauptwerke

1642 *Vom Bürger*
1651 *Leviathan*
1656 *Vom Körper*
1658 *Vom Menschen*

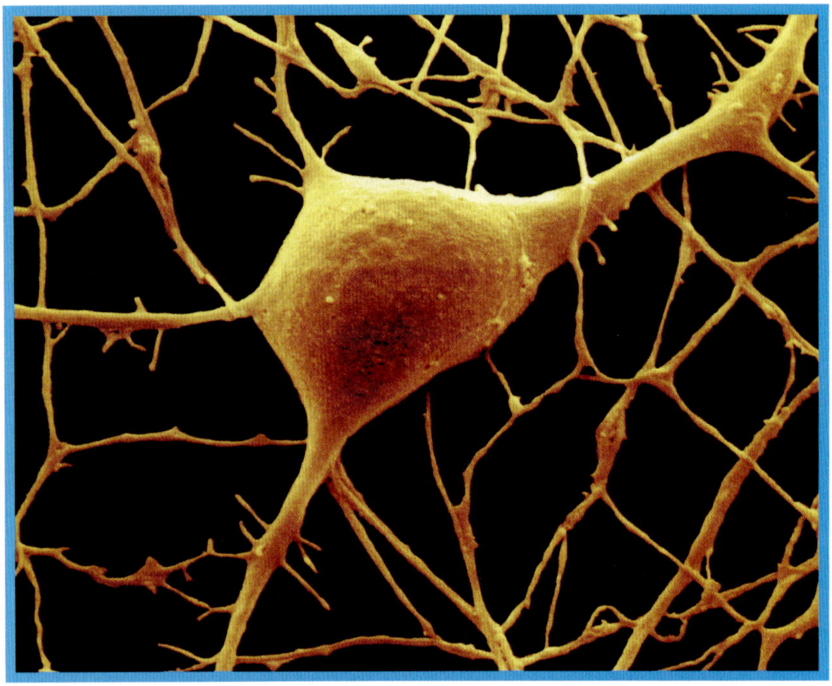

Hobbes vermutete, dass »Geister« die Informationen tragen und übermitteln, die für das Funktionieren des Körpers notwendig sind. Heute wissen wir, dass dies durch elektrische Signale geschieht, die von Neuronen übertragen werden.

wenn sie physischen Raum einnehmen und physikalische Dimensionen haben. Solche Körper nennt er »Geister« *(spirits)*. Manche von ihnen, die er mit einem damals verbreiteten Begriff »Lebensgeister« (*vital* oder *animal spirit*) nannte, versteht er als Auslöser für die meisten Aktionen von Lebewesen, auch jene des Menschen. Durch ihre Bewegung im Körper geben sie die Informationen weiter, die sie haben – etwa so, wie wir uns heute die Aktivität des Nervensystems vorstellen.

Manchmal scheint Hobbes seine Vorstellung körperlicher Lebensgeister auch auf Gott und die Engel zu beziehen. Dann wieder sagt er, Gott allein könne als »unkörperlich« begriffen werden, die anderen Geister dagegen nicht. Gottes Attribute seien in ihrer göttlichen Natur für den Menschen unbegreiflich, daher sei auch der Begriff »unkörperlich« der einzige, der Gottes unerkennbarer Substanz Rechnung trage und »Ihm« gebührende Ehre erweise. Gleichwohl hält er die Frage, ob religiöse Wesen überhaupt existieren oder nicht, für eine Sache des Glaubens und nicht der Wissenschaft: Das Göttliche werde unser Begriffsvermögen stets übersteigen. Alles, was wir über Gott wissen könnten, sei, dass er existiere und die erste Ursache oder der Schöpfer der Welt sei.

Was ist Bewusstsein?

Weil Hobbes annimmt, dass die Menschen rein körperliche Wesen, darum nichts weiter als biologische Maschinen sind, hat er Schwierigkeiten auseinanderzusetzen, wie unsere geistige Natur zu verstehen ist. Er versucht erst gar nicht zu erklären, was wir Geist nennen, sondern gibt nur einige allgemeine und skizzenhafte Hinweise auf später vielleicht mögliche wissenschaftliche Entdeckungen. Selbst dabei zieht er nur geistige Tätigkeiten in Betracht, willkürliche Bewegung etwa, Appetit und Abneigung und andere Phänomene, die sich unter einem mechanistischen Gesichtspunkt untersuchen und erklären lassen. Darüber, was der australische Philosoph David Chalmers »das harte Problem des Bewusstseins« nennt, sagt er nichts. Wie Chalmers zeigen will, können bestimmte Funktionen des Bewusstseins – der Sprachgebrauch und die Informationsverarbeitung etwa – relativ einfach durch die Mechanismen erklärt werden, die diese Funktionen ausführen. Komplizierter sei es schon zu erklären, was es mit subjektiven Erfahrungen, die wir in der ersten Person machen, auf sich hat, sie jedenfalls lassen sich nicht von einer physischen Position aus klären. Dass ein Unterschied besteht zwischen Gegenständen der Naturwissenschaften und denen bewusster Erfahrung ist Hobbes entgangen. Auch seine Überzeugung, dass alles in der Welt, auch der Mensch, rein kör-

» Denn was ist das Herz, wenn nicht eine Feder, was sind Nerven, wenn nicht viele Stränge, und was die Gelenke, wenn nicht viele Räder, die den ganzen Körper so in Bewegung setzen. «

Thomas Hobbes
Leviathan, Einleitung

perlich sei, begründet Hobbes nicht wirklich. Offenbar hat er auch nicht gesehen, dass sich mit seinen Gründen für die Existenz nicht wahrnehmbarer materieller Geister auch die Existenz nicht materieller Substanzen erklären ließen. Die meisten Menschen stellen sich etwas, das sinnlich nicht wahrnehmbar ist, als etwas Geistiges vor, jedenfalls als etwas Immaterielles. Und da Hobbes' materielle Geister nur dieselben Eigenschaften besitzen können wie andere körperliche Dinge, geben sie keinen Anhaltspunkt zur Erklärung der geistigen Natur des Menschen.

Descartes' Dualismus

Hobbes setzte sich auch damit auseinander, wie Descartes 1641 in den *Meditationen* das Verhältnis von Geist und Körper darlegt. Descartes tritt für eine »Realdistinktion« zwischen Geist und Körper ein: Seiner Meinung nach sind sie absolut verschiedene Substanzen. Auf diesen strikten Dualismus geht Hobbes in seiner Kritik an Descartes zunächst nicht ein, das geschieht erst 14 Jahre später, in einer Passage von *De Corpore*. Doch scheint er Descartes' Argument nicht richtig verstanden zu haben. Die Auffassung, Geist und Körper seien zwei verschiedene Substanzen, lehnt er ab. Seine Begründung: Descartes habe so, wie er den Ausdruck »körperlose Substanz« (für das »denkende Ding«) verwende, ein Beispiel für eine leere, bedeutungslose Redeweise gegeben. Descartes könne damit nichts anderes gemeint haben als »einen Körper ohne einen Körper«, was offensichtlich Unsinn ist. Doch sollten wir diese Kritik auf dem Hintergrund von Hobbes' eigener These sehen, nach der alle Substanzen Körper sind. Was Hobbes als Begründung seiner Position betrachtet: dass es einen unkörperlichen Geist nicht geben könne, basiert auf der Annahme (die Hobbes nicht überzeugend begründet), dass nur Körper Substanz haben und es, umgekehrt, unkörperliche Entitäten nicht geben könne.

Ein schlichtes Vorurteil

Unklar bleibt, was Hobbes in seiner Definition der vitalen Geister mit »physisch« oder »körperlich« meint. Sollte es einfach nur ein Etwas mit drei räumlichen Dimensionen sein, dann hätte er damit vieles von dem ausgeschlossen, was wir – am Anfang des 21. Jahrhunderts – als »physisch« betrachten, die subatomare Welt etwa. Weil er seinen Schlüsselbegriff nicht wirklich darlegt, erscheint seine Hauptthese, alles könne mit physikalischen Begriffen erklärt werden, weniger wie ein wissenschaftlicher Grundsatz, sondern eher wie ein unwissenschaftliches – und unphilosophisches – Vorurteil wider den Begriff des Geistes. Doch seine mechanistische Welterklärung passte gut in ein Zeitalter, das die traditionellen Ansichten über die Natur des Menschen und die gesellschaftliche Ordnung in Frage stellte. Es war diese Revolution des Denkens, die das Fundament für unsere moderne Welt legte. ■

» … außer Empfindung, Gedanken und Gedankengang kennt der menschliche Geist keine Bewegung. «

Thomas Hobbes
Leviathan

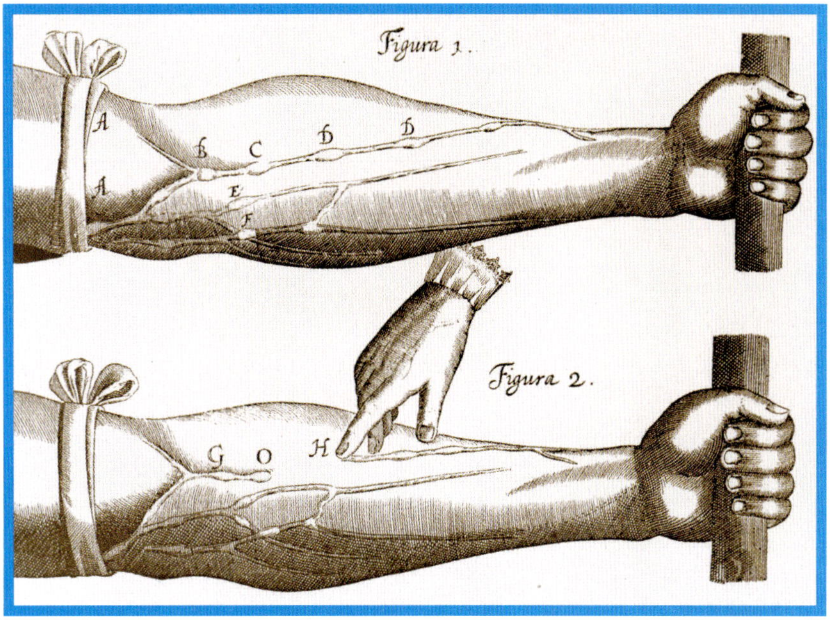

Während Hobbes seine mechanistischen Anschauungen formulierte, erforschten Wissenschaftler wie der Arzt William Harvey die Funktionsweise des menschlichen Körpers mithilfe empirischer Techniken.

ICH DENKE, ALSO BIN ICH

RENÉ DESCARTES (1596–1650)

IM KONTEXT

DISZIPLIN
Epistemologie

LEHRE
Rationalismus

FRÜHER
4. Jh. v. Chr. Nach Aristoteles sind wir uns bei unseren Handlungen – u. a. dem Denken –, bewusst, dass wir sie durchführen, und auf diese Weise sind wir uns bewusst, dass wir sind.

um 420 n. Chr. Augustinus schreibt im *Gottesstaat*, er sei sicher, dass er existiere, denn selbst wenn er Unrecht hätte, würde auch das seine Existenz beweisen. Auch um sich zu täuschen oder getäuscht zu werden, müsse man existieren.

SPÄTER
1781 In der *Kritik der reinen Vernunft* argumentiert Kant gegen Descartes, übernimmt aber die Erste Gewissheit – »Ich denke, also bin ich« – als Kern und Ausgangspunkt seiner idealistischen Philosophie.

René Descartes lebte Anfang des 17. Jahrhunderts, im Zeitalter der sogenannten wissenschaftlichen Revolution. Der britische Naturforscher und Philosoph Francis Bacon hatte eine neue Methode zur Durchführung wissenschaftlicher Experimente entwickelt, die mit genauer Beobachtung und deduktiver Logik einen neuen Forschungsansatz bot. Er hoffte, Wissenschaft damit zum Instrument des menschlichen Fortschritts machen zu können. Descartes teilte Bacons Begeisterung und Optimismus, aber aus anderen Gründen. Bacon betrachtete die praktische Anwendung wissenschaftlicher Entdeckungen als deren einzigen Zweck. Descartes dagegen hoffte, dass sie mit unserem Verständnis der Welt auch unser Selbstverständnis erweitere. In der vorangegangenen Epoche der Renaissance hatte man die Möglichkeiten wahrer Erkenntnis eher skeptisch betrachtet und diese Einstellung war auch zu Descartes' Zeit noch lebendig. Hinter dem »Projekt reiner Forschung«, wie sein Werk auch bezeichnet wird, steckte der Wunsch, die Naturwissenschaften durch den richtigen Gebrauch der Vernunft ein für alle Mal vom Makel des Skeptizismus zu befreien.

In den *Meditationen über die Grundlagen der Philosophie*, Descartes' grundlegendem Werk zu Metaphysik (dem Studium von Sein und Wirklichkeit) und Erkenntnistheorie (dem Studium der Natur und der Grenzen des Wissens) sucht er die Möglichkeit von Erkenntnis und Wissen zu beweisen, indem er vom

Descartes' Buch *De Homine Figuris* behandelt die biologischen Erkenntnisursachen. Er sieht in der Zirbeldrüse die Verbindung zwischen Vorstellungsvermögen und bewusstem Handeln.

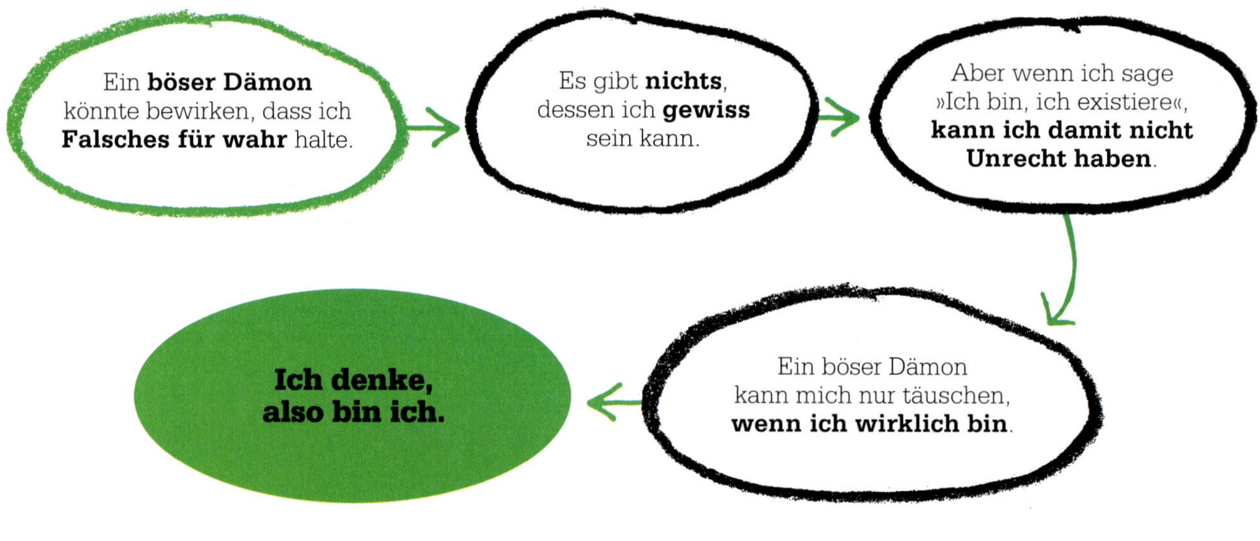

Siehe auch: Aristoteles 56–63 ▪ Augustinus von Hippo 72–73 ▪ Thomas Hobbes 112–115 ▪ Blaise Pascal 124–125 ▪ Baruch de Spinoza 126–129 ▪ John Locke 130–133 ▪ Gottfried Wilhelm Leibniz 134–137 ▪ Immanuel Kant 164–171

größtmöglichen Zweifel ausgeht. Nichts will er gelten lassen außer dem, was er bei jedem Schritt seines Denkens sicher wissen kann, um so zu einer stabilen Grundlage der Wissenschaft zu gelangen.

Die *Meditationen* sind in der ersten Person geschrieben – »ich denke …« –, weil Descartes den Leser mitnehmen will auf den Weg, den er selbst beschritten hat. Er bringt ihn dazu, den Standpunkt des Meditierenden einzunehmen, die Dinge zu durchdenken und die Wahrheit zu entdecken, wie er selbst es getan hat. Diese Vorgehensweise erinnert an die sokratische Methode: Der Philosoph liefert kein abgepacktes Wissen zum Mitnehmen, sondern hinterfragt Schritt für Schritt eine Meinung.

Die Welt als Illusion?

Um seinen Überzeugungen Stabilität und Dauer – zwei wichtige Kennzeichen echter Erkenntnis – zu verleihen, nutzt Descartes den »methodischen Zweifel«. Er schließt alle Überzeugungen und Vorstellungen aus, deren Wahrheit zweifelhaft ist. Er will zeigen, dass wir, auch wenn wir mit konsequenter Skepsis alles bezweifeln, dennoch zu wahrer Erkenntnis gelangen können. Der Zweifel wird hier »hyperbolisch« (übertrieben) gebraucht und nur als philosophisches Werkzeug benutzt.

Wie können wir sicher sein, dass irgendetwas existiert? Könnte es nicht sein, dass die Welt, die wir kennen, nur eine Illusion ist? Unseren Sinnen können wir nicht trauen, sie haben uns oft getäuscht und werden uns weiterhin täuschen, sie können jedenfalls kein sicheres und verlässliches Fundament des Wissens geben. Vielleicht träumen wir ja, sagt Descartes, und die scheinbar so wirkliche, existierende Welt ist nichts weiter als eine Traumwelt. Das ist seiner Ansicht nach insofern möglich, als zwischen Wachsein und Schlaf nicht eindeutig zu unterscheiden ist. Vielleicht aber gibt es noch andere Wahrheiten, zum Beispiel mathematische Axiome, die sicher erkannt werden können, wenn auch nicht durch die Sinne. Doch nicht einmal diese »Wahrheiten« sind unbedingt und zweifelsfrei wahr, der allmächtige Gott könnte uns auch auf dieser Ebene täuschen. »

> »Um die Wahrheit zu finden, muss einmal im Leben an allem, soweit es möglich ist, gezweifelt werden.«
>
> **René Descartes**
> *Die Prinzipien der Philosophie*

In einer optischen Täuschung nehmen wir diese parallelen Linien als gekrümmte wahr. Daher müssen wir, so Descartes, nichts als wahr oder gegeben hinnehmen und alle vorgefertigten Meinungen aufgeben, um zu wirklicher Erkenntnis zu gelangen.

Auch ein mächtiger Dämon kann mich nicht dazu bringen, meine Existenz zu bezweifeln. Gelingt es ihm, ist selbst mein Zweifeln der Beweis für die Richtigkeit meiner Annahme.

> »So will ich denn annehmen … dass irgendein böser Geist, der zugleich höchst mächtig und verschlagen ist, allen seinen Fleiß daran gewandt hat, mich zu täuschen.«
>
> **René Descartes**
> *Meditationen*

Selbst wenn wir glauben, Gott sei gut, könnte er uns so geschaffen haben, dass wir zu Irrtümern neigen. Vielleicht gibt es ja auch keinen Gott – dann wären wir noch unvollkommenere Wesen, nicht geschaffen, sondern nur zufällig entstanden und jeden Augenblick zu täuschen.

Mit diesem radikalen Zweifeln erreicht Descartes eine Position, an der ihm nichts mehr bleibt, dessen er sicher sein kann. Doch bedient er sich eines weiteren wirksamen Instruments, um nicht in vorgefasste Meinungen zurückzufallen: Er nimmt an, es gebe einen mächtigen bösen Dämon, der ihn über alles täuschen kann. Bei jedem Schritt seines Denkens muss er sich fragen: Kann der Dämon mich veranlassen, etwas zu glauben, selbst wenn es falsch ist? Lautet die Antwort Ja, muss er weiter zweifeln.

Nun sieht es endgültig so aus, als habe sich Descartes in eine aussichtslose Lage manövriert – alles ist zu bezweifeln, er hat keinen festen Boden mehr unter den Füßen, fühlt sich wie in einem Strudel hilflos hin- und hergeworfen. Seine Skepsis scheint es ihm unmöglich gemacht zu haben, seine Reise zu Erkenntnis und Wahrheit auch nur zu beginnen.

Erste Gewissheit

An diesem Punkt aber stößt Descartes darauf, dass eines unbezweifelbar bleibt, nämlich dass er, der da denkt und zweifelt, existiert. Wir alle können denken und darum sagen: »Ich bin, ich existiere«, und indem wir das denken oder sagen, können wir uns darüber nicht täuschen. Auch der Dämon kann uns nur einreden, dass wir sind, wenn wir wirklich existieren. Wie können wir unsere Existenz in Zweifel ziehen, wo wir doch zweifeln können? Dieses Axiom – »Ich bin, ich existiere« – ist Descartes' Erste Gewissheit. In seinem früheren Werk *Abhandlung über die Methode* präsentierte er sie mit den Worten: »Ich denke, also bin ich.« In den *Meditationen* jedoch hat er diese Formulierung aufgegeben, weil das »also« wie eine Voraussetzung verstanden werden kann, die zugleich Schlussfolgerung ist. Wenn der Leser – das meditierende »Ich« – weiß, dass er existiert, wenn und solange er denkt, dann, so Descartes, weiß er auch, dass diese Annahme stimmt. Ihre Wahrheit leuchtet spontan ein. Die Feststellung »Ich bin« ist eine intuitiv-unmittelbare Erfahrung, keine logische Schlussfolgerung.

Trotz Descartes' Bemühung, seine Position präziser zu formulieren, war die ältere Formulierung so eingängig, dass sie sich festsetzte. Bis heute gilt das »Cogito«

»Und so komme ich … schließlich zu dem Beschluss, dass dieser Satz ›Ich bin, ich existiere‹, so oft ich ihn ausspreche oder in Gedanken fasse, notwendig wahr ist.«

René Descartes
Meditationen

des lateinischen *Cogito ergo sum*, des »Ich denke, *also* bin ich« die Erste Gewissheit. Schon Augustinus hatte, in *Der Gottesstaat*, ein ähnliches Argument gebraucht, das er mit den Worten »Auch wenn ich getäuscht werde, bin ich« formulierte – das heißt: Er kann nur dann getäuscht werden, wenn er existiert. Augustinus führte dieses Argument aber nicht weiter aus, jedenfalls nicht bis zum Punkt von Descartes.

Was aber nützt diese einzige Überzeugung? Um hier weiterzukommen, wäre die einfachste logische Vorgehensweise ein Syllogismus mit zwei Voraussetzungen und einer Schlussfolgerung, zum Beispiel: Alle Vögel haben Flügel, ein Rotkehlchen ist ein Vogel, daher haben alle Rotkehlchen Flügel. Aber wir haben nur einen Gedanken, dessen wir sicher sein können. Also kommen wir so nicht weiter. Doch Descartes suchte gar keine Schlussfolgerungen dieser Art, er wollte das Wissen nicht – nach Art der Scholastik – deduzieren. Eher hielt er es mit Archimedes, der nach einem festen Punkt suchte, um die Welt aus den Angeln zu heben. Die Gewissheit zu existieren war dieser Punkt, von dem aus er sich aus dem Strudel des Zweifels retten kann, festen Boden unter die Füße bekommen und von der Skepsis zur Wahrheit gelangen wird. Das ist für sein Forschungsprojekt von zentraler Bedeutung, die Grundlage seiner Erkenntnistheorie aber ist es nicht.

Was ist dieses »Ich«?

Die Erste Gewissheit soll unserer Erkenntnis einen festen Grund verschaffen. Und im nächsten Schritt fragt Descartes, ob wir nicht auch über diese Gewissheit selbst etwas wissen können. Die Erkenntnis, dass ich denke, sagt er, ist eng verbunden mit der Erkenntnis, dass ich existiere. Daher kann ich vernünftigerweise auch das »Denken« nicht bezweifeln, denn Zweifeln ist eine Art Denken. Auch wenn ich zweifle, denke ich. Descartes weiß also, dass er ist und dass er denkt, und damit weiß er – und mit ihm jeder andere Meditierende – auch, dass er ein »denkendes Ding« *(res cogitans)* ist.

Aus dieser Ersten Gewissheit aber, darauf besteht Descartes, sind keine weiteren Schlüsse zu ziehen. Er darf nicht einmal sagen, dass er nur und ausschließlich denkendes »

Die einzige Frage, die Descartes mit seinem methodischen Zweifel definitiv beantworten kann, ist die, ob er denkt. Die Existenz seines Körpers oder der Außenwelt kann er damit nicht beweisen.

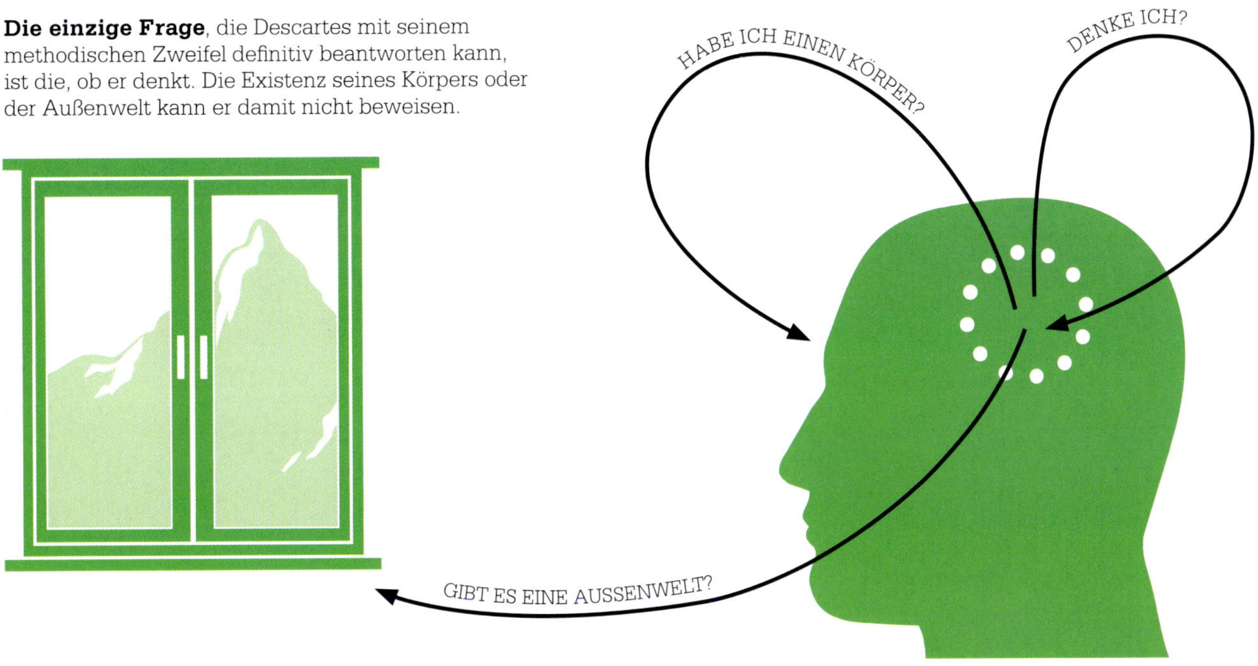

» Wenn jemand sagt, ›Ich denke, also bin ich oder existiere ich‹, so leitet er nicht die Erkenntnis aus dem Denken … ab, sondern erkennt etwas ›durch sich selbst Bekanntes‹ durch einen einfachen Einblick des Geistes. «

René Descartes
Meditationen

Ding – Geist – ist, denn er kann (noch) nicht wissen, was er darüber hinaus ist. Er könnte ein Körper sein, der denken kann, vielleicht auch etwas ganz anderes, von dem er sich noch keine Vorstellung gemacht hat. Auf diesem Stand seiner Meditation weiß Descartes nur, dass er ein »denkendes Ding« ist. Später, in der *Sechsten Meditation*, stellt er die These auf, dass Geist und Körper zwei verschiedene Arten von Dingen sind – absolut unterschiedliche Substanzen –, noch aber ist er nicht so weit.

Zweifel an Descartes

Diese Erste Gewissheit hat Descartes viel Kritik von Autoren eingebracht, die seinen Weg über den Zweifel für gänzlich verfehlt halten. Ein Haupteinwand bezieht sich auf den Gebrauch des Begriffs »Ich« in »Ich bin, ich existiere«. Mag sein, dass das Denken nicht zu bezweifeln ist, aber woher will Descartes wissen, dass es einen »Denkenden« gibt – ein einzelnes Bewusstsein, das denkt? Was rechtfertigt seine Behauptung, dass außer dem Denken selbst noch etwas existiert? Gegenfrage: Wäre die Vorstellung sinnvoll, dass es ohne jemanden, der denkt, Gedanken gibt?

Für sich bestehende, gleichwohl zusammenhängende Gedanken sind, so Descartes, unvorstellbar. Denn wenn es Gedanken ohne Denkende gäbe, verlöre auch Descartes' Gewissheit, dass er existiert, ihren Grund. Es gäbe keine Erste Gewissheit. Die Existenz allein von Gedanken verschafft keinen festen Boden.

Ohne jemanden, der denkt, wäre Denken unmöglich. Denn Denken heißt, Ideen auf besondere Weise miteinander zu verknüpfen. Dächte zum Beispiel Hans: »Alle Menschen sind sterblich«, und Hanna: »Sokrates ist ein Mensch«, könnte keiner von beiden daraus einen Schluss ziehen. Denkt aber Paula beides, kann sie schlussfolgern: »Also ist Sokrates ein Mensch«. Würden die Denkinhalte »Alle Menschen sind sterblich« und »Sokrates ist ein Mensch« frei umherschweben, dann wäre es, als seien sie auf zwei verschiedene Personen verteilt. Damit es so etwas wie Denken und Schlussfolgern geben kann, muss es ein »Ich denke« geben, das diese Denkinhalte aufeinander bezieht und in der richtigen Weise miteinander verbindet. Gedanken müssen in Beziehung stehen zu einem Denkenden, zu nichts anderem (nicht zu einem Ort, auch nicht zu einer Zeit). Und weil logisches Denken, wie Descartes weiß, möglich ist, kann er schließen, dass es jemanden gibt, der denkt.

Einige moderne Philosophen haben bestritten, dass die Gewissheit des »Ich bin« leistet, was Descartes von ihr erwartet. Das »Ich bin«, sagen sie, sei inhaltsleer, der Satz beziehe sich nur auf sein Subjekt, sage aber nichts darüber aus. Deshalb könne aus dem Satz nichts folgen und Descartes' Projekt sei von Anfang an zum Scheitern

René Descartes

Descartes wurde bei Tours in Frankreich geboren. Er besuchte das Jesuitenkolleg La Flèche, wo er, weil er häufig krank war, morgens länger im Bett bleiben durfte. Mit 16 begann er Mathematik zu studieren, unterbrach die Studien jedoch und nahm vier Jahre als Freiwilliger am Dreißigjährigen Krieg teil. In dieser Zeit entdeckte er seine Berufung zur Philosophie. Er quittierte den Dienst, ging nach Paris, später nach Holland, wo er den größten Teil seines restlichen Lebens verbrachte. 1649 lud Königin Christina von Schweden ihn dazu ein, mit ihr über Philosophie zu diskutieren. Sie erwartete, dass er den Tag früh begann. Er bekam jedoch eine Lungenentzündung, die er der ungewohnten Lebensführung und dem schwedischen Klima zuschrieb und an der er 1650 starb.

Hauptwerke

1637 *Abhandlung über die Methode*
1641 *Meditationen über die Erste Philosophie*
1644 *Die Prinzipien der Philosophie*
1662 *Über den Menschen*

verurteilt. Doch dieser Einwand trifft nicht, was Descartes zeigen will. Er sieht die Erste Gewissheit nicht als Voraussetzung, aus der er weitere Erkenntnisse ableiten will – alles, was er braucht, ist ein Selbst, auf das er verweisen kann. Wenn das »Ich bin« auf den Meditierenden verweist, kann dieser dem Strudel des universellen Zweifels entkommen.

Existiert, wer oder was denkt?

Der Vorwurf, Descartes schließe vom Denken auf das Sein, beruht auf einem Missverständnis. Er will keinen logischen, sondern einen intuitiven Zusammenhang zwischen Denken und Sein herstellen. Aber warum? Was wäre an der logischen Verknüpfung falsch? Offensichtlich fehlt der Schlussfolgerung »Ich denke, *also* bin ich« eine zweite Voraussetzung, zum Beispiel der Satz: »Alles, was denkt, existiert«, womit sie keine Schlussfolgerung wäre. Es kommt vor, dass sich eine Voraussetzung von selbst versteht und im Schluss nicht ausdrücklich genannt, sondern unterdrückt wird. Einige Kritiker aber werfen Descartes vor, seine »stillschweigende« Voraussetzung sei alles andere als selbstverständlich. Auch Hamlet habe viel gedacht, dennoch existiere er nicht – es sei also unwahr, dass alles, was denkt, auch existiert.

Dagegen ließe sich sagen, Hamlet denkt in der fiktionalen Welt eines Theaterstücks und dort existiert er auch, sein Denken und Sein finden in derselben Welt statt. Das, könnte nun Descartes' Kritiker antworten, sei genau der Punkt: Wenn jemand sage, Hamlet denkt – und nicht mehr –, dann können wir nicht sicher sein, dass er in der realen Welt existiert. Es müsse eigens gesagt werden, dass er genau dort denkt. Zu wissen, dass etwas oder jemand denkt, jedenfalls reicht nicht aus, um dessen Realität in dieser Welt zu beweisen.

Die Antwort auf dieses Dilemma liegt im Modus der ersten Person, in dem die *Meditationen* gehalten sind: Ich kann mir im Unklaren sein, ob Hamlet denkt und also auch existiert, aber ich kann mir, wenn ich denke, nicht unsicher über mich selbst sein.

> » [Wir müssen,] bevor wir uns an die Erkenntnis im Einzelnen machen, einmal im Leben sorgfältig untersucht haben, welcher Erkenntnisse die menschliche Vernunft denn eigentlich fähig ist. «
>
> **René Descartes**
> *Regeln zur Ausrichtung der Erkenntniskraft*

Moderne Philosophie

Im »Vorwort« zu den *Meditationen* sagt Descartes treffend voraus, dass Leser, die sich »um die Anordnung und die Verknüpfung meiner Gründe nicht kümmern«, stattdessen aber »einzelne Sätze bemäkeln«, aus »dieser Schrift keinen großen Nutzen ziehen« werden. Zugleich sagt er: »Ich erwarte weder den Beifall der Menge noch eine große Zahl von Lesern« – mit dieser Bemerkung allerdings hat er sich geirrt. Er gilt als Begründer der neuzeitlich-modernen Philosophie, der er eine so sichere Grundlage geben wollte, wie sie die Mathematik besaß, ohne auf irgendein Dogma, auf irgendeine Autorität zurückzugreifen, und wollte unserem Wissen damit eine feste, rationale Basis schaffen. Auch mit der These, dass Körper und Geist unterschiedliche Substanzen sind – die eine materiell, die andere immateriell –, dass beide gleichwohl aufeinander einwirken können, wird sein Name verbunden. Diese Unterscheidung, die er in der *Sechsten Meditation* erläutert, wurde als cartesianischer Dualismus bekannt.

Sein wohl bedeutendstes Vermächtnis sind die Strenge seiner Gedankenführung und seine Ablehnung jeder Art von äußerer Autorität in Philosophie und Wissenschaft. Die Jahrhunderte nach seinem Tod wurden von Philosophen wie Hobbes, Spinoza oder Leibniz beherrscht, die entweder seine Ideen weiterentwickelten oder ihre Hauptaufgabe darin sahen, sie zu widerlegen. ■

Der Geist-Körper-Dualismus lässt die Frage offen: Wenn alles, was wir von uns sehen können, unser Körper ist, wie können wir dann beweisen, dass ein Roboter kein Bewusstsein hat?

EINBILDUNG ENTSCHEIDET ALLES

BLAISE PASCAL (1623–1662)

IM KONTEXT

DISZIPLIN
Philosophie des Bewusstseins

LEHRE
Voluntarismus

FRÜHER
um 350 v. Chr. Die Vorstellung, lehrt Aristoteles, ist der Vorgang, durch den uns ein inneres Bild präsentiert wird: »Die Seele denkt niemals ohne Vorstellungen.«

1641 Descartes sagt, ein Philosoph müsse seine Vorstellungskraft schulen, um Wissen zu erwerben.

SPÄTER
1740 In *Abhandlung über die menschliche Natur* schreibt Hume: »Nichts, was wir uns vorstellen, ist völlig unmöglich.«

1787 Nach Kant synthetisieren wir das Material der Erfahrung durch die »produktive Einbildungskraft« zu Anschauungsbildern, die dann zu Begriffen und Urteilen verknüpft werden.

Imagination ist eine **mächtige Kraft** in den Menschen.

↓

Sie kann die **Vernunft ausschalten**.

↓

Sie kann sowohl zur **Wahrheit** als auch zur **Unwahrheit** führen.

↓

Wir können Schönheit, Gerechtigkeit oder Glück sehen, **wo es sie gar nicht gibt**.

↓

Einbildung führt uns in die Irre.

Pascals bekannteste Schrift, die erst nach seinem Tod veröffentlichten *Pensées sur la religion*, ist eine Sammlung von Gedanken, Fragmenten und Notizen, aus denen eine Apologie der Religion entstehen sollte. Er richtete sich darin vor allem an die von ihm sogenannten *libertins*, Exkatholiken, die sich in einem freigeistigen, von Autoren wie Montaigne inspirierten Denken von der Religion abgewandt hatten. In einem der Fragmente untersucht Pascal die Einbildungskraft, »Phantasie und Meinung«, jene »Meisterin des Irrtums«, wobei er seine Überlegungen nicht argumentierend, eher in rhapsodischer Dichtung vorträgt.

Einbildung sei die mächtigste Kraft im Menschen und eine der Hauptquellen des Irrtums. Denn sie bringe uns zum Beispiel dazu, anderen ohne Rücksicht auf das, was die Vernunft rät, zu vertrauen. Weil sich zum Beispiel Ärzte oder Rechtsanwälte auf besondere Art kleiden, sind wir geneigt, größeres Vertrauen in sie zu setzen. Umgekehrt geben wir nicht viel auf Leute, die schäbig gekleidet herumlaufen, selbst wenn ihre Rede vernünftig ist. Und, um alles noch schlimmer zu machen, führt uns die Einbil-

Siehe auch: Aristoteles 56–63 ▪ Michel de Montaigne 108–109 ▪ René Descartes 116–123 ▪ David Hume 148–153 ▪ Immanuel Kant 164–171

dung nicht immer in die Irre. Wären unsere Einbildungen immer falsch, könnten sie »die untrügliche Regel der Wahrheit sein«, indem wir einfach ihre Negation akzeptieren.

Am Ende des Fragments (I, 6.3) heißt es: »Die Meinung … macht die Schönheit, das Recht und das Glück, was die Welt ihr Alles nennt.« Das könnte als Lob der Einbildungskraft gelesen werden, doch ist, wie der Zusammenhang zeigt, das Gegenteil gemeint. Weil uns die Einbildung zumeist in die Irre führt, werden Schönheit, Gerechtigkeit und Glück, die sie uns vorstellt, in der Regel falsch sein. Das und vor allem Pascals Betonung der Vernunft, die Menschen zum Glauben zu führen vermöge, zeigt, was er den *libertins* vor Augen halten will: Ein dem Vergnügen gewidmetes Leben, wie sie es gewählt haben, ist nicht das, wofür sie es halten. Gerade wo sie sich auf dem Weg der Vernunft wähnen, führt die Einbildungskraft sie in die Irre.

» Der Mensch ist nur ein Schilfrohr, das schwächste der Natur; aber er ist ein denkendes Schilfrohr. «

Blaise Pascal
Pensées

Pascalsche Wette

Das ist der Hintergrund für eines der ausführlichsten Argumente in den *Pensées*, das als Pascalsche Wette bekannt wurde (II, 3.5). Er hat sie erdacht, um den *libertins* einen Grund dafür zu geben, in die Kirche zurückzukehren, und sie ist ein gutes Beispiel für den »Voluntarismus«, die Vorstellung, Glauben sei eine Sache der Entscheidung. Pascal akzeptiert, dass es unmöglich ist, rationale Gründe für den Glauben anzuführen, nennt aber Gründe, aus denen es wünschenswert sei zu glauben. Sein Argument ist eine Rechnung über Gewinne und Verluste, die einer Wette auf die Existenz Gottes entspringen könnten: »Wir wollen Gewinn und Verlust abwägen, setze du aufs Glauben, wenn du gewinnst, gewinnst du alles, wenn du verlierst, verlierst du nichts.« So betrachtet ist es in der Tat vernünftiger, an (einen) Gott zu glauben. ■

Nach Pascal verführt uns unsere Einbildungskraft immer wieder zu falschen Urteilen – auch zu solchen über Menschen allein nach ihrer Art sich zu kleiden.

Blaise Pascal

Pascal wurde in Clermont-Ferrand geboren. Sein Vater, ein Regierungsbeamter mit lebhaftem Interesse an Wissenschaft und Mathematik, übernahm den Unterricht für Pascal und seine beiden Schwestern selbst. Mit 16 Jahren verfasste Pascal die ersten mathematischen Thesen, mit 18 erfand er eine Rechenmaschine. Später korrespondierte er mit dem berühmten Mathematiker Pierre Fermat, mit dem er die Grundlagen der Wahrscheinlichkeitsrechnung legte. Ein mystisches Erlebnis brachte ihn in die Nähe des Jansenismus. Er zog sich daraufhin aus dem mondänen Leben zurück und begann an den *Pensées sur la religion* zu arbeiten. 1660 gründete er das erste Nahverkehrsunternehmen, die »5-Sous-Kutschen« in Paris; die Gewinne gingen an die Armen. Gegen Ende seines Lebens wandte er sich wieder der katholischen Kirche zu. Er starb 1662 nach längerer Krankheit, mit nur 39 Jahren.

Hauptwerke

1657 *Lettres Provinciales* (Verteidigung des Jansenismus)
1670 *Pensées sur la religion*

GOTT IST URSACHE VON ALLEM, WAS IN IHM IST

BARUCH DE SPINOZA (1632–1677)

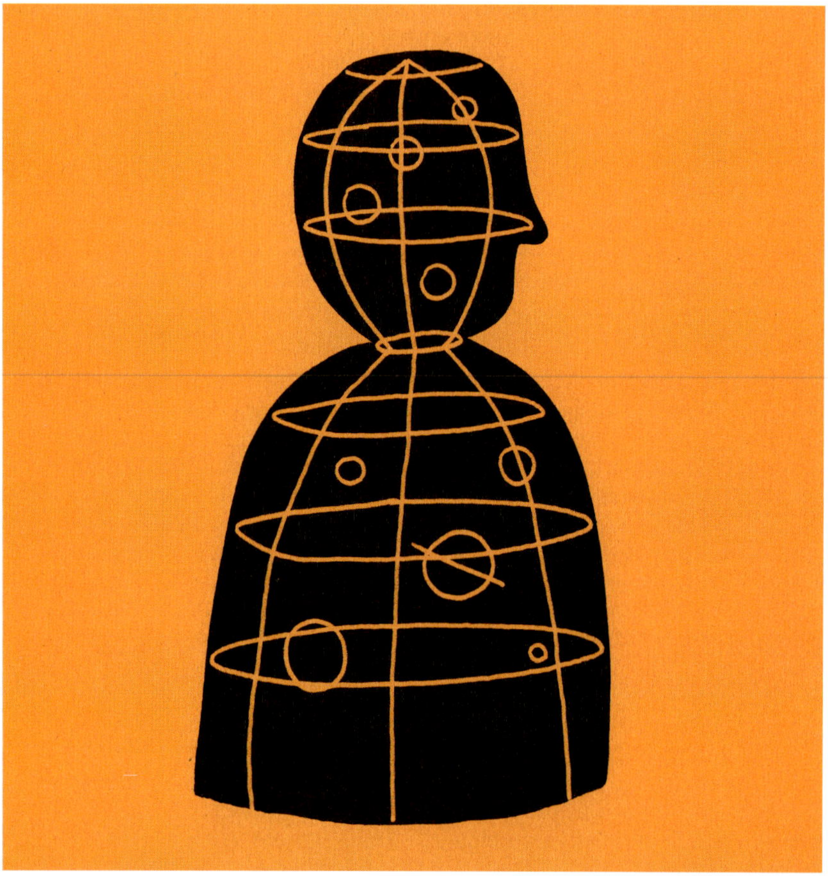

IM KONTEXT

DISZIPLIN
Metaphysik

LEHRE
Monismus

FRÜHER
um 1190 Der jüdische Philosoph Moses Maimonides entwickelt eine entmythologisierte Version der Religion, die Spinoza inspirieren wird.

16. Jh. Der italienische Philosoph Giordano Bruno vertritt eine pantheistische Auffassung.

1641 René Descartes veröffentlicht die *Meditationen*, die Spinoza ebenfalls beeinflusst haben.

SPÄTER
Ende 20. Jh. Die Philosophen Stuart Hampshire, Donald Davidson und Thomas Nagel verfolgen mit der Philosophie des Geistes Ansätze, die Spinozas monistischem Denken verwandt sind.

In den meisten Philosophien des 17. Jahrhunderts steht der Begriff der »Substanz« im Mittelpunkt, so auch bei Spinoza. Mit dem Begriff befasste sich bereits Aristoteles eingehend. Wie, fragte er, kann ein Objekt dasselbe bleiben, wenn es sich verändert? Wachs zum Beispiel kann schmelzen, ändert Form, Größe, Farbe, Geruch und Struktur und bleibt doch »Wachs«. Worauf beziehen wir uns, wenn wir von »Wachs« sprechen? Es muss hinter dem für uns wahrnehmbaren, sich verändernden Ding etwas Unveränderliches geben und für Aristoteles ist dies die »Substanz« (des Wachses). Substanz also ist alles, was Eigenschaf-

Siehe auch: Aristoteles 56–63 ▪ Moses Maimonides 84–85 ▪ René Descartes 116–123 ▪ Donald Davidson 344

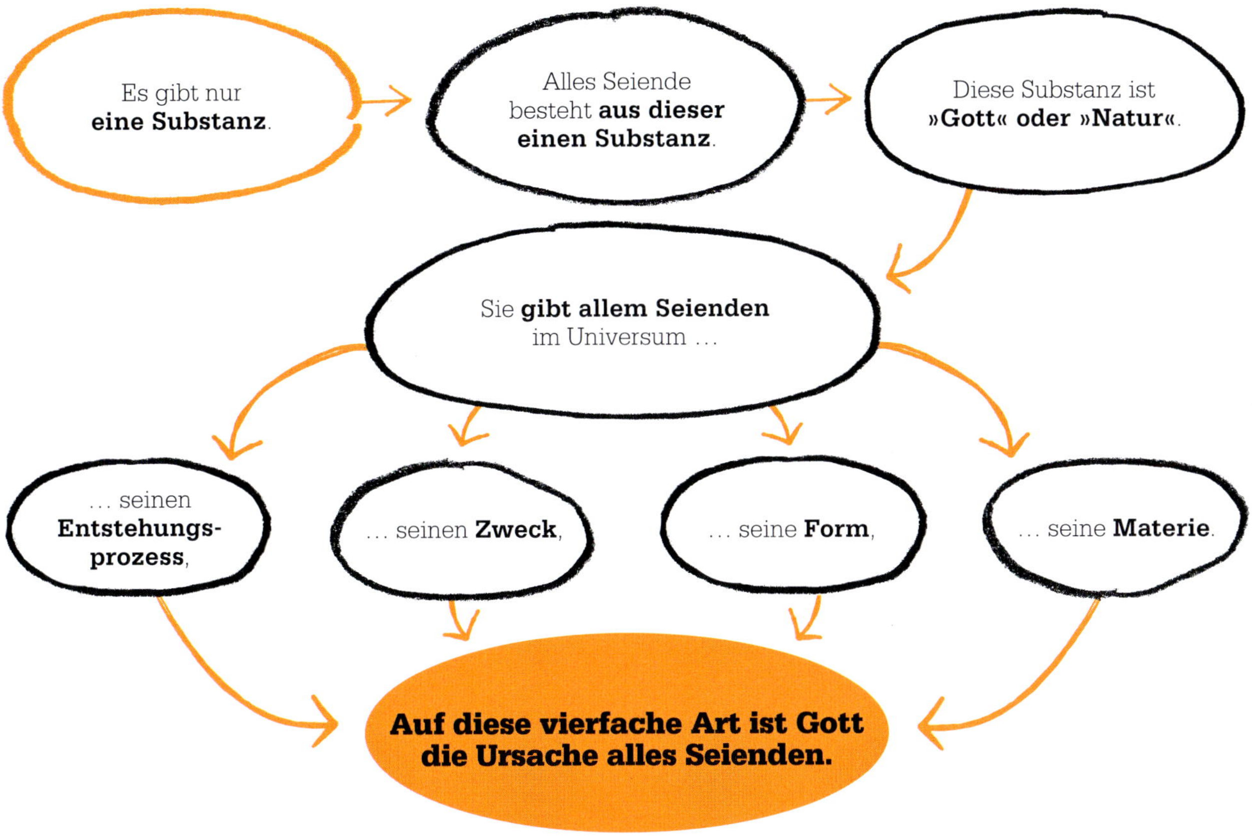

ten trägt oder der Welt der Erscheinungen zugrunde liegt.

Ähnlich sagt nun Spinoza, Substanz ist das, was sich selbst erklärt, das, was auch dann begriffen werden kann, wenn man nur seine Natur kennt – alle anderen Dinge dagegen sind nur durch ihre Beziehungen zu anderen Dingen zu erkennen. Der Begriff »Wagen« zum Beispiel lässt sich nur verstehen in Bezug auf andere Begriffe, auf »Bewegung« etwa oder »Transport«. Dann aber kann es, wie Spinoza zeigt, nur eine Substanz geben. Gäbe es zwei, hieße dies, dass wir jede von ihnen in Beziehung zur jeweils anderen zu betrachten hätten, was der Definition von Substanz widerspräche. Und weil es nur eine Substanz gibt, sagt Spinoza weiter, kann es auch *nur* diese Substanz geben. Alles andere hat in irgendeiner Weise teil an ihr. Spinozas Position ist monistisch: Alle Dinge sind letztlich Aspekte eines einzigen Dinges. (Dem »Dualismus« zufolge besteht die Welt aus zwei Arten von Dingen, gemeinhin »Geist« und »Materie« genannt.)

Substanz ist »Gott oder Natur«

Substanz ist also das, was unserer Erfahrung zugrunde liegt, sie kann aber auch durch ihre verschiedenen Eigenschaften erkannt werden. Spinoza sagt nicht genauer, wie viele Attribute es gibt, aber Menschen können ihm zufolge mindestens zwei wahrnehmen, nämlich Ausdehnung (Körper) und Denken (Geist). Daher wird Spinoza auch als »Eigenschaftsdualist« bezeichnet. Denn er zeigt, dass sich diese beiden Attribute nicht durch das jeweils andere erklären lassen, sie müssen auch in jeder vollständigen Beschreibung der Welt vorkommen. Die Substanz selbst, sagt Spinoza, können wir »Gott oder Natur« *(Deus sive natura)* nennen – gemeint ist das sich selbst erklärende Ding, das sich zweifach, unter den Eigenschaften von Körper und Geist sieht – jedenfalls können wir Menschen uns dies nicht anders vorstellen. »

Alle Veränderungen, von einem Stimmungswechsel bis zur Formveränderung einer Kerze, sind für Spinoza Veränderungen einer einzigen Substanz, die eine geistige und eine körperliche Eigenschaft hat.

Wie nun stellt sich der »Eigenschaftsdualist« Spinoza Wechselwirkungen zwischen Geist und Körper vor? Die Dinge, die wir als individuelle Körper beziehungsweise Geistwesen erfahren, sind, sagt er, Modifikationen der *einen* Substanz unter dem Gesichtspunkt eines der beiden Attribute. Jede Veränderung ist dann etwas Körperliches, wenn sie als Attribut der Ausdehnung betrachtet wird, und sie ist etwas Geistiges, wird sie als Attribut des Denkens betrachtet. Der Geist eines Menschen ist eine der Eigenschaft des Denkens entsprechende Modifikation der Substanz, dieselbe Modifikation ist das Gehirn, diesmal allerdings dem Attribut der Ausdehnung betrachtet. So umgeht Spinoza das Problem der Interaktion zwischen Geist und Körper: Beide können nicht aufeinander einwirken, zwischen beiden aber besteht eine Eins-zu-eins-Entsprechung. Daraus folgt aber auch, dass nicht nur Menschen Geist und Körper sind, sondern alles andere Seiende auch. Tische, Felsen, Bäume – sie alle sind Modifikationen der einen Substanz nach den Attributen des Denkens und der Ausdehnung. Alle sind sie körperliche *und* geistige Dinge, auch wenn ihr Geist sehr einfach und eigentlich nicht das ist, was wir gemeinhin damit verbinden. Dieser Aspekt von Spinozas Philosophie ist für viele schwer zu akzeptieren oder zu verstehen.

Welt ist Gott

Spinozas Theorie, die er in der *Ethik* erläutert, wird häufig als Spielart des Pantheismus behandelt – der Auffassung also, dass Gott die Welt und die Welt Gott sei. Theistisch, also vom Gottglauben her betrachtet grenzt das an Atheismus, denn damit wird die Existenz eines persönlichen Gottes geleugnet. Richtiger bezeichnet wäre Spinozas Philosophie als Panentheismus – die Lehre, dass die Welt zwar Gott ist, Gott aber mehr als die Welt. Denn in Spinozas System ist die Welt nicht eine Masse aus materiellem und geistigem Stoff, sondern die Welt der materiellen Dinge ist Gott unter dem Aspekt der Ausdehnung, und die Welt der geistigen Dinge ist Gott unter dem Aspekt des Denkens. Die

> »... der Geist und der Körper [sind] ein und dasselbe Individuum ...«
>
> **Baruch de Spinoza**
> *Die Ethik*

Baruch de Spinoza

Spinoza wurde 1632 in Amsterdam in eine sephardische Familie geboren. Als er 23 Jahre alt war, wurde er aus der Gemeinde der portugiesischen Juden ausgeschlossen, die sich wohl von seinen Lehren distanzieren wollten. Später attackierten auch christliche Theologen seinen *Theologisch-politischen Traktat*, der 1674 verboten wurde – ein Schicksal, das Descartes' Werk bereits ereilt hatte. Der Aufruhr hielt Spinoza davon ab, sein Hauptwerk, *Die Ethik*, zu seinen Lebzeiten erscheinen zu lassen. Spinoza war ein bescheidener, ausgesprochen moralischer Mensch. Eine einträgliche Dozentenstelle lehnte er ab, weil er sich seine intellektuelle Freiheit bewahren wollte. Lieber arbeitete er als Privatlehrer und Linsenschleifer und lebte unter ärmlichen Verhältnissen an verschiedenen Orten in den Niederlanden, bis er 1677 an Tuberkulose starb.

Hauptwerke

1670 *Theologisch-politischer Traktat*
1677 *Die Ethik*

»... der menschliche Geist [ist] ein Teil des unendlichen Verstandes Gottes ...«

Baruch de Spinoza
Die Ethik

eine Substanz – Gott – ist mehr als die Welt, die Welt selbst dagegen ist ganz Substanz oder Gott.

Man sieht, dass Spinozas Gott nicht der Gott der jüdischen und christlichen Theologie sein kann. Weder ist er Person noch Schöpfer der Welt im Sinne der biblischen Schöpfungsgeschichte.

Gott als Ursache

Was aber meint Spinoza dann, wenn er sagt, Gott sei Ursache alles Seienden? »Gott oder Natur« ist die eine Substanz. Doch selbst wenn Gott mehr ist als die Modifikationen der Substanz, die unsere Welt ausmachen, wie kann dann das Verhältnis zwischen Gott und Natur (der einen Substanz und ihren Modifikationen) kausal sein?

Für Spinoza hat – wie für die meisten Philosophen vor ihm – der Begriff »Ursache« einen weiteren Bedeutungshorizont als heute. Dies geht zurück auf die vier Ursachen des Aristoteles – den vierfachen Grund. Er erläutert das am Beispiel einer Statue: die Formursache oder die Beziehung zwischen den Teilen eines Dinges (seine Form und Gestalt), die Materialursache oder der Stoff, aus dem das Ding besteht (etwa Bronze oder Marmor), die Wirkursache, also das, was ein Ding zur Existenz bringt (die Bildhauerarbeit) und die Finalursache oder der Zweck, dessentwegen das Ding existiert (ein Kunstwerk zu schaffen, Geld zu verdienen usw.).

Für Aristoteles wie für Spinoza gilt: »Grund« oder »Ursache« ist stets unter diesen vier Aspekten zu definieren, erst alle vier zusammen ermöglichen eine vollständige Erklärung eines Dinges. Heute dagegen ist mit »Ursache« im Allgemeinen nur »Wirkursache« beziehungsweise »Finalursache« gemeint. Wenn Spinoza davon spricht, Gott oder die Substanz seien ihre »eigene Ursache«, sagt er damit nicht nur, dass sie sich selbst hervorbringen, sie erklären sich auch selbst. Gott als Ursache alles Seienden bedeutet: Alle Dinge finden ihre Erklärung in Gott.

Gott ist also nicht, was Spinoza »transitive« Ursache der Welt nennt – also nichts, was die Welt von außen hervorbringt. Gott ist »immanente« Ursache, das heißt, Gott ist in der Welt und die Welt ist Gott. Existenz und Wesen der Welt erklären sich durch Existenz und Wesen Gottes. In der vollen Würdigung dieser Tatsache sieht Spinoza den Weg zu höchster Freiheit und Erlösung – zu einem Zustand, den er »Seligkeit« nennt. ■

Nach Spinoza haben alle Objekte, ob Tiere, Pflanzen oder Mineralien, etwas Geistiges. Sowohl ihre Körper als auch ihr Geist sind Teile Gottes, der wiederum größer ist als alle körperlichen und geistigen Attribute der Welt. Gott ist, so Spinoza, die »Substanz«, die der Wirklichkeit zugrunde liegt.

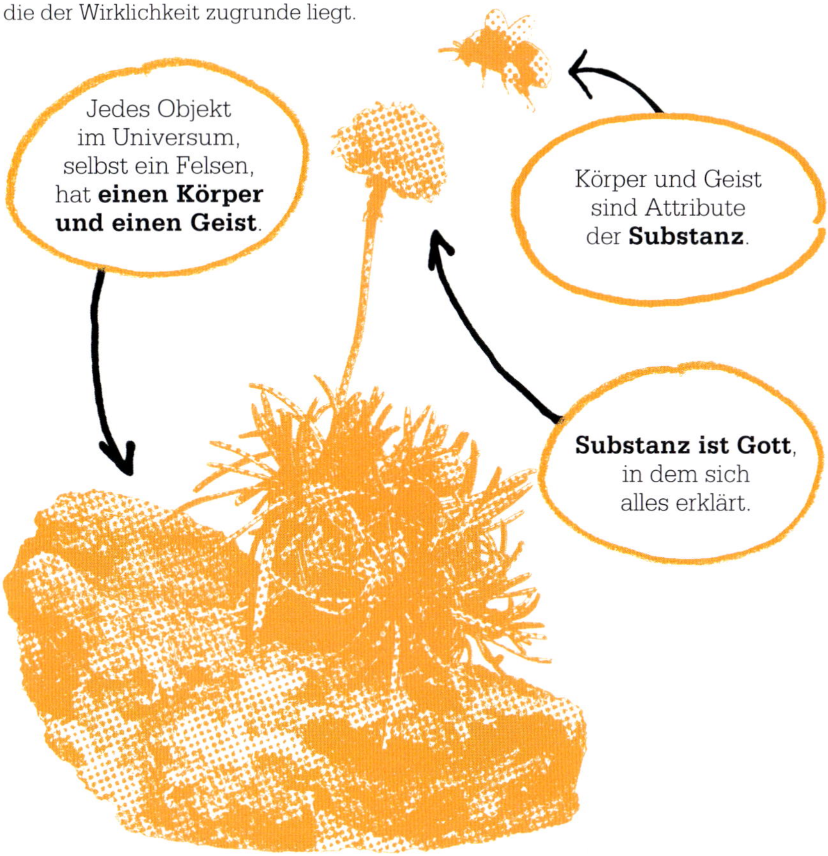

KEIN WISSEN KANN DIE ERFAHRUNG EINES MENSCHEN ÜBERSTEIGEN

JOHN LOCKE (1632–1704)

IM KONTEXT

DISZIPLIN
Erkenntnistheorie

LEHRE
Empirismus

FRÜHER
um 380 v. Chr. Im Dialog *Menon* sagt Platon, unsere Erkenntnisse sind Wiedererinnerungen aus früheren Leben.

Mitte des 13. Jh. Thomas von Aquin formuliert den Grundsatz: Was in unserem Verstand ist, muss zuvor in unseren Sinnen gewesen sein.

SPÄTER
Ende 17. Jh. Das Bewusstsein, sagt Leibniz, ist bei der Geburt eine Tabula rasa, enthält aber angeborenes Wissen, das durch Erfahrung schrittweise aufgedeckt wird.

1966 Noam Chomsky entwickelt seine Theorie der angeborenen Grammatik.

John Locke gehört mit George Berkeley und David Hume zu den Hauptvertretern des englischen Empirismus. Allen Vertretern dieser Denkschule gemeinsam ist die Ansicht, dass alle menschliche Erkenntnis direkt oder indirekt aus unserer sinnlichen Erfahrung stammt. Nichts sei im Verstand, was nicht zuvor in den Sinnen gewesen sei. Entgegengesetzter Auffassung ist der Rationalismus: Philosophen wie Descartes, Spinoza oder Leibniz halten es zumindest dem Prinzip nach für möglich, Erkenntnis allein durch den Gebrauch der Vernunft zu erlangen.

Die Trennungslinie zwischen beiden Hauptströmungen ver-

Siehe auch: Platon 50–55 ▪ Thomas von Aquin 88–95 ▪ René Descartes 116–123 ▪ Baruch de Spinoza 126–129 ▪ Gottfried Wilhelm Leibniz 134–137 ▪ George Berkeley 138–141 ▪ David Hume 148–153 ▪ Noam Chomsky 306–307

» Betrachtet man neugeborene Kinder aufmerksam, so ist wenig Grund vorhanden, dass sie viele Begriffe mit sich auf die Welt brächten. «

John Locke
Versuch über den menschlichen Verstand

läuft jedoch nicht so klar, wie oft behauptet wird. Auch Rationalisten räumen ein, dass unser Wissen von der Welt praktisch gesehen aus der Erfahrung stammt, insbesondere aus wissenschaftlicher Forschung. Locke wiederum entwickelt seine Ansichten über die Welt mithilfe der später sogenannten Abduktion, eines Schlussverfahrens, das auf die beste Erklärung zielt, die das vorhandene Erfahrungsmaterial zulässt. Sein Beispiel dafür ist die Korpuskeltheorie, sie liefere die beste Erklärung der Welt, die sich unseren Sinnen darbietet: Gehe man davon aus, dass alles Wirkliche aus mikroskopisch nicht zu erfassenden Korpuskeln oder Partikeln besteht, ließen sich Phänomene erklären, die andernfalls unverstanden blieben. Die Korpuskeltheorie war in der wissenschaftlichen Welt des 17. Jahrhunderts weit verbreitet und ist grundlegend für Lockes Ansichten über die physische Welt.

Angeborene Ideen

Es mag darum unangemessen erscheinen, wenn man die Behauptung, die menschliche Erkenntnis könne die Erfahrung nicht übersteigen, Locke zuschreibt. Allerdings erhebt er in seinem *Versuch über den menschlichen Verstand* ausführliche Einwände gegen die rationalistische Grundthese, Erkenntnis sei ohne sinnliche Erfahrung möglich. Dabei kommt die Theorie der angeborenen Ideen ins Spiel.

Die Vorstellung, dass die Menschen mit angeborenen Ideen zur Welt kommen und dass uns diese, unabhängig von unserer Erfahrung, Aufschluss geben können über die Welt um uns, geht zurück auf den Ursprung der abendländischen Philosophie. Platon hat ein Konzept entwickelt, wonach alle wahre Erkenntnis in uns liegt, in der Seele, die im Schrecken der Geburt ihr Wissen allerdings vergesse. Alles Erkennen ist demgemäß Wiedererkennen, Bildung bedeutet nicht, Wissen zu erlernen, sondern es dem Vergessen zu entreißen. Der Ausbildende ist weniger Lehrer als Hebamme.

Platons Theorie des angeborenen Wissens wurde von späteren Denkern eingeschränkt: Nicht alles Wissen, nur eine begrenzte Anzahl von Begriffen sei uns angeboren. Dazu zählte man einerseits die Idee Gottes, andererseits die vollkommenen geometrischen Formen, ein gleichseitiges Dreieck etwa. Beide sind nicht Gegenstand sinnlicher »

Erfahrung, uns aber doch gewiss. Also muss es etwas anderes geben, das uns dieses Wissen verschafft, ähnlich wie man einzig und allein kraft Vernunft und logischen Denkens eine mathematische Formel aufstellen kann. Alle Menschen, sagt etwa Descartes, haben eine Idee von Gott, diese sei uns eingeprägt wie das Zeichen eines Töpfers in dessen Krug. Allein die Tätigkeit der Vernunft könne uns das Wissen von Gottes Existenz bewusst machen.

Lockes Einwände

Locke bestreitet jede Form von angeborenem Wissen. Der menschliche Verstand sei bei der Geburt eine *tabula rasa* – eine leere Tafel, ein weißes Blatt Papier, auf das die Erfahrung – um ein modernes Bild zu benutzen – schreibe wie das Licht, das auf einem Film fotografische Bilder herstellt. Um Wissen zu erwerben, bringen wir nichts weiter mit als die elementare Fähigkeit, unser Denken vergleichend und ordnend auf Sinnesdaten zu beziehen, die wir gesammelt haben.

Es gibt, sagt Locke, nicht den geringsten empirischen Anhaltspunkt für die Annahme, dass der Verstand eines neugeborenen Kindes etwas anderes sei als leer und unbeschrieben, das Gleiche gelte für kognitiv eingeschränkte Menschen. Die Lehre von den angeborenen Ideen sei schlicht falsch.

Schon der Begriff selbst, sagt Locke, sei überhaupt nicht schlüssig und zu verwerfen. Damit irgendetwas überhaupt Idee oder Gedanke sein kann, müsse es an einem bestimmten Punkt im Verstand gegenwärtig sein. Wirklich angeborene Ideen aber müssten jeder Erfahrung vorausgehen. Mit Leibniz räumt Locke ein, eine Idee könne so tief im Gedächtnis verborgen sein, dass es eine Zeit lang schwierig oder unmöglich sei, sich an sie zu erinnern, weswegen sie dann für das Bewusstsein überhaupt unzugänglich sei. Andererseits heiße es, angeborene Ideen müssten irgendwo existieren, damit ein unbekannter Mechanismus eine Vorstellung von ihnen bilden und sie uns bewusst machen kann.

Der menschliche Geist ist nach Locke bei der Geburt wie eine leere Leinwand und unser Wissen von der Welt kommt ausschließlich aus unserer sinnlichen Erfahrung. Dieses Wissen können wir dann mit dem Verstand bearbeiten und neue Ideen formulieren.

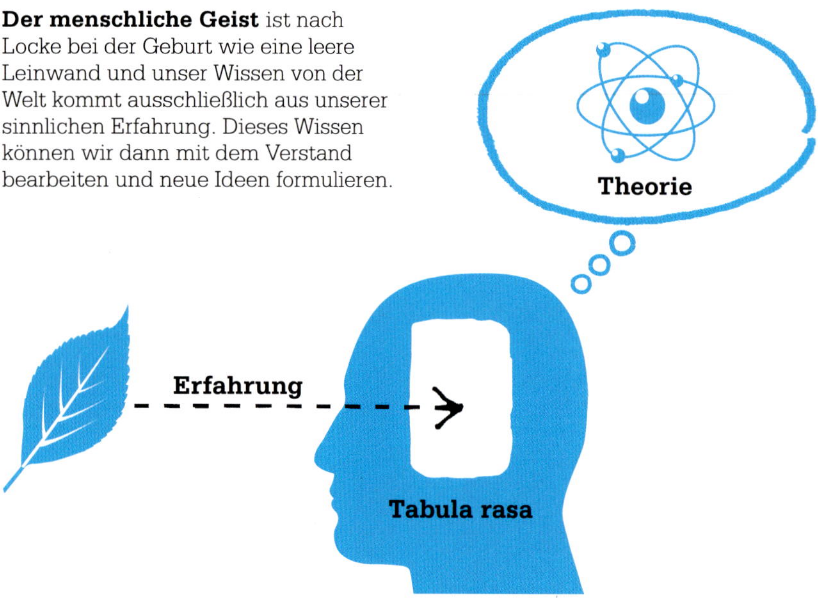

> »Es scheint mir ein Widerspruch, dass der Seele Wahrheiten eingedrückt seien, die sie nicht bemerkt oder nicht versteht …«
>
> **John Locke**
> *Versuch über den menschlichen Verstand*

Die Verfechter der angeborenen Ideen vertreten häufig auch die Ansicht, solche Ideen seien nicht nur von Geburt an bei allen Individuen in gleicher Weise vorhanden, sondern sie seien auch universal, in allen Gesellschaften und zu allen Zeiten zu finden. Platon zum Beispiel glaubte, dass jeder Mensch zu den gleichen grundlegenden Erkenntnissen Zugang habe oder finden könne. Er bestreitet, was das angeht, jeden Unterschied zwischen Männern und Frauen, zwischen Freien und Versklavten. Auch zu Lockes Zeiten war die Annahme verbreitet, dass angeborene Ideen, die nur Gott in uns habe einpflanzen können, universal sein müssen, denn Gott sei niemals so ungerecht, sie einem bestimmten Personenkreis vorzubehalten. Dazu bemerkt Locke trocken, schon ein kurzer Blick auf die Welt genüge, um festzustellen, dass es solche universalen, bei allen Menschen zu allen Zeiten vorhandenen Ideen nicht gebe. Selbst wenn man Begriffe oder Ideen fände, die alle Menschen gemeinsam hätten, dann müsse man daraus nicht notwendig schließen, dass diese angeboren seien. Sie könnten zum

» Wir wollen also annehmen, die Seele sei, wie man sagt, ein weißes, unbeschriebenes Blatt Papier, ohne irgendwelche Vorstellungen; wie wird sie nun damit versorgt? «

John Locke
Versuch über den menschlichen Verstand

Beispiel auch aus elementaren Erfahrungen stammen, die alle Menschen zum Zweck ihrer Selbsterhaltung, zu ihrem Schutz und so weiter in ähnlicher Weise machen und machen müssen.

1704 verfasste Leibniz seine *Neuen Abhandlungen über den menschlichen Verstand*, eine Erwiderung auf Lockes empiristische Argumentation. Mit der Lehre von den angeborenen Ideen, so schrieb Leibniz, sei am besten zu erklären, warum wir zu Erkenntnissen fähig sind, die nicht auf sinnlichen Erfahrungen beruhen. Locke, der diese Möglichkeit leugne, befinde sich im Irrtum. Der Streit darüber, ob Menschen in der Lage sind, etwas jenseits dessen, was sie mit ihren fünf Sinnen wahrnehmen, erkennen können, ist bis heute nicht abgeschlossen.

Angeborene Sprache

Locke verwirft zwar die Lehre von den angeborenen Ideen, nicht aber die Vorstellung, dass wir über angeborene Fähigkeiten verfügen – Wahrnehmungs- und Denkfähigkeit sind für seine Erkenntnistheorie von zentraler Bedeutung.

Im späten 20. Jahrhundert knüpfte der amerikanische Philosoph Noam Chomsky an diese Vorstellung mit seiner Theorie an, dass es ein angeborenes Denken gebe, das fähig sei, eine universelle »Tiefenstruktur« der Sprache hervorzubringen. Chomsky glaubt, dass – ungeachtet ihrer offenkundigen Unterschiede – alle Sprachen auf dieser gemeinsamen Grundlage entstanden sind.

Zu einer Zeit, da das wissenschaftliche Wissen in einem beispiellosen Tempo anwuchs, spielte Locke eine wichtige Rolle für die Beantwortung der Frage, wie es überhaupt dazu kommt, dass wir etwas wissen. Frühere Philosophen – namentlich mittelalterliche Scholastiker wie Thomas von Aquin – waren zu dem Schluss gekommen, einige Aspekte der Realität könnten vom menschlichen Geist nicht erfasst werden. In dieser Hinsicht ging Locke einen Schritt weiter. Durch eingehende Analysen der geistigen Fähigkeiten des Menschen suchte er die Grenzen des Erkennens und des Erkennbaren genauer zu bestimmen. ■

Der Geist ist bei der Geburt wie eine Art leere Leinwand, eine Tabula rasa, sagt Locke. Daher könnten durch gute Erziehung alle Menschen zivilisiert werden.

John Locke

Locke wurde 1632 als Sohn eines Rechtsanwalts geboren und konnte, von reichen Gönnern finanziert, die Westminster School in London und die Universität in Oxford besuchen. Dort begeisterte ihn die empirische Vorgehensweise des Chemikers Robert Boyle, dem er bei seinen Experimenten assistierte. Lockes Beitrag zur empiristischen Erkenntnistheorie hat große Bedeutung erlangt, berühmt wurde er jedoch durch seine politischen Schriften, insbesondere mit seiner Vertragstheorie zur Erklärung der Legitimität des Staates und mit seiner naturrechtlichen Begründung des Privateigentums. Zweimal musste er ins politische Exil fliehen, kehrte aber 1688, nach der Glorreichen Revolution, zurück. Bis zu seinem Tod im Jahr 1704 arbeitete er in England als Schriftsteller und in mehreren Regierungsämtern.

Hauptwerke

1689 *Ein Brief über Toleranz*
1690 *Versuch über den menschlichen Verstand*
1690 *Zwei Abhandlungen über die Regierung*

ES GIBT ZWEI ARTEN VON WAHRHEITEN: VERNUNFT-WAHRHEITEN UND TATSACHEN-WAHRHEITEN

GOTTFRIED WILHELM LEIBNIZ (1646–1716)

IM KONTEXT

DISZIPLIN
Erkenntnistheorie

LEHRE
Rationalismus

FRÜHER
1340 Nicolaus von Autrecourt sagt, es gibt keine notwendigen, sondern nur zufällige Wahrheiten.

17. Jh. Nach Descartes gibt es drei Wege zu Begriffen oder Ideen: Man kann ausgehen von der Erfahrung, von der Vernunft oder von angeborenen Ideen.

SPÄTER
1748 David Hume untersucht den Unterschied zwischen notwendigen und zufälligen Wahrheiten.

1927 Alfred North Whitehead nimmt »wirkliche Ereignisse« an, die – den Leibniz'schen Monaden ähnlich – das ganze Universum in sich reflektieren.

Die frühmoderne Philosophie ist von zwei Schulen bestimmt: von Rationalisten (Descartes, Spinoza und Kant) und Empiristen (Locke, Berkeley und Hume). Wirklich klar lassen sie sich nicht voneinander abgrenzen, doch eine wesentliche Differenz lässt sich festhalten. Sie besteht in der erkenntnistheoretischen Frage, was wir wissen und wie wir es wissen können. Für die Empiristen lieferten nur die Sinne den Stoff der Erfahrung und damit Erkenntnis. Dem entgegneten die Rationalisten, auch die Vernunft als solche könne Erkenntnis produzieren.

Leibniz war Rationalist, und seine Unterscheidung zwischen Ver-

Siehe auch: Nicolaus von Autrecourt 340 ▪ René Descartes 116–123 ▪ David Hume 148–153 ▪ Immanuel Kant 164–171 ▪ Alfred North Whitehead 342

nunft- und Tatsachenwahrheiten ist eine interessante Variante im Streit zwischen Rationalisten und Empiristen. Grundsätzlich, so die in seiner berühmten Schrift *Monadologie* entwickelte These, kann alles Wissen durch vernünftiges Denken erworben werden. Praktisch aber sind unsere rationalen Fähigkeiten begrenzt und darum brauchen wir auch die Erfahrung als Erkenntnismittel.

Ein Universum im Kopf

Um zu verstehen, wie Leibniz zu dieser Auffassung kommt, müssen »

» ... von uns [wird] kaum etwas adäquat, weniges a priori, das meiste durch Erfahrung [erkannt] ... «

Gottfried Wilhelm Leibniz

Gottfried W. Leibniz

Leibniz stammte aus Leipzig, besuchte dort die Thomasschule und die Universität. Bis 1672 trat er in den Dienst des Kurfürsten von Mainz. In dieser Zeit schrieb er vornehmlich über politische Fragen. Nach Reisen wurde er 1691 Bibliothekar des Herzogs von Braunschweig in Wolfenbüttel, was er bis zu seinem Tod blieb. In diesem Lebensabschnitt arbeitete er vor allem an seinem ungewöhnlichen philosophischen System. Sein Nachruhm gilt dem Erfinder der Infinitesimalrechnung – der Streit um die Urheberschaft, den er mit Newton führte, erhöhte den Ruhm noch. Offenbar gelang die Entwicklung beiden unabhängig voneinander, wobei die von Leibniz geschaffene Notation besser zu gebrauchen ist, sie wird bis heute verwendet. Leibniz' duales Zahlensystem ist ein Grundstein der heutigen Informationstechnik.

Hauptwerke

1673 *Das Glaubensbekenntnis des Philosophen*
1685 *Metaphysische Abhandlung*
1695 *Das neue System*
1710 *Theodizee*
1714 *Monadologie*

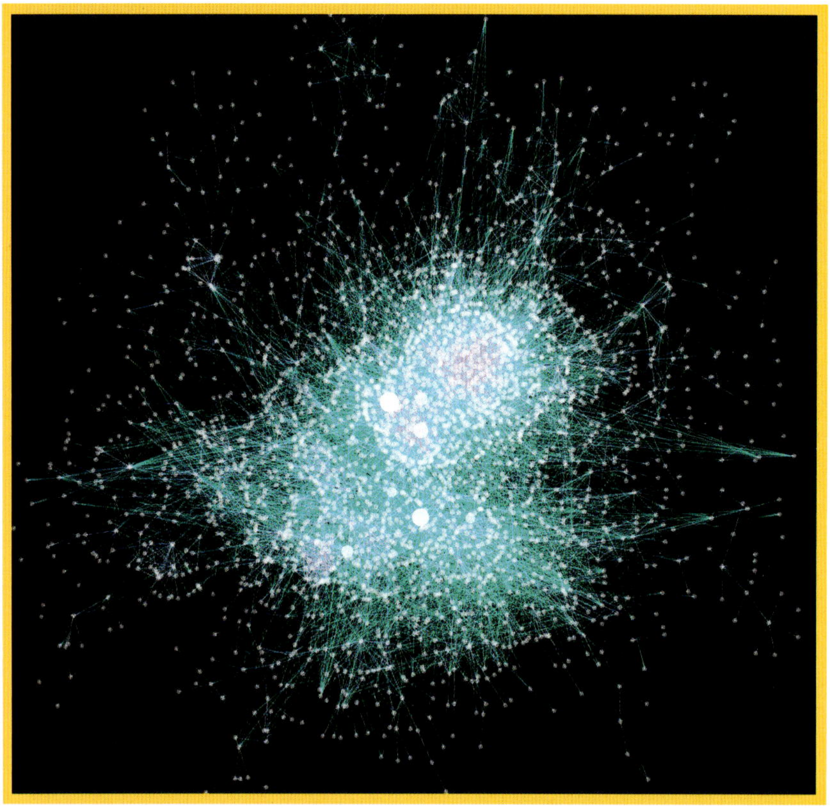

Eine Karte des Internets mit den unzähligen Verbindungen zwischen seinen Benutzern. Nach Leibniz' Monadentheorie sind alle Menschen auf ähnliche Weise miteinander verbunden.

wir seine Metaphysik zumindest skizzieren – seine Vorstellung vom Bauplan des Universums. Seiner Meinung nach hat alles in der Welt, jedes einzelne Ding eine eigene Idee, eine »Vorstellung«, die alles enthält, was an ihm wahr ist, einschließlich seiner Beziehungen zu anderen Dingen. Im Universum ist alles mit allem verbunden, und darum, so Leibniz, ist es – zumindest grundsätzlich – möglich, diesen Verbindungen zu folgen und das gesamte Universum allein durch den Gebrauch der Vernunft zu begreifen.

Diese Reflexion führt zu sogenannten Vernunftwahrheiten. Unser Verstand kann allerdings nur eine geringe Anzahl solcher Wahrheiten (wie jene der Mathematik) erfassen, daher müssen wir uns – hilfsweise – auch der Erfahrung bedienen, die uns »Tatsachenwahrheiten« vermittelt.

Wenn alles mit allem zusammenhängt, muss es möglich sein, von der Erkenntnis, dass es hier und jetzt schneit, zu der Erkenntnis dessen zu gelangen, was morgen auf der anderen Seite der Welt passiert. Wie soll das gehen?

Das Universum, sagt Leibniz, ist zusammengesetzt aus individuellen, einfachen, unteilbaren Substanzen, den »Monaden«. Jede Monade ist ganz für sich, isoliert von den anderen, eine vollständige Repräsentation des gesamten Universums in Vergangenheit, Gegenwart und Zukunft. Die Monaden wirken nicht aufeinander ein, also muss die Repräsentation zwischen ihnen synchronisiert sein – so hat Gott die Welt erschaffen, in einem Zustand »prästabilierter Harmonie«.

Leibniz zufolge ist auch jeder einzelne menschliche Geist eine Monade, auch er enthält also eine vollständige Repräsentation des Universums. Darum ist es grundsätzlich möglich, alles zu wissen, was es über unsere Welt und darüber hinaus zu wissen gibt: Wir müssten nur unseren Geist erforschen. Wenn ich zum Beispiel den Begriff des Sterns Beteigeuze analysiere, werde ich zuletzt auch die Temperatur auf der Oberfläche des wirklichen Sterns Beteigeuze bestimmen können. In der Praxis jedoch wären die dazu notwendigen Untersuchungen äußerst komplex – Leibniz nennt sie »unendlich« –, daher muss ich die Temperatur des Sterns durch Erfahrung, mithilfe astronomischer Apparaturen herausfinden.

Ist das Ergebnis dann eine Vernunft- oder eine Tatsachenwahrheit? Ich habe auf empirische Methoden zurückgreifen müssen, um die Antwort zu finden. Doch wäre meine Denkkapazität größer, hätte ich sie auch durch vernünftige Überlegungen entwickeln können. Ob Erkenntnisse Vernunft- oder Tatsachenwahrheiten sind, scheint

» Überdies ist jede Substanz gleichsam eine Welt im Ganzen und ein Spiegel Gottes oder vielmehr des ganzen Universums … «

Gottfried Wilhelm Leibniz

also davon abhängig zu sein, wie ich zu ihnen gelangt bin – wollte Leibniz darauf tatsächlich hinaus?

Notwendige Wahrheiten

Probleme schafft sich Leibniz mit seiner Annahme, Vernunftwahrheiten seien »notwendig«, weswegen ihnen nicht widersprochen werden könne. Tatsachenwahrheiten dagegen betrachtet er als zufällig oder »kontingent«, sie zu leugnen führe nicht in logische Widersprüche. Eine mathematische Wahrheit ist notwendig, denn wollte man aus ihr gezogene Schlussfolgerungen abstreiten, würde man auch ihren Voraussetzungen widersprechen. Der Satz »In Spanien regnet es« dagegen ist kontingent, seine Leugnung impliziert keinen begrifflichen Widerspruch – obwohl der Satz faktisch falsch sein kann.

Leibniz' Unterscheidung zwischen Vernunft- und Tatsachenwahrheiten ist nicht nur erkenntnistheoretisch relevant und betrifft die Grenzen des Wissens, er ist auch metaphysisch und betrifft das Wesen der Welt. Es bleibt aber unklar, ob seine Argumente die metaphysische These stützen. Seiner Monadenlehre zufolge sind alle Wahrheiten Vernunftwahrheiten, zu denen wir gelangen könnten, wären wir nur imstande, unsere rationale Analyse zu einem Ende zu bringen. Wenn aber eine Vernunftwahrheit eine notwendige Wahrheit ist, in welchem Sinn wäre es dann unmöglich, dass die Temperatur auf dem Stern Beteigeuze 2401 und nicht 2400 Grad Kelvin wäre? Bestimmt nicht in dem Sinn, in dem die Behauptung 2 + 2 = 5 unmöglich ist.

Auch wenn wir Leibniz folgend in notwendige und kontingente Wahrheiten unterscheiden, stoßen wir auf ein Problem: Ich kann, indem ich allein über die Idee des Dreiecks nachdenke, den Satz des Pythagoras entdecken, also muss dieser Satz eine Vernunftwahrheit sein. Aber nach der Monadenlehre sind die Temperatur auf Beteigeuze und der Satz des Pythagoras beide gleich wahr – gehören sie doch beide der Monade an, die mein Geist ist. Warum also soll die eine Wahrheit kontingent sein, die andere aber notwendig?

Außerdem sagt Leibniz, Gott könne, im Unterschied zum Menschen, der eine unendliche Analyse nicht zum Abschluss bringen kann, das ganze Universum auf einmal begreifen – für Gott sind also alle Wahrheiten notwendig. Dann wäre der Unterschied zwischen Vernunft- und Tatsachenwahrheiten abhängig von der Art, in der man zur Wahrheit kommt. Damit entfiele der Grund, warum erstere stets als notwendig wahr zu betrachten sein sollen, letztere aber als vielleicht, vielleicht auch nicht wahr.

» [Gott] weiß sogar a priori (und nicht aus Erfahrung) ... «

Gottfried Wilhelm Leibniz

Eine ungewisse Zukunft

Zu Leibniz' System gehört die Annahme eines allmächtigen und allwissenden Gottes und damit stößt er unvermeidlich auf das Problem der Willensfreiheit. Wie kann ich wählen, in welcher Weise ich handeln will, wenn Gott schon weiß, wie ich handeln werde? Und

Die mechanische Rechenmaschine, eine von vielen Erfindungen Leibniz', ist ein Beispiel für sein Interesse an Mathematik und Logik. Auf beiden Gebieten gelangen ihm bedeutende Entdeckungen.

lässt dieses System Raum für echte Kontingenz? Leibniz zufolge ist die Zukunft der Welt von einem allwissenden und gütigen Gott bestimmt, der deshalb die beste aller möglichen Welten geschaffen hat. Nur für uns erscheint die Zukunft kontingent oder unbestimmt, denn wir sind begrenzte menschliche Wesen und können sie daher nicht vorhersehen.

Leibniz' Vermächtnis

Trotz dieser Probleme war die Leibniz'sche Philosophie sehr einflussreich. Kant zum Beispiel verfeinerte Leibniz' Vernunft- und Tatsachenwahrheiten zu seiner bis heute wichtigen Unterscheidung zwischen »analytischen« und »synthetischen« Urteilen. Die Monadentheorie dagegen konnte sich nicht durchsetzen. Im 20. Jahrhundert jedoch wurde sie von Wissenschaftlern wiederentdeckt, die faszinierte, wie Leibniz' Beschreibung von Raum und Zeit über die absoluten Größen der Newton'schen Physik hinausführt. Nach Leibniz sind Zeit und Raum keine leeren Gefäße für die Existenzformen der Materie, sondern dialektische Ordnungsbeziehungen: Der Raum ist Ordnung der gleichzeitig existierenden Dinge, die Zeit die Ordnung ihrer Veränderungen. ■

SEIN IST WAHRGENOMMEN-WERDEN

GEORGE BERKELEY (1685–1753)

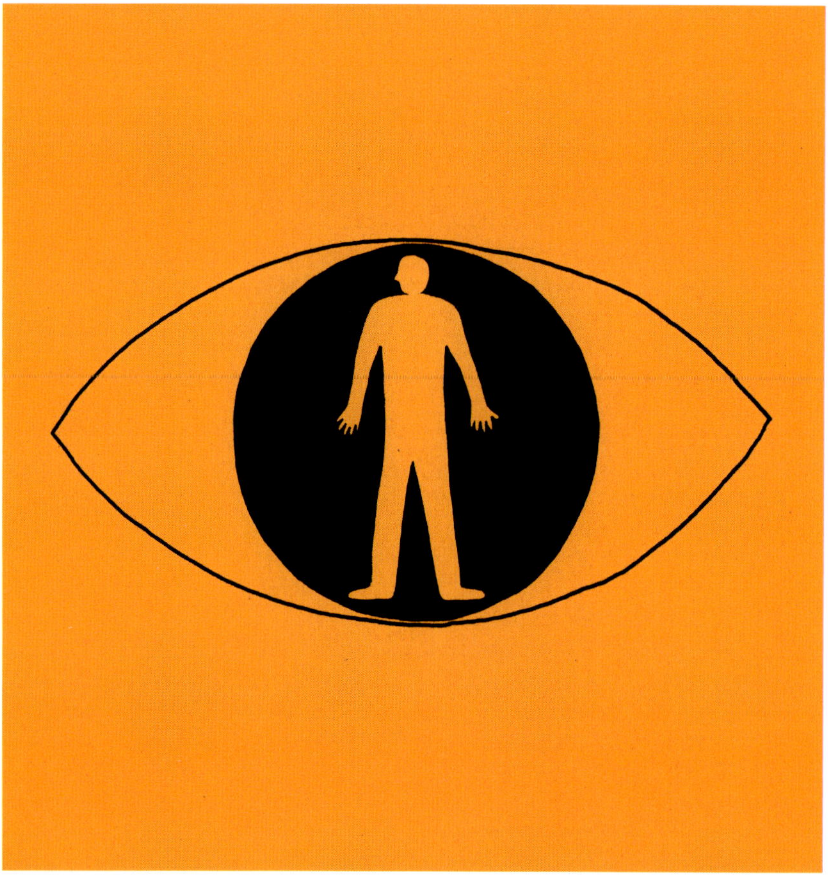

IM KONTEXT

DISZIPLIN
Metaphysik

LEHRE
Idealismus

FRÜHER
um 380 v. Chr. Platon entwickelt in *Der Staat* seine Ideenlehre, nach der unsere Erfahrungswelt nur ein unvollkommener Schatten der Wirklichkeit ist.

SPÄTER
1781 Kant entwickelt Berkeleys Theorie weiter zum »transzendentalen Idealismus«, demzufolge die Welt unserer Erfahrung nur Erscheinung ist.

1807 Hegel ersetzt Kants Idealismus durch einen »absoluten Idealismus« – die Theorie, dass die absolute Realität Geist ist.

1982 In *The Case for Idealism* entwickelt der britische Philosoph John Foster eine Version des Berkeley'schen Idealismus.

Wie John Locke war George Berkeley Empirist – Erfahrung galt ihm als einzige Wissensquelle. Diese Auffassung, die auf Aristoteles zurückgeht, steht im Gegensatz zur rationalistischen Sichtweise, derzufolge Erkenntnis im Prinzip nur durch rationales Denken zu gewinnen ist. Berkeley teilte Lockes Grundannahmen, zog aber andere Schlüsse daraus. Locke galt ihm als nur gemäßigter Empirist, der von einer von unseren Sinnen unabhängigen Welt ausging und mit Descartes annahm, dass die Menschen aus zwei unterschiedli-

Siehe auch: Platon 50–55 ▪ Aristoteles 56–63 ▪ René Descartes 116–123 ▪ John Locke 130–133 ▪ Immanuel Kant 164–171 ▪ Georg W. F. Hegel 178–185

chen Substanzen bestehen: Geist und Körper.

Berkeley trieb seinen Empirismus weit darüber hinaus – bis zu einem monistischen Standpunkt: Für ihn gibt es nur eine Substanz, nämlich den Geist oder das Denken. Seine Philosophie, die er selbst »immaterialistisch« nennt, wird oft mit dem Satz zusammengefasst: *Esse est percipi* (»Sein ist Wahrgenommenwerden«), doch besser wäre zu sagen: *Esse est aut percipere aut percipi* (»Sein ist entweder Wahrnehmen oder Wahrgenommenwerden«). Denn nach Berkeley gibt es keine andere Wirklichkeit »

» … dass es nichts Derartiges gibt, was Philosophen materielle Substanz nennen. «

George Berkeley
Drei Dialoge zwischen Hylas und Philonous

George Berkeley

Berkeley wurde in Dysart Castle bei Kilkenny in Irland geboren. Er besuchte zunächst das Kilkenny College, dann das Trinity College in Dublin und wurde zum anglikanischen Priester geweiht. Nachdem er alle seine großen philosophischen Werke geschrieben hatte, unternahm er lange Reisen durch Europa, die meiste Zeit aber verbrachte er in London.

Nach seiner Rückkehr nach Irland wurde er Dekan von Derry, sehr viel mehr aber interessierte ihn ein Projekt zur Gründung einer Missionsschule auf den Bermudas. 1728 reiste er mit seiner Frau Anne Foster nach Newport (Rhode Island) und versuchte drei Jahre lang, Geld für die Schule zu sammeln. 1731, als absehbar war, dass das Geld nicht zusammenkommen würde, kehrte er nach London zurück. Drei Jahre später wurde er Bischof von Cloyne in Irland, wo er sein restliches Leben verbrachte.

Hauptwerke

1710 *Eine Abhandlung über die Prinzipien der menschlichen Erkenntnis*
1713 *Drei Dialoge zwischen Hylas und Philonous*

» Gäbe es äußere Körper, so könnten wir das unmöglich jemals wissen. «

George Berkeley
Abhandlung über die Prinzipien der menschlichen Erkenntnis

» Eine Idee kann nur einer Idee ähnlich sein, eine Farbe oder Figur nur einer anderen Farbe oder Figur. «

George Berkeley
Abhandlung über die Prinzipien der menschlichen Erkenntnis

als den wahrnehmenden Verstand und dessen Vorstellungen oder Ideen. Zu dieser Auffassung kommt er nicht, weil er die Existenz der Außenwelt leugnet, er behauptet auch nicht, dass sie in irgendeiner Weise verschieden sei von dem, was wir wahrnehmen. Er hält nur konsequent daran fest, dass alle Erkenntnis aus der Erfahrung stammt. Unserer Erkenntnis steht nichts anderes offen als unsere Wahrnehmungen. Die Welt existiert in unserer Vorstellung, den Ideen, die wir uns von ihr machen. Darum hält Berkeley die Rede von einer Außenwelt für unsinnig, die vom Wahrgenommenwerden oder vom Wahrnehmenden unabhängig ist.

Kausalität und Wille

Aus diesem Grund wendet sich Berkeley auch gegen Descartes' Philosophie, genauer: gegen deren Weiterentwicklung durch Locke und den Naturwissenschaftler Boyle. Die Welt, sagen sie, besteht aus »Korpuskeln«, die mit ihren Wechselwirkungen die Welt erzeugt haben, wie wir sie kennen. Widersinnig für Berkeley ist nicht nur, solche unabhängig von unserer Wahrnehmung existierenden Korpuskel anzunehmen, noch unsinniger fand er die Auffassung, dass es die Welt sei, die durch Interaktion mit unseren Sinnen unsere Wahrnehmungen hervorbringe.

Dagegen formuliert Berkeley zwei Haupteinwände. Erstens, sagt er, beruht unser Verständnis von Kausalität allein auf der Erfahrung, die wir mit unserem Willen machen. Nicht nur sei es falsch, dass wir unser willentliches Handeln auf die Welt projizieren – indem wir nämlich sagen, die Dinge seien die Ursache unserer Vorstellungen über sie. Er ist auch überzeugt, dass es so etwas wie eine »physische Ursache« jenseits der Welt der Ideen nicht gibt. Nur eine einzige Ursache erkennt Berkeley an: die willentliche Verursachung.

Ideen, so sein zweiter Einwand, sind geistige Entitäten und können körperlichen Dingen nicht ähnlich sein, weil beide ganz verschiedene Eigenschaften haben. Ein Gemälde könne einem physischen Objekt ähnlich sein, weil es selbst ein physisches Ding sei. Doch wer behaupte, eine Idee sei einem physischen Objekt ähnlich, mache sie damit zum physischen Ding. Ideen aber, so Berkeley, können nur anderen Ideen ähnlich sein. Und da unsere Wahrnehmung der Welt allein durch unsere Vorstellungen von ihr zustande komme, sei schon der Begriff eines »physischen Objekts« falsch: Wir erkennen ausschließlich geistige Dinge und die Welt besteht nur aus und durch Wahrnehmungen. Das Sein einer Sache besteht in ihrem Wahrgenommenwerden.

Ursache der Wahrnehmungen

Wenn, wie Berkeley annimmt, Dinge, die selbst keine Wahrnehmungen haben, nur existieren, insofern sie wahrgenommen werden, folgt daraus, dass mein Schreibtisch, mein Buch zu existieren aufhören, sobald ich mein Arbeitszimmer verlasse und sie nicht mehr wahrnehme. Darauf erwidert Berkeley: Alle Dinge werden kontinuierlich wahrgenommen, nämlich von Gott. Seine Theorie ist deshalb nicht nur von der Existenz Gottes abhängig, und zwar eines Gottes, der sich ständig mit der Welt beschäftigt.

Gottes Beteiligung am Weltgeschehen geht aber noch tiefer. Da es nach Berkeley keine physischen Ursachen gibt, sondern nur Willensakte kausal sind, können auch nur

Optische Täuschungen gibt es nach Berkeley nicht, ein Objekt ist immer das, was es zu sein scheint. Ein eingetauchter Strohhalm ist wirklich geknickt, ein vergrößerter Gegenstand wirklich größer.

sie Urheber unserer Ideen von der Welt sein. Wir können uns nicht aussuchen, welche Erfahrungen wir machen – die Welt präsentiert sich einfach so, wie sie es tut, das mag uns gefallen oder nicht. Die Willensakte, die meine Ideen hervorbringen, sind also nicht meine, sondern die Gottes. Gott, sagt Berkeley, hat uns also nicht nur als Wahrnehmende erschaffen, sondern er bleibt die ständige Ursache unserer Wahrnehmungen. Das führt zu einigen Fragen, von denen die wichtigsten wohl lauten: Wie ist es dann möglich, dass wir manchmal falsche Wahrnehmungen haben? Warum sollte Gott uns täuschen wollen?

Berkeleys Antwort: Unsere Wahrnehmungen sind nie falsch, sondern nur unsere Urteile über sie. Wenn zum Beispiel ein Ruder, das halb im Wasser steckt, gekrümmt erscheint, dann ist es tatsächlich gekrümmt – falsch liege ich mit meinem Urteil, es sei in Wahrheit gerade.

Was aber geschieht, wenn ich ins Wasser greife und sich das Ruder gerade anfühlt? Eigentlich kann es nicht beides zugleich sein, nicht gerade und gekrümmt, also muss es zwei Ruder geben – eines, das ich sehe, ein anderes, das ich fühle. Die Lage wird noch misslicher mit Berkeleys Theorie, wenn man darüber nachdenkt, was geschieht, wenn zwei Menschen das Ruder sehen: Sie müssten eigentlich zwei verschiedene Ruder sehen, denn es gibt ja kein »wirkliches« Ruder »da draußen«, an dem sich ihre Wahrnehmungen treffen könnten.

> »Alle die Dinge, die das große Weltgebäude ausmachen, haben keine Subsistenz außerhalb des Geistes, ihr Sein ist ihr … Erkanntwerden.«
>
> **George Berkeley**
> *Abhandlung über die Prinzipien der menschlichen Erkenntnis*

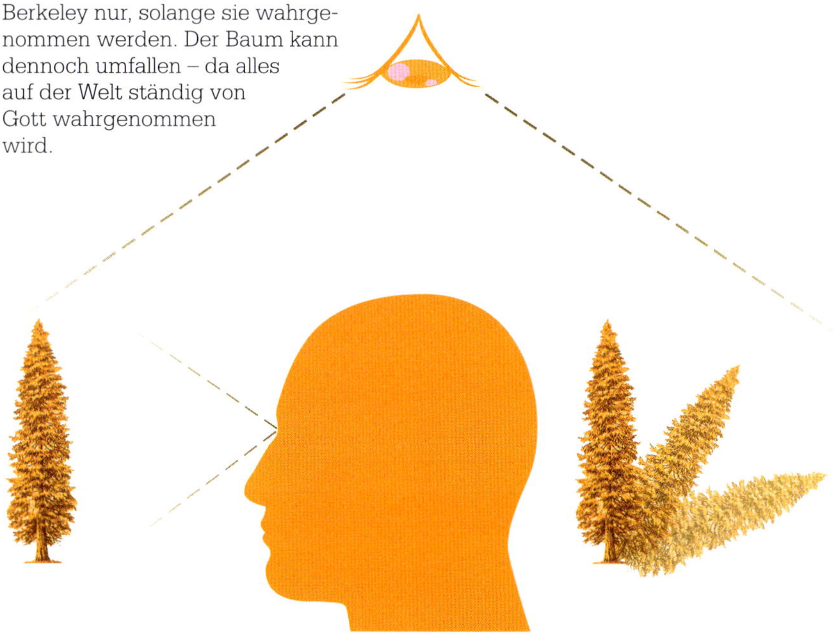

Kann ein Baum umfallen, wenn kein Beobachter da ist? Objekte existieren nach Berkeley nur, solange sie wahrgenommen werden. Der Baum kann dennoch umfallen – da alles auf der Welt ständig von Gott wahrgenommen wird.

Problem des Solipsismus

Aus Berkeleys System folgt unausweichlich, dass mehrere Menschen nie dieselben Dinge wahrnehmen. Jeder ist in seine eigene Welt eingeschlossen, abgeschnitten von den Welten der anderen. Auch dass Gott eine Idee von einem Ruder hat, hilft hier nicht weiter, denn das wäre eine dritte Idee und es gäbe ein drittes Ruder. Gott ist der Urheber meiner Idee und deiner Idee, aber solange wir unsere geistigen Eigenschaften nicht miteinander und mit Gott teilen, haben wir drei verschiedene Vorstellungen und drei verschiedene Ruder. Das führt zum Problem des Solipsismus – der Möglichkeit, dass nur ich existiere.

Eine Auflösung des Dilemmas lautet wie folgt: Weil ich Veränderungen in der Welt verursachen kann, zum Beispiel wenn ich meine Hand hochhebe, und weil ich ähnliche Veränderungen an den Körpern anderer Menschen wahrnehme, kann ich daraus schließen, dass auch diese Körper durch ein in ihnen vorhandenes »Bewusstsein« verändert wurden. Nach Berkeley aber ergibt sich das Problem, dass keine »wirkliche« Hand gehoben wird – ich kann also nur die Ursache der *Idee* meiner sich erhebenden Hand sein. Ich muss mich also auf Gott verlassen, dass er mir die Idee der Hand einer anderen Person eingibt. Nach Berkeley gibt es keine empirische Gewissheit, sondern im Hinblick auf unser Wissen von der Welt und der Existenz anderer denkender Wesen sind wir abhängig vom Glauben an einen Gott, der uns nie täuschen würde. ■

DAS ZEIT
DER REV
1750–1900

ALTER OLUTION

1751
Der erste Band von **Denis Diderots** *Enzyklopädie* erscheint.

1759
Voltaire veröffentlicht *Candide*, einen satirischen Roman über Leibniz' Diktum »Alles ist bestens in der besten aller möglichen Welten«.

1762
Jean-Jacques Rousseau veröffentlicht die politische Kampfschrift *Der Gesellschaftsvertrag*.

1763
Mit dem **Vertrag von Paris** wird Großbritannien die größte Kolonialmacht in Nordamerika.

1776
Die amerikanische **Unabhängigkeitserklärung** wird unterzeichnet.

1780
Jeremy Bentham entwickelt die Theorie des **Utilitarismus**, 1789 veröffentlicht in *Introduction to the Principles of Morals and Legislation*.

1781
Immanuel Kant veröffentlicht die *Kritik der reinen Vernunft*.

1789
Mit dem Sturm auf die Bastille beginnt die **Französische Revolution**.

Bis zur Renaissance stand ganz Europa unter der Kontrolle der Institutionen und der Doktrin der Kirche, nun entwickelten sich aus den mittelalterlichen Königreichen Nationalstaaten, und mit ihnen bildeten sich vom 17. Jahrhundert an unterschiedliche nationale Kulturen heraus, die auch das philosophische Denken unterschiedlich prägten.

Im Zeitalter der Vernunft bestand ein deutlicher Gegensatz zwischen dem kontinentaleuropäischen Rationalismus und dem englischen Empirismus. Ab Ende des 18. Jahrhunderts brachen die alten Werte und Feudalsysteme zusammen, Handel und später Industrie führten zur Entstehung eines wohlhabenden städtischen Bürgertums, welches das Zeitalter des Nationalismus und Imperialismus mitbestimmte. Die reichsten Staaten kolonialisierten viele Länder rund um die Welt.

Frankreich und Großbritannien

Die Philosophie beschäftigte sich – mit unterschiedlichen nationalen Akzenten – zunehmend mit sozialen und politischen Fragen. In Großbritannien, das 1688/89 seine Glorreiche Revolution erlebt hatte, erreichte der Empirismus seinen Höhepunkt mit dem Werk David Humes. Die politische Philosophie dagegen war vom Utilitarismus bestimmt. In die Zeit der beginnenden Industriellen Revolution fällt John Stuart Mills Ausarbeitung des Bentham'schen Utilitarismus, ein Beitrag zur Entwicklung der liberalen Demokratie und des modernen bürgerlichen Rechtsstaats.

In Frankreich jedoch herrschten weniger stabile Verhältnisse. Der cartesische Rationalismus wurde abgelöst von der Generation der *philosophes*, radikalen politischen Denkern, die sich der Aufklärung des Volkes durch Wissenschaft verschrieben hatten. Zu ihnen gehörten der Satiriker Voltaire, der Enzyklopädist Denis Diderot und Jean-Jacques Rousseau, der revolutionärste Denker von allen. Seine Vision von einer auf den Grundsätzen *liberté*, *egalité* und *fraternité* beruhenden Gesellschaft wurde zum Schlachtruf der Französischen Revolution und beeinflusste Generationen radikaler Intellektueller. Nach Rousseau übt die Zivilisation einen verderblichen Einfluss auf die Menschen aus, die von Natur aus gut sind. Daran knüpft die Romantik an, die auf die revolutionäre Periode folgt.

1802
Napoleon Bonaparte ernennt sich selbst zum Kaiser von Frankreich.

1807
Georg Wilhelm Friedrich Hegel veröffentlicht die *Phänomenologie des Geistes.*

1843–1846
Søren Kierkegaard schreibt *Entweder/Oder* und *Furcht und Zittern.*

1848
Karl Marx veröffentlicht das *Kommunistische Manifest.* Revolutionen und soziale Bewegungen finden überall in Europa statt.

1859
Charles Darwin veröffentlicht *Die Entstehung der Arten*, die Darstellung seiner Evolutionstheorie.

1861
John Stuart Mill veröffentlicht *Utilitarianism.*

1880er-Jahre
Die europäischen Mächte beginnen mit der **umfassenden Kolonisierung** des afrikanischen Kontinents.

1890
Der Pragmatist **William James** veröffentlicht *The Principles of Psychology.*

Das Denken der Romantiker war geprägt von einer idealisierten Sicht der Natur, stand in scharfem Gegensatz zum städtischen »Raffinement«, das in der Zeit der Aufklärung den Ton angab. Vor allem stellten die Romantiker Gefühl und Intuition über die Vernunft. Die Bewegung prägte Kunst, Literatur und Philosophie in ganz Europa und auch in Amerika.

Der deutsche Idealismus

Das 19. Jahrhundert wurde von der deutschen Philosophie beherrscht – dies begann mit Immanuel Kant. Dessen idealistische Philosophie, die strikt zwischen der unserer Erfahrung zugänglichen »Welt für uns« und der transzendentalen Welt der »Dinge an sich«, die nur von der Vernunft zu erfassen ist, unterscheidet, führte zu einer Art »kopernikanischen Wende« des philosophischen Denkens. Kants »transzendentaler Idealismus« vereinte Rationalismus und Empirismus, legte den Grund zum Hegel'schen Systemdenken und auch zur deutschen Romantik.

Kants kritische Philosophie wurde abgelöst vom deutschen Idealismus (Fichte, Schelling und Hegel) und von Schopenhauer, der in seine idiosynkratische Kant-Interpretation Elemente der östlichen Philosophie einbezog.

Zu den Erben von Hegels Idealismus gehörte Karl Marx, der die Methoden der deutschen Philosophie, die politisch-revolutionäre Philosophie Frankreichs und die britische Nationalökonomie glänzend miteinander verband. Nach dem *Kommunistischen Manifest* widmete er sich der Arbeit am *Kapital*, einem der wohl einflussreichsten philosophischen Werke aller Zeiten. In den Jahrzehnten nach seinem Tod entstanden auf der ganzen Welt revolutionäre Parteien und Staaten, die sich auf seine Grundsätze beriefen.

Das kulturelle Leben in den Vereinigten Staaten begann sich, nachdem die britische Kolonialherrschaft abgeschüttelt war, von seinen europäischen Wurzeln zu lösen. Zunächst war das Denken dort noch von der Romantik beeinflusst, gegen Ende des 18. Jahrhunderts aber entwickelte sich dort eine eigenständige Spielart der Philosophie, der Pragmatismus, der sich hauptsächlich mit dem Problem der Wahrheit beschäftigte und zum demokratischen Ursprung des Landes sowie zur Kultur des neuen Jahrhunderts passte.

ZWEIFEL IST KEIN ANGENEHMER ZUSTAND, GEWISSHEIT JEDOCH ABSURD

VOLTAIRE (1694–1778)

IM KONTEXT

DISZIPLIN
Erkenntnistheorie

LEHRE
Skeptizismus

FRÜHER
350 v. Chr. Aristoteles spricht vom Verstand eines Kindes als einer »leeren Tafel«, woraus später die *tabula rasa* wurde.

ab 1690 John Locke vertritt die Auffassung, dass die sinnliche Erfahrung für Kinder wie für Erwachsene verlässliches Wissen über die äußere Welt bietet.

SPÄTER
1859 John Stuart Mill kritisiert in *On Liberty* die Annahme, dass wir unfehlbar sind.

um 1980 Die Postmodernen begegnen allen Formen der Erkenntnis – auch der, die auf empirischen (sinnlich wahrgenommenen) Informationen beruht – mit Skepsis.

Voltaire war ein französischer Intellektueller im Zeitalter der Aufklärung. Er gehörte zu den *philosophes*, die Formen des menschlichen Zusammenlebens, Traditionen, Sitten und Gebräuche intensiv durchleuchteten, sich gegen die anerkannten Autoritäten in Kirche und Staat wandten, nach neuen Werten in der Moral suchten und an Fortschritt durch Bildung, Wissenschaft und Technik glaubten, weil diese die Autonomie der Menschen vergrößerten. Bis ins 17. Jahrhundert hatten die Menschen in Europa die Lehre der Kirche auch in Fragen des praktischen Lebens, der Erkenntnistheorie und Metaphysik mehr oder weniger akzeptiert. Nun begannen Philosophen und Naturwissenschaftler, das Denken aus der Vormundschaft der Kirche zu befreien. Um 1690 hatte John Locke das Konzept angeborener Ideen verworfen: Alle unsere Vorstellungen entsprängen allein der sinnlichen Erfahrung. Seine Theorie bekam zusätzliches

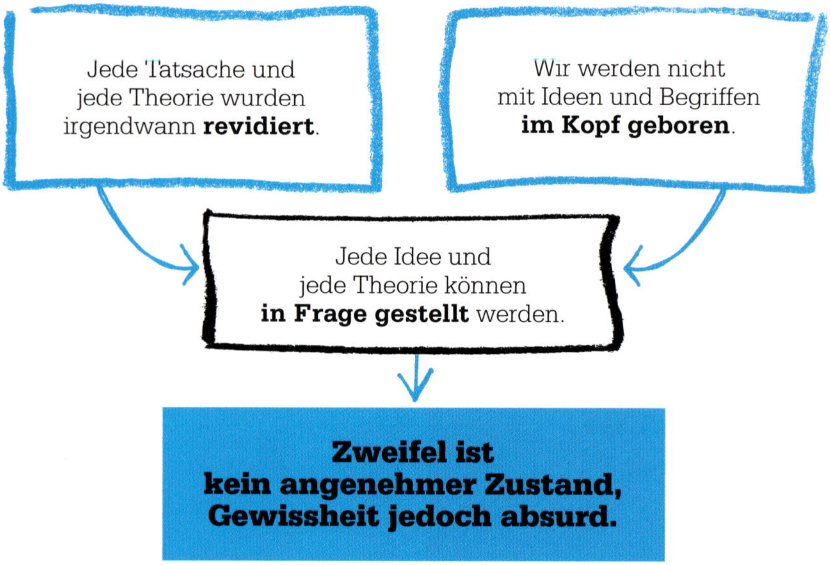

Siehe auch: Aristoteles 56–63 ▪ John Locke 130–133 ▪ David Hume 148–153 ▪ John Stuart Mill 190–193 ▪ Hans-Georg Gadamer 260–261 ▪ Karl R. Popper 262–265

Wissenschaftliche Experimente wiesen für den Aufklärer Voltaire den Weg in eine bessere Welt.

Gewicht, als der Naturforscher Isaac Newton mit seinen Experimenten neue Wege zur Entdeckung beweiskräftiger Tatsachen aufzeigte. Vor dem Hintergrund dieses Aufbruchs, einer Rebellion gegen die Tradition, verkündete Voltaire, Gewissheit sei eine Absurdität.

Zwei Gründe führt er dafür an. Erstens sei, abgesehen von einigen unbestreitbaren Wahrheiten in Mathematik und Logik, bislang nahezu jede Tatsache, jede Theorie irgendwann revidiert worden. »Tatsachen« könne man nur als Arbeitshypothesen nehmen. Zweitens bestreitet er wie Locke, dass Ideen angeboren seien, und zeigt stattdessen, wie Ideen durch die jeweilige Kultur bestimmt werden.

Revolutionärer Zweifel

Voltaire bestreitet nicht, dass es absolute Wahrheiten geben könne, man wisse nur nicht, wie sie zu erkennen seien. Darum sieht er in der Skepsis den einzig vernünftigen Standpunkt. Damit das Zweifeln aber nicht in endlosen Streit führt, brauchen wir, sagt Voltaire, ein System wie die Wissenschaft, um Konsens herzustellen. Sicher sei Gewissheit angenehmer als Zweifel, denn bequemer als selbst zu denken sei es, sich einfach Autoritäten anzuschließen. Doch müsse man jede Tatsache, jegliche Autorität in Zweifel ziehen. Der Staat sollte eingeschränkte Vollmachten haben, Meinungsfreiheit dagegen unbegrenzt gelten, Wissenschaft und Bildung sollten so organisiert sein, dass sie materielle und moralische Fortschritte bewirken. Damit nimmt der Aufklärer Voltaire die Ideale der Revolution vorweg, die elf Jahre nach seinem Tod ausbrechen sollte. ▪

Voltaire

Voltaire war das Pseudonym des französischen Schriftstellers François Marie Arouet. Er wurde in einer Pariser Mittelklassefamilie als jüngstes von drei Kindern geboren. Er studierte Jura, wurde aber nicht Jurist, sondern Schriftsteller. Schon 1715 hatte er sich einen Namen als geistreicher Literat gemacht, den seine Satiren oft auch in Schwierigkeiten brachten: Wegen Beleidigung des Adels saß er mehrmals im Gefängnis, wurde einmal aus Frankreich ausgewiesen. Er ging nach England und lernte dort die englische Philosophie und Naturwissenschaft kennen. Zurück in Frankreich verdiente er mit Spekulationen viel Geld und konnte sich ganz dem Schreiben widmen. Er hatte skandalöse Affären, reiste viel, lebte am preußischen Hof und an kleineren deutschen Höfen und kämpfte für Gesetzesreformen und gegen religiöse Intoleranz.

Hauptwerke

1733 *Philosophische Briefe*
1734 *Abhandlung über die Metaphysik*
1759 *Candide*
1764 *Philosophisches Wörterbuch*

GEWOHNHEIT IST DIE FÜHRERIN DES LEBENS

DAVID HUME (1711–1776)

IM KONTEXT

DISZIPLIN
Erkenntnistheorie

LEHRE
Empirismus

FRÜHER
1637 René Descartes gründet mit seiner *Abhandlung über die Methode* Wissenschaft auf methodischen Vernunftgebrauch.

1690 John Locke entwirft mit *Versuch über den menschlichen Verstand* eine empiristische Erkenntnistheorie.

SPÄTER
1781 Immanuel Kant findet mit *Kritik der reinen Vernunft* eine Synthese von Rationalismus und Empirismus.

1844 Arthur Schopenhauers *Die Welt als Wille und Vorstellung* ist Humes Erkenntnislehre verpflichtet.

1934 Nach Karl R. Popper sind Beobachtung und Induktion als Grundlagen der Wissenschaft nur sicher, wenn falsifizierbar.

Zu der Zeit, als David Hume geboren wurde, stritten Europas Philosophen über das Wesen der Erkenntnis. Descartes' *Abhandlung über die Methode* stärkte die rationalistische Annahme, dass wir allein durch vernünftige Überlegung zu wahren Erkenntnissen kommen können. Dem widersprach John Locke. Wahre Erkenntnis, sagt er, stammt aus sinnlicher Erfahrung. George Berkeley spitzt den Empirismus zu: Die Welt existiert ihm zufolge nur, sofern sie wahrgenommen wird. Den stärksten Schlag versetzte Hume, der dritte der großen britischen Empiristen, dem Rationalismus – mit seinem *Traktat über die menschliche Natur*.

Humes Gabel

Skeptisch, mit bemerkenswert klarer Sprache nähert sich Hume dem Erkenntnisproblem. Er analysiert, was unser Erkenntnisvermögen hervorbringt, und stößt auf zwei Ergebnisse: erstens »Sinneseindrücke« – oder unmittelbare Wahrnehmungen wie »Empfindungen, Leidenschaften und Gefühle« – und zweitens »Ideen«, Gedanken, Reflexionen und Vorstellungen, die er schwache Abbilder unserer Sinneseindrücke nennt. Aus dieser Unterscheidung zieht er beunruhigende Konsequenzen, die unsere liebsten Überzeugungen in Frage stellen, Überzeugungen, die nicht nur Logik und Wissenschaft, sondern auch das Wesen der Welt betreffen, in der wir leben. Hume steht vor dem Problem, dass wir oft mit Ideen hantieren, die nicht auf Sinneseindrücken beruhen, und ihn beschäftigt, wie und wann wir das tun. Um dies herauszufinden, unterscheidet Hume zwei Arten von

» Deshalb bestehen in unseren Folgerungen über Tatsachen alle möglichen Grade des Fürwahrhaltens … Ein kluger Mann bemisst daher seinen Glauben nach den Beweisen. «

David Hume
Untersuchungen über den menschlichen Verstand

David Hume

Hume wurde 1711 in Edinburgh geboren, war ein frühreifes Kind und besuchte schon mit zwölf Jahren die Universität. Um 1729 begann er sich in die Erkenntnistheorie einzuarbeiten. Er erlitt wegen Überarbeitung einen Nervenzusammenbruch und übersiedelte nach La Flèche im Anjou, wo er den *Traktat über die menschliche Natur* verfasste, in dem er praktisch alle seine philosophischen Ideen darlegte. Mit dem Buch kehrte er nach Edinburgh zurück. 1763 ging er als Botschaftssekretär nach Paris, freundete sich mit Rousseau an und wurde zum bekannten Philosophen. In seinen letzten Lebensjahren befasste sich Hume mit den umstrittenen *Dialogen über die natürliche Religion*. Wegen seiner, wie er sagte, »übermäßigen Vorsicht« wurden sie erst nach seinem Tod in Edinburgh im Jahr 1776 veröffentlicht.

Hauptwerke

1739 *Traktat über die menschliche Natur*
1748 *Untersuchung über den menschlichen Verstand*
1779 *Dialoge über die natürliche Religion*

Siehe auch: Platon 50–55 ▪ Aristoteles 56–63 ▪ René Descartes 116–123 ▪ John Locke 130–133 ▪ George Berkeley 138–141 ▪ Immanuel Kant 164–171 ▪ Ludwig Wittgenstein 246–251 ▪ Karl R. Popper 262–265

Aussagen, die »demonstrativen«, beweiskräftigen und die »wahrscheinlichen« Aussagen. Er vertritt die Ansicht, dass wir die beiden in der Alltagserfahrung oft durcheinanderbringen.

»Demonstrativ« ist eine Aussage, deren Wahrheit oder Falschheit evident ist. Wer etwa bestreitet, dass die Aussage 2 + 2 = 4 wahr ist, begeht einen logischen Widerspruch: Wenn 2 + 2 nicht gleich 4 ist, versteht er die Bedeutungen der Begriffe »2« oder »4« (oder »+« oder »=«) nicht. Aussagen dieser Art sind, wie man auch sagt, *a priori* wahr oder falsch, will sagen: »vor aller Erfahrung«.

Die Wahrheit einer Aussage, die nur Wahrscheinlichkeit für sich beanspruchen kann, ist nicht evident, denn sie betrifft empirische Tatsachen. Alle Aussagen vom Typ »Hans ist oben« treffen nur der Möglichkeit nach zu, sie sind, wenn sie als wahr behauptet werden, empirisch zu beweisen. Ihre Wahrheit lässt sich nur durch »Experimente« beweisen: Wenn zum Beispiel jemand nach oben geht »

Mathematik und Logik präsentieren »demonstrative« Wahrheiten, die man nicht leugnen kann, ohne sich in Widersprüche zu verwickeln. Sie sind das Einzige, das Hume zufolge gewiss ist.

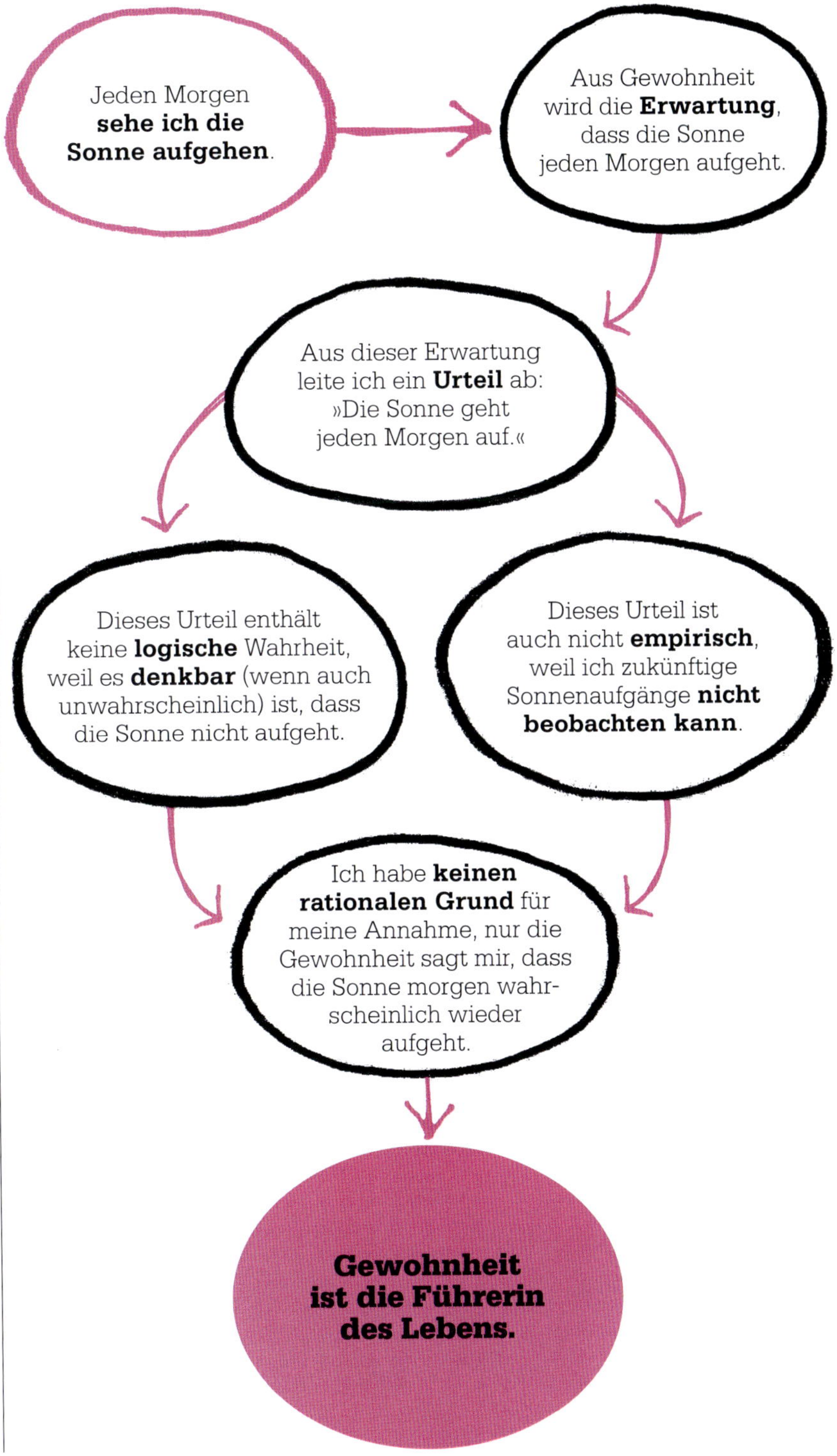

und nachsieht, ob Hans da ist oder nicht. Bei jeder Aussage können wir danach fragen, ob sie nur eine gewisse Wahrscheinlichkeit für sich hat oder »demonstrativ«, also unwiderleglich ist. Ist sie keines von beiden, können wir nicht wissen, ob sie wahr oder falsch ist, damit ist sie, so Hume, bedeutungslos. Diese Unterscheidung aller Aussagen in zwei mögliche Arten wird auch »Humes Gabel« genannt.

Induktive Schlussfolgerungen

Bisher zeigt Humes Gedankengang nichts Überraschendes. Merkwürdiges geschieht erst, wenn man ihn auf induktive Schlüsse bezieht – auf unsere Fähigkeit, Dinge mittels vergangener Erfahrungen zu erschließen. Dabei unterstellen wir stillschweigend, dass sich die Natur auch morgen so verhalten wird wie gestern oder heute. Ist die Behauptung, dass die Sonne auch morgen aufgehen wird, tatsächlich zu rechtfertigen? Sie ist keine demonstrative Aussage, denn ihre Verneinung führt nicht in logische Widersprüche. Sie ist aber auch keine Wahrscheinlichkeitsaussage, weil wir nicht alle zukünftigen Sonnenaufgänge erleben können.

Das gleiche Problem taucht auf, wenn wir Humes Gabel auf kausale Verhältnisse beziehen. Die Aussage »A ist Ursache von B« scheint auf den ersten Blick verifizierbar zu sein, aber es führt nicht zu logischen Widersprüchen, wenn behauptet wird, »A ist nicht die Ursache von B«. Sie ist also keine demonstrative Wahrheit (wie 2+2 = 4), ebenso wenig aber ist sie empirisch beweisbar, weil wir das Ereignis »B folgt auf A« nicht jedes Mal beobachten können, wenn es stattfindet. Auch wenn wir x-mal beobachten, dass B auf A folgt, können wir daraus keine Wahrscheinlichkeitsaussage machen beim x+1. Dieses Mal könnte es anders sein. Mit der Beobachtung, dass B bislang stets auf A gefolgt ist, lässt sich nicht begründen, dass B notwendig auf A folgt, also auch nicht, dass A Ursache von B ist.

Offenbar gibt es keine vernünftige Grundlage für den Schluss von der Wirkung auf die Ursache – wie also lässt sich rechtfertigen, dass wir diese Verbindung herstellen und so häufig Gebrauch von ihr machen? »Durch menschliche Natur«, sagt Hume lapidar: Es sei eine geistige Gewohnheit, in regelmäßige Wiederholung Gleichförmigkeit, in »stetes Zusammenfallen« von Ereignissen eine Kausalbeziehung hineinzulesen. Dabei ist dieses induktive Schlussverfahren die Grundlage der Wissenschaft,

Die Gründe für unseren Glauben oder unsere Überzeugung, dass die Sonne auch morgen aufgehen oder dass Wasser aus dem Hahn laufen wird und nicht Wein, sind nach Hume nicht logisch. Wir haben gelernt oder sind gewohnt anzunehmen, die Welt werde morgen die gleiche sein wie heute.

» Die Natur nötigt uns mit absoluter und unabwendbarer Notwendigkeit, Urteile zu fällen, ebenso wie sie uns nötigt zu atmen und zu empfinden. «

David Hume
Ein Traktat über die menschliche Natur

Die Wissenschaften versorgen uns mit immer genaueren Informationen über die Welt, aber Hume zufolge haben sie immer nur mit Theorien zu tun, niemals mit »Naturgesetzen«.

es verführt dazu, unsere Schlussfolgerungen als »Naturgesetze« aufzufassen. Aber aus dem Nacheinander von Ereignissen lässt sich keine Kausalbeziehung ableiten, »post hoc«, nach diesem, ist nicht »propter hoc«, wegen diesem. Das ist Humes stärkster Schlag gegen den Rationalismus. Es sind, sagt Hume, gewohnheitsmäßige Überzeugungen, die unserem Anspruch, etwas zu wissen, zugrunde liegen, und nicht die Vernunft.

Gewohnheit als Leitfaden

Induktive Schlussfolgerungen sind nicht zu beweisen, gleichwohl – und Hume erkennt das an – können sie nützlich sein. Immerhin verfügen wir über Gründe, wenn wir erwarten, dass heute etwas geschieht, das wir gestern präzise beobachtet haben. Wenn sich induktive Schlussfolgerungen nicht rational rechtfertigen lassen, dann ist Gewohnheit immerhin ein Leitfaden.

Hume plädiert dafür, von dieser »geistigen Gewohnheit« nur vorsichtig Gebrauch zu machen. Bevor wir von der Wirkung auf die Ursache schließen, sollten wir überprüfen, ob diese Abfolge der Ereignisse in der Vergangenheit immer eingetreten ist. Ist das der Fall, können wir mit guten Gründen annehmen, dass dieses Objekt zum Beispiel auch das nächste Mal zu Boden fallen wird, wenn wir es loslassen. Zwei Uhren, die ein paar Sekunden auseinander sind, werden nacheinander schlagen. Aber daraus können wir nicht folgern, dass das Schlagwerk der ersten das der zweiten Uhr zu seinem Schlag veranlasst hat. Es gilt eben nur »post hoc«, nicht »propter hoc«.

Humes Behandlung des »Induktionsproblems« erschüttert den Rationalismus (der hier die »Idee« der Kausalität in Anspruch nehmen muss) und wertet zugleich die lebenspraktische Bedeutung von Glauben und Gewohnheit auf. Letztlich, sagt Hume, sind Glaubensgewohnheiten »ebenso befriedigend für den Geist … wie demonstrative Wahrheiten«.

Eine revolutionäre Idee

Die glänzende Argumentation und die innovativen Ideen im *Traktat über den menschlichen Verstand* wurden praktisch ignoriert, als dieser 1739, auf dem Höhepunkt des britischen Empirismus, erschien. Hume war in seinem Land eher bekannt als Autor der *Geschichte Großbritanniens* als für seine Philosophie. In Deutschland dagegen erlangte seine Erkenntnistheorie größere Bedeutung. Die Lektüre von Hume, sagte Kant, habe ihn aus seinem »dogmatischen Schlummer« geweckt. Auch deutsche Philosophen des 19. und die logischen Positivisten des 20. Jahrhunderts waren von Hume beeinflusst.

Vollends zu Ehren kam seine Darstellung des Induktionsproblems im Werk von Karl R. Popper, das dem Nachweis gewidmet ist, dass eine Theorie nur als wissenschaftlich gelten kann, wenn sie falsifizierbar, widerlegbar, ist. ■

» Hume, dachte ich, hatte vollkommen recht, wenn er sagte, dass die Induktion logisch nicht gerechtfertigt werden kann. «

Karl R. Popper
Vermutungen und Widerlegungen

DER MENSCH WIRD FREI GEBOREN, UND ÜBERALL LIEGT ER IN KETTEN

JEAN-JACQUES ROUSSEAU (1712–1778)

IM KONTEXT

DISZIPLIN
Politische Philosophie

LEHRE
Theorie des Gesellschaftsvertrags

FRÜHER
1651 Thomas Hobbes entwickelt im *Leviathan* die Idee eines Gesellschaftsvertrags.

1689 John Locke erkennt in *Zwei Abhandlungen über die Regierung* das Naturrecht auf Verteidigung »des Lebens, der Gesundheit, der Freiheit und des Eigentums« an.

SPÄTER
1791 Nach Thomas Paine *(Menschenrechte)* ist es Zweck von Staat und Regierung, die Rechte des Individuums zu schützen.

1848 Karl Marx und Friedrich Engels veröffentlichen *Das kommunistische Manifest.*

1971 John Rawls entwickelt in *Eine Theorie der Gerechtigkeit* die Idee einer »Gerechtigkeit als Fairness«.

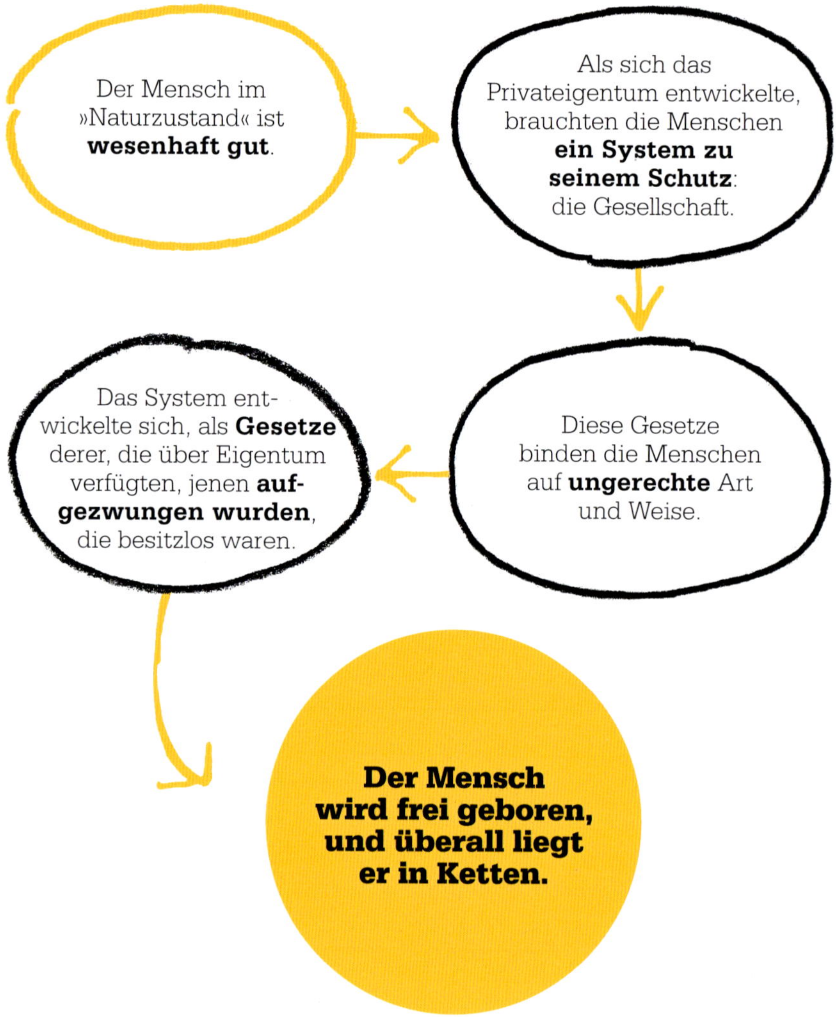

Als junger Mann wollte Jean-Jacques Rousseau Musiker und Komponist werden, doch 1740 begegnete er Diderot und d'Alembert, den Herausgebern der *Encyclopédie*, und sein Interesse an Philosophie war geweckt. Es waren politisch gespannte Zeiten, französische und englische Aufklärer griffen die Autorität der Kirche und des Adels an, sie forderten gesellschaftliche Reformen, ein Ende der Privilegien und freie Selbstentfaltung des Individuums. Rousseaus Interesse galt der politischen Philosophie, insbesondere der Theorie des Gesellschaftsvertrags, wie sie Hobbes und Locke entwickelt hatten. Wie diese verglich er das aktuelle gesellschaftliche Leben der Menschen mit einem hypothetischen »Naturzustand«, dabei kam er aber zu vollkommen anderen Ergebnissen als die beiden.

Man hätte ihn, den Fortschrittskritiker, einen Vertreter des »gegenaufklärerischen Denkens« nennen können. Nicht umsonst sollte er eine beträchtliche Wirkung auf die nächste große Bewegung, die Romantik, haben.

Verderbnis von Kunst und Wissenschaft

Nach Hobbes ist das Leben im Naturzustand »einsam, arm, roh und kurz«, weil die Menschen ausschließlich ihrem Selbsterhaltungstrieb folgten. Um ihn im Zaum zu halten, sei eine zivilisierte Gesellschaft nötig. Dem setzte Rousseau ein positives Bild der menschlichen Natur entgegen und sah in Gesellschaft und Zivilisation die Gründe für die Übel der Zeit.

Dass die Gesellschaft die Menschen verderbe, war ein Gedanke, den er in seiner Antwort auf eine

Siehe auch: Thomas Hobbes 112–115 ▪ John Locke 130–133 ▪ Edmund Burke 172–173 ▪ John S. Mill 190–193 ▪ Karl Marx 196–203 ▪ John Rawls 294–295

Preisfrage der Akademie von Dijon formulierte: »Ob die Erneuerung der Wissenschaften und Künste zum Verderb oder zur Hebung der Sittlichkeit beigetragen habe?« Die Akademie hatte begeistert zustimmende Antworten erwartet, Rousseau aber entwickelte seinen Gedankengang in entgegengesetzter Richtung. In der *Abhandlung über die Wissenschaften und Künste*, mit der er den ersten Preis gewann, erläuterte er, warum Künste und Wissenschaften die Moral untergraben. Weit entfernt davon, das Denken und das Leben der Menschen zu verbessern, schadeten sie der Tugend und dem Glück der Menschen.

Die Ungleichheit der Gesetze

In der *Abhandlung über den Ursprung und die Grundlagen der Ungleichheit unter den Menschen*, ebenfalls als Antwort auf eine Preisfrage entstanden, führte Rousseau seinen Grundgedanken weiter aus. Das Thema passte zur Stimmung der Zeit, zum Ruf nach sozialen Reformen, und wieder stellte sich Rousseau der herrschenden Meinung entgegen. Egoistisch, roh und rechtlos: Im Bild, das Hobbes zeichnete, erkannte Rousseau nicht den »natürlichen«, sondern den »zivilisierten« Menschen. Die zivilisierte Gesellschaft sei es, die einen unzivilisierten Zustand herbeiführe. Im Naturzustand dagegen lebe der Mensch unschuldig, glücklich »

Die romantische Bewegung, die Kunst und Literatur des späten 18. und frühen 19. Jahrhunderts beherrschte, übernahm Rousseaus Vorstellung vom Naturzustand als einem der Schönheit, Unschuld und Tugend.

Jean-Jacques Rousseau

Rousseau kam aus einer calvinistischen Familie in Genf. Die Mutter starb kurz nach seiner Geburt, einige Jahre später musste der Vater nach einem Duell fliehen. Rousseau wuchs bei einem Onkel auf, ging mit 16 Jahren nach Frankreich, konvertierte zum Katholizismus. Er arbeitete als Komponist und wurde im Staatsdienst für zwei Jahre nach Venedig geschickt. Nach seiner Rückkehr begann er über philosophische Themen zu schreiben. Seine Ansichten führten in der Schweiz und in Frankreich zum Verbot seiner Bücher, die Polizei suchte ihn. So nahm er Humes Einladung an, eine Zeit lang in England zu leben. Nach einem Streit kehrte Rousseau unter falschem Namen nach Frankreich zurück. Später wurde ihm der Aufenthalt in Paris wieder gestattet, wo er bis zu seinem Tod lebte.

Hauptwerke

1750 *Abhandlung über die Wissenschaften und Künste*
1755 *Abhandlung über den Ursprung und die Grundlagen der Ungleichheit unter den Menschen*
1762 *Vom Gesellschaftsvertrag oder die Grundsätze des Staatsrechts*

und unabhängig: Der Mensch ist frei geboren.

Die Gesellschaft verdirbt

Rousseaus Naturzustand ist eine ländliche Idylle, der Zustand, der dem ursprünglich guten Wesen des Menschen entspricht. Wir kommen, sagt Rousseau, tugendhaft, mitfühlend und einfühlsam zur Welt. Doch dieser Stand der Unschuld zerbricht, die Macht der Vernunft trennt die Menschen von der übrigen Natur und damit verlieren sie auch ihre natürlichen Tugenden, ergeben sich dem Laster, geraten ins Elend.

Rousseau bedauert den Weg aus dem Naturzustand heraus hin zum Aufbau einer zivilisierten Gesellschaft, sieht ihn aber als unvermeidlich – als Resultat unserer Fähigkeit vernünftig zu denken. Begonnen habe dieser Prozess, als der erste Mensch auf die Idee kam, ein Stück Land einzuzäunen und es als »Eigentum« zu reklamieren. Wollten die Menschen als Eigentümer nebeneinander leben, müssten sie Gesellschaften bilden und diese seien nur durch Rechtssysteme aufrechtzuerhalten. Im gesellschaftlichen Leben büßen die Menschen ihre natürlichen Tugenden, ihr Mitgefühl ein. Sie schaffen Gesetze, die nicht gerecht sind, sondern den Egoismus, das Eigentum schützen sollen. Die Reichen zwingen sie den Armen auf.

Adam und Eva – Menschen im »Naturzustand«, der nach Rousseau der Gesellschaft vorausging. Wie sie würden wir, durch das Wissen verdorben, immer egoistischer und unglücklicher.

Der Schritt vom natürlichen in den zivilisierten Zustand führt, so Rousseau, nicht nur von der Tugend zum Laster, sondern auch von Unschuld und Freiheit zu Ungerechtigkeit und Sklaverei. Die Menschen sind von Natur aus tugendhaft, aber verdorben durch die Gesellschaft. Sie sind frei geboren, durch Gesetze jedoch verurteilt zu einem Leben in Ketten.

Der Gesellschaftsvertrag

Die zweite *Abhandlung* brachte Rousseau noch mehr Ärger ein, aber auch Anerkennung und Ruhm. Sein Porträt des Naturzustands, den er als wünschenswert und nicht als roh und unzivilisiert hinstellte, wurde zu einem Leitgedanken der beginnenden romantischen Bewegung in Literatur und Kunst. Sein Schlachtruf »Zurück zur Natur!«, seine pessimistische Analyse der neuzeitlichen Gesellschaft passten gut zu der in den 1750er-Jahren vor allem in Frankreich wachsenden sozialen Unruhe. Rousseau wollte Probleme aber nicht nur benennen, sondern auch Abhilfe schaffen. Die Mittel dazu erläutert er in seinem wohl einflussreichsten Werk, dem *Gesellschaftsvertrag*.

Gleich im ersten Kapitel heißt es: »Der Mensch wird frei geboren, und dennoch liegt er in Ketten« – unüberhörbar der Ruf nach Veränderung. 27 Jahre später sollte er zu einer Parole der Französischen Revolution werden.

> »Im Kerker lebt man auch ruhig; genügt das, um sich darin wohlzufühlen?«
>
> **Jean-Jacques Rousseau**
> *Der Gesellschaftsvertrag*

Zu Schutz und Entfaltung dieser Freiheit entwirft Rousseau seine Vorstellung einer alternativen Gesellschaftsordnung, die nicht vom Adel, der Monarchie und der Kirche beherrscht ist, sondern von den Bürgern, die alle an der Gesetzgebung teilhaben. Nach dem Vorbild der antiken Republik sollen die Bürger als Einheit handeln und Gesetze erlassen, die mit der *volonté générale*, dem allgemeinen Willen, im Einklang stehen. Diese sollen von allen gemacht werden und für jeden gleich gelten, denn alle Menschen seien gleich.

Im Unterschied zu Lockes Version des Gesellschaftsvertrags, der zum Schutz der privaten Eigentumsrechte geschlossen wird, will Rousseau die gesetzgebende Gewalt dem Volk als Ganzem geben. Dabei repräsentiert der Allgemeinwille das Allgemeinwohl, ist also mehr als die Summe der Einzelwillen *(volonté de tous)*.

Dies scheint Rousseau möglich, denn sobald die Freiheit bestehe, an der Gesetzgebung mitzuwirken, verschwänden allmählich alle Formen von Ungleichheit und Ungerechtigkeit, ein Gefühl der

»Darin liegt der Beweis, … dass der allgemeine Wille … um auf alle Anwendung finden zu können, auch von allen ausgehen muss.«

Jean-Jacques Rousseau
Der Gesellschaftsvertrag

Zusammengehörigkeit entstünde. *Liberté, égalité, fraternité* – diese drei Begriffe, die zum Motto der französischen Republik wurden, würden wirklich.

Erziehung

In *Emile oder über die Erziehung*, einem weiteren Buch, das Rousseau ebenfalls 1762 schrieb, führt er die Verfälschung des Naturzustands auf die herrschende Erziehung zurück. Er entwirft darin zugleich eine neue Pädagogik, die es den Menschen ermöglichen soll, sich aus Freiheit für das Allgemeinwohl zu entscheiden. Anstelle einer Erziehung des Intellekts fordert Rousseau eine Erziehung der Gefühle. Auch der religiöse Glaube solle nicht unter der Regie des Kopfes stehen, sondern unter der des Herzens.

Darum geißelt er auch die schädlichen Einflüsse nicht nur der Religion, sondern auch des Atheismus. Immer wieder betont er, dass Vernunft die Unschuld des Menschen bedrohe und damit auch Freiheit und Glück.

Politischer Einfluss

Die meisten Schriften Rousseaus wurden in Frankreich sofort verboten, doch genau aus diesem Grund wurde er rasch bekannt und gewann viele Anhänger. Als er 1778 starb, stand das Land kurz vor einer Revolution und seine Idee eines Gesellschaftsvertrags, demzufolge die Gesetzgebung in die Hände des allgemeinen Willens aller Bürger gelegt werden sollte, erschien den Revolutionären als Alternative zum korrupten Feudalsystem, dessen sie sich entledigen wollten.

Aber Rousseaus Philosophie stand auch im Gegensatz zum Denken seiner Zeitgenossen. Sein Beharren darauf, dass der Naturzustand dem zivilisierten Leben in einer Gesellschaft überlegen sei, traf bei Reformern wie Voltaire oder Hume auf Unverständnis. Sein politischer Einfluss machte sich nach seinem Tod bemerkbar, in den Jahren der Revolution, und seine philosophische Wirkkraft wuchs im 19. Jahrhundert.

Hegel integrierte Rousseaus Modell des Gesellschaftsvertrags in sein eigenes System. Marx beeindruckten Rousseaus Ausführungen über Ungleichheit und Ungerechtigkeit. Im Gegensatz zu Robespierre, einem führenden Revolutionär, der Rousseaus Philosophie während der Schreckensherrschaft zur Rechtfertigung seiner Erziehungsdiktatur zur staatlichen Verbesserung des Menschen heranzog, verstand Marx Rousseaus Analyse der kapitalistischen Gesellschaft und der revolutionären Mittel, sie zu ersetzen, genauer. Das *Kommunistische Manifest* endet mit einer Verbeugung vor Rousseau: Das Proletariat habe »nichts zu verlieren als seine Ketten«. ■

Die Französische Revolution, die elf Jahre nach Rousseaus Tod begann, war inspiriert von seiner These, dass es ungerecht sei, wenn die wenigen Reichen über die stimm- und machtlosen Armen herrschen.

DER MENSCH IST EIN TIER, DAS HANDEL TREIBT

ADAM SMITH (1723–1790)

IM KONTEXT

DISZIPLIN
Politische Philosophie

LEHRE
Klassische Ökonomie

FRÜHER
um 350 v. Chr. Aristoteles betont die Bedeutung der häuslichen Produktion (»Ökonomie«) und erklärt die Rolle des Geldes.

Anfang 18. Jh. Der holländische Philosoph Bernard Mandeville sagt, egoistische Handlungen könnten indirekt sozial wünschenswerte Folgen haben.

SPÄTER
1850er-Jahre Der britische Schriftsteller John Ruskin hält Smiths Ansichten für zu materialistisch und deshalb für antichristlich.

ab den 1940er-Jahren Die Theorie des Handelns zieht in die Sozialwissenschaften ein als ein Modell zur Erklärung des menschlichen Verhaltens.

Adam Smith gilt vielen als der bedeutendste Ökonom aller Zeiten. Seine Vorstellungen vom wirtschaftlichen Handeln, vom Eigeninteresse, und seine Vision, dass dessen Verfolgung zur Realisierung des »Allgemeininteresses« führe, beschäftigen Philosophen noch heute. Er ist der erste, der den Gedanken der »Wirtschaftsgesellschaft«, den sein Freund David Hume entwickelte, allgemein und abstrakt ausformuliert hat.

Wie Rousseau geht Smith davon aus, dass die Motive der Menschen teils sozial, teils egoistisch sind. Das Eigeninteresse aber, sagt Smith, ist stärker und erklärt das menschliche Verhalten besser.

Siehe auch: David Hume 148–153 ▪ Jean-Jacques Rousseau 154–159 ▪ Edmund Burke 172–173 ▪ Karl Marx 196–203 ▪ Noam Chomsky 306–307

In einer berühmten Überlegung zur Psychologie des Handels sagt er, ein Geschäft komme zumeist dadurch zustande, dass beide Parteien wechselseitig Druck aufeinander ausüben: »Du wirst, was du willst, am günstigsten bekommen, wenn du mir gibst, was ich will.« Nicht Menschlichkeit und Mitgefühl des anderen befördern unsere Interessen, sondern seine Eigenliebe.

Smith zufolge ist der Tausch nützlicher Dinge eine allein menschliche Fähigkeit. Hunde tauschen keine Knochen. Wenn ein Tier etwas will, muss es »die Gunst dessen gewinnen, von dem es etwas möchte«. Auch Menschen müssen manchmal versuchen, »die Gunst des Mitmenschen durch Unterwürfigkeit und Schmeichelei zu erlangen«, doch funktioniere dies nicht jedes Mal, wenn man die Hilfe anderer brauche. Das Leben erfordert »ständig und in hohem Maße Hilfe und Mitarbeit anderer«. Wenn wir zum Beispiel in einem Gasthaus übernachten wollen, erwarten wir, dass viele Leute dafür arbeiten – sie richten das Bett her, besorgen Getränke, kochen, tragen auf und so weiter. Auf keinen dieser Dienste könnte man sich verlassen, müsste man sich allein auf den guten Willen anderer verlassen. Doch wenn es im Eigeninteresse beider Parteien liegt, dann wird, so Smith, ein Geschäft in Gang kommen – der Mensch ist ein Tier, das Handel treibt.

Die Arbeitsteilung

Wegen dieser Fähigkeit, so Smith in seiner Theorie der Entwicklung der frühen Marktwirtschaft, konnte die Phase, in der jeder Familienverband Selbstversorger war, überwunden werden. Weil wir Geschäfte aushandeln können, müssen wir immer weniger Produkte selbst herstellen, zuletzt vielleicht nurmehr eine Ware, einen Dienst anbieten, alle anderen Dinge und Dienste unseres Bedarfs können wir dagegen eintauschen. Die Erfindung des Geldes hat diesen Prozess revolutioniert, denn nun musste kein direkter »

Adam Smith

Der »Vater« der modernen Wirtschaftslehre wurde 1723 im schottischen Kirkcaldy geboren. Er zeigte sich als akademisches Wunderkind und wurde zunächst Lektor an der Universität Edinburgh, 1750 dann Professor in Glasgow. In den 1760er-Jahren erhielt er einen lukrativen Posten als Tutor eines jungen schottischen Aristokraten, mit dem er durch Frankreich und die Schweiz reiste. David Hume hatte er bereits kennengelernt, nun nutzte er die Gelegenheit, weitere führende Vertreter der europäischen Aufklärung zu treffen. Zurück in Schottland, schrieb er zehn Jahre lang an seiner Untersuchung *Der Wohlstand der Nationen* und nahm eine Stelle als Berater der Regierung in Wirtschaftsfragen an. 1787 kehrte er an die Glasgower Universität zurück, deren Rektor er in seinen drei letzten Lebensjahren war.

Hauptwerke

1759 *Theorie der ethischen Gefühle*
1776 *Der Wohlstand der Nationen*
1795 *Essays über philosophische Gegenstände*

Tauschhandel mehr betrieben werden. Von da an, sagt Smith, waren nur noch Arbeitsunfähige auf Mildtätigkeit angewiesen. Alle anderen konnten auf den Markt gehen und ihre Arbeitskraft – oder das Geld, das sie mit ihrer Arbeit verdient hatten – gegen die Produkte tauschen, die von anderen hergestellt wurden.

Wenn es nicht mehr notwendig ist, alles selbst zu produzieren, beschleunigt das die Spezialisierung der Arbeit (des Bäckers, Zimmermanns usw.), zuletzt auch die Arbeitsteilung in den Herstellungsprozessen selbst, an denen mehrere Menschen mitwirken. Gleich zu Beginn seines Meisterwerks *Der Wohlstand der Nationen* geht Smith darum beispielhaft auf die Stecknadelproduktion ein. Sie sei, notiert er, seit sie fabrikmäßig betrieben werde, um ein Vielfaches effektiver geworden. Konnte ein einzelner Arbeiter zuvor kaum 20 Stück am Tag fertigen, so bewältigte eine Gruppe von zehn Arbeitern, die jeder eine Teilaufgabe erledigten, 48 000 Stück pro Tag. Diese Steigerung der Arbeitsproduktivität, ein Ergebnis der industriellen Revolution, beeindruckte Smith, ebenso die bessere Ausstattung der Arbeiter mit Werkzeug und sonstiger Ausrüstung, und noch mehr, dass ein Fabrikbesitzer Arbeitskraft durch Maschinen ersetzen konnte. Alleskönner hatten es in einem solchen System immer schwerer. Auch Philosophen begannen sich auf die verschiedenen Disziplinen ihres Fachs zu spezialisieren: Logik, Ethik, Erkenntnistheorie, Metaphysik.

»Die Arbeitsteilung dürfte die produktiven Kräfte der Arbeit mehr als alles andere fördern und verbessern.«

Adam Smith
Der Wohlstand der Nationen

»In einer zivilisierten Gesellschaft ist der Mensch ständig und in hohem Maße auf die Mitarbeit und Hilfe anderer angewiesen.«

Adam Smith
Der Wohlstand der Nationen

Der freie Markt

Eine durch Arbeitsteilung gesteigerte Produktivität, dachte Smith,

Smith zufolge kann eine gerechte Gesellschaft nur über den Markt hergestellt werden. Sind die Menschen frei, Güter zu kaufen und zu verkaufen, können sie in »natürlicher Freiheit« leben.

werde zu einer Gesellschaft führen, die die Wohlfahrt aller ihrer Mitglieder steigert. Und nicht nur das: Der Markt könne, würden ihm sonst keine Schranken auferlegt, einen Zustand vollkommener Gleichheit bewirken. Jeder, so Smiths Vision, könne, solange er sich im Einklang mit Recht und Gesetz bewege, die eigenen Interessen auf eigene Art verfolgen. Gleichheit heißt für Smith nicht nur Gleichheit der Chancen, sondern aller Lebensbedingungen. Sein Ziel ist eine Gesellschaft, die nicht durch die Konkurrenz zersplittert ist, sondern zusammengehalten wird durch den Tausch, der auf gegenseitigen Interessen beruht.

Frei sein sollen die Menschen nicht nur, weil es in ihrer Natur liegt oder weil sie (aus Zwang oder Einsicht) von ihren Einzelinteressen absehen. Die Marktwirtschaft ist für Smith ein Weg, Ideen oder Forderungen der Moral praktisch zu verwirklichen. Die ganze Gesellschaft profitiere davon, wenn jeder Einzelne seine Interessen verfolge.

Smith verweist auf die »unsichtbare Hand« des Marktes. Dieser, bestimmt vom Gesetz von Angebot und Nachfrage, reguliert die Mengen der Güter und die Preise – und zwar viel wirksamer, als jede Regierung dies könnte. Ein alles umstürzender Gedanke: Wenn jeder nur seine eigenen Interessen verfolgt und nur seine Selbsterhaltung im Blick hat, soll gerade das zu einer gerechten Gesellschaft führen – und diese nicht, wie bis dahin angenommen, zerstören. Und wird das materielle Leben der Gesellschaft durch Marktmechanismen geregelt, kann der Staat sich darauf beschränken, einige Grundfunktionen wie Landesverteidigung, Rechts- und Bildungswesen zu garantieren, kann Steuern und Abgaben reduzieren und auf die Bevormundung des Einzelnen verzichten.

Smith sah durchaus, dass der Begriff des »freien« Marktes nicht ohne Probleme ist – insbesondere was das zunehmende Feilschen um die Arbeitslöhne anging. Arbeitsteilung hat unbestritten wirtschaftliche Vorteile, aber auch Smith entging nicht, dass die sich wiederholende Teilarbeit für die Arbeiter stumpfsinnig ist und sie physisch wie psychisch beschädigen kann. Zum Ausgleich schlug er eine allgemeine Volksbildung vor.

Gleichwohl, Smiths Lehre vom freien, unregulierten Handel schien revolutionär, nicht nur weil sie sich gegen die kommerziellen und landwirtschaftlichen Privilegien und Monopole des Feudalsystems wandte, sondern auch weil er betonte, der Reichtum eines Landes hänge nicht von seinen Goldreserven ab, sondern von der Arbeit. Diese Betrachtungsweise stand in völligem Gegensatz zum damals in Europa herrschenden ökonomischen Denken.

Smiths Ruf als Revolutionär verstärkte sich noch in den langwierigen Auseinandersetzungen über Wesen und Konstitution der bürgerlichen Gesellschaft, die mit der Französischen Revolution von 1789 begannen und den viktorianischen Historiker H. T. Buckle veranlassten, *Der Wohlstand der Nationen* als »vermutlich bedeutsamstes Buch, das je geschrieben wurde«, zu bezeichnen.

Nachwirkung

Kritiker haben gegen Smith eingewandt, das »Allgemeininteresse« sei nicht dasselbe wie das »Verbraucherinteresse«. Zum anderen sei der freie Markt keineswegs für alle ein Segen. Zwar hatte Smith Sympathien für die Opfer der Armut, in seinem Gesellschaftsmodell aber gibt es keine Möglichkeit, die Interessen von Produzenten und

Das Fließband ist eine Geld produzierende Maschine, doch schon Smith warnte vor den entmenschlichenden Auswirkungen, die eine Spezialisierung auf die Arbeiter haben kann, wenn diese nicht Regeln unterworfen wird.

Konsumenten auszubalancieren. Des Weiteren bleibt die unentgeltlich, hauptsächlich von Frauen verrichtete Hausarbeit außer Betracht, obwohl sie unentbehrlich ist für die gesellschaftliche Reproduktion.

Der im 19. Jahrhundert aufkommende Sozialismus verweist auf den Zwang, unter dem die ansonsten besitzlosen Arbeiter stehen, ihre Arbeitskraft zu verkaufen, womit der Glanz der »freien« Marktwirtschaft und ihres Theoretikers verblasst. Erst mit der Globalisierung der Wirtschaft und der Deregulierung der Finanzmärkte wird seine Theorie wieder aktuell. In den »virtuellen« Märkten, die mit den neuen Telekommunikationstechniken möglich wurden, wird Smiths Grundvision real: dass Märkte kein physischer Ort sind, sondern ein gesellschaftliches Verhältnis. ■

ES GIBT ZWEI WELTEN: DIE WELT, WIE SIE UNS ERSCHEINT, UND DIE WELT DER DINGE AN SICH

IMMANUEL KANT (1724–1804)

IM KONTEXT

DISZIPLIN
Metaphysik

LEHRE
Transzendentaler Idealismus

FRÜHER
1641 Descartes veröffentlicht die *Meditationen*, in denen er alle Erkenntnis außer der seines eigenen Bewusstseins bezweifelt.

1739 David Hume veröffentlicht den *Traktat über die menschliche Natur*, der die Grenzen unserer Fähigkeit behandelt, die Realität wahrzunehmen.

SPÄTER
19. Jh. In Reaktion auf Kants kritische Philosophie entwickelt sich der deutsche Idealismus.

Anfang 20. Jh. Edmund Husserls Phänomenologie, eine Untersuchung über die Gegenstände der Erfahrung, bezieht sich auf Kants Bewusstseinsbegriff.

Kant hielt es für einen »Skandal«, dass in der langen Geschichte des philosophischen Denkens niemand die Existenz der äußeren Welt beweisen konnte. Im Blick hatte er dabei Descartes und Berkeley, die die Meinung vertraten, dass ein solcher Beweis unmöglich sei. Nach Descartes wiederum kann man an allem zweifeln, nur am Zweifeln selbst nicht, am »Ich denke«. Von da aus versucht er das Sein des »Ich«, dann das »Sein« Gottes und damit auch jenes einer äußeren Welt zu beweisen. Viele Philosophen, auch Kant, fanden diesen Gottesbeweis nicht überzeugend. Nach Berkeley wiederum stammt alle Erkenntnis aus den Sinneseindrücken, die unser Bewusstsein wahrnimmt. Für die Annahme, hinter diesen Wahrnehmungen stehe eine äußere Welt, sah er keinen legitimen Grund.

Zeit und Bewusstsein

Kant behauptet dagegen, die Existenz einer äußeren, materiellen Welt sei vernünftig nicht zu leugnen. Damit etwas existiert, so beginnt Kants Beweisgang, muss es in der Zeit bestimmbar sein: Wir müssen sagen können, wann es existiert und wie lange. Aber: Ist das auch im Fall unseres eigenen Bewusstseins möglich?

Das Bewusstsein ist mit seinen ständig wechselnden Empfindungen und Gedanken dauernd im Fluss. Mit »jetzt« können wir uns auf das beziehen, was gerade in unserem Bewusstsein geschieht, doch »jetzt« ist keine bestimmte Zeit. Immer wenn ich »jetzt« sage, hat sich mein Bewusstsein schon wieder verändert.

Darin liegt das Problem: Lässt sich das »Wann« meiner eigenen Existenz genau bestimmen? Wir können Zeit nicht direkt, nicht als solche wahrnehmen, sondern nur indirekt: anhand der Dinge, die sich in der Zeit verändern oder gleich bleiben. Die Zeiger einer Uhr etwa sagen nichts über die Zeit aus, dies tut nur der Kreisbogen, den sie im Lauf der Zeit zurücklegen. Das heißt: Die Mittel, die ich habe, um mein sich ständig veränderndes »Jetzt« zu messen, finden sich in materiellen Gegenständen außerhalb von mir (meinen eigenen Körper eingeschlossen). Sage ich: »Ich bin«, so setze ich damit einen bestimmten Zeitpunkt voraus und damit zugleich auch eine existierende Außenwelt, in der Zeit vergeht. Die Gewissheit, dass es eine

Nach Kant können wir die Zeit nur durch Dinge erfahren, die sich in der Welt bewegen oder verändern wie zum Beispiel Uhrzeiger. Zeit ist also nur indirekt Gegenstand unserer Erfahrung.

äußere Welt gibt, ist nichts anderes als die Gewissheit, dass ich – denkend – bin. Nach Descartes ist daran nicht zu zweifeln.

Wie ist Wissenschaft möglich?

Kant will wissen, wie Wissenschaft die äußere Welt begreift, denn auch er bewundert den großartigen Fortschritt, den die Naturwissenschaften in den zwei Jahrhunderten zuvor gemacht hat, dazu das enorme Tempo, während die Wissenschaften in früheren Zeiten nur langsam oder gar nicht vorankamen. Was haben die Naturforscher plötzlich anders, offenbar richtig gemacht? Eine Antwort hatte der Empirismus gegeben, der als Wissen nur anerkannte, was durch Erfahrung der Sinne zu erlangen war. Damit wandten sich die Empiristen gegen den Rationalismus, der Begriffe und damit das Denken selbst für Produzenten von Wissen hielten. Sagten die einen, die Begriffe seien blind ohne die Sinne, hielten die anderen dagegen, sinnliche Erfahrung ohne Begriffe sei chaotisch. Das konterten Empiristen mit dem Hinweis, die jüngs-

Siehe auch: René Descartes 116–123 ▪ John Locke 130–133 ▪ George Berkeley 138–141 ▪ David Hume 148–153 ▪ Johann G. Fichte 176 ▪ Georg W. F. Hegel 178–185 ▪ Friedrich Schelling 341 ▪ Arthur Schopenhauer 186–188

ten wissenschaftlichen Erfolge seien allein den Wissenschaftlern zuzuschreiben, die Dinge in der Welt beobachteten, unbeeinflusst von Annahmen, die allein auf der Vernunft beruhten. Kant gibt den Empiristen recht. Die Behauptung jedoch, es habe vor dem 16. Jahrhundert keine empirische Beobachtung gegeben, hält er für falsch. Nicht das Beobachten selbst – die neue Methode bewirke den Unterschied. Sie beruht auf zwei Elementen: Erstens lassen sich Begriffe wie Kraft oder Bewegung mathematisch beschreiben. Zweitens sind diese Begriffe experimentell zu überprüfen. Man stellt der Natur Fragen, leitet also aus einem Begriff eine Hypothese oder eine Prognose ab und überprüft empirisch, ob das Erwartete eintritt. So hat Galilei die Hypothese getestet, dass zwei Dinge mit unterschiedlicher Masse mit der gleichen Geschwindigkeit zur Erde fallen. Er entwarf ein Experiment, steckte Stein und Feder in ein luftleer gepumptes Rohr, und sah: Beide fallen gleich schnell.

Methodisches Vorgehen, davon ist Kant überzeugt, hat die Physik auf den »sicheren Weg der Wissenschaft« gebracht. Aber er fragt »

» … wiewohl eben darin Philosophie besteht, seine Grenzen zu kennen … «

Immanuel Kant
Kritik der reinen Vernunft

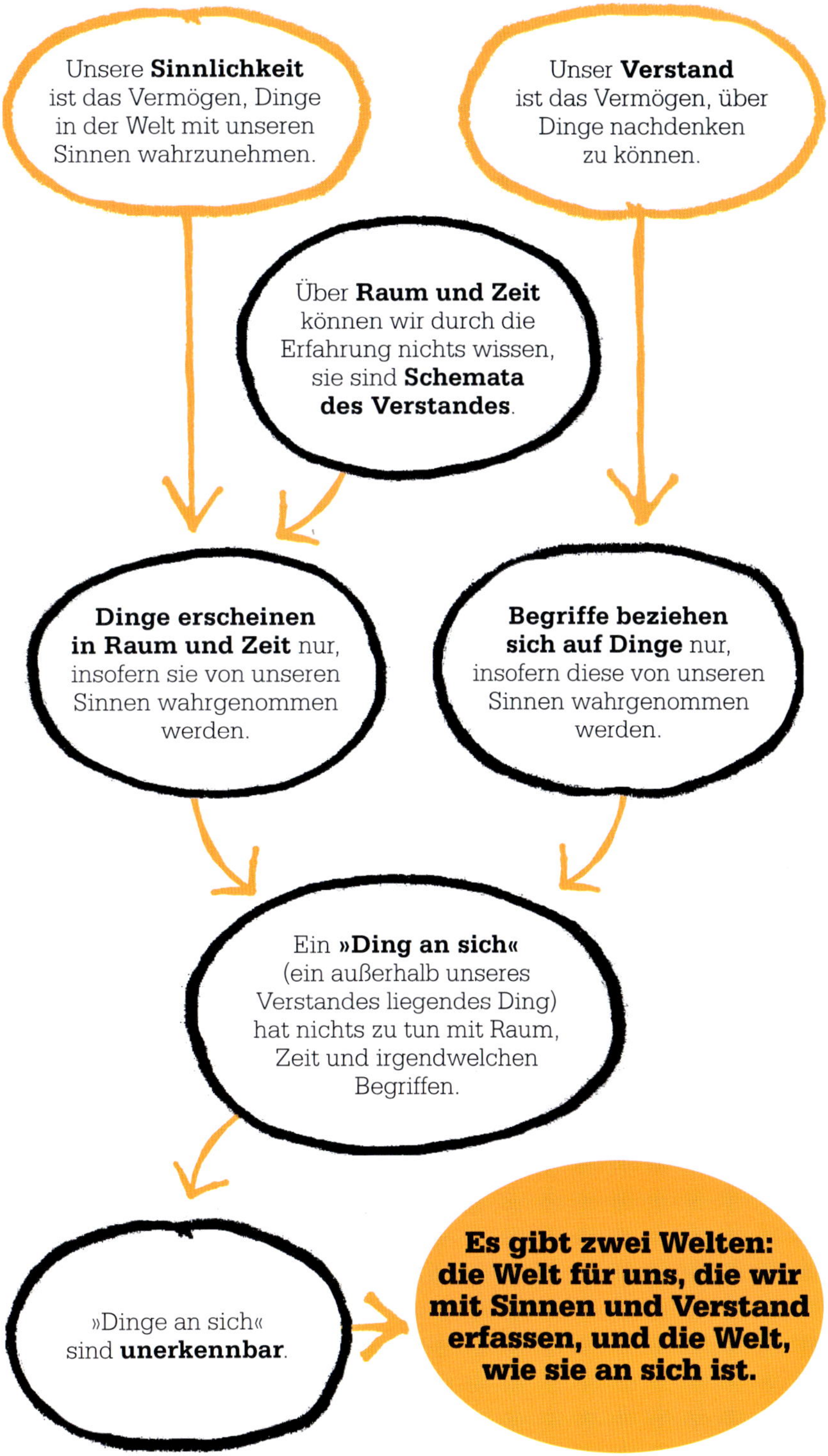

> »Gedanken ohne Inhalt sind leer, Anschauungen ohne Begriffe sind blind … Nur daraus, dass sie sich vereinigen, kann Erkenntnis entspringen.«
>
> **Immanuel Kant**
> *Kritik der reinen Vernunft*

nach: Warum ist unsere Erfahrung so beschaffen, dass die wissenschaftliche Methode funktioniert? Wieso können wir die Natur mit unseren Fragen überhaupt erreichen?

Anschauung und Begriff

Die Antwort gibt Kant mit der *Kritik der reinen Vernunft*. Unsere Erfahrung resultiert aus zwei Vermögen: der Fähigkeit, mit Dingen in Raum und Zeit in direkten Kontakt zu treten, also aus sinnlicher Erfahrung oder »Anschauung«, und der Fähigkeit, Begriffe zu bilden und zu benutzen, auf dem »Verstand«. Ein Begriff, sagt Kant, ist ein indirekter Kontakt mit Dingen, insofern sie Beispiele eines bestimmten Typus sind, so wie dieses Buch ein Beispiel ist für ein Buch schlechthin. Hätten wir keinen Begriff, wüssten wir nicht, was in unserer Anschauung ist. Hätten wir keine Anschauung, wüssten wir nicht, dass es reale Bücher gibt.

Jedes dieser beiden Elemente hat wiederum zwei Seiten. In der Sinnlichkeit ist zweierlei enthalten: meine Anschauung von »diesem« bestimmten Ding in Raum und Zeit (dieses Buch etwa) und meine Anschauung von Raum und Zeit, sofern diese Formen Bedingungen meiner Anschauung sind. (Ich kann nur sagen, »dieses Ding ist«, wenn ich zugleich sage, es ist zu diesem Zeitpunkt.) Im Verstand dagegen sind enthalten: Begriffe von Dingen (z. B. »Buch«), dazu der Begriff eines »Dinges« als solches – Substanz, nämlich das, was ein Ding im Allgemeinen ist, das Dinghafte schlechthin, nicht dieses oder jenes Ding (Buch oder Baum). Meine Anschauung und der Begriff eines Buches sind empirisch, denn ich kann über Bücher nur dann etwas wissen, wenn ich schon welche gesehen habe. Meine Anschauung von Raum und Zeit dagegen, ebenso der Begriff der Substanz, sind *a priori*: Bedingungen unserer Erfahrung, aber nicht deren Gegenstand.

Ein Empirist hätte Einwände: Alles, was ich weiß, kommt aus der Erfahrung – es gibt kein *a priori*. »Raum« ist das, was wir als Beständiges wahrnehmen, wenn wir Beobachtungen von Dingen im Raum vergleichen, so auch »Substanz«. Wir kommen auf diesen Begriff, indem wir durch Beobachtung wahrnehmen, dass sich einzelne Merkmale von Dingen, zum Beispiel von Bäumen, ändern können, ohne dass diese als Dinge zu existieren aufhören.

Raum und Substanz

Wir könnten, setzt Kant dagegen, nicht eine sinnliche Erfahrung

Kant unterteilte die Erkenntnis in Anschauungen, die aus dem sinnlichen Kontakt zu Dingen gewonnen sind, und Begriffe, die aus dem Verstand kommen. Zum Teil stammt unser Wissen aus empirischer Erfahrung, zum Teil ist es *a priori*.

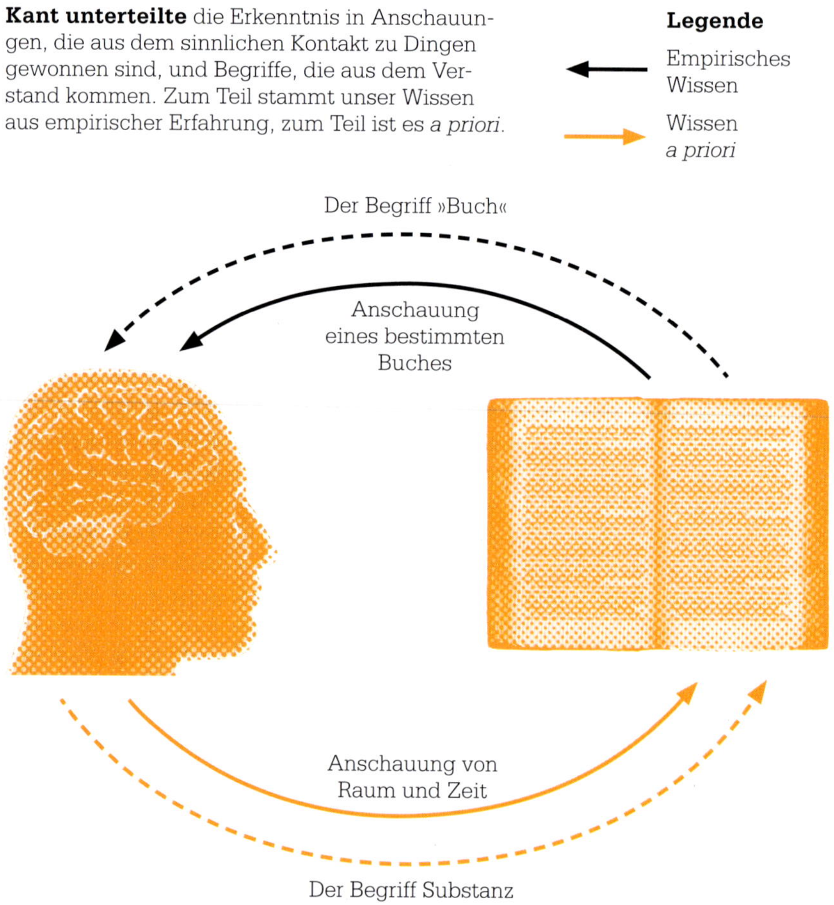

Anzunehmen, dass Dinge wie ein Baum sich verändern, setzt nach Kant ein Wissen *a priori* vom Begriff »Substanz« voraus. Ohne solche Begriffe könnten wir keine Erfahrungen machen.

machen, wenn wir nicht über Formen verfügten, sinnliche Eindrücke zu ordnen, also über die Schemata Raum und Zeit. Diese aber können wir nicht aus der Erfahrung haben, denn sie sind nicht Gegenstand von Anschauungen, sondern müssen uns vor jeder Anschauung, *a priori*, zur Verfügung stehen. Wenn ich etwas über Dinge außerhalb meiner selbst wissen will, muss ich wissen, dass sie außerhalb meiner selbst existieren. Wie aber sollte ich sie außerhalb meiner selbst lokalisieren, wenn ich nicht vor aller Anschauung weiß, was »außerhalb meiner« bedeutet? Ich muss ein Konzept von Raumverhältnissen haben, bevor ich Raum empirisch untersuchen kann.

Dies ist ein Argument mit ungeheuren Konsequenzen. Wenn Raum selbst *a priori* ist, gehört er nicht zu den Dingen, die unserer Erfahrung zugänglich sind. Andererseits kann unsere Sinnlichkeit nicht anders, als Dinge räumlich und in der Zeit wahrzunehmen. Was und wie Dinge unabhängig von unserer Erfahrung sind, können wir nicht wissen. Allein unsere Vernunft sagt uns, dass es etwas geben muss, das unserer Erfahrung zugrunde liegt – Kants Begriff dafür ist »Ding an sich«. Es ist nicht Gegenstand der Erfahrung. Doch Erfahrung ist – als Wissenschaft – möglich, also muss es auch deren Substanz geben.

Substanz ist keine apriorische Form unserer Erfahrung, sondern ein apriorischer Begriff. Um zu beweisen, dass es so etwas gibt, verweist Kant darauf, dass es zwei Weisen der Zustandsveränderung gibt: Wechsel und Veränderung. Wechseln können die Eigenschaften von Dingen, wie die Farbe der Blätter eines Baumes. Veränderung dagegen ist das, was der Baum selbst bewirkt: Derselbe Baum verändert die Farbe seiner Blätter. Schon in dieser Unterscheidung steckt die Vorstellung von etwas Substanziellem: Der Baum (als Substanz) verändert sich, aber die Blätter (die Eigenschaften der Substanz) wechseln (ihre Farbe). Ohne den Begriff der Substanz müssten wir, wann immer eine Zustandsveränderung stattfindet, (wie Berkeley) sagen, dass etwas gleichsam in die Existenz hinein- und etwas anderes aus ihr herausspringt. Der Baum mit grünen Blättern wird zu nichts, sobald der Baum mit rotbraunen Blättern aus dem Nichts zu existieren beginnt.

Das jedoch, sagt Kant, ist undenkbar. Zum Beweis greift er auf Bestimmungen der Zeit zurück. Zeit kann nicht direkt wahrgenommen werden (sie ist kein Ding), aber wir nehmen sie wahr durch Dinge, die sich verändern oder gleich bleiben. Würden wir Zeit wahrnehmen, indem wir zuerst den Baum mit grünen Blättern, dann den mit braunen Blättern sehen, und würde keine weitere Verbindung zwischen beiden Wahrnehmungen bestehen, würden wir zwei voneinander getrennte Zeiten wahrnehmen. Mit dem Begriff der Substanz aber besteht eine Verbindung zwischen »grünem« und »braunem« Baum. Ohne diesen Begriff wäre jede Aussage über die Welt unmöglich. Aber wir sind ja zu empirischer Erfahrung fähig, also muss es den Begriff der Substanz geben, *a priori*: als Bedingung der Möglichkeit von Erfahrung.

Grenzen des Wissens

Eine philosophische Position, die davon ausgeht, dass den Dingen, die wir wahrnehmen, ein Zustand oder eine Aktivität des Geistes vorausliegt und grundlegender ist als sie, nennen wir Idealismus. Kant nennt seine Position »transzendentalen« Idealismus. Raum, Zeit und Begriffe, sagt er, sind Eigenschaften unserer Erfahrungswelt (der »phänomenalen« Welt) und nicht der Welt, wie sie unabhängig von unserer Erfahrung, »an sich« ist (der »noumenalen« Welt).

Kants Postulat von Erkenntnissen *a priori* hat positive und negative Folgen. Einerseits sind es Raum, Zeit und Begriffe wie Substanz oder Kausalität als apriorische Bedingungen von Erfahrung, die sie für uns erst möglich und verlässlich machen. Durch Raum und Zeit wird unsere Erfahrung quantifizierbar, wir können sie messen und »

» Wir können … nur aus dem Standpunkte eines Menschen vom Raum, von ausgedehnten Wesen etc. reden. «

Immanuel Kant
Kritik der reinen Vernunft

Gesetze formulieren. Mithilfe von Begriffen *a priori* – etwa »Substanz« – ist es möglich, der Natur Fragen zu stellen wie: »Ist das eine Substanz?«, oder: »Welche Eigenschaften hat sie, nach welchen Gesetzen?« Anders gesagt: Kants transzendentaler Idealismus erklärt, warum (Natur)Wissenschaft möglich ist.

Andererseits geben sich manche Denkweisen als Wissenschaft aus, halten aber keiner Prüfung stand. Unkritisch verwischen sie die Grenze zwischen Dingen unserer Erfahrung und Dingen an sich, schreiben das, was Anschauung und Verstand unserer Erfahrung zufügen – die Formen von Raum und Zeit, die Kategorien – den Dingen selbst zu. Diese Denkweisen, warnt Kant, sind ständige Versuchung und Fallgrube. Zum Beispiel möchte jemand beweisen, dass Gott die Ursache der Welt sei. Ursache und Wirkung aber sind, wie Substanz, Begriffe *a priori*, die Kant nur für unsere Erfahrungswelt gelten lässt, nicht für die Dinge an sich. Daher kann man nicht wissen, ob es Gott gibt, wenn er wie üblich als Wesen betrachtet wird, das unabhängig von unserer Erfahrungswelt ist. Die negative Konsequenz von Kants Philosophie besteht also darin, dass man sorgfältig darauf achten muss, die Grenzen der Erkenntnis nicht zu überschreiten. Philosophie ist »Kritik« der Vernunft.

> »Die menschliche Vernunft hat das besondere Schicksal … dass sie durch Fragen belästigt wird, die sie nicht abweisen … die sie aber auch nicht beantworten kann.«
>
> **Immanuel Kant**
> *Kritik der reinen Vernunft*

> »… die Vernunft sieht nur das ein, was sie selbst nach ihrem Entwurfe hervorbringt.«
>
> **Immanuel Kant**
> *Kritik der reinen Vernunft*

Der transzendentale Idealismus bietet eine radikale Methode, den Unterschied zwischen uns und der äußeren Welt zu begreifen. Was außerhalb von mir ist, ist nämlich nicht nur außerhalb meiner im Raum, sondern auch außerhalb von Raum selbst (auch von Zeit), ebenso außerhalb aller Begriffe *a priori*, die Bedingungen menschlicher Erfahrung sind, aber nicht Eigenschaften der Dinge selbst. Es gibt zwei Welten: die der Erfahrung mit meinen Gedanken, Gefühlen, Anschauungen, Erkenntnissen materieller Dinge (einschließlich meines Körpers) – und die Welt der Dinge an sich, jenseits von Erfahrung und Erkenntnis.

Bei alledem ist unser Körper – als materielles Ding – Teil der äußeren Welt. Andererseits ist er Teil von mir und sogar das Mittel, durch

Auf Flammarions Holzstich blickt ein Mann in ein »Außerhalb« von Raum und Zeit. Für Kant ist das, was außerhalb von uns ist, auch außerhalb von Raum und Zeit und als Ding an sich unerkennbar.

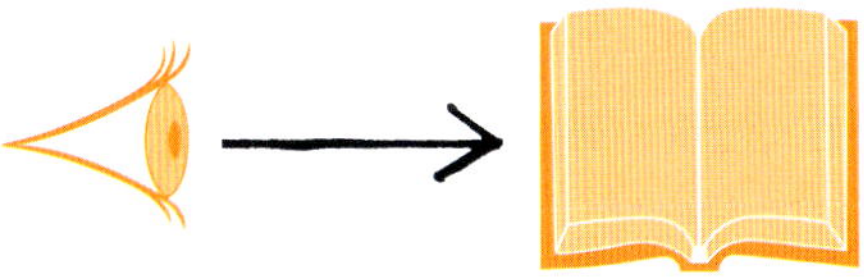

Rationalismus
Die Rationalisten glaubten, dass die Vernunft und nicht die Erfahrung zum Wissen über die Dinge in der Welt führt.

Empirismus
Die Empiristen glaubten, dass das Wissen aus unserer Erfahrung von Dingen in der Welt stammt, nicht aus der Vernunft.

Transzendentaler Idealismus
Kant ging davon aus, dass sowohl die Vernunft als auch die Erfahrung für unser Verständnis von der Welt notwendig sind.

das ich mit anderen Dingen in Kontakt trete (indem ich Haut, Nerven, Augen usw. benutze). Damit haben wir eine Möglichkeit, uns den Unterschied zwischen Körpern und der äußeren Welt klarzumachen: Der Körper als Medium meiner Empfindungen ist etwas anderes als sonstige äußere und materielle Dinge.

Nachwirkung bis heute

Kants *Kritik der reinen Vernunft* ist vielleicht das bedeutendste Werk in der Geschichte der neuzeitlichen Philosophie. Manche Philosophen unterteilen die gesamte Geschichte ihres Fachs in die Zeit vor und die nach Kant. Vor Kant gab es Empiristen, die betonten, was er Sinnlichkeit nannte, und Rationalisten, die von der Priorität des Verstandes ausgingen. Kant aber versuchte nachzuweisen, dass beide, Sinnlichkeit und Verstand, an unserer Erfahrung beteiligt sind, daher heißt es oft, er habe Empirismus und Rationalismus zusammengeführt. Nach Kant gelangen insbesondere der deutschen Philosophie große Fortschritte. Die Idealisten Fichte, Schelling und Hegel knüpften an Kant an und beeinflussten das Denken des gesamten 19. Jahrhunderts, die Romantik wie den Marxismus. Kants Kritik des metaphysischen Denkens prägte auch den Positivismus, demzufolge sich alle rechtfertigungsfähigen Behauptungen wissenschaftlich oder logisch verifizieren lassen müssen.

Die Tatsache, dass Kant das *a priori* auch in unserer sinnlichen Anschauung lokalisierte, war für die Phänomenologen des 20. Jahrhunderts wie Husserl und Heidegger von großer Bedeutung. Denn sie wollten Gegenstände der Erfahrung unabhängig von Annahmen untersuchen, die wir über sie hegen. Bis heute ist Kants Werk ein bedeutungsvoller Bezugspunkt für die Philosophie, vor allem in der Metaphysik und der Erkenntnistheorie. ■

Immanuel Kant

Kant wurde 1724 in eine Handwerkerfamilie geboren und lebte und arbeitete sein ganzes Leben in der kosmopolitischen Hafenstadt Königsberg an der Ostsee, die damals zu Preußen gehörte. Obwohl er seine Heimatprovinz nie verließ, wurde er schon zu Lebzeiten ein international bekannter Philosoph. Kant war 27 Jahre lang Hochschullehrer an der Universität von Königsberg, wo er selbst Philosophie, Physik und Mathematik studiert hatte. Im Jahr 1792 entzog ihm König Friedrich Wilhelm II. wegen seiner unorthodoxen Ansichten die Lehrbefugnis. 1797, nach dem Tod des Königs, konnte Kant seine Lehrtätigkeit wieder aufnehmen. Er veröffentlichte während seiner gesamten Laufbahn, am bekanntesten wurden jedoch seine drei »Kritiken«, mit denen er Erkenntnistheorie, Ethik und Ästhetik neu bestimmte.

Hauptwerke

1781 *Kritik der reinen Vernunft*
1785 *Grundlegung zu einer Metaphysik der Sitten*
1788 *Kritik der praktischen Vernunft*
1790 *Kritik der Urteilskraft*

DIE GESELLSCHAFT IST EIN VERTRAG

EDMUND BURKE (1729–1797)

IM KONTEXT

DISZIPLIN
Politische Philosophie

LEHRE
Konservatismus

FRÜHER
um 350 v. Chr. Nach Aristoteles ist die Gesellschaft ein Organismus, der Mensch ein politisches Lebewesen.

5. Jh. Nach Augustinus ist der Staat eine Strafe für die »Erbsünde«.

17. Jh. Thomas Hobbes und John Locke entwickeln die Idee des Gesellschaftsvertrags.

SPÄTER
19. Jh. Der französische Philosoph Joseph de Maistre hebt das antidemokratische Erbe Burkes hervor.

20. Jh. Der britische Philosoph Michael Oakeshott entwickelt eine liberalere Form des Konservatismus.

Wie oft hört man enttäuschte Menschen klagen: »Das ist nicht mein Fehler … Die Gesellschaft ist schuld!« Was aber heißt dann »Gesellschaft«? Im 18. Jahrhundert entwickelten sich die europäischen Länder zu Wirtschaftsgesellschaften, daher ist leicht zu verstehen, wie man auf den damals neuen Gedanken kam, die Gesellschaft sei ein auf Gegenseitigkeit beruhender Vertrag zwischen ihren Mitgliedern – vergleichbar einer Wirtschaftsunternehmung. Das aber heißt auch, dass im Leben nur materielle Dinge zählen. Zu denen, die versuchten, das Gleichgewicht wiederherzustellen, indem sie daran erinnerten, dass Reichtum

Siehe auch: John Locke 130–133 ▪ David Hume 148–153 ▪ Jean-Jacques Rousseau 154–159 ▪ Adam Smith 160–163 ▪ John Rawls 294–295

auch etwas mit Wissenschaft, Kunst und ethischen Maßstäben zu tun habe, gehörte Edmund Burke. Er war der Ansicht, die Gesellschaft sei in der Tat so etwas wie ein Vertrag oder eine Partnerschaft, aber nicht nur für wirtschaftliche Ziele, sondern auch im Hinblick auf gemeinsame Werte und Normen. »Gesellschaft« ist nach Burke nicht nur die Gemeinschaft der jetzt Lebenden, sondern auch der Vorfahren und Nachkommen. Jede politische Verfassung ist Bestandteil des »großen Urvertrags der ewigen Gesellschaft«. Gott selbst ist ihr letzter Garant.

Burkes Sichtweise liegt die Lehre der Erbsünde zugrunde, darum hat er wenig Verständnis für jene, die für ihr Verhalten die Gesellschaft verantwortlich machen. Er widerspricht auch Lockes Ansicht, dass uns eine gute Erziehung zu vollkommenen Menschen machen könne – als seien wir unschuldig geboren und brauchten nur die richtigen Einflüsse. Wenn wir zu falschen Ansichten kommen, dann, so Burke, liegt dies daran, dass wir die Tradition als moralische Stütze vernachlässigen – ein Argument, das an Hume erinnert, der die Gewohnheit für »die Führerin im menschlichen Leben« hielt.

Tradition und Veränderung

Die Gesellschaft, sagt Burke, ist ein organisches Gebilde mit Wurzeln, die tief in die Vergangenheit reichen, darum sollte sich ihre politische Organisation auf natürliche Weise entwickeln. Abrupte Unterbrechungen dieses Prozesses lehnte er ab und war insofern ein entschiedener Gegner der Französischen Revolution, deren Gefahren er lange vor der Hinrichtung des Königs und der Schreckensherrschaft erkannte. Und natürlich ging er auch mit Rousseau ins Gericht, der in *Der Gesellschaftsvertrag* die Ansicht vertrat, der Vertrag zwischen den Bürgern und dem Staat sei jederzeit widerrufbar, wenn das Volk es so wolle.

Obwohl er die moderne Wirtschaftsgesellschaft skeptisch beurteilte, verteidigte Burke Privateigentum und freien Markt. Deshalb wird er oft gerühmt als »Vater des modernen Konservatismus« – einer Philosophie, die die wirtschaftliche Freiheit ebenso würdigt wie Tradition. Heute würden ihm selbst Sozialisten beipflichten, dass das Privateigentum eine fundamentale gesellschaftliche Einrichtung sei, an deren Wert sie allerdings zweifeln. Und ökologisch orientierte Philosophen teilen seine Ansicht über die Pflichten, die eine Generation gegenüber den Nachfolgenden hat, verbinden sie jedoch mit der neuen Forderung nach einer »nachhaltigen Gesellschaft«. ■

Burke verurteilte die Französische Revolution wegen ihres Bruchs mit der Vergangenheit. Veränderungen sollten schrittweise erfolgen, ein im modernen Konservatismus wichtiger Gedanke.

Edmund Burke

Burke wurde in Dublin geboren und ausgebildet. Er betrachtete die Philosophie von Jugend an als nützliche Übung für die Politik. In den 1750er-Jahren verfasste er bemerkenswerte Aufsätze zur Ästhetik und über die Ursprünge der Gesellschaft. Von 1766 bis 1794 saß er als Abgeordneter und prominentes Mitglied der Whigs im Parlament – der liberaleren der beiden damaligen aristokratischen Parteien. Aufstand und Befreiungskrieg, die zur amerikanischen Unabhängigkeit führten, waren in seinen Augen gerechtfertigt. Er polemisierte aber gegen die Französische Revolution. Dann wiederum beteiligte er sich am Amtsenthebungsprozess gegen den indischen Generalgouverneur Warren Hastings. Sein Leben lang blieb er ein scharfer Kritiker kolonialer Missstände und machte sich einen Namen als Gewissen des britischen Empire.

Hauptwerke

1756 *A Vindication of Natural Society*
1770 *Thoughts on the Present Discontents*
1790 *Betrachtungen über die Revolution in Frankreich*

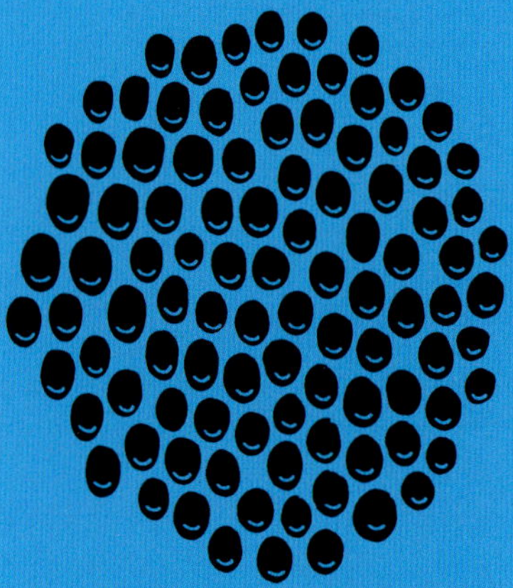

DAS GRÖSSTE GLÜCK FÜR DIE GRÖSSTE ZAHL

JEREMY BENTHAM (1748–1832)

IM KONTEXT

DISZIPLIN
Ethik

LEHRE
Utilitarismus

FRÜHER

Ende 4. Jh. v. Chr. Der Zweck des Lebens, lehrt Epikur, ist die Verfolgung des Glücks.

Anfang 17. Jh. Hobbes fordert ein starkes Rechtssystem mit schweren Strafen für Verbrecher, damit die Gesellschaft stabiler und glücklicher werde.

Mitte 18. Jh. Hume sagt, unser moralisches Urteil ist von unseren Gefühlen bestimmt.

SPÄTER

Mitte 19. Jh. John Stuart Mill befürwortet die allgemeine Schulbildung zur Verbesserung des allgemeinen Glücks.

Ende 19. Jh. Nach Henry Sidgwick ist der moralische Wert unseres Handelns von dem Vergnügen bestimmt, das es bereitet.

Für menschliches Handeln, davon war der Reformer und Philosoph Jeremy Bentham überzeugt, gibt es nur zwei Beweggründe – die Vermeidung von Schmerz und das Streben nach Lust. In seiner Schrift *The Principles of Morals and Legislation* von 1789 vertritt er die Ansicht, alle sozialen und politischen Entscheidungen sollten unter dem Gesichtspunkt des größten Glücks für die größte Zahl von Menschen getroffen werden. Je nützlicher die Entscheidungen für die Erreichung dieses Ziels seien, desto moralischer seien sie. In einer Gesellschaft, die auf diesem Nützlichkeitsprinzip beruht, lassen sich, so Bentham, Interessenkonflikte durch Gesetze regeln, die nur einem Grundsatz verpflichtet sind: der weitestmöglichen Verbreitung von Zufriedenheit. Jeder Einzelne sollte glücklich gemacht werden. Im Zweifelsfall jedoch ist es stets vorteilhafter, wenn man etwas für die große Masse erreicht als für die wenigen Privilegierten. Bentham sieht den Hauptvorteil seines Systems in dessen Einfachheit. Folgte man seinen Ideen, ließen sich die Verwirrungen und Fehldeutungen komplexerer politischer Systeme vermeiden, die häufig zu Ungerechtigkeiten und Beschwerden führen.

Das Lustkalkül

Umstrittener ist sein Vorschlag eines »Lustkalküls« zur Messung des Glücks, das ein Individuum erlebt. Diese genaue Methode, glaubte Bentham, biete eine objektive Grundlage zur Lösung ethischer Streitigkeiten und für Entscheidungen zugunsten des höchsten Maßes an Lust. Alle Lustquellen, sagt Bentham, sind gleichwertig. Es mache keinen Unterschied, ob man Glück durch ein gutes Essen oder eine enge Freundschaft erfahre oder es der Bildung, philosophischen Debatten, dem Lesen von Gedichten verdankt. Sein Ausgangspunkt ist die fundamentale Gleichheit der Menschen und der Möglichkeit für alle, unabhängig von ihrer sozialen Stellung und ihren Fähigkeiten vollkommen glücklich zu werden. ■

Siehe auch: Epikur 64–65 ▪ Thomas Hobbes 112–115 ▪ David Hume 148–153 ▪ John Stuart Mill 190–193 ▪ Henry Sidgwick 342

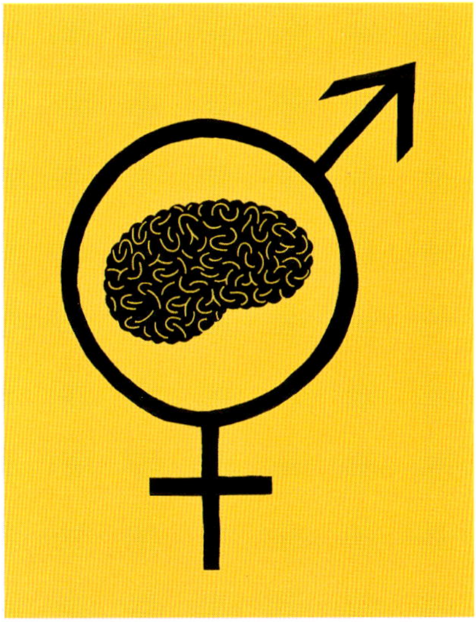

DER GEIST HAT KEIN GESCHLECHT

MARY WOLLSTONECRAFT (1759–1797)

IM KONTEXT

DISZIPLIN
Politische Philosophie

LEHRE
Feminismus

FRÜHER
4. Jh. v. Chr. Platon rät bei Mädchen zu einer ähnlichen Erziehung wie jener für Jungen.

4. Jh. n. Chr. Hypatia, eine bekannte Mathematikerin und Philosophin, lehrt in Alexandrien.

1790 In *Letters on Education* führt die britische Historikerin Catherine Macaulay die angebliche Schwäche der Frauen auf deren falsche Erziehung zurück.

SPÄTER
1869 John Stuart Mill tritt in seiner Schrift *Die Hörigkeit der Frau* für die Gleichheit der Geschlechter ein.

ab 1970 Dank der zweiten Welle des Feminismus (erste: 19. Jh.) werden in den westlichen Ländern viele soziale und politische Ungleichheiten zwischen den Geschlechtern beseitigt.

Fast in der gesamten Menschheitsgeschichte galt die Frau als im Verhältnis zum Mann minderes Wesen. Erstmals im 18. Jahrhundert wurde dieser Zustand offen in Frage gestellt. Bis dahin – und auch weiterhin – hatten sich Philosophen zur Rechtfertigung ihrer sozialen Ungleichheit auf körperliche Unterschiede zwischen den Geschlechtern berufen. Mit Ideen, die im 17. Jahrhundert aufkamen, zum Beispiel mit Lockes Ansicht, dass wir unser Wissen ganz überwiegend durch Erfahrung und Bildung erwerben, hatte diese Einstellung allmählich an Glaubwürdigkeit verloren.

Gleiche Erziehung

Auch die englische Frauenrechtlerin Mary Wollstonecraft war überzeugt, dass Männer und Frauen mit der gleichen Erziehung und Bildung auch den gleichen starken Charakter, die gleiche rationale Einstellung zum Leben erwerben könnten. Ihre Kampfschrift *Ein Plädoyer für die Rechte der Frau* aus dem Jahr 1792 war auch eine Antwort auf Rousseaus *Emile* von 1762. Darin empfiehlt der Philosoph, Mädchen anders zu erziehen als Jungen und sie zu lehren, sich gegenüber diesen ehrerbietig zu verhalten. Wollstonecrafts Forderung, Frauen sollten als Bürgerinnen behandelt werden wie die Männer auch – mit gleichen gesetzlichen, sozialen und politischen Rechten – stieß im späten 18. Jahrhundert auf Hohn und Spott. Aber ihre Lehren waren die Saat, die in den Bewegungen der Suffragetten und Feministinnen des 19. und 20. Jahrhunderts aufging. ■

» Lasst die Frauen an den Rechten des Mannes teilhaben, dann wird sie auch nach seinen Tugenden streben. «

Mary Wollstonecraft
Ein Plädoyer für die Rechte der Frau

Siehe auch: Platon 50–55 ▪ Hypatia v. Alexandria 337 ▪ John S. Mill 190–193 ▪ Simone de Beauvoir 276–277 ▪ Luce Irigaray 324 ▪ Hélène Cixous 326

WAS FÜR EINE PHILOSOPHIE MAN WÄHLE, HÄNGT DAVON AB, WAS FÜR EIN MENSCH MAN SEI

JOHANN GOTTLIEB FICHTE (1762–1814)

IM KONTEXT

DISZIPLIN
Erkenntnistheorie

LEHRE
Idealismus

FRÜHER
1641 Nach Descartes ist »Ich bin« die erste Gewissheit des denkenden Subjekts.

18. Jh. Nach Kant sorgt das »Ich denke«, das kein Gegenstand der Erfahrung ist, also »transzendentales Ich«, für die Einheit aller unserer Vorstellungen.

SPÄTER
20. Jh. Fichtes Nationalismus wird in Zusammenhang gebracht mit Heidegger und dem NS-Regime in Deutschland.

1950er-Jahre Isaiah Berlin sieht in Fichtes Idee der Freiheit des Selbst eine Grundlage des modernen autoritären Denkens.

Johann Gottlieb Fichte, Schüler von Kant, entwickelte seine Philosophie von der Frage ausgehend, wie es möglich sei, dass wir als moralische Wesen mit freiem Willen in einer Welt leben, die von unveränderlichen Naturgesetzen bestimmt ist.

Die Auffassung, es gebe eine Welt »dort draußen«, jenseits unseres Selbst und unabhängig von uns, bezeichnete er als Dogmatismus. Doch sie erfreute sich in der Zeit der Aufklärung wachsender Beliebtheit. Fichte hielt dem entgegen, dass sie keinen Platz lasse für moralische Werte und Entscheidungen. Wie, fragte er, kann man einen freien Willen haben, wenn alles durch etwas anderes bestimmt ist, das außerhalb von uns existiert? Fichtes Antwort überwindet Kants kritischen Standpunkt, in dem er ihn zuspitzt: Die Welt der Erscheinung, alles, was wir als Realität betrachten und erkennen, wird durch den erkennenden Geist (das »Ich« des Denkens) auch erschaffen. Wenn dem so ist, dann ist das Ich unabhängig von kausalen Einwirkungen und kann frei und spontan wählen. Idealismus und Dogmatismus, sagt Fichte, sind zwei völlig verschiedene Standpunkte. Weder lassen sie sich vermitteln noch in einem philosophischen System miteinander vereinbaren. Weder lässt sich beweisen, welcher Standpunkt der richtige ist, noch kann der eine durch den anderen widerlegt werden. Daher kann man nur »wählen«, welcher Philosophie man sich anschließen möchte – nicht aus objektiven oder Vernunftgründen, sondern abhängig davon, »was für ein Mensch man sei«. ■

» Man kann gar nichts denken, ohne sein Ich, als sich seiner selbst bewusst, mit hinzu zu denken; man kann von seinem Selbstbewusstsein nie abstrahieren … «

Johann Gottlieb Fichte
Grundlage der gesamten Wissenschaftslehre

Siehe auch: René Descartes 116–123 ▪ Baruch de Spinoza 126–129 ▪ Immanuel Kant 164–171 ▪ Martin Heidegger 252–255 ▪ Isaiah Berlin 280–281

ÜBER KEINEN GEGENSTAND PHILOSOPHIEREN SIE SELTNER ALS ÜBER DIE PHILOSOPHIE

FRIEDRICH SCHLEGEL (1772–1829)

IM KONTEXT

DISZIPLIN
Metaphilosophie

LEHRE
Reflexivität

FRÜHER
um 450 v. Chr. Protagoras sagt, es gibt keine Prinzipien oder absoluten Wahrheiten, vielmehr ist »der Mensch das Maß aller Dinge«.

1641 Descartes behauptet, im »Ich denke« eine Gewissheit gefunden zu haben, auf der sich die Erfahrung gründen lässt, dass etwas existiert.

SPÄTER
1830 Nach Hegel ist die ganze Philosophie ein »Kreis von Kreisen«.

1920er-Jahre Der Philosophie, sagt Heidegger, geht es um das Verhältnis zu unserer eigenen Existenz.

1967 Nach Jacques Derrida können philosophische Untersuchungen nur auf der Ebene von Sprache und Texten stattfinden.

Die Einführung von Aphorismen – kurzen, mehrdeutigen Aussagen – in die spätneuzeitliche Philosophie wird zumeist dem Historiker und Dichter Friedrich Schlegel zugeschrieben. Ihm fiel auf, wie wenig über Philosophie philosophiert wurde, modern gesprochen: Metaphilosophie betrieben wurde, darum müsse man fragen, wie westliche Philosophie funktioniert, vor allem im Hinblick auf ihre Annahme, dass das lineare Argument der beste Zugang sei.

Schlegel behauptet – gegen Aristoteles und Descartes –, dass es keine festen »ersten Prinzipien« gibt, die dem Denken zum Ausgangspunkt dienen können. Ebenso wenig seien endgültige Antworten zu erwarten, denn jedes Argument lasse sich endlos perfektionieren. Seine eigene Vorgehensweise beschreibt er als einen Anfang mittendrin. Philosophie sei keine gerade Linie, sondern ein Ganzes, und der Weg, sie zu erfassen, sei darum der Kreis.

Schlegels ganzheitliche Sicht entsprach seinen romantischen Theorien über Kunst und Leben, die im bewussten Gegensatz zur Aufklärung das Gefühl über das Denken stellen. Ob dieser Vorwurf gegen die frühere Philosophie zutraf oder nicht: Sein Zeitgenosse Hegel widmete sich der Frage der Reflexivität – der modernen Bezeichnung für die Anwendung philosophischer Methoden auf die Philosophie selbst. ■

Philosophie ist die Kunst des Denkens, so Schlegel: Die Methoden bestimmen, welche Antworten wir finden – siehe die Unterschiede zwischen westlichen und östlichen Philosophien.

Siehe auch: Protagoras 42–43 ■ Aristoteles 56–63 ■ René Descartes 116–123 ■ Georg W. F. Hegel 178–185 ■ Martin Heidegger 252–255 ■ Jacques Derrida 312–317

DIE WIRKLICHKEIT IST EIN GESCHICHTLICHER PROZESS

GEORG WILHELM FRIEDRICH HEGEL
(1770–1831)

IM KONTEXT

DISZIPLIN
Metaphysik

LEHRE
Idealismus

FRÜHER
6. Jh. v. Chr. Nach Heraklit gehen alle Dinge in ihr Gegenteil über, ein wichtiger Gedanke für Hegels Dialektik.

1781 Kant veröffentlicht das Werk *Kritik der reinen Vernunft*, das die Grenzen der Erkenntnis aufzeigen will.

1790er-Jahre Die Werke von Fichte und Schelling sind die Grundlagen für die Schule des Deutschen Idealismus.

SPÄTER
1846 Karl Marx benutzt Hegels dialektische Methode in seinem Werk *Die deutsche Ideologie*.

1943 Jean-Paul Sartre macht mit seinem existenzialistischen Hauptwerk *Das Sein und das Nichts* Anleihen bei Hegels Begriff der Dialektik.

In der ersten Hälfte des 19. Jahrhunderts war Hegel der berühmteste Philosoph in Deutschland. Sein Anspruch ist, die Wirklichkeit systematisch in ihrer Gänze darzustellen, so wie sie sich historisch entfaltet. Kant hatte gesagt, dass wir von dem die Einheit unserer Erfahrung stiftenden »Ich denke«, dem Geist, »niemals den geringsten Begriff haben« können. Hegel will zeigen, dass der Geist das tatsächliche »Sich-Begreifen« von Natur und Geschichte ist.

Ihm zufolge erkennt der Geist sich im Lauf der Zeit in seinem »Anderen«, in den Wirklichkeiten in Natur, Gesellschaft, Moral, Geschichte, Kunst, Religion und Philosophie. Den Prozess, der das ermöglicht, nennt Hegel »Dialektik«, eine Bewegung, die, von Gegensätzen angetrieben, diese aufzuheben sucht. Wobei »Aufheben« beides meint: beenden und auf eine höhere Stufe heben. Auch »Dialektik« ist doppelt zu verstehen, als Methode des Begreifens und als Bewegung der Dinge selbst. In diesem Sinn hat Hegels Philosophie den Anspruch, alle bis dahin im philosophischen Denken bestehenden Gegensätze »aufzuheben«. Mit der Geschichte des Denkens und der Geschichte des Weltverständnisses sollte »Welt«: Natur und Geschichte, in einem System – nämlich dem Hegel'schen – aufgehoben sein. Um diesen Anspruch zu verstehen, müssen wir einen Blick auf die Hintergründe von dessen Denken werfen.

Veränderungen, wie sie die amerikanische Revolution herbeiführte, versteht Hegel als Fortschritt des Geistes auf eine höhere Stufe seiner Entwicklung.

Georg W. F. Hegel

Georg Wilhelm Friedrich Hegel wurde 1770 in Stuttgart geboren, studierte in Tübingen Theologie und bildete dort mit dem Dichter Friedrich Hölderlin und dem Philosophen Friedrich Schelling einen Freundeskreis. Nach einer Zeit als Hauslehrer konnte er durch eine Erbschaft Schelling an die Universität Jena folgen. Als die Stadt von napoleonischen Truppen besetzt wurde, floh er aus Jena, im Gepäck das Manuskript seiner *Phänomenologie des Geistes*, des Buches, das ihn zur beherrschenden Figur der deutschen Philosophie machte. Um sich ein Einkommen zu verschaffen, wurde er Herausgeber einer Zeitung, später Rektor einer Schule. Schließlich erhielt er den Ruf auf einen Lehrstuhl in Heidelberg, später an die Berliner Universität. 41-jährig heiratete er Marie von Tucher, mit der er drei Kinder hatte. Hegel starb 1831 während einer Choleraepidemie.

Hauptwerke

1807 *Phänomenologie des Geistes*
1812–1816 *Die Wissenschaft der Logik*
1817 *Enzyklopädie der philosophischen Wissenschaften*

Siehe auch: Heraklit 40 ▪ Johann Gottlieb Fichte 176 ▪ Friedrich Schelling 341 ▪ Arthur Schopenhauer 186–188 ▪ Karl Marx 196–203 ▪ Jean-Paul Sartre 268–271

Geschichte und Bewusstsein

Kaum ein Philosoph würde bestreiten, dass Menschen geschichtliche Wesen sind. Wir übernehmen Dinge aus der Vergangenheit, verändern und überliefern sie. Selbst Sprache ist ein Gebilde, das wir lernen und verändern, indem wir sie gebrauchen. Dasselbe gilt für die Wissenschaft, für gesellschaftliche Institutionen wie Familie, Staat, Eigentum oder Kirchen. Auch sie verändern sich im Verhältnis zu früheren Praktiken und Regelungen.

Menschen fangen also nie ganz von vorn an, sondern befinden sich immer schon in einem bestimmten Kontext, der sich manchmal allerdings auch innerhalb einer Generation radikal ändern kann – wie in der Französischen Revolution, deren Zeitgenosse Hegel ist. Daneben aber scheint es Phänomene zu geben, die sich im Verlauf der Geschichte nicht ändern und auch der Zeit nicht unterworfen sind.

Ein Beispiel dafür ist das Bewusstsein. Wir wissen oder können uns bewusst machen, dass sich unsere Vorstellungen ändern, ebenso unser Willen. Dass wir uns aber unserer selbst (oder der Welt) überhaupt bewusst sind – wach, wahrnehmungs-, denk- und entscheidungsfähig –, das scheint, der Zeit enthoben, vielmehr stets und bei allen gleich zu sein. Auch die Denkstrukturen scheinen sich nicht in der Zeit zu ändern – nicht die Tätigkeit des Denkens, nicht die geistigen Fähigkeiten, auf denen sie beruht (Gedächtnis, Wahrnehmung, Verstand usw.). Wir glauben, dass sie für alle Menschen zu jeder Zeit dieselben sind. Dies jedenfalls war die Ansicht von Hegels großem Vorgänger Kant – und um Hegel zu verstehen, ist es wichtig zu wissen, wie er Kants Werk begriffen und kritisiert hat.

Kants Kategorien

Die grundlegenden Funktionsweisen des Denkens wie auch die Strukturen des Bewusstseins sind, sagt Kant, *a priori*: Sie existieren vor aller Erfahrung (und lassen sich auch nicht aus ihr ableiten, denn ohne sie wäre Erfahrung unmöglich). Sie sind, so Kant, auch nicht nur unabhängig von dem, was wir denken oder dessen wir uns bewusst sind, sondern »

» Das, *was ist*, zu begreifen, ist die Aufgabe der Philosophie, denn das, *was ist*, ist die Vernunft. «

Georg Wilhelm Friedrich Hegel
Grundlinien der Philosophie des Rechts

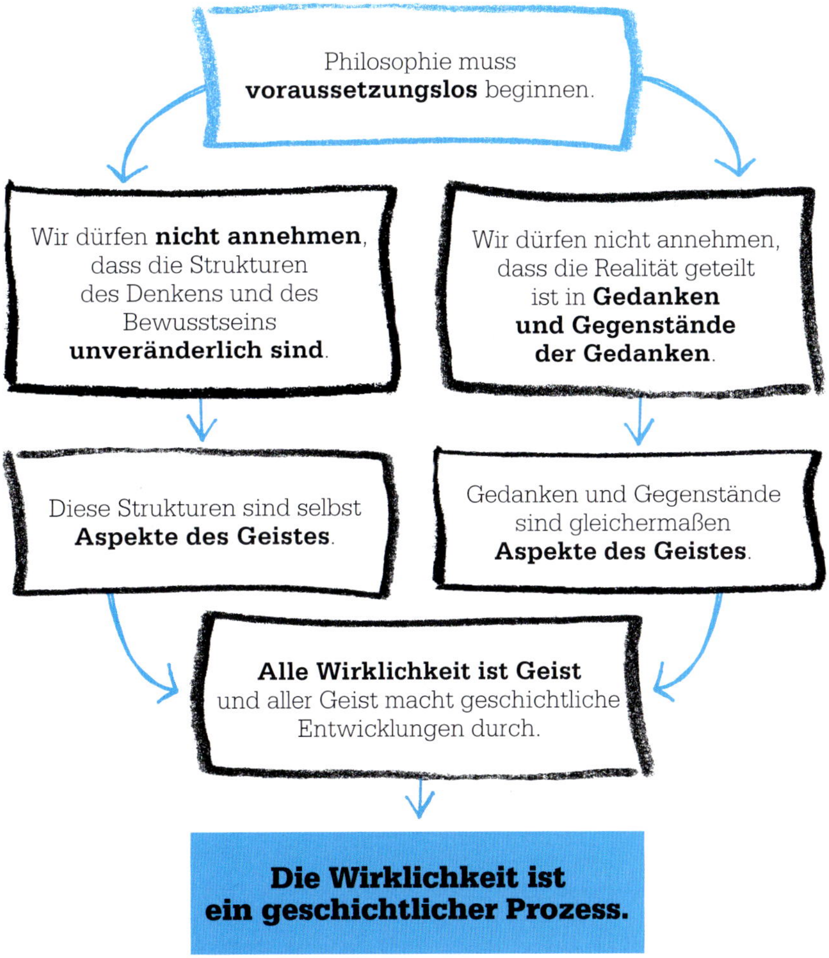

Hegels Dialektik zeigt, wie sich Gegensätze auflösen: Ein tyrannischer Staat erzeugt ein Bedürfnis nach Freiheit. Ist diese hergestellt, schlägt sie um in Anarchie, bis sich ein Element der Tyrannei mit der Freiheit verbindet. »Recht und Gesetz« ist ihre Synthese.

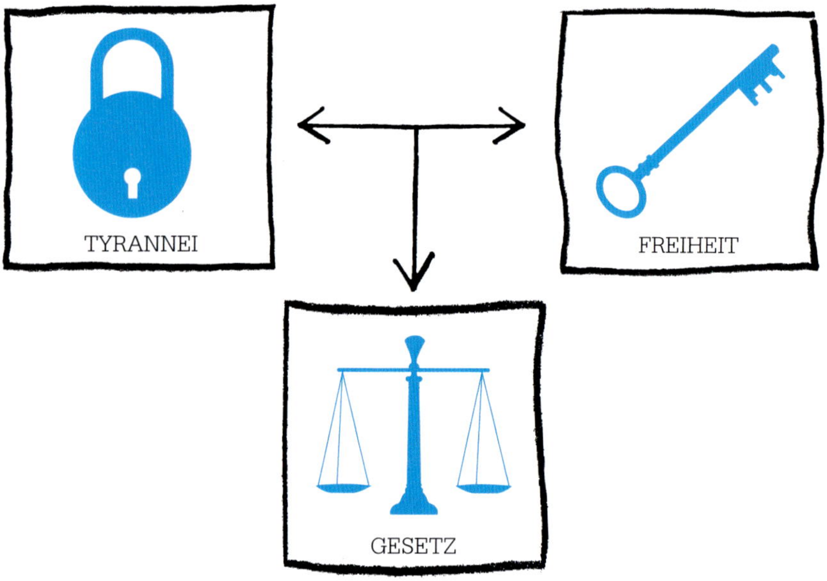

unabhängig auch von allen historischen Einflüssen und Entwicklungen. Kant nennt diese Denkstrukturen »Kategorien«, zu denen Begriffe wie Ursache, Substanz, Existenz oder Realität gehören. Zwar wissen wir durch Erfahrung etwas über die äußere Welt, doch die Erfahrung sagt uns nicht, ob die Außenwelt wirklich existiert. Deren Existenz aber müssen wir, wenn Wissen möglich sein soll, aus Vernunftgründen annehmen – das nennt Kant Erkenntnis *a priori*.

Wir sind mit Kategorien geboren, die unsere Erfahrung in gewisser Weise schematisieren. Darum können wir die Welt nur auf eine bestimmte Weise sehen. Es mag andere Sichtweisen geben, doch keine von ihnen lässt die Welt erkennen, wie sie wirklich oder »an sich« ist. Die »Welt an sich« – die »noumenale« Welt – ist unerkennbar. Was wir erkennen können, ist nach Kant die Welt der Erscheinungen, die »Welt für uns«.

Hegels Kantkritik

Hegel ist der Auffassung, dass es Kant nachdrücklich gelungen sei, der Philosophie die Naivität auszutreiben. Noch immer aber enthielten sein Begriff des »Dinges an sich« und die Kategorien der Vernunft unkritische Annahmen. In zumindest zwei Punkten mangele es Kants Untersuchung an Gründlichkeit. Zunächst sei, so Hegel, der Begriff des »Dinges an sich« eine leere Abstraktion, die nichts bedeute. Denn für Hegel ist alles wirklich, was sich im Bewusstsein als etwas manifestiert, das gefühlt oder gedacht wird. Kants zweiter Fehler besteht laut Hegel darin, dass er zu viele Annahmen über die Kategorien macht, die er als Bedingung der Möglichkeit von Erkenntnis einführt.

Sich selbst setzt Hegel zur Aufgabe, die Kategorien unseres Denkens ohne vorauslaufende Annahmen zu verstehen. Am deutlichsten werden ihm zufolge die Mängel der Kant'schen Annahmen am Verhältnis der Kategorien zueinander, das dieser unterstelle. Denn Kant gehe davon aus, dass die Kategorien unabhängig voneinander bestünden, nicht auseinander ableitbar seien. Damit aber blieben sie den Dingen äußerlich, auf die sie angewendet werden, für Kant ändere daran auch der Erkenntnisprozess nichts. Hegel dagegen begreift Kategorien »dialektisch«: Sie bilden und verändern sich im Prozess der Erkenntnis selbst. Kant geht von einem unveränderlichen Rahmen für unsere Erfahrung aus, Hegel verfolgt, wie er sich ändert – ebenso wie die Welt der Erfahrung selbst. Das Bewusstsein (und nicht nur das, dessen wir uns bewusst sind) ist Teil eines Entwicklungsprozesses. Dieser ist dialektisch – ein zentraler Begriff für Hegels Denken.

Dialektik

Hegel will die Welt von innen heraus darstellen. Er will sie nicht nur – wie Kant – erkennen (als Welt für uns), sondern erfahren: in ihrer eigenen Bewegung. Denkbewegung und Weltbewegung sollen zusammenfallen. Darum gewinnt der Begriff der Dialektik so große Bedeutung.

Seine Darstellung, sagt Hegel, leiste viererlei: Erstens brauche er keine vorauslaufenden Annahmen. Zweitens operiere er mit den weitesten Begriffen, müsse darum keine ungerechtfertigten Behauptungen aufstellen. Drittens zeige er

> »Jeder der Teile der Philosophie ist ein philosophisches Ganzes, ein sich in sich selbst schließender Kreis …«
>
> **Georg Wilhelm Friedrich Hegel**
> *Enzyklopädie der Philosophischen Wissenschaften*

mit seiner Methode, wie ein Begriff aus dem anderen hervorgehe. Und viertens vollziehe sich dieser Prozess aus dem Begriff selbst heraus. Im vierten Punkt zeigt sich der Kern von Hegels Logik – dass nämlich jede Vorstellung oder »These« in sich ihr Gegenteil enthält, die »Antithese«, die nur aufzulösen ist, wenn eine neue, reichere Vorstellung, die »Synthese«, aus der ersten These und ihrer Negation entsteht. Zur Veranschaulichung: Zu jedem Begriff gehört wesentlich seine Grenze, das, was er nicht ist. Die Synthese ist also keine willkürliche Versöhnung, sondern bestimmt durch These und Antithese, damit eine höhere Wahrheit.

Ein Beispiel dafür gibt Hegel mit dem ersten Schritt seiner *Wissenschaft der Logik*. Ausgangspunkt ist »Sein, reines Sein, ohne alle weitere Bestimmung«. In diesem aber ist »nichts anzuschauen, nichts zu denken«, es ist also sein Gegenteil: »Nichts, nicht mehr noch weniger als Nichts.« Auch das ist völlig leer, insofern »dasselbe wie das reine Sein«. »Wahr« also ist nun, dass Sein in Nichts, Nichts in Sein übergegangen ist – das »Werden« also. Der Begriff des »Seins«, das den Anfang machte, ist kein isolierter Begriff, sondern ein Aspekt des dreiteiligen Begriffs des »Werdens«. Wichtig ist Hegel, dass dieser Begriff nicht von außen eingeführt wurde, um den Widerspruch zwischen Sein und Nichts aufzulösen. Im Gegenteil. Er zeigt, dass »Werden« die Bedeutung von »Sein« und von »Nichts« immer schon in sich trug.

Die Auflösung einer These (Sein) und ihrer Antithese (Nichtsein) in einer Synthese (Werden) ist der Beginn eines dialektischen Prozesses, der sich auf immer höheren Stufen wiederholt. Jede Synthese enthält ihren Widerspruch in sich selbst und dieser wird durch eine reichere oder »höhere« begriffliche Bestimmung überwunden. (Vom Werden gelangt man zu Dasein, einem bestimmteren Sein und so weiter.) So sind alle Ideen miteinander verbunden und das Enthüllen dieser Verbindungen ist, was Hegel dialektische Methode nennt.

Denken hat dialektische Strukturen, diese sind nicht, wie Kant dachte, voneinander zu trennen oder aufeinander reduzierbar, sondern entstehen in der Bewegung »

Nach Hegel wird eine Synthese, die »Aufhebung« des Widerspruchs zwischen These und Antithese, selbst zur neuen These, die wiederum ihre Antithese erzeugt. In diesem dialektischen Prozess gelangt der Geist zum immer genaueren Verständnis seiner selbst, einem Verständnis, das in der Hegel'schen Philosophie gipfelt.

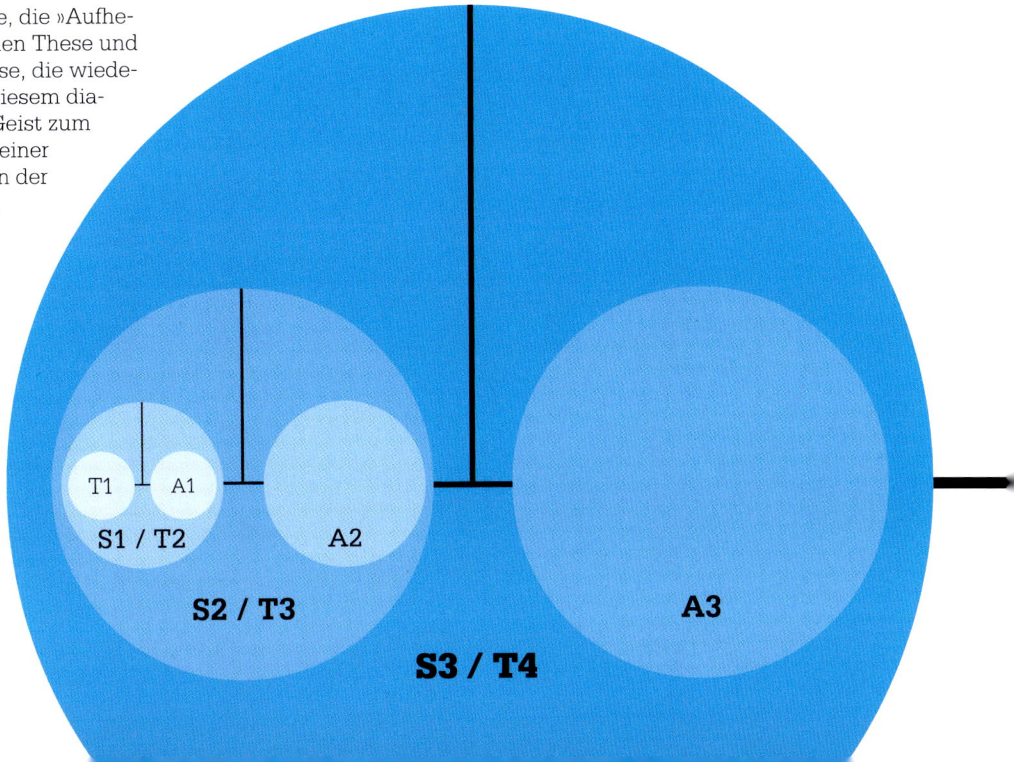

Legende
T = These
A = Antithese
S = Synthese

zwischen Selbstwiderspruch und dessen Auflösung aus den leersten Begriffen.

Dialektik und Welt

Zur Darstellung von Hegels Dialektik brauchen wir Begriffe wie »Werden«, »Entwicklung« und »Bewegung«. Sie sind zum einen entscheidend für die philosophische Methode, die völlig voraussetzungslos an dem am wenigsten strittigen Punkt beginnt und immer reichere und wahrere Begriffe aufdeckt. Zum anderen, sagt Hegel, sind diese Entwicklungen nicht einfach nur interessante logische Tatsachen, sondern wirkliche Prozesse und Bewegungen, die in der Geschichte zu beobachten sind. So denke der moderne Mensch über andere Dinge nach als die alten Griechen. Hegel hat darüber hinaus gezeigt, dass die jeweilige (historische) Art zu denken verschiedene Bewusstseinsformen repräsentiert – Stufen der geschichtlichen Entwicklung von Denken und Bewusstsein.

Hegels erstes großes Werk, die *Phänomenologie des Geistes*, folgt der dialektischen Entwicklung dieser Bewusstseinsformen. Sie beginnt mit dem individuellen Bewusstsein, zunächst der sinnlichen Erfahrung, und schreitet fort zu kollektiven Bewusstseinsformen, die sich in den verschiedenen Perioden oder Ereignissen der Geschichte »entäußern« – berühmt geworden ist Hegels Darstellung der Dialektik von Herr und Knecht. Manchmal, sagt Hegel, bedient sich der Geist auch hervorragender Geister wie Napoleon, um die Geschichte auf die nächste Stufe zu heben – wobei diese Individuen selbst gar nicht wissen müssen, was sie tatsächlich bewirken. Der Fortschritt, den sie herbeiführen, ist gekennzeichnet durch eine zunehmende Befreiung des Geistes aus wiederkehrenden Zuständen der Unterdrückung. Diese ungewöhnliche Idee – dass sich das Bewusstsein im Lauf der Geschichte in Übereinstimmung mit einem im Nachhinein sichtbaren historischen Muster verändert – bedeutet, dass das Wesen des Menschen durch und durch geschichtlich bestimmt ist. Für Hegel kann diese historische Bewusstseinsentwicklung nicht zufällig geschehen. Als dialektischer Prozess muss sie Richtungssinn und einen Endpunkt, ein Ziel, haben. Dies nennt Hegel den »absoluten Geist« und meint damit eine zukünftige Bewusstseinsstufe, die nicht mehr nur Individuen (die handeln, aber nicht wissen, was sie tun) zugehört, sondern der Welt, die sich ihrer inne wird. Damit sind Weg und Entfaltung des Geistes vollendet. Jetzt umfasst »Geist« das erkennende Subjekt und das

> »Die Weltgeschichte fällt außer diesen Gesichtspunkten; in ihr erhält dasjenige notwendige Moment der Idee des Weltgeistes, welches gegenwärtig seine Stufe ist, sein absolutes Recht …«
>
> **Georg Wilhelm Friedrich Hegel**
> *Grundlinien der Philosophie des Rechts*

Napoleon Bonaparte war nach Hegel eine vollkommene Verkörperung des Weltgeistes (des »Weltgeistes zu Pferde«) und hob durch sein Handeln die Geschichte auf ihre nächste Entwicklungsstufe.

»Es ist von dem Absoluten zu sagen, dass es wesentlich Resultat, dass es erst am Ende das ist, was es in Wahrheit ist.«

Georg Wilhelm Friedrich Hegel
Phänomenologie des Geistes

Objekt, das es erkennt. Zudem begreift der Geist sein Wissen als sein eigenes, vollständig entwickeltes Wesen – als die volle Assimilation aller Formen der »Entäußerung«, in denen er schon immer, aber unerkannt und unbewusst, er selbst war. Der Geist umfasst also am Ende nicht nur alle Realität, er wird sich auch bewusst, dass er nie etwas anderes war als diese aufs Ganze zielende Bewegung. »Die Bewegung, die Form seines Wissens von sich hervorzutreiben, ist die Arbeit, die [der Geist] als *wirkliche* Geschichte vollbringt.«

Geist und Natur

Es bleibt also kein Rest. Aber was ist mit der natürlichen Welt, in der wir leben, die ihren Weg unabhängig von der menschlichen Geschichte zu gehen scheint? Was wir gewöhnlich »Natur« oder »Welt« nennen, ist Hegel zufolge auch Geist: Geist in seiner Entäußerung, aus der er schrittweise, in unserem Erkennen der Natur (dessen er sich listig bedient), zu sich findet. Dieser Prozess aber ist kein äußerer, sondern er ist das stufenweise Werden der Natur selbst: der Fortschritt vom »bloßen Leben« zu dem, was »als Geist existiert« (dem Ganzen der Natur, das sich zeigt als das, was es immer war, Geist, aber jetzt in seiner sich nicht mehr fremden Gestalt). Damit setzt eine Stufe der Dialektik ein: die des Bewusstseins selbst, der Formen, die der absolute Geist in seinem dialektischen Fortschreiten zu seiner Selbstverwirklichung annimmt. Dieses Fortschreiten beginnt mit einem Bewusstsein, das sich zunächst für ein Individuum unter anderen Individuen hält, das einen eigenständigen, von der Materie oder der natürlichen Welt getrennten Raum einnimmt. Dem folgen höhere Stufen des Bewusstseins, zunächst das von gesellschaftlichen Gruppen – und so setzt sich die dialektische Bewegung fort, wird immer reicher, bis sie das Stadium des absoluten Geistes erreicht.

Geist und Verstand

Zu Hegels Zeit herrschte in der Philosophie die Ansicht, dass es zwei Seinsarten gibt: die der Dinge in der physischen Welt und die der Gedanken über diese Dinge, die so etwas wie Bilder von diesen Dingen sind. Nach Hegel binden uns solche Unterscheidungen an ein unhaltbares Szenario, in dem zwei Dinge (Dinge, Gedanken) absolut verschieden und zugleich einander ähnlich sein sollen (Gedanken als Bilder der Dinge). Die Gegenstände des Denkens sind zwar vom Denken selbst unterschieden. Doch dieser Unterschied und das Getrenntsein der zwei »Welten« (der physischen und der geistigen) erweisen sich als Schein, insofern sie gedacht werden. Die gewusste Natur ist das Andere des Denkens, darin ist sein – und ihr – Werden, die gewusste Geschichte ist sein sich (zunehmend) wissendes Werden. Denken ist also nicht das Bild eines Anderen, sondern es zeigt sich in seiner dialektischen Bewegung als dieses Andere. Nach Kant muss das Denken so etwas wie Substanz voraussetzen, ohne sie je erkennen zu können. Laut Hegel hat das Denken, indem es Substanz voraussetzt, bestimmt, was Substanz ist. Es gibt nur eine Welt und Realität: die des Geistes, der sich selbst kennt und reflektiert und beides ist, Denken und das, was gedacht wird – dies ist die Position des absoluten Idealismus.

Auch wenn der »absolute Geist« Zielpunkt der Hegel'schen Dialektik ist, gehen die vorhergehenden Stufen nicht verloren, sondern erweisen sich als Erscheinungsweisen des Geistes, in denen er sich noch nicht vollends bewusst werden kann. Aber erst »das Ganze ist das Wahre. Das Ganze ist aber nur das durch seine Bewegung sich vollendende Wissen… dass es am Ende das ist, was es in Wahrheit ist … Sichselbstwerden.« ■

Als »preußischer Staatsphilosoph« wurde Hegel oft bezeichnet. Doch zu seiner Zeit wollten bereits viele einen einheitlichen deutschen Staat schaffen, hier personifiziert in der »Germania«.

JEDER HÄLT DIE GRENZEN SEINES GESICHTSKREISES FÜR DIE GRENZEN DER WELT

ARTHUR SCHOPENHAUER (1788–1860)

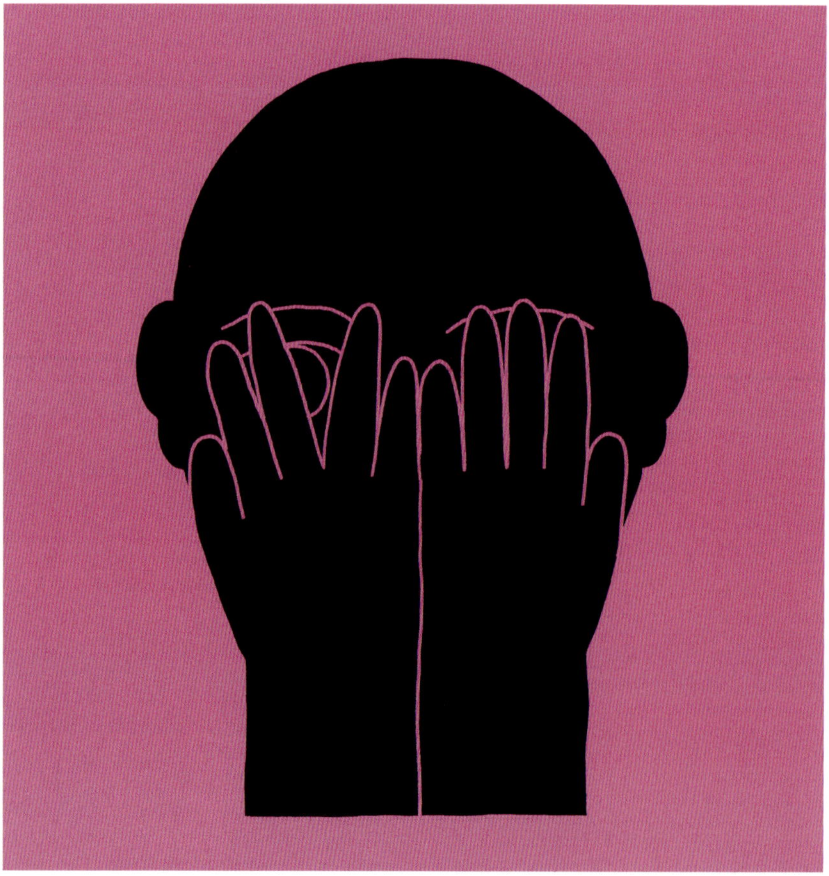

IM KONTEXT

DISZIPLIN
Metaphysik

LEHRE
Idealismus

FRÜHER
1690 John Locke veröffentlicht *Eine Untersuchung über den menschlichen Verstand*, in der er zeigt, dass unser Wissen aus der Erfahrung stammt.

1781 Kant führt in der *Kritik der reinen Vernunft* den Begriff »Ding an sich« ein, der Schopenhauer als Ausgangspunkt für seine Überlegungen dient.

SPÄTER
Ende 19. Jh. Friedrich Nietzsche entwickelt den Begriff des Willens zur Macht, um die Motive des Handelns zu erklären.

Anfang 20. Jh. Sigmund Freud erforscht, was unseren Trieben zugrunde liegt.

Arthur Schopenhauer gehörte Anfang des 19. Jahrhunderts nicht zum Hauptstrom der deutschen Philosophie. Er war ein großer Verehrer Kants, mit den Idealisten seiner Generation aber, die die Realität als etwas Nichtmaterielles betrachteten, konnte er nichts anfangen. Am meisten verachtete er Hegel: Sein Stil sei trocken, sein Denken viel zu optimistisch.

Ausgangspunkt von Schopenhauers eigener Lehre, die er in einer klaren, literarischen Sprache entwickelte, war die Kant'sche Metaphysik und deren Unterscheidung zwischen einer Welt der sinnlichen Erfahrung und der »Dinge an

Siehe auch: Empedokles 336 ▪ John Locke 130–133 ▪ Immanuel Kant 164–171 ▪ Georg Wilhelm Friedrich Hegel 178–185 ▪ Friedrich Nietzsche 214–221

Meine **Sicht der Welt** ist begrenzt durch …

… die **begrenzten Beobachtungen**, die ich von einem riesigen Universum machen kann.

… meine **begrenzte Erfahrung** eines unermesslichen allgemeinen Willens, von dem mein Wille nur ein Teil ist.

Zu meiner Sicht der Welt gehören keine Dinge, die ich **nicht wahrgenommen** habe, noch der allgemeine Wille, den ich **nicht erfahren** habe.

Ich halte die Grenzen meines Gesichtskreises für die Grenzen der Welt.

sich«. Doch wollte er die in dieser Form unterschiedenen Welten näher erklären.

Kant-Interpretation

Nach Kant ist die Welt unserer Wahrnehmungen bestimmt durch deren Formen und Kategorien, wie die Welt »an sich« ist, wissen wir jedoch nicht. Schopenhauer bezieht Kants kritische Eingrenzung der Gegenstände unserer Erfahrung auf die Begrenztheit unserer sinnlichen Fähigkeiten: Jedermann, sagt er, hält die Grenzen seines eigenen Gesichtskreises für die Grenzen der Welt. Der Gedanke, dass unser Wissen auf unsere Erfahrung beschränkt ist, war nicht ganz neu, schon der antike Philosoph Empedokles hatte gesagt: »Jedermann glaubt nur seiner eigenen Erfahrung.« Im 17. Jahrhundert hatte John Locke die These vertreten, dass unsere Erkenntnis und unser Wissen nicht über sinnliche Erfahrung hinausgehen können.

Neu ist der Grund, den Schopenhauer für diese Beschränkung nennt. Er verdankt sich seiner eigenwilligen Interpretation der von Kant unterschiedenen phänomenalen und noumenalen Welt. Schopenhauer sieht darin keine unterschiedlichen Welten, sondern ein und dieselbe Welt, die unterschiedlich, nämlich unter zwei Gesichtspunkten erfahren wird: »

Arthur Schopenhauer

Schopenhauer wurde in eine reiche, kosmopolitische Familie in Danzig geboren und sollte wie schon sein Vater Kaufmann werden. Reisen führten ihn nach Frankreich und England, bevor die Familie nach Hamburg zog. Im Jahr 1805 starb sein Vater (es gibt Vermutungen, nach denen er Selbstmord beging). Der Sohn begann Philosophie und Psychologie zu studieren. Das Verhältnis Arthur Schopenhauers zu seiner Mutter war schwierig. Nach dem Studienabschluss lehrte er an der Berliner Universität und machte sich einen Ruf als Frauenverächter und Schürzenjäger. Er hatte zwar mehrere Affären, heiratete aber nicht. Einmal wurde er wegen eines Angriffs auf eine Frau sogar verurteilt. 1831 zog er nach Frankfurt, wo er bis zu seinem Tod mit einer Reihe von Pudeln lebte, die er entweder Atman (»Seele« im Hinduismus und Buddhismus) oder Butz nannte.

Hauptwerke

1818 und 1844 *Die Welt als Wille und Vorstellung*
1851 *Parerga und Paralipomena*

unter dem Willen und der Vorstellung. Unseren Körper etwa nehmen wir einmal als Gegenstand (Vorstellung) wahr, dann wieder als innere Erfahrung (Willen). Ein Willensakt, sagt Schopenhauer, und die aus ihm hervorgehende Bewegung spielen sich nicht in zwei verschiedenen Welten ab – der phänomenalen und der noumenalen –, sondern sie sind das gleiche Ereignis, das auf zwei verschiedene Arten erlebt wird: einmal von innen, das andere Mal von außen.

Wenn wir auf Dinge außerhalb von uns schauen, haben wir ihm zufolge nur eine gegenständliche Vorstellung von ihnen und sehen nicht ihre innere Realität oder ihren Willen, und doch ist die Welt gleichzeitig außen und innen.

Allgemeiner Wille

Für Schopenhauer ist der »Wille« reine, richtungslose Energie und doch verantwortlich für alles, was sich in der phänomenalen Welt manifestiert. Mit Kant ist er der Ansicht, dass Raum und Zeit der phänomenalen Welt angehören – dass sie Anschauungsformen, nicht Dinge außerhalb des Verstandes sind –, dass also der Wille zeitlos, weder kausalen noch räumlichen Gesetzen unterworfen ist. Der allgemeine universale und der individuelle Wille sind eins, und die erscheinende Welt steht unter der Herrschaft dieses unermesslichen, zeitlosen und motivlosen Willens.

Schopenhauer studierte die *Bhagavadgita*, in der der Wagenlenker Krischna zu Arjuna sagt, ein Mann bleibe Sklave seiner Begierden, solange er sich nicht von ihnen frei mache.

Östliche Einflüsse

An diesem Aspekt seiner Theorie wird Schopenhauers Pessimismus deutlich. Zeitgenossen wie Hegel betrachteten den Willen als eine positive Kraft, Schopenhauer dagegen sah die Menschheit einem vernunftlos ziellosen Willen ausgeliefert. Dieser Wille stehe hinter unseren elementarsten Antrieben, er sei der Grund, warum wir ein Leben voller Enttäuschungen führten, sobald wir versuchten, unseren tiefsten Sehnsüchten zu folgen. Die Welt, sagt Schopenhauer, ist weder gut noch schlecht, sie ist bedeutungslos, und wer darum kämpft, glücklich zu werden, wird bestenfalls Befriedigung erreichen und schlimmstenfalls Leid und Qual durchleben.

Als einzigen Ausweg aus dieser erbärmlichen Lage sieht Schopenhauer das Nichtsein, zumindest aber die Aufgabe des Wunsches nach Befriedigung. Erleichterung bringe einzig und allein der ästhetische Genuss, besonders das Hören von Musik, der einzigen Kunst, die nicht die phänomenale Welt repräsentieren will. Hier trifft sich Schopenhauers Philosophie mit der buddhistischen Vorstellung vom Nirvana, dem transzendenten Zustand, der frei von Begehren und Leiden ist.

Aus der Vorstellung des allgemeinen Willens entwickelt Schopenhauer eine Moralphilosophie, die überraschend ist, wenn man an seine Misanthropie und seinen Pessimismus denkt. Wenn

> »Der Grund und Boden, auf dem alle unsere Erkenntnisse und Wissenschaften ruhen, ist das Unerklärliche.«
>
> **Arthur Schopenhauer**
> *Parerga und Paralipomena*

wir einsehen, sagt er, dass unser Getrenntsein vom Universum eine Illusion ist – weil unser individueller Wille und der Wille des Universums ein und derselbe sind –, können wir lernen, uns zu jedem und allem ein- und mitfühlend zu verhalten. So kann aus einem allgemeinen Mitleid Güte entstehen. Auch darin folgt Schopenhauer den Idealen östlicher Philosophie.

Andauerndes Vermächtnis

Zu Lebzeiten wurde Schopenhauer von der deutschen Philosophie im Großen und Ganzen ignoriert, stets stand er in Hegels Schatten. Nur auf Schriftsteller und Musiker hatte er einigen Einfluss.

Gegen Ende des Jahrhunderts wurde seine Lehre vom Primat des Willens wieder zu einem Thema in der Philosophie. Vor allem Nietzsche stand in dieser Hinsicht sehr unter seinem Einfluss, aber auch Henri Bergson und die amerikanischen Pragmatisten. Den größten Einfluss aber übte er wohl auf dem Gebiet der Psychologie aus, besonders auf die Psychoanalyse von Sigmund Freud und Carl Gustav Jung, die an seiner Lehre vom Drang und den Trieben beziehungsweise einem kollektiven Unbewussten anknüpften. ■

THEOLOGIE IST ANTHROPOLOGIE

LUDWIG FEUERBACH (1804–1872)

IM KONTEXT

DISZIPLIN
Religionsphilosophie

LEHRE
Atheismus

FRÜHER
um 600 v. Chr. Als erster westlicher Philosoph bestreitet Thales von Milet, dass die Welt ihre Existenz einem Gott verdankt.

um 500 v. Chr. Gründung der indischen Charvaka-Schule für atheistische Philosophie.

um 400 v. Chr. Der griechische Philosoph Diagoras von Melos verteidigt den Atheismus.

SPÄTER
um 1840 Der junge Karl Marx stützt sich mit seiner Theorie menschlicher Entfremdung auf Ludwig Feuerbach.

Ende 19. Jh. Sigmund Freud behauptet, Religion sei eine Projektion menschlicher Wünsche.

Bekannt wurde Ludwig Feuerbach vor allem durch sein Buch *Das Wesen des Christentums* (1841), das Karl Marx und Friedrich Engels stark beeindruckte. Feuerbach knüpft an Hegel an. Dieser betrachtet den Geist zwar als treibende Kraft in der Natur, räumt ihr aber, als dem »Anderen« des Geistes kein eigenes Recht ein. Feuerbach dagegen sucht diese Kraft im Diesseits unseres Daseins. Für ihn sind die Menschen nicht entäußerte Form des absoluten Geistes, sondern umgekehrt: Wir haben die Idee von einem großen Geist, einem Gott, aus unseren Sehnsüchten und Wünschen heraus selbst geschaffen.

Die Gottesidee

In unserem Verlangen nach dem Besten im Menschen, nach Liebe, Mitgefühl und Humanität haben wir ein Wesen imaginiert, das diese Eigenschaften in reiner Form verkörpert. Die Theologie (die Lehre von Gott) ist also im Grunde Anthropologie (Lehre vom Menschen). Wir ließen uns nicht nur von dem Gedanken täuschen, dass es so ein göttliches Wesen gibt. Wir hätten uns auch selbst vergessen: aus den Augen verloren, dass diese Tugenden menschlichen und nicht göttlichen Ursprungs sind. Daher sollten wir weniger auf himmlische Rechtschaffenheit als auf irdische Gerechtigkeit achten – auf die Menschen in diesem Leben und auf dieser Erde, auf ihr Glück, das nur als sinnliches wirklich sein kann. ■

In ihrem Bedürfnis nach Sicherheit schufen sich die Israeliten der Bibel einen falschen Gott, das goldene Kalb. Nach Feuerbach wurden alle Götter auf diese Weise erschaffen.

Siehe auch: Thales von Milet 22–23 ▪ Georg Wilhelm Friedrich Hegel 178–185 ▪ Karl Marx 196–203

ÜBER DEN EIGENEN KÖRPER UND GEIST BESTIMMT JEDER SOUVERÄN

JOHN STUART MILL (1806–1873)

IM KONTEXT

DISZIPLIN
Politische Philosophie

LEHRE
Utilitarismus

FRÜHER
1651 Hobbes sagt in *Leviathan*: Die von Natur aus »rohen« Menschen müssen zur gegenseitigen Kontrolle einen Gesellschaftsvertrag abschließen.

1689 In *Zwei Abhandlungen* entwickelt Locke eine Theorie des Gesellschaftsvertrags im Kontext des Empirismus.

1789 Bentham fordert »das größte Glück für die größte Zahl«.

SPÄTER
1930er-Jahre Der Ökonom Keynes entwickelt eine liberale Wirtschaftstheorie.

1971 Rawls *Theorie der Gerechtigkeit* fußt darauf, dass Gesetze, die verfertigt werden sollen, die Akzeptanz aller erfordern.

John Stuart Mill wuchs in einem privilegierten, hoch gebildeten Elternhaus auf. So kam er bereits in frühem Alter mit der britischen Tradition der Aufklärungsphilosophie in Berührung, mit dem Denken John Lockes und David Humes. Sie hatten eine Philosophie begründet, die, strikt empiristisch ausgerichtet, in scharfem Kontrast zum kontinentalen Rationalismus stand. Zur Zeit der Wende vom 18. zum 19. Jahrhundert begannen romantische Ideen aus Europa die britische politische und die Moralphilosophie zu beeinflussen. Ein Produkt dieses Einflusses war der Utilitarismus, eine sehr britische Interpretation der

Siehe auch: Thomas Hobbes 112–115 ▪ John Locke 130–133 ▪ Jeremy Bentham 174 ▪ Bertrand Russell 236–239 ▪ Karl R. Popper 262–265 ▪ John Rawls 294–295

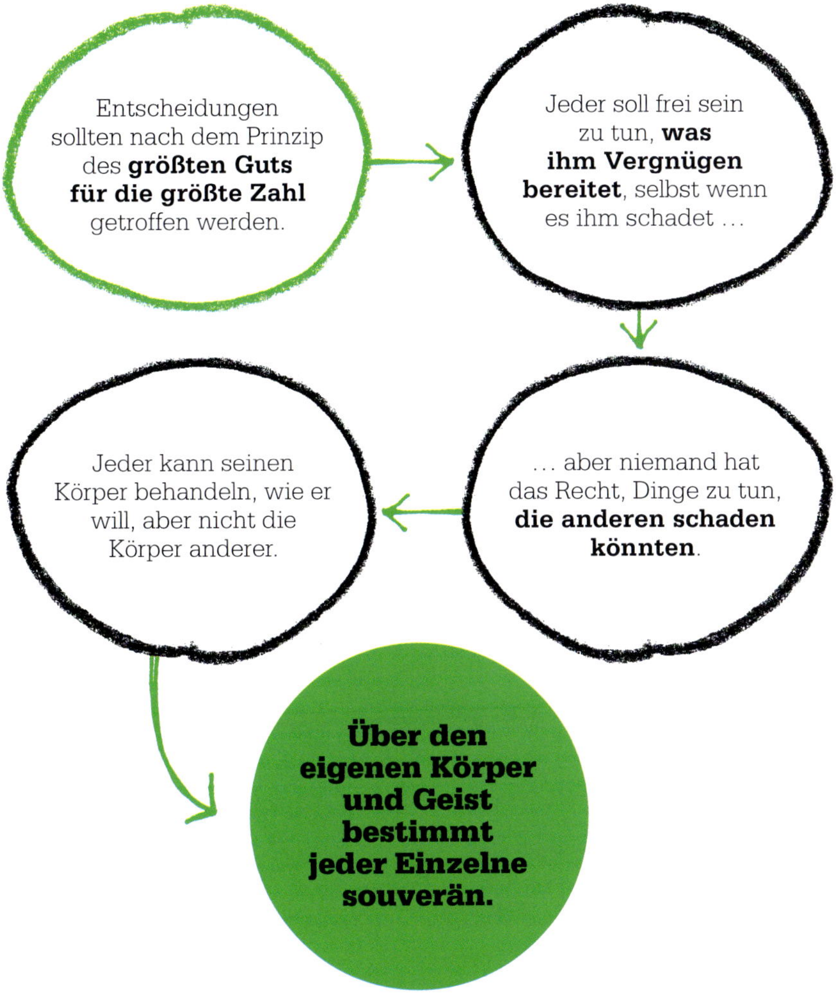

politischen Philosophien, die die Ideologien für die Revolutionen des 18. Jahrhunderts in Amerika und Europa lieferten. Jeremy Bentham, der Begründer des Utilitarismus, war als Freund der Familie Mill an Johns Bildungsgang beteiligt.

Viktorianischer Liberalismus

Als Philosoph stellt sich Mill die Aufgabe, ein bewahrenswertes geistiges Erbe mit der neuen romantischen Strömung zu verbinden. Empirismus und Utilitarismus formten Mills Denken, sein Ansatz aber ist weniger skeptisch als jener Humes (der sagt, alle Erkenntnis komme aus der sinnlichen Erfahrung, keine sei darum sicher) und weniger dogmatisch als der Benthams (der alles nach seiner Nützlichkeit beurteilt haben wollte). Seine Moral- und seine politische Philosophie sind weniger extrem als die seiner Vorgänger und können so zum Grundstock des viktorianischen Liberalismus werden. »

John Stuart Mill

Mill wurde 1806 in London geboren. Sein Vater, der schottische Philosoph und Historiker James Mill, hatte mit Jeremy Bentham die Bewegung der »philosophischen Radikalen« begründet. Der Vater sorgte für die Ausbildung des Sohnes und begann sein anspruchsvolles Programm damit, dass er schon dem Dreijährigen Latein und Griechisch beibringen wollte. Nach jahrelangen intensiven Studien erlitt John mit 20 Jahren einen Herzanfall, verließ die Universität und arbeitete bis zu seinem Ruhestand im Jahr 1857 für die Britische Ostindien-Kompanie. In dieser Zeit begegnete er der Frauenrechtlerin Harriet Taylor, nach einer 20-jährigen Beziehung heirateten die beiden. Von 1865 bis 1868 konnte er seine Moral- und politische Philosophie als Parlamentsmitglied in die Tat umsetzen.

Hauptwerke

1843 *System der deduktiven und induktiven Logik*
1848 *Grundsätze der politischen Ökonomie*
1859 *Über die Freiheit*
1861 *Der Utilitarismus*
1869 *Die Hörigkeit der Frau*
1874 *On Nature*

Nachdem er sein erstes philosophisches Werk, ein erschöpfendes sechsbändiges *System der Logik*, abgeschlossen hatte, wandte er sich der Moralphilosophie zu, vor allem Benthams Theorie des Utilitarismus. Eleganz und Einfachheit von Benthams Prinzip des »größten Glücks für die größte Zahl« beeindruckten ihn nachhaltig. Der Utilitarismus sollte, so sagte Mill, in ähnlicher Weise Anwendung finden wie die »goldene Regel« des Jesus von Nazareth: Tue das, wovon du willst, dass es auch dir getan werde, und liebe deinen Nächsten wie dich selbst.

Gesetze für die Freiheit

Mill akzeptierte Benthams Glücksprinzip, fand es aber, so wie dieser es formuliert hatte, unpraktikabel. Denn Bentham verband das Prinzip des größten Glücks der größten Zahl mit einem abstrakten »Glückskalkül« (einem Algorithmus zur Messung des Glücks) und Mill war mehr daran interessiert, wie jenes Prinzip tatsächlich funktioniert. Ihm ging es also nicht nur um seine Rolle für moralische Entscheidungen, sondern um seine sozialen und politischen Implikationen. Wie wirken sich Gesetze, die das größte Glück der größten Zahl befördern sollen, auf den Einzelnen aus? Laufen sie auf eine Mehrheitsherrschaft hinaus, die den Spielraum des Individuums einschränkt?

Mills Lösung ist ein enges Zusammenwirken von Bildungssystem und öffentlicher Meinung. Es soll eine »unauflösliche Verbindung« zwischen dem individuellen Glück und dem Wohl der Gesellschaft herstellen. Gelinge das, dann handelten die Menschen nicht nur im eigenen Interesse, sondern auch im Sinne des Gemeinwohls. Daher sollte die Gesellschaft allen Individuen gestatten, ihr Glück zu suchen. Dieses Grundrecht müsse vor Staat und Gesetzgeber geschützt werden. Nur wenn die Freiheit Dritter bedroht sei, komme das »Schadensprinzip« zur Geltung.

> »Es ist besser, ein unzufriedener Mensch zu sein als ein zufriedenes Schwein; besser ein unzufriedener Sokrates als ein zufriedener Narr.«
>
> **John Stuart Mill**
> *Der Utilitarismus*

Quantifizierung des Glücks

In Benthams Glückskalkül gehen nur Dauer und Intensität des Glücks ein, nach Mill aber ist auch dessen Qualität zu berücksichtigen. Bentham lässt keinen Wertunterschied zwischen einfachen Wunschbefriedigungen sowie sinnlichen Vergnügungen und dem Glück gelten, das intellektuelle und kulturelle Interessen gewähren. In seiner »Glücksgleichung« legt Mill mehr Gewicht auf höhere, intellektuelle Freuden als auf niedrigere, körperliche Befriedigungen. Aber was ist Glück wirklich? Was ist es, wonach jeder strebt? Was macht

Nach einem biblischen Gleichnis hilft der gute Samariter seinem Feind und demonstriert, was auch Mill als goldene Regel vertrat: Tue das, wovon du willst, dass es dir getan werde. Er glaubte, dies würde das gesellschaftliche Glücksniveau anheben.

glücklich? Dass im Prinzip alles wünschenswert ist, lässt sich, sagt Mill, nur damit begründen, dass es eben gewünscht wird.

Keine sehr befriedigende Antwort – doch bleibt Mill dabei auch nicht stehen, sondern unterscheidet zwischen zwei verschiedenen Arten von Wünschen: den unmotivierten Wünschen (alles, was uns Vergnügen bereitet) und bewussten Handlungen (Dinge, die wir, wenn auch oft gegen unsere unmittelbare Neigung, aus Pflichtgefühl oder Nächstenliebe tun und die uns schließlich Freude bereiten). Im ersten Fall begehren wir etwas, das uns direkt glücklich machen soll, die Handlungen im zweiten Fall dagegen sollen Mittel zu unserem Glück sein, das sich erst bemerkbar macht, wenn die Handlung ihren ethischen Zweck erreicht hat.

Praktischer Utilitarismus

Mill war nicht nur akademischer Philosoph, er wollte seine Ideen auch in die Tat umgesetzt sehen. Daher machte er sich Gedanken darüber, was sie für staatliches Handeln und Gesetzgebung bedeuteten. Jede Einschränkung der Freiheit des Individuums, sein Glück zu suchen, betrachtete Mill als Tyrannei, gleichgültig ob es sich um die kollektive Tyrannei der Mehrheit (durch demokratische Wahl) oder um die Herrschaft eines Despoten handelt. Darum schlug er praktische Maßnahmen vor, die die Macht der Gesellschaft über das Individuum einschränken und das Recht des Individuums auf freie Meinungsäußerung schützen sollten.

Als Parlamentsmitglied schlug er viele Reformen vor. Sie wurden erst später in die Tat umgesetzt, mit seinen Reden aber machte er einem breiten Publikum den praktischen Liberalismus bekannt, der aus seiner utilitaristischen Philosophie folgt. Als Politiker und Philosoph trat er für die freie Rede, die Durchsetzung grundlegender Menschenrechte und gegen die Sklaverei ein – alles praktische Anwendungsbereiche seines Utilitarismus. Inspiriert von seiner Frau Harriet Taylor-Mill plädierte er als erster britischer Parlamentarier für das Frauenstimmrecht. Seine liberalistische Philosophie erstreckte sich auch auf wirtschaftliche Fragen: Anders als sein Vater befürwortete er eine freie Marktwirtschaft, in der staatliche Interventionen auf ein Minimum beschränkt sind.

1868 wurde in England die National Society for Women's Suffrage gegründet. Im Jahr zuvor hatte Mill versucht, das Frauenstimmrecht über eine Änderung des Reform Act durchzusetzen.

Eine sanfte Revolution

Mill stellt nicht die Gesellschaft, sondern das Individuum in den Mittelpunkt seiner utilitaristischen Philosophie. Ihm kommt es darauf an, dass jeder Einzelne denken und tun kann, was ihm gefällt, selbst wenn er oder sie sich damit schadet. Jeder Einzelne, schreibt Mill in seinem Essay *Über die Freiheit*, bestimme frei über seinen Körper und seinen Verstand. Seine Ideen waren eine Verkörperung des viktorianischen Liberalismus, sie milderten die radikalen Theorien, die in Amerika und Europa Revolutionen mit vorbereitet hatten, und verbanden sie mit dem Gedanken der Freiheit von autoritärer Bevormundung. In dieser Freiheit sah Mill die Basis guter Regierung und das Mittel zu sozialem Fortschritt, ein im viktorianischen England zentrales Ideal. Die Gesellschaft müsse alle Individuen leben lassen, wie es ihnen für ihr Glück förderlich erscheint. Nur dann könnten sie ihr Potenzial entfalten, was wiederum der Gesellschaft zugutekomme.

Zu Lebzeiten galt Mill als bedeutender Philosoph, heute sieht man ihn als einen der Architekten des viktorianischen Liberalismus. Seine utilitaristisch inspirierte Philosophie hatte bis weit ins 20. Jahrhundert hinein direkten Einfluss auf das gesellschaftliche, politische, philosophische und ökonomische Denken der angelsächsischen Welt. Die modernen Wirtschaftswissenschaften haben, am deutlichsten im Fall von John Maynard Keynes, Kontur gewonnen, indem sie den freien Markt im Sinn von Mills utilitaristischen Ideen betrachteten. Philosophen wie Bertrand Russell, Karl R. Popper, William James und John Rawls fanden in Mills Theorien Ausgangspunkte für ihre ethischen Konzepte. ■

» Ein Mensch mit einer Überzeugung hat die gesellschaftliche Macht von neunundneunzig, die nur Interessen folgen. «

John Stuart Mill
Betrachtungen über die repräsentative Regierung

ANGST IST DER SCHWINDEL DER FREIHEIT

SØREN KIERKEGAARD (1813–1855)

IM KONTEXT

DISZIPLIN
Metaphysik

LEHRE
Existenzialismus

FRÜHER

1788 Kant zeigt in *Kritik der praktischen Vernunft* Freiheit als fundamentale Idee der Moralphilosophie.

1807–1822 Nach Hegel bestimmt der Geist den Gang der Geschichte, auf idealistische Weise unterstellt er eine praktische Beziehung zwischen Geist (Bewusstsein) und Lebenswelt.

SPÄTER

1927 Martin Heidegger untersucht in *Sein und Zeit* die Begriffe der *Angst* und der existenziellen Schuld.

1938 Jean-Paul Sartre entwickelt die existenzialistische Philosophie.

1946 Ludwig Wittgenstein würdigt Kierkegaards Werk (*Vermischte Bemerkungen*, ersch. 1977).

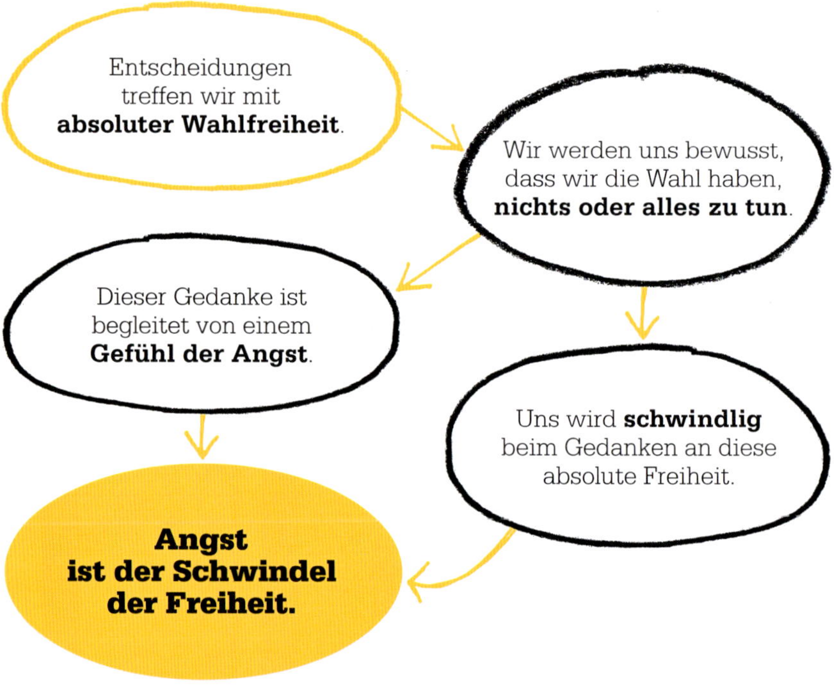

Søren Kierkegaards Denken entwickelte sich in Reaktion auf den deutschen, namentlich den Hegel'schen Idealismus, der Mitte des 19. Jahrhunderts den Kontinent beherrschte. Hegels Gedanken eines vollständigen philosophischen Systems, in dem die Menschheit Teil eines unvermeidlichen historischen Prozesses ist, lehnte er ab. Kierkegaards Ausgangsfrage ist, was es heißt, »ein Mensch zu sein« – und zwar nicht als Teil eines Systems, sondern als sich radikal selbst bestimmendes Individuum. Unser Leben, sagt er, ist durch unser Handeln, dieses wiederum durch unsere Entscheidungen bestimmt, entsprechend bedeutsam ist es, wie wir unsere

Siehe auch: Immanuel Kant 164–171 ▪ Georg Wilhelm Friedrich Hegel 178–185 ▪ Friedrich Nietzsche 214–221 ▪ Martin Heidegger 252–255 ▪ Jean-Paul Sartre 268–271 ▪ Simone de Beauvoir 276–277 ▪ Albert Camus 284–285

Entscheidungen treffen. Wie Hegel versteht auch Kierkegaard moralische Entscheidungen als Wahl zwischen dem Ästhetisch-Sinnlichen (der unmittelbaren Befriedigung) und dem Ethischen. Während Hegel diese Wahl abhängig sieht von Zeit- und Umweltbedingungen, hält Kierkegaard moralische Entscheidungen für absolut frei, ungedeckt von höheren Instanzen sind sie rein subjektiv. Allein unser Wille bestimmt unser Urteil. Allerdings fühlen wir uns in dieser Situation nicht glücklich, die absolute Wahlfreiheit versetzt uns vielmehr in Angst und Schrecken.

Kierkegaard erklärt dies in *Der Begriff Angst*. Nehmen wir an, sagt er, ein Mann steht auf einer Klippe oder einem hohen Gebäude. Sieht er über den Rand, packt ihn ein doppeltes Angstgefühl: die Angst zu fallen und die Angst vor dem Impuls, sich hinunterzustürzen. Letztere entspringt dem Wissen um die absolute Wahlfreiheit: Den Mann hält nichts, er hat die Wahl, ob er springen will oder nicht. Wie der Blick nach unten erzeugt die Angst einen Schwindel. Dies erleben wir bei allen moralischen Entscheidungen, sobald wir uns klarmachen, dass wir die Freiheit haben, selbst die furchtbarsten Entscheidungen zu treffen. Kierkegaard nennt diese Angst den »Schwindel der Freiheit«. Er kann uns in Verzweiflung stürzen, bietet aber auch die Chance, dass wir nicht bloß gedankenlos reagieren, sondern eine bewusste Wahl treffen. Auf diese Weise wachsen Selbstbewusstsein und persönliches Verantwortungsgefühl.

Vater des Existenzialismus

Kierkegaards Ideen wurden von seinen Zeitgenossen im Großen und Ganzen abgelehnt, hatten dafür auf spätere Generationen starken Einfluss. Die Bedeutung, die er der Wahlfreiheit und der beständigen Suche nach Sinn und Zweck unseres Handelns einräumt, bereitete den Boden für die existenzialistische Philosophie, die von Nietzsche und Heidegger ausging und mit Sartre einen Höhepunkt erreichte. Dem Existenzialismus geht es um die Frage, wie wir in einer gottlosen Welt, in der – die Geburt ausgenommen – jede Handlung eine Entscheidung ist, ein sinnvolles Leben führen können. Kierkegaard gab seinen Glauben an Gott nie auf. Gleichwohl setzte er das individuelle Selbstbewusstsein in den Mittelpunkt seines Denkens. ▪

Hamlet ist gefangen in einer schrecklichen Entscheidungssituation: Soll er seinen Onkel töten oder seines Vaters Tod ungerächt lassen? Shakespeare zeigt damit die Angst vor der Freiheit.

Søren Kierkegaard

Kierkegaard wurde 1813 in Kopenhagen geboren, während des »Goldenen Zeitalters der Kultur« in Dänemark. Sein Vater war ein reicher Kaufmann und sowohl fromm als auch melancholisch – Züge, die sein Sohn erbte und die seine Philosophie stark beeinflussten. Er studierte Theologie, hörte aber auch Philosophie. Durch ein ansehnliches Erbe materiell gesichert, konnte er sein Leben der Philosophie widmen. 1837 begegnete er Regine Olsen und verliebte sich in sie. Drei Jahre später verlobten sie sich, aber Kierkegaard löste die Verlobung ein Jahr später mit der Begründung, er sei wegen seiner Melancholie für das Eheleben nicht geeignet. Seinen Glauben an Gott verlor er nie, kritisierte die dänische Kirche jedoch ständig wegen ihrer Heuchelei und Bigotterie. 1855 fiel er auf der Straße in Ohnmacht und starb einen Monat später.

Hauptwerke

1843 *Furcht und Zittern*
1843 *Entweder/Oder*
1844 *Der Begriff Angst*
1847 *Die Taten der Liebe*

ALLE BISHERIGE GESCHICHTE IST DIE GESCHICHTE VON KLASSENKÄMPFEN

KARL MARX (1818–1883)

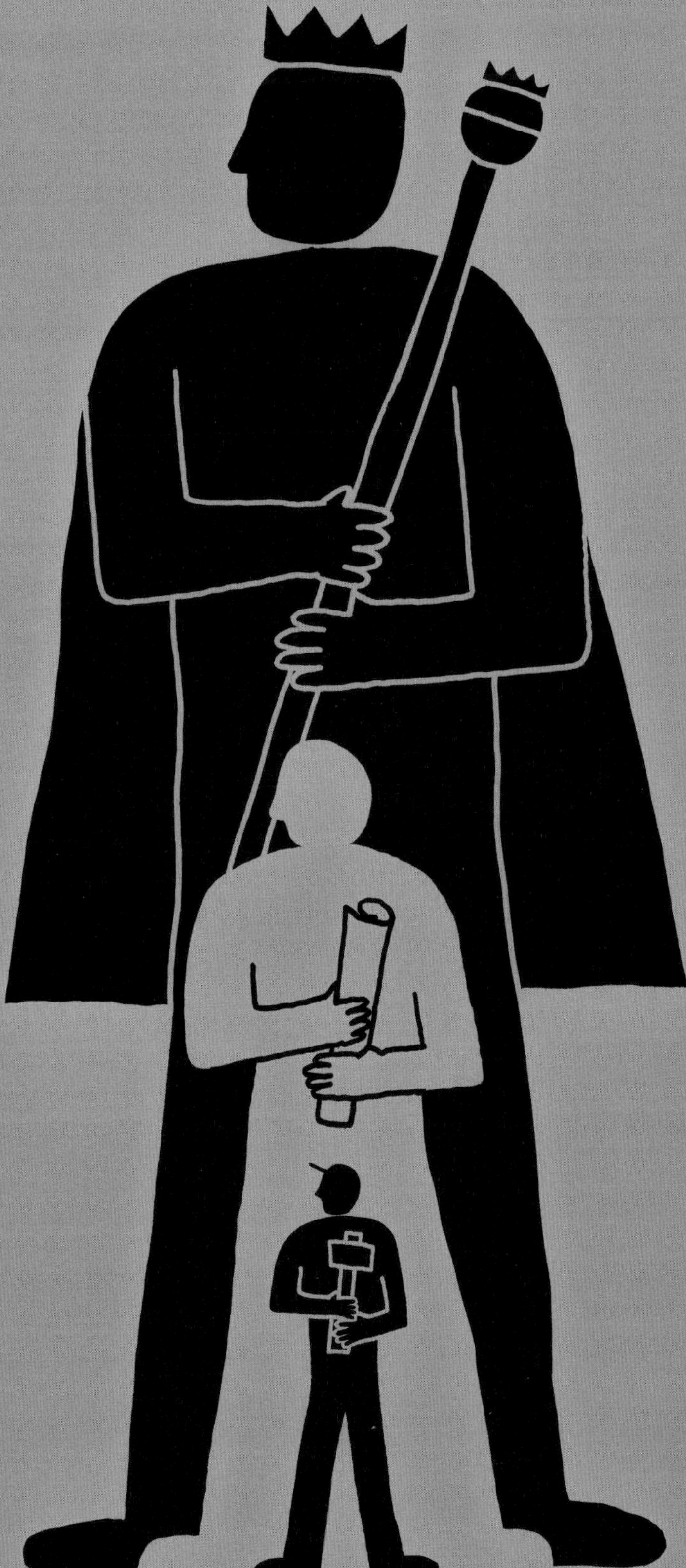

IM KONTEXT

DISZIPLIN
Politische Philosophie

LEHRE
Historischer Materialismus

FRÜHER
um 1513 Niccolò Machiavelli schreibt in seinen *Discorsi* über die Klassenkämpfe im alten Rom und in der Renaissance.

1789 Die Französische Revolution ist das Modell der meisten Revolutionstheorien des 19. Jahrhunderts.

nach 1800 Hegel entwickelt eine Theorie der geschichtlichen Veränderung durch geistige Konflikte.

SPÄTER
1880er-Jahre Friedrich Engels systematisiert die Marx'schen Theorien zum Lehrgebäude des historischen Materialismus.

1920er-Jahre Der »Marxismus« wird zur offiziellen Philosophie der Sowjetunion und anderer kommunistischer Länder.

Lässt sich die komplexe Geschichte der Menschheit in eine Formel fassen? Karl Marx war dieser Meinung. Der erste Abschnitt seiner berühmtesten Schrift, *Manifest der Kommunistischen Partei*, erklärt alle geschichtlichen Veränderungen zu Resultaten von Klassenkämpfen. Deren Wurzel und Ursache sah er im Widerspruch zwischen Produktionsweisen und Produktionsverhältnissen – vereinfacht: im Gegensatz zwischen der Form der materiellen Produktion und der jeweiligen Aneignung des produzierten Reichtums. Marx verfasste das *Kommunistische Manifest* zusammen mit seinem Studienkollegen und Freund Friedrich Engels. Engels, ebenfalls ein klarer Denker und begabter Autor, sah in Marx den führenden Kopf ihres lebenslangen Zusammenwirkens. Als Fabrikantensohn unterstützte er Marx finanziell. Im Jahr 1845 formulierte Marx in den *Thesen über Feuerbach* das Programm: Philosophie solle die Welt nicht interpretieren, sondern zum aktiven Element ihrer Veränderung werden. Das hieß Hegel »vom Kopf auf die Füße« stellen. Kritik der Verhältnisse sollte die gesellschaftlichen Widersprüche herausarbeiten und so zum Bewusstsein der »revolutionären Massen« werden. Diese würden dann nicht abstrakten »Ideen« folgen, sondern sich in Besitz der materiellen Möglichkeiten bringen, um eine freie Gesellschaft zu realisieren.

Die Bourgeoisie

Das *Manifest* entfaltet dieses Programm politisch: Es sollte die 1848 zersplitterte Opposition vereinigen. Die Analyse der bürgerlichen Gesellschaft sollte den Weg zu ihrer Überwindung weisen. Diese sei historisch möglich und praktisch geboten. Zum einen stünden sich aktuell nur noch zwei Klassen gegenüber: die Bourgeoisie, die im Besitz der Produktionsmittel ist und das besitzlose Proletariat, dem nur seine Arbeitskraft eigen ist – damit zugleich die beiden Pole des gesellschaftlichen Produktionsverhältnisses: Kapital und Arbeit.

Zum anderen sei die Bourgeoisie selbst eine bis dahin »revolutionäre« Klasse: Sie hat »massenhaftere und kolossalere Produktivkräfte geschaffen als alle vergangenen Generationen zusammen«. Sie ist Träger des Fortschritts, der von der Entdeckung und Kolonisierung

Zu Marx' Zeiten waren intellektuelle Debatten in Deutschland weit verbreitet. Er wollte, dass die Philosophie nicht nur über Ideen diskutiert, sondern dazu beiträgt, einen Wandel herbeizuführen.

Amerikas über die Öffnung der Märkte in Indien und China, die Ausweitung der Produktion für den Tauschhandel zur immer schnelleren Akkumulation des Kapitals führte und die Industrielle Revolution ermöglichte.

Proletariat und Krise

Die neue Produktionsweise gab der Bourgeoisie das Mittel, die feudale Gesellschaftsordnung zu sprengen, denn diese entsprach den produktiven Möglichkeiten nicht mehr. Die auf feudalen und ständischen Hierarchien beruhenden Eigentumsverhältnisse wurden abgelöst durch solche, die auf Privateigentum und Tausch gründen.

Die vom Markt bestimmte Produktionsweise hat, sagt Marx, zwischen den Menschen zuletzt kein anderes Band gelassen als die »gefühllose bare Zahlung«. Die Arbeit wurde zunehmend dem Interesse untergeordnet, Profit aus dem eingesetzten Kapital zu

Siehe auch: Niccolò Machiavelli 102–107 ▪ Jean-Jacques Rousseau 154–159 ▪ Adam Smith 160–163 ▪ Georg Wilhelm Friedrich Hegel 178–185 ▪ Ludwig Feuerbach 189 ▪ Friedrich Nietzsche 214–221

erwirtschaften. War die Arbeit des Handwerkers persönlich erworbene Fähigkeit, so bleibt dem Fabrikarbeiter nur die nackte Arbeitskraft, die er als Ware zu Markte trägt. Wie bei allen Waren entspricht auch ihr Preis etwa den Produktionskosten. Doch können die Arbeiter ihre Arbeitskraft nur verkaufen, wenn ihre Arbeit das Kapital vermehrt. Stört eine Krise Produktion und Handel, droht den Arbeitern und ihren Familien Hunger. Gleichzeitig werden durch Stillstand Werte vernichtet und das Kapital ist gezwungen, alte Märkte noch gründlicher auszubeuten, neue zu erobern. Die nächste Krise findet also auf erweiterter Stufe statt. So schmiedet die Bourgeoisie nicht nur die »Waffen, die ihr den Tod bringen … sondern auch die Männer, die sie führen, die modernen Arbeiter«. Eine Klasse, deren Lebensbedingungen einheitlicher gemacht wurden als die jeder revolutionären Klasse zuvor.

Der dahinter liegende Grundwiderspruch, den Marx später in *Das Kapital* entfaltet, lautet: Der Reichtum wird gesellschaftlich produziert, aber privat angeeignet. Die Abschaffung des Privateigentums an den Produktionsmitteln »

» … jeder nach seinen Fähigkeiten, jedem nach seinen Bedürfnissen! «

Karl Marx

Kritik des Gothaer Programms

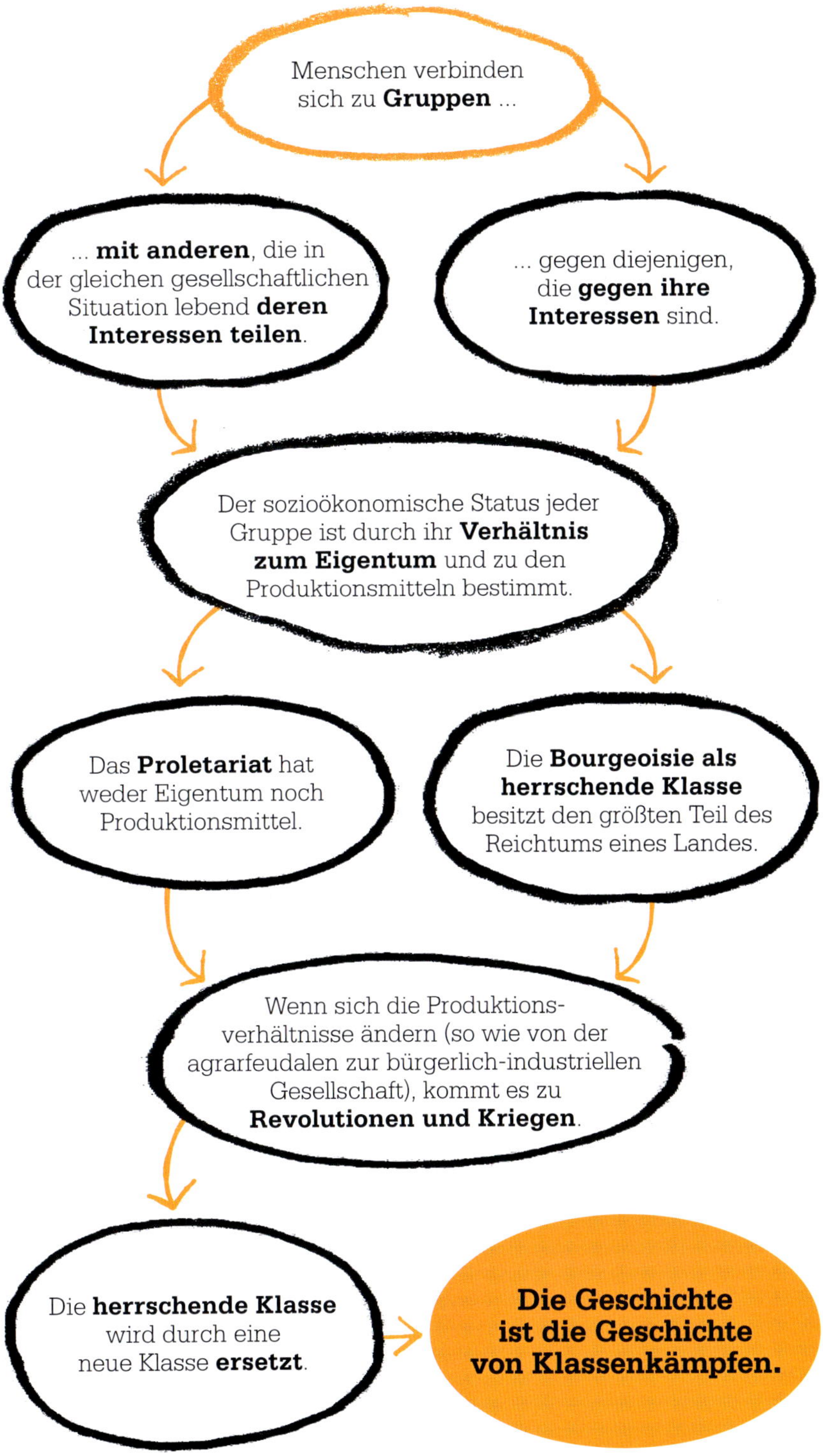

wird diesen Widerspruch lösen, so Marx. Ohne die Fessel des Privateigentums reichten die Produktivkräfte aus, damit alle Gesellschaftsmitglieder nach ihren Fähigkeiten arbeiten und nach ihren Bedürfnissen konsumieren können.

Dialektik in der Geschichte

Hinter Marx' Überlegungen steht Hegels Darstellung der Geschichte als Prozess ständiger Veränderungen, der sich quasi selbst entfaltet. Jeder Zustand (die These) enthält demnach in sich einen Widerspruch (die Antithese), der Veränderungen erzwingt und zu einem neuen Zustand führt: der Synthese. Sah Hegel den historischen Prozess als Reise des Geistes durch unzählige dialektische Zyklen, erkennt Marx diese Struktur in der Geschichte der bürgerlichen Gesellschaft und ihrer Überwindung. Der konfliktfreie Zustand am Ende ist nicht die Seligkeit des zu sich selbst kommenden Geistes, sondern die vollkommene Gesellschaft, die Aufhebung der Klassen und des Gegensatzes von individuellem Glück und Allgemeinwohl.

Eigentum und Klassengesellschaft

Auch an Adam Smith orientiert sich Marx: an dessen Darstellung der Entwicklung von Tausch und Arbeitsteilung. Die Spezialisierung der Arbeit bestimmt, wie Smith darstellt, die Lebensweise insgesamt. Ob Landarbeiter oder Landbesitzer – beiden ist vorgeschrieben, wie sie leben, was sie essen, mit wem sie Interessen teilen, wer ihr Gegner ist. Die vom Eigentum bestimmte Differenzierung führt zur Bildung unterschiedlicher sozioökonomischer Klassen.

Marx unterscheidet vier Epochen in der Menschheitsgeschichte, bestimmt von vier verschiedenen Eigentumsformen: dem Gemeineigentum der Urgesellschaft, dem antiken System von kommunalem und staatlichem Eigentum (in dem Sklaverei und Privateigentum begannen), dem feudalen Eigentum und dem modernen Privateigentum, das sich zum System kapitalistischer Produktion entfaltet hat. Die je besonderen Formen der Verfügung über Produktionsmittel führen zu je eigenen Produktionsweisen. Diese können sich so weit entwickeln, dass sie die alten Produktionsverhältnisse sprengen. Gleichwohl ist der Übergang von einer Epoche zur anderen, der Sturz der je herrschenden Klasse, ein stürmisches politisches Ereignis, durch Kriege und Revolutionen gekennzeichnet.

> »Die herrschenden Ideen einer Zeit waren stets nur die Ideen der herrschenden Klasse.«
>
> **Karl Marx / Friedrich Engels**
> *Kommunistisches Manifest*

Basis und Überbau

Mit der ökonomischen Basis eines Eigentumssystems, sagt Marx, ändert sich auch sein Überbau: Politik, Recht, Kunst, Religion, Philosophie. Dieser Überbau dient der herrschenden Klasse dazu, die geschichtlichen Verhältnisse als natürliche, unveränderliche darzustellen. Doch auch die herrschende Klasse kann Ereignisse und Institutionen nicht frei bestimmen. Nach Hegel steht jedes Zeitalter unter der Macht eines Zeitgeistes. Marx sieht das nicht anders, doch begreift er diesen nicht als Gestalt eines »absoluten Geistes«, sondern als Produkt der jeweiligen ökonomisch-gesellschaftlichen Verhältnisse. Sie

Die Bourgeoisie genoss Ende des 18. und im 19. Jahrhundert großen Luxus, während in ihren Fabriken und auf ihren Ländereien die Arbeiter in drückender Armut lebten.

» Die Aufhebung der Religion als des illusorischen Glücks des Volkes ist die Forderung des wirklichen Glücks. «

Karl Marx
Zur Kritik der Hegel'schen Rechtsphilosophie

bestimmen die Ideen, das Bewusstsein von Individuen und Gesellschaft. Die Menschen machen ihre Geschichte selbst, aber sie tun dies ohne Bewusstsein, hinter ihrem Rücken. Nach Marx ist Hegels »Weltgeist« das Inkognito der von Menschen gemachten Geschichte.

Marx kehrt Hegels Philosophie in gewisser Weise um. Geschichte ist nicht die Reise des Geistes zu sich selbst, sondern ein Prozess, in dem die quasi naturnotwendige Produktion immer mehr zum gesellschaftlichen (durch Tausch und Arbeitsteilung bestimmten, vom Gegensatz Kapital–Arbeit strukturierten) System wird. Vom Menschen gemacht, wäre es auch planmäßig veränderbar, würden die Menschen sich denn als Produzenten begreifen. Hier kommt ein Grundgedanke der Feuerbach'schen Religionskritik ins Spiel. Danach tragen die traditionellen Religionen zur Entfremdung der Menschen von sich selbst bei. Die Menschen selbst hätten sich nach ihrem Ideal ihre Götter geschaffen, also das Beste ihres eigenen Wesens zu anbetungswürdigen Eigenschaften ihrer Idole gemacht und vergessen, dass sie selbst deren Schöpfer sind. Sie hängen an der Religion, weil sie sich nach einem Ort sehnen, an dem sie weder verachtet werden noch entfremdet sind. Nach Marx spiegelt dies die reale »Verdinglichung« der von Menschen gemachten gesellschaftlichen Verhältnisse, sodass diese über jene herrschen. Marx' Antwort ist nicht Kritik der Religion oder Reform des Bewusstseins, sondern Kritik und Aufhebung der bürgerlichen Gesellschaft.

Marxistisches Utopia?

Natürlich dachte Marx nicht, dass die Gegner des Kommunismus ihre Privilegien einfach aufgeben würden. In allen Perioden der Geschichte hatte die herrschende Klasse den Staat und das Rechtssystem unter ihrer Kontrolle und setzte sie dazu ein, ihre ökonomische Herrschaft zu sichern und auszubauen. Den modernen Staat sieht Marx als Instrument der herrschenden Klasse zur Durchsetzung ihrer Interessen. Die politischen Kämpfe ausgeschlossener Gruppen für ihre Interessen – wie der Kampf um das allgemeine Wahlrecht – sind für ihn Manifestationen tiefer liegender ökonomischer Konflikte. Umgekehrt müsse die herrschende Klasse, um ihre ökonomischen Interessen durchzusetzen, ihr Handeln und Denken darstellen, als geschehe es im Sinne der ganzen Gesellschaft.

Das *Kommunistische Manifest* betrachtet den Kapitalismus nicht nur als Ausbeutungssystem, sondern verweist auch auf die Krisen, in denen sich dessen innere Widersprüche zeigten. Das Kapital kann die Lohnarbeiter nicht mehr bezahlen, sie verarmen, erkennen ihre Lage, sehen, dass sie als revolutionäre Klasse zum ersten Mal in der Geschichte die Mehrheit der Gesellschaft repräsentieren, und übernehmen die Macht.

Um diese an die Krise gekoppelte Theorie der Revolution ist in der sozialistischen Arbeiterbewegung viel gestritten worden. Marx hatte im *Kapital* die immer komplexere Natur des kapitalis- »

Die Industrielle Revolution drängte spezialisierte Handwerker und Facharbeiter in bezahlte Lohnarbeit. Es entstanden Klassen von Menschen mit ähnlichem sozioökonomischem Status.

Kurz nach der Veröffentlichung des *Kommunistischen Manifests* kam es in einigen europäischen Ländern zu Revolutionen, an denen sich auch Sozialisten beteiligten. Das Bild zeigt die Februarrevolution 1848 in Paris.

tischen Produktionsprozesses dargelegt. Daraus wurde eine Art Gesetzmäßigkeit konstruiert, nach der sich die Spaltung der Gesellschaft zuspitzt: die verelendeten Massen auf der einen, die wenigen Produktionsmittelbesitzer auf der anderen Seite. Damit würde der Kommunismus immer attraktiver, quasi naturgemäß müssten sich die gesellschaftlichen Widersprüche in einer gewaltsamen Revolution entladen – der Beginn des Aufbaus einer klassenlosen Gesellschaft.

Die historische Dialektik, die ihr immanente Gewalt käme so an ihr Ende. Marx glaubte, die vollkommene Gesellschaft brauche keinen Staat, nur eine Verwaltung, die in den Händen der Revolutionäre läge: der kommunistischen »Partei« (womit er die Anhänger des Kommunismus meinte, keine bestimmte Organisation). In diesem neuen Staat mit gemeinsamem Eigentum am gesellschaftlichen Reichtum herrsche wirkliche Demokratie. Nach einer Übergangszeit – der »Diktatur des Proletariats« – werde der Staat absterben, es brauche keine Ordnungsmacht mehr, weil es für abweichende politische Meinungen und Kriminalität eigentlich keinen Grund mehr gäbe.

Weg zur Revolution

Im dritten Teil des Manifests grenzt Marx seine politische Theorie ab gegen den zeitgenössischen Sozialismus, in gleichzeitig erscheinenden Texten wie *Die deutsche Ideologie* klärt er sein Verhältnis zu Feuerbach und den Linkshegelianern. Was diesen Theorien gemeinsam ist, ließe sich als deren »Subjektivismus« bezeichnen: Die Kritik an der bürgerlichen Gesellschaft erfolgt im Namen der Freiheit, des Individuums, der moralisch gebotenen Aufhebung von Armut und Entfremdung. Marx sieht – vor allem nach der gescheiterten 1848er-Revolution – die Schwäche dieser Positionen und greift zunehmend auf einen materialistisch gewendeten Hegel zurück: Er will der sich bildenden revolutionären Bewegung gewissermaßen Rückhalt in der Geschichte und ihren Gesetzen verschaffen.

Das sollte für die spätere Geschichte der Arbeiterbewegung fatale Folgen haben. Wer die Geschichte in seinem Rücken glaubt, wer meint, historische Gesetzmäßigkeiten, eine »Notwendigkeit« des Kommunismus ausmachen und begründen zu können, der ist leicht geneigt, einerseits auf genaue Analyse der jeweils aktuellen, herrschenden Verhältnisse zu verzichten, andererseits politischen Gegnern (auch und gerade aus dem eigenen Lager) gegenüber zu Mitteln der Erziehungsdiktatur zu greifen – »weiß« er sich doch im Besitz historischer Wahrheit. Bei Marx selbst bleibt das Verhältnis von Kritik der politischen Ökonomie und Theorie der Revolution in der Schwebe und die Frage letztlich offen, wie denn die Theorie »die

» Ein Gespenst geht um in Europa – das Gespenst des Kommunismus. «

Karl Marx / Friedrich Engels
Kommunistisches Manifest

Massen ergreifen« könne. Als das *Manifest* entstand, Anfang 1848, lag die Revolution in der Luft.

Im 20. Jahrhundert inspirierten das *Manifest* und der »Marxismus« Revolutionen in Russland, China, Kuba und anderen Ländern. Marx' Kritik der bürgerlichen Gesellschaft ist brillant, aber als positive Theorie der sozialistischen Gesellschaft hat sie sich nicht bewährt: Das Ausmaß der Unterdrückung im stalinistischen Russland, in Mao Zedongs China und Pol Pots Kambodscha brachte Marx' politische und geschichtsphilosophische Theorie in Verruf. Der marxistische Philosoph Ernst Bloch stellte die Frage, ob denn der Stalinismus die Marx'sche Theorie zur Kenntlichkeit getrieben und unkenntlich gemacht habe – das kritisch-utopische Potenzial der Marx'schen Geschichtstheorie, meinte Bloch, sei noch nicht abgegolten.

Kritik des Marxismus

Marx hatte nicht damit gerechnet, dass der Kommunismus in diesen Agrargesellschaften und auf derart barbarische Weise durchgesetzt würde. Aber er wurde auch in anderer Hinsicht kritisiert. Er hielt die Revolution für unausweichlich, das stand im Zentrum seiner dialektischen Kritik. Aber wenn, wie er selbst schrieb, die Menschen ihre Geschichte selbst machen, ändert sich der Gegenstand der Kritik. Die Menschen sind kreativ, haben immer mehrere Möglichkeiten zur Wahl, und Dialektik, die sich zum Gesetz macht – zum »dialektischen Materialismus« der kommunistischen Parteibürokratie –, trägt der Veränderung ihres Gegenstands ebensowenig Rechnung wie der Möglichkeit von Verbesserungen durch schrittweise Reformen.

Auch an Marx' Menschenbild ist zu zweifeln. Er dachte, die kommunistische Gesellschaft werde einen neuen Menschentyp hervorbringen. Er sagte nicht, wie sich die Diktatur des Proletariats (der zuvor unterdrückten Massen) von früheren brutalen Formen der Diktatur unterscheidet, wie die korrumpierenden Auswirkungen der Macht zu vermeiden sind. Und drittens befasste er sich nicht mit möglichen neuen Bedrohungen der Freiheit nach einer erfolgreichen Revolution. Er nahm an, Armut sei die einzige Ursache für Kriminalität. Außerdem unterschätzte er den Nationalismus sowie die Rolle politischer Führer. Die kommunistische Bewegung des 20. Jahrhunderts hat in fast jedem Land, in dem sie an die Macht kam, verheerende Personenkulte hervorgebracht.

Kommunistische Staaten des 20. Jahrhunderts gaben sich als Utopien aus. Bilder und Statuen glorifizierten die Leistungen ihrer vermeintlich glücklichen, endlich freien Bürger.

Dauerhafter Einfluss

Trotz der Kritik und der Krisen, die Marx' Theorien provozierten, hatten seine Ideen ungeheuren Einfluss. Als scharfsichtiger Kritiker des Kapitalismus und als ökonomischer und sozialistischer Theoretiker ist Marx bis in die Gegenwart relevant. Viele teilen noch heute die Ansicht des russisch-britischen Philosophen Isaiah Berlin, der das *Kommunistische Manifest* für »ein geniales Werk« hält. ■

Karl Marx

Der berühmteste revolutionäre Denker des 19. Jh. war der Sohn eines konvertierten jüdischen Rechtsanwalts aus Trier. Er studierte Jura an der Bonner Universität, wo er auch seiner künftigen Frau Jenny von Westphalen begegnete. Für kurze Zeit wechselte er an die Berliner Universität und arbeitete anschließend als Journalist. Wegen seiner demokratiefreundlichen Artikel musste er, um der Zensur zu entkommen, nach Frankreich und Belgien emigrieren. In diese Zeit fielen die ersten, mit Friedrich Engels entwickelten, historisch-materialistisch begründeten Theorien revolutionärer Praxis. Während der Revolution 1848 kehrte er nach Deutschland zurück. Nach deren Scheitern musste er ins Exil nach London gehen und lebte dort bis zu seinem Tod im Alter von 64 Jahren mit Frau und Töchtern – zwar von Engels unterstützt, aber doch in Armut.

Hauptwerke

1846 *Die Deutsche Ideologie*
1847 *Das Elend der Philosophie*
1848 *Manifest der Kommunistischen Partei*
1867 *Das Kapital*, Band 1

MUSS EIN BÜRGER SEIN GEWISSEN AN DEN GESETZGEBER ABTRETEN?

HENRY DAVID THOREAU (1817–1862)

IM KONTEXT

DISZIPLIN
Politische Philosophie

LEHRE
Nonkonformismus

FRÜHER
um 340 v. Chr. Nach Aristoteles ist der Stadtstaat wichtiger als das Individuum.

1651 Thomas Hobbes sagt, eine Gesellschaft ohne starken Staat versinke in Anarchie.

1762 In *Der Gesellschaftsvertrag* tritt Jean-Jacques Rousseau für einen vom Willen des ganzen Volkes abhängigen Staat ein.

SPÄTER
1907 Mahatma Gandhi sagt, Thoreaus Strategie des zivilen Ungehorsams habe ihn in seiner Kampagne gegen die diskriminierende Registrierung von Indern in Südafrika bestärkt.

1964 Martin Luther King erhält den Friedensnobelpreis für seine Kampagne des zivilen Ungehorsams gegen Rassendiskriminierung.

Fast hundert Jahre, nachdem Rousseau die Gesellschaft für schlecht, die Natur für gut erklärt hatte, griff der amerikanische Philosoph Henry Thoreau diese Idee auf und verkündete: »Alles Gute ist wild und frei.« Unser Rechtssystem unterdrücke die bürgerlichen Freiheiten mehr, als dass es sie schütze, politische Parteien seien notwendigerweise einseitig, sodass ihre Politik oft im Gegensatz zu unseren moralischen Überzeugungen stehe. Es sei die Pflicht eines jeden Menschen, gegen ungerechte Gesetze zu protestieren, denn die passive Hinnahme solcher Gesetze diene allein deren Rechtfertigung. »Jeder Dummkopf kann eine Regel aufstellen, und jeder andere Dummkopf wird auf sie Acht geben«, sagte er zur englischen Grammatik, und diese Einsicht durchzog seine ganze politische Philosophie.

In *Ziviler Ungehorsam*, einem Essay von 1849, fordert Thoreau ein Bürgerrecht auf Verweigerung aus Gewissensgründen durch Nichtzusammenarbeit und gewaltlosen Widerstand – was er in die Tat umsetzte, als er sich weigerte, Steuern zu zahlen, die für den Krieg in Mexiko und zur Aufrechterhaltung der Sklaverei verwendet würden. Thoreaus Ideen wurden später von gewaltlosen Bewegungen wie jenen Gandhis und Martin Luther Kings übernommen. ■

Zu Mahatma Gandhis Kampagne des zivilen Ungehorsams gegen die britische Herrschaft in Indien gehörte auch der Salzmarsch von 1930 gegen die ungerechten Salzgesetze.

Siehe auch: Jean-Jacques Rousseau 154–159 ▪ Adam Smith 160–163 ▪ Edmund Burke 172–173 ▪ Karl Marx 196–203 ▪ Isaiah Berlin 280–281 ▪ John Rawls 294–295

ÜBERLEGE, WIE DINGE WIRKEN

CHARLES SANDERS PEIRCE (1839–1914)

IM KONTEXT

DISZIPLIN
Erkenntnistheorie

LEHRE
Pragmatismus

FRÜHER
17. Jh. John Locke lehnt den Rationalismus ab, für ihn beruhen unsere Ideen und Begriffe auf unseren Sinneseindrücken.

18. Jh. Nach Kant sind Spekulationen über das, was jenseits unserer Erfahrung liegt, sinnlos.

SPÄTER
1890er-Jahre William James und John Dewey bauen den Pragmatismus aus.

1920er-Jahre Die logischen Positivisten des Wiener Kreises formulieren das Prinzip der Verifikation – die Bedeutung einer Aussage sei die Methode, mit der sie verifiziert wird.

1980er-Jahre Richard Rorty gelangt mit seiner Version des Pragmatismus zu der Auffassung, dass auf den Begriff der Wahrheit zu verzichten ist.

Charles Sanders Peirce, der Begründer des Pragmatismus, war äußerst skeptisch gegenüber metaphysischen Thesen eingestellt, in denen zum Beispiel behauptet wurde, es gebe eine »wirkliche« Welt jenseits unserer Erfahrungswelt. So forderte er seine Leser einmal auf, sich zu überlegen, was von der These zu halten sei, ein Diamant sei weich und werde nur hart, wenn er berührt werde.

Nach Peirce ist eine solche Aussage nicht »falsch«. Die Bedeutung eines Begriffs (wie »Diamant« oder »hart«) ist vom Objekt oder der Eigenschaft abgeleitet, auf das oder die der Begriff sich bezieht – damit von der Wirkung, die er auf unsere Sinne hat. Ob wir denken, der Diamant sei »weich, bis er berührt wird« oder er sei »immer hart«, spielt keine Rolle. Unter beiden Bedingungen fühlt sich der Diamant gleich an und kann auch gleich genutzt werden. Allerdings lässt sich mit der ersten Theorie viel schwerer arbeiten, sie hat also weniger Wert für uns. Die Maxime des Pragmatismus besagt, dass das, was ein Begriff oder eine Theorie bedeutet, abhängig ist vom sensorischen Effekt seines beziehungsweise ihres Gegenstands. Anders formuliert: Nach Denken der Pragmatisten ist die Darstellung der Realität »wahr«, die uns den größten Nutzen bringt.

Peirce wollte zeigen, dass viele Debatten in Wissenschaft, Philosophie und Theologie sinnlos seien. In den meisten Fällen gehe es um bloße Worte und nicht um die Realität, denn schließlich lasse sich keine Wirkung auf die Sinne feststellen. ■

» Nichts ist grundlegend für die Wissenschaft; nichts kann das sein. «

Charles Sanders Peirce
Cambridge Lectures on Reasoning and the Logic of Things

Siehe auch: John Locke 130–133 ▪ Immanuel Kant 164–171 ▪ William James 206–209 ▪ John Dewey 228–231 ▪ Richard Rorty 318–323

HANDLE, ALS KOMME ES DARAUF AN, WAS DU TUST

WILLIAM JAMES (1842–1910)

IM KONTEXT

DISZIPLIN
Erkenntnistheorie

LEHRE
Pragmatismus

FRÜHER
1843 John Stuart Mill untersucht im *System der Logik*, wie wir dazu kommen, etwas für wahr zu halten.

nach 1870 Charles Sanders Peirce umreißt in *Über die Klarheit unserer Gedanken* die pragmatische Philosophie.

SPÄTER
1907 Henri Bergson beschreibt in *Schöpferische Entwicklung* die Realität als Prozess und nicht als Zustand.

1921 Bertrand Russell untersucht in *Die Analyse des Geistes* die Realität als reine Erfahrung.

1925 John Dewey entwickelt in *Erfahrung und Natur* eine eigene Version des Pragmatismus, den »Instrumentalismus«.

Als sich die Vereinigten Staaten im Lauf des 19. Jahrhunderts zu einer selbstständigen Nation entwickelten, gaben Philosophen aus Neuengland wie Henry David Thoreau und Ralph Waldo Emerson den damals dominierenden Ideen der europäischen Romantik eine unverkennbar amerikanische Note. Erst die Generation von Philosophen, die ein Jahrhundert nach der Unabhängigkeitserklärung lebte, trat mit originellen Ideen in Erscheinung. Der Erste von ihnen, Charles Sanders Peirce, entwickelte eine Theorie des Wissens, die er Pragmatismus nannte, doch sein Werk fand zu seinen Lebzeiten kaum Beach-

Siehe auch: John Stuart Mill 190–193 ▪ Charles Sanders Peirce 205 ▪ Henri Bergson 226–227 ▪ John Dewey 228–231 ▪ Bertrand Russell 236–239 ▪ Ludwig Wittgenstein 246–251 ▪ Richard Rorty 318–323

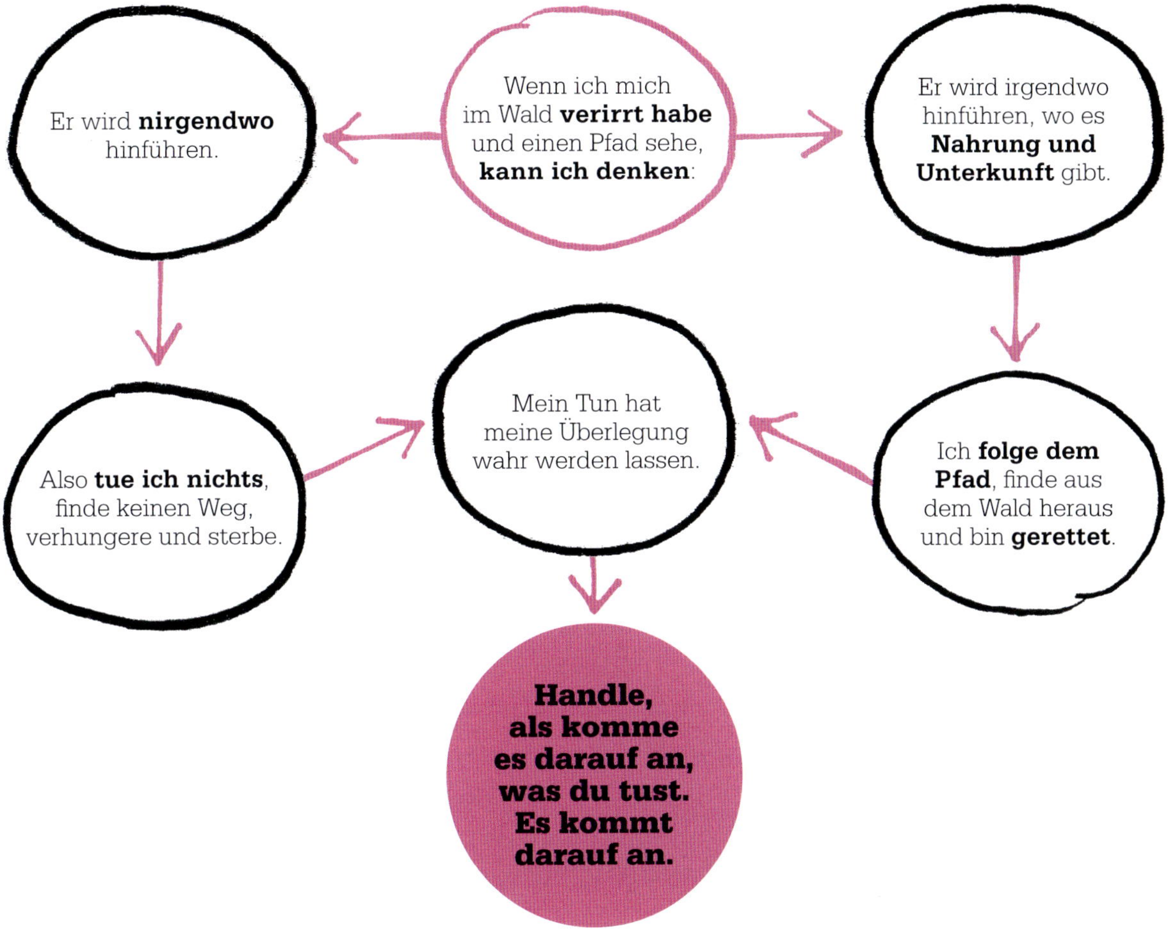

tung. Erst sein lebenslanger Freund William James machte sein Denken bekannt und entwickelte es weiter.

Wahrheit und Nützlichkeit

Im Mittelpunkt von Peirces Pragmatismus stand der Gedanke, dass wir Wissen nicht einfach durch Beobachtung erwerben, sondern durch das, was wir damit anfangen. Wir verlassen uns nur so lange auf dieses Wissen, sagt Peirce, wie es uns nützt, weil es Sachverhalte praktikabel erklärt. Erfüllt es diese Funktion nicht mehr oder wird es durch bessere Erklärungen überflüssig, ersetzen wir es durch das bessere Wissen. Wenn wir zurückblicken in die Geschichte, sehen wir, wie sich Vorstellungen von der Welt ständig geändert haben, beispielsweise die Annahmen über die Gestalt der Erde und ihre Stellung im Kosmos. Obwohl sie falsch waren, reichten die älteren Vorstellungen zu ihrer Zeit als Erklärungen völlig aus.

Das zeigt, wie sich Wissen als Erklärungsinstrument von Tatsachen unterscheidet. Peirce ging es um das Erklärungsinstrument und seinen pragmatischen Nutzen. James dagegen wollte auf diese »

» Jede Art, etwas zu klassifizieren, ist nichts anderes, als es für einen bestimmten Zweck zu verwenden. «

William James
The Sentiment of Rationality

Die Vorstellung einer flachen Erde diente lange als »Wahrheit«, obwohl die Erde eine Kugel ist. Nach James ist die Nützlichkeit einer Vorstellung oder Idee entscheidend für ihren Wahrheitsgehalt.

Weise zu einem Begriff der Wahrheit gelangen. Wenn ein Begriff bewirkt, was man von ihm erwartet, dann sei er auch wahr. Wenn er den bekannten Tatsachen nicht widerspricht – wie zum Beispiel den Gesetzen der Wissenschaft –, wenn er für unsere Zwecke ausreichend genaue Voraussagen zulässt, welchen Grund soll es dann geben, ihn nicht als wahr zu betrachten? Genauso hat Peirce das Wissen als nützliches, von den Tatsachen unabhängiges Werkzeug betrachtet. Dieses Verständnis von Wahrheit unterscheidet nicht nur zwischen Wahrheit und den Tatsachen, es bringt James zu der These, die Wahrheit eines Gedankens sei keine inhärente Eigenschaft des Gedankens. Vielmehr verhalte es sich so, dass Wahrheit einem Gedanken *widerfahre*: »Seine Wahrheit ist ein Ereignis, ein Prozess.« Ein Gedanke erweist sich als wahr durch das, was wir in seinem Namen tun. Auch den Glauben an eine Idee hält James für einen wichtigen Faktor, dann nämlich, wenn es darum geht, sich für eine Handlungsgrundlage zu entscheiden. Insofern sei der Glaube an dem Prozess beteiligt, durch den eine Idee wahr wird. Entsprechend definiert James die Überzeugungen als »wahr« oder als Glaubenssätze, die sich für den Gläubigen als nützlich erweisen. Auch hier unterscheidet er sie von Fakten, »die nicht wahr sind, sondern die einfach nur sind«.

Das Recht zu glauben

Wenn wir uns auf eine neue Überzeugung einlassen wollen, müssten wir eigentlich alles verfügbare Material und genügend Zeit haben, um eine wohlüberlegte Entscheidung zu treffen. Doch im wirklichen Leben steht uns dieser Luxus meist nicht zur Verfügung. Entweder fehlt es an der Zeit, um die bekannten Tatsachen zu überprüfen, oder an

William James

James wurde in New York geboren und wuchs in einer gebildeten, wohlhabenden Familie auf. Sein Vater war ein exzentrischer Theologe, sein Bruder Henry wurde ein berühmter Schriftsteller. In seiner Jugend lebte James einige Jahre in Europa, wo er seiner Liebe zur Malerei frönte, doch als 19-Jähriger gab er die Malerei auf und studierte Naturwissenschaften. Seine Studien an der Harvard Medical School musste er wegen schlechter Gesundheit und Depressionen unterbrechen, konnte dann aber doch den Abschluss machen. 1872 wurde er Dozent für Physiologie in Harvard. Sein wachsendes Interesse an Psychologie und Philosophie führte zu Veröffentlichungen auf diesen Gebieten, die wohlwollend aufgenommen wurden. 1880 wurde er zum Professor für Philosophie in Harvard bestellt und lehrte dort bis zu seiner Pensionierung im Jahr 1907.

Hauptwerke

1890 *The Principles of Psychology*
1896 *The Will to Believe*
1902 *Die Vielfalt religiöser Erfahrung*
1907 *Der Pragmatismus*

Beweisen. Dennoch müssen wir eine Entscheidung treffen. Wir können also nur auf unseren Glauben vertrauen und von ihm geleitet handeln. In solchen Fällen, sagt James, haben wir »das Recht zu glauben«.

Er erläutert das an einem Beispiel. Jemand verirrt sich im Wald und ist halb verhungert. Wenn er einen Pfad sieht, ist es entscheidend, dass er auch glaubt, dieser werde ihn aus dem Wald herausführen. Andernfalls wird er den Pfad nicht nehmen und verhungern. Glaubt er an den Ausweg, wird er sich retten. Er handelt seinem Glauben, seiner Vorstellung gemäß und genau dadurch wird sie wahr – durch diese Handlungen und Entscheidungen. Daher James' Maxime: »Handle, als komme es darauf an, was du tust.«

Dies könnte nun so aussehen, als würde jeder Glaube, und sei er noch so fremdartig, wahr, wenn wir nur ihm entsprechend handeln. Das ist falsch. Es müssen bestimmte Bedingungen erfüllt sein, damit ein Gedanke als begründungsfähige Überzeugung gelten kann: Es muss entsprechende Anhaltspunkte geben, der Glaube muss der Kritik standhalten. Im Verlauf der Handlung muss sich die ihr zugrunde liegende Überzeugung ständig rechtfertigen: indem sie für ein besseres Verständnis als eine andere sorgt oder eine genauere Voraussage des Ergebnisses zulässt. Aber selbst dann können wir nur nachträglich mit Sicherheit sagen, dass, was wir geglaubt haben oder was uns überzeugt hat, durch entsprechendes Handeln wahr geworden ist.

Der religiöse Glaube kann das Leben völlig verändern. Denken wir z. B. an Krankenheilungen an Pilgerorten: Heilungen finden dort unabhängig davon statt, ob es einen Gott gibt oder nicht.

Realität als Prozess

James war Psychologe und Philosoph – er sah die Implikationen seiner Ideen sowohl auf psychologischem Gebiet als auch auf dem einer Theorie des Wissens. Er hielt Überzeugungen, insbesondere religiöse, für psychologisch notwendig. Gott lässt sich nicht als Tatsache beweisen, dennoch ist der Gottesglaube für den Gläubigen nützlich, wenn er ihm dazu dient, ein erfüllteres Leben zu führen oder die Angst vor dem Tod zu bewältigen. Beides, so James, geschieht, wenn es geschieht, auf den Glauben hin: durch Handlungen und Entscheidungen, denen er zugrunde liegt.

In enger Verbindung zu seinem pragmatischen Begriff von Wahrheit entwickelt James eine Art Metaphysik, die er »radikalen Empirismus« nennt. Die Realität versteht er als dynamischen, aktiven Prozess, ebenso die Wahrheit. Wie die traditionellen Empiristen vor ihm lehnte James die rationalistische Vorstellung ab, die sich verändernde Welt habe etwas Unwirkliches und sei nur darum von Wert, was sich gleich bleibe. Für den Pragmatismus ist Wirklichkeit

» Die pragmatische Methode bedeutet, von Prinzipien abzusehen und sich den Konsequenzen zuzuwenden. «

William James
Der Pragmatismus

noch im Werden, insofern Wahrheit durch unser Handeln ständig geschieht. Dieser Strom der Wirklichkeit ist auch empirisch nicht fassbar, denn er ist ständig im Fluss und der Beobachtungsvorgang beeinträchtigt die Wahrheit der Untersuchung. Nach James' radikalem Empirismus, in dem beide, Bewusstsein und Gegenstand des Bewusstseins, Gestalt annehmen, ist Realität von dem abhängig, was wir mit ihr veranstalten.

Kontinuierlicher Einfluss

Von Peirce begründet, von James weiterentwickelt, machte der Pragmatismus Amerika zum bedeutenden Zentrum des philosophischen Denkens im 20. Jahrhundert. James' pragmatische Interpretation der Wahrheit übte einen großen Einfluss auf John Dewey aus und brachte eine »neopragmatische« Schule hervor, der Philosophen wie Richard Rorty angehören. In Europa setzten sich vor allem Bertrand Russell und Ludwig Wittgenstein mit James' Metaphysik auseinander. James beeinflusste auch die Psychologie, besonders mit seinem Begriff des »Bewusstseinsstroms«, den Schriftsteller wie Virginia Woolf und James Joyce darzustellen versuchten. ■

DIE MOD
WELT
1900–1950

ERNE

1900
Tod von **Friedrich Nietzsche**, der die philosophischen Konsequenzen des Satzes **»Gott ist tot«** untersucht hatte.

1906
Albert Einstein veröffentlicht seine **Relativitätstheorie**.

1907
Edmund Husserl veröffentlicht *Ideen zu einer reinen Phänomenologie und phänomenologischen Philosophie*.

1908
Bei **Ford** läuft das **T-Modell** vom Band, das weltweit erste am Fließband hergestellte Auto.

1910–1913
Bertrand Russell und **Alfred North Whitehead** zeigen den Philosophen mit *Principia Mathematica* einen neuen analytischen Weg.

1914–1918
Erster Weltkrieg – er führt zum Zusammenbruch des Russischen, des Deutschen, des Osmanischen und des Österreichisch-ungarischen Reiches.

1917
Oktoberrevolution in Russland – sie führt zur Entstehung der Sowjetunion.

1921
Ludwig Wittgenstein veröffentlicht *Tractatus Logico-Philosophicus*.

Gegen Ende des 19. Jahrhunderts erreichte die Philosophie erneut einen Wendepunkt. Die Naturwissenschaften, vor allem Darwins Evolutionstheorie (1859), machten die Idee eines Schöpfergottes im Grunde überflüssig. Damit verloren auch die Menschen ihre Sonderstellung im Universum und konnten sich nicht länger als Höhepunkt der Schöpfung betrachten.

Die Moral- und die politische Philosophie konzentrierten sich allein auf den Menschen, in der Religion sahen viele nichts weiter als »das Opium des Volks« (Karl Marx). Im Anschluss an Schopenhauer hielt Nietzsche die westliche Philosophie mit ihren abrahamitischen Wurzeln für ungeeignet, um die moderne Weltauffassung zu erklären. Wenn die alten Werte und Traditionen nichts mehr zu sagen hätten, müsse man einen völlig neuen Weg finden, um dem Leben Sinn abzugewinnen. Damit gab Nietzsche die Richtung an, in die sich viele Philosophen des 20. Jahrhunderts bewegten.

Eine neue analytische Tradition

Bis zu einem gewissen Grad haben die Wissenschaften zu Beginn des 20. Jahrhunderts die traditionellen Fragen der Philosophie – wie jene nach der Natur des Seins – beantwortet. Albert Einsteins Theorien hebelten die klassisch-Newton'sche Physik aus. Sigmund Freuds Psychoanalyse vermittelte völlig neue Einsichten in Strukturen und Funktionen des Seelenlebens.

Die Philosophie beschäftigte sich daher eher mit moralischen und politischen Problemen oder, wo sie zum akademischen Fachgebiet wurde, mit abstrakten Fragen der Logik und Sprachphilosophie.

Vorreiter dieser später sogenannten analytischen Philosophie war Gottlob Frege, der Logik und Mathematik miteinander verband. Seine Ideen wurden von dem britischen Philosophen und Mathematiker Bertrand Russell begeistert aufgenommen. Er nutzte die Grundsätze der Logik, die Frege aufgestellt hatte, für eine gründliche Analyse der Mathematik und wandte die gleichen Grundsätze dann auf die Sprache an, ein Schritt, mit dem er das philosophische Denken revolutionierte. Die analytische Sprachphilosophie wurde in der britischen Philosophie des 20. Jahrhunderts zur dominierenden Richtung.

1922
Josef Stalin wird Generalsekretär der Kommunistischen Partei der Sowjetunion.

1923
Sigmund Freud veröffentlicht *Das Ich und das Es*.

1927
Martin Heidegger veröffentlicht *Sein und Zeit*.

1929
Börsenkrach an der Wall Street, Beginn der Weltwirtschaftskrise.

1934
Karl R. Popper kritisiert in *Logik der Forschung* die Vorstellung, dass die Wissenschaften über wiederholte Beobachtungen zu Theorien gelangen.

1939–1945
Zweiter Weltkrieg – im verlustreichsten Krieg der Geschichte kommen über 60 Millionen Menschen ums Leben.

1943
Jean-Paul Sartre wird mit seinem existenzialistischen Werk *Das Sein und das Nichts* zu einem der bedeutendsten Philosophen in Europa.

1949
Die Kommunisten unter Mao Zedong rufen die **Volksrepublik China** aus.

Ludwig Wittgenstein, ein Schüler Russells, entwickelte dessen Ansichten über Logik und Sprache weiter, arbeitete aber auch auf Gebieten wie Wahrnehmung, Ethik und Ästhetik und wurde zu einem der bedeutendsten Philosophen des 20. Jahrhunderts. Karl R. Popper, ein weiterer, etwas jüngerer Wiener Philosoph, kam von Einstein her und stärkte die Verbindung zwischen wissenschaftlichem Denken und Philosophie.

Gleichzeitig stellte sich die deutsche Philosophie der Herausforderung durch Nietzsches Ideen zu einer Philosophie des Individuums in einer Welt ohne Gott: der Existenzphilosophie. Edmund Husserls Phänomenologie – das Studium der Erfahrung – legte das Fundament, auf dem Martin Heidegger aufbaute, der auch von Søren Kierkegaard beeinflusst war. Heideggers Werk prägte die Entwicklung des Existenzialismus und die Kultur des späten 20. Jahrhunderts stark.

Kriege und Revolutionen

Auch die Philosophie war von den gewaltigen politischen Umwälzungen des 20. Jahrhunderts betroffen, sie trug aber auch zu den Ideologien bei, die die moderne Welt formten. Die Revolution, aus der die Sowjetunion hervorging, hatte ihre Wurzeln im Marxismus, einer politischen Philosophie des 19. Jahrhunderts. Der Marxismus erlangte weltweit eine größere Bedeutung als irgendeine der großen Religionen, beherrschte die Politik der Kommunistischen Partei Chinas bis etwa 1982 und trat in großen Teilen Asiens an die Stelle traditioneller Philosophien.

In den 1930er-Jahren wurden die liberalen Demokratien vom Faschismus erschüttert oder zu Fall gebracht, was zahlreiche Philosophen zur Flucht nach England oder in die USA trieb. Viele von ihnen setzten sich, als Reaktion auf die Unterdrückung durch die totalitären Regime, mit der linken und liberalen Politik und ihren moralischen Implikationen auseinander.

In Frankreich wurde der Existenzialismus durch Sartre, de Beauvoir und Camus, die auch Literaten waren, zu einer Mode – ein Trend, der zur französischen Auffassung von Philosophie als wesentlich literarischem Medium passte. Dieser Trend bestimmte maßgeblich auch die Richtung, welche die kontinentale Philosophie in den letzten Jahrzehnten des 20. Jahrhunderts einschlug. ■

DER MENSCH IST ETWAS, DAS ÜBERWUNDEN WERDEN SOLL

FRIEDRICH NIETZSCHE (1844–1900)

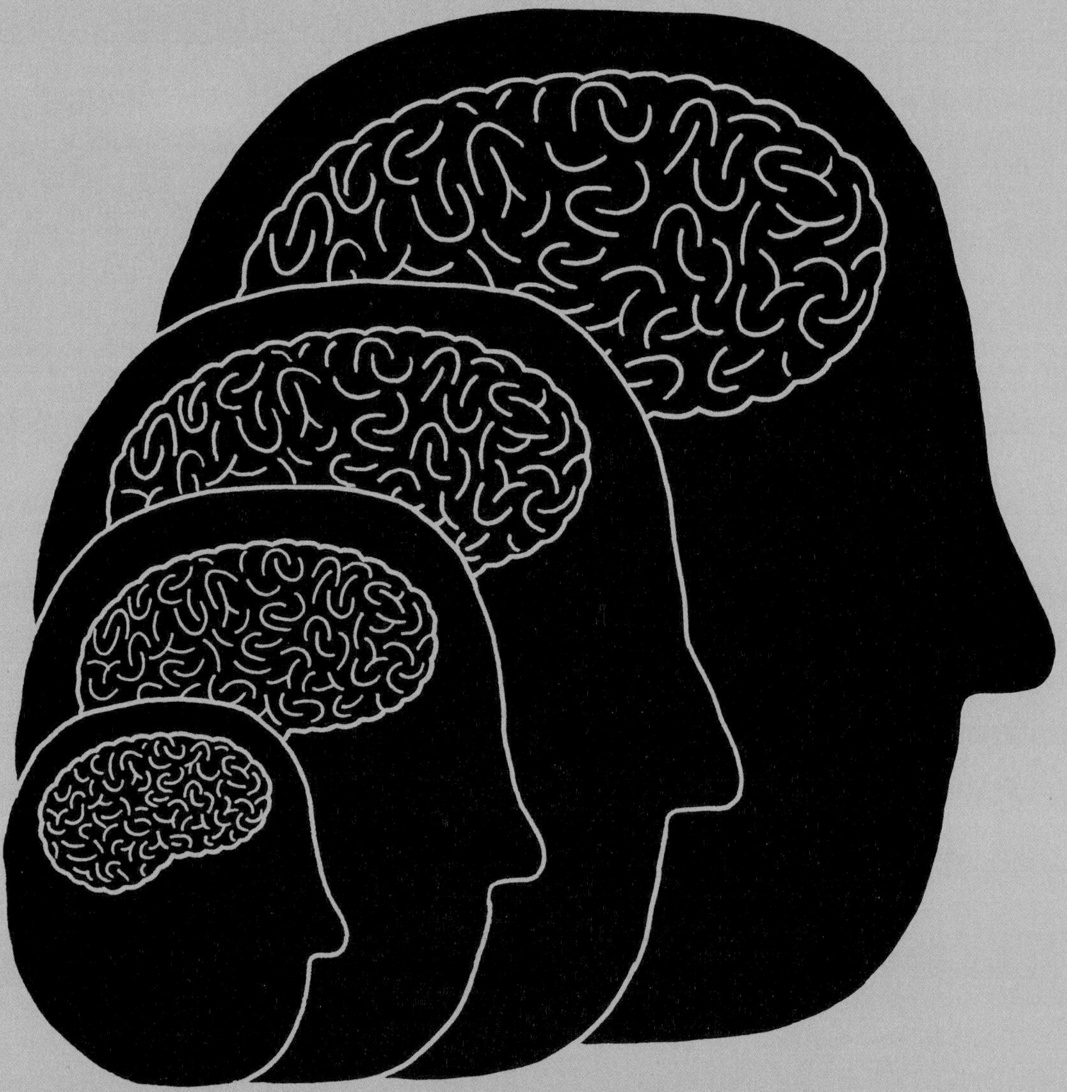

IM KONTEXT

DISZIPLIN
Ethik

LEHRE
Lebensphilosophie

FRÜHER
380 v. Chr. Platon untersucht im Dialog *Der Staat* den Unterschied zwischen Wirklichkeit und Schein.

1. Jh. n. Chr. Die *Bergpredigt* im Matthäus-Evangelium fordert Abwendung von dieser, Hinwendung zur kommenden Welt.

1781 In der *Kritik der reinen Vernunft* begründet Kant, warum wir nicht wissen können, wie die Welt »an sich« ist.

SPÄTER
1930er-Jahre Nietzsches Werk wird für die NS-Mythologie benutzt.

1966 Michel Foucault beschäftigt sich in *Die Ordnung der Dinge* mit der »Überwindung« des Menschen.

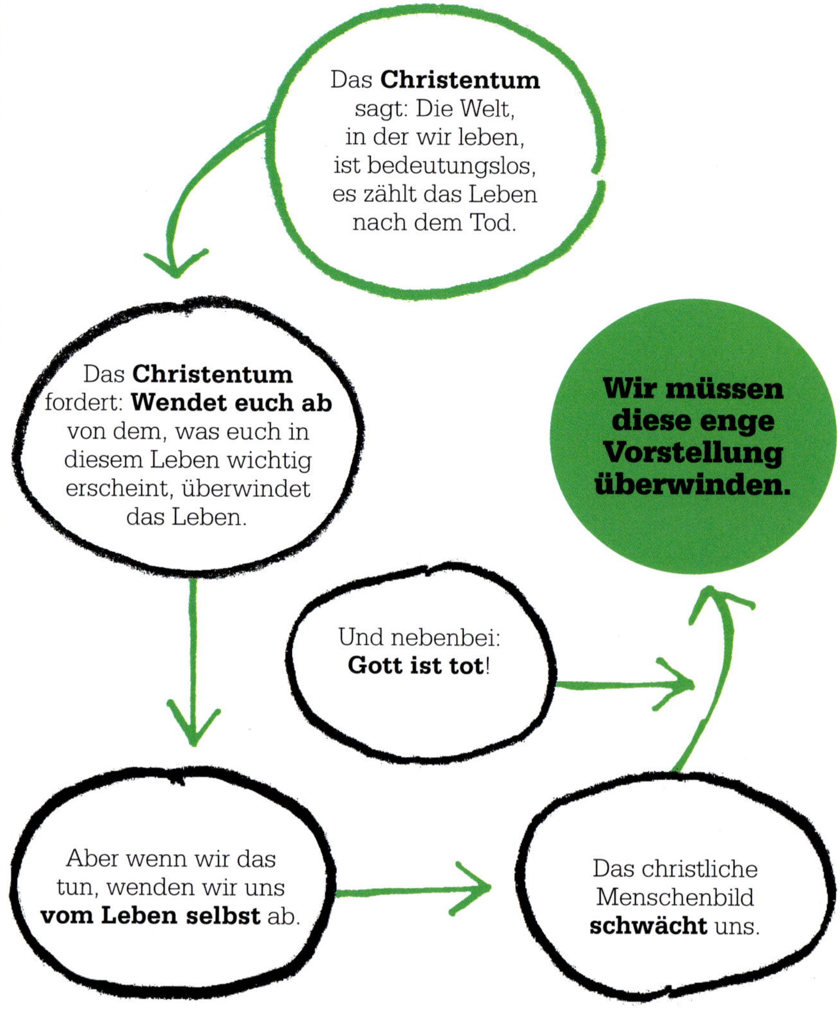

Nietzsches Gedanke, der Mensch sei etwas, das überwunden werden müsse, findet sich in *Also sprach Zarathustra*, seinem wohl berühmtesten Buch, geschrieben 1883/1884 in drei Teilen, ein vierter Teil kam im Jahr darauf hinzu. Nietzsche führte darin einen nachhaltigen Angriff auf das abendländische Denken und seine Geschichte. Drei Grundgedanken hebt er hervor: unsere Vorstellungen vom Menschen, von Gott und von der Moral. Er philosophiere »mit dem Hammer«, so Nietzsche, und tatsächlich will *Zarathustra* die am intensivsten gehegten und gepflegten Ansichten der philosophischen Tradition des Abendlandes zertrümmern. Er tut dies in einem erstaunlich hitzigen, fiebrigen Stil, sodass sein Buch der Prophetie manchmal näher zu stehen scheint als der Philosophie. Nietzsche hat es schnell geschrieben, den ersten Teil in nur wenigen Tagen. Es hat nicht den ruhigen, analytischen Ton, den man von einem philosophischen Werk erwarten könnte, genau gelesen präsentiert der Text jedoch eine durchkomponierte, zusammenhängende Zeitdiagnose und eine kühne Vision.

Zarathustra steigt herab

Nietzsche gibt seinem Propheten einen der Namen des altpersischen Priesters und Religionsstifters Zoroaster. Nietzsche lässt seinen Zarathustra mit 30 Jahren ins Gebirge ziehen, wo dieser zehn Jahre die Einsamkeit genießt, bis er eines Morgens beim Erwachen spürt, wie müde er der Weisheit ist, die er im Gebirge gesammelt hat. Also steigt er vom Berg herab, will zum Marktplatz der nächsten Stadt, um den Menschen seine Erkenntnisse mitzuteilen. Am Fuße des Berges trifft er auf einen alten Einsied-

Siehe auch: Platon 50–55 ▪ Immanuel Kant 164–171 ▪ Søren Kierkegaard 194–195 ▪ Albert Camus 284–285 ▪ Michel Foucault 304–305 ▪ Jacques Derrida 312–317

ler. Die beiden kennen sich bereits. Sie haben sich vor zehn Jahren gesehen, als Zarathustra den Berg bestieg. Der Einsiedler bemerkt eine Veränderung an Zarathustra: Beim Aufstieg habe er, sagt der Alte, nur Asche getragen, jetzt, da er herabsteige, trage er Feuer. Warum, fragt er Zarathustra weiter, wolle er denn die Unannehmlichkeit auf sich nehmen, seine Weisheit anderen mitzuteilen. Er solle besser in den Bergen bleiben, dort unten werde niemand seine Botschaft verstehen. Zarathustra fragt zurück, was er, der Einsiedler, denn im Gebirge treibe. Er singe, antwortet der, weine, lache, brumme, lobe Gott. Als Zarathustra das hört, muss er lachen, wünscht dem Einsiedler alles Gute und setzt seinen Abstieg fort. Im Gehen fragt er sich: »Sollte es denn möglich sein! Dieser alte Heilige hat in seinem Walde noch nichts davon gehört, dass *Gott tot* ist.«

Der Übermensch

Gott ist tot – Nietzsches vielleicht berühmtester Gedanke steht in enger Beziehung zu der Idee, wonach der Mensch etwas sei, das überwunden werden müsse, aber auch zu Nietzsches Kritik der Moral. Wie diese Überlegungen und Erfahrungen zusammenhängen, wird klar, wenn wir Zarathustras Geschichte weiterverfolgen.

Als er in dem Städtchen ankommt, sieht er eine Menschenmenge, die sich um einen Seiltänzer gebildet hat, und mischt sich unter sie. Bevor der Akrobat mit seiner Vorstellung beginnt, steht Zarathustra auf und sagt: »Ich lehre euch den Übermenschen!«, denn, so fährt er fort: »Der Mensch ist etwas, das überwunden werden soll. Was habt ihr getan, ihn zu überwinden?« Und als er seine lange Rede beendet hat, lacht die Menge nur und denkt, der Prophet sei ebenfalls ein Schausteller oder ein anderer Mitwirkender, der das Publikum auf die Vorstellung des Seiltänzers einstimmt.

Dieser ungewöhnliche Anfang eines philosophischen Buches scheint Nietzsche eigene Unsicherheit darüber zu verraten, wie denn sein Philosophieren wohl »

Zoroaster (um 628–551 v. Chr.) gründete eine Religion, die sich um den Kampf zwischen Gut und Böse drehte. Nietzsches Zarathustra sucht dagegen den Ort »Jenseits von Gut und Böse«.

Friedrich Nietzsche

Nietzsche wurde 1844 in Preußen geboren. Vater, Onkel und die Großväter waren lutherische Geistliche. Sein Vater und sein jüngerer Bruder starben, als er noch ein Kind war. Erzogen wurde Friedrich von seiner Mutter, der Großmutter und zwei Tanten. Im Alter von 24 Jahren wurde er Professor in Basel. Dort begegnete er dem Komponisten Richard Wagner, der ihn stark beeinflusste. Erst Wagners Antisemitismus führte zum Ende der Freundschaft. Seit seiner Jugend immer häufiger auftretende Krankheiten und Migräneanfälle zwangen ihn, sich 1879 pensionieren zu lassen. Getrieben von seiner Krankheit lebte er unstet im Engadin und in Italien. 1889 hinderte er einen Kutscher, ein Pferd zu schlagen, und erlitt einen psychischen und geistigen Zusammenbruch, von dem er sich nicht mehr erholte. Er starb 1900 im Alter von 56 Jahren.

Hauptwerke

1872 *Die Geburt der Tragödie*
1883–1885 *Also sprach Zarathustra*
1886 *Jenseits von Gut und Böse*
1888 *Götzendämmerung*

aufgenommen werden würde. Möglicherweise fürchtete er, man könnte auch ihn als philosophischen Schausteller betrachten, der nichts zu sagen habe. Wenn wir aber verstehen wollen, was Nietzsche meint, müssen wir uns seine zentralen Thesen genauer anschauen.

Umwertung der Werte

Bestimmte Begriffe, sagt Nietzsche, sind unentwirrbar miteinander verflochten: Menschheit, Moral, Gott. Wenn Zarathustra sagt: »Gott ist tot«, dann ist das nicht nur ein Angriff auf die Religion, sondern ein viel gewagteres Unterfangen. »Gott« ist hier nicht nur der, über den Philosophen reden oder zu dem die Gläubigen beten, er steht vielmehr für die Summe der höchsten Werte, die wir haben. Der Tod Gottes ist nicht nur der Tod einer Gottheit, sondern der Tod aller sogenannten höheren Werte, die wir geerbt haben.

Nietzsche beabsichtigt eine »Umwertung der Werte«, ein Infragestellen unserer Denkgewohnheiten in ethischen Dingen und im Hinblick auf Sinn und Zweck des Lebens. Wiederholt verweist er darauf, dass er eine Philosophie der Freude im Sinn habe, die zwar alles umstoße, was wir bisher über Gut und Böse gedacht haben – *Jenseits von Gut und Böse* heißt ein weiteres seiner Bücher –, das Leben aber bejahe. Vieles, was wir für »gut« hielten, schränke unser Leben nur ein oder ziehe uns von ihm ab.

Wir denken, es sei nicht »gut«, wenn wir uns in der Öffentlichkeit zum Gespött machen, und so widerstehen wir etwa dem Drang, auf der Straße zu tanzen. Wir halten die Begierden des Fleisches für sündhaft, und so bestrafen wir uns, wenn sie sich regen. Wir verrichten geisttötende Arbeit, nicht weil wir müssen, sondern weil wir das für unsere Pflicht halten. Nietzsche möchte mit solchen lebensverneinenden Philosophien aufräumen: Die Menschen sollen Raum gewinnen zu lernen, sich auf neue Art zu sehen.

Frevel am Leben

Nachdem Zarathustra das Kommen des Übermenschen verkündet hat, geht er dazu über, die Religion zu verurteilen. Der größte Frevel, sagt er, war einst der an Gott, jetzt aber sei dies der Frevel am Leben. Und genau diesen Fehler habe er in den Bergen gemacht: Er habe sich von der Welt abgewandt und Gebete zu einem Gott geschickt, den es gar nicht gebe. Damit habe er sich versündigt.

Die Geschichte hinter dem Tod Gottes wird im Kapitel »Wie die ›wahre Welt‹ endlich zur Fabel wurde« in *Götzendämmerung* erzählt. Sie hat den Untertitel »Geschichte eines Irrtums« und ist eine außerordentlich dicht geraffte Geschichte der abendländischen Philosophie.

Die wahre Welt

Platon teilte die Welt auf in eine des »Scheins«, die uns durch die Sinne gegeben ist, und eine »wahre«, die eigentlich wirkliche Welt, die wir mithilfe unserer Vernunft begrei-

> »Der Mensch ist ein Seil, geknüpft zwischen Tier und Übermensch – ein Seil über einem Abgrunde.«
>
> **Friedrich Nietzsche**
> *Also sprach Zarathustra*

Das menschliche Leben, das sich zwischen Tier und Übermensch abspielt, ist »ein gefährliches Auf-dem-Wege, ein gefährliches Zurückblicken, gefährliches Schaudern und Stehenbleiben«.

fen. Die sinnlich gegebene Welt ist nicht wahr, denn sie ist veränderlich und verfällt. Aber daneben gibt es ja noch die unveränderliche, »wahre« Welt, der Mathematik verwandt und für unser Denken erreichbar.

Die Idee eines Dreiecks zum Beispiel ist ewig. Wir wissen, dass ein Dreieck eine dreiseitige, zweidimensionale Figur ist, deren Winkelsumme 180 Grad ergibt, und dies wird immer wahr sein, ob jemand darüber nachdenkt oder nicht und ganz gleich, wie viele Dreiecke es geben mag. Auf der anderen Seite sind die dreieckigen Dinge, die in der Welt existieren – wie Pyramiden oder mit Kreide auf eine Tafel gezeichnete dreieckige Formen – nur insofern Dreiecke, als sie Abbilder jener Idee des Dreiecks sind.

Nach dem Vorbild der Mathematik äußerte Platon den Gedanken, dass die Vernunft Zugang gewinnen könne zu einer ganzen Welt idealer Formen, die dauerhaft und unveränderlich sind, wohingegen die Sinne Zugang allein zur Welt der Erscheinungen hätten. Wenn wir zum Beispiel wissen wollen, was gut ist, müssen wir ein Bewusstsein von der Idee des Guten haben, deren Abbilder die verschiedenen Beispiele des Guten in der Welt sind. Diese Vorstellung hat weitreichende Konsequenzen für unser Weltverständnis, nicht zuletzt deshalb, weil, wie Nietzsche zeigt, durch diese Aufteilung die »wahre Welt« der Vernunft zu dem Ort wird, an dem sich alles Wertvolle befindet. Die »Welt des Scheins« dagegen, der die Sinne zugewandt sind, verliert Bedeutung und Sinn.

Christliche Werte

Dieselbe Vorstellung einer zweigeteilten Welt, so Nietzsches Erkenntnis, bestimmt auch das christliche Denken. An die Stelle der »wahren Welt« der platonischen Ideenlehre setzt das Christentum eine andere »wahre Welt«, nämlich die zukünftige im Himmel. In dieser Version einer »Zweiweltentheorie« ist die Welt, in der wir leben, weniger wahr als die himmlische, aber sie ist erreichbar, wenn auch erst nach dem Tod und unter der Bedingung, dass wir die christlichen Lebensregeln einhalten. Wie bei Platon ist die gegenwärtige Welt auch für das Christentum wertlos, es sei denn, sie wird als Sprungbrett in die jenseitige Welt genutzt. Nietzsche zufolge verlangt das Christentum von uns, das gegenwärtige Leben zugunsten des kommenden zu verneinen. Sowohl die platonische wie die christliche Version der Vorstellung, dass die Welt geteilt ist in eine »wahre« und in eine nur »scheinbare« Welt, haben unser Selbstbild stark beeinflusst. Dass alles Wertvolle »jenseits« dieser Welt liege, ist lebensverneinendes Denken. Wir sehen, sagt Nietzsche, aufgrund unseres platonischen und christlichen Erbes die Welt, in der wir leben, als Welt, die wir ablehnen und verachten, von der wir uns abwenden, die wir transzendieren, keinesfalls aber genießen sollen. Damit haben wir uns zugunsten eines Mythos, einer erfundenen und bloß eingebildeten »wahren Welt«, die es anderswo geben soll, »

Manche Religionen und Philosophien behaupten, es gebe andernorts eine bedeutendere, »wahre« Welt. Für Nietzsche ist das ein Mythos, der uns tragischerweise an einem vollen Leben hier und jetzt in dieser Welt hindert.

Der Übermensch ist an Leib und Seele stark und unabhängig. Als Vorbilder für den Übermenschen nennt Nietzsche Napoleon, Shakespeare und Sokrates.

vom Leben selbst abgewandt. »Prediger des Todes« nennt Nietzsche Priester aller Religionen, weil sie uns mit ihren Lehren auffordern, uns von dieser Welt ab- und dem Tod zuzuwenden.

Wie aber kommt Nietzsche zu seiner Behauptung »Gott ist tot«? Um darauf eine Antwort zu geben, müssen wir einen Blick auf Kant werfen, dessen Philosophie eine wichtige Grundlage für Nietzsches Werk ist.

Eine unerreichbare Welt

Kant wollte die Grenzen der Erkenntnis bestimmen. In *Kritik der reinen Vernunft* versucht er nachzuweisen, dass wir nicht wissen können, wie die Welt »an sich« ist. Weder können wir diese Welt mit unserer Vernunft erreichen, wie Platon dachte, noch ist sie uns für ein Leben nach dem Tod versprochen, wie Christen glauben. Sie existiert (nehmen wir an), aber sie ist unerreichbar. Kants Gründe für diese Auffassung sind vielfältig.

Für Nietzsche ist daran vor allem wichtig, dass die »wahre Welt«, wenn sie tatsächlich unerreichbar ist, eine nutzlose und überflüssige Vorstellung ist. Daher fordert er uns auf, diese Vorstellung fallen zu lassen. Wenn Gott tot ist, dann ist Nietzsche vielleicht derjenige, der über die Leiche stolpert, die Fingerabdrücke auf der Mordwaffe aber sind von Kant. Nietzsche weiß, was hier auf dem Spiel steht – immerhin hatte Kant die noumenale Welt mit ihrer Idee der Freiheit zur Bedingung der Möglichkeit moralischen Handelns gemacht. Und dann sagt Nietzsche: »Meine Wahrheit ist furchtbar: denn bisher hieß man die Wahrheit Lüge.«

Der längste Irrtum der Philosophie

Sobald wir die Vorstellung einer »wahren Welt« aufgeben, bricht die uralte Unterscheidung zwischen einer »wahren« und einer »scheinbaren Welt« zusammen. *Wie die »wahre Welt« endlich zur Fabel wurde* – darüber sagt Nietzsche: »Die wahre Welt haben wir abgeschafft: welche Welt blieb übrig? Die scheinbare vielleicht? … Aber nein! Mit der wahren Welt haben wir auch die scheinbare abgeschafft!« Damit ende der »längste Irrtum« der Philosophie: Sie ließe sich nicht länger von der Vorstellung eines Unterschieds zwischen einer Welt des »Scheins« und einer »wahren Welt«, von der Lehre der zwei Welten betören. Und Nietzsche »wertet um«: Das Ende dieses Irrtums ist der Höhepunkt der Menschheit. Die Zeit ist gekommen, da »Zarathustra beginnt«.

Wenn wir begreifen, dass es nur eine Welt gibt, sehen wir auch, wie falsch es war, alle Werte ins Jenseits zu verlagern. Wir sollten alle unsere Werte überdenken, fordert Nietzsche, und uns fragen, was es bedeutet, Mensch zu sein. Durchschauen wir diese philosophischen Illusionen, lässt sich die alte Vorstellung vom Menschen überwinden. Der Übermensch ist Nietzsches Vision eines zutiefst lebensbejahenden Daseins. Dieses kann sogleich Bedeutung erlangen – nicht mehr in einer jenseitigen Welt, sondern jetzt, hier, in der Welt, in der wir leben. Der Übermensch ist »der Sinn der Erde«.

Sich selbst erschaffen

Nietzsches Schriften haben zu seinen Lebzeiten kein großes Publikum erreicht, den Druck des vierten Teils des *Zarathustra* musste er sogar selbst bezahlen. Dreißig Jahre nach seinem Tod nahmen die Nationalsozialisten seine Idee des Übermenschen in ihre Rhetorik auf. Seine Forderung, die jüdisch-christliche Moral mit der Wurzel auszureißen, kam Hitler zur Bekräftigung seiner eigenen Ziele sehr gelegen.

Aber während Nietzsche eine Rückkehr zu den einfachen, lebensbejahenden Werten des heidnischen Europa anstrebte, benutzte Hitler dessen Schriften zur Rechtfertigung hemmungsloser Gewalt und furchtbarer Verbrechen. Die Forschung ist sich weitgehend einig, dass Nietzsche selbst über diese Wendung der Ereignisse entsetzt gewesen wäre. Er schrieb in einer außerordentlich nationalistischen, vaterlandsbesessenen und imperialistischen Zeit, war aber einer der wenigen Denker, die diese Tendenzen in Frage stellten. Im *Zarathustra* macht er klar, dass er den Nationalismus als Form der Entfremdung, als Fehler betrachtet. »Dort wo der Staat aufhört«, sagt Zarathustra an einer Stelle, »da beginnt erst der Mensch, der nicht überflüssig ist.«

Nietzsches Vorstellung von den menschlichen Möglichkeiten hatte auf viele Philosophen nach dem Zweiten Weltkrieg großen Einfluss. Seine Auffassung von Religion und von der Bedeutung des Wertes, den man sich selbst beimisst, lässt sich vor allem in den Werken erfolgreicher Existentialisten wie des französischen Philosophen Jean-Paul Sartre verfolgen. Wie Nietzsches Übermensch sagt Sartre, jeder müsse den Sinn und die Bedeutung seiner eigenen Existenz bestimmen. Nietzsches Verurteilung der abendländischen Philosophie und ihrer Tradition hatte große Wirkung nicht nur in Philosophenkreisen, sondern auch auf die Kultur Europas und der Welt und beeinflusste zahllose Künstler und Schriftsteller des 20. Jahrhunderts. ■

> »Nietzsche … dessen Ahnungen und Einsichten sich oft in der erstaunlichen Weise mit den mühsamen Ergebnissen der Psychoanalyse decken, habe ich gerade darum lange gemieden.«
>
> **Sigmund Freud**
> *Selbstdarstellung*

Nietzsches Schriften wurden von seiner antisemitischen Schwester Elisabeth herausgegeben und teilweise sinnentstellend bearbeitet. Sie verwaltete seinen Nachlass, nachdem er geisteskrank geworden war. So konnten die Nationalsozialisten seine Texte vorsätzlich falsch interpretieren.

MENSCHEN MIT SELBSTVERTRAUEN KOMMEN, SEHEN, EROBERN

ACHAD HA'AM (1856–1927)

IM KONTEXT

DISZIPLIN
Ethik

LEHRE
Kulturzionismus

FRÜHER
5. Jh. v. Chr. Sokrates verbindet Selbstvertrauen mit dem Eingeständnis seines Nichtwissens.

1511 Desiderius Erasmus schreibt *Das Lob der Torheit*, ein satirisches Lob auf die Dummheit.

1711 Alexander Pope prägt das Sprichwort: »Narren drängen sich, wo Engel ihre Grenzen kennen.«

1843 In seiner Schrift *Furcht und Zittern* schreibt Søren Kierkegaard, der Glaube müsse sich auf das Absurde gründen.

SPÄTER
1961 Michel Foucault veröffentlicht *Wahnsinn und Gesellschaft*, eine philosophische Studie über Prozesse der Ausgrenzung.

Achad Ha'am (hebr. »einer aus dem Volk«), dies war das Pseudonym des in der Ukraine geborenen jüdischen Philosophen Ascher Hirsch Ginsberg, der sich als zionistischer Theoretiker für eine spirituelle Renaissance des Judentums einsetzte. 1890 schrieb er in einem halb satirischen Essay, dass es, bei aller Liebe zur Klugheit, doch mehr auf das Selbstbewusstsein ankomme: In schwierigen oder gefährlichen Situationen mahnen die Klugen zur Zurückhaltung und wägen Vor- und Nachteile einer Handlung ab. Die Selbstbewussten dagegen kämpfen und setzen sich oft durch. Ha'am will auch in seinen Texten, die fast alle satirisch gefärbt sind, zeigen, dass Verrückte oft unerwarteten Erfolg haben, weil sie selbstbewusst sind.

Klugheit und Selbstbewusstsein

Auf den ersten Blick scheint es, als habe Ha'am eine Lanze für die Dummheit brechen wollen. Doch distanzierte er sich später ausdrücklich von dieser Lesart, weil er wohl befürchtete, seine satirischen Übungen würden verstanden, als meine er alles darin ernst. Selbstbewusstsein, präzisierte er jetzt, sei nur gerechtfertigt, wenn allen Beteiligten die Schwierigkeiten eines Unternehmens bewusst seien.

Ha'am zitierte gern ein altes jiddisches Sprichwort: »Eine verrückte Tat, die gut ausgeht, bleibt eine verrückte Tat.« Bei manchen Gelegenheiten handeln wir dumm, weil wir die Schwierigkeiten der Aufgabe, die wir anpacken wollen, nicht überblicken, und wenn dann alles gut gegangen ist, war es Glückssache. An unserer ursprünglichen Dummheit ändert das jedoch nichts.

Wenn wir mit dem, was wir tun, Erfolg haben wollen, kann es vorkommen, dass wir die Art Selbstbewusstsein brauchen, die bei Menschen, die etwas Verrücktes tun, gelegentlich zu beobachten ist. Gleichzeitig müssen wir dieses Selbstvertrauen durch kluge Überlegungen mäßigen, soll unser Handeln nicht wirkungslos bleiben. ■

Siehe auch: Sokrates 46–49 ▪ Søren Kierkegaard 194–195 ▪ Michel Foucault 304–305 ▪ Luce Irigaray 324

SPRACHE IST EIN SYSTEM VON ZEICHEN, DIE IDEEN AUSDRÜCKEN

FERDINAND DE SAUSSURE (1857–1913)

IM KONTEXT

DISZIPLIN
Sprachphilosophie

LEHRE
Semiotik

FRÜHER
um 400 v. Chr. Platon untersucht das Verhältnis zwischen Namen und Dingen.

um 250 v. Chr. Die Stoiker entwickeln eine linguistische Zeichentheorie.

1632 Der portugiesische Philosoph Johannes Poinsot schreibt den *Tractatus de Signis*.

SPÄTER
1950er-Jahre Saussures Untersuchung der Sprachstrukturen beeinflusst Noam Chomskys Theorie der generativen Grammatik, der Entwicklung jener sprachlichen Regeln, die mögliche Wortkombinationen bestimmen.

1960er-Jahre Roland Barthes untersucht die literarischen Implikationen von Zeichen und Semiotik.

Saussure, ein Schweizer Philosoph des 19. Jahrhunderts, betrachtete die Sprache als ein System von »Zeichen«, die als Grundeinheiten der Sprache fungieren. Seine Untersuchungen lieferten die Grundlage der Semiotik. Diese neue Zeichentheorie wurde vor allem von dem Russen Roman Ossipowitsch Jakobson weiterentwickelt, der die Lehre in dem Satz zusammenfasste: »Eine Botschaft besteht aus Zeichen.«

Das Zeichen, sagt Saussure, besteht aus zwei Teilen: zunächst dem »Signifikanten«, der ein Lautbild ist, bei dem es sich nicht um den Laut selbst, sondern um das geistige »Bild« handelt, das wir von ihm haben. Der zweite Teil ist das »Signifikat« oder der Begriff. Damit verabschiedet Saussure eine lange Tradition, in der die Sprache als Verhältnis zwischen Worten und Dingen betrachtet wurde. Nach Saussure sind beide Aspekte eines Zeichens mentale Sachverhalte, wie der Begriff »Hund« und das Klangbild des Wortes »Hund«. Jede Botschaft – wie »Mein Hund heißt Fred« – ist ein Zeichensystem: ein System von Beziehungen zwischen Lautbildern und Begriffen. Die Beziehung zwischen Signifikat und Signifikant ist willkürlich, am Wortklang »Hund« ist nichts speziell »Hündisches«. Darum kann der Hund auf Französisch *chien* heißen und auf Chinesisch *gou*.

Saussures Werk wurde zur Grundlage der modernen Linguistik und hatte großen Einfluss auf Philosophen und Literaturwissenschaftler. ■

» Im Leben des Einzelnen und der Gesellschaft gibt es nichts, was an Wirksamkeit und Wichtigkeit der Sprache gleichkommt. «

Ferdinand de Saussure
Grundfragen der allgemeinen Sprachwissenschaft

Siehe auch: Platon 50–55 ▪ Charles Sanders Peirce 205 ▪ Ludwig Wittgenstein 246–251 ▪ Roland Barthes 290–291 ▪ Julia Kristeva 328

BLOSSE ERFAHRUNG IST KEINE WISSENSCHAFT

EDMUND HUSSERL (1859–1938)

IM KONTEXT

DISZIPLIN
Ontologie

LEHRE
Phänomenologie

FRÜHER

5. Jh. v. Chr. Sokrates nutzt Argumente, um sichere und verlässliche Antworten auf philosophische Fragen zu finden.

17. Jh. René Descartes macht den Zweifel zum Ausgangspunkt seiner philosophischen Methode.

1874 Husserls Lehrer Franz Clemens Brentano fordert eine neue wissenschaftliche Methode für die Philosophie.

SPÄTER

ab den 1920er-Jahren Martin Heidegger entwickelt die phänomenologische Methode seines Lehrers Husserl zur Existenzphilosophie weiter.

ab den 1930er-Jahren Husserls Phänomenologie beeinflusst in Frankreich Denker wie Levinas und Merleau-Ponty.

Wissenschaft möchte die **Gewissheit** haben, dass ihre Erkenntnisse wahr sind.

↓

Aber Wissenschaft verfährt empirisch: Sie ist von der **Erfahrung** abhängig.

↓

Die Erfahrung beruht auf **Voraussetzungen und** ist **Vorurteilen** unterworfen.

↓

Also ist bloße Erfahrung keine Wissenschaft.

Auch Husserl folgte jenem Traum, dem Philosophen seit den alten Griechen nachhingen: dem Traum der Gewissheit. Sokrates hatte das Problem formuliert: Wir sind schnell einer Meinung über Dinge, die wir messen können, etwa: »Wie viele Oliven sind in diesem Glas?« Geht es allerdings um Fragen wie: »Was ist Gerechtigkeit?« oder »Was ist Schönheit?«, lässt sich nicht so leicht Übereinstimmung erzielen. Wenn wir jedoch nicht sicher wissen können, was Gerechtigkeit ist, wie können wir dann überhaupt etwas über sie sagen?

Problem der Gewissheit

Husserl kam von der Mathematik her. Er hoffte, eines Tages Fragen wie: »Was ist Gerechtigkeit?«, mit dem gleichen Grad an Gewissheit beantworten zu können wie mathematische Probleme. Er suchte nach einem Weg, auf dem die Wissenschaften – worunter er alle Bereiche des Wissens verstand, von der Mathematik, Chemie und Physik bis zur Ethik und Politik – eine sichere Grundlage finden könnten.

Wissenschaftliche Theorien beruhen auf Erfahrung. Husserl jedoch war der Ansicht, dass die

Siehe auch: René Descartes 116–123 ▪ Franz Clemens Brentano 342 ▪ Martin Heidegger 252–255 ▪ Emmanuel Levinas 273 ▪ Maurice Merleau-Ponty 274–275

Erfahrung allein nicht ausreiche, um zu gesicherten Theorien zu gelangen. Wie jeder Wissenschaftler weiß, sind Erfahrungen verbunden mit Voraussetzungen, Vorurteilen und Fehldeutungen. Diese Unsicherheiten wollte Husserl ausschalten, um der Wissenschaft absolut sichere Grundlagen zu geben.

Zu diesem Zweck knüpfte er an Descartes an. Auch dieser wollte dem Philosophieren einen sicheren Ausgangspunkt verschaffen, ungestört von allen Voraussetzungen, Vorurteilen und Unsicherheiten, und kam so zu der Einsicht, dass sich fast alles bezweifeln lasse, nur eben die Tatsache nicht, dass er zweifle.

Phänomenologie

Einen ähnlichen Weg geht Husserl. Er unterscheidet den Vorgang des Denkens von dessen Inhalten. Um diese Inhalte »wissenschaftlich« zu erfassen, müssen wir alle Voraussetzungen und Vorurteile, die wir mitbringen, »einklammern«. Damit

Die Mathematik stützt sich für ihre Schlüsse nicht auf empirische Beweise, die Voraussetzungen benötigen. Auf eine ebenso sichere Grundlage wollte Husserl jegliche Wissenschaft stellen.

> »Die ganze, in der natürlichen Einstellung gesetzte, in der Erfahrung wirklich vorgefundene Welt … gilt uns jetzt nicht, sie soll ungeprüft, aber auch unbestritten eingeklammert werden.«
>
> **Edmund Husserl**, *Ideen zu einer reinen Phänomenologie*

ist, so Husserl, der »Glaube« an die Welt (die Existenz der äußeren Welt) und das Ich (die innere Welt) ausgeschaltet und wir können uns dem nähern, was Husserl »Phänomen« nennt: alles, was unserem Bewusstsein erfahrend, vorstellend, wertend und denkend gegeben ist. Wenn wir genau darauf achten, mit welchen auch impliziten Voraussetzungen wir uns der Erfahrungswelt nähern, können wir, sagt Husserl, dem Wissen eine sichere Grundlage schaffen und die Probleme lösen, die Philosophen seit den Anfängen beschäftigen.

Folgten jedoch andere Philosophen Husserls Methode, kamen sie zu anderen Ergebnissen und es herrschte wenig Einigkeit darüber, was die Methode eigentlich sei und wie sie zu handhaben sein sollte. Am Ende seiner Laufbahn schrieb Husserl, der Traum, die Wissenschaft auf eine sichere Grundlage zu stellen, sei ausgeträumt. Auch seine Phänomenologie konnte keinen wissenschaftlich sicheren Ansatz bieten, dennoch ging aus ihr eine der reichsten Traditionen des philosophischen Denkens im 20. Jahrhundert hervor. ▪

Edmund Husserl

Husserl wurde 1859 in Mähren, das damals zu Österreich-Ungarn gehörte, geboren. Er studierte zunächst Mathematik und Astronomie, entschloss sich nach seiner Promotion in Mathematik aber zum Studium der Philosophie. 1887 heiratete er Malvine Steinschneider, das Paar hatte drei Kinder. Er wurde Privatdozent in Halle und blieb dort bis 1901. Anschließend nahm er eine außerordentliche Professur in Göttingen an, bis er schließlich 1916 auf den Lehrstuhl für Philosophie an der Universität Freiburg berufen wurde. Einer seiner Studenten war Martin Heidegger. 1933 wurde Husserl wegen seiner jüdischen Herkunft von der Universität suspendiert, eine Entscheidung, an der Heidegger mitgewirkt hatte. Bis zu seinem Tod 1938 blieb Husserl schriftstellerisch tätig.

Hauptwerke

1901 *Logische Untersuchungen*
1907 *Die Idee der Phänomenologie*
1911 *Philosophie als strenge Wissenschaft*
1913 *Ideen zur einer reinen Phänomenologie und phänomenologischen Philosophie*

INTUITION GEHT DEN GLEICHEN WEG WIE DAS LEBEN

HENRI BERGSON (1859–1941)

IM KONTEXT

DISZIPLIN
Erkenntnistheorie

LEHRE
Lebensphilosophie

FRÜHER
13. Jh. Johannes Duns Scotus unterscheidet zwischen abstraktem und intuitivem Denken und räumt Letzterem den Vorrang ein.

1781 Kant erklärt in der *Kritik der reinen Vernunft* absolutes Wissen für unmöglich.

SPÄTER
1890er-Jahre William James untersucht die Philosophie der Alltagserfahrung und macht den Pragmatismus bekannt.

1927 Alfred North Whitehead schreibt in *Prozess und Realität*, dass die natürliche Welt als Prozess und Veränderung verstanden werden müsse und nicht als Welt fester Dinge.

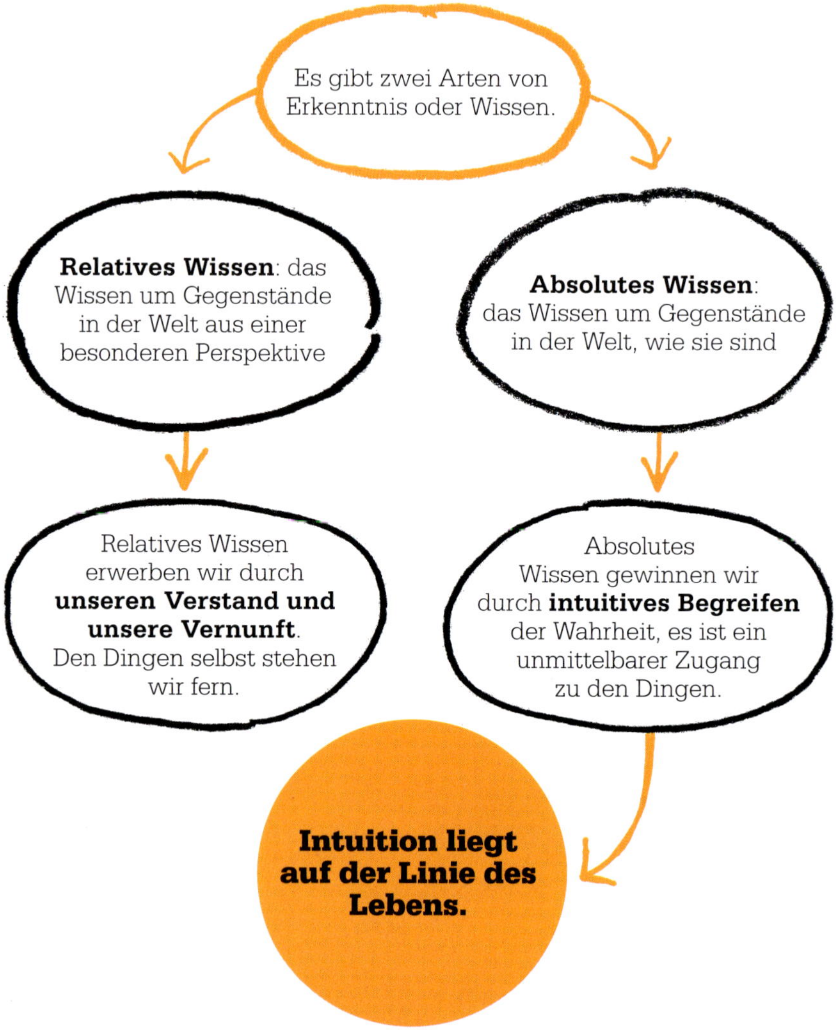

Siehe auch: Johannes Duns Scotus 339 ▪ Immanuel Kant 164–171 ▪ William James 206–209 ▪ Alfred North Whitehead 342 ▪ Gilles Deleuze 344

In *Schöpferische Entwicklung* (1910) stellte Henri Bergson seine Lebensphilosophie vor – entwickelt aus der Frage, ob es uns möglich sei, etwas wirklich zu wissen: ob wir nicht nur Wissen *über* eine Sache erwerben, sondern diese selbst erfassen können. Seit Kant waren Philosophen der Ansicht, wir könnten prinzipiell nicht wissen, was die Dinge als solche sind. Stets erfassen wir sie im Verhältnis zu uns, zu unserem Erkenntnisvermögen, können aber nicht aus uns heraustreten und einen unbedingten Blick auf die »Dinge an sich« werfen.

Zwei Formen des Wissens

Bergson war anderer Meinung. Er unterscheidet zwei Arten des Wissens: relatives, erworben aus einer bestimmten Perspektive, und absolutes, das uns die Dinge zeigt, wie sie wirklich sind. Beide Wissensarten kommen durch eine je eigene Methode zustande: die erste durch Analyse und Verstand, die zweite durch Intuition. Bergson zufolge hat Kant unsere Fähigkeit zur Intuition nicht in ihrer vollen Bedeutung erkannt. Bergson versteht sie in enger Verbindung zum von ihm sogenannten *élan vital*, quasi als Teilhabe an der Lebenskraft. Intuition deutet den Strom der Erfahrung in der Zeit und nicht im Raum, wobei Zeit eben auch nicht (wie bei Kant) als quasi räumliches Nacheinander zu verstehen ist.

Nehmen wir zum Beispiel an, wir wollen eine Stadt kennenlernen. Wir können Aufnahmen machen, von allen Einzelheiten und aus allen möglichen Perspektiven, die Bilder so zusammensetzen, dass wir einen Eindruck des Ganzen erhalten. Damit aber nehmen wir die Stadt distanziert wahr, allein aus unserer zweckgerichteten Bewegung und nicht als etwas Lebendiges, in eigener Bewegung. Gehen wir jedoch durch die Straßen und schauen uns um, dann erfahren wir, wie die Stadt an sich, wie sie wirklich ist. Dieses unmittelbare Wissen – die Bewegung in der Stadt (die schwierig vorstellbar ist: kein Nach- und kein Nebeneinander) – ist eines, das uns das Wesen der Stadt enthüllt.

Das Wesen einer Stadt zu erfassen ist nur durch unmittelbare Erkenntnis möglich, die uns intuitiv und nicht analytisch gegeben ist. Bergson hielt den Wert der Intuition für unterschätzt.

Intuition hat also ganz wesentlich mit einem spezifischen Zeitgefühl zu tun, mit unserem Sinn für sich entwickelnde Zeit. Während wir – intentionslos – durch die Stadt schlendern (»treiben«), spüren wir unsere innere Zeit und zugleich die verschiedenen, sich entwickelnden Zeiten der Stadt. Wenn beide Zeiten sich überlagern, meint Bergson, stehen wir mit dem Wesen des Lebens in direkter Verbindung. ▪

Henri Bergson

Bergson war einer der einflussreichsten französischen Philosophen seiner Zeit. Er wurde 1859 als Sohn einer englischen Mutter und eines polnischen Vaters in Frankreich geboren. Seine ersten Interessen galten der Mathematik, dann jedoch wandte er sich der Philosophie zu. Zunächst unterrichtete er an Schulen. 1896 erschien sein Buch *Materie und Gedächtnis* und er wurde ans Collège de France berufen. 1920 war er Gründungsmitglied und erster Präsident des Internationalen Instituts für geistige Zusammenarbeit, des an den Völkerbund angegliederten Vorläufers der Unesco. Sein Werk wurde in viele Sprachen übersetzt und hatte großen Einfluss auf verschiedene Philosophen und Psychologen, darunter William James. 1927 erhielt Bergson den Nobelpreis für Literatur. Er starb 1941 im Alter von 81 Jahren.

Hauptwerke

1896 *Materie und Gedächtnis*
1903 *Einführung in die Metaphysik*
1907 *Schöpferische Entwicklung*
1932 *Die beiden Quellen der Moral*

WIR DENKEN NUR, WENN WIR MIT PROBLEMEN KONFRONTIERT WERDEN

JOHN DEWEY (1859–1952)

IM KONTEXT

DISZIPLIN
Erkenntnistheorie

LEHRE
Pragmatismus

FRÜHER
1859 Charles Darwins *Ursprung der Arten* rückt die Menschen in eine neue, naturalistische Perspektive.

1878 Charles Sanders Peirce legt mit dem Aufsatz *Über die Klarheit unserer Gedanken* den Grundstein des Pragmatismus.

1907 William James veröffentlicht *Pragmatismus. Ein neuer Name für eine alte Denkweise* und macht den Begriff Pragmatismus einer breiten Öffentlichkeit bekannt.

SPÄTER
1970 Jürgen Habermas wendet pragmatische Grundsätze auf die Gesellschaftstheorie an.

1979 Richard Rorty verbindet in *Der Spiegel der Natur* den Pragmatismus mit der analytischen Philosophie.

John Dewey gehört der Ende des 19. Jahrhunderts in den Vereinigten Staaten entstandenen philosophischen Schule des Pragmatismus an. Als deren Gründer gilt Charles Sanders Peirce mit seinem bahnbrechenden Essay *Über die Klarheit unserer Gedanken* (1878).

Der Zweck der Philosophie oder des »Denkens« – so die Grundidee des Pragmatismus – besteht nicht darin, ein wahres Bild der Welt zu vermitteln, sondern uns zu helfen, effektiv und wirkungsvoll zu handeln. Mit einem Schlag ist man damit alle metaphysischen Prob-

Siehe auch: Heraklit 40 ▪ Charles Sanders Peirce 205 ▪ William James 206–209 ▪ Jürgen Habermas 310–311 ▪ Richard Rorty 318–323

leme los: Man fragt nicht: »Sind die Dinge so?«, sondern: »Welche praktischen Folgen hat es, wenn ich diese Perspektive einnehme?«

Ein Denken, das Fragen nachgeht, die mit dem Leben der Menschen nicht in irgendeiner Weise direkt verknüpft sind, interessiert Dewey nicht. Probleme, sagt er, entstehen, weil Menschen Lebewesen sind, die ihre Welt verstehen wollen und die entscheiden müssen, was sie tun sollten, um am besten leben zu können. Philosophie beginnt mit unseren alltäglichen Hoffnungen und Erwartungen, mit den Problemen, die sich im Lauf des Lebens ergeben. Sie sollte imstande sein, genau dafür praktische Antworten zu finden. Für jemanden, der sich die Welt quasi von Weitem anschaut, hat Dewey kein Verständnis, wer philosophiert, könne nicht »Zuschauer« sein, er müsse sich aktiv mit den Problemen des Lebens auseinandersetzen.

Sich entwickelnde Geschöpfe

Deweys Denken war beeinflusst von Darwins Evolutionstheorie, derzufolge die Menschen lebende Kreaturen sind, die zur natürlichen Welt gehören. Sie haben sich, »

John Dewey

Dewey wurde 1859 in Vermont (USA) geboren. Er studierte an der University of Vermont und arbeitete drei Jahre als Lehrer. Dann nahm er seine philosophischen und psychologischen Studien wieder auf. Er lehrte an verschiedenen führenden Universitäten und schrieb über eine Vielzahl von Themen: zu Fragen von Erziehung und Bildung, Demokratie, Psychologie und Kunst. Er arbeitete nicht nur wissenschaftlich, sondern gründete zum Beispiel eine Bildungseinrichtung, die Laboratory Schools an der University of Chicago, die seine Bildungsphilosophie des Lernens durch das Tun *(learning by doing)* in die Praxis umgesetzt haben. Diese Einrichtungen bestehen bis heute. Mit seinem breiten Interessenspektrum und seiner Vermittlungsfähigkeit konnte Dewey seinen Einfluss weit über diese experimentelle Schule hinaus ausdehnen. Er starb 1952 im Alter von 92 Jahren.

Hauptwerke

1910 *Wie wir denken*
1925 *Erfahrung und Natur*
1929 *Die Suche nach Gewissheit*
1934 *Kunst als Erfahrung*

wie andere Lebewesen auch, in Reaktion auf ihre sich verändernde Umwelt entwickelt. Wir dürfen – das schließt Dewey aus Darwins Denken – Menschen nicht als feststehende, von Gott ein für alle Mal geschaffene Wesen verstehen, wir müssen sie als natürliche Wesen betrachten. Nicht als Seelen, die zu einer anderen, immateriellen Welt gehören, sondern als entwickelte Organismen, die ihr Bestes tun, um in einer Welt zurechtzukommen, deren Element sie sind, ob sie wollen oder nicht.

Alles verändert sich

Die Natur ist ein System, das sich in einem Zustand permanenter Veränderung befindet – auch diese Auffassung Darwins teilt Dewey. Darin erinnert er an den antiken Philosophen Heraklit. Und genau von diesen Vorstellungen geht Dewey aus, wenn er darüber nachdenkt, was philosophische Probleme sind und wie sie entstehen.

In seinem Aufsatz *Kant and the Philosophic Method* (1884) entwickelt er die These, dass wir überhaupt nur denken, wenn wir vor einer praktisch bedeutsamen Frage stehen. Als Organismen, sagt er, müssen wir auf eine Welt reagieren, die sich ständig verändert. Die Existenz ist ein Risiko, ein Glücksspiel, und die Welt grundsätzlich instabil. Wir sind, um zu überleben oder zu gedeihen, von unserer Umwelt abhängig, es sind, genauer, viele Umwelten, und zudem verändern sie sich ständig. Und das wiederum geschieht auf viele Weisen, die nicht immer vorherzusagen sind. Jahrelang mag es zum Beispiel gute Weizenernten gegeben haben und plötzlich kommt eine Missernte. Mit solchen Unsicherheiten konfrontiert, sagt Dewey, bleiben uns nur zwei Strategien: Entweder wir bitten höhere Wesen und verborgene Kräfte im Universum um Hilfe oder wir versuchen die Welt zu verstehen und Macht über unsere Umwelt zu gewinnen.

> »Wir lösen philosophische Probleme nicht, wir überwinden sie.«
>
> **John Dewey**
> *Darwin's Influence Upon Philosophy*

Die Götter besänftigen

Der ersten Strategie folgend müssten wir die Welt mithilfe magischer Riten, Zeremonien und Opfer beeinflussen. Diese Art, auf die Unsicherheit der Welt zu reagieren, bildet, so Dewey, die Grundlage für Religion und Ethik. In der Geschichte, die Dewey erzählt, beteten unsere Vorfahren Götter und Geister an, um sich mit den »Mächten des Glücks« zu verbünden. Ein Szenario, das auf der ganzen Welt verbreitet ist, in Mythen und Legenden, in Erzählungen von Seefahrern, die in ihrer Not zu Göttern oder Heiligen gebetet haben, sie mögen den Sturm abflauen lassen, und erhört wurden.

Und so sei auch die Ethik aus den Versuchen unserer Vorfahren entstanden, verborgene Kräfte zu besänftigen. Wenn sie Opfer darbrachten, schlossen sie einen Handel mit den Göttern, versprachen, gut zu sein, wenn diese dafür sorgten, dass sie nicht leiden mussten.

Man könne auch anders auf die Unwägbarkeiten unserer veränderlichen Welt reagieren, sagt Dewey: nämlich Techniken entwickeln, die uns das Leben leichter machen. Wir können die Kunst der Wettervorhersage lernen oder Häuser zu bauen, die uns vor extremen Wetterlagen schützen, und so weiter. Wir müssen uns nicht mit verborgenen Kräften des Universums verbünden, sondern können herausfinden, wie die Umwelt funktioniert, und dann überlegen, wie wir sie zu unserem Nutzen verändern können.

Allerdings können wir, auch das macht Dewey klar, unsere Umwelt nie völlig kontrollieren, niemals alle Unsicherheiten restlos beseitigen, sondern – bestenfalls – die gefährliche, unsichere Seite der Welt, in der wir leben, ein Stück weit verändern. Das Leben aber bleibt riskant.

Tieropfer bringen wir nicht mehr dar, um die Götter gnädig zu stimmen. Aber viele Menschen versprechen insgeheim noch, gut zu sein, sollten sie von einer höheren Macht Hilfe erhalten.

Eine leuchtende Philosophie

Die beiden Strategien, mit den Risiken des Lebens fertig zu werden, standen, so Dewey, lange Zeit in einem Spannungsverhältnis zueinander, was eben zur Entwicklung der zwei Arten des Wissens

Wissenschaftliche Experimente wie jene, mit denen Benjamin Franklin um 1740 versuchte, Elektrizität beherrschbar zu machen, verleihen uns Macht über die Welt. Nach Dewey sollte die Philosophie ebenso nützlich sein.

führte: auf der einen Seite Ethik und Religion, auf der anderen Kunst und Technik. Einfacher gesagt sind dies Tradition und Wissenschaft. Nach Deweys Auffassung ist Philosophie der Prozess, mit dessen Hilfe wir uns durch die Widersprüche zu arbeiten suchen, die zwischen beiden unterschiedlichen Einstellungen zu den Problemen des Lebens bestehen. Die darin enthaltenen theoretischen Widersprüche interessieren Dewey nicht sonderlich, ihm geht es um praktische Fragen. Zum Beispiel könnte man unzählige traditionelle Auffassungen über Ethik und über das geerbt haben, was ein »gutes Leben« ausmacht, zugleich aber der Meinung sein, dass diese Auffassungen mit dem Wissen nicht zu vereinbaren sind, das die Wissenschaften vermitteln. Wieder gibt es zwei Möglichkeiten zu beurteilen, ob eine Philosophie erfolgreich ist.

Man kann erstens danach fragen, ob sie uns die Welt verständlicher macht. So fragt Dewey: Macht diese Philosophie unsere Erfahrung »leuchtender« oder »dunkler«? An dieser Stelle teilt Dewey die Meinung von Peirce: Auch Dewey hält es für den Zweck der Philosophie, unsere Ideen und unsere Alltagserfahrung klarer und leichter verständlich zu machen. Entschieden wendet er sich darum gegen philosophische Auffassungen, die unsere Erfahrung verrätseln und die Welt mysteriöser machen.

Zweitens können wir eine Philosophie danach beurteilen, ob oder inwieweit sie etwas mit unserem wirklichen Leben und seinen Problemen zu tun hat. Nützt sie uns im Alltagsleben? Bereichert sie unser Wissen so, wie wir von neuen wissenschaftlichen Theorien erwarten, dass sie unser Wissen bereichern?

Praktischer Einfluss

Eine Reihe von Philosophen, so auch Bertrand Russell, haben dem Pragmatismus vorgeworfen, er habe die Suche nach Wahrheit aufgegeben. Aber Deweys Philosophie hatte enormen Einfluss in Amerika. Da er den lebenspraktischen Problemen so überragende Bedeutung beimaß, ist es vielleicht nicht verwunderlich, dass sein Denken vor allem auf praktischen Gebieten zur Wirkung kam, in der Bildung oder der Politik. ■

» Erziehung ist keine Angelegenheit des Redens und Zuhörens, sondern ein aktiver, konstruktiver Prozess. «

John Dewey
Demokratie und Erziehung

WER DIE VERGANGENHEIT NICHT KENNT, IST DAZU VERURTEILT, SIE ZU WIEDERHOLEN

GEORGE SANTAYANA (1863–1952)

IM KONTEXT

DISZIPLIN
Geschichtsphilosophie

LEHRE
Naturalismus

FRÜHER
55 v. Chr. Der römische Dichter Lukrez untersucht die Ursprünge von Gesellschaften und Kulturen.

1730er-Jahre Giambattista Vico entwickelt seine Geschichtsphilosophie, nach der alle Kulturen aufgrund einer ununterbrochenen Kette von Ursachen und Wirkungen drei Zeitalter durchlaufen: das der Götter, das des Adels und Helden sowie das der Demokratie.

1807–1822 Georg Wilhelm Friedrich Hegel beschreibt Geschichte als ständigen Fortschritt des Geistes.

SPÄTER
2004 In *Gedächtnis, Geschichte, Vergessen* untersucht der französische Philosoph Paul Ricœur nicht nur die Notwendigkeit der Erinnerung, sondern auch jene des Vergessens.

Wer die Vergangenheit nicht kennt, schreibt der spanisch-amerikanische Philosoph George Santayana in *The Life of Reason* (1905), ist dazu verurteilt, sie zu wiederholen. Aus seiner naturalistischen Grundüberzeugung folgt, dass Wissen und Glauben nicht aus dem Denken entstehen, sondern durch Wechselwirkungen zwischen menschlichem Geist und materieller Umgebung. Der eingangs zitierte Satz wird oft in den falschen Kontext gestellt: Es geht nicht um Erinnerung der Grausamkeiten in der Geschichte, nicht um eine Kritik am Vergessen. Santayanas Satz zielt auf den Fortschritt. Um ihn zu ermöglichen, müssen wir uns an Erfahrungen aus der Vergangenheit nicht nur erinnern, sondern daraus lernen, um neue Wege zu finden, unsere Angelegenheiten zu regeln. Die Psyche, sagt Santayana, strukturiert neue Überzeugungen durch Erfahrungen und das bewahrt uns davor, Fehler zu wiederholen.

Wirklicher Fortschritt komme nicht durch Revolutionen zustande, sondern durch Anpassung: Wir nutzen, was wir aus der Vergangenheit gelernt haben, zur Gestaltung der Zukunft. Kultur vollzieht sich kumulativ, sie baut immer auf dem auf, was vorher war. ■

Fortschritt braucht Vergangenheitswissen und den Sinn für alternative Möglichkeiten. Beim AT&T Building (New York) nutzte man alte architektonische Elemente für neue Bauweisen.

Siehe auch: Georg Wilhelm Friedrich Hegel 178–185 ▪ Karl Marx 196–203 ▪ William James 206–209 ▪ Bertrand Russell 236–239

NUR DAS LEIDEN MACHT UNS ZU PERSONEN

MIGUEL DE UNAMUNO (1864–1936)

IM KONTEXT

DISZIPLIN
Ontologie

LEHRE
Existenzialismus

FRÜHER
um 500 v. Chr. Buddha sagt, alles Leben ist vom Leiden gezeichnet, und lehrt den Achtfachen Pfad als Weg, sich von den Ursachen des Leidens zu befreien.

um 400 n. Chr. Warum, fragt Augustinus, gibt es Leiden in einer Welt, die von einem gütigen und allmächtigen Gott geschaffen wurde?

SPÄTER
1940 Der irische Autor C. S. Lewis untersucht in *Über den Schmerz* das Problem des Leidens.

20. Jh. Unamunos Philosophie des Leidens beeinflusst spanische Schriftsteller wie Federico García Lorca und Juan Ramón Jiménez sowie den Briten Graham Greene.

Vor allem sein Buch *Das tragische Lebensgefühl* mit zwölf Essays machte den Philosophen, Lyriker und Romanautor Miguel de Unamuno über Spanien hinaus bekannt. Alles Bewusstsein, heißt es darin, ist Bewusstsein des Leidens und des Todes. (Schmerzlich werden wir uns bewusst, dass wir nicht unsterblich sind.) Was uns zu Menschen mache, sei die Tatsache, dass wir leiden.

Dies erinnert an die buddhistische Lehre, nach der Leiden ein unausweichliches Element des menschlichen Lebens ist. Unamuno aber meint etwas anderes. Er sieht das Leiden nicht als ein Problem, das durch praktische Entsagung überwunden werden kann, vielmehr lasse uns gerade das Leiden die Bedeutung des Menschseins erfassen. Daher sei es eine vitale und bedeutende Erfahrung.

Wenn alles Bewusstsein auf das Bewusstsein der Sterblichkeit und des Leidens hinauslaufe, wenn das Bewusstsein eine spezifisch menschliche Eigenschaft sei, dann bleibe uns nichts anderes übrig, als unserem Leben Gewicht und Substanz zu verleihen, indem wir das Leiden annehmen. Würden wir uns von ihm abwenden, dann kehrten wir nicht nur allem den Rücken zu, was uns zu Menschen macht, sondern auch dem Bewusstsein.

Liebe oder Glück

Die Idee des Leidens hat eine ethische Dimension. Wir müssen unseren Schmerz anerkennen, sagt Unamuno, denn nur wenn wir uns unserem eigenen Leiden stellen, sind wir imstande, andere leidende Wesen wirklich zu lieben.

Damit stehen wir vor einer wichtigen Entscheidung: Entweder wir entscheiden uns für das Glück und versuchen, dem Leiden so weit wie möglich zu entgehen. Oder aber wir entscheiden uns für die Liebe. Der erste Weg scheint leichter, doch er schneidet uns von einem wesentlichen Teil unserer selbst ab. Der zweite ist schwieriger, eröffnet uns jedoch den weiteren Weg zu einem tiefen und bedeutungsvollen Leben. ■

Siehe auch: Siddhartha Gautama 30–33 ▪ Augustinus von Hippo 72–73 ▪ Martin Heidegger 252–255 ▪ Albert Camus 284–285 ▪ Jean-Paul Sartre 268–271

GLAUBE AN DAS LEBEN

WILLIAM DU BOIS (1868–1963)

IM KONTEXT

DISZIPLIN
Ethik

LEHRE
Pragmatismus

FRÜHER
4. Jh. v. Chr. Aristoteles untersucht das alte griechische Konzept der *eudaimonía*.

1845 Nach der Veröffentlichung des Lebensberichts von Frederick Douglass, einem ehemaligen amerikanischen Sklaven, wächst die Gegnerschaft gegen die Sklaverei.

Ende 19./Anfang 20. Jh. Die Pragmatisten Charles Sanders Peirce und William James vertreten die Ansicht, der Wert von Ideen sollte nach ihrer Nützlichkeit beurteilt werden.

SPÄTER
1950er- und 1960er-Jahre Martin Luther King, einer der Führer der afroamerikanischen Bürgerrechtsbewegung, propagiert die gewaltlose direkte Aktion gegen die Diskriminierung der Schwarzen.

Im Jahr 1957, kurz vor dem Ende seines langen Lebens, schrieb der amerikanische Gelehrte und politisch radikal eingestellte Bürgerrechtsaktivist William Du Bois seine letzte Botschaft an die Welt, die bei seiner Beerdigung verlesen werden sollte. Darin gibt er seiner Hoffnung Ausdruck, dass jegliches Gute, das er getan habe, lange genug wirken möge, um sein Leben zu rechtfertigen, und dass die Dinge, die er nicht oder die er schlecht gemacht habe, von anderen fortgeführt und besser gemacht würden. »Immer werden die Menschen leben und fortschreiten zu einem größeren, breiteren und volleren Leben«, schreibt er. Dieser Satz ist ein Glaubenssatz und keine Tatsachenfeststellung. Aber um überhaupt Fortschritte machen zu können, müssen wir laut Du Bois sowohl an die Möglichkeit des Fortschritts als auch an jene eines erfüllteren Lebens glauben.

In dieser Auffassung zeigt sich der Einfluss des Pragmatismus, demzufolge es nicht nur auf Denken und Glauben ankommt, sondern auch auf die praktischen

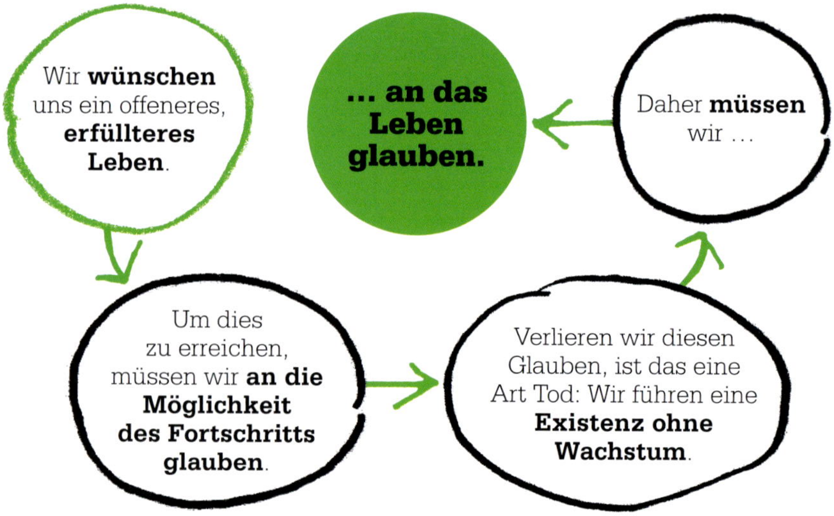

Siehe auch: Aristoteles 56–63 ▪ Charles Sanders Peirce 205 ▪ William James 206–209 ▪ John Dewey 228–231

» Das Problem des 20. Jahrhunderts ist das Problem der Rassentrennung. «

William Du Bois
Die Seelen der Schwarzen

Für Martin Luther King waren Du Bois' Schriften sehr bedeutend, als er sich entschloss, aktiv am Kampf gegen die Ausgrenzung der Schwarzen und für soziale Gleichheit teilzunehmen.

Folgen dessen, was wir denken und glauben.

Der »einzig mögliche Tod«, sagt Du Bois ferner, bestehe darin, den Glauben an den Fortschritt zu verlieren. Diese Einschätzung zeigt tiefere Wurzeln des Du Bois'schen Denkens in der Philosophiegeschichte, erinnert sie doch an die altgriechische Idee der Eudämonie (von *eudaimonía,* »von einem guten Dämon geleitet«*)* oder des »menschlichen Gedeihens«, worunter Aristoteles ein herausragendes Leben verstand, das auf Tugend und Vernunft beruht.

Politischer Aktivist

Zwei große Hindernisse sieht Du Bois für ein solches Leben: Rassismus und soziale Ungleichheit. Er lehnte die Rassentheorie ab, die irrige Ansicht, Schwarze seien den Weißen genetisch unterlegen. Die Ungleichheit zwischen den Menschen unterschiedlicher Hautfarbe habe keine biologische Grundlage, sondern soziale Gründe und müsse daher politisch bekämpft werden.

Unermüdlich suchte Du Bois nach Lösungen für das Problem sozialer Ungleichheit. Sie sei eine der wichtigsten Ursachen für Verbrechen, Bildungsmangel und Arbeitslosigkeit. In seiner letzten Botschaft an die Welt erinnert er uns daran, dass die Aufgabe, eine gerechtere Gesellschaft zu schaffen, noch nicht erfüllt sei. Die künftigen Generationen sollten an das Leben glauben und weiter für den Fortschritt zu einem erfüllteren Leben arbeiten. ■

William Du Bois

Du Bois zeigte von Kindheit an eine außerordentliche Begabung für eine akademische Laufbahn, gewann ein Stipendium für die Fisk University, studierte zwei Jahre in Berlin und promovierte anschließend in Harvard über den Sklavenhandel. Er war der erste schwarze Amerikaner, der in Harvard promovierte. Neben einer aktiven Karriere als Hochschullehrer und Autor wirkte er in der Bürgerrechtsbewegung mit. Sein politisches Urteil war nicht immer hellsichtig – so schrieb er unter anderem einen glühenden Nachruf auf Stalin. Dennoch blieb er eine Schlüsselfigur im Kampf um die Gleichheit von Menschen verschiedener Ethnien und Hautfarben, weil er über das verfügte, was Martin Luther King seine »göttliche Unzufriedenheit mit allen Formen der Ungerechtigkeit« nannte.

Hauptwerke

1903 *Die Seelen der Schwarzen*
1915 *The Negro*
1924 *The Gift of Black Folk*
1940 *Dusk of Dawn. An Essay Toward an Autobiography of a Race Concept*

DER WEG ZUM GLÜCK LIEGT IN DER ORGANISIERTEN VERRINGERUNG DER ARBEITSZEIT

BERTRAND RUSSELL (1872–1970)

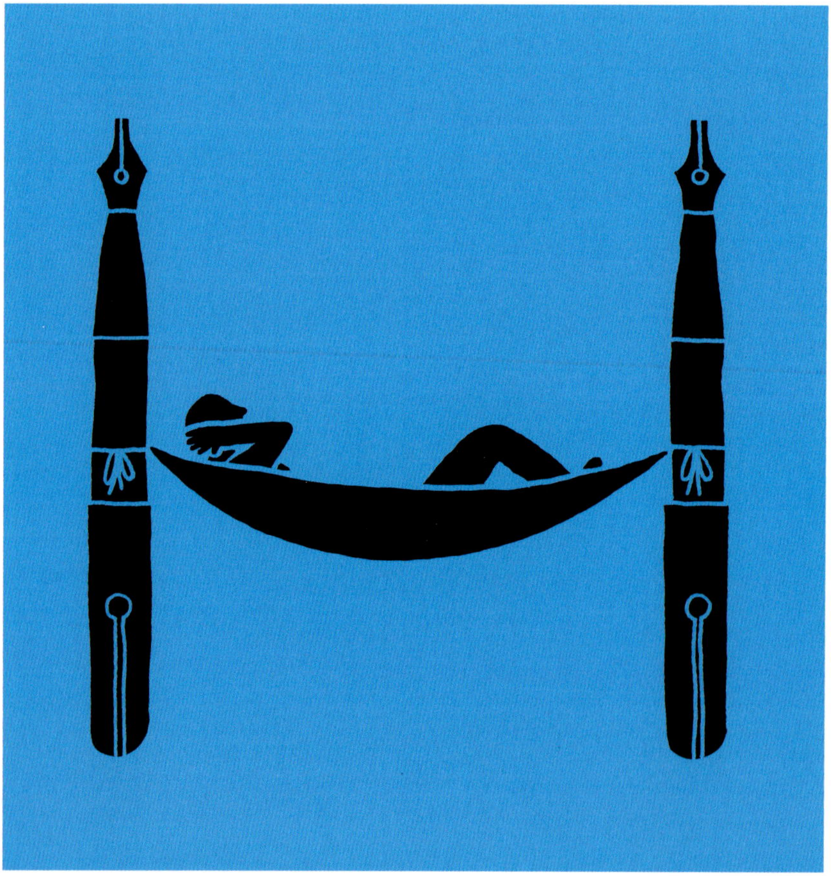

IM KONTEXT

DISZIPLIN
Ethik

LEHRE
Analytische Philosophie

FRÜHER

1867 Karl Marx veröffentlicht den ersten Band von *Das Kapital*.

1905 In *Die protestantische Ethik und der Geist des Kapitalismus* entwickelt Max Weber die These, dass die protestantische Arbeitsethik ein Faktor für die Durchsetzung des Kapitalismus war.

SPÄTER

1990er-Jahre Der Trend zur Senkung der Arbeitszeit verstärkt sich.

2005 Tom Hodgkinson, Herausgeber der britischen Zeitschrift *The Idler*, veröffentlicht *Anleitung zum Müßiggang*.

2009 Der britische Philosoph Alain de Botton untersucht unser Arbeitsleben in *The Pleasures and Sorrows of Work*.

Der britische Philosoph Bertrand Russell war nicht dafür bekannt, dass er die Arbeit scheute. Seine gesammelten Schriften füllen unzählige Bände, er hat einige sehr bedeutende Entwicklungen des 20. Jahrhunderts angestoßen, war der Begründer der analytischen Philosophie und engagierte sich sein ganzes langes Leben unermüdlich politisch und sozial. Warum empfiehlt dieser höchst aktive Denker, weniger zu arbeiten?

Den Essay *Lob des Müßiggangs* veröffentlichte Russell 1932, mitten in der Weltwirtschaftskrise, die auf

Siehe auch: Jean-Jacques Rousseau 154–159 ▪ Adam Smith 160–163 ▪ Edmund Burke 172–173 ▪ Jeremy Bentham 174 ▪ John Stuart Mill 190–193 ▪ Karl Marx 196–203 ▪ Henry David Thoreau 204 ▪ Isaiah Berlin 280–281 ▪ John Rawls 294–295

den Bankenkrach von 1929 folgte. Es mag geschmacklos erscheinen, die Vorzüge des Müßiggangs in einer Zeit hervorzuheben, in der die (unfreiwillige) Arbeitslosigkeit in manchen Ländern bis zu dreißig Prozent betrug. Bertrand Russell sah im ökonomischen Chaos dieser Jahre allerdings die Folge einer tief verwurzelten, falschen Einstellung zur Arbeit. Zahlreiche Theorien über die Arbeit seien nicht viel mehr als Aberglaube und sollten durch genaues Denken beseitigt werden.

Was ist Arbeit?

Russell unterscheidet in seinen Ausführungen zwei Arten von Arbeit. Erstens bezweckt Arbeit »die Veränderung der Lage von Materie auf oder nahe der Erdoberfläche im Verhältnis zu anderer Materie«. Das ist der grundlegendste Sinn von Arbeit – der Handarbeit. Der zweite Typus von Arbeit ist, »anderen Menschen zu sagen, sie sollten die Lage von Materie im Verhältnis zu anderer Materie verändern«. Dieser zweite Typus von Arbeit lässt sich unendlich ausdehnen – man kann nicht nur Angestellte haben, die den Leuten, die Materie bewegen, Anweisungen geben, man kann weitere Angestellte einstellen, die diese Leute, die Anweisungen geben, kontrollieren und so weiter. Der erste Typus von Arbeit ist häufig unangenehm und schlecht bezahlt, der zweite in der Regel weniger unangenehm und besser bezahlt.

Diesen beiden Arten der Arbeit entsprechen zwei Arten von Arbeitern: jene, die »arbeiten«, und deren Vorgesetzten. Diesen Arten wiederum entsprechen laut Russell zwei Klassen: die Arbeiterklasse und die Mittelschicht. Und noch eine dritte Klasse macht er aus: die der Grundbesitzer, die nichts zu tun haben und von der Arbeit anderer leben.

Die Geschichte, sagt Russell, ist voller Beispiele von Menschen, die ihr ganzes Leben lang hart arbeiten und vom Ertrag dieser Arbeit gerade so viel für sich und ihre Familien behalten dürfen, dass sie überleben. Den ganzen Überschuss, den sie erwirtschaften, eignen sich währenddessen Krieger, Priester und die nicht arbeitenden, herrschenden Klassen an. »

Die Weltwirtschaftskrise nach dem Bankenkrach von 1929 zeigte Russell, wie dringend erforderlich eine Kritik des Kapitalismus und eine Neubewertung der Arbeitsmoral waren.

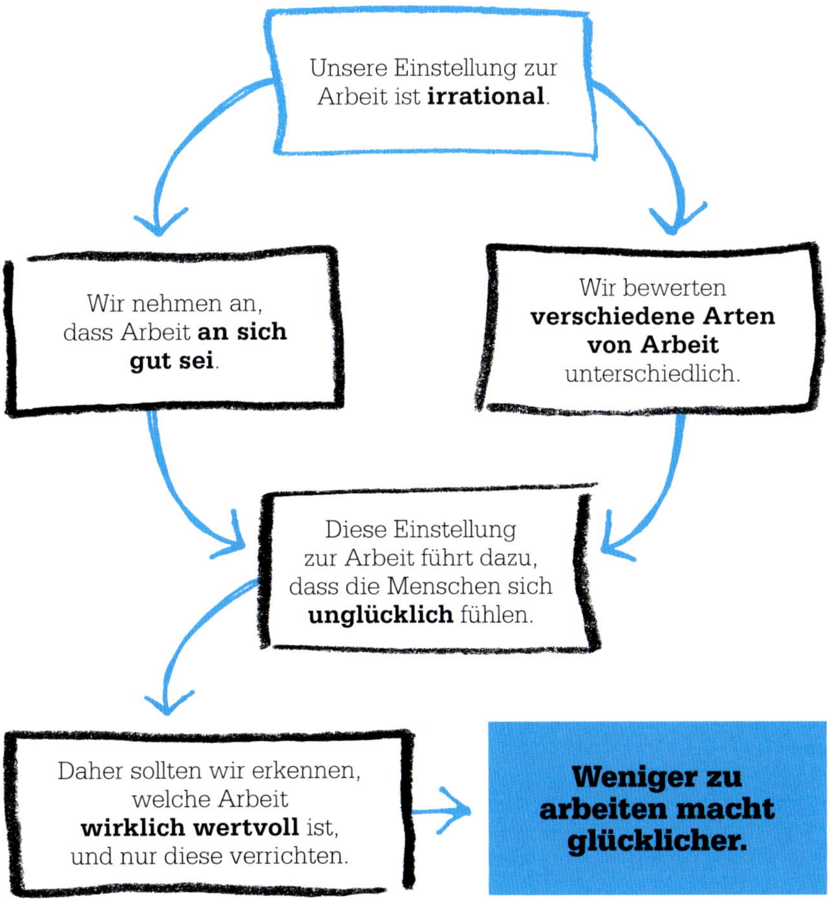

Und stets seien es die Nutznießer des Systems, von denen Lobeshymnen auf die »ehrliche Arbeit« zu hören seien. Sie verliehen einem System moralischen Glanz, das offenkundig ungerecht sei. Allein diese Tatsache sei Grund genug, unsere Arbeitsethik zu überdenken, denn wer von »ehrlicher Arbeit« rede, mache sich schließlich zum Komplizen von Unrecht und Unterdrückung.

Russells Auffassung von der Gesellschaft, in der er diese vom Klassenkampf bestimmt sieht, geht zum Teil auf Marx zurück. Mit dem organisierten Marxismus allerdings stand er nie auf gutem Fuß und kritisierte die sozialistischen Staaten ebenso heftig wie die kapitalistischen.

Eine weitere für Russell wichtige Quelle waren Max Webers Untersuchungen zur protestantischen Ethik, die unserer Einstellung zur Arbeit zugrunde liegt. Zum Beispiel betrachten wir die Arbeit nicht nur als eine Pflicht, sondern bewerten ihre verschiedenen Formen auch unterschiedlich. Handarbeit gilt in der Regel als weniger wertvoll als höher qualifizierte oder geistige Arbeit. Nach diesem Wertmaßstab – und nicht nach dem hergestellten Produkt – richtet sich auch das Entlohnungssystem. Und da wir der Arbeit an sich einen Wert zuschreiben, erscheint Arbeitslosigkeit leicht als moralischer Mangel.

Unsere Einstellung zur Arbeit, sagt Russell, ist komplex und unklar. Wir sollten Arbeit nicht nach solchen überholten moralischen Kriterien beurteilen, sondern nach dem, was sie zu einem erfüllten Leben beiträgt. Wenn wir das tun, komme man schwerlich um die Schlussfolgerung herum, dass wir alle weniger arbeiten sollten. In den herrschenden Verhältnissen sei ein Teil der Bevölkerung überarbeitet und deshalb unglücklich, ein anderer Teil ohne jede Arbeit und ebenfalls unglücklich. Dieses System scheine also niemandem so recht zu nutzen.

Die Bedeutung des Spiels

Würden wir die Arbeitszeit verkürzen, sagt Russell, könnten wir über mehr Zeit für schöpferische Tätigkeiten verfügen: »Materie von einem Ort zum anderen zu bewegen kann nicht der Sinn des Lebens sein.« Wenn die Arbeit jede wache Stunde des Tages in Anspruch nimmt, kann man kein erfülltes Leben führen. Die Muße, früher ein Privileg einiger weniger, ist notwendig für ein reiches und sinnerfülltes Leben.

Dagegen wird oft eingewandt, die meisten Menschen wüssten letztendlich nicht, was sie mit ihrer freien Zeit anfangen sollten, wenn sie nur vier Stunden am Tag arbeiteten. Dem entgegnete Russell, diese Menschen täten ihm leid, und wenn dies tatsächlich so sei, dann spreche es eindeutig gegen unsere Kultur. Offenbar habe unsere Fähigkeit, zu spielen und es uns gut

> »Sehr viel Unheil entsteht aus dem Glauben an den überragenden Wert der Arbeit an sich.«
>
> **Bertrand Russell**
> *Lob des Müßiggangs*

Bertrand Russell

Russell wurde 1872 in Wales in einer aristokratischen Familie geboren. Schon früh zeigte er großes Interesse an Mathematik und studierte dieses Fach in Cambridge. Dort begegnete er dem Philosophen Alfred North Whitehead, mit dem er später die *Principia Mathematica* schrieb, das Werk, das ihn zu einem der bedeutendsten Philosophen seiner Zeit machte. Außerdem lernte er in Cambridge Ludwig Wittgenstein kennen, der sein Schüler wurde. Russell wollte, dass die Philosophie auch einfachen Menschen etwas zu sagen hat, er war sozial engagiert, Pazifist, an Erziehungs- und Bildungsfragen interessiert, aktiver Atomwaffengegner und er verfasste populäre Werke über Philosophie. Er starb im Februar 1970 an einer Grippe.

Hauptwerke

1903 *The Principles of Mathematics*
1910–1913 (m. A.N. Whitehead) *Principia Mathematica*, 3 Bde.
1914 *Unser Wissen von der Außenwelt*
1927 *Philosophie der Materie*
1945 *Philosophie des Abendlands*

> »Die Moral der Arbeit ist eine Sklavenmoral, und in der neuzeitlichen Welt bedarf es keiner Sklaverei mehr.«
>
> **Bertrand Russell**
> *Lob des Müßiggangs*

gehen zu lassen, unter dem Kult der Effizienz, der diese Gesellschaft beherrsche, heftig gelitten. Eine Gesellschaft, die Freizeit und Muße ernst nähme, würde auch Erziehung und Bildung ernst nehmen, denn diese gingen sicher weit über die Ausbildung für einen Beruf hinaus. Auch die Kunst würde stärker anerkannt, denn dann hätten alle Menschen Zeit für künstlerische Tätigkeiten, ohne um wirtschaftliche Selbstständigkeit kämpfen zu müssen, wozu Künstler in der Regel gezwungen seien.

Außerdem würde das Bedürfnis nach Vergnügen und Genuss ernst genommen. Eine solche Gesellschaft, davon ist Russell überzeugt, werde auch den Geschmack am Krieg verlieren.

Ein ausgewogenes Leben

Russells Essay zeichnet das utopische Bild einer Welt, in der die Arbeit auf ein Minimum reduziert ist. Dabei ist nicht ganz klar, wie eine Verkürzung des Arbeitstages auf vier Stunden, wenn sie denn möglich wäre, zu der sozialen Revolution führen würde, die er fordert. Auch sein Vertrauen darauf, dass eine weitere Industrialisierung uns endgültig von der Handarbeit befreien werde, ist nicht ganz überzeugend.

Gleichwohl ist Russells Mahnung, unsere Einstellung zur Arbeit zu überprüfen, auch heute noch relevant. Wir nehmen die Länge der Arbeitswoche und die Tatsache, dass bestimmte Arbeiten besser bezahlt werden als andere, als »naturgegeben« hin. Für viele Menschen ist weder ihre Arbeit noch ihre Freizeit so erfüllend, wie sie ihrer Meinung nach sein könnten, und zur gleichen Zeit haben wir das Gefühl, dass Müßiggang ein Laster ist.

Russells *Lob des Müßiggangs* erinnert uns daran, dass wir nicht nur unser Arbeitsleben unter die Lupe nehmen müssen, sondern dass es auch eine Stärke und ausgesprochen nützlich sein kann, manchmal nichts zu tun und zu faulenzen. ■

Die Freizeit sollte nach Russell nicht mehr dazu dienen, sich von der Arbeit zu erholen. Sie sollte im Gegenteil den größten Teil des Lebens ausmachen und dem Spiel und kreativen Tätigkeiten gewidmet sein.

LIEBE IST EINE BRÜCKE VON ÄRMERER ZU REICHERER ERKENNTNIS

MAX SCHELER (1874–1928)

IM KONTEXT

DISZIPLIN
Ethik

LEHRE
Phänomenologie

FRÜHER
um 380 v. Chr. Platon schreibt *Symposion*, eine philosophische Untersuchung über das Wesen der Liebe und der Erkenntnis.

17. Jh. Blaise Pascal schreibt über die Logik des Herzens.

Anfang 20. Jh. Edmund Husserl entwickelt seine neue phänomenologische Methode zum Studium der geistigen Erfahrung.

SPÄTER
1953 Der polnische Philosoph Karol Wojtyla (später Papst Johannes Paul II.) würdigt in seiner Dissertation über Max Scheler dessen Einfluss auf den Katholizismus.

Der Philosoph Max Scheler kommt von der Phänomenologie her, die die Phänomene unserer inneren Erfahrung und die Strukturen des Bewusstseins wissenschaftlich untersucht.

Die Phänomenologie, sagt Scheler, hat bei ihren Untersuchungen der Bewusstseinsstrukturen das Augenmerk zu sehr auf den Intellekt gerichtet und etwas Grundsätzliches übersehen: die Erfahrung der Liebe oder des Herzens. In seinem Aufsatz *Liebe und Erkenntnis* von 1923 entwickelt er den Gedanken, dass die Liebe eine Brücke von ärmerer zu reicherer Erkenntnis sei. Der Ausgangspunkt, den Scheler von Pascal übernommen hat, ist die Annahme, dass es eine besondere Logik des Herzens gibt, die sich von jener des Intellekts unterscheidet.

Geistige Hebamme

Es ist die Liebe, nimmt Scheler an, die die Dinge in unserer Erfahrung zur Erscheinung bringt und Erkenntnis möglich macht. Liebe, schreibt er einmal, sei eine »geistige Hebamme«, die uns zur Erkenntnis ziehe – sowohl zur Selbsterkenntnis wie zur Welterkenntnis. Liebe sei die ursprüngliche »Determinante« der Ethik, der Möglichkeiten und des Schicksals eines Individuums. Im Grunde genommen ist Scheler der Ansicht, der Mensch sei kein »denkendes Ding«, wie Descartes annahm, sondern ein Wesen, das liebt. ■

» Dann dürfen wir … Philosophieren … einstweilen definieren als: Liebesbestimmter Aktus der Teilnahme des Kernes einer endlichen Menschenperson am Wesenhaften aller möglichen Dinge. «

Max Scheler
Vom Ewigen im Menschen

Siehe auch: Platon 50–55 ▪ Blaise Pascal 124–125 ▪ Edmund Husserl 224–225

NUR ALS INDIVIDUUM KANN MAN ZUM PHILOSOPHEN WERDEN

KARL JASPERS (1883–1969)

IM KONTEXT

DISZIPLIN
Erkenntnistheorie

LEHRE
Existenzphilosophie

FRÜHER
1840er-Jahre Søren Kierkegaard zufolge ist die Philosophie eine Sache des mit der Wahrheit kämpfenden Individuums.

1880er-Jahre Friedrich Nietzsche sagt: »Gott ist tot«, es gebe keine absoluten Wahrheiten und wir brauchten andere Werte.

1920er-Jahre Martin Heidegger sagt, Philosophie sei eine Sache des Verhältnisses zu unserer Existenz.

SPÄTER
1940er-Jahre Hannah Arendts Gedanken zur Freiheit sind von Jaspers' Philosophie beeinflusst.

1950er-Jahre Hans-Georg Gadamer geht dem Gedanken nach, dass sich philosophisches Denken durch Verschmelzung individueller Perspektiven entfaltet.

Manche nehmen Philosophie als Weg, um objektive Wahrheiten über die Welt zu entdecken. Für den Philosophen und Psychiater Karl Jaspers dagegen ist sie ein persönlicher Kampf. Der stark von Kierkegaard und Nietzsche beeinflusste Existenzphilosoph geht davon aus, dass Philosophie eine Sache unserer eigenen Versuche sei, die Wahrheit zu finden. Da Philosophie individueller Kampf sei, so schreibt er in *Über meine Philosophie* (1941), können wir nur als Individuen philosophieren. Wir müssen die Wahrheit selbst entdecken, niemand sonst kann sie uns sagen.

Eine Gemeinschaft von Individuen

Demnach können wir Wahrheit nur allein begreifen, die Erfolge unserer Bemühungen dagegen nehmen wir nur in Auseinandersetzung mit anderen wahr und erweitern so die Grenzen unseres Bewusstseins. Jaspers betrachtet seine eigene Philosophie nur insofern als »wahr«, als sie der Kommunikation mit anderen dient. Da uns andere keine fertigen Wahrheiten liefern können, ist Philosophie eine kollektive Bemühung. Die individuelle Suche nach der Wahrheit wird in Gemeinschaft mit den »Gefährten im Denken« ausgetragen, die den gleichen persönlichen Kampf ausfechten. ■

Der Philosoph lebt im unsichtbaren Reich des Geistes und kämpft um die Wahrheit. Das Denken anderer Philosophen fungiert als Wegweiser zu möglichen Erklärungswegen.

Siehe auch: Søren Kierkegaard 194–195 ▪ Friedrich Nietzsche 214–221 ▪ Martin Heidegger 252–255 ▪ Hans-Georg Gadamer 260–261 ▪ Hannah Arendt 272

DAS LEBEN IST EINE FOLGE VON KOLLISIONEN MIT DER ZUKUNFT

JOSÉ ORTEGA Y GASSET (1883–1955)

IM KONTEXT

DISZIPLIN
Ontologie

LEHRE
Existenzphilosophie

FRÜHER
1641 Descartes unterscheidet in den *Meditationen* zwei Welten: die des Geistes und die der Materie.

Anfang 20. Jh. Edmund Husserl begründet die Phänomenologie: Man solle in neuer Weise auf die Welt blicken und vorgefasste Meinungen über Bord werfen.

SPÄTER
1920er-Jahre Martin Heidegger untersucht die Bedeutung, die unsere Existenz für uns hat, und beruft sich dabei auch auf Ortega.

ab den 1930er-Jahren Ortegas Philosophie wird in Spanien und Lateinamerika bekannt und beeinflusst die Philosophen Xavier Zubiri, José Gaos, Ignacio Ellacuría, María Zambrano und andere.

Ortega y Gassets Philosophie handelt vom Leben. Von kühlen und distanzierten Untersuchungen hält er nicht viel, er möchte herausfinden, wie die Philosophie zu einem engagierten und schöpferischen Verhältnis zum Leben gelangen kann. Das Denken sei nichts Passives, sondern etwas Aktives – etwas, das uns hilft, uns mit den Bedingungen, unter denen wir leben, auseinanderzusetzen und sie zu verbessern.

In seinen 1914 erschienenen *Meditationen über Don Quijote* schreibt er: »Ich bin ich selbst und die Bedingungen, unter denen ich lebe.« Descartes konnte sich den Menschen als denkendes Wesen vorstellen und dennoch die Existenz einer äußeren Welt, auch seines eigenen Körpers, bezweifeln. Ortega dagegen hält es für sinnlos, sich als getrennt von der Welt zu betrachten. Wir leben immer unter besonderen

Siehe auch: René Descartes 116–123 ▪ Immanuel Kant 164–171 ▪ Edmund Husserl 224–225 ▪ Martin Heidegger 252–255 ▪ Jean-Paul Sartre 268–271

Bedingungen – solchen, die häufig repressiv und einschränkend sind. Diese Einschränkungen sind nicht nur physischer Art, sie betreffen auch unser Denken, das häufig voller Vorurteile ist, und unser Verhalten, das von Gewohnheiten bestimmt wird.

Viele Menschen leben ihr Leben, ohne sich Gedanken zu machen über die Bedingungen, die sie vorfinden. Philosophen aber, sagt Ortega, sollten sich nicht nur bemühen, diese Bedingungen besser zu verstehen, sondern sie auch zum Besseren zu verändern. Er hält es für ihre Pflicht, die Voraussetzungen aufzudecken, die unseren Überzeugungen zugrunde liegen.

Die Energie des Lebens

Um Veränderungen zu bewirken, müssen wir Ortega zufolge zunächst erklären, woher unsere Überzeugungen kommen, und uns dann um neue Möglichkeiten bemühen. Wir werden in eine Welt hineingeboren, die uns prägt, die wir aber auch verändern können, indem wir die Art verändern, wie wir sie wahrnehmen. So sehr wir uns jedoch für eine neue Zukunft frei machen – stets wird ihre Realisierung an bestimmten Bedingungen ihre Grenze finden. Die Realität wird immer mit unseren Träumen zusammenstoßen. Und doch müssen wir, um uns von der Gegenwart befreien zu können, träumen. Daher betrachtet Ortega das Leben als eine Folge von Zusammenstößen mit der Zukunft.

Jede Hoffnung (selbst die bei einer Weihnachtsfeier an einer Kriegsfront) bezeugt unsere Fähigkeit, die Lebensbedingungen zu überwinden. Ortega sieht dies als »vitales Denken« in Aktion.

> »Ich bin ich selbst plus meine Umstände.«
>
> **José Ortega y Gasset**
> *Meditationen über Don Quijote*

Seine Überlegungen sind eine Herausforderung, auf persönlicher wie auf politischer Ebene. Sie gehen davon aus, dass jeder Versuch einer Veränderung auf Widerstand stoßen wird, wir aber dennoch die Pflicht haben, gegen einschränkende Bedingungen anzugehen. In *Der Aufstand der Massen* weist Ortega warnend darauf hin, dass die Demokratie die Gefahr einer Tyrannei der Mehrheit in sich enthält. Ein Leben nach den Regeln der Mehrheit sei ein Leben ohne persönliche Vision und moralische Überzeugungen. Wenn wir uns nicht schöpferisch zu unserem Leben verhalten, leben wir nicht richtig. Deshalb sei Denken so wichtig: Es enthalte die Energie des Lebens selbst in sich. ▪

José Ortega y Gasset

Ortega wurde 1883 in Madrid geboren. Er studierte Philosophie, zunächst in seiner Heimatstadt, dann an verschiedenen deutschen Universitäten, wo er vor allem von der neukantianischen Philosophie beeinflusst wurde. Nach Spanien zurückgekehrt, wurde er Hochschullehrer. Sein ganzes Leben arbeitete Ortega nicht nur als Philosoph, sondern auch als Journalist und Essayist. In den 1920er- und 1930er-Jahren war er auch politisch aktiv. Als 1936 der Bürgerkrieg ausbrach, zog er sich aus der Politik zurück, ging ins Exil nach Argentinien und blieb dort, von der Politik enttäuscht, bis 1945. Nach drei Jahren in Portugal kehrte er 1948 zurück und gründete ein geisteswissenschaftliches Institut. Bis zu seinem Tod 1955 arbeitete er als Philosoph und Journalist.

Hauptwerke

1914 *Meditationen über Don Quijote*
1925 *Die Vertreibung des Menschen aus der Kunst*
1930 *Der Aufstand der Massen*
1957 *Was ist Philosophie?*

UM ZU PHILOSOPHIEREN, MUSS MAN ZUNÄCHST BEKENNEN

HAJIME TANABE (1885–1962)

IM KONTEXT

DISZIPLIN
Ethik

LEHRE
Phänomenologie

FRÜHER

5. Jh. v. Chr. Sokrates nennt es ein Zeichen der Weisheit, wenn man weiß, dass man »nicht weiß«.

4. Jh. n. Chr. Augustinus schreibt die *Bekenntnisse*, die Autobiografie und philosophische Abhandlung zugleich sind.

Anfang 13. Jh. Der buddhistische Mönch Shinran lehrt, Erlösung sei nur möglich durch eine »andere Macht«.

1920er-Jahre Martin Heidegger beschäftigt sich mit unserem Verhältnis zu unserem eigenen Sein.

SPÄTER

1990er-Jahre Jacques Derrida untersucht, beeinflusst von der Phänomenologie, Themen wie Bekenntnis und Vergebung.

Bevor du weiterliest, bekenne!« Diese Aufforderung mag uns merkwürdig erscheinen, der japanische Philosoph Hajime Tanabe möchte aber, dass wir sie ernst nehmen. Wir sollen, wenn wir philosophieren, zuerst ein Bekenntnis ablegen – doch welches und warum? Um dies beantworten zu können, werfen wir einen Blick auf die Ursprünge von Tanabes Philosophie, die sowohl in der japanischen wie auch in der europäischen Tradition liegen. Was Letztere anbelangt, führt Tanabe sein Denken bis auf Sokrates zurück. An diesem imponiert ihm vor allem die Freimütigkeit, mit der dieser

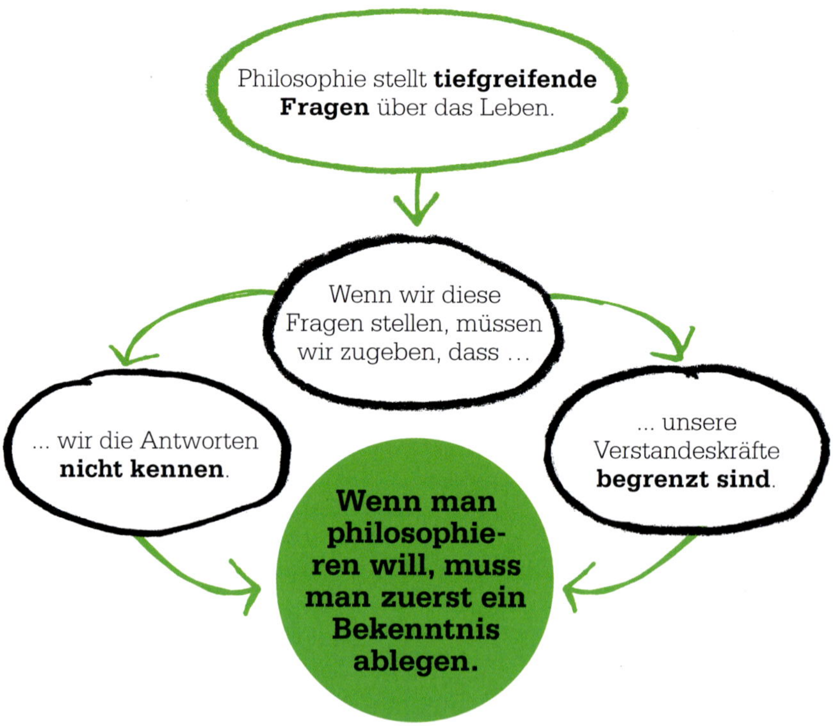

Siehe auch: Siddhartha Gautama 30–33 ▪ Sokrates 46–49 ▪ Augustinus von Hippo 72–73 ▪ Edmund Husserl 224–225 ▪ Martin Heidegger 252–255 ▪ Jacques Derrida 312–317

Der Buddha Amitabha, hier zwischen *kannon* (Mitgefühl) und *seishi* (Weisheit) dargestellt, ist der oberste Buddha der Schule des Reines-Land-Buddhismus. Ihr gehörte Shinran an.

bekennt, dass er nichts weiß. Nach der zugehörigen Legende hatte das Orakel von Delphi verkündet, Sokrates sei der weiseste Mann in Athen. Der aber wollte beweisen, dass das Orakel Unrecht hatte. Nach vielen Gesprächen mit seinen athenischen Mitbürgern kam er zu dem Schluss, dass er wirklich der weiseste Mann in Athen sei: Nur er akzeptierte nämlich, dass er »nicht weiß«.

Die japanischen Ursprünge von Tanabes Philosophie gehen zurück auf den buddhistischen Mönch Shinran, einen japanischen Vertreter des »Reines-Land-Buddhismus«. Shinrans zentraler neuer Gedanke war, Erleuchtung sei unmöglich, wenn man sich nur auf seine eigene Kraft verlasse. Stattdessen müssten wir unser Nichtwissen bekennen und unsere Grenzen eingestehen. Nur dann könnten wir uns öffnen für das, was Tanabe mit Shinran *tariki* oder »die andere Macht« nennt. Im Reines-Land-Buddhismus ist die andere Macht die Macht des Buddha Amitabha. In Tanabes Philosophie führt das Bekenntnis des Nichtwissens zur Anerkennung der »absoluten Leere« und schließlich zu Erweckung und Weisheit.

Selbstaufgabe

Philosophie heißt für Tanabe dementsprechend nicht, über komplizierte logische Probleme, über Für und Wider eines Sachverhalts zu streiten. Er sieht sie auch nicht als »intellektuelle« Disziplin, sondern als etwas Grundsätzliches – als ein immer tieferes Sich-Beziehen auf das eigene Sein. Diesen Gedanken fand Tanabe auch bei Heidegger, er ist aber der Auffassung, dass wir unser wahres Sein nur durch Bekenntnis wiederentdecken können – ein Vorgang, den er in religiösen Begriffen beschreibt und als eine Art Tod und Wiederauferstehung versteht. In Tod und Auferstehung werde der Geist durch eine »andere Macht« wiedergeboren, könne über die begrenzte Sicht des »Selbst« hinausgelangen und erleuchtet werden. Der Prozess der Wiedergeburt ist aber kein bloßes Vorbereitungsstadium, sondern die Philosophie selbst, die im Skeptizismus wurzelt und, so Tanabe, zur »Selbstaufgabe in der Gnade der anderen Macht« führt. Mit anderen Worten, Philosophie ist keine Aktivität, sondern etwas, das sich durch uns vollzieht, wenn wir mit unserem wahren Selbst in Berührung kommen – ein »Handeln ohne handelndes Subjekt«.

Für Tanabe ist das ständige Bekennen des Nichtwissens der einzige Weg, der uns bleibt, wenn wir unsere Begrenztheit anerkennen. Es geht ihm also nicht um neue Antworten auf alte philosophische Fragen, sondern um eine Neubewertung der Philosophie selbst. ■

» Damit eine Frage in die Philosophie gehört, muss etwas Unbegreifliches an ihr sein. «

Hajime Tanabe
Philosophy as Metanioetics

Hajime Tanabe

Tanabe wurde 1885 in Tokio geboren. Nach einem Studium an der Universität von Tokio berief man ihn zum außerordentlichen Professor für Philosophie an der Universität von Kioto und er wurde aktives Mitglied der sogenannten Kioto-Schule der Philosophie. In den 1920er-Jahren studierte er in Deutschland bei Edmund Husserl und Martin Heidegger. Nach seiner Rückkehr nach Japan wurde er dort zum ordentlichen Professor ernannt. Entsetzt über den Zweiten Weltkrieg und seine Folgen, zog er sich 1945 aus der Lehre zurück. Sein Buch *Philosophy as Metanoetics* erschien in Tokio ein Jahr nach Kriegsende. Nach seiner Pensionierung widmete sich Tanabe schließlich vollkommen der Meditation und dem Schreiben.

Hauptwerke

1946 *Philosophy as Metanoetics*

DIE GRENZEN MEINER
SPRACHE
BEDEUTEN DIE GRENZEN
MEINER WELT

LUDWIG WITTGENSTEIN (1889–1951)

IM KONTEXT

DISZIPLIN
Sprachphilosophie

LEHRE
Logik

FRÜHER
4. Jh. v. Chr. Aristoteles begründet die Logik.

Ende 19. Jh. Gottlob Frege entwickelt die Grundlagen der modernen Logik.

Anfang 20. Jh. Bertrand Russell entwickelt eine Notation, mit der sich natürliche Sprachen in logische Aussagen übersetzen lassen.

SPÄTER
1920er-Jahre Der *Tractatus Logico-Philosophicus* wird von Philosophen des Wiener Kreises wie Moritz Schlick und Rudolf Carnap für den Logischen Positivismus fruchtbar gemacht.

1930er-Jahre Wittgenstein distanziert sich vom *Tractatus* und kommt zu einer neuen Auffassung der Sprache.

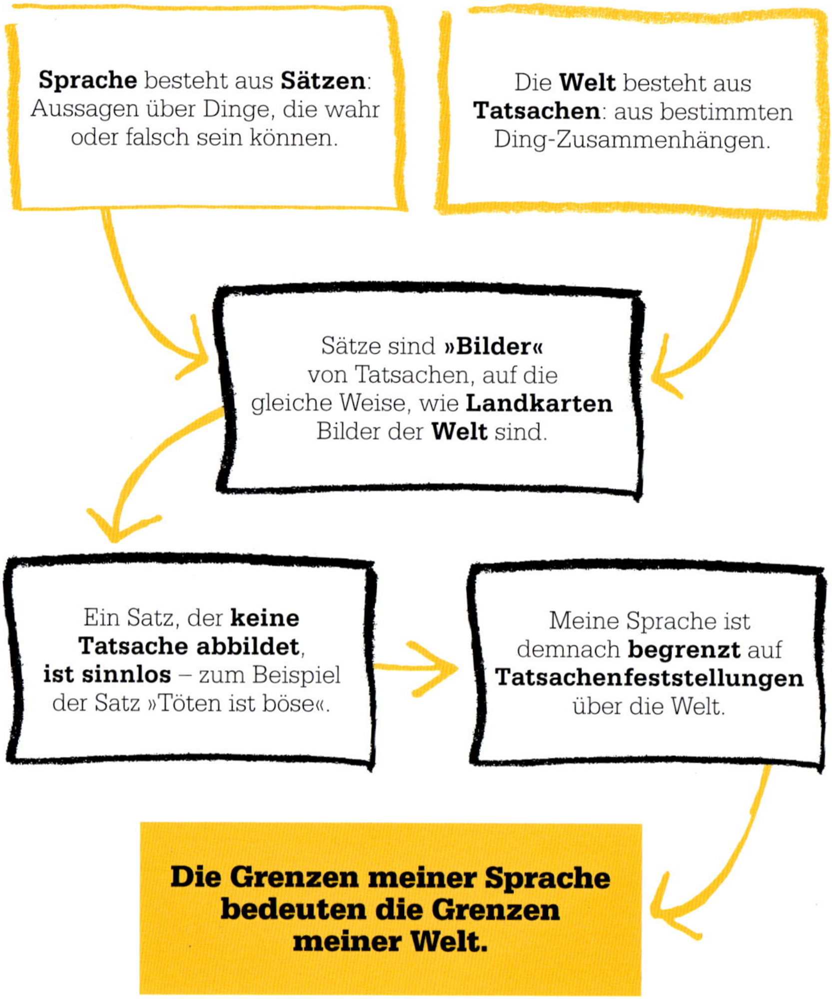

Wittgensteins *Tractatus Logico-Philosophicus* ist einer der abweisendsten Texte, den die Philosophiegeschichte des 20. Jahrhunderts aufzuweisen hat. Nur etwa 110 Seiten stark, besteht das Buch aus einer Folge dichter, karger, nach ihrer Bedeutung durchnummerierter Sätze.

Um den *Tractatus* wirklich würdigen zu können, müssen wir ihn in seinen philosophischen Kontext rücken. Dass Wittgenstein von den »Grenzen meiner Sprache« und »meiner Welt« spricht, lässt erkennen, dass er in der Tradition steht, die auf Kant zurückgeht. Der hatte sich vorgenommen, die Grenzen der Erkenntnis zu untersuchen, und fragte: »Was kann ich wissen?« sowie »Welche Gegenstände liegen außerhalb unseres Erkenntnisvermögens?«

Seiner Ansicht nach sind viele philosophische Probleme dadurch entstanden, dass Grenzen des Erkennbaren missachtet wurden. Wenn wir uns auf uns selbst besinnen und uns nach den notwendigen Grenzen des Wissens fragen, dann, so glaubte er, können wir fast alle philosophischen Probleme der Vergangenheit lösen, vielleicht sogar auflösen und aus dem philosophischen Diskurs ausgliedern.

Mit dem *Tractatus* stellt sich Wittgenstein die gleiche Aufgabe, aber in wesentlich radikalerer Weise. Er will zeigen, welche Arten von Aussagen sinnvoll sind und welche nicht. Kant setzt der Vernunft Grenzen, Wittgenstein der Sprache und darüber schließlich auch dem Denken.

Sein Ausgangsverdacht ist, dass viele philosophische Meinungsverschiedenheiten auf grundsätzlichen

Siehe auch: Aristoteles 56–63 ▪ Immanuel Kant 164–171 ▪ Gottlob Frege 342 ▪ Bertrand Russell 236–239 ▪ Rudolf Carnap 257

» Die Lösung des Problems des Lebens merkt man am Verschwinden dieses Problems. «

Ludwig Wittgenstein
Tractatus Logico-Philosophicus

Irrtümern beruhen, die in der Art und Weise stecken, in der wir über die Welt denken und sprechen.

Logische Struktur

Wittgensteins zentrale Annahmen im *Tractatus* erscheinen hochkomplex und beruhen doch auf einem recht einfachen Prinzip: Sowohl der Sprache wie der Welt unterstellt er formale Strukturen, die in ihre Bestandteile zerlegt werden können. Indem er diese Strukturen herausarbeitet, möchte er zeigen, wie sie sich zueinander verhalten. Und das erlaubt dann eine Reihe weitreichender Schlussfolgerungen.

Die Grenzen meiner Sprache, sagt Wittgenstein, sind die Grenzen meiner Welt. Wenn wir verstehen wollen, was er damit meint, sollten wir zunächst betrachten, wie er die Worte »Welt« und »Sprache« verwendet. Denn er tut dies nicht im alltäglichen Sinn, wie wir es vielleicht erwarten. In seiner Art, über Sprache zu reden, zeigt sich der Einfluss von Bertrand Russell, der bedeutende Beiträge zur Entwicklung einer philosophischen Logik lieferte. Für diesen ist die Alltagssprache nicht dazu geeignet, sich klar und deutlich auszudrücken. Die Logik dagegen, sagt Russell, ist eine »vollkommene Sprache«, aus der jede Spur von Unklarheit und Mehrdeutigkeit getilgt ist. Darum schuf er ein System, mit dem sich Alltagssprache in logische Formen übersetzen lässt.

Logik handelt von »Sätzen« (wie der philosophische Ausdruck lautet). Sätze sind Aussagen, die wahr oder falsch sein können. Zum Beispiel ist die Aussage oder die Feststellung »Der Elefant ist sehr böse« ein Satz, das Wort »Elefant« jedoch nicht. Daher sagt Wittgenstein im *Tractatus*, eine sinnvolle Sprache bestehe nur aus Sätzen. »Die Gesamtheit der Sätze«, heißt es dort, »ist die Sprache.« Damit wissen wir ungefähr, was Wittgenstein unter Sprache versteht, und können uns seinem Begriff der »Welt« zuwenden. Der *Tractatus* beginnt mit dem Satz: »Die Welt ist alles, was der Fall ist.« Das scheint einen klaren, handfesten Sachverhalt wiederzugeben, dennoch ist nicht ganz verständlich, was Wittgenstein damit meint. Er ergänzt: »Die Welt ist die Gesamtheit der Tatsachen, nicht der Dinge.«

An dieser Feststellung sehen wir, wie er eine Parallele zwischen Sprache und Welt konstruiert. Es mag zum Beispiel eine Tatsache sein, dass der Elefant böse ist, es kann sich sogar ein solches Tier im Zimmer befinden, aber ein Elefant als solcher ist keine Tatsache. Damit wird deutlich, wie sich die Struktur der Sprache und die der Welt zueinander verhalten. Wittgenstein sagt, die Sprache »bilde« die Welt »ab«. Diesen Gedanken formuliert er in der Zeit des Ersten Weltkriegs, nachdem er in einer »

Die alten Ägypter ordneten Symbole und stilisierte Bilder von Gegenständen, die sogenannten Hieroglyphen, zu logischen Sequenzen und schufen damit eine geschriebene Sprache.

»Die Logik ist keine Lehre, sondern ein Spiegelbild der Welt.«

Ludwig Wittgenstein
Tractatus Logico-Philosophicus

Ein Digitalbild ist nicht dasselbe Objekt wie das, was es darstellt, aber es hat dieselbe »logische Form«. Worte repräsentieren die Realität nur mit derselben logischen Form, so Wittgenstein.

Zeitung einen Artikel über eine Gerichtsverhandlung in Paris gelesen hatte. Es ging um einen Autounfall, und der Ablauf der Geschehnisse wurde mit kleinen Modellautos und Fußgängerfiguren nachgestellt. Modellautos und Figuren konnten ihre Pendants in der Realität darstellen, weil sie in genau dem gleichen Verhältnis zueinander standen wie die wirklichen Autos und Fußgänger, die in den Unfall verwickelt gewesen waren.

Ebenso stehen Wittgenstein zufolge alle Elemente einer Landkarte in genau dem gleichen Verhältnis zueinander wie in der Landschaft, die von der Karte dargestellt wird. Was das Bild mit dem, was es darstellt, gemeinsam hat, ist seine logische Form.

Wir dürfen hier nicht vergessen, dass wir von logischen Bildern sprechen, nicht von visuellen. Wittgenstein gibt ein Beispiel, das hilft, seine Überlegungen zu verdeutlichen. Die Schallwellen einer Symphonie, deren Partitur und die Muster der Rillen, die sich bei der Aufnahme auf der Schallplatte bilden, haben alle dieselbe logische Form. »Das Bild ist wie ein Maßstab an die Wirklichkeit angelegt.« Auf diese Weise kann es die Welt darstellen.

Natürlich kann unser Bild falsch sein. Es stimmt vielleicht nicht mit der Wirklichkeit überein, es könnte zum Beispiel so aussehen, als sei der Elefant nicht böse, obwohl er in Wirklichkeit sehr böse ist. Für Wittgenstein gibt es hier keine Mitte. Da er mit Sätzen beginnt, die wahr oder falsch sind, sind auch die Bilder entweder wahr oder falsch.

Sprache und Welt haben also beide eine logische Form und die Sprache kann über die Welt sprechen, indem sie diese abbildet, und zwar so, dass sie mit der Wirklichkeit übereinstimmt. An dieser Stelle wird Wittgensteins Überlegung nun ausgesprochen interessant, denn hier können wir sehen, warum er sich für die Grenzen der Sprache interessiert.

Nehmen wir folgendes Beispiel: »Sie sollten die Hälfte Ihres Gehalts für wohltätige Zwecke ausgeben.« Dieser Satz bildet im Sinne Wittgensteins nichts ab. Was sich »sagen« lässt, ist die »Gesamtheit wahrer Sätze«, also lediglich die Summe der Dinge, die der Fall sind – oder allenfalls die Naturwissenschaften.

Auseinandersetzungen über religiöse und ethische Werte sind für den frühen Wittgenstein sinnlos. Die Dinge, über die wir sprechen, wenn wir über solche Gegenstände diskutieren, liegen jenseits der Grenzen der Welt, daher liegen sie auch jenseits der Grenzen der Sprache.

Jenseits von Worten

Manche Leser Wittgensteins denken an diesem Punkt, er mache sich für die Naturwissenschaften stark und scheide vage Begriffe, die bei ethischen und religiösen Debatten in Gebrauch sind, einfach aus. Aber die Sache ist komplizierter.

Wittgenstein denkt nicht, die »Probleme des Lebens« seien unsinnig. Im Gegenteil, er ist davon

»Wovon man nicht sprechen kann, darüber muss man schweigen.«

Ludwig Wittgenstein
Tractatus Logico-Philosophicus

überzeugt, dass sie die wichtigsten Probleme überhaupt sind. Nur ließen sie sich eben nicht in Worte fassen, und eben darum seien sie philosophisch nicht von Bedeutung. Aber obwohl wir nicht über sie sprechen können, machen sie sich dennoch bemerkbar, sie zeigen sich: »Es ist das Mystische.«

All das hat ernsthafte Rückwirkungen auf die Sätze im *Tractatus* selbst. Auch die Logik, Wittgensteins Hauptwerkzeug, sagt nichts über die Welt. Ist der *Tractatus* deshalb Unsinn? Wittgenstein folgt seiner Argumentation furchtlos bis zum Ende und gesteht, die Antwort müsse Ja lauten. Wer den *Tractatus* richtig verstehe, werde schließlich merken, dass seine Sätze unsinnig seien. Sie seien wie die Sprossen einer philosophischen Leiter, die uns hilft, über die Probleme der Philosophie hinauszuklettern, und die wir, oben angelangt, wegstoßen können.

Richtungswechsel

Nachdem Wittgenstein die Arbeit am *Tractatus* abgeschlossen hatte, war er fest davon überzeugt, er hätte alle Probleme gelöst, und wandte sich anderen Dingen zu. Aber im Lauf der 1920er- und 1930er-Jahre begann er, sein früheres Denken von Grund auf in Frage zu stellen, und wurde selbst einer seiner schärfsten Kritiker.

Vor allem zweifelte er an dem Gedanken, von dem er früher einmal felsenfest überzeugt gewesen war: dass nämlich Sprache ausschließlich aus Sätzen bestehe – eine Auffassung, die vieles von dem, was wir alltagssprachlich tun, nicht zur Kenntnis nimmt: vom Scherzen bis zum Schmeicheln und Schimpfen und zahlreichen anderen »Sprachspielen«, in die wir im praktischen Leben verwickelt sind.

Trotzdem bleibt der *Tractatus* eines der herausforderndsten und beeindruckendsten Werke der westlichen Philosophie – und eines der geheimnisvollsten. ■

Die Philosophie, sagt Wittgenstein, verlangt eine logische, eindeutige Sprache. Sie dürfe nur aus Sätzen oder Tatsachenfeststellungen bestehen wie: »Die Katze saß auf der Matte«, ein Satz, der sich klar in seine Bestandteile zerlegen lässt.

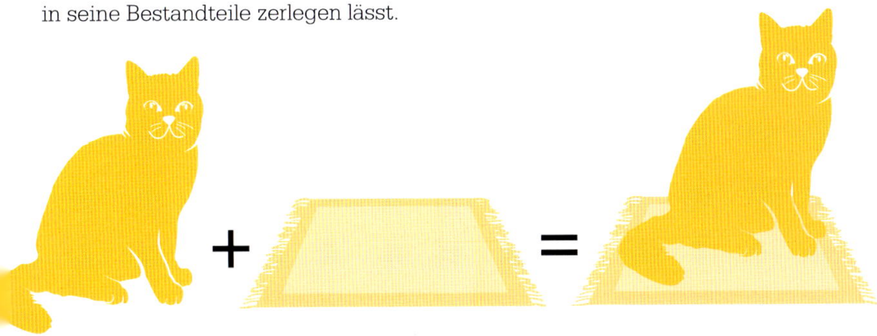

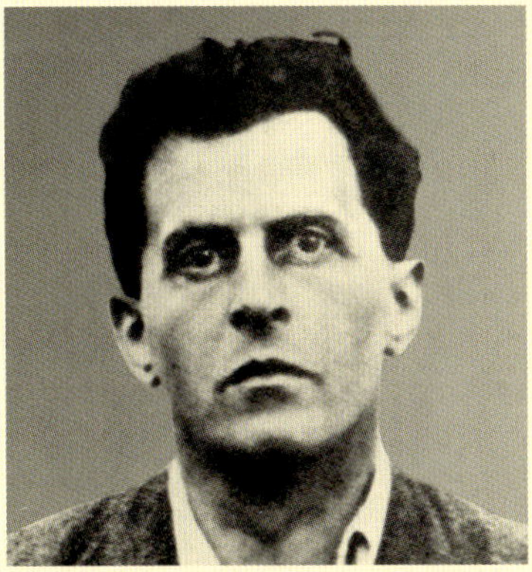

Ludwig Wittgenstein

Wittgenstein wurde 1889 in eine reiche Wiener Familie geboren. Er schloss in seiner Heimatstadt zunächst ein Ingenieurstudium ab und ging 1908 an die Universität in Manchester. Dort wuchs sein Interesse an der Logik, daher begann er 1911 bei Russell in Cambridge ein Philosophiestudium. Im Ersten Weltkrieg diente er an der russischen Front und in Italien, wo er in Gefangenschaft geriet. In dieser Zeit begann er, am *Tractatus Logico-Philosophicus* zu arbeiten, der 1921 erschien. Danach arbeitete er als Schullehrer, Gärtner und Architekt. An seinen früheren Ideen zweifelnd, kehrte er 1929 wieder nach Cambridge zurück und wurde 1939 dort zum Professor berufen. Er starb 1951.

Hauptwerke

1921 *Tractatus Logico-Philosophicus*
1953 *Philosophische Untersuchungen*
1958 *Das Blaue und das Braune Buch*
1977 *Bemerkungen über die Farben* (aus dem Nachlass)

DAS SEIENDE, DESSEN ANALYSE ZUR AUFGABE STEHT, SIND WIR JE SELBST

MARTIN HEIDEGGER (1889–1976)

IM KONTEXT

DISZIPLIN
Ontologie

LEHRE
Phänomenologie

FRÜHER
um 350 v. Chr. Diogenes von Sinope parodiert mit einem gerupften Huhn die Aussage von Anhängern Platons, der Mensch sei ein »federloser Zweibeiner«.

1900–1913 Edmund Husserl entwickelt seine phänomenologische Methode.

SPÄTER
1943 Jean-Paul Sartre veröffentlicht *Das Sein und das Nichts*, eine umfangreiche Abhandlung über das Verhältnis von »Sein« und »Freiheit«.

1960 Hans-Georg Gadamer untersucht in seinem von Heidegger inspirierten Werk *Wahrheit und Methode* das Wesen menschlicher Erkenntnis.

Im alten Athen sollen sich Anhänger Platons eines Tages der Frage angenommen haben: »Was ist der Mensch?« Nachdem sie lange nachgedacht hatten, kamen sie zu folgender Antwort: »Der Mensch ist ein federloser Zweibeiner.« Mit dieser Definition schienen alle zufrieden, bis der Kyniker Diogenes mit einem gerupften Huhn in die Versammlung geplatzt kam und rief: »Seht! Ich zeige euch einen Menschen.« Als sich die Aufregung gelegt hatte, kamen die Philosophen erneut zusammen und verfeinerten ihre Definition. Ein Mensch, sagten sie jetzt, ist ein federloser Zweibeiner mit breiten Nägeln.

Siehe auch: Platon 50–55 ▪ Diogenes von Sinope 66 ▪ Edmund Husserl 224–225 ▪ Hans-Georg Gadamer 260–261 ▪ Ernst Cassirer 343 ▪ Jean-Paul Sartre 268–271 ▪ Hannah Arendt 272 ▪ Richard Rorty 318–323

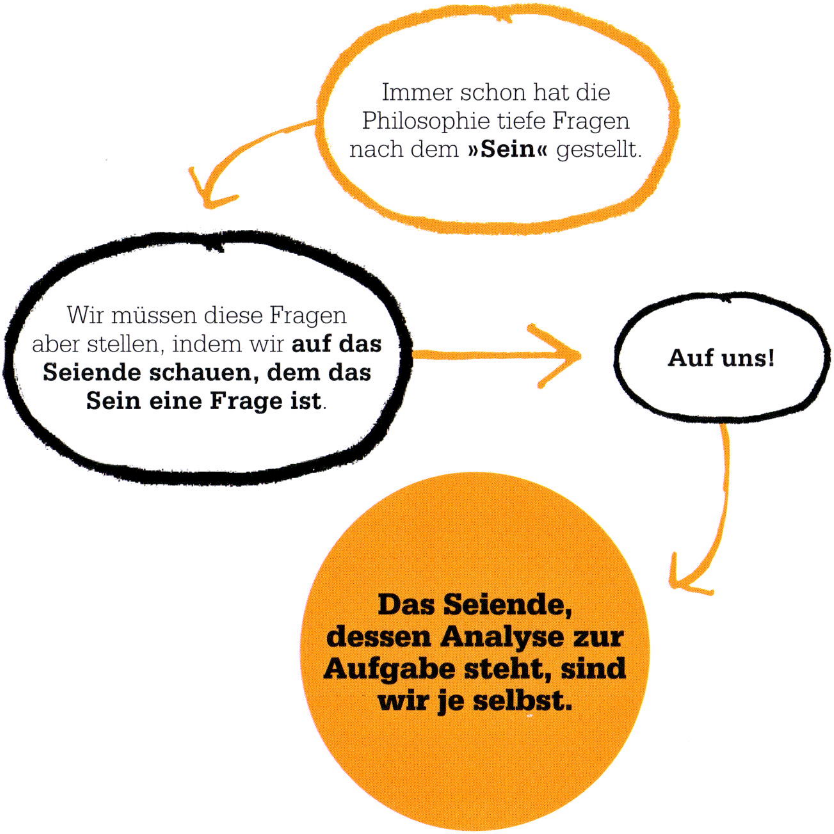

» Die Frage der Existenz ist immer nur durch das Existieren selbst ins Reine zu bringen. «

Martin Heidegger
Sein und Zeit

Diese kuriose Geschichte aus der Frühzeit der Philosophie zeigt, auf welche Schwierigkeiten Philosophen stoßen, wenn sie versuchen, abstrakte und allgemeine Definitionen des Menschen zu geben. Auch ohne Diogenes' Intervention ist klar, dass die Definition »federlose Zweibeiner« nicht ausreicht, um zu beschreiben, was spezifisch menschlich ist.

Eine Insider-Perspektive

Wie also müssen wir vorgehen, wenn wir untersuchen wollen, was spezifisch menschlich ist? Diese Frage beschäftigte den Philosophen Martin Heidegger. Seine Antwort fiel völlig anders aus als die seiner Vorgänger. Anstelle einer abstrakten Definition, die von außen an das menschliche Leben herangetragen wird, versucht er, eine konkrete Analyse des »Daseins« zu liefern, die, wie wir sagen könnten, eine Insider-Position bezieht. Da wir mitten in der Welt leben, können wir versuchen, unsere Existenz von innen, aus der Mitte unseres Lebens heraus, zu verstehen, und sind nicht auf objektivierende Verfahren angewiesen, die es nur zu abstrakten Beschreibungen bringen.

Heidegger war Schüler von Edmund Husserl und arbeitete mit dessen phänomenologischer Methode. Diese setzt bei den Phänomenen (Erscheinungen) an und untersucht die Art und Weise, wie die Dinge in unserer Erfahrung »erscheinen«. Die Phänomenologie stellt nicht die direkte Frage: »Was ist ein Mensch?«, sondern fragt: »Wie ist es, ein Mensch zu sein?«

Die menschliche Existenz

Für Heidegger ist dies die grundlegende Frage der Philosophie. Er war sehr interessiert an der Ontologie, der Lehre vom Sein des Seienden. Eine ontologische Frage ist zum Beispiel: »Was bedeutet es, wenn wir sagen, dass etwas existiert?« Oder: »Welche Arten von Dingen existieren?« Heidegger ging von der Frage aus: »Wie ist es, ein Mensch zu sein?«, um tiefer eindringende Antworten auf die Frage nach der Existenz im Allgemeinen zu finden.

Ontologische Fragen, so Heidegger in *Sein und Zeit*, haben in der Geschichte der Philosophie zumeist nur abstrakte und oberflächliche Antworten gefunden. Wenn wir wissen wollen, was es heißt, dass etwas existiert, müssen wir aus der Perspektive des Seienden fragen, dem das Sein eine Frage ist. Katzen, »

Wir versuchen, der Welt einen Sinn zu geben: Wir schmieden Pläne und übernehmen Aufgaben, die das Leben zu einer Einheit machen. Mensch zu sein heißt Heidegger zufolge, in der Welt zu sein.

Hunde und Giftpilze sind zwar existierende Wesen, Seiende also, aber für sie wird, soweit wir wissen, ihr Sein nicht zur Frage: Sie haben keine ontologischen Sorgen, sie fragen nicht: »Was bedeutet es, wenn wir sagen, dass etwas existiert?« Ein Wesen aber gibt es, das so fragt, und das ist der Mensch. Wenn Heidegger sagt, wir seien die Seienden, die es zu untersuchen gelte, dann will er darauf hinweisen, dass wir, wenn wir nach dem Sein des Seienden fragen, bei uns selbst beginnen und danach fragen müssen, was es für uns bedeutet zu existieren.

Sein und Zeit

Wenn er nach der Bedeutung des Seins fragt, hat Heidegger also keine abstrakten Ideen im Sinn, sondern etwas sehr Direktes und Unmittelbares. Wie auf den ersten Seiten von *Sein und Zeit* ausgeführt, ist die Bedeutung des Seins aufs Engste mit der Zeit verknüpft: Wir sind in erster Linie zeitliche Wesen. Auf einer Flugbahn, die wir uns nicht ausgesucht haben, sind wir in eine Welt hineingeworfen, die vor uns da war und nach uns weiterbestehen wird. Wir geben dieser Welt einen Sinn, indem wir uns einen Zeitvertreib suchen – wir lernen vielleicht Latein, finden die wahre Liebe oder bauen ein Haus. Mit solchen zeitaufwendigen Projekten »entwerfen« wir uns eine mögliche Zukunft: Wir definieren unsere Existenz.

Manchmal werden wir jedoch gewahr, dass es eine Grenze gibt für unsere Entwürfe, einen Punkt, an dem unsere Pläne ein Ende finden, ob sie sich realisieren ließen oder nicht. Dieser Punkt ist der Tod. Heidegger nennt den Tod den äußersten Horizont des Seins. Alles, was wir tun, sehen oder denken können, findet innerhalb dieses Horizonts statt. Über ihn können wir nicht hinausblicken. Heideggers Sprache ist berüchtigt für ihre schwere Verständlichkeit, aber diese liegt zum Teil darin begründet, dass er komplexe philosophische Fragen in einer nicht abstrakten Art und Weise untersuchen und dazu nicht auf Begriffe der metaphysischen Tradition zurückgreifen will. Vielmehr möchte er im Sinne Husserls auf die unverstellte Erfahrung unseres Daseins zugreifen.

> »Und so gilt es denn, die Frage nach dem Sinn von Sein erneut zu stellen.«
>
> **Martin Heidegger**
> *Sein und Zeit*

Die Rede vom Tod als äußerstem Horizont des Daseins bringt zum Ausdruck, wie es ist, Mensch zu sein, und erfasst etwas von dem, was wir sind: eben das, was philosophisch-begriffliche Definitionen – vom »federlosen Zweibeiner« bis zum »zoon politikon« – in der Regel übergehen.

Eigentliches Existieren

Heidegger lehrt uns zu unterscheiden zwischen eigentlicher und uneigentlicher Existenz. Meistens sind wir mit irgendwelchen Arbeiten beschäftigt und denken nicht an den Tod. Sehen wir unser Leben allein in diesem Rahmen, verfehlen wir eine fundamentale Dimension unserer Existenz und leben »uneigentlich«. Wird uns dagegen der Tod als äußerste Grenze unserer Möglichkeiten bewusst, gelangen wir zu einem tieferen Verständnis unserer Existenz.

Wenn etwa ein Freund stirbt, werfen wir vielleicht einen Blick auf unser Leben, der uns sagt, dass die verschiedenen Tätigkeiten und Aufgaben, die uns tagtäglich in Anspruch nehmen, nicht die Bedeutung haben, die wir ihnen gewöhnlich zuschreiben – plötzlich fehlt uns eine wichtige Dimension des Lebens. Und so verändern wir vielleicht unsere Prioritäten und »entwerfen uns« auf eine andere Zukunft hin.

Alles Dasein ist »Sein zum Tode«, aber nur Menschen erfassen dies. Nur wer die Zeitlichkeit seines Daseins begreift, kann ein sinnvolles, authentisches Leben führen.

» Das Sterben ist keine Begebenheit, sondern ein existenzial zu verstehendes Phänomen. «

Martin Heidegger
Sein und Zeit

Eine tiefere Sprache

Auch Heideggers Spätphilosophie beschäftigt sich mit der Frage des Seins, aber auf eine weniger strenge und anstrengende, sondern auf eher poetische und gleichnishafte Art. Philosophie, vermutet er nun, reiche nicht tief genug. Wenn wir der Frage des Seins nachgehen wollen, müssen wir uns der reicheren und tieferen Sprache der Dichtung bedienen.

Heidegger war einer der wichtigsten Philosophen des 20. Jahrhunderts. Seine frühen »fundamentalontologischen« Analysen des »Daseins« hatten großen Einfluss auf Philosophen wie Sartre, Levinas und Gadamer und trugen zur Entstehung des Existenzialismus bei. Sein späteres, eher dichterisches Denken fand bei verschiedenen ökologischen Denkern Anklang, weil es ihrer Meinung nach die Situation des Menschen zum Ausdruck bringt, der sich mit der drohenden Umweltzerstörung konfrontiert sieht. ■

Martin Heidegger

Heidegger gilt als einer der bedeutendsten Philosophen des 20. Jahrhunderts. 1889 in Messkirch im Schwarzwald geboren, wollte er zunächst Priester werden, stieß dann aber auf die Schriften Husserls und entschloss sich zum Studium der Philosophie. Er wurde rasch berühmt für seine originellen und mitreißenden Vorlesungen und erhielt den Spitznamen »der Zauberer von Meßkirch«. Im Jahr 1933 wurde er Rektor der Universität Freiburg und trat auch der NSDAP bei. Wie tief er und sein Denken mit dem Nationalsozialismus verbunden waren, ist bis heute umstritten. Die letzten dreißig Jahre seines Lebens verbrachte er mit Reisen und dem Schreiben, im Gedankenaustausch mit Freunden wie Hannah Arendt oder dem Physiker Werner Heisenberg. Er starb 1976 in Freiburg mit 86 Jahren.

Hauptwerke

1927 *Sein und Zeit*
1936–1946 *Überwindung der Metaphysik*
1955–1956 *Der Satz vom Grund*
1955–1957 *Identität und Differenz*

MORALISCH HAT DAS INDIVIDUUM NUR EINE WAHL: DAS OPFER FÜR DIE GEMEINSCHAFT

TETSURO WATSUJI (1889–1960)

IM KONTEXT

DISZIPLIN
Ethik

LEHRE
Existenzphilosophie

FRÜHER
13. Jh. Der japanische Philosoph Dogen schreibt über das »Vergessen des Selbst«.

Ende 19. Jh. Friedrich Nietzsche schreibt über den Einfluss des »Klimas« auf die Philosophie. Dieser Gedanke wird wichtig für Watsujis Denken.

1927 Heideggers Werk *Sein und Zeit* erscheint, Watsuji rezipiert es im Zusammenhang seiner Idee des »Klimas«.

SPÄTER
Ende 20. Jh. Der japanische Philosoph Yuasa Yasuo entwickelt Watsujis Gemeinschaftsethik weiter.

Tetsuro Watsuji, in der ersten Hälfte des 20. Jahrhunderts einer der führenden Philosophen in Japan, schrieb über die östliche und die westliche Philosophie. Er studierte in Japan und in Europa, und sein Werk gilt als eine schöpferische Synthese der beiden sehr unterschiedlichen Traditionen.

Vergessen des Selbst

Watsujis Beschäftigung mit westlichen Ethiken brachte ihn zu der Überzeugung, dass der Westen individualistische Ansätze zu stark bevorzugc. Seiner Ansicht nach lässt sich das Individuum aber nur als Ausdruck seiner Zeit und seiner sozialen Verhältnisse verstehen, die ein bestimmtes »Klima« schaffen. Er untersucht das Wesen des Menschen unter dem Aspekt seiner Beziehungen zur Gemeinschaft, die ein Netzwerk bildet, innerhalb dessen er existiert. Diesen Zustand nennt Watsuji »Zwischenheit«. Ethik sei keine Sache individuellen Handelns, sondern des Vergessens des Selbst oder seines Opfers zugunsten des Allgemeinwohls.

Watsujis nationalistische Ethik und sein Glaube an die Überlegenheit der japanischen »Rasse« führten dazu, dass er nach dem Krieg an Popularität verlor. Später distanzierte er sich von diesen Ansichten. ■

In einem Akt extremer Loyalität und Selbstverleugnung, den Watsuji *kenshin*, »absolutes Selbstopfer«, nennt, »opferten« sich viele Samurais im Krieg selbst, um den Staat zu retten.

Siehe auch: Søren Kierkegaard 194–195 ▪ Friedrich Nietzsche 214–221 ▪ Nishida Kitaro 342 ▪ Hajime Tanabe 244–245 ▪ Martin Heidegger 252–255

LOGIK IST DER LETZTE WISSENSCHAFTLICHE BESTANDTEIL DER PHILOSOPHIE

RUDOLF CARNAP (1891–1970)

IM KONTEXT

DISZIPLIN
Wissenschaftstheorie

LEHRE
Logischer Positivismus

FRÜHER
1890 Gottlob Frege untersucht die logische Struktur der Sprache.

1921 Ludwig Wittgenstein schreibt, philosophieren heiße, die Grenzen der Sprache zu erkunden.

SPÄTER
1930er-Jahre Karl R. Popper entwickelt das Kriterium der Falsifizierbarkeit von Theorien. Keine noch so große Zahl empirischer Bestätigungen kann beweisen, dass eine Theorie wahr ist, doch ein einziger negativer Befund erbringt den Beweis, dass sie falsch ist.

1960er-Jahre Thomas S. Kuhn untersucht die gesellschaftlichen Dimensionen des Fortschritts der Wissenschaften, er widerlegt Grundannahmen des Logischen Positivismus.

Angesichts der Erfolge der Naturwissenschaften hatte die Philosophie des 20. Jahrhunderts das Problem, eine eigene Rolle zu finden. Vor allem das beschäftigte Rudolf Carnap in seinem Aufsatz »Die physikalische Sprache als Universalsprache der Wissenschaft« (1931/32). Die Aufgabe der Philosophie und damit ihr Beitrag zur Wissenschaft ist, sagt Carnap, die logische Untersuchung und Klärung von wissenschaftlichen Begriffen. Viele der scheinbar tiefen philosophischen Probleme – wie metaphysische – seien sinnlos, weil sie durch Erfahrung weder zu lösen noch zu widerlegen seien. Er nennt sie »Scheinprobleme«, die allein durch logische Unklarheiten im Sprachgebrauch entstehen.

Logische Sprache

Der Logische Positivismus akzeptiert als wahr nur strikt logische Aussagen, die empirisch verifiziert werden können. Carnap sieht die einzige Aufgabe der Philosophie in der logischen Analyse der Sprache – um sinnlose Fragen aufzudecken und auszuschalten – und im Auffinden von Wegen, um klare und eindeutige wissenschaftliche Aussagen treffen zu können.

Andere, zum Beispiel Willard Van Orman Quine und Karl R. Popper, haben gegen Carnap eingewandt, seine Standards für sinnvolle Aussagen seien zu streng und beruhten auf einem idealisierten Bild der wissenschaftlichen Praxis. Carnaps Mahnung aber, die Sprache könne uns verführen, Probleme zu sehen, wo keine sind, hat an Bedeutung nicht verloren. ■

» In der Logik gibt es keine Moral. «

Rudolf Carnap
Logische Syntax der Sprache

Siehe auch: Gottlob Frege 342 ▪ Ludwig Wittgenstein 246–251 ▪ Karl R. Popper 262–265 ▪ Willard Van Orman Quine 278–279 ▪ Thomas S. Kuhn 293

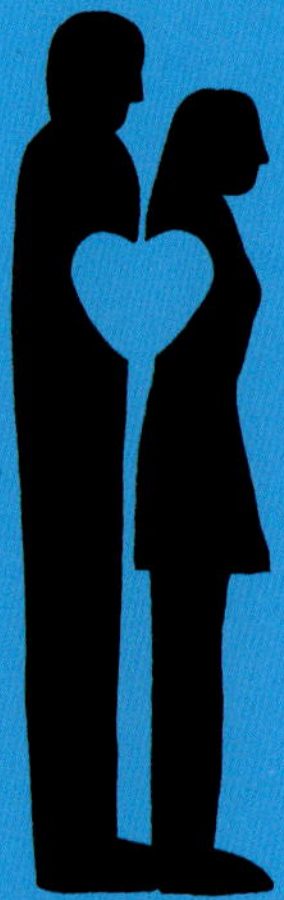

EINEN MENSCHEN KENNT EINZIG NUR DER, WELCHER OHNE HOFFNUNG IHN LIEBT

WALTER BENJAMIN (1892–1940)

IM KONTEXT

DISZIPLIN
Geschichtsphilosophie

LEHRE
Nähe zur Frankfurter Schule

FRÜHER
um 380 v. Chr. Platons *Symposion* gilt als erstes philosophisches Werk über die Liebe.

1863 Der französische Schriftsteller Charles Baudelaire macht den *flaneur* (»Stadtbummler«) zum Leitbild.

SPÄTER
1955 Guy Debord begründet die Psychogeografie, die die Auswirkungen geografischer Verhältnisse auf Gefühle und Verhalten untersucht.

1972 Der italienische Autor Italo Calvino erkundet in *Die unsichtbaren Städte* das Verhältnis zwischen Städten und Zeichen.

Walter Benjamin versuchte – in enger Verbindung zur Frankfurter Schule, einer Gruppe neomarxistischer Gesellschaftstheoretiker –, in der Massenkultur nicht nur Figuren des »falschen Bewusstseins« zu entziffern, sondern auch Augenblicke festzuhalten, in denen Erfahrungen aufblitzen, die dieses Bewusstsein sprengen. Insofern interessierten ihn Techniken des Films und der Literatur. Sein Werk *Einbahnstraße* ist ein Versuch über die Möglichkeiten unwillkürlicher Erfahrung und literarischer Konstruktion. Die Texte mäandern wie ein Flaneur, der imaginäre Straßen entlanggeht. Ziel ist keine Theorie der Erfahrung, eher die Konfrontation des Lesers mit deren Praxis, mit Überraschung und Schock. Gegen Ende der Sammlung heißt es: »Zitate in meiner Arbeit sind wie Räuber am Weg, die bewaffnet hervorbrechen und dem Müßiggänger die Überzeugung abnehmen.«

> »Die Konstruktion des Lebens liegt im Augenblick weit mehr in der Gewalt von Fakten als von Überzeugungen.«
>
> **Walter Benjamin**
> *Einbahnstraße*

Liebe unter der Lampe

An anderer Stelle, unter der Überschrift »Bogenlampe«, taucht der Gedanke des Kennenlernens durch Liebe ohne Hoffnung auf. Im Schein der Lampe hält Benjamin inne und hat nur diesen Gedanken, nichts weiter – unmittelbar danach ein Gedankensplitter. Der Leser muss erraten, was der Autor meint. Will er sagen, dass Erkenntnis aus der Liebe entsteht? Oder dass wir nur, wenn wir ohne Erwartung schauen, die geliebte Person in voller Klarheit sehen? Wir können nur das Licht seines Gedankens auf uns wirken lassen. ■

Siehe auch: Platon 50–55 ▪ Karl Marx 196–203 ▪ Theodor W. Adorno 266–267 ▪ Roland Barthes 290–291

DAS, WAS IST, KANN NICHT WAHR SEIN

HERBERT MARCUSE (1898–1979)

IM KONTEXT

DISZIPLIN
Politische Philosophie

LEHRE
Frankfurter Schule

FRÜHER
1821 Georg W. F. Hegel schreibt in *Grundlinien der Philosophie des Rechts*: Was wirklich ist, ist vernünftig, und was vernünftig ist, ist wirklich.

1867 Karl Marx veröffentlicht den ersten Band seines Werks *Das Kapital*, in dem er die »Bewegungsgesetze« von kapitalistischen Gesellschaften, die für die Ausbeutung eines Teils ihrer Mitglieder verantwortlich sind, darstellt.

1940er-Jahre Martin Heidegger beschäftigt sich mit den Problemen der Technik.

SPÄTER
2000 Slavoj Žižek untersucht das Verhältnis von Technik, kapitalistischer Gesellschaft und Totalitarismus.

Auf den ersten Blick erscheint uns Marcuses Behauptung, »das, was ist«, könne nicht wahr sein, vielleicht irrational. Wenn das, was ist, nicht wahr sein kann, was dann? Aber dieser Gedanke, das Leitmotiv von Marcuses 1941 erschienenem Buch *Vernunft und Revolution*, ist die Umkehrung der Hegel'schen These, nach der das, was wirklich ist, auch vernünftig ist, und das, was vernünftig ist, auch wirklich.

Marcuse hält diese These für gefährlich: Sie leiste der Annahme Vorschub, dass das, was aktuell der Fall ist – die kapitalistische Gesellschaft – notwendigerweise vernünftig sei. Es könnte, sagt Marcuse, das, was wir für vernünftig halten, viel unvernünftiger sein, als wir zugeben wollen.

Subversive Vernunft

Marcuse steht den kapitalistischen Gesellschaften mit ihrer »schrecklichen Harmonie zwischen Freiheit und Unterdrückung, Produktivität und Destruktivität, Wachstum und Regression« äußerst kritisch gegenüber. Wir gehen, sagt er, davon aus, dass die Gesellschaften, in denen wir leben, auf Vernunft und Gerechtigkeit gegründet sind. Bei näherem Hinsehen aber können wir feststellen, dass sie weder so gerecht noch so vernünftig sind, wie sie selbst behaupten und wir annehmen.

Marcuse will nicht die Vernunft herabsetzen, sondern ihren subversiven Charakter hervorheben: Wir sollen sie gebrauchen, um die bestehende Gesellschaftsordnung in Frage zu stellen. ■

Schicke Autos sind Konsumgüter, die wir benutzen, um uns Anerkennung zu verschaffen. Wir hängen unser Herz daran und werden zu »Anhängseln« der Dinge, die wir herstellen.

Siehe auch: Georg Wilhelm Friedrich Hegel 178–185 ▪ Karl Marx 196–203 ▪ Martin Heidegger 252–255 ▪ Slavoj Žižek 332

DIE GESCHICHTE GEHÖRT NICHT UNS, SONDERN WIR GEHÖREN IHR

HANS-GEORG GADAMER (1900–2002)

IM KONTEXT

DISZIPLIN
Geschichtsphilosophie

LEHRE
Hermeneutik

FRÜHER

Anfang 19. Jh. Friedrich Schleiermacher begründet die Hermeneutik.

1890er-Jahre Nach Wilhelm Dilthey spielen sich Interpretationen in einem »hermeneutischen Zirkel« ab.

1927 Martin Heidegger gibt mit *Sein und Zeit* eine Deutung des Daseins.

SPÄTER

1979 Richard Rorty verwendet in *Philosophie und der Spiegel der Natur* einen hermeneutischen Ansatz.

1983–1985 Paul Ricœur untersucht in *Zeit und Erzählung*, wie »erlebte Zeit« in Erzählungen dargestellt wird.

Gadamer ist ein Vertreter der philosophischen »Hermeneutik«, die sich mit den Methoden und Wegen befasst, mit denen wir alltäglich unsere Lebenswelt »deuten« oder »verstehen«.

Studiert hat Gadamer bei Heidegger, der die Deutung unserer Existenz zur Aufgabe der Philosophie erklärt hat. Durch das deutende Verfahren vertiefen wir unser Verständnis der Wirklichkeit, gehen dabei notwendig von dem aus, was wir bereits wissen. Wie man ein Gedicht interpretiert, das man aufgrund des »Vorverständnisses«, welches man von dessen Gegenstand hat, zu verstehen sucht. An fremden oder überraschenden Stellen muss das Verstehen unter Umständen tiefer ansetzen. Durch die Interpretation einzelner Verse kann sich der Sinn des ganzen Gedichts ändern, dadurch wiederum der Sinn des Verses. Dieser Vorgang wird als »hermeneutischer Zirkel« bezeichnet.

Heideggers Denken bewegte sich in dieser zirkulären Form. Den gleichen Ansatz legte Gadamer seinem Hauptwerk *Wahrheit und*

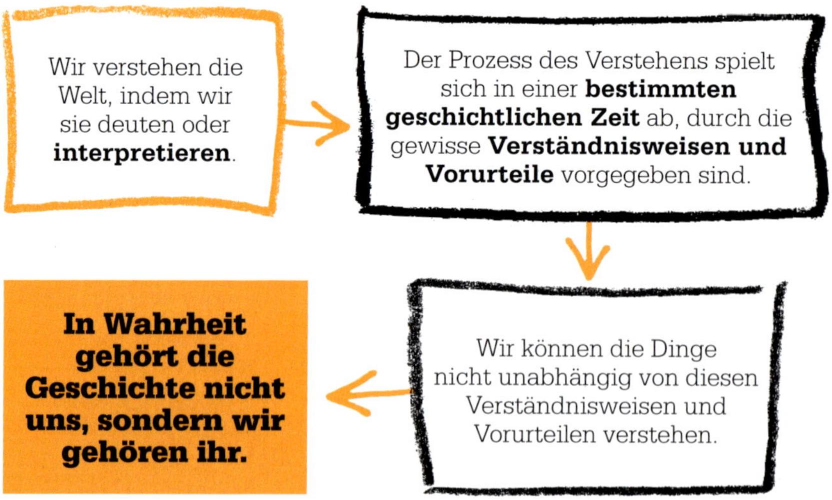

Siehe auch: Immanuel Kant 164–171 ▪ Georg Wilhelm Friedrich Hegel 178–185 ▪ Martin Heidegger 252–255 ▪ Jürgen Habermas 310–311 ▪ Jacques Derrida 312–317 ▪ Richard Rorty 318–323

Im Umgang mit historischen Gegenständen ist die Zeit keine Kluft, die es zu überbrücken gilt. Der Zeitabstand ist durch die Kontinuität der Tradition ausgefüllt, die unser Verständnis anleitet.

Methode zugrunde. Unser Verständnis, so sagt er im Anschluss an Heidegger, ist immer von einem bestimmten Punkt in der Geschichte abhängig. Unsere Vorurteile und Überzeugungen, die Fragen, die zu stellen sich lohnt, die Antworten, die uns befriedigen – sie sind alle Produkte unserer Geschichte. Wir können uns nicht außerhalb von Geschichte und Kultur stellen, können darum auch keine absolut objektive Perspektive einnehmen.

Doch sollten wir die durch Tradition vorgegebene Vorurteilsstruktur, der wir unterworfen sind, nicht als ein Übel betrachten. Sie bildet den notwendigen Ausgangspunkt für unser gegenwärtiges Verstehen und für Erklärungen, die uns sinnvoll erscheinen oder nicht. Selbst wenn es möglich wäre, uns von allen Vorurteilen zu befreien, hätten wir keine Klarheit. Ohne Interpretationsrahmen könnten wir überhaupt nichts sehen.

Gespräch mit der Geschichte

Unser Leben und uns selbst zu verstehen, heißt für Gadamer, mit der Geschichte im »Gespräch« zu sein. Wenn wir historische Texte lesen, die Jahrhunderte alt sind, helfen uns die unterschiedlichen Traditionen und Auffassungen, unsere eigenen kulturellen Normen und Vorurteile und die Besonderheiten unserer Lebensverhältnisse besser zu verstehen. Lese ich einen Text von Platon, vertiefe ich unter Umständen nicht nur mein Verständnis seines Denkens, sondern auch das meiner eigenen Situation. Nicht nur lese ich Platon, er liest auch mich. Durch diesen Dialog oder, wie Gadamer sagt, durch diese »Horizontverschmelzung«, vertiefe und bereichere ich mein Verständnis der Welt. ▪

» Indem [ein Erlebnis] selbst im Lebensganzen darin ist, ist auch in ihm das Ganze gegenwärtig. «

Hans-Georg Gadamer
Wahrheit und Methode

Hans-Georg Gadamer

Gadamer wurde 1900 in Marburg geboren und verbrachte Kindheit und Jugend in Breslau. Er studierte erst in Breslau, später in Marburg Philosophie, wo er bei Martin Heidegger, der einen großen Einfluss auf ihn hatte, eine zweite Dissertation vorlegte. 1937 wurde er Professor in Marburg, zwei Jahre später in Leipzig. Obwohl er dem frühen Nationalsozialismus noch kritisch gegenübergestanden hatte, beteiligte er sich an NS-Projekten. 1949 folgte er Karl Jaspers in Heidelberg nach.

Als *Wahrheit und Methode* erschien, war er 60 Jahre alt. Mit seinem Nachweis, dass nicht nur die Naturwissenschaften Anspruch auf gesicherte Wahrheit erheben dürfen, wurde er international bekannt. Unternehmungslustig, wie er war, blieb er bis zu seinem Tod im Alter von 102 Jahren in Heidelberg aktiv.

Hauptwerke

1960 *Wahrheit und Methode*
1976 *Philosophische Hermeneutik*
1980 *Dialog und Dialektik*
1981 *Vernunft im Zeitalter der Wissenschaft*

INSOFERN SICH DIE SÄTZE EINER WISSENSCHAFT AUF DIE WIRKLICHKEIT BEZIEHEN, MÜSSEN SIE FALSIFIZIERBAR SEIN

KARL R. POPPER (1902–1994)

IM KONTEXT

DISZIPLIN
Wissenschaftstheorie

LEHRE
Analytische Philosophie

FRÜHER
4. Jh. v. Chr. Aristoteles hebt die Bedeutung des Beobachtens und Messens für unser Weltverständnis hervor.

1620 Francis Bacon stellt in *Novum Organon* die induktive Methode der Wissenschaft dar.

1748 David Hume diskutiert in *Untersuchung über den menschlichen Verstand* die Probleme der Induktion.

SPÄTER
1962 Thomas S. Kuhn kritisiert Popper in *Die Struktur wissenschaftlicher Revolutionen*.

1978 Paul Feyerabend stellt in *Wider den Methodenzwang* die Vorstellung von wissenschaftlichen Methoden generell in Frage.

Wir denken oft, die Wissenschaft arbeite mit »Beweisen« und eine brauchbare wissenschaftliche Theorie zeichne sich dadurch aus, dass sich ihre Wahrheit lückenlos beweisen ließe. Karl R. Popper widerspricht dem. Was eine Theorie zur Wissenschaft macht, sagt er, ist, dass sie empirisch widerlegt oder falsifiziert werden kann.

Popper wollte herausfinden, mit welcher Methode die Wissenschaft verlässliche Erkenntnisse hervorbringen kann. Die Wissenschaft ist generell auf Experiment und Erfahrung angewiesen, und wenn sie Erfolg haben will, muss sie sich auf das konzentrieren, was

Siehe auch: Sokrates 46–49 ▪ Aristoteles 56–63 ▪ Francis Bacon 110–111 ▪ David Hume 148–153 ▪ Rudolf Carnap 257 ▪ Thomas S. Kuhn 293 ▪ Paul Feyerabend 297

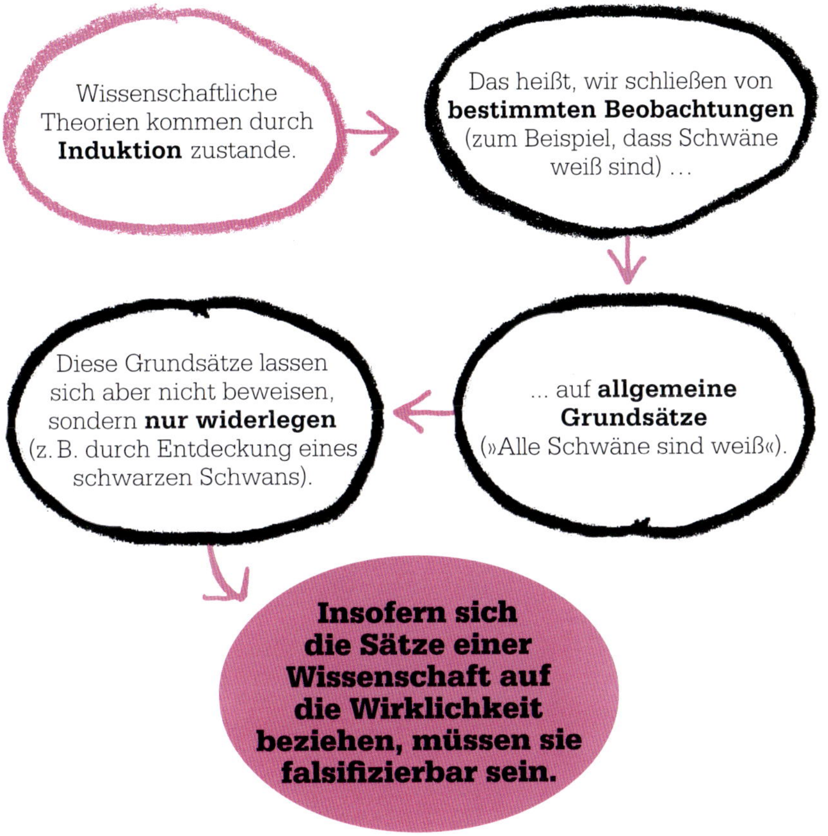

Schwarze Schwäne wurden von Europäern im 17. Jahrhundert entdeckt. Damit war die Annahme falsifiziert, alle Schwäne seien weiß, was bis dahin als allgemeingültig angesehen worden war.

Hume die »Regelmäßigkeiten« der Natur nennt – darauf, dass sich Ereignisse in bestimmten Mustern und Folgen entfalten, die systematisch erforscht werden können. Wissenschaft verfährt empirisch oder beruht auf Erfahrung. Um zu verstehen, wie sie arbeitet, müssen wir untersuchen, wie Erfahrung im Allgemeinen zu Wissen führt.

Nehmen wir folgende Aussage: »Wenn du einen Tennisball aus dem Fenster des zweiten Stocks wirfst, wird er zu Boden fallen.« Wenn nichts Unvorhergesehenes dazwischenkommt (zum Beispiel ein Adler, der sich den Ball schnappt), können wir ziemlich sicher sein, dass die Voraussage zutrifft. Wir fänden es merkwürdig, wenn jemand sagte: »Halt, bist du sicher, dass er zu Boden fällt?« Wie aber können wir wissen, dass es so sein wird, wenn wir den Ball fallen lassen? Welche Art von Wissen ist das? Die kurze Antwort: Wir wissen, dass der Ball zu Boden fallen wird, weil er das immer tut. Niemand hat je erlebt, dass ein Tennisball, losgelassen, nach oben fliegt. Wir wissen, dass er nach unten fällt, weil uns die Erfahrung gelehrt hat, dass es so sein wird. Und wir können nicht nur sicher sein, dass der Ball nach unten fallen wird, sondern wissen auch, wie er fallen wird. Wenn wir die Schwerkraft und die Höhe des Fensters kennen, können wir die Geschwindigkeit berechnen, mit der der Ball zu Boden saust. Nichts an diesem Ereignis ist geheimnisvoll. Dennoch, die Frage bleibt: Können wir sicher sein, dass der Ball, wenn wir ihn wieder aus dem Fenster werfen, zu Boden fallen wird? So oft wir das Experiment wiederholen, so sicher wir über das Ergebnis sein mögen, wir können nicht beweisen, dass das Resultat immer das gleiche sein wird.

Induktive Schlüsse

Dass empirische Regelmäßigkeiten nicht mit absoluter Sicherheit für die Zukunft gelten, nennt man das Induktionsproblem, das Hume als Erster erkannt hat. Induktion ist der Schritt von der Beobachtung von Tatsachen zu allgemeinen Schlussfolgerungen. Wir erwarten, dass der Ball, den wir aus dem Fenster werfen, zu Boden fällt, weil wir, zumindest nach Ansicht Humes, unzählige Male erlebt haben, dass Bälle zu Boden fallen, wenn man sie loslässt. »

Deduktive Schlüsse

Ein anderes Verfahren ist der deduktive Schluss. Während Induktion der Schritt vom besonderen Fall zur allgemeinen Regel ist, bewegt sich der deduktive Schluss von der allgemeinen Regel zum besonderen Fall. Nehmen wir ein Beispiel eines deduktiven Schlusses und gehen dabei von zwei Prämissen oder Voraussetzungen aus: »Wenn dieses Ding ein Apfel ist, dann ist es eine Frucht (weil alle Äpfel Früchte sind)«, und: »Dies ist ein Apfel.« Aufgrund dieser Prämissen führt die Aussage: »Dieses Ding ist ein Apfel« notwendig zu dem Schluss: »Es ist eine Frucht.«

Unter Philosophen ist es üblich, deduktive Argumente zu vereinfachen, indem sie durch Zeichen dargestellt werden. Die allgemeine Form unseres Schlusses wäre: »Wenn P, dann Q; P ist, also ist Q.« In unserem Beispiel steht »P« für »Dieses Ding ist ein Apfel« und »Q« für »Es ist eine Frucht«. Nach unseren Prämissen »Wenn P, dann Q« und »P«, ist der Schluss »Q« unumgänglich oder notwendig wahr. Ein anderes Beispiel wäre: »Wenn es regnet, wird die Katze miauen (weil alle Katzen bei Regen miauen). Es regnet, also wird die Katze miauen.«

Aussagen dieser Art werden als gültig betrachtet, weil sie unumgänglich aus ihren Prämissen folgen. Dass eine Schlussfolgerung stimmt, heißt jedoch nicht, dass die Schlüsse, die man gezogen hat, ebenfalls wahr sind. Der Schluss zum Beispiel: »Wenn das eine Katze ist, dann riecht sie nach Bananen; dies ist eine Katze, also riecht sie nach Bananen« ist gültig, weil er eine gültige Form hat. Aber die Schlussfolgerung ist falsch. Die Prämisse »Wenn das eine Katze ist, dann riecht sie nach Bananen« ist problematisch, weil Katzen, zumindest in unserer Welt, nicht nach Bananen riechen. Weil also die Prämisse falsch ist, ist – trotz gültigem Schluss – auch die Folgerung falsch. Es mag andere Welten geben, in denen Katzen tatsächlich nach Bananen riechen, daher ist die Aussage, »Katzen riechen nicht nach Bananen« zufällig und nicht notwendig oder logisch wahr. Denn das hieße, dass sie auf alle möglichen Welten zutrifft. Dennoch sind Aussagen, die gültig sind und wahre Prämissen haben, »fehlerfreie« Aussagen. Die Aussage, Katzen riechen nach Bananen, ist, wie wir gesehen haben, gültig, aber

> »Jede Lösung eines Problems schafft neue, ungelöste Probleme.«
>
> **Karl R. Popper**
> *Erkenntnis ohne Autorität*

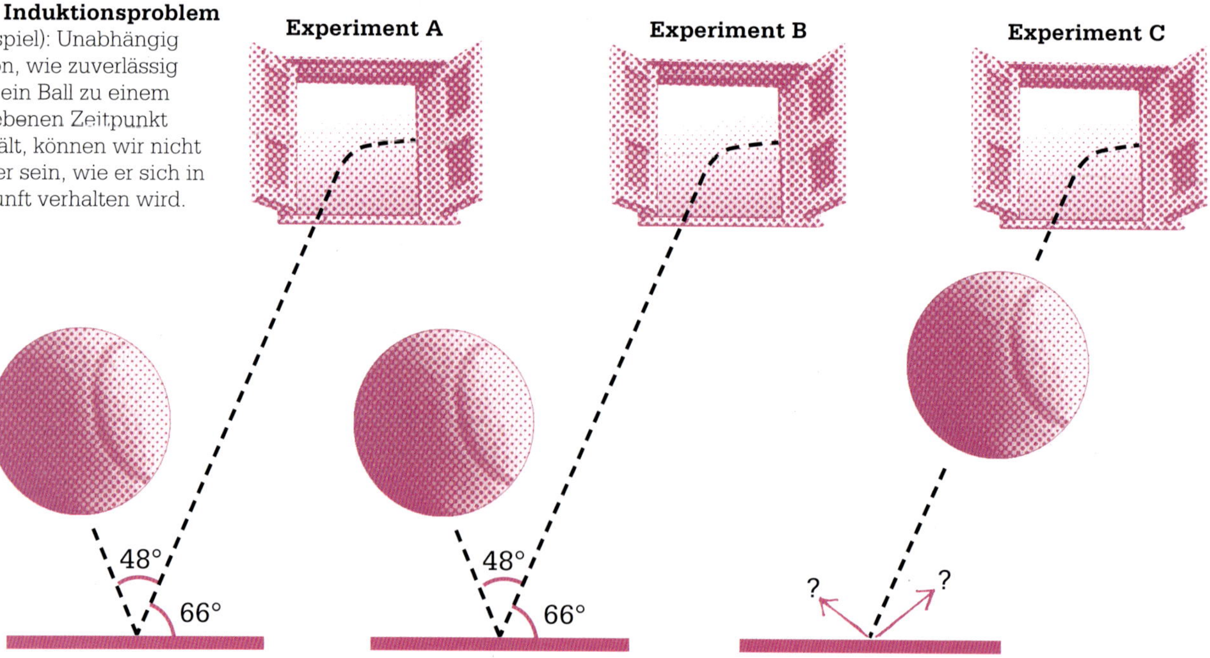

Das Induktionsproblem (Beispiel): Unabhängig davon, wie zuverlässig sich ein Ball zu einem gegebenen Zeitpunkt verhält, können wir nicht sicher sein, wie er sich in Zukunft verhalten wird.

» Man kann die Naturwissenschaft als die Kunst der systematischen Vereinfachung beschreiben. «

Karl R. Popper
Das offene Universum

nicht fehlerfrei, die Aussage über Äpfel und Früchte dagegen ist gültig und fehlerfrei.

Falsifizierbarkeit

Mit deduktiven Aussagen ist es wie mit Computerprogrammen – die Schlüsse, zu denen sie gelangen, sind nur so brauchbar wie die eingegebenen Daten. Deduktives Argumentieren spielt in den Wissenschaften eine große Rolle, aber es allein sagt über die Wirklichkeit nichts aus. Man kann sagen: »Wenn dies der Fall ist, dann ist das der Fall.« Aber wenn man so argumentiert, ist man für seine Prämissen immer noch auf Induktionen angewiesen, das Induktionsproblem bleibt also bestehen.

Aus diesem Grund, sagt Popper, lassen sich Theorien nicht beweisen. Was eine Theorie zur Wissenschaft macht, ist nicht, dass sie beweisbar ist, sondern dass sie überprüft werden und sich als falsch erweisen kann. Mit anderen Worten: Eine falsifizierbare Theorie ist nicht falsch, sondern eine Theorie, die durch Beobachtung als falsch erwiesen, »falsifiziert« werden kann.

Nicht überprüfbare Theorien (zum Beispiel: Gott erschuf die Welt) sind naturwissenschaftlich irrelevant. Das heißt nicht, dass sie wertlos sind, sondern nur, dass sie nicht zu der Art von Theorien gehören, mit denen es Naturwissenschaften zu tun haben. Der Gedanke der Falsifizierbarkeit bedeutet nicht, dass wir zu Unrecht an Theorien glauben, die nicht falsifizierbar sind. Annahmen, die falsifizierbar sind und entsprechenden Überprüfungen standhalten, können als verlässlich betrachtet werden. Aber selbst die besten dieser Theorien können sich durch eine neue Beobachtung als falsch erweisen.

Natürlich ist auch Poppers Theorie kritisiert worden. Von wissenschaftlicher Seite wurde eingewandt, er habe ein idealisiertes Bild von wissenschaftlicher Arbeit, sie vollziehe sich ganz anders, als er sich das vorstelle. Trotzdem wird sein Kriterium der Falsifizierbarkeit immer noch genutzt, um zwischen wissenschaftlichen und nichtwissenschaftlichen Behauptungen zu unterscheiden. Popper bleibt einer der bedeutendsten Wissenschaftstheoretiker des 20. Jahrhunderts. ■

Experimente können zeigen, dass bestimmte Erscheinungen in der Natur zuverlässig auf andere folgen. Kein Experiment aber, sagt Popper, kann eine Theorie verifizieren oder auch nur zeigen, dass sie wahrscheinlich ist.

Karl R. Popper

Popper wurde 1902 in Wien geboren. Seine Eltern gehörten dem gebildeten Bürgertum an, sie waren 1900 vom Judentum zum Protestantismus konvertiert. Popper studierte in Wien Philosophie und arbeitete dann sechs Jahre als Lehrer. In dieser Zeit schrieb er *Die Logik der Forschung*, das Werk, mit dem er zu einem der bedeutendsten Wissenschaftstheoretiker wurde. 1937 emigrierte er nach Neuseeland. Dort blieb er bis Kriegsende und arbeitete an seiner Totalitarismusstudie *Die offene Gesellschaft und ihre Feinde*. 1946 ging er nach England, lehrte zunächst an der London School of Economics, dann an der Londoner Universität. 1965 wurde er in den Adelsstand erhoben. Vier Jahre später ging er in den Ruhestand, schrieb und veröffentlichte jedoch bis zu seinem Tod im Jahr 1994.

Hauptwerke

1934 *Die Logik der Forschung*
1945 *Die offene Gesellschaft und ihre Feinde*
1957 *Die Armut des Historizismus*
1963 *Vermutungen und Widerlegungen*

INTELLIGENZ IST EINE MORALISCHE KATEGORIE

THEODOR W. ADORNO (1903–1969)

IM KONTEXT

DISZIPLIN
Ethik

LEHRE
Kritische Theorie, Frankfurter Schule

FRÜHER
1. Jh. n. Chr. Paulus prägt die Formel des »Narren um Christi willen«.

500–1450 Die Idee des »heiligen Narren«, der eine alternative Weltsicht repräsentiert, ist das ganze Mittelalter hindurch verbreitet.

20. Jh. Der Aufstieg der Massenmedien wirft neue ethische Fragen auf.

SPÄTER
1994 Der Neurowissenschaftler Antonio Damasio veröffentlicht *Descartes' Irrtum: Fühlen, Denken und das menschliche Gehirn*.

21. Jh. Slavoj Žižek untersucht die politischen, gesellschaftlichen und ethischen Dimensionen der Massenkultur.

Die Idee des heiligen Narren geht in ihrer Tradition zurück auf den Korinther-Brief des Apostels Paulus, in dem er seine Anhänger auffordert, »Narren um Christi willen« zu sein. Im Mittelalter wurde daraus die populäre Figur des Weisen, der närrisch, aber moralisch gut und rein ist.

Dem hält Theodor W. Adorno in den *Minima Moralia* – seinen *Reflexionen aus dem beschädigten Leben*, die im Exil während Krieg und Holocaust entstanden –, entgegen, dass Güte unser Fühlen und Denken ungeteilt verlange. Die Vorstellung vom heiligen Narren sei insofern problematisch, als sie das Denken vom Gefühl abspalte. Unsere Urteilsfähigkeit aber bemesse sich daran, ob es gelinge, Fühlen und Denken in Übereinstimmung zu bringen. Denn die Bereitschaft, Böses zu tun, gehe auf einen Mangel nicht nur an Gefühl, sondern auch an Intelligenz und Einsicht zurück.

Adorno gehörte zur später sogenannten Frankfurter Schule, einer Gruppe kritischer Gesellschaftstheoretiker, die unter dem Eindruck des Faschismus erforschten, wie

Siehe auch: René Descartes 116–123 ▪ Georg Wilhelm Friedrich Hegel 178–185 ▪ Karl Marx 196–203 ▪ Slavoj Žižek 332

die Entwicklung des Kapitalismus das gesellschaftliche Leben und mit ihm individuelle Erfahrung beschädigt. Die neuen Techniken der Massenkommunikation, Werbung, Radio, Film und Fernsehen, prägen Denken und Fühlen nicht nur von außen (gemäß der marxistischen Mechanik des »Das Sein bestimmt das Bewusstsein«), sondern formieren sie von innen, unter anderem, indem sie Gefühl und Verstand trennen. Darum, sagt Adorno, ist Arglosigkeit töricht und wer das Richtige tun will, braucht kritisches Bewusstsein. In ihm sind beide, Verstand und Gefühl, aktiv. In der bewussten Weigerung, sich einzureihen in den allgemeinen Tanz ums goldene Kalb, im Willen, standzuhalten und sich nicht betrügen zu lassen, meldet das Gefühl seine Ansprüche an.

Gefühle sind kritisch

Dem Bild des heiligen Narren ist nicht zu trauen, so wenig wie umgekehrt dem Verstand allein. Die Gefühle, zuletzt die Wünsche selbst, müssen intelligent werden, sich als das Andere des Denkens begreifen, ihre Empfindlichkeit gegen jede falsche oder schale Befriedigung

»Intelligenz, als Kraft des Urteils, widersetzt sich in dessen Vollzug dem je Vorgegebenen. … Urteilskraft misst sich an der Festigkeit des Ichs. … der Wille standzuhalten ist ein Sinnesimplikat der Logik.«

Theodor W. Adorno
Minima Moralia

»Lichtspiele und Rundfunk brauchen sich nicht mehr als Kunst auszugeben«, sagt Adorno. »… dass sie nichts sind als Geschäft, verwenden sie als Ideologie, die den Schund legitimieren soll, den sie vorsätzlich produzieren.«

bis zu einem Urteil treiben und sich insofern einmischen.

Würde aus dem Denken die letzte Spur von Gefühlen getilgt, schreibt Adorno, hätten wir nichts mehr, was dem Denken Anstoß ist; die letzte Spur des Gefühls »Etwas fehlt« wäre verwischt. Denken, das sich (wie der Positivismus) aus Furcht vor dem Irrtum dem Drängen der Gefühle verweigert, hat, so Adorno, einen ebenso entmenschlichenden Effekt wie die Massenkultur, die auf Gefühlsbetrug setzt.

Überraschenderweise ist es gerade die aktuelle Naturwissenschaft, die Adornos Kritik an der Trennung von Verstand und Gefühl recht gibt. Seit den 1990er-Jahren untersuchen Wissenschaftler wie Antonio Damasio Gefühle und Gehirn und finden immer mehr Hinweise darauf, dass es Gefühle sind, die unsere Entscheidungsprozesse anleiten. Um also zu klugen Urteilen zu kommen oder überhaupt urteilsfähig zu sein, müssen wir sowohl von unseren Gefühlen wie von unserer Intelligenz Gebrauch machen. ▪

Theodor W. Adorno

Adorno wurde 1903 als Theodor Ludwig Wiesengrund in Frankfurt am Main geboren. Mutter und Tante, beide Musikerinnen, weckten sein Interesse für Musik, Literatur und Philosophie. Er promovierte 1924 über Edmund Husserl, lernte Max Horkheimer und Walter Benjamin kennen, arbeitete als Musikkritiker und studierte 1925 bei Alban Berg in Wien. Georg Lukács beeinflusste seine Marx-Lektüre. 1931 habilitierte Adorno sich über Kierkegaard. In seiner Antrittsvorlesung kritisierte er Hegels Begriff der Totalität und grenzte sich von Heidegger und vom Positivismus ab. 1938 emigrierte er mit dem Institut für Sozialforschung nach New York, arbeitete ab 1941 mit Horkheimer in Los Angeles, die *Dialektik der Aufklärung* entstand. 1949, wieder in Frankfurt, lehrte er Philosophie und Soziologie und arbeitete am Institut für Sozialforschung. Er starb 1969.

Hauptwerke

1949 *Philosophie der neuen Musik*
1951 *Minima Moralia*
1966 *Negative Dialektik*
1970 *Ästhetische Theorie*

DIE EXISTENZ GEHT DER ESSENZ VORAUS

JEAN-PAUL SARTRE (1905–1980)

IM KONTEXT

DISZIPLIN
Ethik

LEHRE
Existenzialismus

FRÜHER
4. Jh. v. Chr. Aristoteles fragt: »Wie sollen wir leben?«

1843 Søren Kierkegaard untersucht in *Entweder/Oder*, welche Rolle das Sich-Entscheiden für unser Leben spielt.

1920er-Jahre Martin Heidegger erkundet das Verhältnis, in dem wir zu unserer Existenz stehen.

ETWA ZUR GLEICHEN ZEIT
1940er-Jahre Simone de Beauvoir veröffentlicht ihre existenzialistischen Romane *Sie kam und blieb*, *Das Blut der anderen* und *Alle Menschen sind sterblich* sowie die existenzialistische Studie *Das andere Geschlecht*, die später zum Klassiker des Feminismus wird.

Seit ältesten Zeiten will die Philosophie Antworten auf die Frage finden, was es bedeutet, Mensch zu sein, und was ihn von anderen Lebewesen unterscheidet. Dabei wird unterstellt, es gebe so etwas wie eine menschliche Natur, ein allgemeines Wesen, die »Essenz« des Menschlichen, die immer und überall die gleiche und in jedem einzelnen Menschen vorhanden sei. Nach dieser Auffassung besitzen alle Menschen, unter welchen Bedingungen sie auch leben mögen, die gleichen grundlegenden Eigenschaften und folgen den gleichen Grundwerten. Sieht man den Menschen in dieser Weise, so widerspricht Jean-Paul

Siehe auch: Aristoteles 56–63 ▪ Søren Kierkegaard 194–195 ▪ Martin Heidegger 252–255 ▪ Simone de Beauvoir 276–277 ▪ Albert Camus 284–285

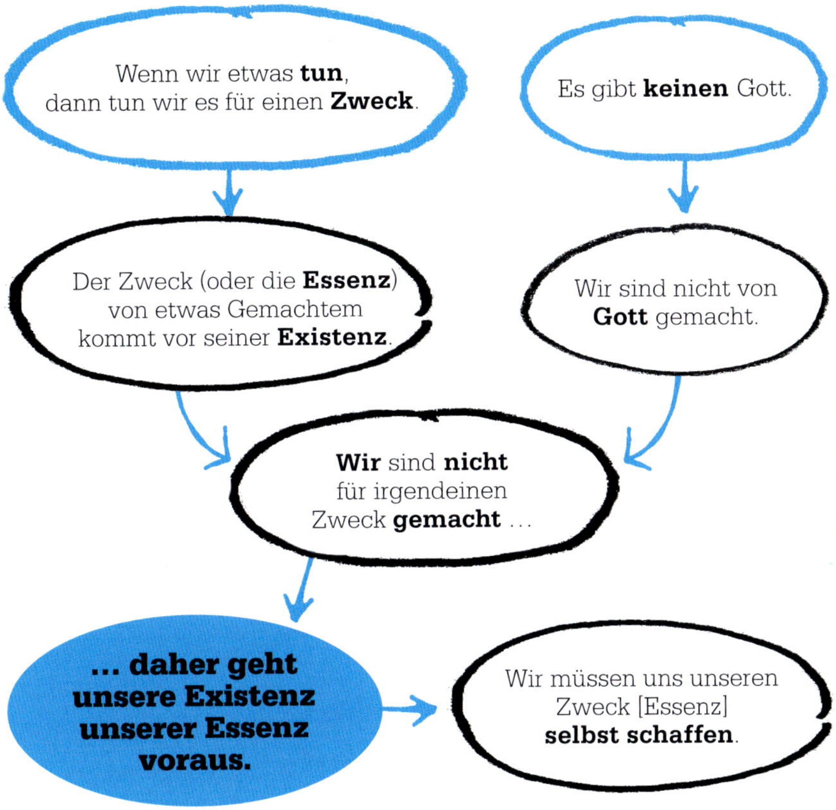

Sartre, übersieht man leicht, was ihn vor allem anderen auszeichnet, nämlich seine Freiheit.

Sartre erläutert das an einem Beispiel. Stellen wir uns einen Brieföffner vor. Er wurde von einem Handwerker hergestellt, der die Idee hatte, ein derartiges Werkzeug zu schaffen, und genau wusste, wie es auszusehen hat. Es muss scharf genug sein, Papier zu schneiden, aber nicht so scharf, dass man sich verletzen kann. Es muss sich leicht führen lassen und aus geeignetem Material bestehen – Metall, Bambus oder Holz, aber nicht Butter, Wachs oder Federn – und so geformt sein, dass es gut funktioniert. Es ist undenkbar, sagt Sartre, dass es einen Brieföffner ohne jemanden gibt, der weiß, wozu er zu gebrauchen ist. Aus diesem Grund geht die Essenz des Brieföffners – das Wesen auch aller Dinge, die ihn zu einem Brieföffner machen und nicht zu einem Fleischmesser oder einem Papierflugzeug – der Existenz eines ganz bestimmten Brieföffners voraus.

Nun sind Menschen keine Brieföffner. Und Sartre glaubt nicht, dass es einen vorgängigen Plan gibt, durch den wir zu dem werden, was wir sind. Wir sind nicht für einen bestimmten Zweck geschaffen. Wir existieren, aber nicht wie ein Brieföffner wegen eines vorgegebenen Zweckes oder Wesens: »

Jean-Paul Sartre

Der in Paris geborene Sartre war erst ein gutes Jahr alt, als sein Vater starb, und wuchs bei Mutter und Großvater auf. Er erwies sich als begabter Schüler und wurde in die angesehene École Normale Supérieure aufgenommen, wo er seiner späteren Lebensgefährtin Simone de Beauvoir begegnete. Nach dem Abschluss absolvierte er den Militärdienst und ging 1931 als Gymnasialprofessor nach Le Havre. Während des Krieges wurde Sartre in die Armee eingezogen und geriet kurz in deutsche Gefangenschaft. Nach seiner Freilassung arbeitete er im französischen Widerstand und schrieb *Das Sein und das Nichts*. Nach 1945 entwickelte er sich immer mehr zum politischen Schriftsteller und begründete die Zeitschrift *Les temps modernes* mit. 1964 lehnte er den ihm zugesprochenen Nobelpreis für Literatur ab. Er starb 1980, Zehntausende folgten in Paris seinem Sarg.

Hauptwerke

1938 *Der Ekel* (Roman)
1943 *Das Sein und das Nichts*
1946 *Ist der Existenzialismus ein Humanismus?*
1960 *Kritik der dialektischen Vernunft*

Bei den Menschen geht die Existenz der Essenz oder dem Wesen voraus.

Selbstbestimmung

Hier lässt sich erkennen, welche Verbindung Sartre zwischen seiner Grundannahme: »Die Existenz geht der Essenz voraus«, und seinem Atheismus zieht. Er verweist darauf, dass die Religion die menschliche Natur vorstellt durch eine Analogie zur handwerklichen Schöpferkraft des Menschen: Das menschliche Wesen im Geist Gottes ist analog zu sehen zur Essenz des Brieföffners im Geist des Handwerkers, der ihn erfindet und herstellt. Auch viele nichtreligiöse Theorien über das Wesen des Menschen haben ihren Ursprung im religiösen Denkmuster, sofern sie nämlich daran festhalten, dass die Essenz der Existenz vorausgeht. Sartre dagegen sucht nach einer Position, die zu seinem Atheismus passt. Ihm zufolge gibt es keine allgemeine, ein für allemal feststehende menschliche Natur, kein menschliches Wesen, weil es keinen Gott gibt, der eine solche Natur verfügen könnte.

Mit seinem Menschenbild hält Sartre sich an eine bestimmte Definition des Menschen, indem er das Wesen von etwas als identisch mit seinem Zweck setzt. Zwar lehnt er eine teleologische Vorstellung der menschlichen Natur ab – er sieht den Menschen nicht als etwas, das durch einen Zweck bestimmt ist. Doch setzt er mit seiner Theorie voraus, dass es in der Natur der Menschen liegt, ihrem Leben einen Zweck oder Sinn zu geben. Und wenn keine göttliche Macht da ist, die unserer Existenz einen Zweck vorgibt, müssen wir diesen Zweck selbst finden und uns durch ihn selbst definieren.

Dieses Sich-selbst-Definieren heißt allerdings nicht nur, dass wir sagen können, was wir als menschliche Wesen sind, sondern dass wir uns auch zu dem machen, was wir sein wollen. In dieser Fähigkeit besteht der Hauptunterschied zu allen anderen Lebewesen: Wir können werden, was immer wir sein wollen, und uns dementsprechend formen.

Sartres Denken befreit uns von den Zwängen durch eine vorherbestimmte menschliche Natur, sie ist daher eine Philosophie der Freiheit.

Der Gebrauch oder der Zweck eines Werkzeugs wie einer Schere bestimmt dessen Form. Sartre zufolge haben Menschen keinen bestimmten Zweck – sie sind frei, sich selbst zu formen.

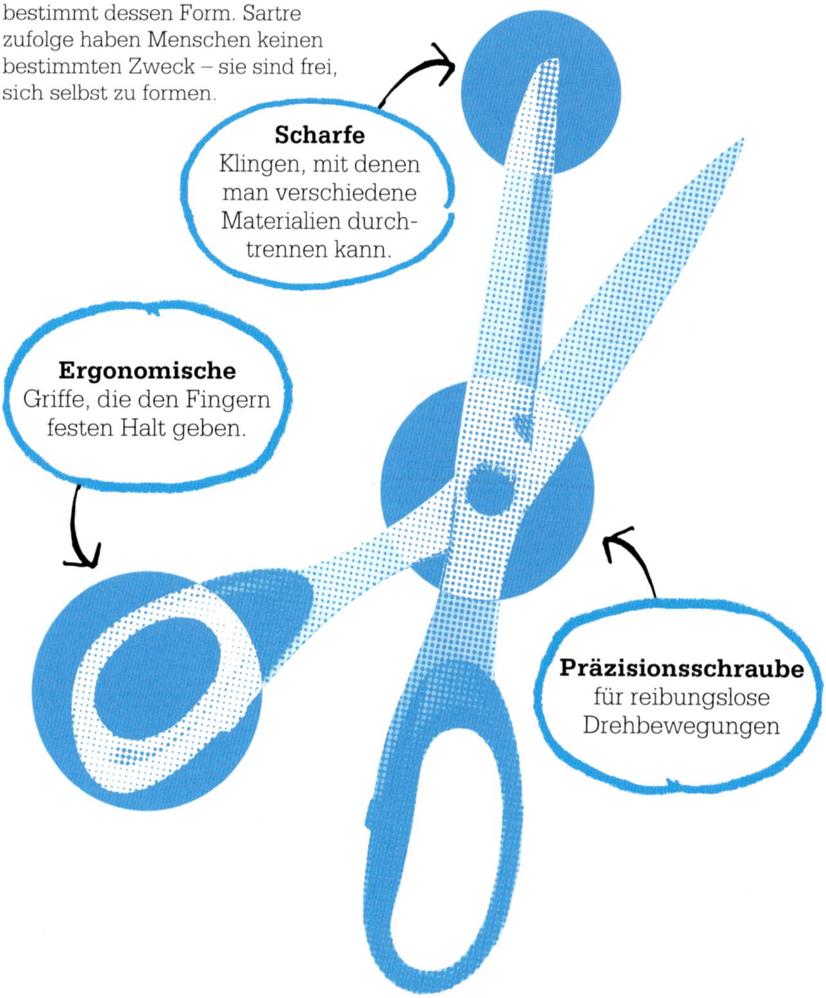

» Also gibt es keine menschliche Natur, da es keinen Gott gibt, um sie zu entwerfen … der Mensch ist nichts anderes als wozu er sich macht. «

Jean-Paul Sartre
Ist der Existenzialismus ein Humanismus?

Sartres Gedanke, dass wir frei sind, unser Leben zu gestalten, wie wir wollen, übte großen Einfluss auf die Studenten aus, die im Mai 1968 gegen die autoritären Strukturen der Universität auf die Straße gingen.

Wir sind frei, uns so zu formen und zu entwickeln, wie wir wollen – allerdings nicht uneingeschränkt. Auch wenn wir gern Flügel hätten, es werden uns keine wachsen. Selbst im Bereich realistischer Wahlmöglichkeiten sind wir oft eingeschränkt und treffen Entscheidungen aus Gewohnheit. Sartre fordert uns daher auf, eingefahrene Denkwege zu hinterfragen und uns immer wieder klarzumachen, dass wir in einer Welt leben, in der nichts vorherbestimmt ist. Damit wir nicht in unbewusste Verhaltensmuster verfallen, müssen wir uns ständig bewusst entscheiden, wie wir uns verhalten oder handeln wollen.

Freiheit und Verantwortung

Wenn wir weitreichende Entscheidungen treffen, entscheiden wir uns gleichzeitig für bestimmte Lebensformen. Will jemand Philosoph werden, entscheidet er sich nicht nur für sich selbst, er sagt auch: Philosophieren ist eine lohnende Beschäftigung. Frei zu sein heißt also auch, Verantwortung zu übernehmen, und zwar nicht nur für die Folgen, die diese oder jene Wahl für uns selbst hat, sondern zuletzt auch für die Menschheit. Und da es keine von außen vorgegebenen Prinzipien oder Regeln gibt, die unser Handeln rechtfertigen, können wir uns auch nicht hinter unseren Entscheidungen verstecken. Daher, sagt Sartre, sind wir zur Freiheit »verdammt«.

Wegen ihrer Verschränkung von Freiheit und Verantwortung wurde Sartres Philosophie oft als pessimistisch bezeichnet, er aber weist dies zurück. Ganz im Gegenteil sei eine optimistischere Philosophie gar nicht vorstellbar. Schließlich lasse sein Denken uns – auch wenn wir für die Auswirkungen unserer Handlungen auf andere verantwortlich sind – die Wahl, allein darüber zu bestimmen, wie wir die Welt und uns selbst gestalten wollen.

Sartres Ideen hatten großen Einfluss auf das kulturelle Leben (nicht nur) Frankreichs nach dem Krieg. Vor allem junge Leute reagierten zustimmend auf seine Aufforderung, von ihrer Freiheit Gebrauch zu machen, um ihre Existenz zu gestalten. Er ermutigte sie, die in den 1950er- und 1960er-Jahren herrschenden traditionalistischen und autoritären Strukturen nicht fraglos hinzunehmen. Er gilt als eine der einflussreichsten Persönlichkeiten hinter dem Aufstand der Studenten und Arbeiter im Mai 1968, der zum Sturz der konservativen Regierung und zu einem liberaleren Klima in Frankreich beitrug.

Sartre hat sich sein Leben lang immer wieder politisch engagiert. Seine ständig wechselnden Parteinahmen, sein Hin und Her zwischen Politik, Philosophie und Literatur sind selbst Zeugnisse eines Lebens, das im Sinne der Idee gelebt wurde, dass die Existenz der Essenz vorausgeht. ■

> »Und was die Menschen angeht, nicht wie sie sind, interessiert mich, sondern was sie werden können.«
>
> **Jean-Paul Sartre**
> *Die schmutzigen Hände*

DIE BANALITÄT DES BÖSEN

HANNAH ARENDT (1906–1975)

IM KONTEXT

DISZIPLIN
Ethik

LEHRE
Existenzphilosophie

FRÜHER
um 350 Nach Augustinus ist das Böse keine eigenständige Macht, sondern Abwesenheit des Guten.

Mitte 13. Jh. Thomas von Aquin diskutiert das Böse unter dem Gesichtspunkt des Mangels von etwas, nicht als etwas von sich aus Bestehendes.

SPÄTER
1971 Der amerikanische Sozialwissenschaftler Philip Zimbardo führt das berüchtigte Stanforder Gefängnisexperiment durch: Studenten werden dazu gebracht, sich an »bösen« Handlungen zu beteiligen, die unter normalen Umständen für sie selbst wie für andere undenkbar wären.

Im Jahr 1961 nahm die Philosophin Hannah Arendt als Beobachterin am Prozess gegen Adolf Eichmann teil, einen der Hauptverantwortlichen für die Ermordung von Millionen von Juden. In *Eichmann in Jerusalem* schreibt sie, der Massenmörder sei ein ganz gewöhnlicher Mensch. Er wirke nicht wie das Ungeheuer, das man sich vorgestellt habe.

Mangelnde Urteilsfähigkeit

Durch den Prozess kam Hannah Arendt zu der Überzeugung, dass das Böse nicht der Böswilligkeit oder der Lust an grausamen Handlungen entspringt. Dass Menschen so handeln, liegt, so schreibt sie, an ihrer mangelnden Denk- und Urteilsfähigkeit. Repressive politische Systeme können vom Mangel solcher Fähigkeiten profitieren und Handlungen, die gewöhnlich als »undenkbar« gelten, als normal erscheinen lassen.

Der Gedanke, dass das Böse banal sei, nimmt unmenschlichen Handlungen nicht ihren Schrecken, im Gegenteil. Betrachtet man Menschen, die Böses tun, nicht als »Ungeheuer«, habe man die Möglichkeit, sich zu fragen, ob das Böse nicht etwas sei, zu dem wir alle fähig sind. Wir müssen uns, sagt Hannah Arendt, gegen jeden Missbrauch des politischen Systems und gegen mögliche Defizite unseres Urteilsvermögens wappnen. ■

Adolf Eichmann war einer der Organisatoren des Holocaust – nicht weil er Juden hasste, sagt Hannah Arendt, sondern weil er Befehlen folgte, ohne nachzudenken, und deren Folgen nicht an sich herankommen ließ.

Siehe auch: Augustinus von Hippo 72–73 ▪ Thomas von Aquin 88–95 ▪ Theodor W. Adorno 266–267

VERNUNFT LEBT IN DER SPRACHE

EMMANUEL LEVINAS (1906–1995)

IM KONTEXT

DISZIPLIN
Ethik

LEHRE
Phänomenologie

FRÜHER
1920er-Jahre Husserl erforscht soziale Beziehungen aus phänomenologischer Perspektive.

1920er-Jahre Das Leben, lehrt Martin Buber, erhält seine Bedeutung durch unsere Beziehungen zu anderen Menschen.

SPÄTER
1970er- und 1980er-Jahre Die feministischen Philosophinnen Luce Irigaray und Julia Kristeva setzen sich kritisch mit Levinas' Thesen auseinander. Seine Verantwortungsethik wird psychotherapeutisch nutzbar gemacht.

2001 Jacques Derrida untersucht die Rolle der Verantwortung im Hinblick auf politisches Asyl und andere humanitäre Fragen.

Levinas' Philosophie lässt sich am besten an einem Beispiel verstehen. Stellen wir uns vor, wir gehen an einem kalten Winterabend eine Straße entlang und sehen eine Bettlerin, die in einem Hauseingang kauert. Sie bittet nicht um Geld, und doch spüren wir unbestimmt die Verpflichtung, ihr zu helfen. Auch wenn wir uns abwenden – wir haben schon eine Mitteilung empfangen: Diese Person braucht unsere Hilfe.

Unvermeidbare Kommunikation

Levinas, ein litauischer Jude, überlebte den Holocaust. In seiner Habilitationsschrift *Totalität und Unendlichkeit* von 1961 entwickelt er die These, dass »Sprache« das Mittel ist, mit anderen zu kommunizieren, noch bevor wir angefangen haben zu sprechen. Wenn wir das Gesicht eines anderen Menschen sehen, teilt sich uns augenblicklich mit, dass wir eine Verantwortung für ihn haben. Wir können uns über diesen Eindruck hinwegsetzen, ihm aber nicht entgehen. Im unmittelbaren Verhältnis zu anderen Menschen, mit deren Not wir konfrontiert sind, entdecken wir uns als Vernunftwesen, denn wir müssen unser Verhalten und Handeln ihnen gegenüber rechtfertigen. Auch dafür, dass wir der Bettlerin kein Geld geben und weitergehen, müssen wir eine Erklärung finden. ■

Nichts bricht so in unser Bewusstsein ein wie die Begegnung mit einer anderen Person, deren bloße Anwesenheit uns dazu bringt, uns Rechenschaft über uns selbst abzulegen.

Siehe auch: Edmund Husserl 224–225 ▪ Roland Barthes 290–291 ▪ Luce Irigaray 324 ▪ Hélène Cixous 326 ▪ Julia Kristeva 328

UM DIE WELT ZU ERFASSEN, MÜSSEN WIR MIT GEWOHNTEN WAHRNEHMUNGSWEISEN BRECHEN

MAURICE MERLEAU-PONTY (1908–1961)

IM KONTEXT

DISZIPLIN
Erkenntnistheorie

LEHRE
Phänomenologie

FRÜHER
4. Jh. v. Chr. Aristoteles sagt, Staunen ist der Anfang des Philosophierens.

1641 Descartes begründet in den *Meditationen über die erste Philosophie* den Dualismus zwischen Körper und Geist, den Merleau-Ponty ablehnen wird.

Anfang 20. Jh. Edmund Husserl entwickelt die Methode der Phänomenologie.

1927 Heidegger veröffentlicht *Sein und Zeit*. Das Buch hat großen Einfluss auf Merleau-Ponty.

SPÄTER
1979 Hubert Dreyfus bezieht sich mit seinen Studien über künstliche Intelligenz und Roboter auf Heidegger, Wittgenstein und Merleau-Ponty.

Der Gedanke, dass die Philosophie mit dem Staunen beginnt, geht auf die Anfänge der Philosophie in Griechenland zurück. Normalerweise erscheint uns unser alltägliches Leben selbstverständlich. Sind wir aber, sagt Aristoteles, an einem tieferen Verständnis der Wirklichkeit interessiert, müssen wir aus dieser Selbstverständlichkeit heraustreten. Vermutlich ist dies nirgendwo so schwierig wie auf dem Gebiet der Erfahrung. Denn was sollte zuverlässiger sein als die Faktizität unmittelbarer Wahrnehmungen?

Merleau-Ponty hinterfragt unsere alltäglichen Annahmen im Anschluss an die Husserl'sche Phänomenologie. Der hatte die persönliche Erfahrung systematisch untersucht. Sein erster Schritt war

Siehe auch: Aristoteles 56–63 ▪ Edmund Husserl 224–225 ▪ Ludwig Wittgenstein 246–251 ▪ Martin Heidegger 252–255 ▪ Jean-Paul Sartre 268–271

»Es gibt keinen inneren Menschen: Der Mensch ist zur Welt, er kennt sich einzig in der Welt.«

Maurice Merleau-Ponty
Phänomenologie der Wahrnehmung

es, alle Annahmen, die unseren Erfahrungen zugrunde liegen, »einzuklammern«.

Das Körpersubjekt

Merleau-Ponty übernimmt Husserls Ansatz, allerdings mit einer wichtigen Korrektur: Husserl, sagt er, übersehe ein äußerst bedeutsames Element unserer Erfahrung, nämlich dass diese nicht nur geistiger, sondern auch körperlicher Natur sei. In seiner grundlegenden Dissertation *Phänomenologie der Wahrnehmung* geht Merleau-Ponty diesem Gedanken nach und kommt zu dem Schluss, dass Geist und Körper nicht zwei verschiedene Entitäten sind – ein Gedanke, mit dem er sich in Widerspruch setzt zu der langen, von Descartes begründeten Tradition. Welt, Bewusstsein und Körper sind, so Merleau-Ponty, ein einziges System. Seine Alternative zum cartesischen körperlosen Geist nennt er darum Körpersubjekt. Mit anderen Worten: Er lehnt die dualistische Sichtweise ab, wonach die Welt aus zwei getrennten Entitäten, Geist und Materie genannt, besteht.

Kognitionswissenschaften

Um einen neuen Blick auf die Welt zu werfen, beschäftigte Merleau-Ponty sich mit Beispielen ungewöhnlicher Erfahrung. So war er der Überzeugung, dass das Phänomen des Phantomschmerzes (mit dem Amputierte ihre fehlenden Gliedmaßen »fühlen«) darauf hinweise, dass der Körper nicht einfach eine Maschine sei. Wäre er das, würde er den fehlenden Teil nicht vermissen – für das Subjekt aber existiert dieser weiter, weil er immer mit seinem Willen verbunden war. Anders gesagt, der Körper ist nicht »nur« ein Körper – er ist immer ein »gelebter« Körper.

Merleau-Pontys Betonung der Rolle, die der Körper für die Erfahrung spielt, und des grundsätzlichen Im-Körper-Seins des Geistes ist bei Kognitionswissenschaftlern auf Interesse gestoßen. Jüngere Entwicklungen auf diesem Gebiet bestätigen Merleau-Pontys Gedanken, dass Erfahrung zu etwas sehr Fremdartigem wird, wenn wir unseren gewohnten Umgang mit der Wirklichkeit unterbrechen. ■

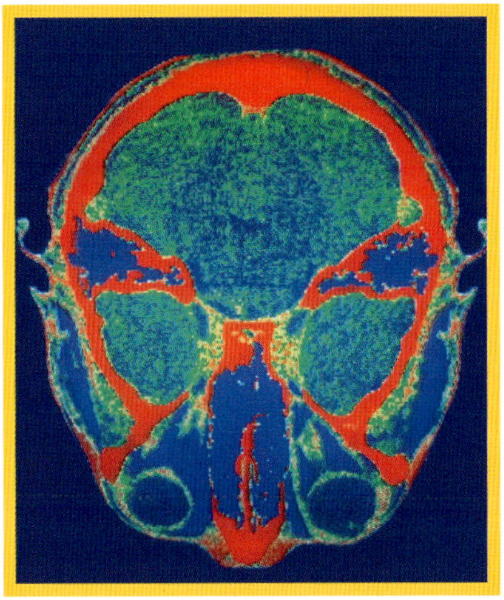

Magnetresonanztomografie-Bilder liefern lebensrettende Informationen. Das Wesen der Erfahrung erhellen jedoch auch noch so viele physikalische Informationen nicht, sagt Merleau-Ponty.

Maurice Merleau-Ponty

1908 in Rochefort-sur-Mer in Frankreich geboren, besuchte er zusammen mit Jean-Paul Sartre und Simone de Beauvoir die École Normale Supérieure, erlangte 1930 seinen Abschluss in Philosophie und unterrichtete dann an verschiedenen Schulen. Sein Hauptwerk *Phänomenologie der Wahrnehmung* erschien 1945. Er begann seine akademische Karriere an der Universität von Lyon, lehrte dort Philosophie und beschäftigte sich mit Fragen der Erziehung und der Kinderpsychologie. Bis zum Bruch mit Sartre (über das Verhältnis zum Stalinismus) schrieb er regelmäßig für die Zeitschrift *Les temps modernes*. 1952 wurde er ans Collège de France berufen und war dort der bis dahin jüngste Inhaber des Lehrstuhls für Philosophie. Er lehrte an der Institution, bis er 1961 im Alter von nur 53 Jahren starb.

Hauptwerke

1942 *Die Struktur des Verhaltens*
1945 *Phänomenologie der Wahrnehmung*
1964 *Das Sichtbare und das Unsichtbare*

MAN KOMMT NICHT ALS FRAU ZUR WELT, MAN WIRD ES

SIMONE DE BEAUVOIR (1908–1986)

IM KONTEXT

DISZIPLIN
Ethik

LEHRE
Existenzialismus, Feminismus

FRÜHER
um 350 v. Chr. Nach Aristoteles ist die Frau durch das Fehlen bestimmter (männlicher) Eigenschaften definiert.

1792 Mary Wollstonecrafts *Ein Plädoyer für die Rechte der Frau* erscheint.

1920er-Jahre Heidegger entwirft mit seiner »Philosophie der Existenz« wesentliche Voraussetzungen für den Existenzialismus.

1940er-Jahre Sartre, Beauvoir und Camus prägen den Existenzialismus.

SPÄTER
1970er- und 1980er-Jahre Irigaray und Kristeva untersuchen Geschlechterdifferenz.

1990 Judith Butler betrachtet die Geschlechterfrage aus der Perspektive des Dekonstruktivismus.

In der Geschichte der Menschheit, schreibt Simone de Beauvoir in *Das andere Geschlecht*, sei das Standardmaß dessen, was wir als spezifisch menschlich betrachten, durchweg von Männern bestimmt worden. Viele Philosophen, und das seit Aristoteles, hätten volles Menschsein umstandslos mit Männlichkeit gleichgesetzt. Das Selbst (oder das »Ich«) sei im philosophischen Diskurs männlich kodiert, die andere Hälfte der Menschheit dagegen, die Frauen, würde als etwas behandelt, was Simone de Beauvoir das Andere nennt, weil es bislang nicht aus sich selbst bestimmt wurde. Das Selbst oder Ich ist aktiv und wissend, das Andere dagegen gilt als das, was das Selbst von sich weist: als passiv und ohnmächtig.

Simone de Beauvoir hat auch untersucht, wann und wie Frauen als gleichwertig behandelt werden – nämlich nur insofern sie so sind wie Männer. Selbst Schriftsteller, die für die Gleichheit der

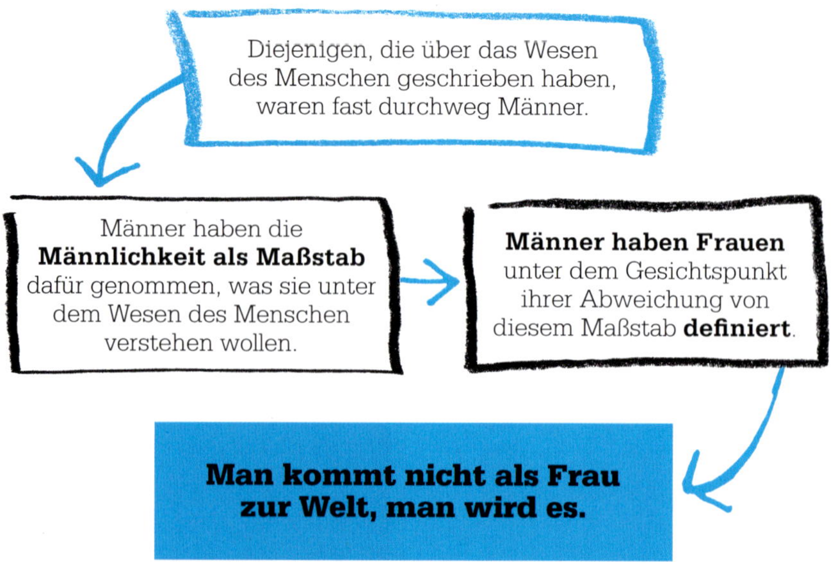

Siehe auch: Hypatia von Alexandria 337 ▪ Mary Wollstonecraft 175 ▪ Jean-Paul Sartre 268–271 ▪ Luce Irigaray 324 ▪ Hélène Cixous 326 ▪ Martha Nussbaum 346

»Die Darstellung der Welt ist das Werk von Männern; sie beschreiben sie aus ihrer eigenen Perspektive.«

Simone de Beauvoir
Das andere Geschlecht

Geschlechter eintraten, hätten »Gleichheit« als – anerkennenswerte – Fähigkeit der Frauen verstanden, genau so zu sein und das Gleiche tun zu können wie Männer.

Simone de Beauvoir ist als Phänomenologin davon überzeugt, dass wir die Welt innerhalb des Rahmens konstruieren, der durch unser Bewusstsein vorgegeben ist. Dinge und Bedeutungen konstituieren sich im Strom unserer Erfahrungen. Dementsprechend ist das Verhältnis zu unserem Körper, zu anderen und zur Welt und natürlich auch zur Philosophie selbst stark davon beeinflusst, ob wir Mann oder Frau sind.

Existenzieller Feminismus

Simone de Beauvoir war die Hauptvertreterin des Existenzialismus. Dessen These, dass wir ohne einen Zweck oder wesentliche Bestimmung geboren werden und uns eine authentische Existenz erst selbst schaffen müssen, wendet sie auf »die Frau« an. Sie fordert uns auf, zwischen dem biologischen und dem gesellschaftlichen Konstrukt der Weiblichkeit zu unterscheiden. Soziale Konstrukte sind auslegungsfähig und können sich ändern. Es gibt viele, der existenziellen »Entscheidung« gegenüber offene Möglichkeiten, »Frau« zu sein. In *Das andere Geschlecht* verweist sie darauf, dass ein Bewusstsein von dieser Unbestimmtheit in der Gesellschaft vorhanden sein müsse – würden die Frauen doch immer wieder ermahnt, »Frauen« zu sein, zu bleiben oder zu werden, und das natürlich gemäß der männlichen Definition von Weiblichkeit.

Frauen müssten sich also nicht nur von der Vorstellung befreien, sie hätten zu sein wie Männer, sondern ebenso von der ihnen gesellschaftlich zugeschriebenen Passivität. Sich eine wirklich authentische Existenz zu schaffen, sei risikoreicher, als eine gesellschaftlich vorgeschriebene Rolle zu übernehmen; doch nur um den Preis dieses Risikos, sagt de Beauvoir, sind Gleichheit und Freiheit zu erreichen. ▪

Mit den Weiblichkeitsmythen misst man Frauen an unmöglichen Idealen, sagt de Beauvoir, zugleich spricht man ihnen ihre Individualität ab und verschweigt ihre reale Situation.

Simone de Beauvoir

Simone de Beauvoir wurde 1908 in Paris geboren, studierte Philosophie an der Sorbonne und lernte Jean-Paul Sartre kennen, mit dem sie eine lebenslange Beziehung einging. Sie arbeitete als Philosophielehrerin, schrieb existenzialistische Romane und Essays und gilt auch als Mitbegründerin des Existenzialismus. In ihrem berühmtesten Werk, *Das andere Geschlecht*, untersucht sie die Existenz der Frauen mit den Mitteln der Phänomenologie. Das Buch, anfangs von der politischen Rechten wie von der Linken scharf angegriffen und vom Vatikan auf den Index der verbotenen Bücher gesetzt, wurde zu einem der bedeutendsten feministischen Grundtexte des 20. Jahrhunderts. Als produktive Schriftstellerin verfasste Simone de Beauvoir Reisebücher, Memoiren, eine vierbändige Autobiografie und politische Essays. Sie starb im Alter von 78 Jahren.

Hauptwerke

1944 *Pyrrhus und Cineas*
1947 *Für eine Moral der Doppelsinnigkeit*
1949 *Das andere Geschlecht*
1954 *Die Mandarins von Paris* (Roman)

SPRACHE IST EINE SOZIALE KUNSTFERTIGKEIT

WILLARD VAN ORMAN QUINE (1908–2000)

IM KONTEXT

DISZIPLIN
Sprachphilosophie

LEHRE
Analytische Philosophie

FRÜHER
um 400 v. Chr. Platon untersucht im *Kratylos* das Verhältnis zwischen Worten und Dingen.

19. Jh. Søren Kierkegaard hebt die Bedeutung des Studiums der Sprache für die Philosophie hervor.

1950er-Jahre Ludwig Wittgenstein zufolge gibt es keine Privatsprache.

SPÄTER
1979 Nach Richard Rorty ist Erkenntnis mehr ein »Gespräch« als Spiegelung der Wirklichkeit.

1991 In *Philosophie des menschlichen Bewusstseins* vertritt Quines Schüler Daniel Dennett die These, Bedeutung und innere Erfahrung seien nur als soziale Handlungen zu verstehen.

Sprache, so eine verbreitete Meinung, hat mit dem Verhältnis zwischen Worten und Dingen zu tun. Dieser Ansicht ist Quine nicht. Bei Sprache, sagt er, handelt es sich nicht um ein Verhältnis zwischen Objekten und verbalen Signifikanten, sondern um das Wissen, wie man etwas sagt und wann man es sagt. Sprache, heißt es im Aufsatz »Ontologische Relativität« (1968), ist eine soziale Kunstfertigkeit.

Quine erläutert das mit einem Gedankenexperiment. Stellen wir uns vor, wir begegnen Indigenen, deren Sprache wir nicht kennen. Wir sitzen mit ihnen zusammen und plötzlich taucht ein Kaninchen auf, woraufhin ein Indigener sagt: »Gavagai«. Wir fragen uns, ob eine Verbindung zwischen dem Ereignis (dem Auftauchen des Kaninchens) und dem vom Indigenen benutzten Ausdruck »Gavagai« besteht. Wie wir feststellen, fällt – jedes Mal und nur wenn ein Kaninchen zu sehen ist – der Ausdruck »Gavagai«. Wir schließen daraus: »Gavagai« kann mit »Kaninchen« übersetzt werden. Und das, sagt Quine, ist falsch. »Gavagai« könne alles Mögliche bedeuten, zum Beispiel »Seht mal,

Siehe auch: Platon 50–55 ▪ Søren Kierkegaard 194–195 ▪ Ferdinand de Saussure 223 ▪ Ludwig Wittgenstein 246–251 ▪ Roland Barthes 290–291 ▪ Daniel Dennett 329

Sonntagsbraten!« oder »Schaut, was für ein flauschiges Geschöpf!«

Um die Bedeutung von »Gavagai« herauszufinden, können wir auf andere flauschige Kreaturen deuten (oder auf andere Speisen eines Festmahls) und feststellen, ob unsere Äußerung »Gavagai« auf Zustimmung stößt oder nicht. Übersetzen wir dagegen »Gavagai« mit »Kaninchen«, können wir nicht sicher sein, ob unsere Übersetzung stimmt. »Gavagai« könnte bedeuten »Waldkaninchen« oder »Kaninchen oder Hase«. Der Ausdruck könnte sogar ein kurzes Gebet sein, das gesprochen werden muss, wenn ein Kaninchen zu sehen ist.

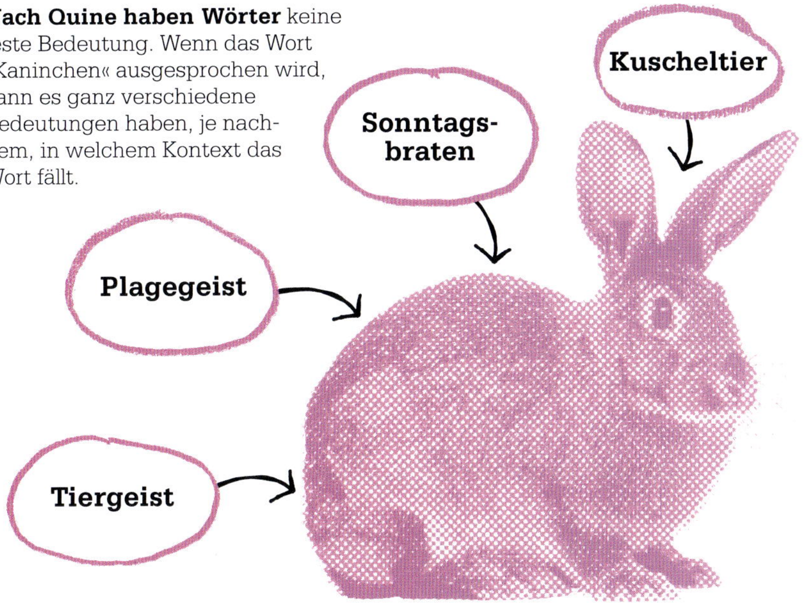

Nach Quine haben Wörter keine feste Bedeutung. Wenn das Wort »Kaninchen« ausgesprochen wird, kann es ganz verschiedene Bedeutungen haben, je nachdem, in welchem Kontext das Wort fällt.

Unbeständige Sprache

Wir können, um herauszufinden, was dieses geheimnisvolle »Gavagai« bedeutet, natürlich auch die Sprache unserer Informanten gründlich lernen, uns die Kontexte einprägen, in denen der Ausdruck verwendet wird. Damit aber würde das Problem noch komplizierter, denn wir können nicht sicher sein, ob die anderen Wörter, die wir gefunden haben, um die Bedeutung von »Gavagai« zu erklären, genaue Übersetzungen sind. Quine nennt dieses Problem »Unbestimmtheit der Übersetzung«. Sie hat beunruhigende Konsequenzen.

Denn letztlich heißt das, Wörter selbst sind bedeutungslos. Wenn jemand »Gavagai« (oder auch »Kaninchen«) sagt und dieses Wort wird verstanden, dann hat es zwar eine Bedeutung, sie ergibt sich aber nicht aus einer mysteriösen Beziehung zwischen Wörtern und Dingen, sondern aus unserem Verhalten: Wir haben gelernt, Sprache im Sinne einer »sozialen Kunstfertigkeit« zu gebrauchen. ▪

Willard Van Orman Quine

Quine wurde 1908 im US-Staat Ohio geboren. Er studierte in Harvard bei Alfred North Whitehead, dem Logiker und Mathematiker. Dort begegnete er auch Bertrand Russell, der sein Denken nachhaltig beeinflusste. 1932 promovierte Quine, reiste anschließend durch Europa, wo er sich unter anderem mit Mitgliedern des Wiener Kreises traf. Der Krieg unterbrach seine Hochschulkarriere in Harvard: Vier Jahre lang dechiffrierte er für den Geheimdienst der US Navy verschlüsselte Nachrichten. Sein ganzes Leben reiste er gern und viel. Er soll auf die Tatsache, dass er 118 Länder besucht hatte, stolzer gewesen sein als auf seine vielen Auszeichnungen und Stipendien. 1956 wurde Quine Professor für Philosophie in Harvard und lehrte dort bis zu seinem Tod im Jahr 2000.

Hauptwerke

1950 *Grundzüge der Logik*
1953 *Von einem logischen Standpunkt*
1960 *Word and Object*
1990–1992 *Unterwegs zur Wahrheit. Konzise Einleitung in die theoretische Philosophie*

FREIHEIT HEISST VOR ALLEM ANDEREN FREIHEIT VON KETTEN

ISAIAH BERLIN (1909–1997)

IM KONTEXT

DISZIPLIN
Ethik

LEHRE
Analytische Philosophie

FRÜHER
1651 Im *Leviathan* behandelt Thomas Hobbes das Verhältnis von Freiheit und Staatsmacht.

1844 Nach Søren Kierkegaard ist die Freiheit, moralische Entscheidungen zu treffen, ein Hauptgrund des Unglücks.

1859 In *Über die Freiheit* unterscheidet John Stuart Mill zwischen der Freiheit von Zwang und der Freiheit zu handeln.

1941 Der Psychoanalytiker Erich Fromm unterscheidet in *Die Angst vor der Freiheit* zwischen positiver und negativer Freiheit.

SPÄTER
Gegenwart Aufgrund der neuen Überwachungstechniken wird vermehrt über das Wesen der Freiheit diskutiert.

Was heißt es, frei zu sein? Diese Frage beschäftigte Isaiah Berlin in seinem berühmten Essay *Zwei Freiheitsbegriffe*, in dem er zwischen »positiver« und »negativer« Freiheit unterschied. Diese Unterscheidung stammt zwar nicht von ihm, doch er gebraucht sie auf höchst originelle Weise, um auf Widersprüche in unserem alltäglichen Freiheitsbegriff aufmerksam zu machen.

Für Berlin ist »negative« Freiheit das, was unserem »fundamentalen Sinn« für Freiheit entspricht,

Siehe auch: Jean-Jacques Rousseau 154–159 ▪ John Stuart Mill 190–193 ▪ Søren Kierkegaard 194–195 ▪ Karl Marx 196–203 ▪ Jean-Paul Sartre 268–271

Die Sowjetpropaganda stellte häufig vom Kapitalismus befreite Arbeiter dar. Aus Sicht kapitalistischer Länder zeigten solche Bilder aber den Triumph der negativen über die positive Freiheit.

nämlich die Freiheit von äußeren Einschränkungen: Ich bin frei, weil ich nicht im Gefängnis sitze. Dies ist Freiheit *von* etwas. Doch wir meinen, sagt Berlin, wenn wir von Freiheit sprechen, noch etwas anderes. Freiheit hat auch mit Selbstbestimmung zu tun, mit eigenen Hoffnungen und Absichten. Diese »positive« Freiheit ist abhängig von unserer Macht über das eigene Schicksal. Ich bin also nicht schon deshalb frei, weil die Türen meines Hauses nicht verschlossen sind. Und: Positive Freiheit ist keine nur persönliche Angelegenheit, denn Selbstbestimmung kann auch die Forderung einer Gruppe oder einer Nation sein.

Die beiden Formen der Freiheit widersprechen sich oft. Die Disziplin, mit der ein Anfänger lernt, Klavier zu spielen, ist ein Zwang, zugleich aber Voraussetzung dafür, dass er irgendwann im Vollgefühl der Freiheit nach seinem eigenen Geschmack spielen kann. Oder denken wir an die bekannte Tatsache, dass »positive« Freiheit manchmal dazu benutzt wird, für eine Partei zu stimmen, von der man wissen kann, dass sie die »negative« Freiheit einschränken wird, wenn sie an die Macht kommt.

Lebenszwecke

Berlin macht noch auf ein weiteres Problem aufmerksam: Wer bestimmt, was ein geeignetes Ziel der »positiven« Freiheit sein soll? Autoritäre und totalitäre politische Systeme haben in der Regel eine wenig flexible Sicht auf Sinn und Zweck des Lebens, sie schränken »negative« Freiheit ein, um ihre Vorstellung vom Glück uneingeschränkt durchzusetzen. Politische Unterdrückung entspringt häufig einer abstrakten Vorstellung vom guten Leben, die vom Staat gegebenenfalls auch gewaltsam »verwirklicht« wird.

Berlin hat zwei Antworten auf diese Frage. Erstens widersprechen sich die verschiedenen ersehnten Freiheiten oft, denn einen »Zweck« des Lebens gibt es nicht. Nach Berlin gibt es – allen Philosophien, die nach einer allgemeinen Grundlage der Moral suchen, zum Trotz – nur individuelle Zwecke. Und zweitens dürfen wir den fundamentalen Sinn von Freiheit – Abwesenheit von »Schikane und Herrschaft« – nicht aus den Augen verlieren. Sonst könnten wir eines Tages feststellen müssen, dass sich unsere Ideale in Ketten für uns selbst und andere verwandelt haben. ▪

Isaiah Berlin

Berlin wurde 1909 in Riga geboren und verbrachte seine Kindheit in Russland, erst im Zarenreich, dann im neuen kommunistischen Staat. In seinem jüdischen Elternhaus wurde Russisch, aber auch Deutsch gesprochen. Wegen des zunehmenden Antisemitismus und wegen Problemen mit dem Sowjetregime wanderte seine Familie 1921 nach Großbritannien aus. In Oxford gehörte Berlin zu den besten Studenten seines Jahrgangs und erhielt dort eine Dozentenstelle. Seine breit gestreuten philosophischen Interessen reichten von Kunst über Literatur bis zur Politik. Sein Essay *Zwei Freiheitsbegriffe* ging aus Vorträgen in Oxford hervor und galt als politikwissenschaftlicher Klassiker des 20. Jahrhunderts. Berlin ist einer der bedeutendsten wissenschaftlichen Vertreter des Liberalismus.

Hauptwerke

1953 *Der Igel und der Fuchs*
1958 *Zwei Freiheitsbegriffe*
1990 *Das krumme Holz der Humanität*
2000 *Die Macht der Ideen*
2006 *Political Ideas in the Romantic Age*

DENKE WIE EIN BERG

ARNE NÆSS (1912–2009)

IM KONTEXT

DISZIPLIN
Ethik

LEHRE
Tiefenökologie

FRÜHER
um 1660 Spinoza betrachtet die Natur als eine Ausdehnung Gottes.

1949 Aldo Leopold veröffentlicht *Am Anfang war die Erde. Plädoyer zur Umweltethik*.

1960 Der britische Wissenschaftler James Lovelock entwickelt die »Gaia-Hypothese«: Die natürliche Welt ist ein selbstregulierendes System.

1962 Die amerikanische Biologin Rachel Carson veröffentlicht das Werk *Der stumme Frühling*, das Næss beeindruckt.

SPÄTER
1984 Zenmeister Robert Aitken stellt einen Zusammenhang her zwischen der Tiefenökologie und der Lehre des buddhistischen Philosophen Dogen.

»Denke wie ein Berg« – diese Aufforderung ist eng mit dem Konzept der »Tiefenökologie« verbunden, einer Denkrichtung, die der Philosoph und Umweltaktivist Arne Næss 1973 geprägt hat. Wenn wir Umweltkatastrophen verhindern wollen, müssen wir uns ihm zufolge als Teil der Natur begreifen und nicht als getrennt von ihr. Die Formel »wie ein Berg denken« geht auf den amerikanischen Ökologen Aldo Leopold zurück, der sie 1949 in *Am Anfang war die Erde. Plädoyer zur Umwelt-Ethik* prägte.

Als Aldo Leopold Förster in New Mexico war, tötete er eine Wölfin. Er näherte sich dem Tier und sah gerade noch, wie das grüne Feuer in ihren Augen erlosch. In diesem Augenblick, schreibt er, sei ihm aufgegangen, dass aus dem Blick der Wölfin ein Wissen sprach, das nur sie und der Berg hatten. Das brachte Leopold auf den Gedanken, dass auch wir wohl denken müssten wie ein Berg. Wir sollten nicht nur die Bedürfnisse unserer Mitmenschen im Auge haben, sondern die der gesamten Natur. In der Regel übersehen wir die Fol-

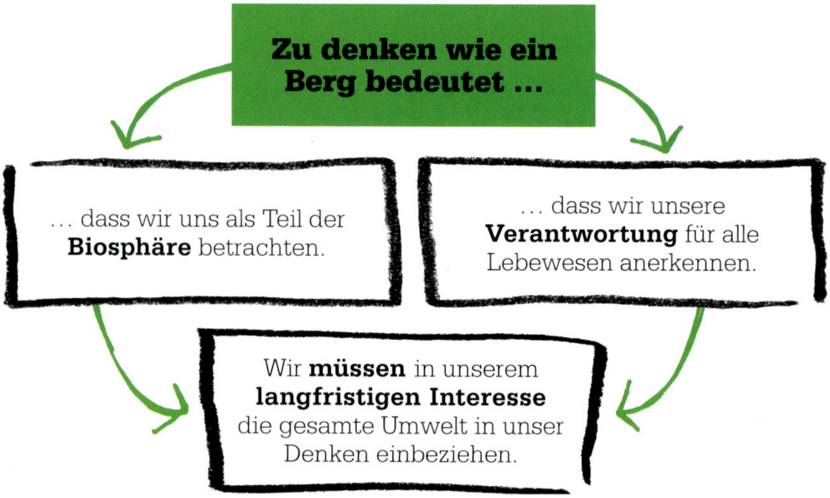

Siehe auch: Laotse 24–25 ▪ Baruch de Spinoza 126–129 ▪ Friedrich Schelling 341

»Denken für die Zukunft heißt loyal sein zur Natur.«

Arne Næss
The Future Way of Thinking (mit Petter Mejlænder)

gen unseres Handelns und denken allein an den Nutzen, den es für uns Menschen hat. Demgegenüber heißt »denken wie ein Berg«, sich mit der Umwelt zu identifizieren und sich ihrer Rolle für unser Leben bewusst zu werden.

Im Einklang mit der Natur

Mit seinem Konzept der »Tiefenökologie« knüpft Næss an diesen Gedanken an. Wirkungsvoller Umweltschutz sei nur dann zu erreichen, wenn wir eine Verwandlung der Art durchmachen, wie Leopold sie beschrieben habe. Wir müssen lernen, uns als Teil der Biosphäre zu betrachten, statt uns zu verhalten, als wirkten wir nur von außen auf die Natur ein. Wir müssen in und mit ihr leben, ihren ureigenen Wert anerkennen.

In diesem Sinn führt Næss den Begriff des »ökologischen Selbst« ein. Er bezeichnet damit ein Selbstverständnis, das im Bewusstsein unseres Verhältnisses zur »Gemeinschaft aller Lebewesen« verankert ist. Eine umfassende Identifikation mit einer Welt, in der auch Wölfe oder Frösche, vielleicht sogar Berge vorkommen, führe zu einem sinnvolleren, glücklicheren Leben. Næss' Konzept der »Tiefenökologie« beeinflusste das ökologische Denken und die Umweltbewegung stark. Für Stadtbewohner mag es fast unmöglich erscheinen, ein »ökologisches Selbst« aufzubauen, aber vielleicht gibt es Wege dahin. »Wenn du wie ein Berg denkst«, schrieb 1984 der Zenmeister Robert Aitken, »denkst du auch wie ein Schwarzbär, und wenn du dann den Bus nimmst, um zur Arbeit zu fahren, tropft dir vielleicht Honig vom Pelz.« ▪

Wir sollten die Natur nicht zu unserem Vorteil zu unterwerfen trachten, sagt Næss – gutes Leben bestehe darin, dass wir uns mit allen Elementen unserer Umwelt im Einklang befinden.

Arne Næss

Der 1912 geborene Arne Næss war einer der bedeutendsten norwegischen Philosophen des 20. Jh. Im Alter von 27 Jahren wurde er der jüngste Professor in der Geschichte der Osloer Universität. Er war ein bekannter Bergsteiger und leitete 1950 eine erfolgreiche Expedition zum Gipfel des Tirich Mir im nördlichen Pakistan. Erst nachdem Næss 1970 emeritiert war, beschäftigte er sich intensiv mit naturphilosophischen Fragen und dem aktiven Umweltschutz. 1970 kettete er sich aus Protest gegen den Bau einer Talsperre an einen Felsen des Mardalsfossen-Wasserfalls. 1988 wurde er in den Vorstand von Greenpeace Norwegen gewählt und 2005 in den Adelsstand erhoben. Er starb 2009 und wurde mit einem Staatsbegräbnis beigesetzt.

Hauptwerke

1968 *Scepticism*
1974 *Ecology, Society, and Lifestyle*
1988 *Thinking Like a Mountain* (mit John Seed, Pat Fleming und Joanna Macy)
2002 *Life's Philosophy. Reason and Feeling in a Deeper World*

DAS LEBEN LÄSST SICH EINFACHER LEBEN, WENN ES KEINEN SINN HAT

ALBERT CAMUS (1913–1960)

IM KONTEXT

DISZIPLIN
Ethik

LEHRE
Existenzialismus, Philosophie des Absurden

FRÜHER
1843 Søren Kierkegaard diskutiert in *Furcht und Zittern* den Begriff des Absurden.

1864 Fjodor Dostojewski verarbeitet in *Aufzeichnungen aus einem Kellerloch* existenzialistische Themen.

1901 Friedrich Nietzsche notiert: Unsere Existenz (Handeln, Leiden, Wollen, Fühlen) ist sinnlos.

1927 Martin Heidegger veröffentlicht *Sein und Zeit*, ein Modell der Existenzanalyse.

SPÄTER
1971 Nach Ansicht des Philosophen Thomas Nagel entsteht Absurdität aus Widersprüchen in uns selbst.

Weil wir ein Bewusstsein haben, **halten wir das Leben für sinnvoll**.

→ Wir wissen jedoch, dass **das Universum sinnlos ist**.

→ Unser Leben ist ein **Widerspruch**.

→ **Um gut zu leben**, müssen wir mit diesem Widerspruch fertig werden.

→ Das kann gelingen, wenn wir **die Sinnlosigkeit** unseres Daseins **akzeptieren**.

→ **Das Leben lässt sich einfacher leben, wenn es keinen Sinn hat.**

Im Allgemeinen halten wir es für die Aufgabe der Philosophie, den Sinn des Lebens zu suchen. Für Albert Camus gibt es diesen Sinn nicht. Das aber sei kein Grund zu Depression und Verzweiflung. Im Gegenteil, erst wenn wir unsere Existenz diesem Gedanken unterordnen, können wir ein erfülltes Leben führen.

Den Gedanken der Absurdität des Daseins führte Camus erstmals im Essay *Der Mythos von Sisyphos* aus. Sisyphos ist ein griechischer König, der sich die Gunst der Götter verscherzt hat und zu einem schrecklichen Schicksal in der Unterwelt verurteilt worden ist. Er muss einen großen Felsbrocken einen Berg hinaufwälzen, der, sobald der Verdammte ihn nach oben gewuchtet

Siehe auch: Søren Kierkegaard 194–195 ▪ Friedrich Nietzsche 214–221 ▪ Martin Heidegger 252–255 ▪ Jean-Paul Sartre 268–271

Sisyphos war dazu verurteilt, in alle Ewigkeit einen Felsen einen Berg hinaufzuwälzen. Nach Camus aber kann er sich selbst in dieser grässlichen Lage als freier Mensch fühlen, wenn er die Sinnlosigkeit seines Tuns akzeptiert.

hat, wieder herunterrollt. Camus war fasziniert von diesem Mythos, schien er doch Sinnlosigkeit und Absurdität des Daseins zu bezeugen. Allerdings sieht auch Camus, dass vieles von dem, was wir tun, sinnvoll erscheint. Als bewusste Wesen können wir gar nicht anders, als unser Leben für sinnvoll zu halten. Doch ist dieser Sinn nicht draußen in der Welt zu finden, sondern nur in unseren Köpfen, in unserer Vorstellung. Die Welt als Ganzes hat weder Sinn noch Zweck, sie ist einfach nur da. Da wir Menschen aber im Unterschied zu anderen Lebewesen über Geist und Bewusstsein verfügen, sind wir in der Lage, überall Bedeutungen und Zwecke zu finden.

Die Absurdität erkennen

Das Absurde ist Camus zufolge das Gefühl, das uns befällt, wenn wir sehen, dass der Sinn, den wir dem Leben geben, nur innerhalb unseres Bewusstseins zu finden ist. Das Gefühl des Absurden entsteht aus dem Widerspruch zwischen diesem Bewusstsein und der unabweisbaren Erkenntnis, dass das Universum sinnlos ist. Wie, fragt Camus, können wir in dieser widersprüchlichen Situation leben? Seine Antwort: Erst wenn wir unsere Situation, die Sinnleere, erkennen,

» Der Kampf gegen den Gipfel vermag ein Menschenherz auszufüllen. Wir müssen uns Sisyphos als glücklichen Menschen vorstellen. «

Albert Camus
Der Mythos von Sisyphos

sind wir in der Lage, ein erfülltes Leben zu führen. Wenn wir von der Absurdität des Daseins ausgehen, wird das Leben zu einer ständigen Revolte gegen die Sinnlosigkeit der Welt und wir sind frei.

Diesen Gedanken hat der Philosoph Thomas Nagel aufgegriffen. Seiner Ansicht nach ist die Absurdität des Lebens ein Merkmal unseres Bewusstseins, weil wir, so ernst wir das Leben auch nehmen, immer wissen, dass es Perspektiven gibt, aus denen dieser Ernst in Frage gestellt werden kann. ■

Albert Camus

Camus wurde 1913 in Algerien geboren. Er verlor den Vater im Ersten Weltkrieg und wuchs in ärmlichen Verhältnissen bei seiner Mutter auf. Während seines Philosophiestudiums in Algier erkrankte er an Tuberkulose, die ihn sein Leben lang begleitete. Mit 25 Jahren ging er nach Frankreich, trat 1935 der Kommunistischen Partei bei, wurde 1937 aber ausgeschlossen. Im Zweiten Weltkrieg arbeitete er in der Résistance mit, gab eine Untergrundzeitung heraus und schrieb Romane, darunter *Der Fremde*. Neben Sartre und Beauvoir wurde er zu einem der Hauptvertreter des Existenzialismus. Für seine Theaterstücke, Romane und Essays erhielt er 1957 den Nobelpreis für Literatur. Camus starb mit 46 Jahren bei einem Autounfall auf einer Rückreise nach Paris, die er eigentlich mit der Bahn hatte machen wollen.

Hauptwerke

1942 *Der Fremde* (Roman)
1942 *Der Mythos von Sisyphos*
1947 *Die Pest* (Roman)
1951 *Der Mensch in der Revolte*
1956 *Der Fall* (Roman)

ZEITGENÖS
PHILOSOPH
1950 BIS ZUR GEGEN

SISCHE

IE

WART

1952
Frantz Fanons *Schwarze Haut, weiße Masken* erscheint.

1953
Simone de Beauvoir veröffentlicht ihr bahnbrechendes Werk *Das andere Geschlecht*.

1955
Beginn des **Vietnamkriegs**. Die Sowjetunion und China unterstützen das kommunistische Nordvietnam, die Vereinigten Staaten Südvietnam.

1961
Bau der Berliner Mauer, Beginn der Teilung Deutschlands – sie dauert bis zur Öffnung der Mauer 1989.

1962
Thomas S. Kuhn veröffentlicht *Die Struktur wissenschaftlicher Revolutionen*.

1964
Verbot der Rassendiskriminierung in den USA durch den **Civil Rights Act**.

1966
»Säuberung« Chinas von allen westlich-kapitalistischen, tradionalistischen und religiösen Einflüssen durch die große proletarische **Kulturrevolution**.

1967
Jacques Derrida, der Begründer des Dekonstruktivismus, veröffentlicht *Die Schrift und die Differenz*.

In den letzten Jahrzehnten des 20. Jahrhunderts machten die Informations- und die Kommunikationstechniken gewaltige Fortschritte. Seit dem Zweiten Weltkrieg war die Macht der Medien, namentlich des Fernsehens, angewachsen und es war eine Massenkultur entstanden, die sich von den herrschenden kulturellen Normen absetzte und im politischen wie im gesellschaftlichen Leben für gewaltige Veränderungen sorgte.

Seit den 1960er-Jahren war die alte Ordnung in Europa und den Vereinigten Staaten einer immer stärkeren Kritik ausgesetzt, zugleich gerieten die politischen Systeme Osteuropas zunehmend in Legitimationsschwierigkeiten.

In den 1980er-Jahren entspannten sich die Beziehungen zwischen Ost und West, und 1989 ließ der Fall der Berliner Mauer viele Menschen hoffnungsvoll in das neue Jahrzehnt gehen. Doch die 1990er-Jahre wurden zu einer Periode ethnischer und politisch-religiöser Konflikte. Der Angriff auf das World Trade Center am 11. September 2001 veranlassten die USA, Osama bin Laden und al-Qaida den »Krieg gegen den Terror« zu erklären.

Elitäre Philosophien

Auch die westliche Kultur durchlief bedeutende Veränderungen. Seit den 1960er-Jahren vertiefte sich die Kluft zwischen Massen- und Hochkultur. Die intellektuelle Avantgarde nahm den Massengeschmack nur am Rande zur Kenntnis.

Die Philosophie schlug einen elitären Weg ein, vor allem nach dem Tod Jean-Paul Sartres im Jahr 1980. Dessen marxistischer Existenzialismus – der den Intellektuellen der 68er-Bewegung so teuer war – verlor schnell an Bedeutung.

Herrschende Strömung der 1970er- und der 1980er-Jahre war der Strukturalismus. Zum zentralen Stichwort dieser Strömung wurde der Begriff der »Dekonstruktion« von Texten, die an deren grundsätzlicher Uneindeutigkeit und Widersprüchlichkeit ansetzt. Die führenden Theoretiker – französische Philosophen wie Louis Althusser, Jacques Derrida und Michel Foucault – verknüpften ihre Textanalysen mit linker Politik.

Ihre Überlegungen wurden von einer Generation »postmoderner« Schriftsteller und Künstler aufgegriffen, die jeden Anspruch auf »objektive Wahrheit« ablehnten. Wissenschaftler in Prag und auch an deutschen Universitäten zeigten

1971
Gründung von **Greenpeace** in Kanada durch Mitglieder der Friedensbewegung und Kernkraftgegner.

1979
Jean-François Lyotards Werk *Das postmoderne Wissen* erscheint.

1980
John Searle befasst sich mit Künstlicher Intelligenz (KI) und unterscheidet zwischen »starker KI« und »schwacher KI«.

1989
Ende der kommunistischen und sozialistischen Regime in der DDR, in Polen, Ungarn, Bulgarien, Rumänien und der Tschechoslowakei.

1992
Das **Internet** wird für den privaten Gebrauch zugänglich gemacht.

1994
Henry Odera Oruka veröffentlicht *Sage Philosophy*.

2013
Eine Reihe unrechtmäßiger Tötungen von People of Colour in den USA bringt die **Black Lives Matter**-Bewegung hervor.

2017
Die **#MeToo**-Bewegung entsteht als Reaktion auf sexuelle Belästigung aufgrund von Machtmissbrauch.

sich offen. Bei englischsprachigen Philosophen stieß der Strukturalismus auf wenig Begeisterung, sie begegneten ihm misstrauisch und zogen ihn durchaus auch ins Lächerliche. Zum einen erschien er unter sprachphilosophischen Voraussetzungen als zu einfach. Andererseits jedoch bediente sich der Strukturalismus häufig einer undurchdringlichen Sprache, die seine literarischen Wurzeln Lügen strafte.

Diese kulturelle Differenz zeigte sich vor allem auf dem Gebiet der postmodernen Kunst, deren oft höchst abstrakte Konzepte nur von einer intellektuellen Elite verstanden wurden. Wie es aussah, legten Kunst und Künstler auf Akzeptanz in der Massenkultur keinen Wert mehr und hatten den Kontakt zur Alltagswelt verloren.

Praxisnahe Perspektiven

Während die postmoderne Philosophie in der Öffentlichkeit auf wenig Resonanz stieß, richteten einige Philosophen ihre Aufmerksamkeit auf drängende gesellschaftliche, politische und ethische Probleme, die sich aus der alltäglichen Lebenswelt ergaben. Philosophen im postkolonialen Afrika wie der von der Insel Martinique stammende Frantz Fanon beschäftigten sich mit Fragen des Rassismus, der Identität der Kolonisierten und den Befreiungskämpfen. Jüngere Autoren wie Henry Odera Oruka trugen Material für eine afrikanische Philosophie zusammen und stellten Regeln und Inhalte des philosophischen Denkens selbst in Frage.

Die Philosophinnen Hélène Cixous und Luce Irigaray setzten Simone de Beauvoirs existentialistisch-feministische Philosophie unter postmodernen Vorzeichen fort. Andere erteilten der Postmoderne eine Absage. Viele wandten sich weniger abstrakten, sondern alltagsrelevanten Themen wie Gerechtigkeit und Moral zu. So befassten sich John Rawls und Jürgen Habermas mit Problemen der gesellschaftlichen Organisation. bell hooks führte verschiedene Diskriminierungsformen auf das dominierende, kapitalistische Patriarchat zurück, während Philippa Foot und Bernard Williams die moderne Ethik auf den Prüfstand stellten.

Thomas Nagel und Daniel Dennett hingegen ergründeten das menschliche Bewusstsein, und rasante Fortschritte auf dem Gebiet der Künstlichen Intelligenz ließen die Frage nach dem Denkvermögen von Maschinen wiederaufleben. ■

DIE SPRACHE IST EINE HAUT

ROLAND BARTHES (1915–1980)

IM KONTEXT

DISZIPLIN
Sprachphilosophie

LEHRE
Semiotik

FRÜHER
380 v. Chr. Platons *Symposion* ist das erste philosophische Werk über die Liebe.

4. Jh. Augustinus widmet sich ausführlich dem Wesen der Liebe.

1916 Ferdinand de Saussure schafft mit *Grundfragen der allgemeinen Sprachwissenschaft* die Basis der modernen Semiotik und Zeichentheorie.

1966 In den *Écrits* untersucht der französische Psychoanalytiker Jacques Lacan das Verhältnis zwischen Alkibiades, Sokrates und Agathon.

SPÄTER
1990er-Jahre Julia Kristeva schreibt über Liebe im Spannungsfeld von Semiotik und Psychoanalyse.

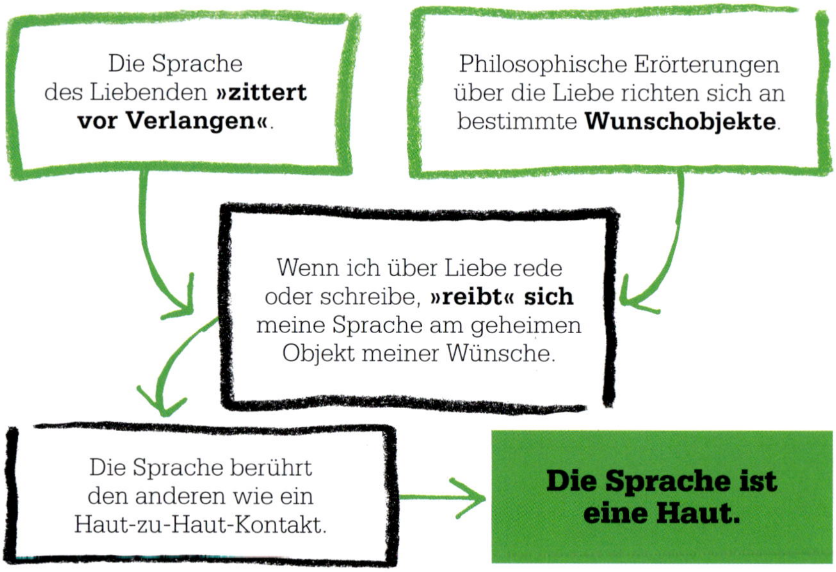

Das fremdartigste, gleichwohl bekannteste Buch des Philosophen und Literaturkritikers Roland Barthes hat den Titel *Fragmente einer Sprache der Liebe*. Tatsächlich besteht es aus Splittern und Momentaufnahmen, ähnlich wie die Essay-Sammlung *Einbahnstraße* des deutschen Philosophen Walter Benjamin. Barthes' *Fragmente* sind kein philosophisches Werk, sondern eine Liebesgeschichte, aber sie wird nicht wirklich durcherzählt. Wir begegnen weder handelnden Personen noch können wir eine zusammenhängende Handlung verfolgen, Barthes präsentiert uns ausschließlich Reflexionen eines Liebenden in »äußerster Einsamkeit«.

Zu Beginn macht Barthes deutlich, warum es keine Handlung geben kann. Die einsamen Gedanken eines Liebenden melden sich unkontrolliert, überfallartig zu Wort, sind widersprüchlich und folgen keiner Ordnung. Der Liebende kann noch nicht einmal ausschließen,

Siehe auch: Platon 50–55 ▪ Augustinus von Hippo 72–73 ▪ Ferdinand de Saussure 223 ▪ Walter Benjamin 258 ▪ Jacques Derrida 312–317 ▪ Julia Kristeva 328

» ... von [Millionen von Leibern] kann ich nur einige Hundert begehren; von diesen aber liebe ich nur einen. Der ... bezeichnet mir die Besonderheit meines Verlangens. «

Roland Barthes
Fragmente einer Sprache der Liebe

dass er etwas gegen sich selbst im Schilde führt. Auf jeden Fall ist der »Faden abgerissen«. Daher konstruiert Barthes keine Handlung, er erzählt nicht, sondern konfrontiert die Leser mit einer ganz außergewöhnlichen Sammlung chaotischer Gefühlsausbrüche. Und doch werden Leser immer wieder spontan ausrufen: »Ja, das stimmt! So habe ich das auch erlebt ...«

Sprache der Liebe

In diesem Kontext gebraucht Barthes den Ausdruck »Sprache als Haut«. Sprache, zumindest die des Liebenden, ist nicht neutral, dient nicht bloß der Verständigung, sondern »zittert vor Verlangen«. Barthes schreibt, er »reibe« seine Sprache an einer anderen, so als habe er Worte statt Finger oder Finger an den Spitzen der Worte. Auch wenn er unbeteiligt schreibe, eine philosophische Abhandlung über die Liebe zum Beispiel, sei in dieser Unbeteiligtheit eine geheime Mitteilung an eine bestimmte Person, ein Wunschobjekt, verborgen, wobei dieser Jemand durchaus ein Phantom sein könne.

Barthes gibt – allerdings nicht im Rahmen einer distanzierten philosophischen Diskussion – ein Beispiel für eine solche geheime Mitteilung. Er zitiert Platons *Symposion*, den Dialog über die Liebe, der im Haus des Dichters Agathon stattfindet.

Zu fortgeschrittener Stunde und betrunken taucht Alkibiades auf und setzt sich neben Agathon und Sokrates. Die trunkene Rede des Alkibiades ist eine Lobeshymne auf Sokrates, doch ist es Agathon, den er begehrt: Seine Rede »reibt« sich sozusagen an Agathon.

Aber in welcher Sprache reden wir überhaupt über andere Dinge? Zittert nur die Sprache des Liebenden vor verborgenen Wünschen oder gilt dies auch für andere Sprachen und Ausdrucksformen? Darauf gibt uns Barthes keine Antwort – wir können es nur selbst herausfinden. ■

Die Sprache des Liebenden, sagt Barthes, ist wie eine Haut, die vom Liebenden bewohnt wird. Ihre Worte können den Geliebten auf nahezu physische oder fühlbare Weise bewegen.

Roland Barthes

Barthes wurde 1915 im französischen Cherbourg geboren. Er studierte von 1935 bis 1939 an der Sorbonne in Paris. In dieser Zeit erkrankte er an Tuberkulose, an der er sein Leben lang zu leiden hatte. Wegen der Krankheit konnte er zunächst keine Lehrbefugnis erwerben, wurde im Krieg aber auch vom Wehrdienst freigestellt. Er ist von jungen Jahren an theater- und musikbegeistert. Nach dem Krieg konnte er doch Lehrer werden und unterrichtete in Frankreich, Rumänien und Ägypten. Ab 1952 lebte er wieder ständig in Frankreich und schrieb die einzelnen Teile seines Werkes *Mythen des Alltags*. In den 1960er-Jahren wuchs Barthes' Renommee ständig, er lehrte jetzt sowohl in Frankreich als auch im Ausland. 64-jährig starb er an den Folgen eines Unfalls: Nach einem Essen mit Präsident Mitterrand hatte ihn ein Kleinlaster überfahren.

Hauptwerke

1957 *Mythen des Alltags*
1973 *Die Lust am Text*
1977 *Fragmente einer Sprache der Liebe*

WIE KÄMEN WIR ZURECHT OHNE EINE KULTUR?

MARY MIDGLEY (1919–2018)

IM KONTEXT

DISZIPLIN
Wissenschaftsphilosophie

LEHRE
Analytische Philosophie

FRÜHER
4. Jh. v. Chr. Aristoteles definiert den Menschen als »politisches Wesen«, das heißt, wir sind zugleich natürliche Wesen und Schöpfer von Kulturen.

1. Jh. n. Chr. Der römische Dichter Titus Lucretius Carus beschäftigt sich in *Über die Natur* mit den natürlichen Voraussetzungen der Kultur.

1859 Charles Darwin veröffentlicht sein bahnbrechendes Werk *Ursprung der Arten*, in dem er nachweist, dass sich alles Leben durch einen Prozess natürlicher Auslese entwickelt hat.

SPÄTER
seit den 1980er-Jahren Richard Dawkins und Mary Midgley debattieren über die Folgen des Darwinismus für unser Verständnis der menschlichen Natur.

In ihrem 1978 erschienenen Buch *Beast and Man* untersucht die britische Philosophin Mary Midgley die Auswirkungen der Naturwissenschaften auf unsere Vorstellungen von der menschlichen Natur. Es wird oft behauptet, dass die Naturwissenschaften, insbesondere Paläontologie und Evolutionsbiologie, unsere herkömmliche Sicht des Menschen zersetzen. Mit diesen Befürchtungen befasst sich Mary Midgley, indem sie den Menschen einerseits von anderen Lebewesen unterscheidet, andererseits jedoch hervorhebt, was wir mit diesen gemeinsam haben.

Eine der Fragen, denen sie nachgeht, ist die nach dem Verhältnis zwischen Natur und Kultur. Ihre Sorge ist, dass wir in der Regel Natur und Kultur als etwas Gegensätzliches verstehen, so als sei Kultur etwas Unnatürliches, auf unsere animalische Natur Aufgepfropftes.

Doch Kultur, sagt Mary Midgley, ist ein Naturphänomen. Die Menschen haben sich zu kulturellen Wesen entwickelt. Man könnte sagen, die Menschen spinnen Kulturen aus sich heraus wie Spinnen ihre Fäden. Wenn dies aber richtig ist, kommen wir ohne Kultur ebenso wenig aus wie Spinnen ohne ihre Spinnweben: Unser Bedarf an Kultur ist angeboren und natürlich. Auf diese Weise versucht die Philosophin, der Einzigartigkeit des Menschen gerecht zu werden und ihn gleichzeitig in den Kontext seiner evolutionären Vergangenheit zu stellen. ■

» Wir trennen uns fälschlich ab von anderen Tieren, wollen einfach nicht glauben, dass wir eine animalische Natur haben. «

Mary Midgley
»The concept of beastliness«

Siehe auch: Platon 50–55 ▪ Aristoteles 56–63 ▪ Ludwig Wittgenstein 246–251

NORMALE WISSENSCHAFT IST NICHT AUF NEUES FAKTENWISSEN ODER THEORIEN AUS

THOMAS S. KUHN (1922–1996)

IM KONTEXT

DISZIPLIN
Wissenschaftsphilosophie

LEHRE
Wissenschaftsgeschichte

FRÜHER
1543 Kopernikus' *Von den Umdrehungen der Himmelskörper* leitet Paradigmenwechsel im Sonnensystem-Verständnis ein.

1934 In *Logik der Forschung* macht Popper die »Falsifizierbarkeit« von Theorien zum Kriterium ihrer Wissenschaftlichkeit.

SPÄTER
1975 Paul Feyerabend plädiert mit *Wider den Methodenzwang* für einen »erkenntnistheoretischen Anarchismus«.

1976 In *Proofs and Refutations* verbindet Lakatos Poppers »Falsifikationismus« mit dem Werk Thomas S. Kuhns.

Gegenwart Konkurrierende Interpretationen von Quantenphänomenen ergeben unterschiedliche Paradigmen der subatomaren Welt.

In *Die Struktur wissenschaftlicher Revolutionen* (1962) hat der Physiker und Wissenschaftshistoriker Thomas S. Kuhn Wendepunkte in der Wissenschaftsgeschichte untersucht und eine Theorie wissenschaftlicher Umwälzungen formuliert.

Paradigmenwechsel

Die Forschung, sagt Kuhn, kennt Perioden »normaler Wissenschaft« und solche der »Krise«. Normale Wissenschaft ist alltägliche Routine der Forschung innerhalb eines bestimmten theoretischen Rahmens – oder eines »Paradigmas« –, deren Ergebnisse diesen Rahmen nicht in Frage stellen. Manchmal jedoch stößt Wissenschaft auf abweichende oder unbekannte Erscheinungen, die gewöhnlich als Irrtümer der betreffenden Wissenschaftler angesehen werden – nach Kuhn ein Beweis dafür, dass normale Wissenschaft nicht auf Neues aus ist. Mit der Zeit aber können sich abweichende Forschungsergebnisse derart häufen, dass ein kritischer Punkt erreicht wird. Dann wird eine neue Theorie aufgestellt, und es findet ein Paradigmenwechsel statt. Irgendwann gilt dieser neue theoretische Rahmen als selbstverständlich und eine neue Routine normaler Wissenschaft beginnt – bis abermals Unregelmäßigkeiten auftauchen. Ein Beispiel für einen Paradigmenwechsel ist die Erschütterung der klassischen Vorstellung von Raum und Zeit, die auf die Einsteinsche Relativitätstheorie folgte. ■

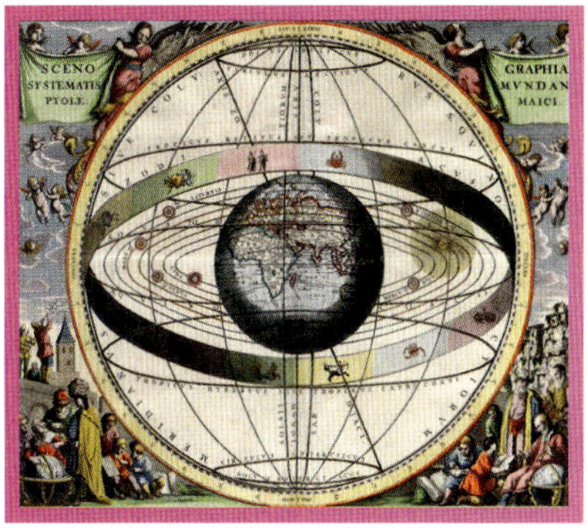

Kopernikus' Theorie, die Erde drehe sich um die Sonne, revolutionierte das wissenschaftliche Denken. Die Erde stand ihr zufolge nicht mehr im Mittelpunkt des Universums.

Siehe auch: Francis Bacon 110–111 ▪ Rudolf Carnap 257 ▪ Karl R. Popper 262–265 ▪ Paul Feyerabend 297 ▪ Richard Rorty 318–323

GERECHTIGKEITSPRINZIPIEN SOLLTEN UNTER DEM SCHLEIER DES NICHT-WISSENS AUSGEWÄHLT WERDEN

JOHN RAWLS (1921–2002)

IM KONTEXT

DISZIPLIN
Politische Philosophie

LEHRE
Theorie des Gesellschaftsvertrags

FRÜHER
um 380 v. Chr. Platon erörtert in *Staat* die Gerechtigkeit und die gerechte Gesellschaft.

1651 Hobbes stellt im *Leviathan* seine Theorie des Gesellschaftsvertrags vor.

1689 Locke führt in der *Zweiten Abhandlung über die Regierung* Hobbes' Theorie weiter.

1762 Rousseaus Schrift *Der Gesellschaftsvertrag* erscheint. Seine Ideen beeinflussen die Französische Revolution.

SPÄTER
1974 Robert Nozick setzt sich in *Anarchie Staat Utopie* kritisch mit Rawls' »Urzustand« auseinander.

2001 Rawls verteidigt seine Ansichten in seinem Buch *Gerechtigkeit als Fairness*.

In seinem 1971 erschienenen Buch *Eine Theorie der Gerechtigkeit* entwickelt Rawls seinen Gedanken der »Gerechtigkeit als Fairness«. Mit diesem Ansatz knüpft er an die Tradition der Theorie des Gesellschaftsvertrags an. Diese leitet die Herrschaft des Gesetzes aus einer Art Vertrag ab, dem die einzelnen Gesellschaftsmitglieder beitreten, weil sie sich davon Vorteile versprechen, die für sie als Individuen unerreichbar sind. Rawls' Version dieser Theorie arbeitet mit einem Gedankenexperiment, das wir zunächst näher beleuchten wollen.

Der Urzustand

Stellen wir uns vor, eine Anzahl von Menschen, die sich nicht kennen, wird auf einer einsamen Insel ausgesetzt. Sie geben die Hoffnung auf, gerettet zu werden, und beschließen, eine neue Gesellschaft zu gründen. Jeder verfolgt seine eigenen Interessen, aber bald merken alle, dass ihnen am besten gedient ist, wenn sie zusammenarbeiten – also einen Gesellschaftsvertrag schließen. Die Frage ist: Wie stellen sie Prinzipien der Gerechtigkeit auf? Welche Regeln führen sie ein? Sind sie an einer wirklich rationalen und

Siehe auch: Platon 50–55 ▪ Thomas Hobbes 112–115 ▪ John Locke 130–133 ▪ Jean-Jacques Rousseau 154–159 ▪ Noam Chomsky 306–307

unparteilichen Gerechtigkeit interessiert, kommen viele Regeln nicht in Frage, zum Beispiel diese: »Wenn du John heißt, musst du als Letzter essen.« Sie ist weder rational noch unparteilich.

In einer solchen Lage müssen wir, so Rawls, einen »Schleier der Unwissenheit« über unser individuelles Leben, über Herkunft, Persönlichkeit und so weiter werfen und nach Regeln suchen, nach denen zu leben uns am besten erscheint. Die einzigen Gebote, denen alle zustimmen können, betont Rawls, sind jene, die sich auf Unparteilichkeit gründen und Ethnie, Klasse, Bekenntnis, besondere Begabungen oder Behinderungen als Kriterien der Zugehörigkeit zu der neuen Gesellschaft ausschließen. Anders gesagt: Wenn ich nicht weiß, welchen Platz ich in der Gesellschaft einnehmen werde, zwingt mich mein eigenes rationales Interesse dazu, für eine Welt einzutreten, in der jeder fair behandelt wird.

Rationalität oder Nächstenliebe

Rawls geht es nicht um die wirkliche Entstehung der Idee der Gerechtigkeit, sondern um die Möglichkeit, unsere Theorien über Gerechtigkeit am Maßstab der Unparteilichkeit zu prüfen. Wenn sie diesem Maßstab nicht genügen, dann ist es unsere Vernunft und nicht unsere Nächstenliebe, die versagt hat. ▪

Die Darstellung der Gerechtigkeit als Frau mit verbundenen Augen und mit Waage und Schwert symbolisiert den Gedanken, dass niemand über dem Gesetz steht.

John Rawls

Rawls wurde 1921 im Staat Maryland in den USA geboren. Er studierte in Princeton, wurde im Krieg im Pazifik eingesetzt und war Zeuge der Folgen des Atombombenabwurfs auf Hiroshima. Nach dem Krieg setzte er sein Studium fort und promovierte 1950 in Princeton. Danach ging er nach Oxford, wo er Isaiah Berlin begegnete. Nach seiner Rückkehr nach Amerika nahm Rawls seine Lehrtätigkeit auf, erst in Cornell und am Massachussets Institute of Technology (MIT), dann in Harvard, wo er *Eine Theorie der Gerechtigkeit* schrieb. Zu seinen Schülern gehörten Philosophen wie Thomas Nagel und Martha Nussbaum. 1995 erlitt Rawls einen ersten Schlaganfall, er arbeitete aber bis zu seinem Tod im Jahr 2002 weiter.

Hauptwerke

1971 *Eine Theorie der Gerechtigkeit*
1993 *Politischer Liberalismus*
1999 *Das Recht der Völker*
2000 *Geschichte der Moralphilosophie*
2001 *Gerechtigkeit als Fairness. Ein Neuentwurf*

KUNST IST EINE LEBENSFORM

RICHARD WOLLHEIM (1923–2003)

IM KONTEXT

DISZIPLIN
Ästhetik

LEHRE
Analytische Philosophie

FRÜHER
um 380 v. Chr. Platon untersucht in *Der Staat* das Verhältnis zwischen Kunstformen und politischen Institutionen.

1953 Ludwig Wittgenstein entwickelt in den *Philosophischen Untersuchungen* den Begriff »Lebensform«.

1964 Arthur Danto veröffentlicht den Essay *Kunstwerk – Kunstwelt – Weltsicht*, in dem er künstlerisches Schaffen unter institutionellem Gesichtspunkt analysiert.

SPÄTER
1969 Der amerikanische Philosoph George Dickie entwickelt im Essay *Defining Art* die Institutionentheorie des künstlerischen Schaffens weiter.

Kunst, sagt der britische Kunstphilosoph Richard Wollheim, dürfen wir nicht als abstrakte Idee begreifen, die zu analysieren und zu erklären ist, sondern wir müssen sie im Verhältnis zu ihrem sozialen Kontext beurteilen. In *Art and its Objects* (1968) beschreibt er Kunst als »Lebensform«, benutzt also einen Ausdruck, den Wittgenstein im Hinblick auf den Sprachgebrauch geprägt hat. Für Wittgenstein ist Sprache eine »Lebensform«, weil die Art, in der wir sie gebrauchen, auf unsere Erfahrungen, Gewohnheiten und Fähigkeiten zurückgeht. Er wollte nicht in den üblichen Fehler der Philosophie verfallen und sich mit vereinfachenden Verallgemeinerungen über die Sprache begnügen, sondern verweist auf die vielen verschiedenen Funktionen, die Sprache in unserem Leben hat.

Das soziale Umfeld

Wollheim geht ähnlich vor wie Wittgenstein. Künstler sind abhängig von ihrem Kontext – ihren Überzeugungen, ihrer Geschichte, ihren

Was wir als Kunst betrachten, hängt vom Kontext ab. *Eldorado: Aristide Bruant* war eines von mehreren Plakaten von Toulouse-Lautrec, die später als eigenständige Kunstwerke galten.

Gefühlslagen, körperlichen Bedürfnissen und ihrem sozialen Umfeld – und von der sich ständig ändernden Welt, die sie interpretieren. Für Wollheim kann es keinen »künstlerischen Impuls« oder Instinkt geben, der unberührt bleibt von den Institutionen, in deren Rahmen sich das künstlerische Schaffen abspielt. ■

Siehe auch: Platon 50–55 ▪ Ludwig Wittgenstein 246–251

ANYTHING GOES – MACH, WAS DU WILLST

PAUL FEYERABEND (1924–1994)

IM KONTEXT

DISZIPLIN
Wissenschaftsphilosophie

LEHRE
Analytische Philosophie

FRÜHER
1934 In *Logik der Forschung* erklärt Karl R. Popper die »Falsifizierbarkeit« zum Kriterium wissenschaftlicher Theorien.

1962 In *Die Strukturen wissenschaftlicher Revolutionen* führt Thomas S. Kuhn den Begriff des »Paradigmenwechsels« in die wissenschaftliche Theoriebildung ein.

1960er- und 1970er-Jahre Feyerabend entwickelt seine Ideen in Diskussionen mit seinem Freund und Kollegen Imre Lakatos.

SPÄTER
seit den 1980er-Jahren Die amerikanischen Philosophen Patricia und Paul Churchland knüpfen in ihrer Theorie des Geistes an Feyerabends Überlegungen an.

Der in Österreich geborene Feyerabend war Schüler von Karl R. Popper an der London School of Economics, setzte sich jedoch deutlich von dessen rationalem Wissenschaftsmodell ab. Während seiner Zeit an der University of California befreundete er sich mit dem in Deutschland geborenen Philosophen Thomas S. Kuhn, der herausgefunden hatte, dass wissenschaftlicher Fortschritt nicht graduell verläuft, sondern Sprünge macht. Feyerabend geht über Kuhns Idee des »Paradigmenwechsels« noch hinaus: Er sagt, es könne keinen festen Rahmen für Bedeutungen geben, wenn sich durch solche Sprünge alle wissenschaftlichen Konzepte und Begriffe verändern.

Anarchie in der Wissenschaft

In *Wider den Methodenzwang*, seinem berühmtesten Buch, das 1975 erschien, erläutert Feyerabend seinen »erkenntnistheoretischen Anarchismus«. Wenn alle wissenschaftlichen Methoden und Methodologien eine begrenzte Reichweite haben, dann, so Feyerabend, kann es so etwas wie *die* wissenschaftliche Methode nicht geben. Wenn wir uns anschauen, wie die Wissenschaften sich in der Praxis entwickeln und Fortschritte erzielen, müssen wir zu dem Schluss kommen, dass die einzige »Methode« nur sein kann, dass »alles geht«. Wissenschaften haben sich nie nach strikten Regeln entwickelt, und wenn Wissenschaftstheorie oder -philosophie solche Regeln verlange, setze sie dem wissenschaftlichen Fortschritt Grenzen. ■

»Wissenschaft und Mythos überschneiden sich vielfältig.«

Paul Feyerabend
Wider den Methodenzwang

Siehe auch: Karl R. Popper 262–265 ▪ Thomas S. Kuhn 293

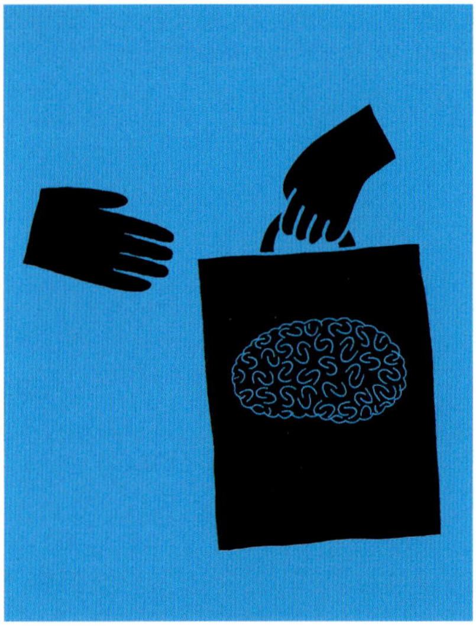

WISSEN WIRD PRODUZIERT, UM ES ZU VERKAUFEN

JEAN-FRANCOIS LYOTARD (1924–1998)

IM KONTEXT

DISZIPLIN
Erkenntnistheorie

LEHRE
Postmodernismus

FRÜHER
1870er-Jahre Der Begriff »postmodern« wird zuerst in der Kunstkritik verwendet.

1939–1945 Technische Fortschritte im Zweiten Weltkrieg schaffen die Voraussetzungen für die Computerrevolution des 20. Jahrhunderts.

1953 Ludwig Wittgenstein beschreibt in *Philosophische Untersuchungen* »Sprachspiele« – ein Gedanke, den Lyotard für seine Theorie der Metaerzählungen aufgreift.

SPÄTER
1984 Der amerikanische Literaturkritiker Fredric Jameson veröffentlicht *Postmodernism, or the Cultural Logic of Late Capitalism*.

seit den 1990er-Jahren Das Internet bietet einen beispiellosen Zugang zu Informationen.

Den Gedanken, dass Wissen produziert wird, um es zu verkaufen, formuliert Lyotard zum ersten Mal in seinem Buch *Das postmoderne Wissen*. Der Gebrauch des Begriffs »postmodern« im Buchtitel ist aufschlussreich. Zwar hat Lyotard den Begriff nicht erfunden – er wird in der Kunstkritik seit den 1870er-Jahren benutzt –, aber er hat ihn erweitert und zu seiner Popularisierung beigetragen. Viele sagen, mit Lyotards Schrift habe das postmoderne Denken begonnen.

Seither wird der Begriff in so vielen verschiedenen Zusammenhängen verwendet, dass es ausgesprochen schwierig ist, seine Bedeutung zu umreißen. Lyotards Definition allerdings ist klar. Der Postmodernismus, schreibt er, ent-

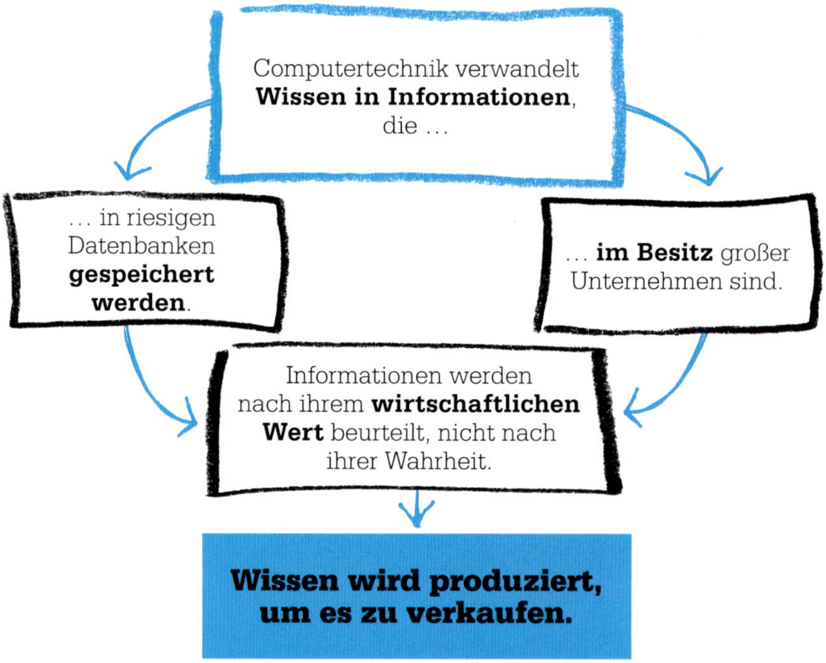

Siehe auch: Immanuel Kant 164–171 ▪ Georg W. F. Hegel 178–185 ▪ Friedrich Nietzsche 214–221 ▪ Ludwig Wittgenstein 246–251 ▪ Martin Heidegger 252–255 ▪ Gilles Deleuze 344

Wenn Wissen zu Daten wird, ist es nichts undefinierbar Geistiges mehr, sondern eine Ware, die übertragen, gespeichert, gekauft und verkauft werden kann.

springt dem »Unglauben an Metaerzählungen«. Metaerzählungen sind übergreifend, Geschichten, die die ganze Menschheitsentwicklung zusammenfassen, oder Versuche, unser gesamtes Wissen in einem einzigen Rahmen unterzubringen. Ein Beispiel für eine Metaerzählung ist der Marxismus (die Lehre, alle Geschichte sei eine Geschichte von Klassenkämpfen), ein anderes die Vorstellung, es gebe einen Fortschritt zu immer mehr Wissen und sozialer Gerechtigkeit, den wir der Wissenschaft zu verdanken hätten.

Externalisiertes Wissen

Da wir diesen Metaerzählungen nicht mehr so recht glauben wollen, verfallen wir einem neuen Skeptizismus. Nach Lyotard entspringt diese Entwicklung unserem seit dem Zweiten Weltkrieg völlig veränderten Verhältnis zum Wissen und zu den gewaltigen technischen Neuerungen, die unseren Umgang mit Wissen bestimmen. Computer haben unsere Einstellung tiefgreifend verändert, denn Wissen ist in Informationen zerfallen, die in Datenbanken gespeichert, hin- und herbewegt, gekauft und verkauft werden können. Diesen folgenreichen Vorgang nennt Lyotard die »Merkantilisierung« des Wissens.

Die erste Folge davon ist, dass Wissen externalisiert wird. Es ist nicht mehr dazu da, unserer geistigen Entwicklung zu dienen und uns vielleicht zu verändern. Zudem wird Wissen von der Wahrheit abgekoppelt. Es wird nicht danach beurteilt, wie wahr es ist, sondern inwieweit es bestimmten Zwecken dient. Wenn nicht mehr gefragt wird: »Ist dieses Wissen wahr?«, sondern: »Wie lässt es sich verkaufen?«, ist Wissen zur Ware geworden. Lyotard hat die Befürchtung, dass private Unternehmen den Fluss des Wissens unter ihre Kontrolle bringen und festlegen könnten, wer zu welcher Art Wissen Zugang hat und wann. ■

Jean-François Lyotard

Lyotard wurde 1924 in Versailles geboren. Er studierte Philosophie und Literatur an der Sorbonne in Paris, wo er Gilles Deleuze kennenlernte. Nach dem Studium unterrichtete Lyotard an verschiedenen Schulen in Frankreich und Algerien. In den 1950er-Jahren beteiligte er sich aktiv an politischen Aktionen der Linken und engagierte sich in der marxistischen antistalinistischen Gruppe „Sozialismus oder Barbarei“. Sein Eintreten für die algerische Revolution machte ihn bekannt. Seine Erfahrungen mit der Linken waren nicht nur positiv, sie prägten aber sein philosophisches Denken: Enttäuscht wandte er sich von den marxistischen Metaerzählungen ab. In den 1970er-Jahren lehrte er Philosophie an der Sorbonne, dann an verschiedenen Universitäten in den USA, Kanada, Brasilien und zuletzt an der Universität Paris VIII. Er starb 1998 an Leukämie.

Hauptwerke

1971 *Discours, Figure*
1974 *Libidinöse Ökonomie*
1979 *Das postmoderne Wissen*
1983 *Der Widerstreit*

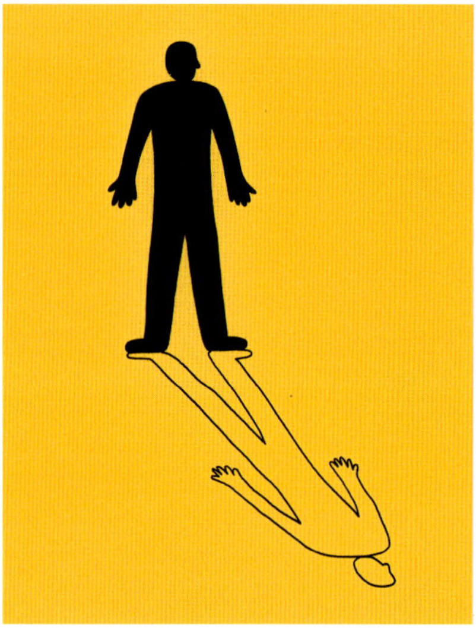

FÜR DEN SCHWARZEN MENSCHEN GIBT ES NUR EIN ZIEL. UND DAS IST WEISS

FRANTZ FANON (1925–1961)

IM KONTEXT

DISZIPLIN
Politische Philosophie

LEHRE
Existenzialismus

FRÜHER

4. Jh. v. Chr. Aristoteles nennt in der *Nikomachischen Ethik* die Sklaverei einen natürlichen Zustand.

19. Jh. Afrika wird von europäischen Ländern aufgeteilt und kolonisiert.

1930er-Jahre Die *Négritude*-Bewegung im frankofonen Teil Afrikas propagiert ein einheitlich schwarzes Bewusstsein.

SPÄTER

1977 Steve Biko, ein von Fanon beeinflusster Apartheidgegner, stirbt in einem südafrikanischen Polizeigefängnis.

1978 Der von Fanon beeinflusste Edward Said veröffentlicht seine Studie *Orientalismus* über den westlichen Blick auf die arabisch-islamische Welt des 19. Jh.

Der Philosoph und Psychiater Frantz Fanon hat seine psychoanalytische Studie *Schwarze Haut, weiße Masken* über Rassismus und das psychosoziale Erbe des Kolonialismus im Jahr 1952 veröffentlicht. Schwarze hätten nur ein Ziel. Und das sei weiß, so fasste Fanon seine Erfahrungen zusammen, die dem Buch zugrunde liegen. Zumindest zwei Dinge drücken diese Sätze aus. Erstens: Wenn Schwarze wie die Weißen sein wollen, dann zeigt dies, dass Hoffnungen und Erwartungen der kolonisierten Völker durch die Kultur der Weißen bestimmt sind. Den europäischen Kolonialisten galten Schwarze als unrein. Dies hat das Selbstverständnis der Kolonisierten so nachhaltig beeinflusst, dass sie ihre Hautfarbe selbst als Zeichen der Minderwertigkeit verstanden.

Sie sahen nur einen Ausweg, nämlich sich eine »weiße Existenz« zu schaffen. Das aber, sagt Fanon, war kein Ausweg, sondern eine Sackgasse. Denn die schwarze Hautfarbe bedeutete auch weiterhin, dass sie nicht wie Weiße akzeptiert wurden. Der Ehrgeiz, ein Leben zu führen wie die Weißen,

Siehe auch: Aristoteles 56–63 ▪ Jean-Paul Sartre 268–271 ▪ Maurice Merleau-Ponty 274–275 ▪ Edward Said 325

» Der schwarze Mensch erscheint aus der Perspektive des Weißen als minderwertig, aber umgekehrt ist der Weiße mit seinen ›Errungenschaften‹ Zivilisation, Kultur, kurz Intellekt, nachahmenswert. «

Frantz Fanon
Schwarze Haut, weiße Masken

übersieht nicht nur den weiter bestehenden Rassismus und die Ungleichheit, sondern dient auch dazu, diese zu maskieren oder gar zu verzeihen, denn mit ihrem Ehrgeiz erkennen Schwarze an, dass es so etwas wie eine unanfechtbare Überlegenheit der weißen Existenz gebe.

Damit sagt Fanon noch etwas anderes, Komplexeres: Angesichts ihres Trachtens nach einer »weißen Existenz«, könnte man es den Schwarzen selbst überlassen zu beurteilen, was es heißt, schwarz zu sein. Damit aber, sagt Fanon, entkommt man dem Problem nicht. Denn selbst die Seele der Schwarzen ist, wie Fanon an einer Stelle schreibt, eine Schöpfung der Weißen. Alle Visionen dessen, was es heißt, schwarz zu sein, sind zutiefst vom rassistischen Denken der Europäer durchdrungen.

Damit liefert Fanon eine Fundamentalkritik an der Bewegung der *négritude*. Unter dieser Parole haben sich in den 1930er-Jahren französische und Französisch sprechende schwarze Schriftsteller versammelt, um Rassismus und Kolonialismus der französischen Kultur zu bekämpfen und für eine unabhängige gemeinsame schwarze Kultur einzutreten. Fanon aber hält die Idee der *négritude* für ungeeignet, die wirklichen Probleme des Rassismus zu begreifen, denn die Art, in der sie »Schwarzsein« begreift, wiederhole nur die Fantasien der herrschenden weißen Kultur.

Menschenrechte

Nach Fanon gibt es nur dann eine Lösung für das Unrecht des Kolonialismus, wenn wir das rassistische Denken überwinden. Jeder Mensch hat nur ein Recht, sagt Fanon, nämlich von anderen zu verlangen, dass sie sich ihm gegenüber menschlich verhalten. Sein Denken hatte großen Einfluss auf antikolonialistische und antirassistische Bewegungen und Apartheidgegner wie Steve Biko und Schüler wie Edward Said. ■

Wegen ihrer Hautfarbe fühlen sich viele Kolonisierte minderwertig, so Fanon, sie neigen dazu, kulturelle Standards der Kolonisatoren zu übernehmen, erstreben z. T. gar eine »weiße Existenz«.

Frantz Fanon

Fanon wurde 1925 auf Martinique geboren und schloss sich im Zweiten Weltkrieg der Freien Französischen Armee an. Nach Kriegsende studierte er Medizin und Psychiatrie in Lyon, hörte aber auch Vorlesungen über Literatur und Philosophie, unter anderem bei Merleau-Ponty.

In seiner Jugend hatte sich Fanon als Franzose gefühlt, doch als er in Frankreich lebte, überraschte ihn der Rassismus, auf den er überall traf. Diese Erfahrungen spielten für die Entwicklung seiner Philosophie eine große Rolle. Ein Jahr nach seiner Ausbildung zum Psychiater veröffentlichte er *Schwarze Haut, weiße Masken*.

1953 ging Fanon nach Algerien und leitete dort die psychiatrische Klinik Bilda. Nachdem er zwei Jahre lang die Erzählungen seiner Patienten über Folterungen im Unabhängigkeitskampf gehört hatte, gab er seine Stelle auf, ging nach Tunesien und arbeitete für die algerische Befreiungsbewegung. Gegen Ende der 1950er-Jahre erkrankte er an Leukämie. Während seiner Krankheit schrieb er *Die Verdammten dieser Erde*, sein letztes Buch, in dem er für eine andere Welt eintrat. Es wurde 1961, im Todesjahr Fanons, mit einem Vorwort von Jean-Paul Sartre veröffentlicht.

Hauptwerke

1952 *Schwarze Haut, weiße Masken*
1959 *Im fünften Jahr der algerischen Revolution*
1961 *Die Verdammten dieser Erde*
1969 *Für eine afrikanische Revolution* (posthum veröffentlichte Aufsatzsammlung)

MASCHINEN ÜBERRASCHEN MICH IMMER WIEDER

ALAN TURING (1912–1954)

IM KONTEXT

DISZIPLIN
Philosophie des Geistes

LEHRE
Künstliche Intelligenz

FRÜHER
1662 René Descartes argumentiert, dass alle Tiere als Automaten bezeichnet werden könnten, weil sie keinen Geist besäßen, der zu rationalem Denken fähig sei.

SPÄTER
1956 Die Dartmouth Conference über Künstliche Intelligenz in New Hampshire (USA) postuliert, dass jeder Aspekt des Lernens und jedes andere Merkmal von Intelligenz so genau beschrieben werden könne, dass eine Maschine dies simulieren könne.

1980 John Searle unterscheidet »schwache KI« (System, das intelligent handeln kann) und »starke KI« (System, das einen Geist und mentale Zustände haben kann).

Der Informatikpionier Alan Turing bezeichnete sich selbst nie als Philosoph, und doch wurde er oft gefragt, ob Maschinen denken könnten. Anstatt diese für ihn müßige Frage zu beantworten, stellte er eine andere: Kann eine Maschine intelligentes Verhalten zeigen?

In seinem Grundlagenartikel »Computing Machinery and Intelligence« von 1950 schlug Turing eine Methode vor, dies zu bestimmen, den sogenannten »Turing-Test«. Demnach kann man sagen, eine Maschine zeigt Intelligenz, wenn ein Mensch aus den Antworten, die er in einem Gespräch erhält, nicht schließen kann, ob er sich mit einem Menschen oder einer Maschine unterhält. Das ist nicht dasselbe wie die Behauptung, dass die Maschine tatsächlich denkt. Jedoch, so Turing, sei es eine »höfliche Übereinkunft«, aus dem Verhalten eines Menschen abzuleiten, dass er denken könne.

Der amerikanische Philosoph John Searle bezweifelte, dass der Turing-Test maschinelle Intelligenz beweist. Laut seines Gedankenexperiments »Chinesisches Zimmer« (1980) folgt der Antwortende einfach blind einem »Programm«.

Im Film *2001: Odyssee im Weltraum* (1968) wird der KI-Computer HAL zur Gefahr für die Menschen an Bord eines Raumschiffs.

Die Künstliche Intelligenz (KI) hat seit dem Turing-Test und dem »Chinesischen Zimmer« große Fortschritte gemacht. Doch die Kernfrage bleibt: Sind Maschinen zu eigenständigem Denken fähig? Und in Bezug auf das Verständnis unseres Bewusstseins: Können Maschinen einen Geist, ein Bewusstsein und mentale Zustände haben? ■

Siehe auch: Daniel Dennett 329

ALS ICH DEN BEGRIFF »MORALISCHER ZUFALL« EINFÜHRTE, WOLLTE ICH IHN ALS OXYMORON VERSTANDEN WISSEN

BERNARD WILLIAMS (1929–2003)

IM KONTEXT

DISZIPLIN
Ethik

LEHRE
Konsequentialismus

FRÜHER

1780 Jeremy Bentham entwickelt den Utilitarismus, wonach sich die Moral einer Handlung an deren Ergebnis bemisst.

1784 In *Grundlegung zur Metaphysik der Sitten* argumentiert Immanuel Kant, die Absicht, nicht das Ergebnis, bestimme die Moral.

1883 Friedrich Nietzsche erläutert den Willen zur Macht in *Also sprach Zarathustra*.

SPÄTER

1979 Thomas Nagel identifiziert vier Arten von Zufall in seinem Essay »Moral Luck«.

1990 In *Freedom Within Reason* sucht Susan Wolf einen Mittelweg zwischen Ablehnung und Anerkennung der Rolle des moralischen Zufalls.

Eigentlich sollte der Zufall (Dinge außerhalb der Kontrolle eines Handelnden) unsere moralische Beurteilung einer Handlung nicht beeinflussen. In dem Essay »Moralischer Zufall« zeigte der britische Philosoph Bernard Williams jedoch, dass er dabei tatsächlich oft eine Rolle spielt.

Das von Williams beschriebene Phänomen tritt auf, wenn das Moralurteil über einen Menschen auch auf Faktoren beruht, die er nicht steuern kann. Dass der Zufall das Urteil verzerrt, erscheint intuitiv falsch, ist aber nicht selten.

Ein Beispiel: Zwei Personen liefern sich ein illegales Straßenrennen. Eine Person wird erwischt und mit einer Geldbuße und Führerscheinentzug bestraft. Die andere hat weniger Glück: Ein Fußgänger läuft vor das Auto und wird getötet. Sie wird zu einer Haftstrafe und lebenslangem Fahrverbot verurteilt. Ereignisse außerhalb ihrer Kontrolle führten zu dem tragischen Ausgang und dem härteren Strafmaß, auch wenn Absicht und moralische Schuld bei beiden dieselben waren. Thomas Nagel schlug ein »Kontrollprinzip« vor: Menschen dürfen moralisch nicht unterschiedlich bewertet werden, wenn sich ihr Handeln nur durch Faktoren außerhalb ihrer Kontrolle unterscheidet.

Die Konzepte des moralischen Zufalls und des Kontrollprinzips haben Befürworter und Gegner. Einige erkennen bestimmte Arten des moralischen Zufalls unter gewissen Umständen an. ■

Die Rolle des moralischen Zufalls bezieht sich auf die Frage: Können wir für Handlungen beurteilt werden, auf die wir keinen Einfluss haben?

Siehe auch: Niccolò Machiavelli 102–107 ▪ Immanuel Kant 164–171 ▪ Jeremy Bentham 174 ▪ Friedrich Nietzsche 214–221 ▪ Thomas Nagel 327

DER MENSCH IST EINE JUNGE ERFINDUNG

MICHEL FOUCAULT (1926–1984)

IM KONTEXT

DISZIPLIN
Erkenntnistheorie

LEHRE
Diskursarchäologie

FRÜHER
Ende 18. Jh. Immanuel Kant schafft die Voraussetzungen für das Menschenbild des 19. Jahrhunderts.

1859 Charles Darwins *Ursprung der Arten* verursacht eine Revolution unseres Selbstverständnisses als Menschen.

1883 Friedrich Nietzsche verkündet in *Also sprach Zarathustra*, der Mensch sei etwas, das überwunden werden müsse.

SPÄTER
1985 Die amerikanische Philosophin Donna Haraway entwirft in *Ein Manifest für Cyborgs* eine nachmenschliche Zukunft.

1991 In *Philosophie des menschlichen Bewusstseins* stellt Daniel Dennett unsere herkömmliche Auffassung vom Bewusstsein in Frage.

Wir halten die Idee des »Menschen« oder der Menschheit für **natürlich** und **ewig unveränderlich**.

Eine **Archäologie des Denkens** zeigt jedoch, dass die Idee des »Menschen« als Forschungsobjekt zu Beginn des 19. Jahrhunderts entstand.

Der »Mensch« ist eine Erfindung jungen Datums.

Den Gedanken, »der Mensch« sei eine Erfindung der jüngeren Zeit, findet sich in Foucaults *Die Ordnung der Dinge*. Um zu erfassen, worauf er damit hinauswill, müssen wir wissen, wie er den Begriff Archäologie verwendet. Die Diskurse, die wir führen, sagt Foucault, auch die Strukturen unseres Denkens und Redens folgen unbewussten Regeln, die unter bestimmten historischen Bedingungen entstanden sind. Was wir als »gesunden Menschenverstand« betrachten, ist abhängig von diesen sich geschichtlich verändernden Regeln und Bedingungen. Entsprechend veränderlich sind auch die Diskursformationen, folglich müssen sie »archäologisch« rekonstruiert werden: Wir müssen die Denk- und Redeweisen vergangener Jahrhunderte freilegen. Begriffe wurden nicht schon immer so verwendet, wie wir sie heute gebrauchen, doch eine traditionelle »Ideengeschichte« wird nicht herausfinden, wie sie entstanden sind. Unser gegenwärtiges Denken, sagt Foucault, unterscheidet sich radikal von früheren Epochen. Und am besten lässt sich dies an Begriffen wie »Mensch«, »Menschheit« und »menschliche Natur« nachweisen.

Siehe auch: Immanuel Kant 164–171 ▪ Friedrich Nietzsche 214–221 ▪ Martin Heidegger 252–255 ▪ Maurice Merleau-Ponty 274–275 ▪ Daniel Dennett 329

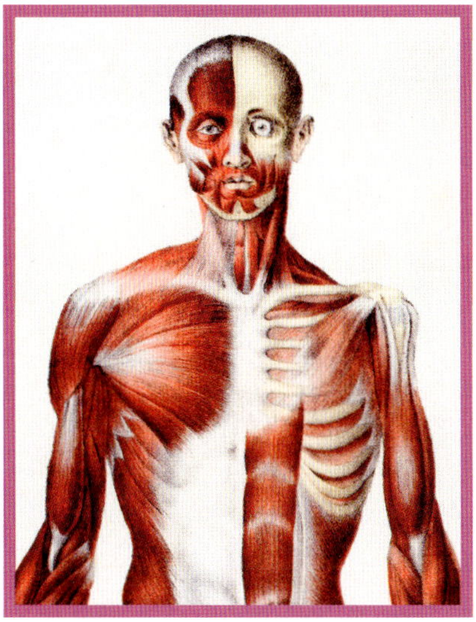

Das 19. Jh. erlebte eine Revolution der Anatomie, wie diese Zeichnung aus einem medizinischen Lehrbuch aus dieser Zeit zeigt. Foucault ist überzeugt, dass auch unser Menschenbild aus dieser Epoche stammt.

Dieser Gedanke findet sich schon bei Kant, der die Philosophie auf den Kopf stellte und nicht mehr wie bis dahin fragte: »Warum ist die Welt so, wie sie ist?«, sondern: »Warum sehen wir die Welt so, wie wir sie sehen?« Wir halten unsere Vorstellung vom Menschsein für fundamental und unveränderlich, in Wirklichkeit aber ist sie eine junge Erfindung. Den Ursprung unseres gegenwärtigen Menschenbildes datiert Foucault auf das frühe 19. Jahrhundert, als sich auch die Naturwissenschaften stark zu entwickeln begannen. Diese Vorstellung vom »Menschen« hat seiner Ansicht nach etwas Paradoxes: Wir verstehen uns als Objekte, die wie andere Objekte untersucht und analysiert werden können, und zugleich als Subjekte, die Erfahrungen machen und Wissen erwerben – merkwürdige Geschöpfe, die janusköpfig in zwei Richtungen blicken.

Das menschliche Selbstbild

Foucault ist nicht nur überzeugt, dass diese Vorstellung vom »Menschen« eine junge Erfindung ist, sondern auch eine Erfindung, deren Ende absehbar ist, deren Umriss sich verliert wie ein am Meer in den Sand gezeichnetes Gesicht. Hat er damit recht? Wir leben in einer Zeit immer schnellerer Entwicklungen auf dem Gebiet der Computertechnik und der Mensch-Maschinen-Systeme, Philosophen wie Daniel Dennett stellen unter Berufung auf die Kognitionswissenschaften die Idee der Subjektivität grundsätzlich in Frage. Angesichts all dessen ist der Gedanke nur schwer abzuweisen, dass die Flut das Gesicht im Sand noch nicht verwischt hat, ihm aber doch schon bedenklich nahe gekommen ist. ▪

» Der Mensch ist nicht das älteste noch das konstanteste Problem, das sich dem menschlichen Wissen gestellt hat. «

Michel Foucault
Die Ordnung der Dinge

Michel Foucault

Foucault wurde 1926 in einer Arztfamilie in Poitiers geboren. Nach dem Krieg studierte er an der École Normale Supérieure Philosophie bei Merleau-Ponty. 1954 ging er ins schwedische Uppsala und lebte und arbeitete danach in Polen und Deutschland.

1960 kehrte er nach Frankreich zurück und promovierte 1961 mit einer Studie über die *Geschichte des Wahnsinns*, in der er die These aufstellte, dass der Unterschied zwischen Wahnsinn und Gesundheit keine reale Grundlage habe, sondern ein soziales Konstrukt sei. Nach den monatelangen Streiks der Studenten im Jahr 1968 nahm er aktiv an den politischen Auseinandersetzungen teil. Sein politisches Engagement und seine Lehrtätigkeit behielt er bis zu seinem Lebensende bei. Er starb 1984 an den Folgen einer Aids-Erkrankung.

Hauptwerke

1961 *Wahnsinn und Gesellschaft*
1963 *Die Geburt der Klinik. Eine Archäologie des ärztlichen Blicks*
1966 *Die Ordnung der Dinge*
1975 *Überwachen und Strafen*

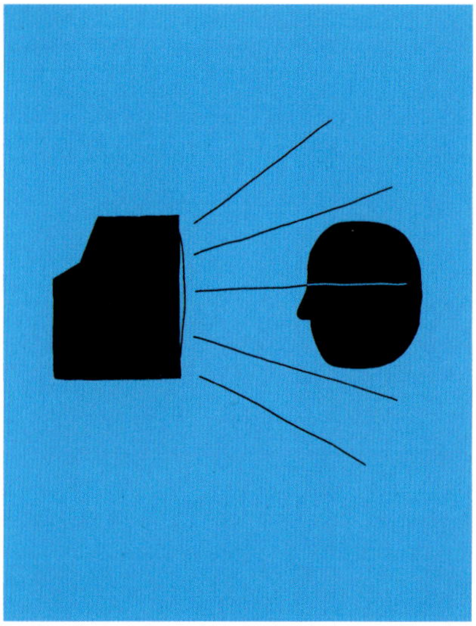

WENN WIR WOLLEN, KÖNNEN WIR IN EINER WELT BEQUEMER ILLUSIONEN LEBEN

NOAM CHOMSKY (GEB. 1928)

IM KONTEXT

DISZIPLIN
Ethik

LEHRE
Universalismus

FRÜHER

um 380 v. Chr. In *Der Staat* behauptet Platon, die meisten Menschen lebten in einer illusionären Welt.

1739 David Humes *Abhandlung über die menschliche Natur* erscheint. Hume war Empirist, dennoch glaubte er, die Moral müsse sich aus festen Grundsätzen herleiten lassen.

1785 Immanuel Kant demonstriert in *Grundlegung zu einer Metaphysik der Sitten*, dass moralische Normen universell gelten können müssen.

Anfang 20. Jh. Politik, sagt John Dewey, ist der Schatten, den große Unternehmen auf die Gesellschaft werfen.

1971 John Rawls beruft sich in seiner *Theorie der Gerechtigkeit* auf Kants universalistische Einstellung.

Noam Chomsky machte sich zunächst einen Namen als Linguist, eine wesentlich größere Öffentlichkeit aber erreichte er mit seinen Studien zur politischen Macht. Seit 1969, der Veröffentlichung von *Amerika und die neuen Mandarine*, seinem ersten politischen Buch, befasst er sich immer wieder mit dem Missverhältnis von staatlicher Machtausübung und politischer Rhetorik. Redeweise und Argumentation von Politikern, so Chomsky, reichen nicht aus, um der Wahrheit politischer Macht auf den Grund zu kommen. Politiker sprechen die Sprache der »Tatsachen«, um ihr Handeln zu rechtfertigen. Doch ohne Beweis sind ihre Behauptungen nur Illusionen, und die Handlungen, zu denen sie führen, bleiben unbegründet. Um staatliches Handeln besser zu verstehen, müssen wir uns über

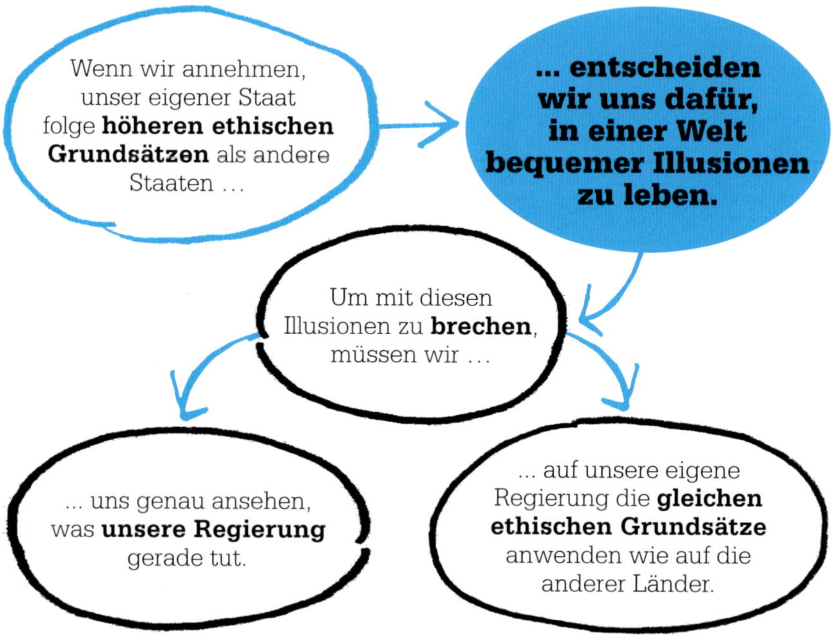

Siehe auch: Platon 50–55 ▪ David Hume 148–153 ▪ Immanuel Kant 164–171 ▪ John Dewey 228–231 ▪ John Rawls 294–295

» Staaten sind keine moralischen Akteure, Menschen schon. «

Noam Chomsky
Hybris

das Schlachtgetümmel konkurrierender Rhetoriken erheben und uns Geschichte, institutionellen Strukturen, offiziellen politischen Dokumenten und so weiter widmen.

Ethik und Universalismus

Chomskys ethische Untersuchungen beruhen auf dem Prinzip des »Universalismus«. Es besagt nichts weiter, als dass wir auf uns selbst die gleichen Maßstäbe anwenden müssen wie auf andere – es ist im Grunde wie das Herzstück jedes ethischen Systems, das sich verantworten lässt. Dahinter steht die psychologische Einsicht, dass wir uns gern einer ethischen Sprache bedienen, um das Verhalten anderer zu kritisieren, aber kaum bereit sind, auch unser eigenes Verhalten entsprechend zu beurteilen. Ziehen wir aber ethische oder moralische Maßstäbe in Betracht und sollen diese stichhaltig sein, müssen sie für andere in gleicher Weise gelten wie für uns selbst. In der Politik heißt das, politisches Handeln strengen Analysen zu unterziehen, anstatt sich durch diese oder jene Rhetorik blenden zu lassen. Chomsky sieht darin sowohl einen moralischen wie einen intellektuellen Imperativ. Wenn jemand eine moralische Forderung erhebt und dabei das Prinzip des Universalismus verletzt, dann ist seine Forderung zurückzuweisen. Gegen manche Äußerungen Chomskys über die globalen Machtverhältnisse wurden schwerwiegende Einwände erhoben, so auch seine Opposition gegen die Unterstützung der Ukraine gegen den russischen Angriffskrieg. Seinen zentralen Gedanken haben sie nie berührt. Denn Argumente gegen bestimmte seiner Behauptungen müssen sich am Prinzip des Universalismus bewähren und alles verfügbare Beweismaterial berücksichtigen. Erweisen sich die Einwände als falsch, sind sie abzulehnen oder müssen modifiziert werden. Sind sie wahr, dann muss entsprechend gehandelt werden. ■

Uncle Sam wurde als Nationalfigur der USA gern von deren Regierungen benutzt, um öffentlichen Rückhalt zu erlangen. Chomsky zeigt, wie solche Bilder von der Wahrheit ablenken.

Noam Chomsky

Chomsky wurde 1928 in einer mehrsprachigen jüdischen Familie im US-Staat Pennsylvania geboren. Er studierte an der University of Pennsylvania Mathematik, Philosophie und Linguistik und schrieb eine bahnbrechende Dissertation über philosophische Linguistik. Mit *Strukturen der Syntax* (1957) festigte er seinen Ruf als führender Linguist und revolutionierte dieses Forschungsgebiet. Seine Interessen aber gingen zunehmend in die politische Richtung. Er wurde zu einem prominenten Gegner des Vietnamkriegs, was ihn 1967 veranlasste, sein Buch *Die Verantwortlichkeit der Intellektuellen* zu veröffentlichen, eine Kritik der intellektuellen Kultur in Amerika. Er lehrt und schreibt weiterhin über Linguistik, Philosophie, Politik und internationale Ereignisse.

Hauptwerke

1967 *Die Verantwortlichkeit der Intellektuellen*
1969 *Amerika und die neuen Mandarine*
2001 *The Attack – Hintergründe und Folgen*
2006 *Der gescheiterte Staat*

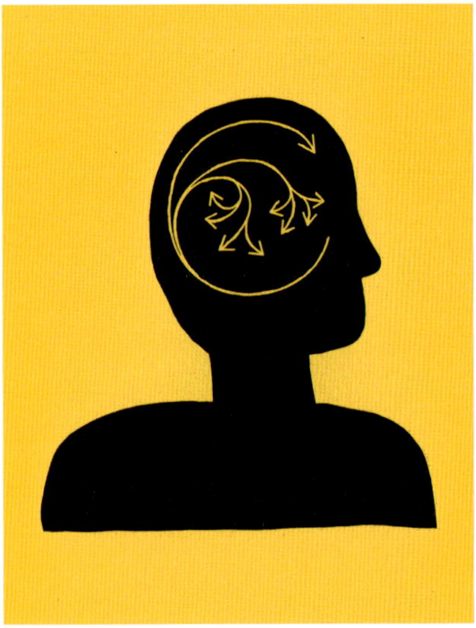

ES IST MEHR NÖTIG, UM EINEN EINGRIFF ZU RECHTFERTIGEN, ALS DIE NICHTLIEFERUNG VON GÜTERN UND DIENSTLEISTUNGEN

PHILIPPA FOOT (1920–2010)

IM KONTEXT

DISZIPLIN
Ethik

LEHRE
Konsequentialismus

FRÜHER
1780 Jeremy Benthams Utilitarismus befürwortet Handlungen, die das größte Glück für die größte Anzahl von Menschen herbeiführen.

1785 Immanuel Kant formuliert den kategorischen Imperativ, den Eckpfeiler seiner Deontologie.

1859 John Stuart Mill stellt das Schadensprinzip auf: Das Handeln des Einzelnen darf nur eingeschränkt werden, um Schaden von anderen abzuwenden.

SPÄTER
1976 Judith Jarvis Thomson entwickelt eine Reihe von Variationen des Trolley-Problems, die andere Reaktionen hervorrufen können.

Der Konsequentialismus – die Vorstellung, die Moral einer Handlung lasse sich am Ergebnis bemessen – gewann seit der europäischen Renaissance in der Ethik an Einfluss. Während einige wie Kant und seine Anhänger urteilten, es gebe moralische Regeln, an die wir uns halten müssen, übernahmen andere begeistert Benthams Utilitarismus, der Handlungen nach ihren Folgen beurteilt.

Demzufolge ist eine Handlung dann moralisch gerechtfertigt, wenn sie der größten Anzahl von Menschen das größte Glück bringt. Benthams »hedonistisches Kalkül« bietet eine quasi mathematische Möglichkeit der Bewertung von Moral. Doch so einfach ist es nicht.

1967 stellte die britische Philosophin Philippa Foot eine Reihe von Gedankenexperimenten zur Überprüfung des Utilitarismus auf. In einem Szenario sollen wir uns einen Chirurgen mit fünf todkranken Patienten vorstellen, die alle ein anderes Organ brauchen. Wäre es moralisch vertretbar, einen Gesunden zu töten, um mit dessen Organen fünf Leben zu retten?

Dem stellt sie das sogenannte »Trolley-Problem« gegenüber: Eine Straßenbahn, die nicht anhalten kann, wird auf ihrem derzeitigen Kurs fünf Arbeiter töten, die die Strecke instandsetzen. Der Fahrer kann sie auf ein anderes Gleis umleiten, aber dann kommt ein Arbeiter auf der anderen Strecke zu Tode. Welche Option ist moralisch gerechtfertigt?

Obwohl die beiden Probleme im Grunde gleich sind – ein Leben zu opfern, um fünf zu retten –, beantworten wir sie instinktiv anders. Beide Lösungen folgen dem Nütz-

Das »Trolley-Problem« wirft die Frage auf, ob es moralisch vertretbarer ist, aktiv einzugreifen, um eine größere Anzahl Leben zu retten, auch wenn dieses Eingreifen direkt zum Tod einer anderen Person führt.

Siehe auch: Niccolò Machiavelli 102–107 ▪ Immanuel Kant 164–171 ▪ Jeremy Bentham 174 ▪ Friedrich Nietzsche 214–221 ▪ Judith Jarvis Thomson 345

Die **Bergwacht** kann entweder einen **einzelnen Bergsteiger** oder eine **Gruppe** von fünf Bergsteigern retten, aber **nicht beides**.

Erster Fall: Um die **Gruppe** zu retten, wird der einzelne Bergsteiger **dem Tod überlassen**.

Das ist **zulässig**.

Zweiter Fall: Um die **Gruppe** zu erreichen, muss die Bergwacht den einzelnen Bergsteiger **gezielt töten**.

Das ist **nicht zulässig**.

Es ist mehr nötig, um einen Eingriff zu rechtfertigen, als die Nichtlieferung von Gütern und Dienstleistungen.

lichkeitsprinzip. Aber während es uns zulässig erscheint, die Straßenbahn umzuleiten, ist es moralisch nicht zulässig, einen Menschen wegen seiner Organe zu töten, wie viele Leben man damit auch rettet.

Das löste eine rege Debatte in der Moralphilosophie aus. Judith Jarvis Thomson, die den Begriff »Trolley-Problem« prägte, wandelte Foots Szenario ab. In einer Variante ersetzte sie den Fahrer durch einen Beobachter, der die Straßenbahn mit einer Weiche umleiten kann. Der Beobachter hat die Wahl: Nichts tun, den Dingen ihren Lauf lassen und fünf Personen töten, oder eingreifen und den Tod eines Menschen verursachen, der sonst überlebt hätte. Bei anderen Varianten kann der Beobachter die Straßenbahn anhalten, indem er eine dicke Person von einer Brücke auf die Strecke wirft und dabei tötet, um die anderen zu retten, oder der einzelne Arbeiter ist ein Freund oder Verwandter des Beobachters, ein berüchtigter Verbrecher oder ein bekannter Wohltäter, was das Dilemma in die eine oder andere Richtung verschiebt.

Foot und Thomson hinterfragen das Prinzip des größten Nutzens. Für sie gibt es einen spürbaren moralischen Unterschied, ob man ein Ereignis bewusst herbeiführt oder es bewusst nicht beeinflusst. ▪

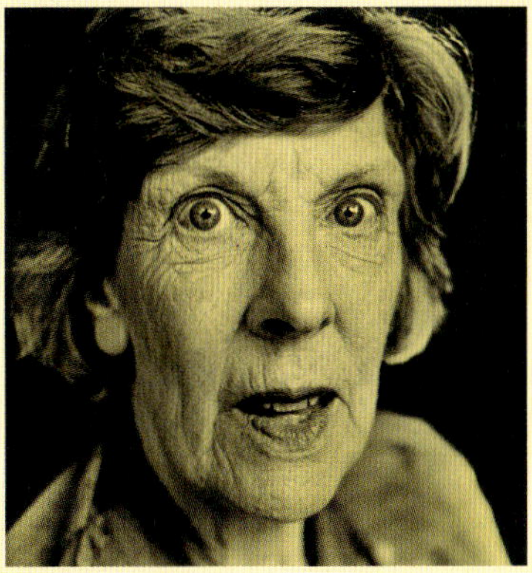

Philippa Foot

Philippa Foot wurde 1920 in Owston Ferry (GB) als Tochter von Captain Bosanquet und Esther Cleveland geboren (Tochter von US-Präsident Grover Cleveland). Sie wuchs in North Yorkshire auf, wo ihr Vater ein Stahlwerk leitete. Foot wurde von Gouvernanten unterrichtet zu einer Zeit, als Mädchen ihrer Schicht gewöhnlich keine höhere Bildung durchliefen. Dennoch studierte sie Philosophie, Politik und Ökonomie am Somerville College in Oxford und erwarb 1942 ihren Abschluss.

Im Zweiten Weltkrieg arbeitete sie in London. Sie heiratete den Historiker M. R. D. Foot und lehrte bis 1969 in Somerville. Nach mehreren Gastprofessuren dozierte sie an der University of California in Los Angeles. Nach der Pensionierung 1991 kehrte sie nach Oxford zurück, wo sie an ihrem 90. Geburtstag starb.

Hauptwerke

1978 *Virtues and Vices and Other Essays in Moral Philosophy*
2001 *Natural Goodness*
2002 *Moral Dilemmas: And Other Topics in Moral Philosophy*

GESELLSCHAFT LEBT AUCH AUS DER KRITIK DER EIGENEN TRADITIONEN

JÜRGEN HABERMAS (GEB. 1929)

IM KONTEXT

DISZIPLIN
Sozialphilosophie

LEHRE
Kritische Theorie, Diskursethik

FRÜHER
1789 Beginn der Französischen Revolution, Ende der »höfischen« Machtverhältnisse in Frankreich.

1791 Jeremy Benthams *Essay on Political Tactics* mit dem Kapitel »Of Publicity«, eine der ersten Untersuchungen über das Wesen des »Öffentlichen«, erscheint.

1842 Karl Marx' Aufsatz *Über die Pressefreiheit* erscheint.

SPÄTER
1986 Edward Said kritisiert Habermas und die Kritische Theorie wegen eurozentristischer Einstellungen und ihres Schweigens zu Rassismus und Imperialismus.

1999 Die Kanadierin Naomi Klein untersucht in *No Logo* »Öffentlichkeit« im Zeitalter von Werbung und Massenmedien.

Die moderne Gesellschaft ist dem Philosophen und Soziologen Jürgen Habermas nach nicht nur auf technischen Fortschritt angewiesen, sondern auch auf unsere Fähigkeit, über unsere eigenen Traditionen kollektiv zu »räsonieren« und sich mit ihnen kritisch auseinanderzusetzen. Vernunft, *raison*, sei das, worauf unsere Alltagskommunikation beruhe. Wenn jemand etwas tut oder sagt und wir fragen: »Warum tust du oder sagst du das?«, erwarten wir eine einleuchtende Begründung. Vernunft ist für Habermas im Wesentlichen »kommunikative« Vernunft, der es nicht um die Aufdeckung abstrakter Wahrheiten geht, sondern um die Notwendigkeit, unser Tun vor anderen zu rechtfertigen.

Im 18. Jahrhundert wurden öffentliche Räume, wie Kaffeehäuser, literarische Salons und Tischgesellschaften zu Brennpunkten des künstlerischen und politischen Lebens.

Öffentlichkeit herstellen

In seiner Habilitationsschrift *Strukturwandel der Öffentlichkeit* beginnt Habermas, die Verbindung zwischen kommunikativer Vernunft und dem liberalen Modell »bürgerlicher Öffentlichkeit« in historischer, soziologischer und normativer Hinsicht zu rekonstruieren. Bis zum 18. Jahrhundert war die europäische Kultur »höfisch«, die herrschenden Klassen »re-präsentierten« sich selbst vor ihren Untertanen durch Macht- und Prachtentfaltung, die keiner Rechtfertigung bedurfte. Dann aber entstanden öffentliche Räume wie literarische Salons und Kaffeehäuser, die sich staatlicher Kontrolle entzogen. An solchen Orten traf man sich, um Gespräche und Debatten zu führen, die zunehmend der staatlichen Repräsentationskultur und deren Legitimität galten. Die Öffentlichkeit wurde zu einem »dritten Raum«, einem Puffer zwischen der Privatsphäre und dem staatlich kontrollierten Raum.

Siehe auch: Jeremy Bentham 174 ▪ Karl Marx 196–203 ▪ Theodor W. Adorno 266–267 ▪ Noam Chomsky 306–307 ▪ Edward Said 325 ▪ Edgar Morin 344 ▪ Niklas Luhmann 345

Öffentlichkeit herzustellen heißt also, Gelegenheiten zu schaffen, bei denen sich herausstellt, dass man eigene Interessen mit anderen Privatleuten teilt – Interessen, die vom feudalen Staat ignoriert wurden. Die bürgerliche Öffentlichkeit, so Habermas, war ein Auslöser der Französischen Revolution.

Die sich seit dem 18. Jahrhundert ausdehnende öffentliche Sphäre war der politische Raum, in dem demokratisch gewählte politische Institutionen und Gesetze zu Menschen- und Bürgerrechten entworfen, gefordert und durchgesetzt wurden.

Unter den Bedingungen kommerziell ausgerichteter Massenmedien, so Habermas, sind solche Einschränkungen willkürlicher Macht auch in den modernen demokratischen Wohlfahrtsstaaten stets bedroht. So etwa schwinde die Möglichkeit, in Zeitungen ernsthafte Debatten auszutragen, wenn die Presse unter die Kontrolle großer Unternehmen gerät. Statt informationsreicher Debatten werden Klatschartikel veröffentlicht und die Leser zu geistlosen Konsumenten gemacht. ▪

Jürgen Habermas

Der 1929 geborene Habermas wuchs im nationalsozialistischen Deutschland auf. Anlässlich der Nürnberger Prozesse (1945/1946) wurde ihm bewusst, dass »wir in einem verbrecherischen System gelebt haben«. Dieses Wissen beeinflusste seine Philosophie nachhaltig. Nach seiner Promotion 1954 studierte er in Frankfurt bei Max Horkheimer und Theodor W. Adorno, in den 1960er- und 1970er-Jahren lehrte er an den Universitäten Heidelberg und Frankfurt und wurde 1982 Professor für Philosophie in Frankfurt, wo er bis zu seiner Emeritierung im Jahr 1994 lehrte. Er nahm immer wieder zu aktuellen politisch-kulturellen Themen und Debatten Stellung, so zur Stellung des Holocaust in der öffentlichen Reflexion der BRD und zur Eugenik-Debatte.

Hauptwerke

1962 *Strukturwandel der Öffentlichkeit*
1981 *Theorie des kommunikativen Handelns*
1985 *Der philosophische Diskurs der Moderne*
2005 *Zwischen Naturalismus und Religion*

ES GIBT NICHTS AUSSERHALB DES TEXTES

JACQUES DERRIDA (1930–2004)

IM KONTEXT

DISZIPLIN
Erkenntnistheorie

LEHRE
Dekonstruktivismus

FRÜHER
4. Jh. v. Chr. Platon untersucht im *Menon* den Gedanken der *aporia*.

Anfang 20. Jh. Charles Sanders Peirce und Ferdinand de Saussure begründen die Lehre von den Zeichen und Symbolen (Semiotik), die für Derridas Werk *Grammatologie* grundlegend wichtig wird.

1961 Emmanuel Levinas veröffentlicht *Totalität und Unendlichkeit,* auf das Derrida in *Die Schrift und die Differenz* eingeht. Levinas ist auch für Derridas spätere Ethikstudien von Bedeutung.

SPÄTER
1992 Der englische Philosoph Simon Critchley setzt sich in *Ethics of Deconstruction* mit Derridas Werk auseinander.

Jacques Derrida ist einer der Philosophen des 20. Jahrhunderts, dessen Thesen mit großer Heftigkeit diskutiert wurden und werden. Fällt sein Name, denkt man in erster Linie an »Dekonstruktion«, ein komplexes und sehr differenziertes Verfahren zur Diskussion der Frage, wie wir Texte lesen und verstehen. *Il n'y a pas de hors-texte* – »Es gibt nichts außerhalb des Textes« (auch mit »Es gibt kein Außerhalb-des-Textes« zu übersetzen) ist ein zentrales Diktum aus Derridas berühmtem Buch *Grammatologie*. Wollen wir es verstehen, müssen wir seine allgemeinen Überlegungen zum Dekonstruktivismus näher betrachten.

» Wir alle sind Vermittler, Übersetzer. «

Jacques Derrida
Interview

Wenn wir ein Buch in die Hand nehmen, gehen wir normalerweise davon aus, dass es als in sich geschlossenes, einigermaßen selbstständiges Ganzes zu begreifen ist. Und von philosophischen Texten erwarten wir, dass sie besonders systematisch und logisch aufgebaut sind. Stellen wir uns vor, wir gehen in eine Buchhandlung und kaufen uns ein Exemplar von Derridas *Grammatologie*. Wir gehen davon aus, dass wir nach der Lektüre des Buches wissen, was »Grammatologie« ist und was der Autor zu diesem Gegenstand zu sagen hat. Derrida enttäuscht diese Erwartung und zeigt, dass Texte ganz anders funktionieren.

Aporie und »différance«

Selbst die unkompliziertesten Texte – zu denen *Grammatologie* mit Sicherheit nicht gehört – stecken nach Derrida voller »Aporien«. Das aus dem Griechischen kommende Wort bedeutet »Widerspruch«, »Rätsel« oder »Sackgasse«. Jeder Text, sagt Derrida, hat Lücken, Löcher und Widersprüche. Dekonstruktion nun ist Derridas Verfahren, Texte zu lesen, indem man auf diese Rätsel und Sackgassen achtet. Dadurch, dass wir uns der Komplexität bewusst werden, die selbst in noch so einfachen Texten steckt, erfassen wir genauer, was Texte sind und was sie tun. Dekonstruktion ist eine Methode, um verborgene Paradoxa und Widersprüche freizulegen. Dabei aber geht es Derrida nicht nur um die Frage, wie wir philosophische oder literarische Texte zu lesen haben, sondern auch um das Verhältnis von Sprache, Denken und letztlich ethischen Problemen.

An dieser Stelle müssen wir einen weiteren wichtigen Begriff aus Derridas Philosophie einführen: *différance*. Es sieht so aus, als sei das Wort falsch geschrieben – tatsächlich soll, als es Eingang ins französische Wörterbuch fand, Derridas Mutter entrüstet gesagt haben: »Aber Jacques, so schreibt man das doch nicht!« Der »falsch« geschriebene Begriff soll auf einen kuriosen Aspekt der Sprache aufmerksam machen. An einem Beispiel lässt sich am besten demonstrieren, wie dieser Aspekt in der sprachlichen Praxis funktioniert.

Différance (mit *a*) ist ein Spiel mit den Worten *différence* (»Unterschied«) und *deférrer* (»verschieben«). Um zu verstehen, was damit gemeint ist, nehmen wir an, jemand sagt: »Die Katze …«, ein zweiter

Schriftsetzer können den gesetzten Text genau kontrollieren, doch die zum Ausdruck gebrachten Gedanken sind, so Derrida, voller »Aporien«, Widersprüche, die keine Analyse beseitigen kann.

Siehe auch: Platon 50–55 ▪ Charles Sanders Peirce 205 ▪ Ferdinand de Saussure 223 ▪ Emmanuel Levinas 273 ▪ Michel Foucault 304–305 ▪ Louis Althusser 344 ▪ René Girard 344

Die Bedeutung von etwas Geschriebenem verändert sich durch das, was wir als Nächstes schreiben, sagt Derrida. Selbst ein so täuschend einfacher Vorgang wie das Briefeschreiben führt zu Bedeutungsverschiebungen im Text.

wirft ein: »… die gerade da lang lief …«, dann wieder der erste: »… die schwarz-weiße Katze im Garten …« und so weiter. Die genaue Bedeutung des Wortes »Katze« wird dauernd verschoben, aber so, dass immer neue Informationen hinzukommen. Je nachdem, wie das Gespräch nach dem ersten »die Katze …« verläuft, bekommt das Wort eine andere Bedeutung. Je mehr zu dem Wort gesagt wird, desto mehr wird die Bedeutung dessen revidiert, was schon gesagt wurde. Die Sprache erzeugt permanent Bedeutungsunterschiede durch Bedeutungsverschiebung *(différance)*.

Doch es geschieht noch ein Weiteres. Die Bedeutung des Wortes »Katze« beruht nach Derrida nicht auf einem Verhältnis zu einem Objekt, das »Katze« genannt wird, sondern auf der Stellung des Wortes in einem ganzen Sprachsystem. Wenn ich also »Katze« sage, dann »

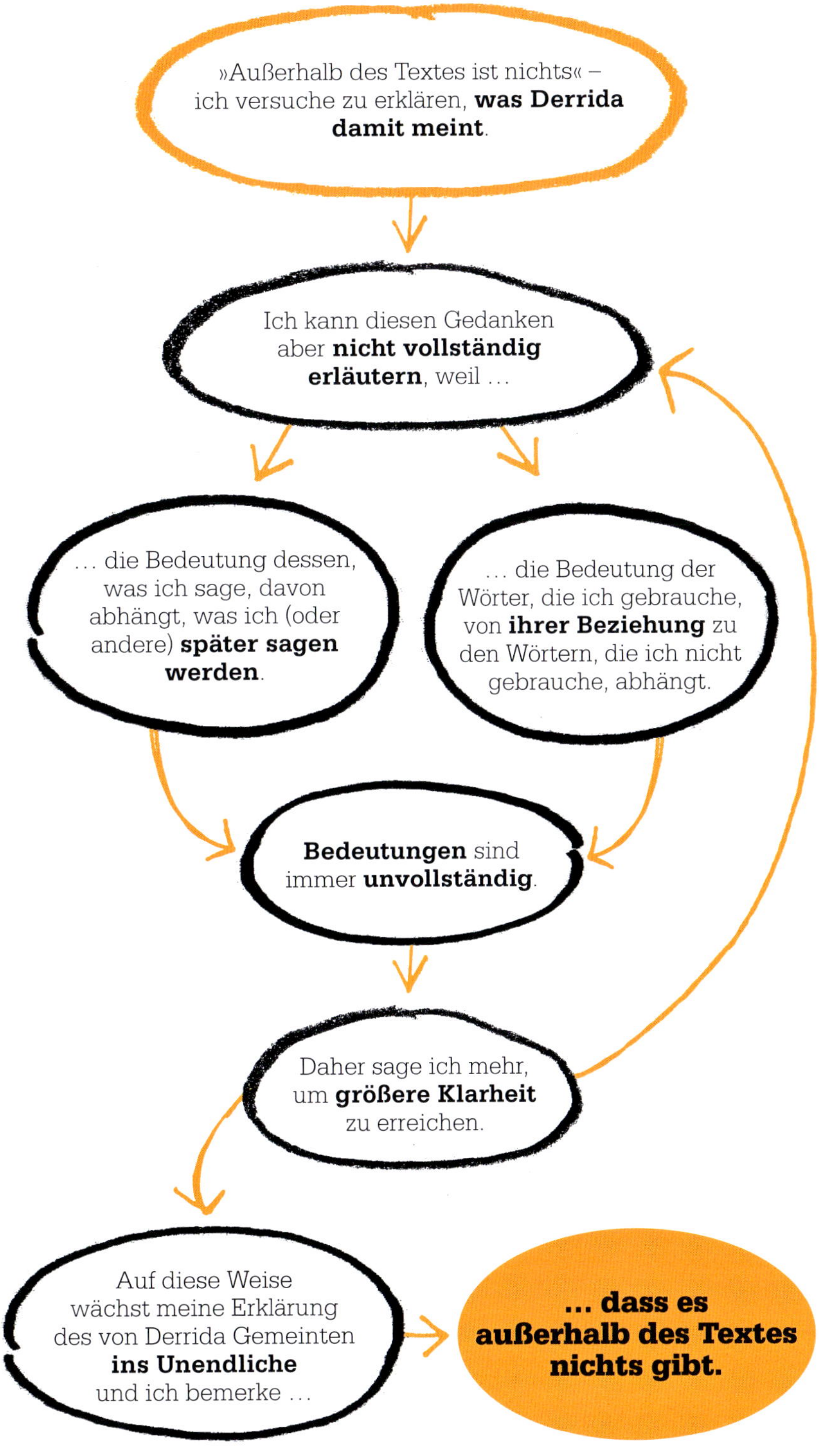

> »Wir denken nur in Zeichen.«
>
> **Jacques Derrida**
> *Grammatologie*

bedeutet das Wort nicht deshalb etwas, weil eine geheimnisvolle Verbindung zwischen dem Wort und einer Katze besteht, sondern weil es sich beispielsweise von den Wörtern »Hund«, »Löwe« oder »Zebra« unterscheidet. Der Gedanke des Unterschieds und der Verschiebung wirft ein merkwürdiges Licht auf die Sprache. Auf der einen Seite verschiebt sich die Bedeutung von Worten und Sätzen ständig, weil immer neue, zusätzliche Erklärungen folgen, und andererseits ist Bedeutung relativ zu dem, was wir nicht meinen. Bedeutung, sagt Derrida, ist daher etwas prinzipiell Offenes und Unselbstständiges.

Das geschriebene Wort

Nach Derrida ist die *différance* ein Aspekt der Sprache, der uns durch das Schreiben bewusst wird. Seit den alten Griechen haben Philosophen das Schreiben skeptisch betrachtet. Im platonischen Dialog *Phaedrus* berichtet Sokrates von einer Legende über die Erfindung der Schrift und sagt, schriftlich lasse sich nur »scheinbar« und nicht »wirklich« etwas Kluges zum Ausdruck bringen. Wenn Philosophen überhaupt über das Schreiben nachgedacht haben, dann betrachteten sie es als blasses Abbild des gesprochenen Wortes – es galt als das eigentliche Verständigungsmittel. Dem hält Derrida entgegen, dass das geschriebene Wort etwas über die Sprache zu sagen hat, das sich am gesprochenen Wort nicht erkennen lässt.

Traditionell galt die Rede als das eigentliche Mittel, philosophische Gedanken auszudrücken und zur Diskussion zu stellen, und das, sagt Derrida, hat uns auf die falsche Idee gebracht, dass sich Bedeutungen unmittelbar erschließen. Wir denken, Bedeutung habe etwas mit »Gegenwart« zu tun: Wenn ich mit jemandem rede, stelle ich mir vor, dass er seine Gedanken für mich »gegenwärtig« macht und umgekehrt. Ist etwas unklar, frage ich nach. Auch wenn irgendwelche Rätsel oder Aporien auftauchen, fordern wir uns gegenseitig auf, uns deutlicher auszudrücken. Und aus allen diesen Gründen denken wir, Bedeutung sei etwas Gegenwärtiges – so als sei die Bedeutung des Wortes »Katze« beispielsweise in der Anwesenheit einer Katze auf meinem Schoß zu finden.

Angesichts eines geschriebenen Textes dagegen verfallen wir nicht in diesen naiven Glauben an die Gegenwart. Denn der Autor ist nicht anwesend, kann keine Entschuldigungen vorbringen, keine Erklärungen nachliefern und wir nehmen Komplexität, Rätselhaftigkeit und Widersprüchlichkeit des sprachlichen Ausdrucks wahr.

Frage nach der Bedeutung

Wenn Derrida sagt, außerhalb des Textes sei nichts, meint er damit nicht, dass nur die Welt der Bücher zähle und es auf Tatsachen »aus Fleisch und Blut« nicht ankomme. Ebenso wenig will er die Bedeutung sozialer Anliegen herunterspielen, die vielleicht hinter dem Text stehen. Nein, es geht ihm nur darum, den Gedanken ernst zu nehmen, dass Bedeutung unter dem Vorzeichen der *différance*, des Unterscheidens und Verschiebens, steht. Ebenso sollte, wenn wir uns ernsthaft auf die Frage einlassen, wie wir über die Dinge in der Welt denken sollen, klar sein, dass Bedeutung keineswegs etwas so Einfaches ist, wie wir denken, und immer auseinandergenommen oder dekonstruiert werden kann.

Zweitens macht Derrida darauf aufmerksam, dass in unserem Denken, Schreiben oder Reden alle möglichen politischen, historischen und ethischen Fragen stecken, die uns vielleicht gar nicht bewusst sind.

Derridas These, außerhalb des Textes gebe es nichts, lässt sich mit seiner dekonstruktivistischen Methode untersuchen. Auch der Gedanke, der in einem Buch entfaltet wird, unterliegt dem Gesetz der *différance*.

Derrida brachte seinen Widerstand gegen den Vietnamkrieg in einer Vorlesung zum Ausdruck, die er 1968 in den USA hielt. Seine Beteiligung an verschiedenen politischen Debatten hinterließ tiefe Spuren in seinem späteren Werk.

Deshalb ist Dekonstruktion auch eine ethisch relevante Praxis. Wenn wir einen Text dekonstruierend lesen, stellen wir dessen Thesen in Frage und stoßen auf verborgene ethische Probleme. In seinem späteren Werk beschäftigte sich Derrida vorrangig mit sehr realen ethischen Rätseln und Widersprüchen, die in Begriffen wie »Gastfreundschaft« oder »Vergebung« stecken.

Kritik an Derrida

Derridas Gedanke, dass Bedeutungen in einem Text nie völlig gegenwärtig seien, hat dazu geführt, dass man auch bei seinen Texten oft beträchtliche Verständnisschwierigkeiten hat. Michel Foucault zum Beispiel warf Derrida vor, er drücke sich absichtlich unklar aus, manchmal wisse man überhaupt nicht, welche These er gerade vertrete. Derrida wird darauf erwidert haben, die Vorstellung, er könne eine These haben, gehe auf die Annahme der »Gegenwärtigkeit« zurück, die er ja gerade in Frage stelle. Eine solche Antwort erscheint wie eine Ausflucht. Nehmen wir Derridas Überlegungen jedoch ernst, müssen wir zugeben, dass selbst der Gedanke, außerhalb des Textes gebe es nichts, nicht außerhalb des Textes ist. Also müssen wir ihn skeptisch betrachten, dekonstruieren und die Rätsel, Sackgassen und Widersprüche aufdecken, die – wie Derrida zeigen möchte – in ihm ihr Unwesen treiben. ■

» Ich gebe niemals der Versuchung nach, schwierig zu sein um der Schwierigkeit willen. «

Jacques Derrida
Interview

Jacques Derrida

Derrida wurde 1930 in einer jüdischen Familie in Algerien geboren. Er interessierte sich von Jugend an für Philosophie, allerdings auch für Fußball. 1951 wurde er in die École Normale Supérieure aufgenommen und lernte dort Louis Althusser kennen, der ebenfalls aus Algerien stammte und wie Derrida zu einem der bekanntesten Philosophen seiner Zeit wurde. 1967 erschienen Derridas Schriften *Grammatologie*, *Die Schrift und die Differenz* und *Die Stimme und das Phänomen*, die ihm internationale Anerkennung eintrugen. Er reiste zu Gastvorlesungen an verschiedene europäische wie auch amerikanische Universitäten und wurde 1986 auf eine Professur der University of California in Irvine berufen. In seinem späteren Werk beschäftigte er sich zunehmend mit Fragen der Ethik, was zum Teil auf den Einfluss von Emmanuel Levinas zurückging.

Hauptwerke

1967 *Grammatologie*
1967 *Die Schrift und die Differenz*
1967 *Die Stimme und das Phänomen*
1994 *Politik der Freundschaft*

ES IST NICHTS TIEF IN UNS, WAS WIR NICHT SELBST DORTHIN VERLEGT HÄTTEN

RICHARD RORTY (1931–2007)

IM KONTEXT

DISZIPLIN
Ethik

LEHRE
Pragmatismus

FRÜHER
5. Jh. v. Chr. Sokrates streitet mit den Bürgern von Athen über das Wesen der Gerechtigkeit, des Guten und anderer Begriffe.

4. Jh. v. Chr. Aristoteles schreibt eine Abhandlung über die Seele.

1878 Charles Sanders Peirce prägt den Begriff »Pragmatismus«.

1956 Der amerikanische Philosoph Wilfrid Sellars stellt in *Der Empirismus und die Philosophie des Geistes* den »Mythos des Gegebenen« in Frage.

SPÄTER
1994 Der in Südafrika geborene Philosoph John McDowell veröffentlicht das stark von Rorty beeinflusste Buch *Geist und Welt*.

Die Seele ist ein merkwürdiges Etwas. Niemand kann genau sagen, was das eigentlich ist, und doch ist der Glaube weit verbreitet, dass wir irgendwo tief in unserem Inneren so etwas wie eine Seele haben. Und nicht nur das, manche Menschen sind auch der Überzeugung, dass dieses Seele genannte Etwas unser Selbst (oder »Ich«) sei und in direkter Verbindung zu Wahrheit und Wirklichkeit stehe.

Der Annahme, wir hätten eine Art Double – eine Seele, ein Selbst, das die »Sprache der Wirklichkeit« spricht –, geht Rorty in seinem Buch *Consequences of Pragmatism* (1982) auf den Grund. Sein Ergebnis: Sofern wir so etwas wie eine Seele haben, ist sie eine menschliche Erfindung, etwas, das wir selbst in uns hineingelegt haben.

Wissen als Spiegel

Rorty verstand sich als Pragmatist. Die meisten philosophischen Traditionen reagieren auf eine Aussage mit der Frage: »Ist das wahr?«, oder auch: »Stellt diese Aussage die Wirklichkeit genau so dar, wie sie ist?« Pragmatisten dagegen beurteilen Aussagen ganz anders, sie

» … die Philosophie [schreitet] nicht durch zunehmende wissenschaftliche Strenge voran, sondern durch mehr Phantasie. «

Richard Rorty
Wahrheit und Fortschritt

fragen: »Welche praktischen Folgen hat es, wenn wir diese Aussage als wahr gelten lassen?«

In seinem ersten großen Werk, *Der Spiegel der Natur* (1979), setzte sich Rorty mit der Vorstellung auseinander, Wissen bringe die Welt wie ein Spiegel zur Darstellung. Aus zwei Gründen, so findet er heraus, lässt sich diese Annahme nicht aufrechterhalten. Erstens: Wenn wir so denken, gehen wir implizit davon aus, dass uns Erfahrung direkt »gegeben« sei, dass sie uns primäres Datenmaterial über die Welt liefere, wie diese ist. Zweitens: Wir nehmen an, dass eine sol-

Manche Erkenntnistheorien behaupten, Wissen entstehe aus dem Verarbeiten von »Primärdaten«, also nach Art einer Kamera, in die Licht einfällt. Dem hält Rorty entgegen, dass Wahrnehmungen unlösbar mit Überzeugungen verbunden sind, mit denen wir die Welt betrachten.

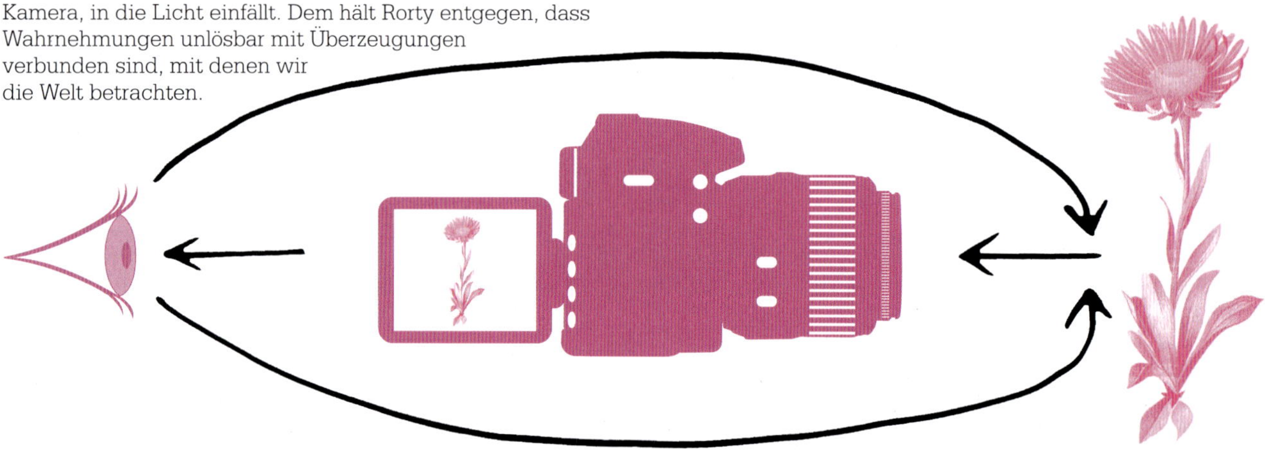

Siehe auch: Sokrates 46–49 ▪ Aristoteles 56–63 ▪ Charles Sanders Peirce 205 ▪ William James 206–209 ▪ John Dewey 228–231 ▪ Jürgen Habermas 310–311

che Datensammlung von unserem Verstand oder einem anderen geistigen Vermögen bearbeitet wird: Es rekonstruiert, wie dieses Wissen zu einem Ganzen zusammenpasst, und zeigt uns wie in einem Spiegel, was in der Welt ist.

Rorty folgt Wilfrid Sellars' Ansicht, der die Vorstellung, Erfahrung sei »gegeben«, für einen Mythos hält: So etwas wie ein primäres Datenmaterial ist für uns nicht erreichbar – unabhängig von Denken und Sprache können wir nichts in Erfahrung bringen. Wir nehmen nur dann etwas wahr, wenn wir es begrifflich fassen, und Begriffe lernen wir durch die Sprache. Unsere Wahrnehmungen sind unlösbar verbunden mit dem üblichen Sprachgebrauch.

Wissen, sagt Rorty, ist keine Spiegelung der Natur, sondern Ergebnis von »Gespräch« und »sozialem Handeln«. Wissen wird nicht danach beurteilt, ob der festgestellten »Tatsache« etwas in der Welt entspricht, sondern ob sie etwas ist, »was die Gesellschaft uns sagen lässt«. Wissen ist begrenzt durch die sozialen Kontexte, in denen wir leben, durch die Geschichte und durch das, was unsere Mitmenschen gelten lassen. Wahr, sagt Rorty, sind Aussagen und Äußerungen, die Zeitgenossen uns durchgehen lassen.

Urteilsgründe

Lässt sich Wahrheit wirklich auf das reduzieren, womit wir kommunikativ durchkommen? Diese Auffassung hat – Rorty weiß das – vertrackte Folgen, besonders wenn es um ethische Fragen geht. Nehmen wir an, jemand entführt des Nachbarn Hamster und quält ihn auf jede erdenkliche Weise, nur »

Kinder als Soldaten einzusetzen mag uns grundfalsch erscheinen. Und doch, sagt Rorty, gibt es keine absoluten moralischen Grundsätze. Moralisch handeln kann nur heißen, in Solidarität mit anderen unser Bestes zu geben, um eine bessere Welt zu schaffen.

um ihn quieken zu hören. Das ist, darin sind wir uns sicher einig, eine moralisch verwerfliche Handlung. Es ist, würden wir sagen, absolut und fundamental falsch, so etwas zu tun, und wir würden uns dafür einsetzen, dass jemand, der so etwas tut, nicht ungeschoren davonkommt.

Fragen wir jedoch nach den Gründen, warum es moralisch verwerflich ist, Tiere oder gar Menschen zu quälen, wird es spannend. Stellen wir uns beispielsweise vor, wir würden von einem besonders unbeholfenen Moralphilosophen gebeten, ihm Gründe zu nennen, aus denen es falsch ist, Hamstern (oder Pferden oder Menschen) Schmerzen zuzufügen. Alle möglichen Gründe werden uns einfallen. Aber wie die Philosophie nun einmal ist und wie wir die Moralphilosophen kennen, werden wir wohl erleben, dass unser Philosophenfreund für jeden Grund, den wir nennen, einen Gegengrund parat hat oder uns in Widersprüche verwickelt.

> »Welche Vorbereitungen können wir treffen, um eine Welt für unsere Urenkel zu schaffen?«
>
> **Richard Rorty**
> *Wahrheit und Fortschritt*

Eben das hat Sokrates getan. Er wollte genau wissen, was Begriffe wie das »Gute«, »Gerechtigkeit« und so weiter bedeuten, und sprach seine Mitbürger, die solche Begriffe tagtäglich im Mund führten, darauf an. Platons Dialoge zeigen, dass die meisten Befragten erstaunlich wenig über diese Begriffe wussten, obwohl sie vorgaben, deren Inhalt zu kennen. So könnte es auch heute jemandem gehen, der von einem modernen Sokrates befragt würde. Irgendwann würde er entnervt ausrufen: »Aber ich weiß doch tief in meinem Herzen, dass es falsch ist!«

Tief in meinem Herzen

Dergleichen denken oder sagen wir oft, nicht immer jedoch ist klar, was wir meinen. Um das Problem genauer zu untersuchen, wollen wir es in drei Teile zerlegen. Erstens: Wenn wir sagen: »Tief in meinem Herzen weiß ich, dass es falsch ist«, unterstellen wir ganz offensichtlich, dass es draußen in der Welt eine »Falschheit« gibt, die wir kennen, die zumindest prinzipiell erkennbar ist. Wir reden, wie andere Philosophen sagen, als gebe es ein »Wesen« der »Falschheit«, dem dieses besondere Beispiel für Falschheit entspricht.

Zweitens: Wenn wir sagen, wir hätten dieses »Wissen« tief in unserem Herzen, unterstellen wir, dass diese mysteriöse Entität – unser »Herz« – etwas ist, das aus unbekannten Gründen einen privilegierten Zugang zur Wahrheit hat.

Drittens: Wir tun so, als bestehe eine einfache und direkte Beziehung zwischen unserem »Herzen« und dieser »Falschheit«, die draußen in der Welt vorhanden ist und die uns als absolut sicheres Wissen zugänglich ist. Dies ist eine andere Version des Gedankens, dass wir Wissen als Spiegel der Wirklichkeit begreifen. Und dieser Gedanke, sagt Rorty, ist unannehmbar.

Eine Welt ohne Absolutes

In Rortys Denken haben fundamentale moralische Wahrheiten keinen Platz. Es kann, wenn Wissen das ist, »was uns die Gesellschaft sagen lässt«, kein absolut Richtiges oder Falsches geben. Rorty weiß, dass sein Standpunkt schwer zu akzeptieren ist. Aber brauchen wir denn die Vorstellung, dass wir etwas tief in unserem Inneren verraten, wenn wir moralisch falsch handeln? Müssen wir, um zumindest einen Fun-

> »... sofern wir uns aufeinander verlassen können, [sind wir] ansonsten auf nichts weiter angewiesen ...«
>
> **Richard Rorty**
> *Wahrheit und Fortschritt*

ken Anstand zu bewahren, glauben können, dass es eine Wahrheit im Leben, dass es ein absolutes moralisches Gesetz gibt, das wir verletzen könnten? Rorty hält das für unnötig. Seiner Auffassung nach sind wir endliche Wesen, deren Existenz auf kurze Zeit begrenzt ist und die keinen »heißen Draht« zu tieferen moralischen Wahrheiten haben. Die Probleme des Lebens sind damit natürlich nicht verschwunden. Sie bestehen weiter, und ohne absolute moralische Gesetze sind wir auf unsere eigenen endlichen Hilfsmittel zurückgeworfen. Wir stehen allein da, schreibt Rorty, allein mit »unserer Loyalität zu anderen Menschen, aneinandergeklammert gegen die Dunkelheit«. Es gibt nichts absolut Richtiges oder Falsches zu entdecken. Deshalb müssen wir an unseren Hoffnungen und Loyalitäten festhalten, müssen auf absolute Wahrheiten und sicheres Wissen verzichten und uns doch an der alltäglichen Suche nach Antworten auf Fragen beteiligen, die diese schwierigen Dinge betreffen. Vielleicht, sagt Rorty, muss uns eine Haltung genügen, die bestimmt ist von der Bescheidenheit. Die wiederum gewinnen wir mit der Erkenntnis, dass es keine absoluten Wahrheiten gibt, in der Solidarität mit anderen und in der Hoffnung, dass wir zu einer Welt beitragen können, in der auch künftige Generationen in Würde leben können. ■

Wir müssen an kein absolutes moralisches Gesetz glauben, um uns als ethisch denkende Menschen zu verstehen. Alltäglicher Austausch mit anderen, die Hoffnung auf eine bessere Gesellschaft, die Solidarität mit anderen können uns eine Art Arbeitsdefinition des »Guten« geben.

Richard Rorty

Rorty, Sohn politisch aktiver Eltern, wurde 1931 in New York geboren. Wie er berichtete, las er bereits als Jugendlicher Trotzki. Mit zwölf Jahren habe er gewusst, dass man, um Mensch zu sein, sein Leben dem Kampf gegen soziales Unrecht widmen müsse. Fast 15-jährig, besuchte er die University of Chicago, mit 25 wurde er in Yale promoviert. Nach zwei Jahren in der Armee begann er seine akademische Karriere. Als er sein wichtigstes Buch, *Der Spiegel der Natur*, verfasste, war er Professor für Philosophie in Princeton. Er schrieb über philosophische, literarische und politische Themen und bezog sich dabei, ungewöhnlich für einen Philosophen des 20. Jahrhunderts, sowohl auf die sogenannte analytische als auch auf die kontinentale Tradition. Rorty starb 75-jährig an Krebs.

Hauptwerke

1979 *Der Spiegel der Natur*
1989 *Kontingenz, Ironie und Solidarität*
1998 *Stolz auf unser Land. Die amerikanische Linke und der Patriotismus*
1999 *Philosophy and Social Hope*

JEDES BEGEHREN HAT EINEN BEZUG ZUM WAHNSINN

LUCE IRIGARAY (GEB. 1930)

IM KONTEXT

DISZIPLIN
Politische Philosophie

LEHRE
Feminismus

FRÜHER
1792 Mit Mary Wollstonecrafts *Ein Plädoyer für die Rechte der Frau* beginnt die ernsthafte Diskussion über den Platz der Frauen in der Gesellschaft.

1890er-Jahre Sigmund Freud begründet seine psychoanalytische Methode, die großen Einfluss auf Irigarays Werk haben wird.

1949 Mit ihrem Buch *Das andere Geschlecht* untersucht Simone de Beauvoir die Folgen des Geschlechterunterschieds.

SPÄTER
1993 Luce Irigaray wendet sich mit *Ethik der sexuellen Differenz* nichtwestlichen Denkweisen über den Geschlechterunterschied zu.

Die belgische Philosophin und Psychoanalytikerin Luce Irigaray beschäftigt sich vor allem mit dem Geschlechterunterschied. Sie war Schülerin von Jacques Lacan, einem Psychoanalytiker, der von der sprachlichen Struktur des Unbewussten ausging. Ihre Hauptthese ist, dass Sprache wesentlich männlich bestimmt ist.

In *Genealogie der Geschlechter* schreibt sie, in allem seien die Sprache der Männer, ihre Werte, Träume und Wünsche maßgebend. Irigarays Arbeit als Feministin kann als Kampf um authentische, von ihrer Zentriertheit auf den Mann freie weibliche Wege des Sprechens, Träumens und Wünschens betrachtet werden.

»Man muss die weibliche Rolle bewusst übernehmen.«

Luce Irigaray

Klugheit und Wunsch

Alles Denken – selbst die scheinbar nüchternste Philosophie mit ihrem Reden über Klugheit, Gewissheit, Richtigkeit und Maßhalten – ist von Wünschen untermalt. Da die traditionelle, männlich zentrierte Philosophie das ihrer Philosophie zugrunde liegende Wünschen und Begehren nicht zur Kenntnis nimmt, kann sie auch nicht sehen, dass unter ihrer scheinbaren Rationalität irrationale Impulse brodeln.

Jedes Geschlecht hat sein eigenes Verhältnis zum Begehren und damit zum Wahnsinn. Mit diesem Gedanken stellt Irigaray die Tradition in Frage, in der Rationalität mit Männlichkeit und Weiblichkeit mit Irrationalität gleichgesetzt wurde. Sie öffnet damit neue Wege des Schreibens und Denkens über Philosophie – für alle, unabhängig vom Geschlecht. ■

Siehe auch: Mary Wollstonecraft 175 ▪ Ludwig Wittgenstein 246–251 ▪ Simone de Beauvoir 276–277 ▪ Hélène Cixous 326 ▪ Julia Kristeva 328

JEDES IMPERIUM ERKLÄRT SICH UND DER WELT, ES GLEICHE KEINEM ANDEREN IMPERIUM

EDWARD SAID (1935–2003)

IM KONTEXT

DISZIPLIN
Politische Philosophie

LEHRE
Postkolonialismus

FRÜHER
19. Jh. Europäische Wissenschaftler erforschen die Geschichte der kolonisierten Völker.

ab 1945 Zusammenbruch der europäischen Kolonialreiche nach dem Zweiten Weltkrieg.

1952 *Schwarze Haut, weiße Masken* von Frantz Fanon über die psychosozialen Folgen des Kolonialismus erscheint.

SPÄTER
1988 Die indische Philosophin Gayatri Chakravorty Spivak untersucht den Postkolonialismus in *Can the Subaltern Speak? Postkolonialität und subalterne Artikulation*.

ab 2000 Wissenschaftler wie Chomsky beschreiben die amerikanische Weltmacht in Kategorien der Imperialismustheorie.

In seinem 1978 erschienenen Buch *Orientalismus* untersucht der palästinensische Schriftsteller Edward Said den Einfluss der imperialistischen Ideologien europäischer Staaten auf die islamischen Gesellschaften des 19. Jahrhunderts. Auch in späteren Arbeiten setzt er sich mit allen Formen des Imperialismus auseinander, den vergangenen wie den zu seinen Lebzeiten gegenwärtigen.

Wir mögen, schreibt er, die Kolonialreiche der Vergangenheit vielleicht kritisch beurteilen, die Reiche selbst waren der Überzeugung, dass sie der Welt die Segnungen der Zivilisation brachten. Sie raubten die Kolonien aus und suchten ihren Machtmissbrauch mit dem Hinweis auf ihre »zivilisatorische« Mission zu verschleiern.

Heutzutage, so sagt Said, sei stets Misstrauen angebracht, wenn bestimmte Staaten in ehemaligen Kolonialländern intervenieren. ■

Das Britische Empire gehörte zu den Kolonialreichen des 19. Jh., die behaupteten, sie brächten kolonisierten Ländern wie Indien die Segnungen der Zivilisation.

Siehe auch: Frantz Fanon 300–301 ▪ Michel Foucault 304–305 ▪ Noam Chomsky 306–307 ▪ Gayatri Chakravorty Spivak 346

DENKEN HAT STETS MIT ENTGEGENSETZUNG GEARBEITET

HÉLÈNE CIXOUS (GEB. 1937)

IM KONTEXT

DISZIPLIN
Erkenntnistheorie

LEHRE
Feminismus

FRÜHER
1949 Simone de Beauvoir untersucht in *Das andere Geschlecht* die Implikationen des Geschlechterunterschieds.

1962 Der französische Anthropologe Claude Lévi-Strauss veröffentlicht *Das wilde Denken*, eine Studie über binäre Gegensätze in Kulturen.

1967 In der *Grammatologie* führt Jacques Derrida den Begriff Dekonstruktion ein, den Cixous für ihre Gender-Studien nutzt.

SPÄTER
1970er-Jahre Die literarische Bewegung *écriture féminine* (Weibliches Schreiben) experimentiert Hélène Cixous folgend mit Formen eines feministischen Sprachgebrauchs.

Im Jahr 1975 schrieb die französische Dichterin, Romanautorin, Dramatikerin und Philosophin Hélène Cixous ihren Essay *Sorties*, eine einflussreiche Schrift über die Gegensätze, die unser Denken über die Welt seit Jahrhunderten bestimmen: Kultur/Natur, Tag/Nacht, Kopf/Herz und so weiter. Innerhalb dieser Begriffspaare besteht nach Cixous eine Hierarchie: Eine Seite gilt als beherrschend und überlegen und wird mit Männlichkeit und Aktivität assoziiert, die andere, schwächere Seite dagegen mit Weiblichkeit und Passivität.

Zeit für einen Wandel

Die Autorität hierarchischer Denkmuster, sagt Cixous, wird sich wegen des Aufschwungs des feministischen Denkens immer weniger behaupten können. Die Philosophin geht den Folgen nach, die ein solcher Wandel haben kann, nicht nur für die Philosophie, sondern auch für die gesellschaftlichen und politischen Institutionen. Sie jedenfalls will das Spiel nicht mitspielen, will binäre Gegensätze wie stärker–schwächer, Sieger–Verlierer nicht als strukturellen Rahmen für unser Denken akzeptieren und auch nicht entsprechend arbeiten. Stattdessen ruft sie uns das Bild des Maulwurfs vor Augen, der das Gebäude unserer Weltsicht untergräbt. Was aber wird sein, wenn dieses Gebäude ins Wanken gerät und zusammenfällt? Darüber gibt Cixous keine Auskunft. Offenbar ist sie der Ansicht, dass wir uns keine Vorstellungen machen, sondern abwarten und sehen sollten, was geschehen wird. ■

» Die Frau muss sich selbst schreiben und die Frau in die Literatur bringen. «

Hélène Cixous

Siehe auch: Mary Wollstonecraft 175 ▪ Simone de Beauvoir 276–277 ▪ Jacques Derrida 312–317 ▪ Julia Kristeva 328 ▪ Martha Nussbaum 346

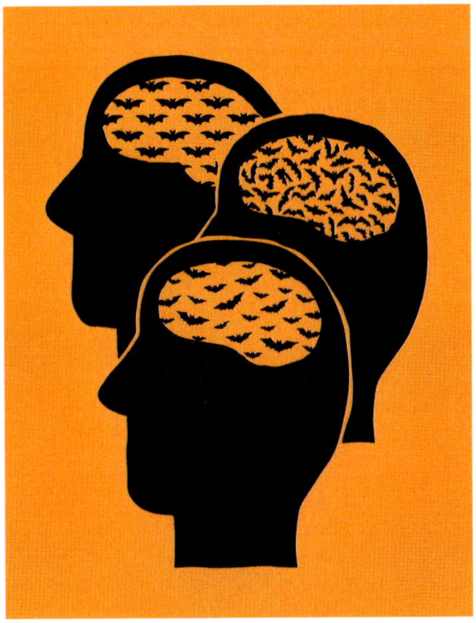

WIE IST ES, EINE FLEDERMAUS ZU SEIN?

THOMAS NAGEL (GEB. 1937)

IM KONTEXT

DISZIPLIN
Philosophie des Geistes

LEHRE
Subjektives Bewusstsein

FRÜHER
1690 In seinem »Versuch über den menschlichen Verstand« definiert John Locke das Bewusstsein als »Wahrnehmung dessen, was in der eignen Seele vorgeht«.

1890 William James beschreibt das Bewusstsein als »Gedankenstrom«.

SPÄTER
1892 Frank Cameron Jackson stellt objektivem Wissen das subjektive Erleben gegenüber in einem Gedankenexperiment, bei der eine Person in einer monochromen Welt alles über Farbe weiß, ohne sie je wahrgenommen zu haben.

1995 David Chalmers prägt den Ausdruck »das schwierige Problem des Bewusstseins«, die Frage nach den Qualia.

Bewusstsein ist zwar ein geläufiger Begriff, der aber schwer zu definieren ist. In der Philosophie ist man uneins darüber, was das Bewusstsein ausmacht: Einige erklären es in einem reduktionistischen Ansatz als rein physisches Phänomen, das aus der Aktivität des Gehirns resultiert. Andere wie Thomas Nagel betonen dessen elementar subjektiven Charakter, unsere individuelle Wahrnehmung bewusster Erfahrungen und Empfindungen (Qualia).

In einem Essay mit dem Titel »Wie ist es, eine Fledermaus zu sein?« erklärt Nagel das Gefühl, wie es ist, etwas zu sein, zur Essenz des Bewusstseins. Er fordert uns auf, uns vorzustellen, wir wären eine Fledermaus. Wenn wir mithilfe eines Apparats wie die Tiere fliegen und mit einem elektronischen Gerät die Echoortung nachahmen könnten, wüssten wir dann, wie es ist, eine Fledermaus zu sein? Nagel argumentiert, wir wissen nur, *wie es sich für uns anfühlt*, eine Fledermaus zu sein, nicht aber, *wie es sich für eine Fledermaus anfühlt*. Ohne Qualia explizit zu erwähnen, definiert Nagel das Bewusstsein als ein »Wie es ist«. Diese Art Erfahrung ist zwangsläufig subjektiv und nur der Person oder dem Organismus zugänglich, die dieses Erleben hat. Wenn Bewusstsein und Erleben synonym sind, so Nagel, ist Ersteres ein subjektives Phänomen und kann nicht in rein objektiver, physischer Hinsicht beschrieben werden. ■

Stellen wir uns vor, wie eine Fledermaus zu fliegen und zu jagen. Wissen wir nun, wie es ist, eine Fledermaus zu sein? Nein: Begrenzt durch unser Bewusstsein ist unser Erleben immer subjektiv.

Siehe auch: William James 206–209 ▪ Daniel Dennett 329

WER SPIELT GOTT IM GEGENWÄRTIGEN FEMINISMUS?

JULIA KRISTEVA (GEB. 1941)

IM KONTEXT

DISZIPLIN
Politische Philosophie

LEHRE
Feminismus

FRÜHER
1792 Mit Mary Wollstonecrafts *Ein Plädoyer für die Rechte der Frau* beginnt die ernsthafte Auseinandersetzung mit der Rolle der Frauen in der Gesellschaft.

1807 Georg W. F. Hegel untersucht in *Phänomenologie des Geistes* die Dialektik von »Herr und Knecht«.

1949 Simone de Beauvoirs *Das andere Geschlecht* erscheint und wird rasch zum zentralen Text des Feminismus.

SPÄTER
1997 Die Physiker Alan Sokal und Jean Bricmont kritisieren in *Eleganter Unsinn* Kristeva wegen angeblichen Missbrauchs der wissenschaftlichen Sprache.

Die in Bulgarien geborene Philosophin und Psychoanalytikerin Julia Kristeva ist eine für die feministische Bewegung bedeutende Autorin. Ob und inwiefern sie als »feministische« Philosophin anzusehen ist, das ist allerdings umstritten. Zum Teil liegt dies daran, dass der Begriff Feminismus für sie selbst problematisch ist. Der Feminismus entstand aus den Konflikten, die Frauen mit ihren Rollen in einer männlich dominierten Gesellschaft haben. Wegen dieses Ursprungs, gibt Kristeva zu bedenken, schleppt der Feminismus eben die männlich zentrierten Voraussetzungen mit, die er eigentlich in Frage stellen will.

Wenn die feministische Bewegung ihr Ziel erreichen will, muss sie Kristeva zufolge selbstkritischer sein. In ihrem Kampf gegen das »Machtprinzip« läuft sie Gefahr, eine andere Form dieses Prinzips zu entwickeln. Kristeva ist der Überzeugung, dass eine wirklich emanzipatorische Bewegung ihr Verhältnis zur Macht und zu den herrschenden gesellschaftlichen Strukturen permanent in Frage stellen und wenn nötig »auf den Glauben an ihre eigene Identität« verzichten muss. Unternimmt die feministische Bewegung keine Schritte in diese Richtung, läuft sie ernsthaft Gefahr, so Kristeva, nicht viel mehr als eine weitere Mitspielerin im Rahmen sich endlos fortsetzender gesellschaftlicher Machtspiele zu werden. ■

Wie viele andere Frauen, die Machtpositionen erreicht haben, integrierte Margaret Thatcher klassisch männliche Züge wie Autorität und Strenge in ihr öffentliches Bild.

Siehe auch: Mary Wollstonecraft 175 ▪ Georg W. F. Hegel 178–185 ▪ Simone de Beauvoir 276–277 ▪ Hélène Cixous 326 ▪ Martha Nussbaum 346

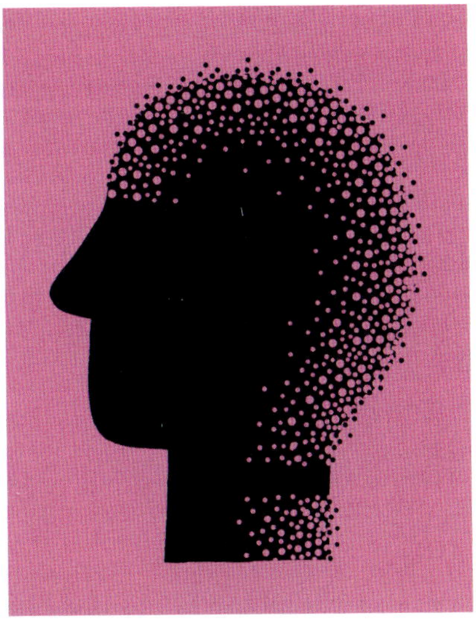

DAS MENSCHLICHE BEWUSSTSEIN IST EINES DER LETZTEN RÄTSEL

DANIEL DENNETT (GEB. 1942)

IM KONTEXT

DISZIPLIN
Philosophie des Geistes

LEHRE
Physikalismus

FRÜHER
1949 Gilbert Ryle lehnt die Vorstellung eines vom Körper getrennten Geistes als »Geist in der Maschine« ab.

1974 Thomas Nagel beschreibt das Bewusstsein als subjektives Erleben des Gefühls, wie es ist, etwas zu sein.

SPÄTER
1992 John Searle behauptet, dass biologische Prozesse im Gehirn das subjektive Empfinden des Bewusstseins hervorrufen.

Seit Descartes seine Theorie des Geist-Körper-Dualismus aufgestellt hat, ist die Philosophie des Geistes gespalten in die Anhänger dieser Idee und die Anhänger des Physikalismus, für die alles Existierende physisch ist.

Diese Spaltung ist bei der Frage des Bewusstseins besonders ausgeprägt. Die subjektive Natur des Bewusstseins scheint auf die Existenz von etwas anderem als dem rein Physischen hinzudeuten, und Qualia – Instanzen des Gefühls, wie es ist, etwas zu erleben – wurden als Beweis angeführt, um den Physikalismus zu widerlegen.

Dennett argumentiert streng physikalistisch. Subjektive Empfindungen sind für ihn Resultat physischer Prozesse, er lehnt den Qualia-Begriff ab als diffuse Beschreibung von »etwas, das uns nicht vertrauter sein könnte: die Art, wie uns Dinge erscheinen«. Stattdessen vergleicht er die Funktionsweise des Geistes mit der Software eines informationsverarbeitenden Systems, dessen Hardware das Gehirn ist. Dieses System empfängt eine Vielzahl an Sinneseindrücken, die vom Gehirn interpretiert werden, um Empfindungen wie Schmerz, Freude, Geschmack, Farbe zu erzeugen. Mit der Zeit werden diese Empfindungen vom Gehirn überarbeitet und zu einem Narrativ geformt, das wir als Bewusstsein erleben.

> »Der Geist ist die Wirkung, nicht die Ursache.«
>
> **Daniel Dennett**

Die physikalistische Erklärung des Bewusstseins stützt die Machbarkeit einer starken Künstlichen Intelligenz (KI): dass eine Maschine mit denselben Fähigkeiten wie das menschliche Gehirn mentale Zustände und Bewusstsein auf gleiche Weise erleben würde wie wir. ■

Siehe auch: René Descartes 116–123 ▪ Willard Van Orman Quine 278–279 ▪ Alan Turing 302 ▪ Thomas Nagel 327

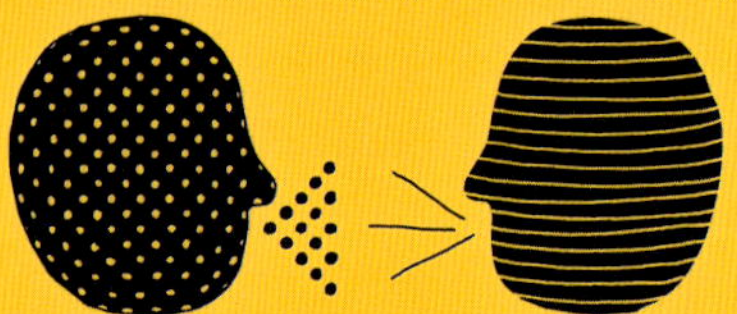

PHILOSOPHIE IST KEINE NUR SCHRIFTLICHE UNTERNEHMUNG

HENRY ODERA ORUKA (1944–1995)

IM KONTEXT

DISZIPLIN
Metaphilosophie

LEHRE
Ethnologie

FRÜHER
600–400 v. Chr. Griechische Philosophen wie Thales, Pythagoras und Platon studieren im afrikanischen Ägypten – in der Antike ein Zentrum philosophischer Forschung.

SPÄTER
20. Jh. Nach dem Rückzug der europäischen Kolonialmächte kommt es zu einer Blüte der afrikanischen Philosophie. Eine Fülle ethnologischer Untersuchungen führt zu einem tieferen Verständnis der afrikanischen Denktraditionen.

Ende 20. Jh. Der Philosoph Kwasi Wiredu aus Ghana meint, philosophische Klugheit und volkstümliche Weisheit seien von der eigentlichen Philosophie zu unterscheiden.

Henry Odera Oruka wurde 1944 in Kenia geboren. Er interessierte sich für metaphilosophische Probleme – solche des Philosophierens über Philosophie – und ging in seinem 1994 erschienenen Buch *Sage Philosophy* der Frage nach, warum die in Afrika südlich der Sahara entstandene Philosophie fast immer übersehen wurde. Er sieht den Grund darin, dass sie in eine mündliche Tradition eingebettet ist, während Philosophen im Allgemeinen mit geschriebenen Texten arbeiten. Viele sind sogar der Überzeugung, Philosophie sei auf schriftliche Dokumente angewiesen, um überhaupt arbeiten zu können. Diese Ansicht teilt Oruka nicht.

Nach Oruka gibt die Philosophie dem Denken bestimmter Ethnien den Vorzug, doch müsse sie die Sprüche von afrikanischen Weisen ebenso in ihr Erbe aufnehmen wie jene der griechischen.

Um die mündlichen philosophischen Traditionen zu erforschen, schlug er eine Methode vor, die er »philosophische Klugheit« nannte. Wie ein Ethnologe fuhr er in Dörfer und führte Gespräche mit Menschen, die bei den Dorfleuten als weise galten. Er wollte herausfinden, ob ihren Perspektiven systematische Sichtweisen zugrunde lagen. Die Weisen, die ihre Gedanken zu traditionellen philosophischen Themen wie Gott oder Freiheit kritisch überprüft und eine rationale Begründung für sie gefunden hatten, konnten Oruka zufolge als Philosophen gelten. Ihre Sichtweisen verdienten es, Gegenstand breiterer philosophischer Diskussionen zu werden. ■

Siehe auch: Sokrates 46–49 ▪ Friedrich Schlegel 177 ▪ Jacques Derrida 312–317

IM LEIDEN SIND DIE TIERE UNS GLEICHGESTELLT

PETER SINGER (GEB. 1946)

IM KONTEXT

DISZIPLIN
Ethik

LEHRE
Utilitarismus

FRÜHER

um 560 v. Chr. Der indische Weise Mahavira, der als Begründer des Jainismus gilt, lehrt strikten Vegetarismus.

1789 Jeremy Bentham stellt in *Principien der Gesezgebung* (sic) den Utilitarismus und dessen Leitprinzip vor: »Jeder zählt für einen und keiner mehr als für einen.«

1861 In *Utilitarianism* arbeitet John Stuart Mill Benthams utilitaristische Theorie individuellen Handelns zu einer Theorie moralischer Regeln aus.

SPÄTER

1983 Der amerikanische Philosoph Tom Regan veröffentlicht *The Case for Animal Rights*.

Der australische Philosoph Peter Singer wurde 1975, mit Erscheinen seines Buches *Befreiung der Tiere*, zu einem der aktivsten Vorkämpfer für die Rechte der Tiere. Für seine ethischen Überlegungen bezieht er sich auf die utilitaristische Philosophie des Engländers Jeremy Bentham. Der Utilitarismus beurteilt den moralischen Wert einer Handlung nach deren Folgen. Bentham geht dabei so vor, dass er die sich aus unseren Handlungen ergebende Summe der Lust und des Schmerzes nach Art einer mathematischen Gleichung berechnet.

Tiere sind empfindungsfähige Wesen

Singers Utilitarismus beruht auf einer »Berücksichtigung der Interessengleichheit«. Schmerz, sagt er, ist Schmerz, ganz gleich um wessen Schmerz es sich handelt. In dem Maße, wie Tiere Schmerz empfinden, sollten wir ihre Interessen berücksichtigen, wenn wir Entscheidungen treffen, mit denen wir Einfluss nehmen auf ihr Leben, und wir sollten nichts tun, das ihnen Schmerz bereiten könnte. Singer setzt, wie alle Utilitaristen, auch auf das Prinzip des »größtmöglichen Glücks für die größtmögliche Zahl«, das allen unseren Entscheidungen zugrunde liegen sollte. Zugleich betont er, nie gesagt zu haben, Tierexperimente seien – gleichgültig, um was es gehe – niemals zu rechtfertigen. Nur sollten wir unser Handeln nach dessen Folgen beurteilen, und diese beträfen auch die Interessen von Tieren. Sie seien ein Teil der Gleichung. ■

» Der Wert des Lebens stellt ein bekanntermaßen schwieriges Problem dar. «

Peter Singer
Praktische Ethik

Siehe auch: Jeremy Bentham 174 ▪ John Stuart Mill 190–193

DIE BESTEN MARXISTISCHEN ANALYSEN WAREN STETS SOLCHE DES SCHEITERNS

SLAVOJ ŽIŽEK (GEB. 1949)

IM KONTEXT

DISZIPLIN
Politische Philosophie

LEHRE
Marxismus

FRÜHER
1807 Hegels *Phänomenologie des Geistes*, eine der Grundlagen des marxistischen Denkens, erscheint.

1848 Karl Marx und Friedrich Engels veröffentlichen *Das Kommunistische Manifest*.

1867 Der erste Band von Marx' *Das Kapital* erscheint.

1899 In *Traumdeutung* weist Freud nach, dass das menschliche Verhalten weitgehend von unbewussten Kräften bestimmt ist.

1966 Der psychoanalytische Theoretiker Jacques Lacan, der einen großen Einfluss auf Slavoj Žižek hat, stellt in *Écrits* Sigmund Freuds Überlegungen in einem neuen Licht dar.

Die besten marxistischen Analysen waren stets Analysen des Scheiterns. Dies erklärte der slowenische Philosoph Slavoj Žižek 1968, nachdem die Sowjetunion und ihre Verbündeten die Reformperiode in der Tschechoslowakei – deren Ziel die Dezentralisierung und Demokratisierung des Landes war – militärisch beendet hatten.

Dieses Ereignis, sagt Žižek, wurde später zu einem Mythos der Linken – wären die Reformen weitergegangen, dann, so behaupten diese, wäre irgendwann auch eine Art gesellschaftliches und politisches Paradies entstanden. Die Linke habe die Neigung, sich in ihrem Scheitern häuslich einzurichten, denn auf diese Weise könne sie Mythen über das produzieren, was geschehen wäre, hätte sie nur Erfolg gehabt. Doch wegen ihrer Fehlschläge könne sich die Linke eine »moralistische Position« sichern: Wegen ihrer Misserfolge sei sie nicht an der Macht und habe keinen Praxistest zu bestehen. Mit dieser »bequemen Widerstandsposition« müsse sie sich auf die wirklichen Fragen nicht einlassen – müsse ihren Revolutionsbegriff nicht überprüfen und sich auch mit dem Wesen der politischen Macht nicht ernsthaft auseinandersetzen. Dafür, so Žižek, ein erklärter Marxist, könne man sich endlos mit Rechtfertigungen der Utopie und ihrer Undefinierbarkeit beschäftigen. ■

Der sowjetische Einmarsch in die Tschechoslowakei im Jahr 1968 beendete die kurze, später »Prager Frühling« genannte Liberalisierungsperiode. Alle Schritte in Richtung Demokratie wurden bis 1989 unterdrückt.

Siehe auch: Immanuel Kant 164–171 ▪ Georg W.F. Hegel 178–185 ▪ Karl Marx 196–203 ▪ Martin Heidegger 252–255

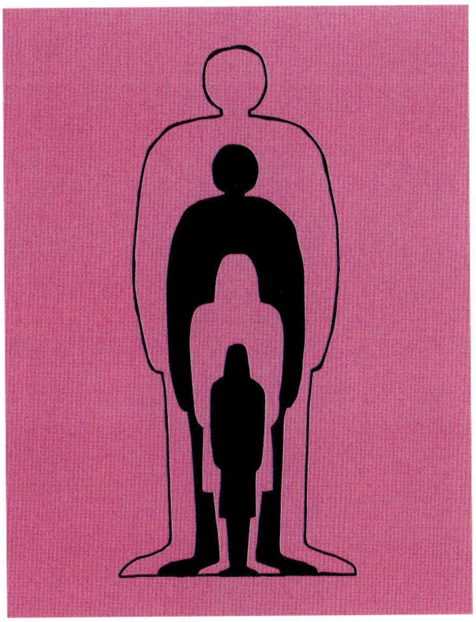

PATRIARCHALISCHE DOMINANZ HAT EINE GEMEINSAME IDEOLOGISCHE GRUNDLAGE MIT RASSISMUS

BELL HOOKS (1952–2021)

IM KONTEXT

DISZIPLIN
Politische Philosophie

LEHRE
Intersektionalität

FRÜHER
1949 In *Das andere Geschlecht* argumentiert Simone de Beauvoir, man werde nicht als Frau geboren, sondern zur Frau gemacht.

1974 Luce Irigaray untersucht die Wirkung von Sprache in Bezug auf Frauen in *Speculum*.

SPÄTER
1989 Kimberlé Crenshaw prägt den Begriff Intersektionalität für die Überschneidung verschiedener Formen von Diskriminierung.

1990 Judith Butlers *Das Unbehagen der Geschlechter* beschreibt die Rolle der Performativität in der Queer-Theorie und betont die Einbeziehung der sexuellen Orientierung in das Thema Intersektionalität.

Wer in den 1960er-Jahren in den USA aufwuchs, erlebte eine Zeit des Aktivismus, der um die zweite Welle der Frauenbewegung und die Bürgerrechtsbewegung kreiste. Unter ihnen war eine junge Schwarze, Gloria Jean Watkins, später bell hooks, deren Ansichten von dieser Auflehnung gegen die Unterdrückung von Frauen und Schwarzen und gegen die Dominanz einer weißen, männlichen Klasse geformt wurden.

Obwohl wichtig, so urteilte hooks, befassten sich diese Bewegungen nicht mit ihrer Situation als Schwarze Frau: Der Feminismus war weißen Frauen vorbehalten, die Bürgerrechtsbewegung stritt vor allem für die Rechte Schwarzer Männer. Sie aber wurde aufgrund von Hautfarbe, Geschlecht und Klasse diskriminiert. Die Ursache für jede Form der Unterdrückung war die gleiche – eine kapitalistische, weiße, patriarchalische Vorherrschaft.

In ihrem Buch *Ain't I a Woman? Schwarze Frauen und Feminismus* (1981) beschreibt hooks die Verkettung von Rassismus und Sexismus, deren Wurzeln sie bis in die Zeit der Sklaverei zurückverfolgt. Sie weist auf den besonders niedrigen Status Schwarzer Frauen in den USA hin, für dessen Erklärung man Geschlecht und Hautfarbe nicht isoliert betrachten dürfe.

hooks geschilderte Gleichzeitigkeit verschiedener Diskriminierungsformen durch dieselbe patriarchalische Ideologie wurde später als »Intersektionalität« bezeichnet. Der Begriff war entscheidend für die Herausbildung der dritten Welle der Frauenbewegung und prägte die Critical Race Theory. ■

» Unterdrückt zu werden bedeutet, keine Wahl zu haben. «

bell hooks

Siehe auch: William Du Bois 234–235 ▪ Frantz Fanon 300–301 ▪ Michel Foucault 304–305 ▪ Cornel West 347

ANHANG

WEITERE PHILOSOPH*INNEN

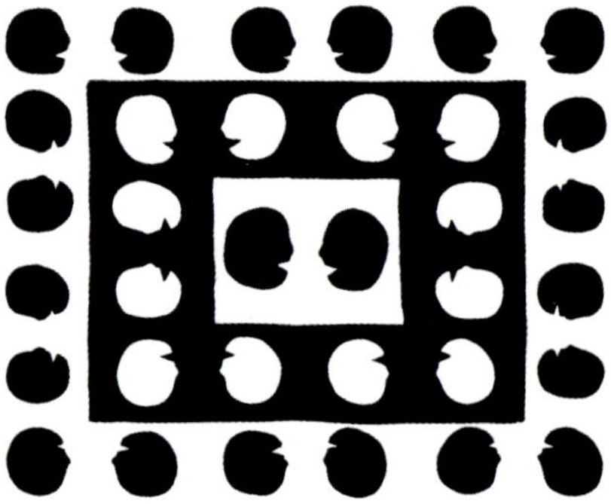

Die im Hauptteil des Buches dargestellten Ideen zeigen die große Weite philosophischen Denkens, die uns einige der klügsten Köpfe der Geschichte eröffnet haben. Hier nun finden Sie eine Auswahl weiterer Philosoph*innen, die ebenfalls die Philosophiegeschichte nachhaltig geprägt haben. Sei es, dass sie – wie Empedokles, Plotin oder Wilhelm von Ockham – Ideen entwickelten, die anderen Ausgangspunkt für größere Veränderungen lieferten. Sei es, dass sie – wie Friedrich Schelling oder Gilles Deleuze – dem Werk von Vorgänger*innen neue, weiter treibende Einsichten abgewannen. Alle im Folgenden Aufgeführten (und sicher viele mehr, die aus Platzgründen ungenannt bleiben müssen) haben an der Entfaltung des philosophischen Denkens mitgewirkt.

ANAXIMANDER
UM 610–546 V. CHR.

In Milet (heute Nordwesttürkei) geboren, wurde Anaximander ein Schüler von Thales, des »Vaters« der abendländischen Philosophie. Wie dieser ging er davon aus, dass sich alles Seiende aus einer Grundsubstanz entwickelt hat. Und weil diese nur unendlich und ewig sein kann, nannte er sie *apeiron* (das Unbegrenzte). Thales' Vorstellung, die Erde schwimme in einem Wassermeer, wies er zurück, denn dann, sagte er, müsste dieses ja von etwas Drittem gestützt werden. Darauf aber fand Anaximander keinen Hinweis, also erklärte er, die Erde schwebe frei im Raum. Man nimmt an, dass von ihm auch die erste Weltkarte stammt.
Siehe auch: Thales von Milet 22–23

ANAXIMENES VON MILET
UM 585–528 V. CHR.

Wie alle Philosophen aus Milet suchte auch Anaximenes die Grundsubstanz des Kosmos. Dies sei die Luft, denn wie die Luft dem menschlichen Körper Leben gebe, so verleihe eine Art universaler Luft dem Kosmos Leben. Als erster der Philosophen belegte er seine Ideen mit Beobachtungen: Bläst man mit gespitzten Lippen, erzeugt man einen kühlen Luftstrom, mit entspannten Lippen gehaucht, ist er warm. Zusammengepresstes, schloss er, kühlt ab, sich Ausdehnendes erwärmt sich. Ähnlich werde zusammengepresste Luft sichtbar: als Nebel, als Regen, zuletzt, wie er glaubte, als Felsen, womit Luft die Erde entstehen lässt.
Siehe auch: Thales von Milet 22–23

ANAXAGORAS
UM 500–428 V. CHR.

Anaxagoras aus Ionien (heute Türkei) gehörte zu jenen, die Athen zum Zentrum philosophisch-wissenschaftlicher Forschung machten. Auch er suchte nach der Urmaterie der Welt und wollte eine entsprechende Kosmologie entwickeln. Am Anfang, sagte er, war alles miteinander vermischt, in allem war ein Anteil von jedem. Daneben gab es den unpersönlichen Geist *(nous)*, der alles geplant, angeordnet und in Gang gesetzt hat. Weil er die damals angebetete Sonne nur als glühenden Stein bezeichnete, wurde er aus Athen verbannt.
Siehe auch: Thales von Milet 22–23

EMPEDOKLES
UM 490–430 V. CHR.

Empedokles entstammte einer politisch einflussreichen Adelsfamilie in der zu seiner Zeit griechischen Kolonie Sizilien. Wegen seines Wissens über Naturphänomene schrieb man ihm Heil- und Wunderkräfte zu, glaubte sogar, er könne das Wetter beeinflussen. Er verteidigte Heraklits Lehre vom stetigen Wandel der Welt gegen Parmenides' Theorie des Immergleichen: Die vier Elemente – Erde, Wasser, Feuer, Luft –, so Empedokles, verbinden sich, trennen sich und verbinden sich in einem unerschöpflichen Prozess neu. Diese Vorstellung bestimmte das abendländische Denken bis in die europäische Renaissance.
Siehe auch: Thales von Milet 22–23 ▪ Heraklit 40 ▪ Parmenides 41

ZENON VON ELEA
UM 490–430 V. CHR.

Außer seinen Paradoxa der Bewegung ist wenig über ihn bekannt. Vierzig davon soll er aufgestellt haben, nur wenige hat Aristoteles überliefert. Mit allen verteidigte er die Behauptung seines Lehrers Parmenides, dass die sich beständig wandelnde Welt, die wir um uns wahrnehmen, nicht das Reale ist, denn wahrhaft Reales sei unbeweglich und einförmig, Bewegung dagegen eine Illusion der Sinne. Jedes seiner Paradoxa begann mit der Gegenposition (dass nämlich Bewegung und damit Wandel real seien) und zeigte dann, welche Widersprüche aus dieser Annahme folgen – womit er die These vom ewigen Wandel für widerlegt hielt.
Siehe auch: Heraklit 40 ▪ Parmenides 41 ▪ Aristoteles 56–63

PYRRHON VON ELIS
UM 360–272 V. CHR.

Er stammte von der ionischen Insel Elis, erlebte aber während der Feldzüge Alexanders des Großen die andere Kultur Asiens und war der Erste, der den Zweifel ins Zentrum seines Denkens rückte. Man müsse sich vernünftigerweise des Urteils enthalten, denn die Sinne seien fehlbar und beide Seiten eines argumentativen Gegensatzes könnten gleichermaßen gültig sein. Von Pyrrhon sind keine Texte überliefert, doch er inspirierte die Schule der Skeptiker, die lehrten, dass der Verzicht auf ein Urteil dem Geist Ruhe verschaffe.
Siehe auch: Sokrates 46–49 ▪ Al-Ghazali 338

PLOTIN
UM 205–270 N. CHR.

In Ägypten geboren, studierte Plotin in Alexandria, dem damaligen Zentrum der geistigen Welt und lehrte dann seine Version des Platonismus in Rom. Der »Neuplatonismus« unterteilte den Kosmos in Schichten. Dessen oberste, die Quelle allen Seins, ist das »Eine«, gefolgt von Geist, Seele und Materie. Er glaubte an Wiedergeburt und Unsterblichkeit der Seele. Würden die Menschen nach Erleuchtung streben, könnten sie eine mystische Einheit mit dem »Einen« erreichen und der ewigen Wiedergeburt entrinnen. Seine Ideen, niedergelegt in den *Enneaden*, waren äußerst einflussreich: Die Heiden verteidigten damit ihre »alte« Religion gegen die Christen, zugleich beeinflusste der Text Augustinus, Scholastik und Judentum.
Siehe auch: Siddhartha Gautama 30–33 ▪ Platon 50–55

WANG BI
226–249 N. CHR.

Mit dem Ende der Han-Dynastie (220 n. Chr.) begann in China eine Epoche der Orientierungslosigkeit. In dieses Chaos versuchte Wang Bi Ordnung zu bringen, indem er zwei dominierende Schulen verband. Daoistische Texte, sagte er, solle man nicht wörtlich nehmen, sondern eher wie Poesie, dann nämlich würden sie mit den auf die Praxis orientierten Konfuzianismus und seinen Idealen vereinbar. So sicherte er das Überleben beider Denkrichtungen und ebnete dem Buddhismus den Weg nach China.
Siehe auch: Laotse 24–25 ▪ Siddhartha Gautama 30–33 ▪ Kong Fuzi 34–39

IAMBLICHOS VON CHALKIS
UM 245–325 N. CHR.

Dieser syrische Neuplatoniker, der einer einflussreichen Adelsfamilie entstammte, gründete bei Antiochia eine Philosophenschule, deren Curriculum sich an Platon und Aristoteles orientierte. Bekannt wurde er mit seiner Darstellung und Weiterentwicklung der Theorien des Pythagoras, die er in der Schrift *Über das pythagoreische Leben* niederlegte. Er lehrte die Verkörperung der Seele in der Materie, die er beide für göttliche Prinzipien hielt. Erlösung, sagte Iamblichos, die Rückkehr der Seele in ihre reine unsterbliche Form, gelinge nicht allein durch Kontemplation über abstrakte Ideen, sondern verlange das Praktizieren religiöser Rituale.
Siehe auch: Pythagoras 26–29 ▪ Platon 50–55 ▪ Plotin 337

HYPATIA VON ALEXANDRIA
UM 370–415 N. CHR.

Hypatia lehrte Mathematik, Astronomie und Philosophie am Museum von Alexandria, dessen Leitung sie von ihrem Vater übernommen hatte. Sie war eine angesehene Neuplatonikerin und die erste bekannte Mathematikerin. Ihr Ruhm allerdings gründet in ihrem Martyrium. Ein christlicher Mob ermordete sie grausam, denn im Streit zwischen Heiden und Christen galt sie als Beraterin des Präfekten Orestos und als Gegnerin von Kyrill, dem Bischof von Alexandria. Keine ihrer Schriften ist erhalten, doch wird ihr die Erfindung des Aräometers und eines Astrolabiums zugeschrieben.
Siehe auch: Platon 50–55 ▪ Plotin 337

PROKLOS
UM 412–485

Bei Konstantinopel geboren, studierte er bei dem Platoniker Syrianos, dem Leiter der Akademie von Athen, und wurde dessen Nachfolger. Mit seinem Kommentar zu Euklid schrieb er auch die Geschichte der griechischen Mathematik. Sein Kommentar zu Platons *Timaios* ist einer der bedeutendsten neuplatonischen Texte. Als Naturforscher, Mathematiker, Rechtsgelehrter und Dichter, der zugleich religiöse Interessen verfolgte, beeinflusste er viele Philosophen sowohl in der islamischen wie in der christlichen Tradition.

Siehe auch: Platon 50–55 ▪ Boethius 74–75 ▪ Thomas von Aquin 88–95

JOHANNES PHILOPONOS
490–570

Viel mehr, als dass er in Alexandria mit dem Aristoteliker Ammonius Hermiae studierte, ist über seine Jugend nicht bekannt. Seine Untersuchungsmethoden als Philosoph und Naturforscher waren geprägt von seinem christlichen Glauben. Für ihn musste der Kosmos einen von Gott bewirkten Anfang haben. Damit wurde er zum ersten ernsthaften Kritiker des Aristoteles, eröffnete Forschungsrichtungen, die zukünftige Wissenschaftler, namentlich Galilei Galileo beeinflussten, was ihm den Unmut der Philosophen eintrug. Aber auch den Theologen machte er es nicht recht, denn er hielt den dreieinigen Gott für drei Götter und sorgte damit ebenso für Unruhe.

Siehe auch: Aristoteles 56–63 ▪ Thomas von Aquin 88–95

AL-KINDI
801–873

Der irakische Universalgelehrte führte als einer der ersten Philosophen die griechische Philosophie in die islamische Welt ein. Im Haus des Wissens in Bagdad leitete er die Übersetzung der klassischen Texte ins Arabische, schrieb selbst über viele Themen, vor allem über Psychologie und Kosmologie, wobei er den eigenen Neuplatonismus mit aristotelischen Denkweisen zusammenführte. Sein besonderes Interesse galt der Vereinbarkeit von Philosophie und islamischer Theologie. Viele seiner Texte befassen sich mit dem Wesen Gottes und der menschlichen Seele, ebenso mit dem Wissen der Propheten.

Siehe auch: Al-Farabi 338 ▪ Ibn Sina 76–79 ▪ Ibn Ruschd 82–83

JOHANNES SCOTUS ERIUGENA
UM 815–877

Sein lateinischer Name wurde oft mit Johannes der Schotte übersetzt, doch er war Ire – Scotia war der mittelalterliche Name für Irland. Wichtig für die Philosophiegeschichte wurde seine These, nach der kein Widerspruch besteht zwischen dem Wissen, das die Vernunft hervorbringt, und dem aus göttlicher Offenbarung. Er wollte beweisen, dass die christliche Lehre insgesamt auf Vernunft basiert. Das brachte ihn in Konflikt mit der Kirche, denn seine Thesen machen Offenbarung und Glauben überflüssig. Vernunft, verteidigte er sich, ist Richter aller Autoritäten, ohne sie können wir die Offenbarung nicht verstehen.

Siehe auch: Platon 50–55 ▪ Augustinus von Hippo 72–73

AL-FARABI
UM 872–950

Seine Herkunft ist umstritten: Er stammte aus Persien oder Kasachstan. Gesichert ist, dass er 901 nach Bagdad kam und dort die meiste Zeit seines Lebens verbrachte. In der Gotteslehre war er Neuplatoniker, in der Logik folgte er Aristoteles, dessen Schriften er kommentierte. Er schrieb über Medizin, Naturwissenschaften, Musik und andere Themen. Philosophie sei Berufung durch Allah und insofern der einzige Weg zum Wissen. Philosophen hätten die Pflicht, den Menschen in alltäglichen Fragen beizustehen. Er selbst schrieb deshalb über den idealen Staat, dessen Regenten, wie in Platons Utopie, Philosophen-Propheten sein sollten.

Siehe auch: Aristoteles 56–63 ▪ Ibn Sina 76–79 ▪ Ibn Ruschd 82–83

AL-GHAZALI
UM 1058–1111

In Persien geboren, leitete er von 1092 bis 1096 die renommierte Nizamiyyah-Madrasa in Bagdad. Dort schrieb er die zwei Bücher, die seinen Ruhm auch im Westen begründeten: *Die Ziele der Philosophen* und *Die Widerlegung der Philosophen*, ein Kompendium des damaligen philosophischen Wissens, zugleich aber dessen Widerlegung, weil Wahrheit dem Glauben und mystischen Praktiken entspringe und nicht der Philosophie. So gab er die Lehre auf und wurde zum wandernden Sufi-Prediger. Alle Kausalverbindungen seien nur möglich durch den Willen Gottes.

Siehe auch: Aristoteles 56–63 ▪ Ibn Sina 76–79 ▪ Ibn Ruschd 82–83 ▪ Moses Maimonides 84–85

PIERRE ABAELARD
1079–1142

Bekannt ist Abaelard vor allem wegen seiner unglücklichen Liebe zu seiner Schülerin Héloïse, aber er war auch ein bemerkenswerter Philosoph. Schon als Student an der Pariser Schule von Nôtre Dame brillierte er und wurde dann zum charismatischen Lehrer. Mit nur 22 Jahren gründete er eine eigene Schule und wurde 1125 zum Leiter von Nôtre Dame. Berühmt für sein scharfes Argumentieren, wandte er sich gegen den damaligen, aus Platons Ideenlehre entwickelten Universalienrealismus: Begriffe wie »Eiche« seien nur Worte, bezeichneten aber nichts Reales (»Eichenhaftes«) an den vielen real existierenden Eichen.
Siehe auch: Platon 50–55 ▪ Aristoteles 56–63 ▪ Boethius 74–75 ▪ Wilhelm von Ockham 340

ROBERT GROSSETESTE
1175–1253

Grosseteste war ein Kind armer englischer Bauern, der Bürgermeister von Lincoln entdeckte seine Begabung und sorgte für seine Bildung. Es gibt Hinweise darauf, dass er in Oxford und in Paris studiert hatte, bevor er Priester und später Bischof von Lincoln wurde. Er war ein entschiedener Kritiker der Kirche seiner Zeit, zugleich berühmt für sein wissenschaftliches Denken. Als einer der ersten mittelalterlichen Philosophen erfasste er den doppelten Weg des aristotelischen Argumentierens: zunächst die Verallgemeinerung einzelner Beobachtungen in ein allgemeines Gesetz, dann die aus dem Gesetz entwickelte Voraussage einzelner Ereignisse.
Siehe auch: Aristoteles 56–63

IBN BADDSCHA
UM 1095–1138

Politischer Berater, Dichter, Wissenschaftler und Philosoph war er, in Saragossa geboren, einer der großen Denker des maurischen Spanien. In seinen Abhandlungen folgte er Ideen von Platon und Aristoteles, er beeinflusste damit Ibn Ruschd. Sein Ziel war es, die Vereinbarkeit von Vernunft und Glauben zu demonstrieren. Der einzige Weg zu wahrem Wissen und damit zur Erleuchtung und einer Verbindung zu Gott seien Denken und vernünftiges Handeln. Den Weg zur Erleuchtung aber müsse jeder für sich selbst finden. Sollten die Erleuchteten versuchen, ihr Wissen direkt an andere weiterzugeben, riskierten sie, von Unwissenden »infiziert« zu werden.
Siehe auch: Platon 50–55 ▪ Aristoteles 56–63 ▪ Ibn Ruschd 82–83

RAIMUNDUS LULLUS
1232–1316

Er lebte als Erzieher des mallorquinischen Königssohns am Hof von Mallorca. Nach Christusvisionen trat er dem Franziskanerorden bei, als Missionar bereiste er Nordafrika. Überzeugt, die Muslime ließen sich durch rationale Argumente bekehren, schrieb er *Ars Magna* und entwickelte eine Maschine, deren logische Kombinatorik helfen sollte, ein universelles Weltsystem zu erstellen. Beweisen wollte er, dass die drei monotheistischen Religionen eine einzige Vernunftreligion sind (wofür man ihn posthum zum Ketzer erklärte). In Algerien versuchte ihn eine aufgebrachte Menge zu steinigen, er starb ein Jahr später.
Siehe auch: Platon 50–55 ▪ Anselm von Canterbury 80–81 ▪ Meister Eckhart 339

MEISTER ECKHART
UM 1260–1327

Er studierte in Paris, trat dem Dominikanerorden bei, dessen Lehrautorität Thomas von Aquin war. In an die Gefühle appellierenden Predigten entwickelte er sein Gottesbild: Gott war für Eckhart jenseits von Sein und Zeit, unendliche Schöpfung in jedem Augenblick: »Es gibt da kein Werden, sondern ein Nun, ein Werden ohne Werden, ein Neusein ohne Erneuerung, und dieses Werden ist Gottes Sein.« Dies führte zur Anklage wegen Ketzerei. Er widerrief nicht, räumte nur ein, seine bildhafte Sprache könne zu Missverständnissen geführt haben. Er starb vor Verkündung des Urteils.
Siehe auch: Anselm von Canterbury 80–81 ▪ Thomas von Aquin 88–95 ▪ Raimundus Lullus 339 ▪ Nikolaus von Kues 96

JOHANNES DUNS SCOTUS
UM 1266–1308

Ausgerechnet mit einem Franziskanermönch begann die Trennung von Theologie und Philosophie. Er studierte und lehrte in Oxford, Paris und Köln, war bekannt für sein subtiles Argumentieren. Das Allgemeine ist *vor* den Dingen (als Idee in Gott), *in* den Dingen (die »Diesheit«) und *nach* den Dingen (im Begriff). Es lässt sich erkennen an den Dingen selbst, ohne vorab gegebene Begriffe. Insofern ist Wissen ohne »göttliche Erleuchtung« nur durch richtige Verwendung der Sinne zu erlangen. Gott ist reiner Akt und freier Wille und hätte die Welt also auch anders oder gar nicht schaffen können.
Siehe auch: Platon 50–55 ▪ Aristoteles 56–63 ▪ Thomas von Aquin 88–95

WILHELM VON OCKHAM
UM 1285–1347

Er war Schüler von Duns Scotus, lehrte wie dieser in Oxford und gehörte dem Franziskanerorden an. Er trennte zwischen Glauben und Wissen und hielt einen Gottesbeweis für unmöglich. Exkommuniziert wurde er, weil er die weltliche Macht des Papstes bestritt. Die heute »Ockhams Rasiermesser« genannte Regel – Annahmen sind auf das Notwendige zu beschränken – ist nicht ontologisch, sondern methodisch gemeint: Sie wendet sich gegen scholastische Begriffsvervielfältigungen. Ockham sah Universalien als Abstraktionen aus der Erfahrung von Einzeldingen und gilt damit als Wegbereiter des Empirismus.
Siehe auch: Platon 50–55 ▪ Aristoteles 56–63 ▪ Francis Bacon 110–111 ▪ John Locke 130–133

NICOLAUS VON AUTRECOURT
UM 1298–1369

Bei Verdun geboren, studierte er in Paris Theologie. Ungewöhnlich für einen mittelalterlichen Philosophen sind seine Untersuchungen zur Logik des Zweifels: Gewissheit könne es nur im Glauben und hinsichtlich der universellen Geltung des Satzes vom Widerspruch geben. Kausalverbindungen aber seien logisch nicht zu deduzieren. Erfahrung ist also nur wahrscheinlich. Daher nannte man ihn den mittelalterlichen Hume. 1346 erklärte Papst Clemens VI. seine Lehren als ketzerisch, Ockham musste widerrufen, seine Schriften verbrennen, – nur wenige davon sind überliefert.
Siehe auch: David Hume 148–153 ▪ Pyrrhon v. Elis 337 ▪ Al-Ghazali 338

MOSES BEN JOSHUA
GEST. UM 1362

Der jüdische Philosoph und Arzt, auch als Moses von Narbonne bekannt, wurde in Perpignan im katalanischen Frankreich geboren und zog später nach Spanien. Für ihn war das Judentum der Führer zum höchsten Grad der Wahrheit. Die Thora (der erste Teil der jüdischen Bibel und Basis des jüdischen Gesetzes), so sagte er, habe eine wörtliche und eine metaphysische Bedeutungsebene, Laien sei Letztere nicht zugänglich.
Siehe auch: Ibn Ruschd 82–83 ▪ Moses Maimonides 84–85

GIOVANNI PICO DELLA MIRANDOLA
1463–1494

Er gehörte dem Kreis um Lorenzo de' Medici und Marsilio Ficino an, der Akademie der italienischen Humanisten und Neuplatoniker. Seine bekannteste Schrift ist die posthum veröffentliche *Rede über die Würde des Menschen*, die »Programmschrift« der Renaissance: Der Mensch ist frei, sich in der Welt umzuschauen, er entscheidet, ob er seine Vernunft entwickeln oder zum Tier degenerieren will. Gedacht als Einleitung zu *900 Thesen*, einem Kompendium des damaligen Wissens, versöhnt sie heidnisches, islamisches und christliches Denken.
Siehe auch: Platon 50–55 ▪ Aristoteles 56–63 ▪ Erasmus von Rotterdam 97

FRANCISCO DE VITORIA
1480–1546

Der Dominikanermönch gründete die Schule von Salamanca und sorgte damit für eine Renaissance der thomistischen Lehre. Zugleich (er erlebte Spaniens Einigung und die Kolonisierung Amerikas) suchte er praktikable Regeln für den friedlichen Umgang der Völker miteinander, formulierte den Begriff »gerechter Krieg«. Er bestritt nicht Spaniens Recht, ein Imperium zu gründen, wandte sich aber gegen Zwangsmission der Völker Südamerikas und forderte für sie das Recht auf Eigentum und Selbstregierung. Er gilt als »Vater des Völkerrechts«.
Siehe auch: T. von Aquin 88–95

GIORDANO BRUNO
1548–1600

Der Astronom und Philosoph wurde angeregt von den Lehren des Nikolaus von Kues und vom *Corpus Hermeticum* – einem um 200 n. Chr. entstandenen Textkonvolut neuplatonischer Ausrichtung. Von Kues übernahm er die Lehre eines unendlichen und ewigen Kosmos: Unser Sonnensystem sei nur eines von vielen. Gott, so Bruno, ist Teil der Welt und wohnt allem Seienden inne (Pantheismus). Dann aber kann die Welt weder Anfang noch Ende haben. Weil er dem Glauben an den Schöpfergott und an die Erlösung widersprach, wurde Bruno zum Tod auf dem Scheiterhaufen verurteilt.
Siehe auch: Nikolaus von Kues 96 ▪ Gottfried W. Leibniz 134–135

FRANCISCO SUÁREZ
1548–1617

Der aus Granada stammende Theologe und Philosoph, ein Jesuit, schrieb über viele Themen. Am bekanntesten aber wurden seine Texte zur Metaphysik. Im Universalienstreit, der die damalige Philosophie bestimmte, vertrat er die Ansicht, dass nicht Begriffe, sondern nur einzelne Dinge real seien. Tho-

mas von Aquin hatte zwei Formen göttlichen Wissens unterschieden, das notwendige oder natürliche und das freie, auf Mögliches bezogene Wissen Gottes. Dazwischen sah Suárez ein »mittleres Wissen« dessen, was wäre, hätten die Menschen in einer anderen Ordnung der Dinge anders gehandelt. Über dieses Wissen wirke Gott mit an den freien Willenshandlungen der Menschen.
Siehe auch: Platon 50–55 ▪ Aristoteles 56–63 ▪ T. v. Aquin 88–95

BERNARD MANDEVILLE
UM 1670–1733

Die bekannteste Schrift des holländischen Philosophen, Satirikers und Arztes, der in London lebte, ist *Bienenfabel oder Private Laster, öffentliche Vorteile* (1703–1729). Sie zeigt, dass der Wohlstand einer Gesellschaft auf der billigen Arbeit der Unterprivilegierten beruht. Tugendlehren dienten nur dazu, dies zu verschleiern und die Arbeitsmoral zu festigen. Es sei die private Gier, die gesellschaftlichen Fortschritt und Verfall der Sitten hervorbringen. Er konstatierte diese Anthropologie des Frühkapitalismus nüchtern, ohne Beschönigung, aber auch ohne Alternativen aufzuzeigen.
Siehe auch: Jean-Jacques Rousseau 154–159 ▪ Adam Smith 160–163 ▪ Karl Marx 196–203

JULIEN OFFRAY DE LA METTRIE
1709–1751

Er stammte aus der Bretagne, studierte Medizin und diente als Truppenarzt. Sein Atheismus, den er mit der Streitschrift *Naturgeschichte der Seele* (1745) verteidigte, seine materialistische Auffassung des Menschen – Gefühle seien Reaktionen auf körperliche Vorgänge – zwangen ihn zur Flucht nach Holland. 1747 veröffentlichte er *Der Mensch als Maschine*, eine Grundschrift des Materialismus, zugleich eine Kritik an Descartes' grundlegender Trennung von Körper und Seele. Und wieder musste er fliehen, diesmal nach Berlin.
Siehe auch: Thomas Hobbes 112–115 ▪ René Descartes 116–123

NICOLAS DE CONDORCET
1743–1794

Er gehörte zum Kreis der Enzyklopädisten, behandelte Fragen von Moral und Politik auch aus mathematischer Perspektive, beschäftigte sich mit der Wahrscheinlichkeitsrechnung und zog daraus Schlüsse z. B. zu Wahlsystemen. Das Condorcet-Paradox beschreibt, wie man den Ausgang von Abstimmungen manipulieren kann. Den Menschen hielt er für gut und unendlich entwicklungsfähig, Bildungsunterschiede seien Ursache von Tyrannei. Während der Revolution forderte er gleiche Bildungschancen für Frauen. Er starb im Gefängnis, weil er gegen die Hinrichtung Ludwigs XVI. votiert hatte.
Siehe auch: René Descartes 116–123 ▪ Voltaire 146–147 ▪ Jean-Jacques Rousseau 154–159

JOSEPH DE MAISTRE
1753–1821

Er lebte als Anwalt und Senator im damals sardinischen Savoyen, das 1792 von der Revolutionsarmee besetzt wurde, und musste fliehen. Den Terror führte er auf den Rationalismus und Denker wie Rousseau zurück: Wer Freiheit zum Ideal mache, müsse notwendig alle Traditionen und Hierarchien zerstören. Die Menschheit sei schwach und sündig, die Gesellschaftsordnung also nur durch die Alleinherrschaft eines göttlich legitimierten Regenten zu sichern. In einer Demokratie herrsche nie das Volk, sondern das Geld, darum sei die Monarchie die ehrlichere Herrschaftsform.
Siehe auch: E. Burke 172–173

FRIEDRICH SCHELLING
1775–1854

Schelling studierte mit Hegel und Hölderlin in Tübingen Theologie, die »Tübinger drei« begeisterten sich an der Französischen Revolution. Ihr Enthusiasmus schlug sich nieder im *Ältesten Systemprogramm des deutschen Idealismus* (1796). Schelling lehrte auf Vermittlung Goethes an der Universität Jena, dann in München, zuletzt in Berlin. Wichtig für Schellings »absoluten Idealismus« waren außer Kant und Fichte, über die er hinausging, auch der Pantheismus Spinozas. Das (Fichte'sche) Ich wird bei Schelling zum sich nicht nur als Bewusstsein, sondern auch als Natur schaffenden Geist. Das schaffende Prinzip, *natura naturans*, gelangt im Menschen zu Bewusstsein und Geschichte.
Siehe auch: B. de Spinoza 126–129 ▪ I. Kant 164–171 ▪ J. G. Fichte 176 ▪ Georg W. F. Hegel 178–185

AUGUSTE COMTE
1798–1857

Der Begründer der Soziologie entwarf diese als Theorie des Fortschritts, der geistigen und gesellschaftlichen Evolution. Diese vollziehe sich in drei Stufen. Die früheste, repräsentiert durch das Mittelalter und seinen Glauben an das Übernatürliche, ist die theologische. Ihr folgt die metaphysische, in der sich die Spekulation über die Natur der Realität entwickelt.

Die letzte Stufe ist das Zeitalter des Positivismus, das Comte in seiner Zeit heraufziehen sah: die Zeit einer genuin wissenschaftlichen Haltung zur Wirklichkeit, die nur auf beobachtbaren Regelmäßigkeiten basiert und das Chaos nach der Französischen Revolution wieder ordnet.
Siehe auch: John Stuart Mill 190–193 ▪ Karl Marx 196–203

RALPH WALDO EMERSON
1803–1882

Angeregt durch die Bewegung der Romantik, glaubte der in Boston geborene Dichter und Philosoph an die Einheit der Natur: Jedes Materieteilchen, jedes individuelle Bewusstsein, sagte Emerson, bildet als Mikrokosmos das gesamte Universum ab. Berühmt sind seine öffentlichen Vorträge, mit denen er für die Überwindung gesellschaftlicher Konformität und traditioneller Autoritäten warb. Persönliche Identität und Selbstverantwortung waren die einzigen moralischen Imperative, die er akzeptierte: Jeder habe die Kraft, das eigene Schicksal zu gestalten.
Siehe auch: Henry David Thoreau 204 ▪ William James 206–209 ▪ Friedrich Nietzsche 214–221

HENRY SIDGWICK
1838–1900

Der Moralphilosoph – Fellow des Trinity College in Cambridge – erkundete mit seinem Hauptwerk *Methods of Ethics* (1874) die Frage der Willensfreiheit und konzentrierte sich dabei vor allem auf die intuitiven Prinzipien des Verhaltens. Das Streben nach Genuss, sagte er, schließt Altruismus nicht aus, auch nicht, dass man anderen Genuss verschafft, denn es bereitet einem selbst Befriedigung. Er unterstützte die Forderung der Frauen nach Zugang zu Universitätsbildung, indem er in Cambridge das erste College für Studentinnen einrichtete.
Siehe auch: J. Bentham 174 ▪ John Stuart Mill 190–193

FRANZ CLEMENS BRENTANO
1838–1917

Brentano wurde bei Boppard geboren, wuchs in Aschaffenburg auf, studierte Philosophie und Theologie und wurde zum Priester geweiht. Als Gegner des Unfehlbarkeitsdogmas legte er sein Priesteramt nieder (1873) und trat aus der Kirche aus (1879). Psychologie hielt er für eine philosophische Grundwissenschaft. Er verstand psychische Phänomene als Akte, die intentional auf Objekte gerichtet sind und diese in sich enthalten, mit diesen aber nicht identisch sind. Nach Veröffentlichung von *Psychologie vom empirischen Standpunkte* (1874) erhielt er einen Ruf als Professor für Philosophie nach Wien. Seine Theorien beeinflussten Freud, Husserl und Dilthey.
Siehe auch: E. Husserl 224–225

GOTTLOB FREGE
1848–1925

Frege studierte in Jena und Göttingen, lehrte ab 1874 Mathematik in Jena und wurde zum Pionier und Begründer der analytischen Philosophie. Seine ersten großen Veröffentlichungen, *Begriffsschrift* (1879) und *Grundlagen der Arithmetik* (1884), lösten eine Revolution in der bis dahin aristotelischen philosophischen Logik aus. In *Über Sinn und Bedeutung* (1892) demonstrierte er, dass Sätze aus zwei Gründen sinnvoll sind: Es gibt ein Ding, auf das sie sich beziehen, und diese Beziehung wird mit einem Satz unverwechselbar hergestellt.
Siehe auch: Bertrand Russell 236–239 ▪ Ludwig Wittgenstein 246–251 ▪ Rudolf Carnap 257

ALFRED NORTH WHITEHEAD
1861–1947

Der englische Mathematiker hatte großen Einfluss auf die Entwicklung von Ethik, Metaphysik und Wissenschaftstheorie. Mit Bertrand Russell, seinem früheren Schüler, verfasste er *Principia Mathematica* (1910–1913), eine bahnbrechende Studie zur mathematischen Logik. 1924 wurde er nach Harvard berufen, entwickelte dort seine prozessphilosophische Metaphysik und schrieb *Prozess und Realität*. Traditionelle philosophische Kategorien, sagte er, reichen nicht aus, um das Wechselspiel zwischen Materie, Raum und Zeit zu erfassen. Auch sei nicht nur das Gehirn, sondern »der lebende Körper als Ganzer« das »lebendige Organ« der Erfahrung.
Siehe auch: B. Russell 236–239 ▪ Willard V. O. Quine 278–279

NISHIDA KITARO
1870–1945

Der japanische Philosoph studierte Daoismus sowie Konfuzianismus in der Schule und westliche Philosophie an der Universität Tokio. Er begann in Kioto zu lehren, wo er westliche Philosophie als reguläres Studienfach etablierte. Schlüssel seines Denkens war eine »Logik des Ortes«, mit der er den traditionellen westlichen Gegensatz von Subjekt und Objekt überwinden wollte – durch die »reine Erfahrung« des Zen-Buddhismus, in dem die Unterscheidung zwischen Wissendem und gewusstem Ding verschwindet.
Siehe auch: Laotse 24–25 ▪ Siddhartha Gautama 30–33 ▪ Kong Fuzi 34–39 ▪ H. Tanabe 244–245

ERNST CASSIRER
1874–1945

Cassirer wurde in Breslau geboren. Nach dem Studium bei dem Neukantianer Paul Natorp in Marburg lehrte er zunächst in Berlin, dann an der Universität Hamburg, wo ihm auch die große Warburg-Bibliothek mit ihren Beständen zu Stammeskulturen und Mythenforschung zur Verfügung stand. 1933 musste er vor den Nationalsozialisten aus Deutschland fliehen. Mit seinem Hauptwerk *Philosophie der symbolischen Formen* (1923–1929) erweiterte er den Neukantianismus um den Begriff der »Erlebniswelten«, in denen Erfahrungen erst ihre Bedeutung erhalten.

Siehe auch: Immanuel Kant 164–171 ▪ Martin Heidegger 252–255

GASTON BACHELARD
1884–1962

Bachelard studierte Physik und wandte sich dann der Philosophie zu. Er lehrte in Dijon und übernahm danach an der Pariser Sorbonne den ersten Lehrstuhl für Geschichte und Philosophie der Wissenschaften. Seine Untersuchungen von Denk- und Bewusstseinsprozessen umfassten auch den Symbolismus von Träumen und die Phänomenologie der Einbildung. Auguste Comtes Behauptung eines kontinuierlichen Fortschritts des Wissens lehnte er ab: Wissenschaft entwickle sich in Sprüngen, in denen Neuinterpretationen traditioneller Konzepte möglich werden.

Siehe auch: Thomas. S. Kuhn 293 ▪ Michel Foucault 304–305 ▪ Auguste Comte 341

ERNST BLOCH
1885–1977

Vom Expressionismus kommend, befasste sich Bloch zeitlebens mit den Formen des in der Welt »noch nicht« Realisierten, dem (historisch-materiellen) Überschuss, der, von menschlicher Praxis realisiert, zu einer Welt ohne Ausbeutung und Gewalt führen kann. In seinem Hauptwerk *Prinzip Hoffnung* (1947, entstanden im Exil) untersuchte er das in der Welt Mögliche und die Formen seiner Erkenntnis – von der sinnlichen Gewissheit/Ungewissheit des »Ich bin, aber ich habe mich nicht« über Kitsch und Traum bis zu Kunst, Religion und höchstes Gut.

Siehe auch: Georg W. F. Hegel 178–185 ▪ Karl Marx 196–203 ▪ Walter Benjamin 258 ▪ Theodor W. Adorno 266–267

GILBERT RYLE
1900–1976

Geboren im südenglischen Brighton studierte und lehrte er an der Universität Oxford. Viele philosophische Probleme, sagte er, entstünden aus falschem Gebrauch der Sprache. Sie seien durch Sprachkritik zu eliminieren. In seinem Hauptwerk *Begriff des Geistes* (1949) zeigte er das an häufigen »Kategorienfehlern«. Wie die Untersuchung der »normalen Sprache« zeige, laufe nicht die Mannschaft aufs Feld, sondern die Spieler. Nach Kategorien wie »Geist« zu suchen sei so unsinnig wie die Suche nach der Entität Mannschaft.

Siehe auch: Thomas Hobbes 112–115 ▪ Ludwig Wittgenstein 246–251 ▪ Daniel Dennett 329

MICHAEL OAKESHOTT
1901–1990

Der englische Philosoph und Politikwissenschaftler lehrte zunächst in Cambridge und Oxford und wurde dann Professor für politische Wissenschaften an der London School of Economics. Arbeiten wie seine Einleitung zu Hobbes' *Leviathan* (1946), *On Being Conservative* (1956) und *Rationalismus in der Politik* (1962) machten den konservativen Politikwissenschaftler bekannt: als Kritiker sozialistischer und modern rationalistischer Ideen. Da er seine Ansichten häufig änderte, lässt sich sein Werk schwer einordnen.

Siehe auch: Edmund Burke 172–173 ▪ Georg W. F. Hegel 178–185

AYN RAND
1905–1982

Die Autorin und Philosophin kam 1926 aus Russland in die USA und wurde mit dem Thesenroman *Der ewige Quell* (1943) berühmt, der Geschichte eines Individualisten und seiner Ideale. Sie war Begründerin des Objektivismus, der die moralische Pflicht bestreitet, sich für andere einzusetzen. Sie trat für den liberalen Nachtwächterstaat und gegen jede Form des Kollektivismus ein.

Siehe auch: Aristoteles 56–63 ▪ Adam Smith 160–163

SIMONE WEIL
1909–1943

Die französische Philosophin Simone Weil entwickelte eine idiosynkratische Form der Moralphilosophie, die sich nicht in die gängigen zeitgenössischen Denkschulen einordnen lässt und eine Mischung aus politischem Radikalismus, Existenzialismus und Mystizismus war.

Sie wurde in Paris in eine säkulare jüdische Familie geboren. Nach dem Studium an der École Normale Supérieure (wo sie Simone de Beauvoir im Philosophie- und Logikexamen auf den zweiten Platz verwies) wurde sie politisch aktiv, kämpfte auf Seiten der Republikaner im Spanischen Bürgerkrieg und für France Libre im Zweiten Weltkrieg. In jener Zeit hatte sie mystische Erfahrungen, die ihre Philosophie prägten.
Siehe auch: Platon 50–55 ▪ Karl Marx 196–203

JOHN LANGSHAW AUSTIN
1911–1960

Nach dem Studium in Oxford blieb er als Lehrender dort und wurde zum führenden Vertreter der »Philosophie der normalen Sprache« (die jener der »idealen Sprache« gegenübersteht). Nur mit einer rigorosen Analyse des alltäglichen Gebrauchs der Sprache, so Austin, ließen sich die feinen sprachlichen Unterschiede entdecken. Ohne Kenntnis der Sprechakte verstrickten wir uns immer wieder in den profunden Problemen der Philosophie. Berühmt wurde Austin erst mit seinen posthum veröffentlichten Papieren und Vorlesungen *Zur Theorie der Sprechakte* (1962) und *Sinn und Sinneserfahrung* (1964).
Siehe auch: Bertrand Russell 236–239 ▪ Gilbert Ryle 343

DONALD DAVIDSON
1917–2003

Nach dem Studium in Harvard lehrte Davidson an verschiedenen amerikanischen Universitäten Philosophie und befasste sich mit diversen Disziplinen, v. a. mit der Philosophie des Geistes. Er vertrat eine materialistische Position, jeder Bewusstseinsvorgang sei zugleich ein körperliches Ereignis, wobei das Mentale sich allerdings nicht restlos physikalisch erklären lasse. Auch seine Beiträge zur Sprachphilosophie sind bemerkenswert. Eine Sprache, sagte er, muss eine finite Anzahl von Elementen haben, Bedeutung sei ein Produkt dieser Elemente und der Regeln ihrer Verknüpfung. Er publizierte seine Thesen in einer Fülle von Aufsätzen.
Siehe auch: Ludwig Wittgenstein 246–251 ▪ Willard Van Orman Quine 278–279

LOUIS ALTHUSSER
1918–1990

Der in Algerien geborene französische Marxist sah einen »Bruch« zwischen dem Werk des jungen Marx und der wissenschaftlichen Periode von *Das Kapital*. Das Frühwerk sei bestimmt durch die Nähe zu hegelianischen, subjekttheoretischen Begriffen wie Entfremdung. Das reife Werk dagegen behandle Geschichte objektiv, als Bewegung eigener Struktur und Gesetzlichkeit, unabhängig von subjektiver Intention und Praxis. Wir seien, sagte Althusser, determiniert durch gesellschaftliche Strukturen, womit sich seine raffinierte Epistemologie zuletzt doch Positionen des dialektischen Materialismus annäherte.
Siehe auch: G. W. F. Hegel 178–185 ▪ Karl Marx 196–203 ▪ Michel Foucault 304–305 ▪ Slavoj Žižek 332

EDGAR MORIN
GEB. 1921

Der jüdische Philosoph behielt seinen Decknamen in der französischen Résistance als Pseudonym bei. Angesichts der negativen Folgen technischer und wissenschaftlicher Errungenschaften sieht er keinen Grund für Fortschrittsoptimismus. Selbst wenn der Fortschritt Reichtum produziere, zersetze er soziale Solidarität und globale Verantwortlichkeit. Dem setzt er entgegen, was er »Politik der Zivilisation« nennt, sein Ausgangspunkt ist, dass »die Erde vom Menschen abhängt, der von der Erde abhängt«. Grundlagen zur Erkenntnis dieser komplexen Beziehungen legt er mit *La méthode* (1977–2004, 6 Bde.).
Siehe auch: Theodor W. Adorno 266–267 ▪ Jürgen Habermas 310–311

RENÉ GIRARD
1923–2015

Der französische Philosoph und Historiker arbeitete über Themen der Religion, der Mythen und Rituale, die in seiner »mimetischen Theorie« zusammenlaufen. In *Figuren des Begehrens. Das Selbst und der Andere in der fiktionalen Realität* (1961) nutzte er alte Mythen und moderne Fiktion, um zu zeigen, dass das Begehren – unterschieden vom tierischen Bedürfnis – stets vom Begehren des Anderen geweckt wird. Einen Schritt weiter ging er mit *Das Heilige und die Gewalt* (1972). Die Studie zeigt, wie mimetisches Begehren zu Konflikten und Gewalt führt. Religion, sagt Girard, entspringt im Prozess des Zum-Sündenbock-Machens und des Opfers, der Gewalt unterdrücken soll.
Siehe auch: Michel Foucault 304–305

GILLES DELEUZE
1925–1995

Deleuze begriff Philosophie als schöpferischen Prozess, eher als Entwurf von Begriffen und Vorstellungen denn als Versuch, die Realität zu erforschen. Viele seiner Arbeiten widmeten sich der Geschichte der Philosophie, womit er nicht (z. B.) den

»wahren« Nietzsche enthüllen, sondern die Mechanismen freilegen wollte, mit denen Philosophen neue Begriffe hervorbringen und dem Denken neue Wege weisen. Bekannt sind seine Zusammenarbeit mit dem Psychoanalytiker Félix Guattari – *Anti-Oedipus* (1972) und *Was ist Philosophie* (1991) – und seine Kommentare zu Literatur, Film und Kunst.
Siehe auch: Henri Bergson 226–227 ▪ Michel Foucault 304–305

HILARY PUTNAM
1926–2016

Der amerikanische Philosoph Hilary Putnam leistete bedeutende Beiträge zu Mathematik und Informatik sowie zu vielen Zweigen der Philosophie, wobei er häufig seinen Standpunkt änderte, wenn er sein Werk überarbeitete. Er behielt jedoch einen analytischen Ansatz bei, und die Konstante in seiner Philosophie war das Bekenntnis zum Realismus, der Auffassung, dass Wahrheit und Wissen objektiv sind. Am bekanntesten ist er für die Einführung des semantischen Externalismus, demzufolge sich die Sprecherbedeutung auf externe Faktoren und nicht auf intrinsische Überzeugungen des Sprechers bezieht.
Siehe auch: René Descartes 116–123 ▪ Willard Van Orman Quine 278–279

STANLEY CAVELL
1926–2018

Der amerikanische Philosoph Stanley Cavell wurde in Atlanta, Georgia, geboren und studierte zunächst Musik an der University of California und der Juilliard School, bevor er zum Studium der Philosophie an die UCLA und nach Harvard wechselte. Dort wurde er von der analytischen Philosophie von Wittgenstein, J. L. Austin und Bernard Williams geprägt, interessierte sich aber auch für kontinentaleuropäische Strömungen und deren Bezug zu Literatur und Kultur. Er wandte sich nicht dem europäischen Dekonstruktivismus, sondern der Philosophie der normalen Sprache zu und behandelte in seinen philosophischen Schriften auch Literatur, Film und Popkultur.
Siehe auch: Ludwig Wittgenstein 246–251 ▪ Henry David Thoureau 204

NIKLAS LUHMANN
1927–1998

Nach amerikanischer Kriegsgefangenschaft, in die er als Luftwaffenhelfer geraten war, studierte Luhmann Jura und arbeitete in der Justizverwaltung, bis er mit einem Stipendium in den USA Soziologie studieren konnte. Er lehrte Soziologie in Bielefeld (1968–1993) und entwickelte seine Systemtheorie der Gesellschaft, die ihn international bekannt machte: Gesellschaft ist Kommunikation und bestimmt komplexe Funktionszusammenhänge wie kürzeste Begegnungen. In seinem Hauptwerk *Die Gesellschaft der Gesellschaft* (1997) zeigte er: Es ist die Moderne selbst, die eine systemtheoretische Betrachtung der Gesellschaft erfordert.
Siehe auch: J. Habermas 310–311

JUDITH JARVIS THOMSON
1929–2020

Die amerikanische Moralphilosophin Judith Jarvis Thomson ist wahrscheinlich am bekanntesten für die Weiterentwicklung und Verbreitung des von Philippa Foot aufgestellten »Trolley-Problems«. Thomson wurde in New York geboren, lehrte während ihrer gesamten Laufbahn am Massachusetts Institute of Technology und hatte zahlreiche andere Lehraufträge inne. Einer ihrer bedeutendsten Beiträge zur Ethik war der Essay »A Defense of Abortion« (1971), der vor dem »Roe v. Wade«-Grundsatzurteil veröffentlicht wurde. Darin verlagert sie den Fokus von den Rechten des Ungeborenen auf die der Schwangeren.
Siehe auch: Immanuel Kant 164–171 ▪ Philippa Foot 308–309

MICHEL SERRES
1930–2019

Der Schriftsteller und Philosoph studierte Mathematik, bevor er sich der Philosophie zuwandte. Er lehrte in Stanford (Kalifornien) sowie an der Sorbonne in Paris und war Mitglied der Académie Française. Sein Thema war die Kommunikation, wobei er den Austausch zwischen zwei Polen als Sonderfall betrachtete. Real ist sie ein dreidimensionales Netzwerk mit vielen Knoten. Kommunikationen lassen sich »kartieren«, die Reisen sind das Entscheidende, Reisen allerdings im Sinn eines Er-/Findens von Wahrheiten in Chaos, Disharmonie und Unordnung, die in den Verbindungen zwischen Wissenschaften, Künsten und Kultur bestehen.
Siehe auch: Roland Barthes 290–291 ▪ Jacques Derrida 312–317

SUSAN SONTAG
1933–2004

Susan Sontag wurde in New York geboren und studierte englische Literatur und Philosophie an den Universitäten von Chicago und Harvard. Anschließend weilte sie in Oxford und Paris, bevor sie in die USA zurückkehrte. Sie begann ihre Karriere als Romanautorin, aber wurde in den 1960er-Jahren durch

Essays über Popkultur, Fotografie und Philosophie bekannt und engagierte sich in der politischen Linken. Ihr bedeutendster philosophischer Beitrag war der Essay »Against Interpretation«, in dem sie zwei gegensätzliche Ansätze in der Kunstkritik beleuchtete: die formale und inhaltliche Interpretation.
Siehe auch: Roland Barthes 290–291

ALAIN BADIOU
GEB. 1937

Unter dem Einfluss der Ideen von Louis Althusser und Jacques Lacan nahm der französische Philosoph Alain Badiou eine linksradikale Haltung ein, die während der Studentenrevolte im Mai 1968 zunehmend militant wurde, und blieb kommunistisch orientiert. Er war Mitbegründer der philosophischen Fakultät der Universität Paris VIII (mit Gilles Deleuze, Michel Foucault und Jean-François Lyotard) und hatte später den Lehrstuhl für Philosophie an der École Normale Supérieure inne. Seine Schriften, beginnend mit dem Hauptwerk *Das Sein und das Ereignis* (1988), befassen sich mit den Begriffen des Seins und der Wahrheit und ihren Verbindungen zur Mathematik.
Siehe auch: Jean-François Lyotard 298–299 ▪ Michel Foucault 304–305

ROBERT NOZICK
1938–2002

Der amerikanische Philosoph Robert Nozick wurde in Brooklyn, New York, geboren und ist am bekanntesten für sein erstes Buch *Anarchie, Staat, Utopia* (1974), eine Verteidigung des freien Marktes und Libertarismus, das er als Antwort auf die egalitaristische *Theorie der Gerechtigkeit* seines Harvard-Kollegen John Rawls verfasste. Nozick lehrte bis zu seinem Tod 2002 in Harvard, wandte sich jedoch von der politischen Philosophie ab und widmete sich der Erkenntnistheorie und metaphysischen Fragen des freien Willens, der persönlichen Identität und der objektiven Realität.
Siehe auch: John Locke 130–133 ▪ John Rawls 294–295

SAUL KRIPKE
1940–2022

Der als Wunderkind gefeierte amerikanische analytische Philosoph und Logiker Saul Kripke veröffentlichte seinen Vollständigkeitssatz der Modallogik bereits im Alter von 17 Jahren. Nach dem Abschluss in Mathematik in Harvard lehrte er zunächst an der Rockefeller University in New York, dann in Princeton, bevor er nach New York zurückkehrte und am City University Graduate Center (CUNY) dozierte. Neben einflussreichen Arbeiten auf dem Gebiet der Modallogik leistete Kripke bedeutende Beiträge zur Metaphysik und Sprachphilosophie, zum Beispiel eine »Kripkenstein« genannte, idiosynkratische Interpretation Wittgensteins.
Siehe auch: Bertrand Russell 236–239 ▪ Ludwig Wittgenstein 246–251 ▪ Alan Turing 302

GAYATRI CHAKRAVORTY SPIVAK
GEB. 1942

Gayatri Chakravorty Spivak wurde im indischen Kalkutta (heute Kolkata) geboren, studierte Englisch an der Universität Kalkutta und später an der Cornell University und in Cambridge. Es folgte eine Laufbahn als Professorin für vergleichende Literaturwissenschaft in den USA. 1967 übersetzte sie Jacques Derridas *Grammatologie*, zu der sie eine umfangreiche Einleitung schrieb. Später entwickelte sie einen eigenen dekonstruktivistischen Ansatz, den sie »interventionistisch« nannte. Sie gilt als Mitbegründerin der postkolonialen Theorie (eine Position, die sie ablehnt), insbesondere aufgrund ihrer Untersuchung des Imperialismus und internationalen Feminismus in dem Essay »Can the Subaltern Speak?« (1988).
Siehe auch: Frantz Fanon 300–301 ▪ Jacques Derrida 312–317

MARCEL GAUCHET
GEB. 1946

Hauptthemen des Philosophen, Historikers und Soziologen sind die Demokratie und die Rolle der Religion in der modernen Welt. In seinem Hauptwerk *Die Entzauberung der Welt. Eine politische Geschichte der Religion* (1985) behandelt der Herausgeber der Zeitschrift *Le Débat* und Professor an der École des Hautes Études en Sciences Sociales in Paris den Kult des Individualismus vor dem Hintergrund der religiösen Geschichte der Menschheit. Mit dem Niedergang der Religion seien Elemente des Heiligen in die menschlichen Beziehungen und sozialen Aktivitäten gewandert.
Siehe auch: Maurice Merleau-Ponty 274–275 ▪ Michel Foucault 304–305

MARTHA NUSSBAUM
GEB. 1947

In New York geboren, lehrt die engagierte Philosophin und Altphilologin in Chicago. Sie bezeichnet sich als Aristotelikerin, schreibt aber den Emotionen eigenen Erkenntniswert

zu. Bekannt wurde sie mit ihren Arbeiten zur antiken griechischen Ethik und *Sex and Social Justice* (1999), in dem sie ihren liberal-feministischen Standpunkt darlegte und für eine radikale Veränderung der Geschlechter- und Familienbeziehungen eintrat. Zugleich warf sie der Gendertheoretikerin Judith Butler »philosophische Ausweglosigkeit« vor. Neueste Werke sind u. a. *Gerechtigkeit oder das gute Leben* und *Die Grenzen der Gerechtigkeit*.
Siehe auch: Platon 50–55 ▪ Aristoteles 56–63 ▪ John Rawls 294–295

ISABELLE STENGERS
GEB. 1949

Die Belgierin Isabelle Stengers studierte Chemie und wandte sich dann der Geschichte und Philosophie der Naturwissenschaften zu. Sie lehrt an der Université Libre in Brüssel. 1993 wurde sie von der Académie Française mit dem Großen Preis für Philosophie ausgezeichnet. Ihre Arbeiten beschäftigen sich mit den Verfahren der modernen Naturwissenschaften, wobei sie deren sozialen Nutzen, ihr Verhältnis zu Macht und Politik stets kritisch im Blick hat. Auf Deutsch liegen u. a. vor: *Dialog mit der Natur* (mit I. Prigogine, 1979), *Die Erfindung der modernen Wissenschaften* (1997), *Spekulativer Konstruktivismus* (2008).
Siehe auch: Alfred North Whitehead 342 ▪ Edgar Morin 344

CORNEL WEST
GEB. 1953

Cornel West ist ein prominenter linker Aktivist, der in den USA für Auftritte in Fernsehen, Radio, Podcasts und sogar in Hollywoodfilmen bekannt ist. Doch er hat auch eine beachtliche akademische Laufbahn als Philosoph vorzuweisen. Als bekennender »nicht-marxistischer Sozialist« konzentriert sich Wests politische Philosophie auf Fragen der Ethnie, der Klasse und des Geschlechts sowie der Natur der modernen Demokratie, beeinflusst von amerikanischen liberalen Traditionen wie Pragmatismus, Transzendentalismus und dem afroamerikanischen Christentum. 2023 kündigte West an, bei den US-Präsidentschaftswahlen 2024 zu kandidieren.
Siehe auch: William Du Bois 234–235 ▪ bell hooks 333

KWAME ANTHONY APPIAH
GEB. 1954

Kwame Anthony Appiah ist der Sohn des ghanaischen Diplomaten Joe Appiah und der Kunsthistorikerin Peggy Cripps. Er wurde in London geboren und erhielt seine Ausbildung in Ghana und Großbritannien. Nachdem er in Cambridge einen Doktortitel in Philosophie erworben hatte, nahm er die amerikanische Staatsbürgerschaft an und lehrte an den Universitäten Yale, Harvard, Princeton und New York. Appiah ist vor allem für seine politische Philosophie bekannt, insbesondere in Bezug auf die soziale und wirtschaftliche Entwicklung nicht-westlicher Nationen und die Rolle und Wirksamkeit internationaler Organisationen.
Siehe auch: Frantz Fanon 300–301 ▪ William Du Bois 234–235

SALLY HASLANGER
GEB. 1955

Sally Haslanger, Ford-Professorin für Philosophie und Frauen- und Geschlechterstudien am Massachusetts Institute of Technology spezialisierte sich am Anfang ihrer akademischen Laufbahn auf analytische Metaphysik, Erkenntnistheorie und die Philosophie der Antike, erweiterte ihr Spektrum dann aber auf soziale und politische Philosophie, feministische Theorie und Critical Race Theory. In ihrer Arbeit untersucht sie insbesondere die Verbindungen zwischen sozialer Gerechtigkeit – vor allem in Bezug auf Geschlecht, Ethnie und Familie – und zeitgenössischen Konzepten in der Philosophie der Sprache sowie der des Geistes.
Siehe auch: Simone de Beauvoir 276–277

JUDITH BUTLER
GEB. 1956

Die amerikanische Philosoph*in Judith Butler (Pronomen »they/them«) studierte Philosophie an den Universitäten Yale und Heidelberg. Butler lehrte an der Johns Hopkins University, der University of California, Berkeley, und der Columbia University. In dem Essay »Performative Akte und Geschlechterkonstitution« (1988) und dem Buch *Das Unbehagen der Geschlechter* (1990) stellt Butler die Theorie auf, soziales und biologisches Geschlecht seien performativ, werden also durch Verhalten und Sprechakte konstruiert. Obwohl diese Ansicht nur von wenigen in der feministischen Philosophie geteilt wird, hat sie die Kulturtheorie und insbesondere die Queer-Theorie geprägt.
Siehe auch: Simone de Beauvoir 276–277 ▪ Michel Foucault 304–305

GLOSSAR

A posteriori Etwas stammt aus der Erfahrung, ist durch diese bedingt und hat seinen Inhalt nicht durch sich.

A priori Etwas gilt vor aller Erfahrung und/oder muss gültig sein.

Das Absolute Das Unbedingte, nur in und durch sich bestehende Selbstständige – für Platon und Aristoteles das »an sich Seiende«; Thomas von Aquin, Nikolaus von Kues und auch Gottfried Wilhelm Leibniz nennen Gott das Absolute, bei Friedrich Schelling ist es der Urgrund aller Dinge, bei Georg Wilhelm Friedrich Hegel begegnet es uns als das sich selbst realisierende Wissen.

Agens Das Tätige, Wirkende, auch Prinzip des Wirkens; heute das aktive, handelnde, wollende Selbst (im Unterschied zum wissenden Selbst).

Analyse Zerlegung eines Begriffs, Zurückführen des Besonderen auf das Allgemeine. Gegensatz: Synthese.

Analytische Philosophie Sie sieht ihre Aufgabe in der Klärung (von Begriffen, Sprache, Urteilen, Argumenten, Theorien usw.) durch sorgfältiges Zerlegen.

Analytisches Urteil Ein Urteil, dessen Wahrheit oder Falschsein durch Analyse des Urteils selbst bestimmt werden kann. Gegensatz: synthetisches Urteil.

Annahme Eine unausdrückliche Voraussetzung, wie sie jede Äußerung oder Feststellung impliziert. Ist sie irrig, kann auch die darauf basierende Feststellung irrig sein, selbst wenn der Irrtum nicht offensichtlich ist. Das Studium der Philosophie lehrt, auf verborgene Annahmen zu achten.

Anthropomorphismus Übertragung menschlicher Eigenschaften auf etwas nicht Menschliches (Götter, Tiere usw.).

Ästhetik Philosophie der Kunst; die Lehre vom Schönen; die sinnliche, mit Gefühlen der Lust oder Unlust verbundene Wahrnehmung.

Begriff Gedanke oder Idee; die Bedeutung eines Wortes oder Ausdrucks.

Behauptung Der Inhalt einer Feststellung, die bestätigt oder verneint, ob etwas der Fall ist, und die wahr oder falsch sein kann.

Beweis Darlegung der Prämissen, aus denen die Geltung eines Urteils zwingend folgt.

Deduktion Allgemein als gültig betrachteter Schluss vom Allgemeinen auf das Besondere. Gegensatz: Induktion.

Determinismus Die notwendige Bestimmtheit von Fakten, Ereignissen oder Handlungen durch äußere oder innere Ursachen. Gegensatz: Indeterminismus; in Bezug auf Handlungen/Willen auch: Freiheit.

Dialektik 1. Methode des Fragens oder Argumentierens; 2. Entwicklung des Seins (Hegel) oder eines Arguments durch Gegensätze, die in einer Synthese aufgehoben werden.

Ding an sich Nach Kant das Noumenon, das Ding unabhängig von seiner Erkenntnis.

Dualismus Die Vorstellung, dass etwas aus zwei unaufhebbaren Gegensätzen geschaffen ist (der Mensch aus Geist und Körper).

Emotional Gefühlsbezogen. In der abendländischen Philosophie ein häufig negatives Etikett, da Gefühle als subjektiv, Verstand/Vernunft als objektiv gelten.

Empirische Welt Die unserer Erfahrung zugängliche Welt.

Empirisches Urteil Ein Urteil, das durch Erfahrung bestätigt werden kann.

Empirisches Wissen Was wir aus Erfahrung von der sinnlich erfahrbaren Welt wissen.

Empirismus Die Ansicht, dass alles Wissen über real Existierendes nur durch die Sinne gegeben sein kann.

Erkenntnistheorie Der Teil der Philosophie, der die Tatsachen der Erkenntnis beschreibt, sie kritisch prüft und die Grenzen des möglichen Erkennens bestimmt.

Ethik Das Wissen vom richtigen Wollen und Handeln, damit die Lehre von Richtig und Falsch, Gut und Böse, vom Sollen, den Pflichten usw.

Existenzialismus Er nimmt die zufällige Existenz des einzelnen Menschen, seine elementaren Erfahrungen zum Ausgangspunkt. Erst daraus folgt, was er/sie sein kann oder soll.

Falsifizierbarkeit Ein Urteil oder eine Folge von Urteilen ist falsifizierbar, sofern es beziehungsweise sie empirischen Tests unterzogen werden kann – für Karl R. Popper ist die F. das Kriterium von Wissenschaftlichkeit überhaupt.

Fehlschluss Ein wegen falscher Beweisgründe falscher Schluss.

Geltung Ein Urteil ist gültig, wenn der Schluss aus seinen Prämissen folgt – damit ist es aber nicht notwendig wahr. Es kann falsch sein, weil eine der Prämissen falsch ist, wobei das Argument selbst gültig bleibt.

Gesellschaftsvertrag Die implizite Verabredung zwischen den Mitgliedern einer Gesellschaft, zur Erreichung gemeinsamer Ziele zusammenzuarbeiten, auch wenn die Einzelnen dafür etwas aufgeben müssen.

Humanismus Eine philosophische Richtung, die sich an der Würde des Menschen orientiert, das Leben den Werten der Menschlichkeit entsprechend einrichten möchte und weiterhin davon ausgeht, dass jeglicher Glaube an übernatürliche Mächte davon nur ablenkt.

Hypothese Eine zunächst vorläufige Annahme oder Voraussetzung für Erfahrung und Forschung, die verifiziert oder falsifiziert werden kann.

Idealismus Jede Position, die etwas Immaterielles für den Grund alles Seienden hält, ob Bewusstsein, Bewusstseinsinhalte, Ideen oder Geist. Gegensatz: Materialismus.

Indeterminismus Die Lehre von der Willensfreiheit und/oder die Ansicht, dass nicht alles notwendig aus Vorausgegangenem folgt. Gegensatz: Determinismus.

Induktion Der Schluss vom Besonderen auf das Allgemeine. Ergebnisse induktiver Schlüsse sind nicht notwendig wahr. Beispiel: »Sokrates ist tot, Platon ist tot, Aristoteles ist tot, alle Menschen sind tot, die vor 130 Jahren geboren wurden. Also sind alle Menschen sterblich.« Die entgegengesetzte Denkbewegung heißt: Deduktion.

Intuition Unmittelbares, durch Sinne oder innere Wahrnehmung gegebenes Wissen, nicht durch Vernunft erworben.

Irreduzibel Etwas, das nicht weiter zerlegt, auf einfachere Formen gebracht werden kann.

Kategorie Die allgemeinste Aussage über etwas Seiendes; logische Kategorien entspringen der denkenden Verarbeitung der Erfahrungsinhalte.

Kontingent (Adjektiv) Etwas ist wirklich oder möglich, aber nicht notwendig.

Kosmologie Studium bzw. Lehre vom Kosmos und seinen Wirkkräften.

Logik Untersucht Schlüsse und Denkfiguren, ihre Begriffe, Regeln und Methoden ihrer Form nach.

Logischer Positivismus Philosophische Richtung, derzufolge nur jene empirischen Urteile verifizierbar sind, die auch sinnvoll sind.

Materialismus Die Lehre, dass das wahrhaft Seiende in der Natur wie im Geistigen etwas Materielles, Körperliches ist. Gegensatz: Idealismus.

Merkmal Es bezeichnet philosophisch zumeist etwas jeweils Charakteristisches (z. B. Haut oder Fell als charakteristisch für Säugetiere). Siehe auch: *Primäre und sekundäre Qualitäten.*

Metaphilosophie Sie befasst sich mit dem philosophischen Denken als solchem.

Metaphysik Sie fragt nach Sinn und Bedeutung des Seienden, sucht Grundbegriffe des Erkennens, der Moral, der Wissenschaften; deren Bereich überschreitet sie mit ihren Fragen.

Methodologie Methodenlehre der Forschung, des Argumentierens und Schließens.

Monismus Die Lehre, nach der es nur ein einziges (materielles oder geistiges) Prinzip alles Seienden gibt, die alle Dinge für Modifikationen einer Wesenheit hält und die von der Einheit zwischen Psychischem und Physischem ausgeht.

Mystik Intuitives Wissen, transzendiert die natürliche Welt, versucht das Übersinnliche durch Versenkung in die Innenwelt zu erfassen.

Naturalismus Die Lehre, dass sich die Wirklichkeit ohne Bezugnahme auf etwas Außerweltliches erfassen lässt.

Notwendig Etwas, das sein muss; Gegensatz: kontingent oder zufällig. Dem Empirismus zufolge gibt es notwendige Beziehungen nur in der Logik.

Notwendige und hinreichende Bedingungen Ohne eine notwendige Bedingung zu erfüllen, kann ein Ereignis nicht eintreten, sie genügt aber für dessen reales Eintreten nicht; hinreichend ist eine ersetzbare Bedingung (Regen für eine nasse Straße). Erst eine notwendige *und* hinreichende Bedingung macht ein Ereignis zwangsläufig.

Noumenon Die prinzipiell unerkennbare Wirklichkeit hinter dem Phänomen, das sich dem menschlichen Bewusstsein (Sinnen und Verstand) präsentiert; das Ding, wie es »an sich«, unabhängig von seiner Erfahrung, ist.

Numinös Alles, was als mysteriös und fantastisch betrachtet wird, Zeichen des Übernatürlichen trägt. Nicht zu verwechseln mit »noumenal« (siehe *Noumenon*).

Ontologie Fragt nach dem Seienden, wie es unabhängig von der Art unserer Wahrnehmung und Erfahrung ist (die Gegenstand der Erkenntnistheorie ist). Ontologie und Erkenntnistheorie sind die Haupttraditionen der Philosophie.

Phänomen Erscheinung, ein Objekt in Beziehung zum erkennenden (sinnlichen und denkenden) Subjekt. Gegensatz: Ding an sich (Kant), Noumenon.

Phänomenologie Eine Methode, Gegenstände unserer Erfahrung (den Phänomenen), sofern und wie sie sich unserem Bewusstsein darstellen, ohne weitere Voarannahmen zu ihrer bewusstseinsunabhängigen Natur zu analysieren.

Philosophie »Liebe zum Wissen«, zusammenfassend für alle rationalen Überlegungen zu allgemeinen Prinzipien mit dem Ziel tieferen Verstehens. Suchte sie traditionell in theoretischer und praktischer Absicht nach tieferem Weltverständnis, befasst sie sich heute vor allem mit sich selbst und ihren Verfahren.

Politische Philosophie Sie untersucht Natur und Funktion des Staates, Fragen von Gerechtigkeit, Gesetz, soziale Hierarchien, Macht, Verfassungen usw.

Postmodernismus Diverse Denkrichtungen, geeint nur im Misstrauen gegen Theorien, Erzählungen (Narrative) und Ideologien, die alles Wissen in einem System oder einem Rahmen organisieren wollen.

Pragmatismus Hält eine Feststellung dann für wahr, wenn sie die in sie gesetzten praktisch-funktionalen Erwartungen erfüllt, Erfahrungen voraussagbar macht, zu bewährten Feststellungen passt usw.

Prämisse Ausgangspunkt eines Schlusses. Jeder Schluss muss eine oder mehrere Prämissen voraussetzen, überprüft sie aber nicht mehr. Gültig ist der Schluss, wenn die Folgerung aus den Prämissen abzuleiten ist. Auch damit ist allerdings deren Wahrheit nicht bewiesen – das ist im Schlussverfahren unmöglich.

Primäre und sekundäre Qualitäten John Locke unterscheidet die Eigenschaften eines körperlichen Objekts in solche, die unabhängig sind vom Erfahrenwerden (Ort, Größe, Geschwindigkeit, Masse usw.) – die primären –, von solchen, die eine Wechselwirkung mit dem Beobachter beinhalten (wie Farbe oder Geruch) – den sekundären Eigenschaften.

Rational Gegründet auf oder entsprechend den Prinzipien der Vernunft oder der Logik.

Rationalismus Räumt dem Denken Vorrang ein vor den Sinnen; behauptet, dass es Erkenntnisse gibt, die weder den Sinnen noch der Erfahrung, sondern allein dem Denken entspringen, und dass nur das Denken Wahrheit konstituiert. Gegensatz: Empirismus.

Religionsphilosophie Untersucht den Glauben und Glaubenssysteme sowie die realen oder imaginären Objekte, die den Grund der Religionen bilden.

Semantik Sie untersucht die Bedeutung sprachlicher Ausdrücke.

Semiotik Sie untersucht Zeichen und Symbole, insbesondere deren Beziehung zu den Dingen, die sie bezeichnen sollen.

Skeptizismus Diese Denkrichtung behauptet, dass es uns unmöglich ist, irgendetwas sicher zu wissen.

Solipsismus Er behauptet, dass alles Sein im eigenen Selbst beschlossen ist.

Sophist Er sucht mit seinen Argumenten nicht die Wahrheit, sondern will das Streitgespräch gewinnen. Im antiken Griechenland lehrten Sophisten gegen Bezahlung die Kunst der Rede und des Prozessierens.

Sprachphilosophie Untersuchungen zum Ursprung der Sprache, zum Verhältnis von Sprache und Realität, Begriff und Sache. Ab 1900 zunehmend Sprachanalyse: Es wird unterstellt, alle philosophischen Probleme resultierten aus nicht sorgfältigem Gebrauch der Sprache.

Synthesis Vereinigung einer Vielheit zur Einheit, Resultat der Tätigkeit des Bewusstseins. Gegensatz: Analyse.

Synthetisches Urteil Es fügt dem Subjekt des Urteils etwas hinzu, das in dessen Begriff nicht enthalten ist. Gegensatz: Analytisches Urteil.

Teleologie Zweckmäßigkeitslehre, die dem Natur- und Weltgeschehen eine über Kausalität hinausgehende Zielgerichtetheit (auf einen Endzweck) zuschreibt.

Theologie Gotteslehre, die Wissenschaft von Gottes Wesen und seiner Beziehung zur Welt. Philosophie dagegen setzt die Existenz Gottes nicht voraus.

Transzendental Die Welt sinnlicher Erfahrung überschreitend; nach Kant die Bedingungen der Erfahrung und des moralischen Handelns, die diese als notwendig voraussetzen müssen, aber nicht erkennen können.

Universalie Allgemeinbegriff wie »rot« oder »Frau«. Um die Frage, ob diese Begriffe eine eigene Existenz haben, drehte sich der mittelalterliche Universalienstreit. Philosophen, die der »Rotheit« eine eigene, vom roten Einzelding unterschiedene Existenz zuschrieben, werden »(Universalien)Realisten« genannt. Jene, die »rot« nur für ein Wort, »Frau« für einen Namen hielten, nennt man »Nominalisten«.

Universalismus Er verlangt, dass wir auf uns selbst die gleichen Maßstäbe anwenden wie auf andere. Nicht zu verwechseln mit »Universalie«.

Utilitarismus Er beurteilt die Moralität von Handlungen allein an deren Ergebnis. Die erstrebenswerteste Folge von Handlungen ist demnach das größte Gut der größten Zahl. »Gut« bedeutet hier Abwesenheit von Schmerz und größtmögliche Befriedigung.

Verifikation Sie erweist ein Urteil oder eine Menge von Urteilen durch empirische Beweise als wahr. Dem logischen Positivismus zufolge ist das nur bei sinnvollen empirischen Urteilen möglich. Nach Hume und Popper sind wissenschaftliche Gesetze nicht verifizierbar.

Wahrheitswert Nach Frege die Tatsache, dass ein Satz entweder wahr oder falsch ist.

Welt Bezeichnet im philosophischen Sinn das »Ganze der empirischen Realität«, ist insofern gleichbedeutend mit dem Ganzen möglicher Erfahrung. Für Empiristen gibt es nichts außer dieser Welt. Für andere Richtungen gibt es Reales auch jenseits der Erfahrungswelt. Sie halten den Bereich des Transzendentalen für ebenso real wie den des Empirischen.

Wesen Das, was ein Ding an sich selbst ist; das, was es zu dem macht, das es ist. Gegensatz: Dasein. Das Wesen von etwas impliziert nicht notwendig dessen Sein.

Widersprüchlich Zwei Urteile sind widersprüchlich, wenn eines wahr, das andere falsch sein muss; beide können nicht gleichzeitig gelten oder nicht gelten.

Widerspruchsfreiheit Ein Satz kann nicht zugleich mit seinem Gegenteil gültig sein. In der Logik ist eine Menge von Aussagen (eine Theorie) widerspruchsfrei, wenn aus ihr kein Widerspruch abzuleiten ist.

Wissenschaftstheorie Auch Wissenschaftsphilosophie, befasst sich mit den Besonderheiten wissenschaftlichen Wissens, wissenschaftlicher Praxis und ihrer Verfahren.

REGISTER

Fett gesetzte Ziffern verweisen auf die Haupteinträge, *kursiv* gesetzte auf Bildunterschriften.

A

B

C

D

E

F

G

H

I J

K

L

M

N O

P Q

R

S

T

U

V

W

Y Z

DANK

Der DK Verlag dankt Debra Wolter und Nigel Ritchie für ihre redaktionelle Unterstützung, Vicky Short für ihre Mitarbeit bei der Gestaltung und Jane Parker für das Register.

BILDNACHWEIS

Der Verlag dankt folgenden Personen und Organisationen für die freundliche Genehmigung zum Abdruck von Fotos:

(Legende: o – oben, u – unten, M – Mitte, l – links, r – rechts, go – ganz oben)

23 Getty Images: Hulton Archive (gor). **25 Corbis:** Chan Yat Nin / Redlink (Ml). **Getty Images:** Hulton Archive (ul). **27 Alamy Images:** Gianni Dagli Orti / The Art Archive (ul). **29 Getty Images:** M. Bertinetti / De Agostini Picture Library (ur). **31 Alamy Images:** INTERFOTO (gor). **32 The Bridgeman Art Library:** Musée Guimet, Paris / Bonora (gol). **36 Getty Images:** Keren Su (ul). **38 Corbis:** Christian Kober / JAI (gor). **39 The Art Archive:** (ur). **41 Corbis:** Visuals Unlimited (Mro). **43 akg-images:** Wadsworth Atheneum (ul). **Getty Images:** G. Dagli Orti / De Agostini Picture Library (Mr). **44 Corbis:** Bettmann (Mr). **47 Corbis:** PoodlesRock (gor). **49 Corbis:** (ur). **53 The Bridgeman Art Library:** Bibliothèque nationale, Paris / Archives Charmet (ur). **55 The Bridgeman Art Library:** Pinacoteca Capitolina, Palazzo Conservatori, Rome / Alinari (gol). **Corbis:** Jon Hicks (ul). **59 Getty Images:** The Bridgeman Art Library (gol). **60 Corbis:** Elizabeth Whiting & Associates (gol).**63 akg-images:** British Library (gol). **Getty Images:** SuperStock (ul). **64 Réunion des Musées Nationaux Agence Photographique:** Hervé Lewandowski (uM). **65 Corbis:** Araldo de Luca (gor). **66 The Bridgeman Art Library:** Walters Art Museum, Baltimore, USA (Mro). **73 Getty Images:** The Bridgeman Art Library (ul); **Alamy Stock Photo:** Adam Jn Fige (gor). **75 The Bridgeman Art Library:** Bibliothèque municipale, Rouen / Giraudon (gor). **Getty Images:** Hulton Archive (ul). **77 Alamy Images:** Mary Evans Picture Library (gor). **78 Alamy Images:** Gianni Dagli Orti / The Art Archive (ul). **79 The Kobal Collection:** New LineCinema (ur). **81 Getty Images:** HultonArchive (gor). **83 Corbis:** Bettmann (ul). **Photolibrary:** Dariush Zandi / GraphEast RM (Mr). **85 Getty Images:** The Bridgeman Art Library (ul); Danita Delimont / Gallo Images (gor). **87 Alamy Images:** Gianni Dagli Orti / The Art Archive (gor). **Getty Images:** Bruno Morandi / The Image Bank (gol). **90 Getty Images:** Science & Society Picture Library (ul). **91 Alamy Images:** Gianni Dagli Orti / The Art Archive (gol). **92 Alamy Images:** Gianni Dagli Orti / The Art Archive (u). **94 Getty Images:** Chad Baker (uM). **95 NA SA:** LAMBDA / WMAP Science Team (gor). **105 Corbis:** Massimo Listri (gol). **107 Corbis:** Bettmann (gor) (ul). **109 Alamy Images:** Gianni Dagli Orti / The Art Archive (ul). **Corbis:** Bettmann (gor).**111 akg-images:** (gol). **Corbis:** Bettmann (gor). **113 Corbis:** Bettmann (gor). **114 Science Photo Library:** David McCarthy. **115 Corbis:** Bettmann (ur). **118 Getty Images:** Hulton Archive (Mro). **120 akg-images:** Cameraphoto (gol). **122 Corbis:** Bettmann (ul). **123 Corbis:** Alberto Estevez / EPA (ur). **125 Corbis:** Michael Nicholson (ul); Bill Varie (gor). **128 Alamy Images:** Gari Wyn Williams (gol). **Corbis:** Bettmann (ul). **129 Dorling Kindersley:** Natural History Museum, London (Mr / Blume auf Stein). **133 Corbis:** Bettmann (ul); **Getty Images / iStock:** E+ / andresr (gor). **135 Corbis:** Bettmann (gor). **136 Science Photo Library:** Matthew Hurst (gol).**137 Getty Images:** Science & Society Picture Library (gor). **139 Corbis:** Bettmann (gor). **147 Corbis:** Bettmann (ul). **Getty Images:** G. Dagli Orti / De Agostini Picture Library (gor). **150 Corbis:** Michael Nicholson. **151 Corbis:** Ken Seet (ul). **152 Corbis:** Tomas del Amo – The Stock Connec / Science Faction (Mlu). **153 Alamy Images:** Lebrecht Music & Arts Photo Library (gor). **157 The Bridgeman Art Library:** Detroit Institute of Arts, USA (ul). **Corbis:** Bettmann (gor). **158 Alamy Images:** V&A Images (ul). **159 Getty Images:** Peter Willi / SuperStock (ur). **161 Corbis:** Hulton-Deutsch Collection (gor). **162 Shutterstock.com:** Sumit Kumar 99 (u). **163 Corbis:** Karen Kasmauski (gor). **166 Dorling Kindersley:** Stephen Oliver (gor) (gol / Baum im Sommer). **169 Getty Images:** Matheisl (gol / Baum im Winter). **170 Corbis:** Bettmann (ul). **171 Getty Images:** Hulton Archive (gor). **173 Corbis:** Bettmann (gor); Gianni Dagli Orti / The Art Archive (uM). **177 Getty Images:** David Sanger / The Image Bank (ur). **180 The Bridgeman Art Library:** American Illustrators Gallery, NYC / www.asapworldwide.com (gor). **Corbis:** Bettmann (ul). **184 The Bridgeman Art Library:** Château de Versailles (ul). **185 The Bridgeman Art Library:** Germanisches Nationalmuseum, Nürnberg (ur). **187 Getty Images:** Time Life Pictures / Mansell (gor). **188 akg-images:** British Library (ul). **189 The Bridgeman Art Library:** National Gallery, London (ur). **191 Corbis:** Bettmann (gor). **192 Corbis:** Todd Gipstein (ul). **193 Corbis:** Bettmann (goM). **195 Corbis:** Bettmann (ul); Robbie Jack (gor). **198 Corbis:** Alfredo Dagli Orti /The Art Archive (gor). **200 Getty Images:** The Bridgeman Art Library (ul). **201 Alamy Images:** Gianni Dagli Orti / The Art Archive (ur). **202 Alamy Images:** Gianni Dagli Orti / The Art Archive (gol). **203 The Bridgeman Art Library:** Private Collection (ul). **Corbis**: Bettmann (gor). **204 Alamy Images:** Dinodia Images / India Images (ur). **208 akg-images:** (gol). **Corbis:** (ul). **209 Corbis:** Bettmann (ul). **217 Corbis:** Bettmann (ul); Kazuyoshi Nomachi (gor). **218 Corbis:** Bettmann (ul). **219 Corbis:** Bettmann (Mo / Apollo); Jon Hicks (Mro / Heiligenstatue). **220 Corbis:** The Gallery Collection (gol). **221 Getty Images:** Hulton Archive (u). **225 Getty Images:** Jeffrey Coolidge (ul); Imagno / Hulton Archive (gor). **227 Corbis:** Bettmann (ul). **Shutterstock.com:** Giannis Papanikos (gor). **229 Corbis:** Bettmann (gor). **230 Getty Images:** G. Dagli Orti / De Agostini Picture Library (gor). **231 Corbis:** Philadelphia Museum of Art (gol). **232 Corbis:** Alan Schein Photography (uM). **235 Corbis:** Bettmann (ul); Hulton-Deutsch Collection (gor). **237 Getty Images:** MPI (gor). **238 Corbis:** Bettmann (Mlu). **239 Getty Images / iStock:** vm (ur). **241 Corbis:** The Gallery Collection (u). **243 Corbis:** Bettmann (gor). **TopFoto.co.uk:** FotoWare FotoStation (ul). **245 The Bridgeman Art Library:** Archives Charmet (gol). **249 Getty Images:** The Bridgeman Art Library (ur). **50 Getty Images:** Travelpix Ltd. / Photographer's Choice (gol). **251 Getty Images:** Hulton Archive (gor). **254 Alamy Images:** Mary Evans Picture Library (gol). **255 The Bridgeman Art Library:** Bonhams, London / Private Collection (ul). **Corbis:** Bettmann (gor). **256 Alamy Images:** J. Marshall / Tribaleye Images (ur). **258 Corbis:** Tommy Olofsson / Nordicphotos (Mu). **259 The Advertising Archives:** (ur). **261 akg-images:** Ullstein Bild (ul). **263 Photolibrary:** Johann Schumacher (gor). **265 Getty Images:** Altrendo Images (gor); Keystone / Hulton Archive (ul). **267 Corbis:** (goM). **Getty Images:** Imagno / Hulton Archive (gor). **269 Corbis:** Bettmann (gor). **271 Getty Images:** AFP / Central Press / Hulton Archive. **272 Corbis:** Bettmann (Mr). **273 Dreamstime.com:** Shuo Wang (ur). **275 Corbis:** Dan McCoy

– Rainbow / Science Faction (uM). **TopFoto.co.uk:** (gor). **277 The Advertising Archives:** (uM).**Getty Images:** Hulton Archive (gor). **279 Alamy Images:** Geoff A. Howard (ul). **281 Getty Images:** Gemma Levine (gor). **Photolibrary:** Art Media (gol). **283 Dreamstime.com:** Wavebreakmedia Ltd (gor). **Press Association Images:** Per Lochen / Scanpix (ul). **285 akg-images:** Album / Oronoz (gol). **Getty Images:** RDA (ul). **291 Getty Images / iStock:** People Images (Mr). **Corbis:** Bettmann (ul). **293 Corbis:** (ur). **295 Getty Images:** artpartner-images (u); Steve Pyke (gor). **296 Alamy Stock Photo:** Archivio GBB (Mr). **299 akg-images:** Anna Weise (ul). **Corbis:** Chip East / Reuters (gor). **301 Getty Images:** Buyenlarge (Mr). **302 Alamy Stock Photo:** TCD / Prod.DB (Mr). **303 Getty Images / iStock:** gorodenkoff (Mru). **305 The Bridgeman Art Library:** Ken Welsh / Privatsammlung (gol); **Corbis:** Bettmann (ul). **307 Corbis:** Christopher Felver (gor); PoodlesRock (uM). **309 Getty Images:** Premium Archive / Steve Pyke (gor). **310 Alamy Images:** The Print Collector (uM). **311 Alamy Images:** INTERFOTO (ul). **314 Getty Images:** Taro Yamasaki / Time Life Pictures (ur). **315 iStockphoto.com:** BSJ (gol). **317 Corbis:** Sophie Bassouls / Sygma (gor); Jack Burlot / Apis / Sygma (gol). **322 Corbis:** Nic Bothma / EPA (gol). **323 Getty Images:** Marty Katz / Time Life Pictures (gor); Shawn Thew / AFP (ul). **327 Getty Images:** Universal Images Group Editorial / Arterra (ur). **328 Alamy Images:** Tim Graham (ur). **330 Photoshot:** (uM) **332 Getty Images:** Libor Hajsky / AFP (Mr).

Alle anderen Abbildungen

Nachweis der im Buch hervorgehobenen Originalzitate:

Der Verlag hat sich bemüht, alle Rechteinhaber ausfindig zu machen. Eventuelle Auslassungen werden wir bei entsprechendem Hinweis gern in einer späteren Auflage korrigieren.

12: Platon, *Spätdialoge. Theaitetos. Der Sophist. Der Staatsmann. Kratiylos*. Übertragen von Rudolf Rufener. Zürich, Stuttgart (Artemis Verlag) 1965 **45:** Demokrit zitiert nach: Volker Spierling, *Kleine Geschichte der Philosophie*. München (Piper) 1990 **87:** Rumi übersetzt von Friedrich Rückert, in: *Erbauliches und Beschauliches aus dem Morgenlande*, Berlin 1837 **92:** *Über die Ewigkeit der Welt. Texte von Bonaventura, Thomas von Aquin, Boethius von Dacien*. Mit einer Einleitung von Rolf Schönberger. Übers. und Anm. v. Peter Nickl. Frankfurt/M. (Klostermann) 2000 **95:** Stephen H. Hawking, *Eine kurze Geschichte der Zeit. Die Suche nach der Urkraft des Universums*. Übers. v. Hainer Kober. Hamburg (Rowohlt) 1988 **96:** Nikolaus von Kues, *De Deo abscondito*. In: Ders., *Philosophisch-theologische Schriften*. Hrsg. und eingeführt von Leo Gabriel, übersetzt und kommentiert von Dietlind und Wilhelm Dupré. Sonderausgabe zum Jubiläum. Lateinisch-Deutsch. 2. Nachdruck der 1964 erschienenen 1. Auflage Wien (Verlag Herder) 1989 **105:** Niccolò Machiavelli, *Discorsi. Gedanken über Politik und Staatsführung*. Übers. und eingeleitet v. Rudolf Zorn. Stuttgart (Kröner) 1977 **107:** Bertrand Russell, *Philosophie des Abendlandes*. Übers. v. Elisabeth Fischer-Wernecke und Ruth Gillischweski. München (Europa) 1997 **113, 114, 115:** Thomas Hobbes, *Leviathan oder Stoff, Form und Gewalt eines kirchlichen und bürgerlichen Staates*. Hrsg. und eingeleitet von Iring Fetscher. 7. Auflage Frankfurt/M. (Suhrkamp) 1996 **119:** René Descartes, *Die Prinzipien der Philosophie*. Übers. und hrsg. v. Christian Wohlers. Hamburg (Felix Meiner) 2005 **120, 121, 122:** René Descartes, *Meditationen über die Grundlagen der Philosophie*. Zum ersten Mal vollst. übers. und hrsg. v. Artur Buchenau. Hamburg (Felix Meiner) 1965 **123:** René Descartes, *Regeln zur Ausrichtung der Erkenntniskraft*. Übers. und hrsg. v. Lüder Gäbe. Hamburg (Felix Meiner) 1979 **128, 129:** Baruch de Spinoza, *Die Ethik*. Lateinisch und Deutsch. Rev. Übers. v. Jakob Stern. Stuttgart (Reclam) 1977 **135:** Gottfried Wilhelm Leibniz, *Philosophische Schriften und Briefe, 1683-1687*, Hrsg. v. Ursula Goldenbaum, Berlin (Akademie Verlag) 1992 **136, 137:** Gottfried Wilhelm Leibniz, zitiert nach Karl Vorländer, *Geschichte der Philosophie*. Mit Quellentexten. Band 3. Hamburg (Rowohlt) 1990 **139:** George Berkeley, *Drei Dialoge zwischen Hylas und Philonous*. Hrsg. von Wolfgang Breidert. Übers. v. Raoul Richter. Hamburg (Felix Meiner) 2005 **140:** George Berkeley, *Eine Abhandlung über die Prinzipien der menschlichen Erkenntnis*. Übers. und hrsg. v. Günter Gawlick und Lothar Kreimendahl. Stuttgart (Reclam) 2005 **152:** David Hume, *Ein Traktat über die menschliche Natur*. In 2 Bänden. Übers. mit Anm. vers. v. Theodor Lipps. Band 1. Hamburg (Felix Meiner) 1989 **153:** Karl R. Popper, *Vermutungen und Widerlegungen. Das Wachstum der wisschenschaftlichen Erkenntnis*. Hrsg. v. Herbert Keuth. Tübingen (Mohr Siebeck) 2. Auflage 2009 **158, 159:** Jean-Jacques Rousseau, *Der Gesellschaftsvertrag oder Die Grundsätze des Staatsrechtes*. Übers. v. Hermann Denhardt. Mit einer Einl. v. Paul Ritterbusch, Leipzig (Philipp Reclam jun.) o. J. **162:** Adam Smith, *Der Wohlstand der Nationen. Eine Untersuchung seiner Natur und seiner Ursachen*. Übers. und mit einer umfassenden Würdigung des Gesamtwerkes hrsg. v. Horst Claus Recktenwald. München (DTV) 7. Auflage 1996 **175:** Mary Wollstonecraft, *Ein Plädoyer für die Rechte der Frau*. Neu übertr. v. Irmgard Hölscher. Weimar (Hermann Böhlaus Nachfolger) 1999 **223:** Ferdinand de Saussure, *Grundfragen der allgemeinen Sprachwissenschaft*. Ditzingen (Reclam), 2016 **235:** William Du Bois, *Die Seelen der Schwarzen*. Übers. v. J. u. B. Meyer-Wendt. Freiburg i. Br. (orange-press) 2003 **238, 239:** Bertrand Russell, *Lob des Müßiggangs*. Übers. v. Elisabeth Fischer-Wernecke. Hamburg, Wien (Zsolnay) 1957 **265:** Karl R. Popper, *Das offene Universum. Ein Argument für den Indeterminismus*. Hrsg. v. W.W. Barley III. und übers. v. Eva Schiffer. Tübingen (Mohr Siebeck) 2001 **270:** Jean-Paul Sartre, *Drei Essays*. Ullstein Materialien. Frankfurt, Berlin, Wien 1983 **271:** Jean-Paul Sartre, *Die schmutzigen Hände*. Übers. v. Eva Groepler. Reinbek (Rowohlt TB) 42. Auflage 2007. **275:** Maurice Merleau-Ponty, *Phänomenologie der Wahrnehmung*. Berlin (de Gruyter) 1966 **285:** Albert Camus, *Der Mythos des Sisyphos*. 6. Auflage Reinbek (Rowohlt), 2004 **291:** Roland Barthes, *Fragmente einer Sprache der Liebe*. Übers. v. Hans-Horst Henschen. Frankfurt/M. (Suhrkamp) 1988 **302:** Alan Turing, *Können Maschinen denken?* Ditzingen (Reclam), 2021 **305:** Michel Foucault, *Die Ordnung der Dinge. Eine Archäologie der Humanwissenschaften*. Übers. v. Ulrich Köppen. Frankfurt/M. (Suhrkamp) 1971 **308:** Philippa Foot, *Die Wirklichkeit des Guten. Moralphilosophische Aufsätze*. Frankfurt (Fischer), 1997 **320, 322:** Richard Rorty, *Wahrheit und Fortschritt*. Übers. v. Joachim Schulte. Frankfurt/M. (Suhrkamp) 2000 **327:** Thomas S. Nagel, *Wie ist es, eine Fledermaus zu sein?* Ditzingen (Reclam), 2016; John Locke, *Versuch über den menschlichen Verstand*. In vier Büchern. Band 1, Berlin 1872; **331:** Peter Singer, *Praktische Ethik*. Übers. v. Oscar Bischoff, Jean-Claude Wolf und Dietrich Klose. 2. Auflage Stuttgart (Reclam) 1994; **333:** bell hooks, *Ain't I a Woman. Schwarze Frauen und Feminismus*. Münster (Unrat), 2023

Noch mehr Wissen und Lesefreude!

ISBN 978-3-8310-3915-9

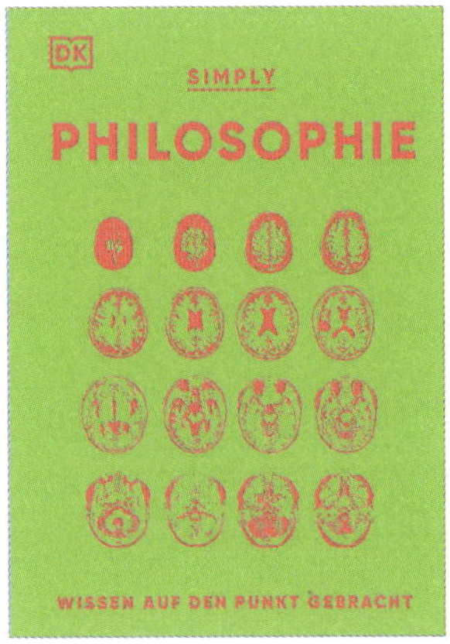

ISBN 978-3-8310-4605-8

ISBN 978-3-8310-4750-5

ISBN 978-3-8310-3802-2

DK

www.dk-verlag.de